U0837106

创新型人才培养“十三五”规划教材

自动控制原理

（第3版）

李国勇　李　虹　主　编
乔学工　韩念琛　副主编

電子工業出版社
Publishing House of Electronics Industry
北京 · BEIJING

内 容 简 介

本书全面阐述了经典控制理论的基本概念、原理和自动控制系统的各种分析方法。主要内容包括：控制系统的数学模型，线性控制系统的时域分析法、根轨迹分析法（复域分析法）和频域分析法，线性控制系统的校正方法，非线性控制系统的分析，以及线性离散控制系统的分析与设计等。本书取材先进实用，讲解深入浅出，各章选例和习题丰富，且均有用 MATLAB/Simulink 编写的仿真及解题实例，便于读者自学。

本书可作为高等院校自动化、电气工程及其自动化、电子科学与技术、测控技术与仪器、过程装备与控制工程、轨道交通信号与控制、交通设备与控制工程、机械设计制造及其自动化、机械电子工程、建筑电气与智能化、农业机械化及其自动化等专业的本科生教材，或作为其他相关专业的研究生和高年级本科生教材，也可作为从事自动控制研究、设计和应用的科技人员的参考用书。

图书在版编目（CIP）数据

自动控制原理/李国勇，李虹主编. —3 版. —北京：电子工业出版社，2017.11
创新型人才培养“十三五”规划教材
ISBN 978-7-121-31155-0

Ⅰ. ①自… Ⅱ. ①李… ②李… Ⅲ. ①自动控制理论－高等学校－教材 Ⅳ. ①TP13

中国版本图书馆 CIP 数据核字（2017）第 060473 号

策划编辑：牛平月
责任编辑：王敬栋　　文字编辑：牛平月
印　　刷：北京天宇星印刷厂
装　　订：北京天宇星印刷厂
出版发行：电子工业出版社
　　　　　北京市海淀区万寿路 173 信箱　邮编：100036
开　　本：787×1 092　1/16　印张：20.5　字数：524 千字
版　　次：2010 年 8 月第 1 版
　　　　　2017 年 11 月第 3 版
印　　次：2023 年 12 月第 11 次印刷
定　　价：49.80 元

凡所购买电子工业出版社图书有缺损问题，请向购买书店调换。若书店售缺，请与本社发行部联系，联系及邮购电话：（010）88254888，88258888。

质量投诉请发邮件至 zlts@phei.com.cn，盗版侵权举报请发邮件至dbqq@phei.com.cn。

本书咨询联系方式：（010）88254454，niupy@phei.com.cn。

前言

<<<<< PREFACE

自动控制理论不仅是高等学校自动化及其他电类专业的一门核心基础理论课，而且在机械、化工等非电类工程专业的课程设置中也占有重要地位。特别是近年来，由于自动控制技术在各行各业的广泛渗透，控制理论已逐渐成为高等学校许多学科共同的专业基础，且越来越占有重要的位置。

本书自 2010 年 8 月初版和 2014 年 8 月第 2 版出版发行以来，得到了广大读者的关心和支持，被国内多所大学选作教材。这次修订在保持前两版系统、实用、易读的特点和基本框架的基础上，除修改和调整了个别章节的内容外，还增加了利用 MATLAB 实现根轨迹法的串联校正，力求使本书内容更为准确、合理和完整。同时，本次修订版也更加符合自动化及相关学科的发展，能够拓宽专业面，优化整体教学体系的教学改革形势，满足自动化及相关专业的教学需要和多学科交叉背景学生的学习需求。

本书按照“理论讲透，重在应用”的原则，系统地论述了以下几方面的内容：

（1）自动控制的基本概念及自动控制系统的组成、基本控制方式、分类和基本要求。

（2）控制系统的数学模型，包括线性系统的微分方程、非线性系统微分方程的线性化、传递函数、方框图、信号流图和 MATLAB 中数学模型的表示。

（3）线性控制系统的时域分析法，包括典型输入信号、系统的稳定性、一阶系统的时域响应、二阶系统的时域响应、高阶系统的时域响应、系统的稳态误差和基于 MATLAB 的控制系统时域分析。

（4）线性控制系统的根轨迹分析法（复域分析法），包括常规根轨迹的绘制、广义根轨迹的绘制、纯迟延系统根轨迹的绘制、利用根轨迹分析控制系统和基于 MATLAB 的根轨迹分析。

（5）线性控制系统的频域分析法，包括典型环节的频率特性、系统的开环频率特性、奈奎斯特稳定判据、控制系统的稳定裕量、系统的闭环频率特性、利用频率特性对闭环系统进行分析和基于 MATLAB 的控制系统频域分析。

（6）线性控制系统的校正方法，包括校正装置及其特性、频率法串联校正、根轨迹法串联校正、反馈校正、复合校正和基于 MATLAB 的控制系统校正。

（7）非线性系统分析，包括常见非线性特性、相平面法、描述函数法和基于 MATLAB 的非线性系统分析。

（8）离散控制系统，包括采样过程与采样定理、采样信号保持器、z 变换、离散系统的数学模型、离散系统的稳定性分析、离散系统的动态性能、离散系统的稳态误差、离散系统的校正和基于 MATLAB 的离散系统分析。

本书由浅入深、循序渐进，各章选例和习题丰富，且均有用 MATLAB/Simulink 编写的仿真及解题实例，强调了现代化的解题方法。

全书包括 8 章和 2 个附录。其中，第 1 章由杨麦仓编写，第 2 章由李虹编写，第 3 章由韩念琛编写，第 4 章由梁金蕊编写，第 5 章由李国勇编写，第 6 章由马志芳编写，第 7 章由咎伶艳编写，第 8 章由乔学工编写；全书由李国勇统稿。李岚教授和杜欣慧教授主审了全书，在此表示衷心的感谢。此外，还要感谢策划编辑牛平月女士和研究生杨欣东为本书的出版所付出的辛勤工作。

本教材适用于总学时数为 48～96（3～6 学分），其中课堂教学 42～82 学时、实验 6～14 学时的课程。各章编排具有相对的独立性，便于不同层次院校的不同专业选用，以适应不同教学学时的需要。

本书配套的教学课件，可登录电子工业出版社旗下华信教育资源网（www.hxedu.com.cn）免费下载。

由于编者水平有限，错误和不妥之处在所难免，敬请读者指正。

编　者

目录

<<<<< CONTENTS

第1章

绪 论

随着科学技术的飞速发展，自动控制系统在工业和国防的科研、生产中起着越来越重要的作用，计算机的广泛应用给自动控制系统的发展提供了更广阔的前景。自动控制理论是研究自动控制系统共同规律的技术科学。自动控制技术的广泛应用，不仅将人们从繁重的体力劳动和大量重复性的操作中解放出来，而且也将极大地提高了劳动生产率和产品质量。本章将从自动控制理论的基本概念出发，介绍自动控制系统的基本结构、工作原理、控制方式及分类。在对自动控制系统进行深入分析之前，首先要明确自动控制理论研究的内容和对控制系统的基本要求。

1.1 自动控制的基本概念

下面通过一个实际生产过程的自动控制系统来给出控制和自动控制的定义。

图 1-1 所示的是恒温水箱液位控制系统。在生产过程中，常常需要维持被加热箱体的水位高度，以满足工业生产的需要。

1. 工艺过程

用户通过用户阀门 R_2 不定时、不定量地从加热的水箱中取走热水 Q_2 以满足工业生产的需要，即 $R_2 \to Q_2 \to H_{实}$。

2. 控制要求

图 1-1 中被加热箱体的水位：水位过高→溢出→不经济；水位过低→干箱→不安全。

因此，人需要控制进水阀门 R_1 来改变流入量 Q_1，即通过不断调节进入箱体内的流量，使得水箱中的实际水位 $H_{实}$ 等于规定的水位 H_0。

在人工控制过程中，人要连续不断地观测箱体内的水位，并与要求水位比较，反映到大脑中，然后大脑根据水位差的大小和方向，产生控制指令，加大或减小进水阀门的开度，以减少差异，人通过连续不断的操作，使箱体水位维持在要求值附近。

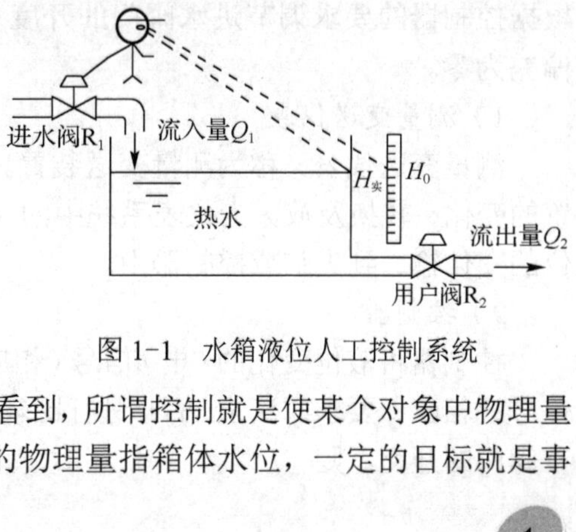

图 1-1 水箱液位人工控制系统

通过研究上述人工控制恒温水箱水位的过程可以看到，所谓控制就是使某个对象中物理量按照一定的目标来动作。本例中，对象指箱体，其中的物理量指箱体水位，一定的目标就是事先要求水位的高度期望值 H_0。

若液位控制要求精度较高，那么由人来控制就很难满足要求，这时就需要用控制设备代替人，形成液位自动控制系统。

采用杠杆机构作为控制设备来代替人进行操作的杠杆水箱液位自动控制系统，如图 1-2 所示。图 1-2 中用杠杆机构一端连接的浮子代替人的眼睛来测量液位的高低。用杠杆机构代替人的大脑来计算水箱中实际液位 $H_{实}$与规定液位 H_0 的偏差（调节杠杆中间支撑点的位置，可改变水箱液位期望值 H_0 的大小）。用杠杆机构另一端连接的阀门挡板代替人的手来调节阀门开度。当用户用水量增大时，水箱液位开始下降，浮子也随之降低，通过杠杆的作用，使阀门挡板上提，进水阀门开度增大，进水流量增大，使液位回升至期望值附近。反之，若用水量减小，水箱液位及浮子上升，则进水阀门开度减小，进水流量减小，使液位下降至期望值附近。其结果是无论用户用水量多还是少，实际液位的高度总是在期望值附近变化。

显然，图 1-2 是一种简单的自动控制系统，如果对液位控制精度要求很高，这时就必须采用其他高精度的控制设备，图 1-3 所示的就是采用电控仪表作为控制设备的水箱液位自动控制系统。图 1-3 中用压力变送器代替人的眼睛来测量液位的高低。用控制器代替人的大脑来计算水箱中实际液位 $H_{实}$与规定液位 H_0 的偏差（控制器内部可设置水箱液位期望值 H_0 的大小）。用电动调节阀代替人的手来调节进水阀门开度大小。

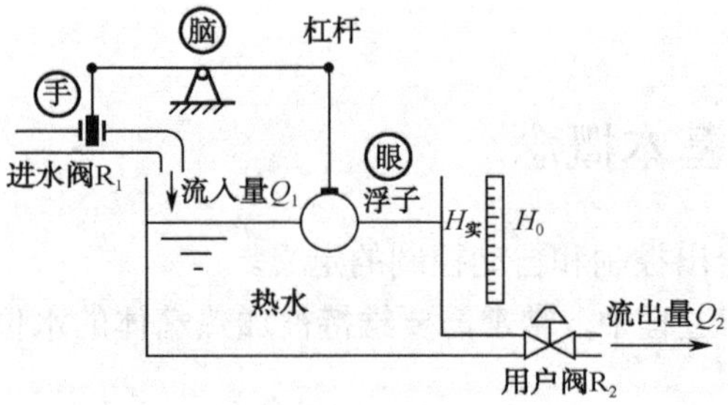

图 1-2　杠杆水箱液位自动控制系统

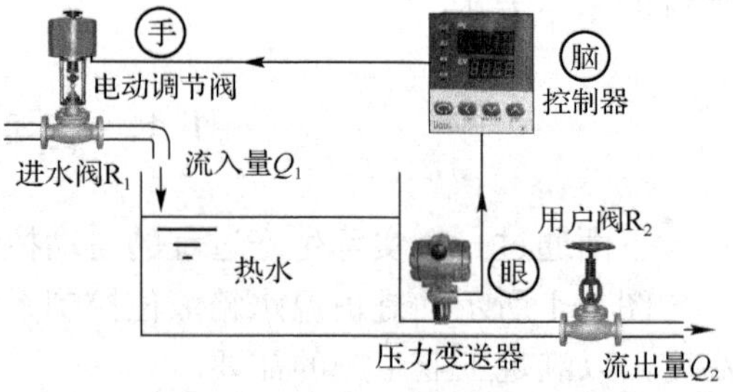

图 1-3　水箱液位自动控制系统

3. 控制设备

图 1-3 所示的水箱液位自动控制系统由压力变送器、控制器、电动调节阀和水箱等构成。压力变送器将水箱的实际液位测量出来，并将其信号变换及放大后传送给控制器。控制器将根据液位的给定信号与实际测量信号的偏差，产生相应的信号控制电动调节阀。电动调节阀根据控制器的要求调节进水阀门的开度μ_1，以减少实际液位 $H_{实}$与要求的液位 H_0 差异，直到偏差为零。

1）测量变送仪表

测量变送仪表又称为测量变送装置。常用测量液位的仪表为压力变送器，它将水箱液位位置的变化，转换及放大为仪表系统中的（电）信号。它的作用类似于人工控制中人的眼，将液位的变化输送到大脑或控制器中。

2）控制器

控制器将液位变化的（电）信号（相应于实际液位的测量值 $H_{测}$）与控制器内部设定的（电）信号（相应于要求的液位 H_0）进行比较。它的作用类似于人工控制中人的脑。若μ_1 为进水调节阀门的开度，则

当 $H_{测}>H_0$ 时，要求 $\mu_1\downarrow\rightarrow Q_1\downarrow\rightarrow H_{实}\downarrow\rightarrow H_{测}\downarrow$；

当 $H_{测}<H_0$ 时，要求 $\mu_1\uparrow\rightarrow Q_1\uparrow\rightarrow H_{实}\uparrow\rightarrow H_{测}\uparrow$；

当 $H_{测}=H_0$ 时，要求 μ_1 不变。

3）执行器

常用的执行器为电动调节阀或气动调节阀，它包括执行机构和阀体两部分，它根据控制器的命令，改变进水调节阀门的开度μ_1。执行器的作用类似于人工控制中人的手，去执行大脑或控制器的命令。

由此可见，自动控制和人工控制的基本原理是相同的，它们都是建立在“测量偏差，修正偏差”的基础上，并且为了测量偏差，必须把系统的实际输出反馈到输入端。自动控制和人工控制的区别在于自动控制用控制设备代替人完成控制。

总之，自动控制就是在没有人直接参与的情况下，利用控制设备使被控对象中某一物理量或数个物理量准确地按照预定的要求规律变化。所谓自动控制系统就是由被控对象和控制设备按一定方式连接起来，完成某种自动控制任务的有机整体。

为了方便技术人员讨论问题，一般将控制系统表示成方框图的形式。方框图是由若干方框、有向信号线、信号的相加点与分支点所组成的框图。它是实际工艺设备图中控制系统信号传递的一种抽象简明的表示，它可用在自动控制系统的分析中，去表明每个重要设备在系统中的功能和各个重要设备之间的相互关系。例如，可把图 1-3 所示的水箱液位自动控制系统表示成如图 1-4 所示的方框图。

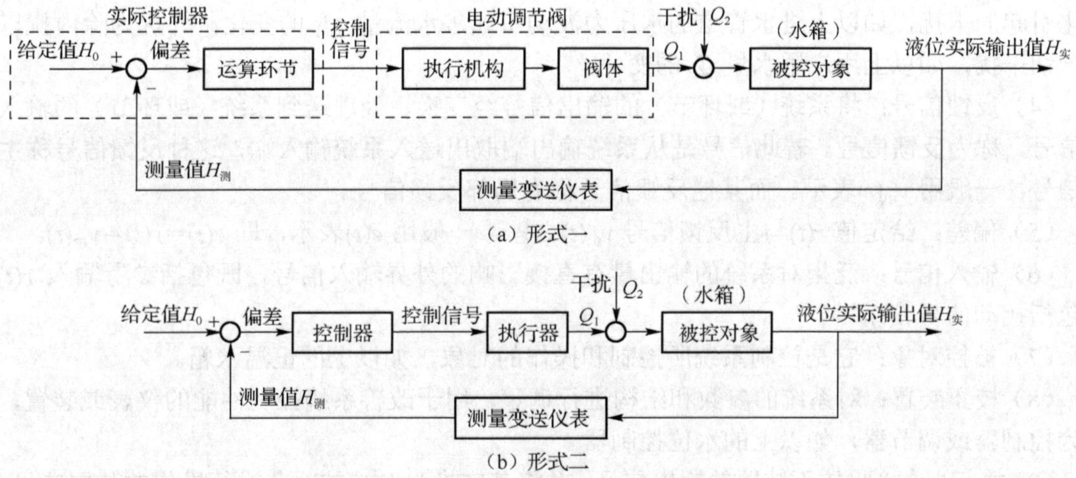

图 1-4 水箱液位自动控制系统的方框图

控制系统中的实际控制器是由信号比较机构和运算环节两部分组成的，如图 1-4（a）所示。但在控制系统的方框图表示中，为了突出其比较机构，通常将其简单表示成图 1-4（b）所示的形式。

1.2 自动控制系统的组成

为了实现各种复杂的控制任务，首先要将被控对象和控制装置按照一定的方式连接起来，组成一个有机总体，即自动控制系统。虽然自动控制系统根据被控对象和具体用途的不同，可以有各种各样的结构形式。但是，就其工作原理来说，一个典型自动控制系统的基本组成可用如图1-5所示的方框图来表示。

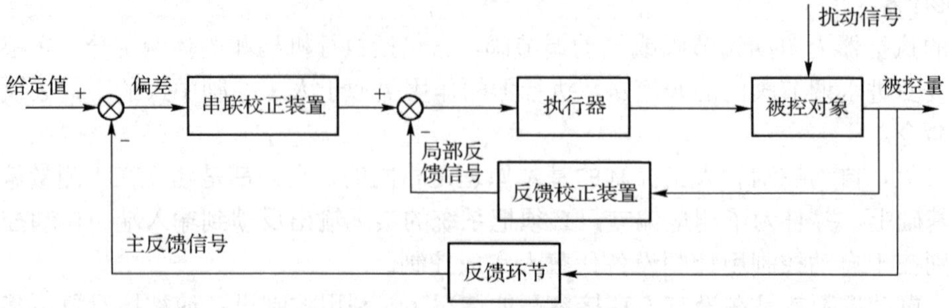

图1-5　典型自动控制系统的方框图

（1）被控量：是指控制系统中被控制的物理量，也称为输出量，一般用$y(t)$或$c(t)$表示，如以上水位的实际值$H_{实}$。

（2）给定值：在控制系统中被控量$y(t)$所希望的值，也称为参考输入，一般用$r(t)$表示，如以上水位的设定值H_0。

（3）扰动信号：使被控量偏移给定值的所有因素，它是系统要排除影响的量，一般用$n(t)$或$d(t)$表示。它包括内扰和外扰。内扰为调节阀不动作时，调节阀所在通道中物料的各种因素变化引起的干扰，如以上进水管道的水压力波动引起进水流量Q_1的变化；外扰为除内扰以外的一切干扰，如以上用户用水量Q_2的变化。

（4）反馈信号：将系统（或环节）的输出信号经变换、处理送到系统（或环节）的输入端的信号，称为反馈信号。若此信号是从系统输出端取出送入系统输入端，这种反馈信号称主反馈信号，一般用$y_m(t)$表示。而其他反馈信号称为局部反馈信号。

（5）偏差：给定值$r(t)$与主反馈信号$y_m(t)$之差，一般用$e(t)$表示，即$e(t)=r(t)-y_m(t)$。

（6）输入信号：泛指对系统的输出量有直接影响的外界输入信号，既包括参考输入$r(t)$，又包括扰动信号$n(t)$。

（7）被控对象：它是控制系统所控制和操作的对象，如以上的恒温水箱。

（8）校正装置：对系统的参数和结构进行调整，用于改善系统控制性能的仪表或装置，也称为控制器或调节器，如以上的水位控制器。

（9）执行器：接收校正装置的输出信号，并将其转换为对被控对象进行操作的装置或设备，如以上的电动调节阀。

（10）反馈环节：它用来测量被控量$y(t)$的实际值，并经过信号处理，转换为与被控制量有一定函数关系，且与输入信号同一物理量的信号。反馈环节一般也称为测量变送环节。

1.3　自动控制系统的基本控制方式

闭环控制是自动控制系统最基本的控制方式，也是应用最广泛的一种控制方式。除此之外，还有开环控制方式和复合控制方式，它们都有其各自的特点和不同的适用场合。

1．开环控制系统

开环控制系统是指无被控量反馈的控制系统，即需要控制的是被控对象的某一量（被控量），而被控量对于控制作用没有任何影响的系统。信号由给定值至被控量单向传递。这种控制较简单，但有较大的缺陷，即对象或控制装置受到干扰或工作中特性参数发生变化时，会直接影响被控量，而无法自动补偿。因此，系统的控制精度难以保证。从另一种意义上理解，也意味着对被控对象和其他控制元件的技术要求较高，如数控线切割机进给系统、包装机等多为开环控制。开环控制系统原理方框图如图 1-6 所示。信号流动由输入端到输出端单向流动。

2．闭环控制系统

若控制系统中信号除从输入端到输出端外，还有输出端到输入端的反馈信号，则构成闭环控制系统，也称反馈控制系统，方框图如图 1-7 所示。闭环控制的定义是有被控制量反馈的控制。从系统中信号流向看，系统的输出信号沿反馈通道又回到系统的输入端，构成闭合通道，故称闭环控制系统或反馈控制系统。这种控制方式，无论是由于干扰造成，还是由于结构参数的变化引起被控量出现偏差，系统就利用偏差去纠正偏差，故这种控制方式为按偏差调节。

闭环控制系统的突出优点是，利用偏差来纠正偏差，使系统达到较高的控制精度。但与开环控制系统比较，闭环系统的结构比较复杂，构造比较困难。需要指出的是，由于闭环控制存在反馈信号，利用偏差进行控制，如果设计得不好，将会使系统无法正常和稳定地工作。另外，控制系统的精度与系统的稳定性之间也常常存在矛盾。

图 1-6　开环控制系统原理方框图

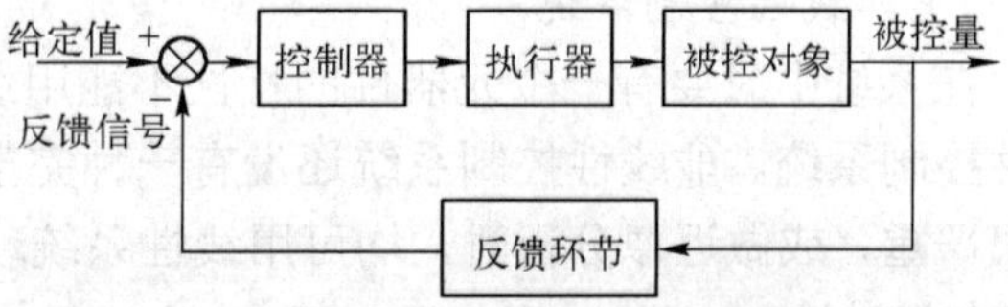

图 1-7　闭环控制系统方框图

3．复合控制系统

开环控制和闭环控制方式各有优缺点，在实际工程中应根据工程要求及具体情况来决定采用何种控制方式。如果事先预知给定值的变化规律，又不存在外部和内部参数的变化，则采用开环控制较好。如果对系统外部干扰无法预测，系统内部参数又经常变化，为保证控制精度，采用闭环控制则更为合适。如果对系统的性能要求比较高，为了解决闭环控制精度与稳定性之间的矛盾，可以采用开环控制与闭环控制相结合的复合控制系统或其他复杂控制系统。

1.4　自动控制系统的分类

自动控制系统根据控制方式及其结构性能和完成的任务，有多种分类方法。除以上按控制方式分为开环控制系统、闭环控制系统和复合控制系统外，还可以根据系统输入信号分为恒值控制系统、随动控制系统和程序控制系统；按系统性能又可以分为线性控制系统和非线性控制系统、连续控制系统和离散控制系统、定常控制系统和时变控制系统、确定性控制系统和不确定性控制系统等。下面简单介绍几种常见的分类方法。

1. 按系统输入信号形式划分

1）恒值控制系统（自动调节系统）

这种系统的特征是输入量为一恒值，通常称为系统的给定值。控制系统的任务是尽量排除各种干扰因素的影响，使输出量维持在给定值（期望值）。如工业过程中恒温、恒压和恒速等控制系统。

2）随动控制系统（跟踪控制系统）

该系统的输入量是一个事先无法确定的任意变化的量，要求系统的输出量能迅速平稳地复现或跟踪输入信号的变化。如雷达天线的自动跟踪系统和高炮自动瞄准系统就是典型的随动控制系统。

3）程序控制系统

系统的输入量不是常值，而是事先确定的运动规律，编成程序装在输入装置中，即输入量是事先确定的程序信号，控制的目的是使被控对象的被控量按照要求的程序动作。如数控车床就属此类系统。

2. 按系统微分方程形式划分

1）线性控制系统

组成系统元器件的特性均为线性的，可用一个或一组线性微分方程来描述系统输入和输出之间的关系。线性控制系统的主要特征是具有齐次性和叠加性。

2）非线性控制系统

在系统中只要有一个元器件的特性不能用线性微分方程描述其输入和输出关系，则称为非线性控制系统。非线性控制系统还没有一种完整、成熟、统一的分析法。通常对于非线性程度不很严重，或做近似分析时，均可用线性系统理论和方法来处理。非线性控制系统分析将在第7章专门讨论。

3. 按系统参数与时间有无关系划分

1）定常控制系统

如果描述系统特性的微分方程中各项系数都是与时间无关的常数，则称为定常控制系统。该类系统只要输入信号的形式不变，在不同时间输入下的输出响应形式是相同的。

2）时变控制系统

如果描述系统特性的微分方程中至少有一项系数是时间的函数，此系统称为时变控制系统。

4. 按系统传输信号形式划分

1）连续控制系统

系统中所有元件的信号都是随时间连续变化的，信号的大小均是可任意取值的模拟量，称为连续控制系统。

2）离散控制系统

离散控制系统是指系统中有一处或数处的信号是脉冲序列或数码。若系统中使用了采样开关，将连续信号转变为离散的脉冲形式的信号，此类系统也称为采样控制系统或脉冲控制系统。若采用数字计算机或数字控制器，其离散信号是以数码形式传递的，此类系统也称为数字控制系统。在这种控制系统中，一般被控对象的输入/输出是连续变化的信号，控制装置中的执行部件也常常是模拟式的，但控制器是用数字计算机实现的，所以，系统中必须有信号变换装置，如模/数转换器（A/D 转换器）和数/模转换器（D/A 转换器）。离散控制系统将是今后控制系统的主要发展方向，它的分析和设计将在第 8 章专门讨论。

5．按系统控制作用点个数划分

1）单输入单输出控制系统

若系统的输入量和输出量各为一个，则称其为单输入单输出控制系统，简称为单变量控制系统。

2）多输入多输出控制系统

若系统的输入量和输出量多于一个，称为多输入多输出控制系统，简称为多变量控制系统。对于线性多输入多输出控制系统，系统的任何一个输出等于每个输入单独作用下输出的叠加。

6．按系统的稳态误差划分

自动控制系统按系统在给定值或扰动信号的作用下是否存在稳态误差，分为有差控制系统和无差控制系统。恒值控制系统的主要任务是，当存在扰动信号时，保证被控量维持在希望值上，也就是说，要在有扰动信号的情况下保持被控量不变。随动控制系统主要是确定系统对给定值有差还是无差。

1）有差控制系统

在恒值控制系统中，如果某个系统经扰动信号作用经过一段时间后趋于某一恒定的稳态值，而被控量的实际值与期望值之差也逐渐趋于某一恒值，且这个值取决于扰动信号作用的大小，那么这个系统就称为对扰动有差的系统。在随动控制系统中，如果给定值经过一段时间之后趋于某一稳态值，系统的误差也趋于某一稳态值，则称此系统称为对给定值有差的系统。

2）无差控制系统

在恒值控制系统中，如果一个系统的扰动信号作用经过一段时间而趋于某一恒定的稳态值，而被控量的实际值与期望值之差逐渐趋于零，且与扰动信号作用的大小无关，那么这个系统就称为对扰动无差的系统。在随动控制系统中，如果不论给定值的大小如何变化，系统的误差趋于零，则称这一系统称为对给定值无差的系统。

应该强调指出，同一系统可能对扰动输入信号是有差的，而对给定输入信号是无差的，或者相反。因此在研究一个控制系统是有差还是无差时，必须指出是对扰动信号而言，还是对给定值而言。

7．按系统参数的空间分布特性划分

1）集中参数控制系统

严格来讲，任何元器件的参数都具有分布性。例如，用电阻丝绕成的电阻器，它的电阻并不是集中于某一点，而是沿着电阻丝的全长分布的，无论多么小的一段，都含有电阻，这是绕线电阻器的电阻参数的分布性。应当指出，在一定条件下，这种分布性可以不予考虑，根据串联合并的概念，可将电阻器的电阻由一个集中的电阻表示。

如果组成系统的实际元器件允许用如电阻、电感和电容等参数中的一个或数个来集中表征时，则称为集中参数元器件或理想电路元器件。由集中参数元器件构成的控制系统称为集中参数控制系统。

2）分布参数控制系统

但在某些情况下，对于本来是分布参数的元器件，如集中起来表示，则会使系统的计算极不准确，甚至发生严重错误。含有一个或多个分布参数元器件的控制系统称为分布参数控制系统。如均匀传输线就是一个十分重要的分布参数系统。

另外，自动控制系统还可以按系统的其他特征来分类，如按元器件类型可分为机械控制系统、电气控制系统、机电控制系统、液压控制系统、气动控制系统和生物控制系统等；按系统功用可分为温度控制系统、压力控制系统、流量控制系统和位置控制系统等，这里将不再一一讨论，有兴趣的读者可参阅有关文献。一般为了全面反映自动控制系统的特点，常常将上述各种方法组合应用。本书将从线性连续控制系统、非线性连续控制系统和线性离散控制系统三方面来研究自动控制系统的分析和设计问题。

1.5 自动控制系统的基本要求

尽管自动控制系统有不同的类型，对每个系统也都有不同的特殊要求，但对于各类系统来说，在已知系统的结构和参数时，我们感兴趣的都是系统在某种典型输入信号作用下，其被控变量变化的全过程，即动态过程和稳态。例如，对于恒值控制系统是研究扰动作用引起被控量变化的全过程；对随动控制系统是研究被控量如何克服扰动影响并跟随输入量的变化全过程。但是，对每一类系统被控量变化全过程提出的基本要求都是一样的，且可以归结为稳定性、快速性和准确性，即稳、快、准的要求。

1. 稳定性

稳定性是系统重新恢复平衡状态的能力。任何一个能够正常工作的控制系统，首先必须是稳定的，稳定是对自动控制系统的最基本要求。

当系统受到扰动的作用或者输入量发生变化时，被控量会发生变化偏离给定值。由于控制系统中一般都含有储能元件或惯性元件，而这些元件的能量不可能突变，因此，被控量不可能马上恢复到期望值，或者达到一个新的平衡状态，而总是要经过一定的过渡过程。通常把这个过程称为动态过程，而把被控量达到的平衡状态称为稳态。对于一个稳定的系统，其被控量偏移期望值的偏差应随时间的增长逐渐减小并趋近零。具体来讲，对于稳定的恒值控制系统，被控量因扰动而偏移期望值后，经过一个过渡过程时间，被控量应恢复到原来的期望值状态；对于稳定的随动控制系统，被控量应能始终跟踪输入量的变化。反之，不稳定的控制系统，其被控量偏离期望值的初始偏差将随时间的增加而发散。因此，不稳定的系统无法正常工作，也无法完成控制任务，甚至会毁坏设备，造成重大损失。

考虑到实际系统工作环境或参数的变动，可能导致系统不稳定，因此，除要求系统稳定外，还要求其具有一定的稳定裕量。

2. 快速性

为了很好完成控制任务，控制系统仅仅满足稳定性的要求是不够的，还必须对其动态过程的形式和快慢提出要求。例如，对于稳定的高射炮射角随动系统，虽然炮身最终能跟踪目标，但如果目标变动迅速，而炮身跟踪目标所需过渡过程时间过长，就不可能击中目标；对于稳定的自动驾驶仪系统，当飞机受阵风扰动而偏离预定航线时，具有自动使飞机恢复预定航线的能力，但在恢复过程中，如果机身摇晃幅度过大，或恢复速度过快，乘员就会感到不适。因此，对控制系统动态过程的最大振荡幅度和快速性一般都有具体要求。

快速性是对系统动态过程的要求。动态过程是指控制系统的被控量在输入信号作用下随时间变化的过程，衡量系统最大振荡幅度和快速性的品质好坏常采用单位阶跃信号作用下动态过程中的最大超调量、上升时间和过渡过程时间等性能指标。描述系统动态过程的动态性能也可以用平稳性和快速性加以衡量。平稳性是指系统由初始状态过渡到新的平衡状态时，具有较小的超调量和振荡性；快速性是指系统过渡到平衡状态所需要的过渡过程时间较短。

3．准确性

准确性是对系统稳态的要求，它是用稳态误差来衡量的。对一个稳定的系统而言，当过渡过程结束后，系统输出量的实际值与期望值之差称为稳态误差，它是衡量系统稳态性能即控制精度的重要指标。稳态误差越小，表示系统的准确度越好，控制精度越高。

由于被控对象的具体情况不同，各种系统对稳、快、准的要求应有所侧重。例如，恒值控制系统一般对稳态性能限制比较严格，随动控制系统一般对动态性能要求较高。同一系统稳、快、准是相互制约的。过分提高响应动作的快速性，可能会导致系统的强烈振荡；而过分追求系统的平稳性，又可能使系统反应迟钝，控制过程拖长，最终导致控制精度也变差。如何分析与解决这些矛盾，是自动控制理论研究的重要内容。

自动控制理论研究的主要内容是阐述对自动控制系统进行分析和设计的基本理论。在自动控制理论中，对实际控制系统进行分析和设计时，首先要建立研究问题的数学模型，进而利用所建立的数学模型来讨论对自动控制系统进行分析和设计的基本理论和方法。在已知系统数学模型下，计算和研究自动控制系统的性能并寻找系统性能与系统结构、参数之间的关系，称为控制系统的分析。如果已知对工程系统性能指标的要求，寻找合理的控制方案，这类问题称为控制系统的设计或校正。

1.6 自动控制理论的产生和发展

自动控制理论由经典控制理论、现代控制理论和智能控制理论组成，它是研究自动控制共同规律的技术科学，它的诞生与发展源于自动控制技术的应用。

1．自动控制技术的发展

人类发明具有“自动”功能的装置的历史，可以追溯到公元前 14 到公元前 11 世纪，在中国、埃及和巴比伦出现的自动计时漏壶。我国汉朝科学家张衡发明了浑天仪和地动仪，把自动控制思想应用到了天文观测仪器和地震观测仪器。公元 235 年，我国发明了按开环控制的自动指示方向的指南车，它是确定方位仪器中利用自动控制思想的成功事例。公元 1086 年左右，我国苏颂等人发明了按闭环控制工作的具有“天衡”自动调节机构和报时机构的水运仪象台，它是将用于天文观测的浑天仪和用于天文演示的浑象仪及自动计时装置结为一体的仪器。古埃及和古希腊出现了半自动的简单机器，如教堂庙门自动开启装置、自动洒圣水的铜祭司、投币式圣水箱和在教堂门口自动鸣叫的青铜小鸟等自动装置，这些都是一些互不相关的原始的自动装置，是一些个别的发明。17 世纪以后，随着生产的发展和科学的进步，在欧洲出现了多种自动装置，其中包括，1642 年法国物理学家帕斯卡发明了能自动进位的加法器；1657 年荷兰机械师惠更斯发明了钟表；1745 年英国机械师 E.李发明了带有风向控制的风磨，这种风磨可以利用尾翼的调向作用使主翼对准风向；1765 年俄国机械师波尔祖诺夫发明了浮子阀门式水位调节器，可以自动控制蒸汽锅炉的水位。这一时期，自动控制技术都是由于生产发展的需求而产生的。但比较自觉运用反馈原理设计出来并得到成功应用的是英国人瓦特（J.Watt）于 1788 年发明的离心式节速器（也叫做飞球调速器），瓦特用它来控制蒸汽机的蒸汽阀门，构成蒸汽机转速的闭环自动控制系统，从而实现了离心式节速器对蒸汽机转速的控制。瓦特的这项发明促进了近代自动调节装置的广泛应用，对由蒸汽机带来的第一次工业革命及以后的控制理论的发展都有重要的影响。在其他国家的各种发明还有 1854 年俄国机械学家和电工学家康斯坦丁诺夫发明的电磁调速器。1868 年法国工程师法尔科发明了反馈调节器，通过它来调节蒸汽阀，操纵蒸汽船的舵，这就是后来得到广泛应用的伺服机构。在 1868 年以前，自动化技术只是一些个别的发明和简单的应用，所以把它叫做第一阶段。在 1868 年之后，逐渐开始了对自动控制系统的理论分析和大规模的广泛应用，所以把它叫做第二阶段。

2. 自动控制理论的发展和形成

虽然各种简单自动控制装置的发明在 18 世纪以前经历了漫长的历史过程，但是它们对自动化技术的形成起到了先导作用；它们都是从实际经验中总结出来的，但是还没有理论分析和数学描述。17—18 世纪是自动化技术的逐渐形成时期，接下来是近代自动化技术的发展时期，数学描述和理论分析起到了至关重要的作用。人们最初遇到的是自动调节器的稳定性问题，由于瓦特发明的离心式调速器有时会造成系统的不稳定，使蒸汽机产生剧烈的振荡；到 19 世纪又发现了船舶上自动操舵机的稳定性问题。这些问题引起了人们的广泛关注，一些数学家尝试用微分方程来描述和分析系统的稳定性问题。对自动控制系统最初的数学描述是英国物理学家麦克斯韦（J.C.Maxwell），他在 1868 年发表了题为“论调速器”的论文，该文章总结了无静差调速器的理论。1876 年在法国科学院院报上，俄国机械学家 H.A.维什涅格拉茨基发表了题为“论调节器的一般理论”的论文，进一步总结了调节器的理论。维什涅格拉茨基用摄动理论使调节问题大为简化。他用线性微分方程描述了整个系统，包括控制器也包括被控对象，把稳定性问题简化成对齐次微分方程的通解的研究，使控制系统的动态特性仅取决于两个参量。由此推得系统的稳定条件，把参量平面划分成稳定区域和不稳定区域，这种划分又称为维什涅格拉茨基图。1875 年英国数学家劳斯（E.J.Routh）提出了著名的劳斯稳定判据，它是一种代数稳定判据，可以根据微分方程的系数来判定控制系统的稳定性。1895 年德国数学家赫尔维茨（A.Hurwitz）提出著名的赫尔维茨稳定判据，它是另一种形式的代数稳定判据。劳斯-赫尔维茨稳定判据是能预先根据传递函数或微分方程判定调节器稳定性的重要判据。1892 年俄国数学家李雅普诺夫（A.M.Lyapunov）发表了题为《论运动稳定性的一般问题》的专著，以数学语言形式给运动稳定性的概念下了严格的定义，给出了判别系统稳定的两种方法。李雅普诺夫第一法又称为一次近似法，明确了用线性微分方程分析稳定性的确切适用范围。李雅普诺夫第二法又称为直接法，不仅可以用来研究无穷小偏移时的稳定性，即小范围内的稳定性，而且可以用来研究一定限度偏移下的稳定性，即大范围内的稳定性。李雅普诺夫稳定性理论至今仍是分析自动控制系统稳定性的重要方法。

进入 20 世纪以后，由于工业革命的需要，人们开始采用自动控制装置来解决工业生产中提出的控制问题。自动控制器的应用标志着自动化技术进入新的历史时期。在这一时期，这些控制器都是一些跟踪给定值的装置，使一些物理量保持在给定值附近。工业生产中广泛应用各种自动控制装置，促进了对调节系统进行分析和综合的研究工作。到了20世纪20年代以后，美国开始采用比例、积分、微分调节器，简称PID调节器。PID调节器是一种模拟式调节器，现在还有许多工厂采用这种调节器。在20世纪最初的20年里，在自动控制器中已广泛应用反馈控制的结构。从20世纪20年代开始，越来越多的人开始致力于从理论上研究反馈控制系统。1922年N.米诺尔斯基发表了“关于船舶自动操舵的稳定性”论文。1925年英国电气工程师O.亥维赛把拉普拉斯变换应用到求解电网络的问题上，提出了运算微积分，求得瞬态过程。之后，拉普拉斯变换就被应用到分析自动调节系统，并取得了显著成效。把拉普拉斯变换引入到描述线性定常系统或线性元件的输入/输出关系，人们建立了传递函数，为分析自动控制系统提供了重要工具。在传递函数基础上，发展起来的是频率响应法即频率特性法，这种方法已成为经典控制理论中分析和综合自动控制系统的重要方法。再接下来发展的是反馈控制，1927年美国贝尔电话实验室在解决电子管放大器失真问题时，电气工程师H.S.布莱克从电信号的角度引入了反馈的概念。1932年美国电信工程师奈奎斯特（H.Nyquist）提出了著名的奈奎斯特稳定判据，可以直接根据系统的开环传递函数画出奈奎斯特图，所以可以判定反馈系统的稳定性，从而被认为是控制学科发展的开端。他还研究了PID控制器并提出了确定PID参数的方法。1934年，苏联科学家H.H.沃兹涅先斯基发表了“自动调节理论”。1934年美国科学家H.L.黑发表了“关于伺服机构理论”。1938年，苏联电气工程师A.B.米哈伊洛夫应用频率法研究自动控制系统的稳定性，提出著名的米哈伊洛夫稳定判据。通过理论的发展和积累，经典控制理论逐渐形成，这些论文的发表标志着经典控制理论的诞生。经典控制理论主要是研究单变量单回路控制系统，它包括了对单变量单回路控制系统的一系列分析方法。1939年美国麻省理工学院建立了伺服机构实验室，同年苏联科学院成立了自动学和运动学研究所。这是世界上第一批系统与控制的专业研究机构，它们为20世纪40年代形成经典控制理论和发展局部自动化积累了理论和人才，也做了理论上和组织上的准备。

随着自动控制理论的发展，程序控制、逻辑控制和自动机的思想得到了发展。1833年英国数学家C.巴贝奇在设计分析机时首先提出程序控制的概念，他尝试用法国发明家J.M.雅卡尔设计的编织地毯花样用的穿孔卡方法实现分析机的程序控制。1936年英国数学家图灵研制了著名的图灵机，成为现代数字电子计算机的雏形。他用图灵机定义可计算函数类，并建立了算法理论和自动机理论。1938年美国电气工程师香农和日本数学家中岛，以及1941年苏联科学家B.H.舍斯塔科夫，分别独立地建立了逻辑自动机理论，用仅有两种工作状态的继电器组成了逻辑自动机，实现了逻辑控制。

自动化技术的发展历史是一部人类以自己的聪明才智延伸和扩展器官功能的历史。自动化是现代科学技术和现代工业的结晶，它的发展充分体现了科学技术的综合应用。自动化技术是随着社会的需要而发展起来的，尤其是随着生产设备和军事设备的控制，以及航空航天工业的需要而发展起来的。在第二次世界大战期间，德国的空军优势和英国的防御地位，迫使美国、英国和西欧各国科学家集中精力设计和制造飞机及船用自动驾驶仪、火炮定位系统、雷达定位系统、雷达跟踪系统，以及其他基于反馈原理的军用装备。在解决这些问题的过程中，进一步促进并完善了自动控制理论的发展。第二次世界大战后，已形成完整的自动控制理论体系，这就是以传递函数为基础的经典控制理论，它主要研究单输入单输出、线性定常系统的分析和设计问题。

经典控制理论是在20世纪40—50年代完善的。在这一时期，伯德（H.W.Bode）于1945年出版了《网络分析和反馈放大器设计》一书，提出了基于频率响应的分析与综合反馈控制系统的理论和方法，即伯德图法。美国电信工程师埃文斯（W.R.Evans）于1948年提出了根轨迹法，为以复变量理论为基础的控制系统的分析和设计理论及方法开辟了新的途径。经典控制理论这一新的学科当时在美国称为伺服机构理论，在苏联称为自动调节理论，主要是解决单变量的控制问题。经典控制理论这个名称是1960年在第一届全美联合自动控制会议上提出的。在此次会议上，把系统与控制领域中研究单变量控制问题的学科称为经典控制理论，把研究多变量控制问题的学科称为现代控制理论。从某种角度来说，经典控制理论是现代控制理论的特例，现代控制理论则是经典控制理论的扩充。当时在分析和设计反馈伺服系统时广泛采用了传递函数和频率响应的概念。最常用的方法是奈奎斯特法（1932年）、伯德法（1945年）和根轨迹法（1948年）。在20世纪30—40年代为适应单变量调节和随动系统的设计而发展起来的频率法奠定了经典控制理论的基础，后来频率法成为分析和设计线性自动控制系统的主要方法。这种方法不仅能定性地判明设计方向，而且它本身也具有近似计算的性质。因此，对于在很大程度上仍然需要依靠经验和尝试的控制系统的工程设计问题来说，频率法是特别有效和特别受欢迎的。从20世纪40年代末开始在美国和西欧的一些大学给工科专业的大学生和研究生开设伺服机构理论的课程，在苏联的工科大学里则开设自动调节理论的课程。到了20世纪50年代在世界上一些主要工科大学的电气工程系里都设有自动化方面的专业，专门培养系统与控制方面的人才。1945年美国数学家维纳，把反馈的概念推广到一切控制系统。1948年维纳出版《控制论》一书，为控制理论奠定了基础。同年，美国电信工程师香农发表了《通信的数学理论》，为信息论奠定了基础。维纳和香农从控制和信息这两个侧面研究系统的运动，维纳还从信息的观点研究反馈控制的本质，从此人们对反馈和信息有了较为深刻的理解。

自动控制理论和社会生产及科学技术的发展密切相关，在近代得到极为迅速的发展。它不仅已经成功地运用并渗透到工农业生产、科学技术、军事、生物医学、社会经济及人类生活等诸多领域，而且在此过程中自动控制理论也发展成为一门内涵极为丰富的新兴学科。进入21世纪，随着经济和科学技术的迅猛发展，自动控制理论与许多学科相互交叉、渗透融合的趋势在进一步加强，自动控制理论的应用范围在不断扩大，自动控制理论在认识事物运动的客观规律和改造世界中将得到进一步的发展和完善。

3. 自动控制理论的研究内容

自动控制理论学科的发展经历了经典控制理论、现代控制理论和智能控制理论三个时期，各时期的研究内容如下。

1）“经典控制理论”时期

经典控制理论形成于20世纪20—50年代，它以拉普拉斯变换或z变换为数学工具，以传递函数或z传递函数为基础，主要研究单输入、单输出自动控制系统的分析与设计问题。基本内容包括时域分析法、根轨迹分析法（复域分析法）、频域分析法、相平面分析法和描述函数分析法等。经典控制理论虽然能够较好地解决单输入单输出反馈控制系统的问题，但它具有明显的局限性，突出的是难以有效地应用于时变系统和多变量系统，也难以揭示系统更为深刻的特性。

2）“现代控制理论”时期

现代控制理论形成于20世纪50—70年代。这个时期由于计算机技术、航空航天技术的迅速发展，控制理论有了重大的突破和创新。它所研究的对象不再局限于单变量的、线性的、定常的、连续的系统，而扩展为多变量的、非线性的、时变的、离散的系统。现代控制理论以线性代数和微分方程为主要数学工具，以状态空间法为基础，研究多输入、多输出、时变、非线性等自动控制系统的分析和设计问题。基本内容包括线性系统基本理论、系统辨识、最优控制理论、自适应控制理论和最佳滤波理论等。所谓状态空间法，本质上是一种时域分析方法，它不仅描述了系统的外部特性，而且揭示了系统的内部状态和性能。现代控制理论分析和综合系统的目标是在揭示其内在规律的基础上，实现系统在某种意义上的最优化，同时使控制系统的结构不再限于单纯的闭环形式。

3）"智能控制理论"时期

智能控制理论的发展始于20世纪60年代，它是一种能更好地模仿人类智能，能适应不断变化的环境，能处理多种信息以减少不确定性，能以安全可靠的方式进行规划、产生和执行控制作用，获得系统全局最优的性能指标的非传统的控制方法。智能控制理论是自动控制理论发展的高级阶段。它突破了传统控制中对象有明确的数学描述和控制目标是可以数量化的限制。它的基本内容包括专家控制理论、模糊控制理论、神经网络控制理论和进化控制理论等。

自动控制理论经过经典控制理论、现代控制理论和智能控制理论三个阶段的发展，产生了PID控制、自适应控制、最优控制、预测控制、模糊控制、神经网络控制、多变量控制、智能控制等适用于不同对象环境的控制算法，而控制系统的结构也从单一对象闭环控制系统，逐步发展到单一对象多环控制系统、多变量控制系统、分级控制系统、集散控制系统及综合自动化系统和复杂控制系统。

小　结

自动控制是指在没有人直接参与的情况下，利用控制装置使被控对象中某一物理量或数个物理量准确地按照预定的要求规律变化。

闭环控制是自动控制系统最基本的控制方式，一般由被控对象、控制器、执行器和反馈环节（测量变送装置）等构成。

自动控制系统根据控制方式及其结构性能和完成的任务，有多种分类方法。本书将从线性连续控制系统、非线性连续控制系统和线性离散控制系统三方面来研究自动控制系统的分析和设计问题。

自动控制系统的基本要求是在系统稳定的前提下，稳态精度要高，动态响应要快，这些要求可以归结为稳、快、准三个字。

自动控制理论研究的主要内容是阐述对自动控制系统进行分析和设计的基本理论和基本方法。在已知系统数学模型下，计算和研究自动控制系统的性能，称为系统的分析。如果已知对工程系统性能指标的要求，寻找合理的控制方案，这类问题称为系统的设计或校正。

自动控制理论由经典控制理论、现代控制理论和智能控制理论组成。其中经典控制理论以传递函数为基础，主要研究单输入单输出自动控制系统的分析与设计问题。

习　　题

1-1　什么是自动控制？它对于人类活动有什么意义？

1-2　自动控制系统由哪几大部分组成？各部分都有哪些功能？

1-3　试叙述人在伸手时的运动与控制过程。

1-4　什么是开环控制？什么是闭环控制？试比较开环控制系统和闭环控制系统的区别及其优缺点。

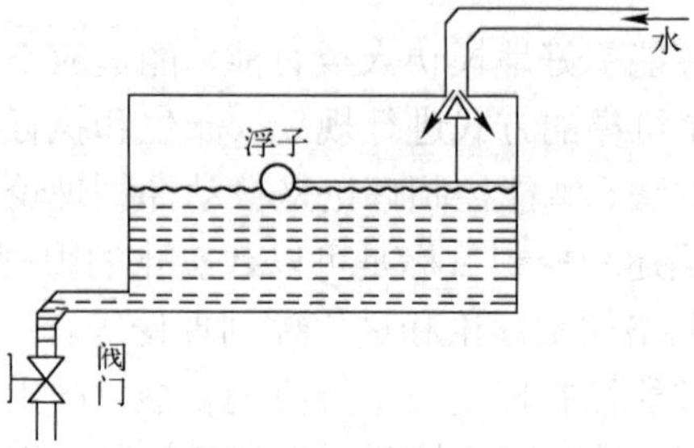

题 1-8 图

1-5　试列举几个日常生活中的开环控制系统及闭环控制系统，并说明其工作原理。

1-6　家用电器中，洗衣机是开环控制还是闭环控制？一般的电冰箱是何种控制？

1-7　题 1-8 图表示一个水位自动控制系统，试说明其作用原理。

1-8　题 1-9 图是恒温箱的温度自动控制系统，要求：

（1）画出控制系统的原理框图。

（2）当恒温箱的温度发生变化时，试叙述控制系统的调节过程。

（3）指出控制系统属于哪一类型？

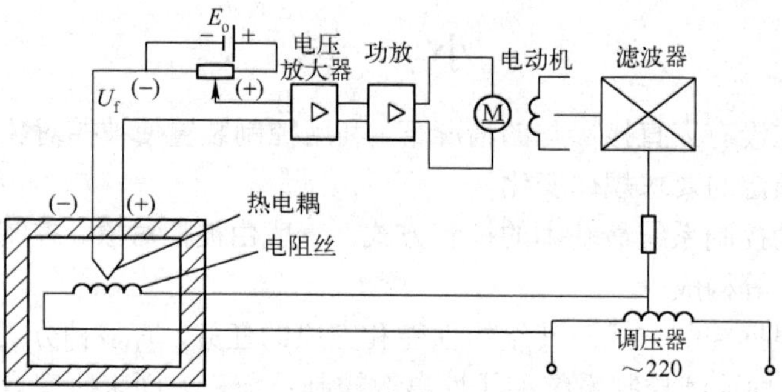

题 1-9 图

第2章

控制系统的数学模型

自动控制理论以自动控制系统为研究对象，无论是对控制系统进行分析还是进行设计，都需要建立控制系统的数学模型。所谓数学模型是指能够描述系统变量之间关系的数学表达式。工程系统一般都是动态系统，时域内连续时间集中参数系统的数学模型是反映系统输入量和输出量之间关系的微分方程。控制系统的数学模型不是唯一的，根据不同的建模目的可以建立不同的数学模型，即使对于相同的建模目的也可以建立不同形式的数学模型，对于工程上常见的线性定常连续系统，常用的数学模型有微分方程、传递函数、状态空间表达式、结构图和信号流图等。

2.1 微分方程

建立控制系统数学模型的方法有解析法和实验法两种。解析法也称机理分析法，属于理论建模的范畴，是通过分析控制系统的工作原理，利用组成控制系统的各个部分所遵循的物理学基本定律来建立变量之间的关系式。实验法也称实验辨识法，是通过实验，对系统在已知输入信号作用下的输出响应数据进行测量，利用模型辨识方法，来建立反映输入量和输出量之间关系的数学方程。一般只有较简单的系统可以通过机理分析法建立其数学模型，大多数系统的数学模型还需要通过实验法获得，这里只是为了满足系统分析和系统综合的需要，从认识数学模型和理解不同数学模型之间转换关系的角度出发，介绍通过机理分析建立控制系统数学模型的方法。

解析法建立控制系统微分方程的一般步骤：

（1）确定系统的输入量（包括扰动量）和输出量，引入必要的中间变量；

（2）分析系统的工作原理，根据系统运动过程中各部分所遵循的基本定律建立描述变量之间关系的方程式；

（3）将所得关系式联立起来，消去中间变量得到输入输出关系表达式，并且按降幂进行排列；

（4）必要时将微分方程的系数整理并表示为具有一定物理意义的量（如时间常数等）。

复杂系统是由一些简单装置按照一定的方式连接起来构成的，在已建立系统各组成部分微分方程的基础上，依据它们在系统中的连接关系消去中间变量，并写成标准形式，就是描述系统总的输入和总的输出之间关系的微分方程。需要注意的是，在对系统组成部分进行划分时，只有不存在负载效应的前后两级才能够分开建立各自的数学模型，对于有负载效应的前后两级，由于后一级的存在会对前一级的运动状态产生影响，所以只能作为一个整体建模。当负载效应很小或串联的两级之间有隔离放大器时，可不考虑负载效应。

2.1.1 微分方程的建立

1. 电气系统

电气系统中最常见的是由电阻元件、电容元件、电感元件及运算放大器等组成的无源或有源电路，也称电气网络。

例 2-1 图 2-1 所示为典型的 RLC 串联电路，以 $u_i(t)$ 为输入量，$u_o(t)$ 为输出量。列出该电路的微分方程。

解 引入回路电流 $i(t)$ 作为中间变量，由基尔霍夫电压定律可得

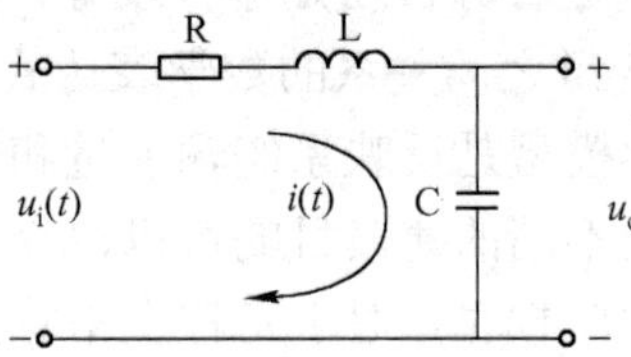

图 2-1 RLC 串联电路

$$Ri(t)+L\frac{\mathrm{d}i(t)}{\mathrm{d}t}+u_o(t)=u_i(t) \tag{2-1}$$

电容元件的变量约束关系为

$$i(t)=C\frac{\mathrm{d}u_o(t)}{\mathrm{d}t} \tag{2-2}$$

将式（2-2）代入式（2-1）中，消去中间变量 $i(t)$，将与输出量和输入量有关的各项分别移到等号左右两边，并按导数的降幂形式排列，可得描述系统输入量和输出量之间关系的微分方程

$$LC\frac{\mathrm{d}^2u_o(t)}{\mathrm{d}t^2}+RC\frac{\mathrm{d}u_o(t)}{\mathrm{d}t}+u_o(t)=u_i(t) \tag{2-3}$$

电路系统中，时间常数是一个具有实际意义的量。可令 $T_1=\frac{L}{R}$，$T_2=RC$，进一步整理可将式（2-3）写成

$$T_1T_2\frac{\mathrm{d}^2u_o(t)}{\mathrm{d}t^2}+T_2\frac{\mathrm{d}u_o(t)}{\mathrm{d}t}+u_o(t)=u_i(t) \tag{2-4}$$

显然，这里 RLC 串联电路的数学模型是一个二阶的线性常系数微分方程，所以称该系统为一个二阶线性定常系统。

仍以图 2-1 所示系统为例，$u_i(t)$ 作为输入量不变，如果选择电容器极板上的电荷量 q 作为输出量，那么在已建立的数学方程式（2-4）中，变量 $u_o(t)$ 成为系统的一个中间变量。这时，需要对系统做进一步的分析，找出中间变量与输入量、输出量之间的相应关系，将中间变量从微分方程中去除，才能得到系统的数学模型。由于线性电容元件的电容值 C 与电容器两端的电压 $u_o(t)$ 及电容器极板上的电荷量 q 之间的关系为

$$u_o=\frac{q}{C} \tag{2-5}$$

将式（2-5）代入式（2-3）中，可得

$$L\frac{\mathrm{d}^2q}{\mathrm{d}t^2}+R\frac{\mathrm{d}q}{\mathrm{d}t}+\frac{1}{C}q=u_i(t) \tag{2-6}$$

比较式（2-6）和式（2-3）可知，对于同一个系统，当输入量、输出量选择不同时，可以建立不同的数学模型。

再考虑图 2-1 所示系统当电感值 $L=0$ 时的情况，此时的电路是一个常用的 RC 滤波网络，容易得到其数学模型为

$$RC\frac{\mathrm{d}u_{\mathrm{o}}(t)}{\mathrm{d}t}+u_{\mathrm{o}}(t)=u_{\mathrm{i}}(t) \tag{2-7}$$

2．机械系统

机械系统是指存在有机械运动的装置，典型的机械位移系统由质量、弹簧和阻尼器构成。

例 2-2　图 2-2 所示为由质量、弹簧和阻尼器构成的机械位移系统。其中 m 为物体的质量，k 为弹簧的弹性系数，f 为阻尼器的阻尼系数。要求确定外力 $F(t)$ 为输入量，位移 $y(t)$ 为输出量时，系统的微分方程。

解　引入中间变量 F_{k}、F_{f} 分别表示弹簧的弹性力和阻尼器产生的阻尼力。物体所受重力为 mg，用 y_0 表示外力 $F(t)=0$ 系统处于平衡状态时弹簧的伸长量，则有

$$F_{\mathrm{k}}=k(y-y_0) \tag{2-8}$$

$$mg=ky_0 \tag{2-9}$$

$$F_{\mathrm{f}}=f\frac{\mathrm{d}y}{\mathrm{d}t} \tag{2-10}$$

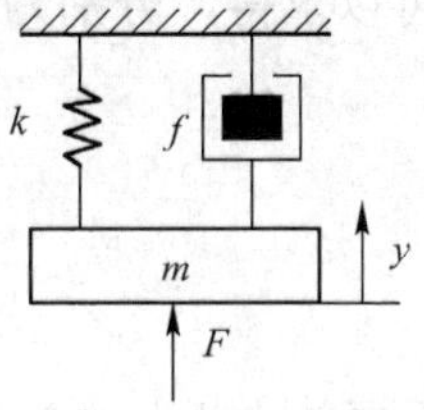

图 2-2　质量-弹簧-阻尼器系统

根据牛顿第二定律，可以写出物体的受力平衡方程为

$$F(t)-F_{\mathrm{k}}-F_{\mathrm{f}}-mg=m\frac{\mathrm{d}^2y}{\mathrm{d}t^2} \tag{2-11}$$

将式（2-8）、式（2-9）和式（2-10）代入式（2-11）中，消去中间变量并将所得方程整理成标准形式，有

$$m\frac{\mathrm{d}^2y}{\mathrm{d}t^2}+f\frac{\mathrm{d}y}{\mathrm{d}t}+ky=F \tag{2-12}$$

显然，这也是一个二阶线性定常系统。我们知道，同一物理系统可以具有不同形式的数学模型，比较式（2-6）和式（2-12）可以看出，两个不同性质的物理系统也可以用相同的数学模型来描述。

像这样具有相同数学模型的不同物理系统被称之为相似系统，称相似系统中位于对应位置上的物理量为相似量，并根据相似系统的输入变量对相似系统进行分类。例如式（2-6）描述的外电压引起的系统电荷变化和式（2-12）描述的外力引起的系统运动，称为力-电压相似系统，其中机械系统的变量 y 和参数 m、f、k 分别与电气系统的变量 q 和参数 L、R、$1/C$ 是对应的相似量。除此以外，还有其他类型的相似系统，如力-力矩相似系统、力-电流相似系统等。

3．热力学系统

凡是包含有能将热量从一种物质传递到另一种物质的系统称为热力系统。热力系统的参数通常分布在整个物质中，在对系统精度要求不高时，可以采用热阻和热容这样的集中参数来表示系统。

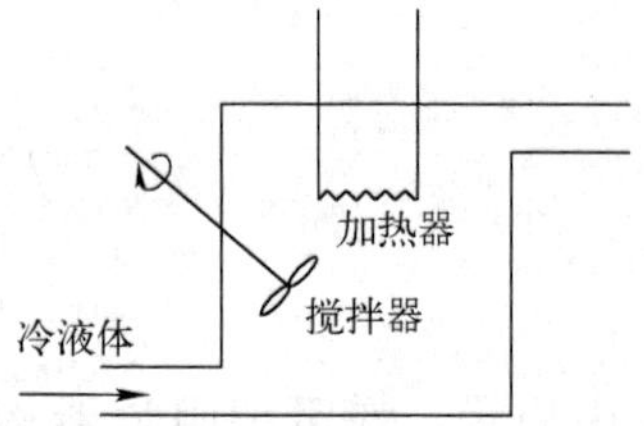

图 2-3　热力系统

例 2-3　图 2-3 所示热力系统，要求建立平衡状态下，输入到系统的热流量（由加热器提供热量）改变量为 h_i、其他因素不变时，输出液体温度的改变量 θ 与 h_i 的关系方程。假设（1）容器处于隔绝状态，不向周围的空气散发热量。（2）容器中的液体混合均匀，液体中各点的温度是相同的。（3）表示变量的符号为：θ_i 为流入容器液体的稳态温度（℃）；θ_o 为流出容器液体的稳态温度（℃）；G 为稳态液体的流量（kg/s）；M 为容器内的液体质量（kg）；c 为液体的比热容（kJ/kg・℃）；R 为热阻（℃・s/kJ）；C 为热容（kJ/℃）；H 为稳态时输入的热流量（kJ/s）。

解　当输入到系统的热流量与系统输出的热流量相等时，流出液体的温度保持不变，系统处于平衡状态。这时，如果输入到系统的热流量从 H 突然改变到 $H+h_i$，那么，系统输出的热流量将随之改变，由 H 逐渐地变化到 $H+h_o$，输出液体的温度也将从 θ_o 改变到 $\theta_o+\theta$。h_o、R 和 C 可以求得，分别为

$$h_o = Gc\theta \tag{2-13}$$

$$C = Mc \tag{2-14}$$

$$R = \frac{\theta}{h_o} = \frac{1}{Gc} \tag{2-15}$$

根据热力学基本定律，有

$$C\frac{\mathrm{d}\theta}{\mathrm{d}t} = h_i - h_o \tag{2-16}$$

联立方程，消去中间变量 h_o，可得

$$RC\frac{\mathrm{d}\theta}{\mathrm{d}t} + \theta = Rh_i$$

4．液位系统

例 2-4　考虑图 2-4 所示液位控制系统，其中水箱水位 H 为被控量，忽略次要因素，引起水箱水位变化的物理量主要是输入流量 Q_1 和负载流量 Q_2。试确定该系统，在节流阀开度一定时水箱水位与输入流量的关系方程。

解　根据物质守恒定律，列出液位系统流体过程的关系方程为

$$\frac{\mathrm{d}H}{\mathrm{d}t} = \frac{Q_1 - Q_2}{A} \tag{2-17}$$

式中，A 为容器截面积。当节流阀开度一定时，通过包含连接导管和容器的液体流量为

$$Q_2 = K\sqrt{H} \tag{2-18}$$

式中，K 为节流阀的流量系数。

将式（2-18）代入（2-17）中可得水箱水位与进水流量的关系方程

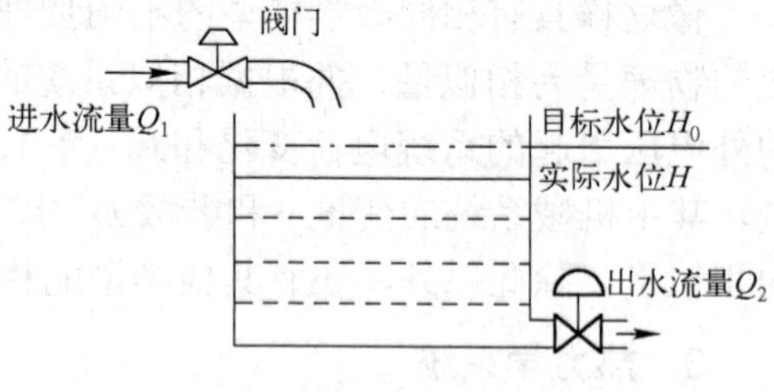

图 2-4　液位控制系统示意图

$$\frac{\mathrm{d}H}{\mathrm{d}t} + \frac{K}{A}\sqrt{H} = \frac{1}{A}Q_1$$

显然，这是一个非线性微分方程，所以液位系统是非线性的。

5．直流电动机调速系统

例 2-5　图 2-5 所示为一直流调速系统，其中执行机构是一台电枢控制的他励直流电动机，利用测速发电机实现速度的负反馈。图中 ω 为电动机转速，M_c 为折合到电动机轴上的总负载转矩，U_a 为电动机电枢电压，建立系统的微分方程。

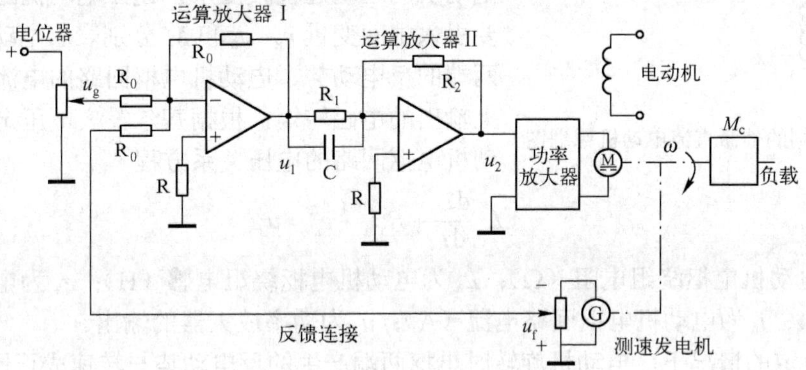

图 2-5　转速自动控制系统原理图

解　直流调速系统中，电动机和负载组成广义被控对象，系统输出量为电动机转速 ω，u_g 为给定输入，M_c 是扰动作用。系统由输入电位器、运算放大器 I、运算放大器 II、功率放大器、广义被控对象和反馈部分组成。运算放大器 I 起信号求差作用；运算放大器 II 起校正作用，它使系统稳定工作且有较好的动态性能，图 2-6 所示为该系统的框图。

（1）运算放大电路 I

$$u_1 = -(u_g - u_f) \tag{2-19}$$

由于 u_g 和 u_f 以同样的比例关系反映与转速之间的关系，又通过相同阻值的输入电阻送入运算放大器 I，所以 u_1 是与实际转速和目标转速之差成正比的电压。

（2）运算放大电路 II

$$u_2 = -K_1\left(\tau \frac{\mathrm{d}u_1}{\mathrm{d}t} + u_1\right) \tag{2-20}$$

式中，$K_1 = R_2 / R_1$ 为比例系数；$\tau = R_1 C$ 为时间常数。

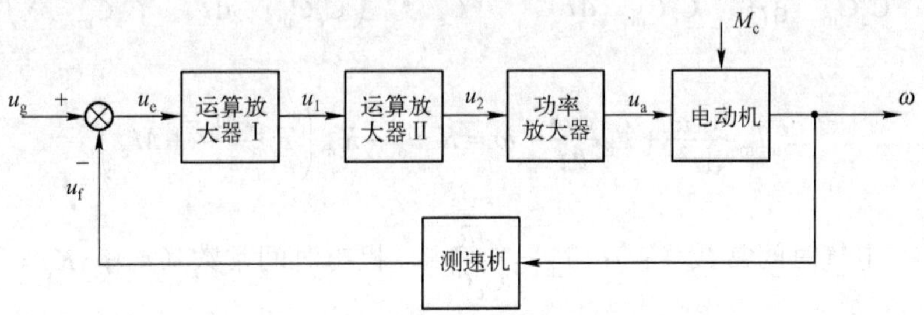

图 2-6　转速自动控制系统框图

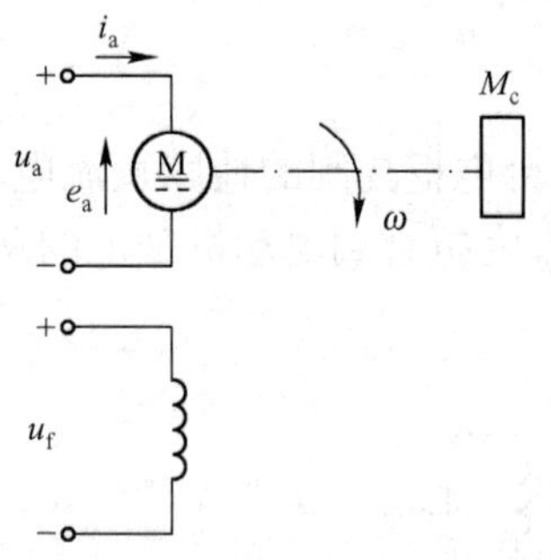

图2-7　电枢控制的他激直流电动机原理图

（3）功率放大器

$$u_a = K_2 u_2 \tag{2-21}$$

式中，K_2为功率放大器放大系数。

（4）电动机

电枢控制的他激直流电动机原理图如图2-7所示。电动机的运动过程较复杂，建立电动机的微分方程时需要引入中间变量e_a、i_a和M分别表示电动机旋转时电枢两端的反电动势、电动机电枢回路的电流和电动机转轴上输出的电磁转矩，根据基尔霍夫电压定律可以写出电动机电枢回路的电压关系方程

$$L_a\frac{\mathrm{d}i_a}{\mathrm{d}t} + R_a i_a + e_a = u_a \tag{2-22}$$

式中，R_a为电动机电枢绕组电阻（Ω）；L_a为电动机电枢绕组电感（H）；e_a为电动机电枢两端反电动势（V）；i_a为电动机电枢回路电流（A）；u_a为功率放大器的输出。

在磁场恒定的情况下，电动机旋转时电枢两端产生的反电动势与转速成正比，有

$$e_a = C_e\omega \tag{2-23}$$

式中，C_e为电动机的电势常数（V·s/rad），与电动机的结构有关。

电动机轴上输出的电磁转矩方程为

$$M = C_m i_a \tag{2-24}$$

式中，M为电动机转轴输出的电磁转矩（N·m）；C_m为电动机的转矩常数（N·m/A），由电动机的结构决定。

忽略弹性变形和黏性摩擦力，电动机轴上的动力学方程为

$$J\frac{\mathrm{d}\omega}{\mathrm{d}t} = M - M_c \tag{2-25}$$

式中，J为折算到电动机轴上的总转动惯量（$\mathrm{kg\cdot m^2}$）。

联立式（2-22）～式（2-25），消去中间变量，可得与转速ω与电枢电压u_a、负载扰动M_c的关系方程为

$$\frac{L_aJ}{C_eC_m}\cdot\frac{\mathrm{d}^2\omega}{\mathrm{d}t^2} + \frac{R_aJ}{C_eC_m}\cdot\frac{\mathrm{d}\omega}{\mathrm{d}t} + \omega = \frac{1}{C_e}u_a - \left(\frac{L_a}{C_eC_m}\cdot\frac{\mathrm{d}M_c}{\mathrm{d}t} + \frac{R_a}{C_eC_m}M_c\right) \tag{2-26}$$

整理可得

$$T_aT_m\frac{\mathrm{d}^2\omega}{\mathrm{d}t^2} + T_m\frac{\mathrm{d}\omega}{\mathrm{d}t} + \omega = K_u u_a - K_m\left(T_a\frac{\mathrm{d}M_c}{\mathrm{d}t} + M_c\right) \tag{2-27}$$

式中，$T_a = \frac{L_a}{R_a}$，电气时间常数（s）；$T_m = \frac{JR_a}{C_eC_m}$，机电时间常数（s）；$K_u = \frac{1}{C_e}$，电枢电压作用系数（rad/(s·V)）；$K_m = \frac{R_a}{C_eC_m}$，负载转矩作用系数（rad/(s·kg·m)）。

（5）发电机测速反馈部分

$$u_f = K_f\omega \tag{2-28}$$

式中，u_f为测速发电机产生的正比于电动机转速的电压，K_f为比例系数。

合并式（2-19）～式（2-21）和式（2-27）、式（2-28），消去中间变量u_1、u_2、u_a和u_f，整理可得

$$\begin{aligned}&T_aT_m\frac{d^2\omega}{dt^2}+T_m\frac{d\omega}{dt}+\omega\\&=K_1K_2K_u\left(\tau\frac{du_g}{dt}+u_g\right)-K_1K_2K_uK_f\left(\tau\frac{d\omega}{dt}+\omega\right)-K_m\left(T_a\frac{dM_c}{dt}+M_c\right)\end{aligned} \tag{2-29}$$

进一步整理，并令$K_0=K_1K_2K_u$；$K=K_1K_2K_uK_f$，则有

$$\frac{T_aT_m}{1+K}\frac{d^2\omega}{dt^2}+\frac{T_m+K\tau}{1+K}\frac{d\omega}{dt}+\omega=\frac{K_0}{1+K}\left(\tau\frac{du_g}{dt}+u_g\right)-\frac{K_m}{1+K}\left(T_a\frac{dM_c}{dt}+M_c\right) \tag{2-30}$$

由式（2-30）可知，图 2-5 所示直流调速系统是一个二阶线性定常系统，被控量是转速ω，它既受到给定输入量u_g的控制，也受扰动量M_c的影响，由于线性系统符合叠加原理，即u_g和M_c共同作用下系统的输出响应等于它们各自单独作用下系统响应的叠加，所以式（2-30）也可用下面的两个方程共同描述，即$M_c=0$时，ω和给定输入u_g的关系方程

$$\frac{T_aT_m}{1+K}\frac{d^2\omega}{dt^2}+\frac{T_m+K\tau}{1+K}\frac{d\omega}{dt}+\omega=\frac{K_0}{1+K}\left(\tau\frac{du_g}{dt}+u_g\right) \tag{2-31}$$

和$u_g=0$时，ω和负载扰动M_c的关系方程

$$\frac{T_aT_m}{1+K}\frac{d^2\omega}{dt^2}+\frac{T_m+K\tau}{1+K}\frac{d\omega}{dt}+\omega=-\frac{K_m}{1+K}\left(T_a\frac{dM_c}{dt}+M_c\right) \tag{2-32}$$

上述系统微分方程建立中，不同类型系统可具有形式相同的数学模型，这些具有形式相同数学模型的相似系统揭示了不同物理现象之间的相似关系，当这些相似系统中相似的参数取同样的数值、输入变量具有相同的函数形式时，这两个系统输出量的变化规律是相同的。因此，利用相似系统的概念，可以用一个易于实现的系统来研究与其相似的复杂系统。相似系统的理论也是控制系统仿真研究法的依据。

一般情况下，描述线性定常连续系统输入/输出关系的微分方程，可表示为

$$\begin{aligned}&a_0\frac{d^n}{dt^n}y(t)+a_1\frac{d^{n-1}}{dt^{n-1}}y(t)+\cdots+a_{n-1}\frac{d}{dt}y(t)+a_ny(t)\\&=b_0\frac{d^m}{dt^m}r(t)+b_1\frac{d^{m-1}}{dt^{m-1}}r(t)+\cdots+b_mr(t)\end{aligned} \tag{2-33}$$

式中，$r(t)$为输入量；$y(t)$为输出量；$a_i(i=0,1,2,\cdots,n)$和$b_j(j=0,1,2,\cdots,m)$是由系统本身结构和参数决定的系数，实际系统中这些系数都是实数，且 $n\geqslant m$。输出变量$y(t)$的导数的最高阶次是微分方程的阶，也称系统的阶。

2.1.2 微分方程的增量表示

列写微分方程时还应注意微分方程的增量化表示。从微分方程式可以看出，若电动机处于平衡状态，变量的各阶导数均为零，则微分方程变为代数方程，式（2-27）表示的电动机转速与电枢电压及负载转矩的关系为

$$\omega=K_uu_a-K_mM_c \tag{2-34}$$

描述平衡状态下系统输入/输出之间关系的方程，称为静态特性方程，也称静态数学模型。系统的静态数学模型是一个时域内的代数方程，可以用关系曲线来表示，称为静态特性曲线。式（2-34）中，M_c为常数时，电动机转速ω和电枢电压u_a的关系曲线称为电动机的控制特性；u_a为常数时，电动机转速ω和负载转矩M_c的关系曲线称为电动机的机械特性或外特性。若$u_a=M_c=0$，则$\omega=0$，电动机处于静止状态。静止也是控制系统的一种平衡状态，称为零平衡状态。在前面列写微分方程时，所有变量都是相对于零平衡状态取值的。位置随动系统中，直流电动机工作在位置伺服状态，它的平衡状态就是零平衡状态，而在恒转速控制系统中，直流电动机的平衡状态是一种恒定转速的非零平衡状态。若电动机工作在非零平衡状态附近，则输出量和输入量可以表示为

$$\begin{cases} u_a = u_{a0} + \Delta u_a \\ M_c = M_{c0} + \Delta M_c \\ \omega = \omega_0 + \Delta\omega \end{cases} \tag{2-35}$$

式中，u_{a0}、M_{c0}和ω_0分别表示平衡状态处u_a、M_c和ω的数值，Δ表示增量，故有

$$\omega_0 = K_u u_{a0} - K_m M_{c0} \tag{2-36}$$

将式（2-35）和式（2-36）代入式（2-27）中，整理，可得

$$T_a T_m \frac{d^2\Delta\omega}{dt^2} + T_m \frac{d\Delta\omega}{dt} + \Delta\omega = K_u \Delta u_a - K_m\left(T_a \frac{d\Delta M_c}{dt} + \Delta M_c\right) \tag{2-37}$$

式（2-37）是电动机微分方程在平衡状态附近的增量化表示。比较可知，式（2-27）和式（2-37）具有相同的形式，不同的是式（2-37）描述的是平衡状态附近变量的变化量之间的关系。对于工作在恒定负载下的直流电动机，$\Delta M_c=0$，则有

$$T_a T_m \frac{d^2\Delta\omega}{dt^2} + T_m \frac{d\Delta\omega}{dt} + \Delta\omega = K_u \Delta u_a \tag{2-38}$$

在电枢电压恒定，而负载转矩变化时，$\Delta u_a=0$，式（2-37）表明，负载的变化将引起电动机转速的变化。当电动机工作在零平衡状态附近时，增量就是变量本身。

2.1.3 非线性微分方程的线性化

在构成控制系统的各部分中只要有一个非线性环节，这部分的微分方程就是非线性的，致使导出整个系统的微分方程是非线性微分方程。事实上，任何一个元件都存在有非线性特性，只是非线性的程度不同而已，因此，严格意义上讲实际系统的微分方程都是非线性的，但由于非线性微分方程不像线性微分方程那样有一个统一的求解方法，这给控制系统的分析带来很大的困难。如果能够在提出合理假设的前提条件下或在一定的范围内对非线性微分方程进行线性化处理，得到非线性系统的线性化微分方程，这样就可以将线性系统的理论应用于非线性系统的研究中。事实上，工程系统中很多非线性特性都可以在一定的条件下近似做线性特性处理。在建立系统数学模型时，线性化是一种常用的方法，而且也是相当有效的。

非线性特性线性化的基本思路是当控制系统工作在一个平衡状态附近时，在平衡状态处将非线性特性展开成泰勒级数表示，若系统在工作中满足偏离静态工作点不大的条件，则可忽略泰勒级数展开式中那些偏差的非线性项，用只含有偏差线性项的关系式近似表示工作点附近的非线性特性。几何上表现为在静态工作点处的小范围内用工作点处的切线代替实际的非线性特性曲线来对系统进行分析。因此，在对非线性特性微分方程进行线性化时，应满足下面几个基

本假定：

（1）假定非线性环节具有静态非线性特性，表示为

$$y = f(x) \tag{2-39}$$

式中，x、y 分别表示非线性环节的输入量和输出量，非线性函数 $f(\cdot)$ 连续且各阶导数存在。

（2）控制系统有一个额定的工作状态，即系统有一个静态工作点（平衡状态），如图 2-8 中的 $A(x_0, y_0)$点。

（3）系统工作过程中，自变量偏离工作点的偏差量$|\Delta x|$很小，即满足微偏条件。

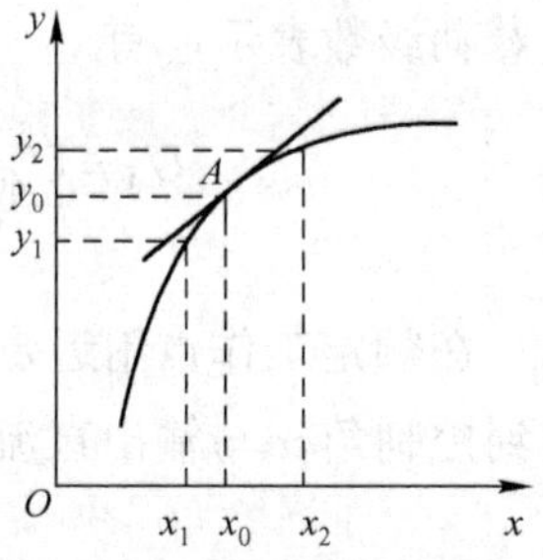

图 2-8　非线性函数的线性化

当上述三个条件满足时，系统中的变量可表示为

$$\begin{cases} x = x_0 + \Delta x \\ y = y_0 + \Delta y \end{cases} \tag{2-40}$$

而且满足下面的关系，即

$$y_0 = f(x_0) \tag{2-41}$$

将式（2-39）表示的非线性特性在图 2-8 中的 A 点处展开成泰勒级数，有

$$y = f(x) = f(x_0) + \left.\frac{\mathrm{d}y}{\mathrm{d}x}\right|_{x=x_0}(x - x_0) + \frac{1}{2!}\left.\frac{\mathrm{d}^2 y}{\mathrm{d}x^2}\right|_{x=x_0}(x - x_0)^2 + \cdots \tag{2-42}$$

将式（2-41）代入式（2-42）并整理，可得

$$y - y_0 = \left.\frac{\mathrm{d}y}{\mathrm{d}x}\right|_{x=x_0}(x - x_0) + \frac{1}{2!}\left.\frac{\mathrm{d}^2 y}{\mathrm{d}x^2}\right|_{x=x_0}(x - x_0)^2 + \cdots \tag{2-43}$$

当满足微偏条件即$|x - x_0|$很小时，(x–x_0) 的高阶项可忽略，所以有

$$\Delta y = K\Delta x \tag{2-44}$$

式中，$K = \left.\frac{\mathrm{d}y}{\mathrm{d}x}\right|_{x=x_0}$，是一个与工作点有关的常数。

在处理非线性特性线性化问题时，需要注意以下几点。

（1）静态非线性特性的线性化方程是一个直线方程，直线的斜率是非线性函数在静态工作点处的导数，系统的工作点不同，其数值一般也不同，得到的线性化模型也不同，因此，在线性化时，必须首先确定静态工作点。

（2）如果非线性特性在某些点处不可导，那么，在这些点处非线性特性的泰勒级数展开式是不存在的，这不符合线性化的条件，这类非线性特性称为本质非线性特性。具有本质非线性特性的控制系统分析将在第 7 章中介绍。

（3）如果非线性特性的输入量在平衡点附近一个较大的范围内变化，使用线性化方法建立数学模型将导致较大的误差。所以非线性特性的线性化是有条件的。

（4）线性化后的系统方程是增量形式的方程，在求取系统总的微分方程时，构成系统的其他部分也要用增量形式的方程表示，所得系统的线性化微分方程是一个增量形式的线性微分方程。为了方便，一般可略去增量符号。

例 2-6　三相桥式晶闸管整流电路的输入量为触发器的控制角 α，输出量为整流输出电压

U_d。控制角与整流输出电压之间的关系为：$U_d = 2.34U_I \cos\alpha$。其中，U_I 是输入交流电电压的有效值。求其线性化数学模型。

解 显然，整流输出电压 U_d 是触发器控制角 α 的非线性连续函数，且各阶导数存在。设额定工作点为 (α_0, U_{d0})，当系统在额定工作点附近工作时，可以在 $\alpha = \alpha_0$ 处将非线性函数展开成泰勒级数表示，有

$$U_d = U_{d0} + \left.\frac{dU_d}{d\alpha}\right|_{\alpha=\alpha_0}(\alpha - \alpha_0) + \frac{1}{2!}\left.\frac{d^2U_d}{d\alpha^2}\right|_{\alpha=\alpha_0}(\alpha - \alpha_0)^2 + \cdots \tag{2-45}$$

在额定工作点附近 α 的变化量不大，即 $|\Delta\alpha| = |\alpha - \alpha_0|$ 很小时，可以忽略 $(\alpha - \alpha_0)$ 的高次项，得到控制角 α 与输出直流电压 U_d 的线性关系方程

$$U_d - U_{d0} = K(\alpha - \alpha_0)$$

写成增量形式

$$\Delta U_d = K\Delta\alpha \tag{2-46}$$

式中，$K = \left.\frac{dU_d}{d\alpha}\right|_{\alpha=\alpha_0} = -2.34U_I \sin d_0$，是一个由工作点确定的常数。

2.2 传 递 函 数

微分方程是在时域中描述系统动态性能的数学模型。在给定输入和初始条件已知的情况下，直接对微分方程进行求解，可得系统的输出响应。这种方法具有直观、准确的特点，但当系统的阶次较高时，微分方程的求解将十分困难。虽然微分方程的解与系统的结构和参数有关，但要找出两者之间的这种对应关系并不容易。另外，如果微分方程的解（系统输出响应）不满足设计要求，根据时域响应确定系统应有的结构和参数几乎是不可能的。

传递函数是线性定常连续系统最重要的数学模型之一，是数学模型在复频域内的表示形式。利用传递函数，不必求解微分方程就可以求取初始条件为零的系统在任意形式输入信号作用下的输出响应，还可以研究结构和参数的变化对控制系统性能的影响。经典控制理论的主要研究方法——根轨迹分析法和频域分析法都是建立在传递函数基础上的。

2.2.1 传递函数的定义

传递函数定义为：零初始条件下，线性定常连续系统输出量的拉普拉斯变换象函数与输入量的拉普拉斯变换象函数之比。

零初始条件下，对线性定常连续系统的微分方程式（2-33）进行拉普拉斯变换，设输入量和输出量的拉普拉斯变换象函数分别为 $R(s) = L[r(t)]$，$Y(s) = L[y(t)]$，根据拉普拉斯变换的线性性质和微分性质可得

$$(a_0s^n + a_1s^{n-1} + \cdots + a_{n-1}s + a_n)Y(s) = (b_0s^m + b_1s^{m-1} + \cdots + b_{m-1}s + b_m)R(s) \tag{2-47}$$

则有

$$\frac{Y(s)}{R(s)} = \frac{b_0s^m + b_1s^{m-1} + \cdots + b_{m-1}s + b_m}{a_0s^n + a_1s^{n-1} + \cdots + a_{n-1}s + a_n} \tag{2-48}$$

若用 $G(s)$ 表示系统的传递函数，则

$$G(s)=\frac{Y(s)}{R(s)} \tag{2-49}$$

有

$$G(s)=\frac{Y(s)}{R(s)}=\frac{b_0s^m+b_1s^{m-1}+\cdots+b_{m-1}s+b_m}{a_0s^n+a_1s^{n-1}+\cdots+a_{n-1}s+a_n} \tag{2-50}$$

显然，传递函数是以复变量 s 为自变量，且具有有理分式形式的复变函数，传递函数的分母多项式对应于微分方程等号左边与输出量有关的各项，且对应项系数相同，只是用 s^i 代替了输出量的 $i(i=0, 1, 2, \cdots, n)$ 阶导数；分子多项式对应于微分方程中等号右边与输入量有关的各项，且对应项系数相同，只是用 s^j 代替了输入量的 $j(j=0, 1, 2, \cdots, m)$ 阶导数。据此，传递函数可以由微分方程直接写出。

式（2-49）也可以写作

$$Y(s)=G(s)R(s) \tag{2-51}$$

式（2-51）说明，若已知传递函数，利用传递函数可以求取在任意输入信号作用下系统的时域响应

$$y(t)=L^{-1}[Y(s)] \tag{2-52}$$

需要注意的是：（1）传递函数是在零初始条件下定义的，利用传递函数只能求取系统的零状态响应，这只是初始条件为零时系统的全响应。当初始条件不为零时，为求系统的全解还应该考虑非零初始条件对系统输出的影响。（2）一个传递函数只能反映控制系统中的一个输入量和一个输出量之间的关系，如果系统的输入量不止一个（如给定输入和扰动输入）或输出量不止一个（如被控制量和偏差），那么就需要同时使用多个传递函数来描述系统。

例 2-7　已知系统的微分方程为

$$\frac{\mathrm{d}^2}{\mathrm{d}t^2}y(t)+3\frac{\mathrm{d}}{\mathrm{d}t}y(t)+2y(t)=6\frac{\mathrm{d}}{\mathrm{d}t}r(t)+18r(t)$$

其中，$u(t)$ 是系统输入变量；$y(t)$ 是系统输出变量。求系统的传递函数。

解　在零初始条件下，对系统微分方程式两边同时进行拉氏变换，可求得

$$s^2Y(s)+3sY(s)+2Y(s)=6sR(s)+18R(s)$$

故系统的传递函数：

$$G(s)=\frac{Y(s)}{R(s)}=\frac{6s+18}{s^2+3s+2}$$

例 2-8　图 2-9 所示为有源 RC 电路。其中 $u_\mathrm{i}(t)$ 是输入电压，$u_\mathrm{o}(t)$ 是输出电压，假设电容两端的初始电压为零，求该电路的传递函数。

解　在零初始条件下，画出图 2-9（a）所示电路的运算电路图 2-9（b）。这里用 Z 来表示运算放大电路的输出运算阻抗，则

$$Z=\frac{R_2\left(R_3+\dfrac{1}{Cs}\right)}{R_2+R_3+\dfrac{1}{Cs}}=\frac{R_2(R_3Cs+1)}{(R_2+R_3)Cs+1}$$

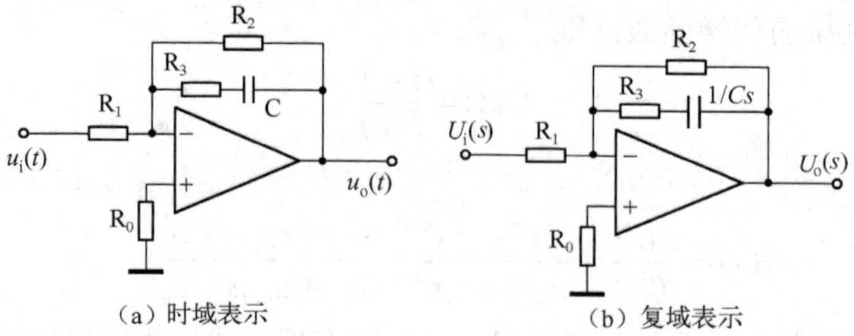

图 2-9　运算放大电路

根据运算放大器反向输入时的特性，可得

$$G(s)=\frac{U_o(s)}{U_i(s)}=-\frac{Z}{R_1}=-\frac{R_2}{R_1}\frac{(R_3Cs+1)}{(R_2+R_3)Cs+1}$$

例 2-9　已知例 2-5 转速控制系统中各环节的微分方程（见式（2-19）～式（2-21）、式（2-27）和式（2-28）），写出各环节的传递函数及控制系统的传递函数。

解　各微分方程式两边同时进行拉普拉斯变换，可求得各组成部分的传递函数。

（1）运算放大电路 I 的输出量与输入量的关系方程为

$$U_1(s)=-[U_g(s)-U_f(s)] \tag{2-53}$$

（2）运算放大电路Ⅱ的传递函数

由式（2-20）得

$$U_2(s)=-K_1(\tau s+1)U_1(s)$$

故有

$$G_1(s)=\frac{U_2(s)}{U_1(s)}=-K_2(\tau s+1) \tag{2-54}$$

（3）功率放大器的传递函数

由式（2-21）得

$$U_a(s)=K_2U_2(s)$$

故有

$$G_2(s)=\frac{U_a(s)}{U_2(s)}=K_2 \tag{2-55}$$

（4）直流电动机的传递函数

对式（2-27）进行拉普拉斯变换，当初始条件为零时有

$$(T_aT_ms^2+T_ms+1)\Omega(s)=K_uU_a(s)-K_m(T_as+1)M_c(s)$$

$$\Omega(s)=\frac{K_u}{(T_aT_ms^2+T_ms+1)}U_a(s)-\frac{K_m(T_as+1)}{(T_aT_ms^2+T_ms+1)}M_c(s)$$

当 $M_c(s)=0$ 时，

$$\Omega(s)=\frac{K_u}{(T_aT_ms^2+T_ms+1)}U_a(s)$$

可得转速对电枢电压的传递函数为

$$G_u(s)=\frac{\Omega(s)}{U_a(s)}=\frac{K_u}{(T_aT_ms^2+T_ms+1)} \tag{2-56}$$

当$U_a(s)=0$时，负载扰动单独作用下电动机转速

$$\Omega(s)=-\frac{K_m(T_a s+1)}{(T_a T_m s^2+T_m s+1)}M_c(s)$$

可得转速对负载转矩的传递函数为

$$G_m(s)=\frac{\Omega(s)}{M_c(s)}=-\frac{K_m(T_a s+1)}{(T_a T_m s^2+T_m s+1)} \tag{2-57}$$

根据叠加原理，线性系统在$U_a(s)$和$M_c(s)$共同作用下，电动机的转速为

$$\Omega(s)=G_u(s)U_a(s)+G_m(s)M_c(s) \tag{2-58}$$

（5）测速发电机连同分压器的传递函数

由式（2-28）得

$$U_f(s)=K_f\Omega(s)$$

故有

$$G_f(s)=\frac{U_f(s)}{\Omega(s)}=K_f \tag{2-59}$$

式（2-53）～式（2-59）为速度控制系统各组成部分的传递函数，合并系统各组成部分传递函数，可以得到整个系统的传递函数。将式（2-53）～式（2-55）代入式（2-58）中，可得

$$\Omega(s)=G_u(s)G_2(s)G_1(s)[U_g(s)-U_f(s)]+G_m(s)M_c(s) \tag{2-60}$$

再将式（2-59）代入式（2-60）中整理，可得

$$\Omega(s)=\frac{G_u(s)G_2(s)G_1(s)}{1+G_u(s)G_2(s)G_1(s)G_f(s)}U_g(s)+\frac{G_m(s)}{1+G_u(s)G_2(s)G_1(s)G_f(s)}M_c(s)$$

当$M_c(s)=0$时，系统输出转速对给定输入的传递函数为

$$G_{Bu}(s)=\frac{\Omega(s)}{U_g(s)}=\frac{G_u(s)G_2(s)G_1(s)}{1+G_u(s)G_2(s)G_1(s)G_f(s)}$$

当$U_g(s)=0$时，系统输出转速对负载转矩的传递函数为

$$G_{Bm}(s)=\frac{\Omega(s)}{M_c(s)}=\frac{G_m(s)}{1+G_u(s)G_2(s)G_1(s)G_f(s)}$$

合并系统各环节传递函数时，也可以先画出系统的结构图，然后再利用结构图的等效变换求取控制系统的传递函数。控制系统的结构图及结构图的等效变化方法将在 2.4 节中讨论。

在求取传递函数时，一般都要先列写微分方程，而对于电气网络，可以采用电路理论中运算阻抗的概念和方法，输入/输出变量均为电压的电路网络，电压之比等于对应的运算阻抗之比。

2.2.2　传递函数的常用形式

利用传递函数分析系统时，不同的分析方法往往采用的传递函数的表示形式也不同，常用的有三种：有理真分式形式、零-极点表示形式和时间常数表示形式。

1. 有理真分式形式

由微分方程直接写出的传递函数是复变量 s 的有理真分式形式，如式（2-50）所示，对于实际的物理系统，传递函数分子多项式和分母多项式的各项系数是系统中元件的参数或参数的组合，均为实数，而且分母多项式的阶次不低于分子多项式的阶次。分母多项式的最高阶次 n

称为传递函数的阶，相应的系统称为 n 阶系统。

2．零-极点表示形式

将式（2-50）所示传递函数的分子和分母多项式都整理成首 1 多项式，并进行因式分解，可得

$$G(s)=\frac{b_0}{a_0}\frac{s^m+d_1s^{m-1}+\cdots+d_{m-1}s+d_m}{s^n+c_1s^{n-1}+\cdots+c_{n-1}s+c_n}=k\frac{\prod_{j=1}^{m}(s-z_j)}{\prod_{i=1}^{n}(s-p_i)} \tag{2-61}$$

式中，$z_j(j=1,2,\cdots,m)$ 是使分子多项式等于零的点，称为传递函数的零点，也称环节或系统的零点；$p_i(i=1,2,\cdots,n)$ 是使分母多项式等于零的点，称为传递函数的极点，也称环节或系统的极点；$k=b_0/a_0$ 为传递函数用零-极点形式表示时的系数。在绘制系统根轨迹图时，要用到传递函数的零-极点表示形式，所以也称 k 为系统的根轨迹增益。

由于式（2-61）分子和分母多项式的各项系数均为实数，所以传递函数 $G(s)$ 的零点 $z_j(j=1,2,\cdots,m)$ 和极点 $p_i(i=1,2,\cdots,n)$ 可能是实数，也可能是成对出现的共轭复数。通常在传递函数的零-极点表示中将一对共轭复数的一阶因子合并用一个系数为实数的二阶因子表示，并考虑传递函数中有 v 个等于 0 的极点，那么式（2-61）可写为

$$G(s)=\frac{k}{s^v}\frac{\prod_{j=1}^{m_1}(s-z_j)\prod_{k=1}^{m_2}(s^2+2\zeta_k\omega_k s+\omega_k^2)}{\prod_{i=1}^{n_1}(s-p_i)\prod_{l=1}^{n_2}(s^2+2\zeta_l\omega_l s+\omega_l^2)} \tag{2-62}$$

式中，$m_1+2m_2=m, v+n_1+2n_2=n$，共轭复数零点为

$$-\zeta_k\omega_k\pm \mathrm{j}\omega_k\sqrt{1-\zeta_k^2}\ \ (|\zeta_k|<1(k=1,2,\cdots,m_2))$$

共轭复数极点为

$$-\zeta_l\omega_l\pm \mathrm{j}\omega_l\sqrt{1-\zeta_l^2}\ (|\zeta_l|<1(l=1,2,\cdots,n_2))$$

3．时间常数表示形式

将式（2-62）所示传递函数零-极点表示形式中各因子的常数项整理成 1，可得

$$G(s)=\frac{K}{s^v}\frac{\prod_{j=1}^{m_1}(\tau_j s+1)\prod_{k=1}^{m_2}(\tau_k^2s^2+2\zeta_k\tau_k s+1)}{\prod_{i=1}^{n_1}(T_i s+1)\prod_{l=1}^{n_2}(T_l^2s^2+2\zeta_l T_l s+1)} \tag{2-63}$$

式中，τ_j、τ_k 为分子各因子的时间常数；T_i、T_l 为分母各因子的时间常数；K 为增益，也称为放大系数。时间常数和实数零、极点及二阶因子参数之间的关系为

$$\tau_j=-\frac{1}{z_j},\quad \tau_k=\frac{1}{\omega_k},\quad T_i=-\frac{1}{p_i},\quad T_l=\frac{1}{\omega_l} \tag{2-64}$$

2.2.3 传递函数的特点

（1）传递函数是一种只适用于线性定常系统的数字模型，这是由于传递函数是经拉普拉斯变换导出的，而拉普拉斯变换是一种线性积分运算。

（2）传递函数是以系统本身的参数描述的线性定常系统输入量与输出量的关系式，它表达了系统内在的固有特性，只与系统的结构、参数有关，而与输入量或输入函数的形式无关。

（3）传递函数可以是无量纲的，也可以是有量纲的，视系统的输入量、输出量而定，它包含着联系输入量与输出量所必需的单位，它不能表明系统的物理特性和物理结构。许多物理性质不同的系统，有着相同的传递函数，正如一些不同的物理现象可以用相同的微分方程描述一样。

（4）传递函数只表示单输入和单输出（SISO）变量之间的关系，对多输入多输出（MIMO）系统，可用传递函数阵表示。

（5）传递函数的零点、极点完全取决于系统的结构和参数。将传递函数的零点、极点标在复平面上，则得传递函数的零-极点分布图，其中零点用“o”表示，极点用“×”表示。传递函数的零-极点分布决定系统响应的过渡过程。

（6）传递函数分母多项式称为特征多项式，记为 $D(s)=a_0s^n+a_1s^{n-1}+\cdots+a_{n-1}s+a_n$，而 $D(s)=0$ 称为特征方程。传递函数分母多项式的阶次总是大于或等于分子多项式的阶次，即 $n\geqslant m$，这是由于实际系统或环节的惯性所造成的。

（7）传递函数的拉普拉斯反变换是系统的单位脉冲响应 $g(t)$。

单位脉冲响应是在零初始条件下，线性系统对理想单位脉冲输入信号，即 $r(t)=\delta(t)$ 的输出响应。此时，输入信号 $R(s)=L[\delta(t)]=1$，所以有

$$g(t)=L^{-1}[Y(s)]=L^{-1}[G(s)R(s)]=L^{-1}[G(s)]$$

即

$$g(t)=L^{-1}\left[G(s)\right] \tag{2-65}$$

由此可见，单位脉冲响应函数 $g(t)$是传递函数 $G(s)$的原函数。因此，单位脉冲响应函数也是控制系统的一种数学模型。若已知系统脉冲响应函数 $g(t)$，通过拉普拉斯变换即可求得系统的传递函数

$$G(s)=L\left[g(t)\right] \tag{2-66}$$

例 2-10　已知系统的单位脉冲响应函数为

$$g(t)=2\mathrm{e}^{-\frac{t}{2}}-2\mathrm{e}^{-2t}$$

求系统的传递函数 $G(s)$。

解　根据式（2-66）有

$$G(s)=L\left[2\mathrm{e}^{-\frac{t}{2}}-2\mathrm{e}^{-2t}\right]=\frac{2}{s+1/2}-\frac{2}{s+2}=\frac{6}{2s^2+5s+2}$$

2.2.4　典型环节的传递函数

自动控制系统是由一些元件或装置组合而成的，这些有着不同物理结构和作用原理的元件装置却可能有着相同的传递函数，也就具有了相同的动态性能。从方便研究系统动态性能的角度考虑，可以按照传递函数的形式去划分环节。式（2-62）和式（2-63）将传递函数写成了实系数最简因子的乘积形式，这些最简因子就是典型环节对应的传递函数。线性定常系统中的典型环节有比例环节、积分环节、惯性环节、二阶振荡环节、微分环节和延迟环节等。属于同一典型环节的元件装置，它们的物理过程可以有很大的差异，但其运动规律却是相同的。任何一个系统传递函数都可以写成典型环节传递函数的乘积形式，需要指出的是，典型环节是根据数学模型划分的，与构成系统的实际环节一般没有一一对应关系。一个简单的系统可能就是一个

典型环节，而一个复杂的环节，其数学模型可能包含多个典型环节。

1．比例环节

比例环节的输出量与输入量成一定比例，时域中的数学模型是一个代数方程

$$y(t)=Kr(t)$$

比例环节的传递函数为

$$G(s)=\frac{Y(s)}{R(s)}=K$$

式中，K为比例系数，也称放大系数或增益。

实际中分压器、测速发电机、忽略弹性变形后的杠杆，以及不考虑非线性和惯性的电子放大器等都可以近似地认为是比例环节。

2．积分环节

积分环节的输出量是输入量的积分。时域中输出量和输入量之间的关系表示为

$$y(t)=\int r(t)\mathrm{d}t$$

积分环节的传递函数为

$$G(s)=\frac{Y(s)}{R(s)}=\frac{1}{s}$$

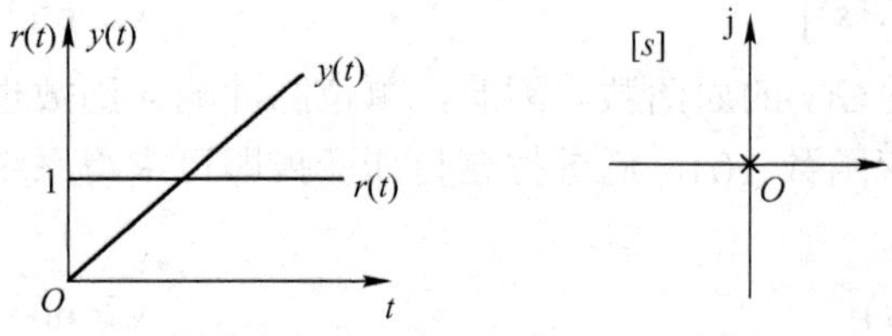

（a）时域响应　（b）零极点图

图2-10　积分环节

在单位阶跃输入信号作用下，积分环节的输出响应如图2-10（a）所示，输出$y(t)$随时间变化直线上升。积分环节在$s=0$处有一个极点，在复平面上用“×”表示，见图2-10（b）。

实际中由运算放大器组成的积分调节器的输入与输出之间、忽略了惯性的电动机电枢电压U_a与输出转角θ之间均呈积分关系。

3．一阶惯性环节

一阶惯性环节的输出量和输入量之间的关系为

$$T\frac{\mathrm{d}y(t)}{\mathrm{d}t}+y(t)=r(t)$$

一阶惯性环节的传递函数为

$$G(s)=\frac{Y(s)}{R(s)}=\frac{1}{Ts+1} \tag{2-67}$$

式中，T为一阶惯性环节的时间常数。

在单位阶跃输入信号作用下，一阶惯性环节的输出响应$y(t)$如图2-11（a）所示，$y(t)$的上升过程是非周期的，因而也称一阶惯性环节为非周期环节。一阶惯性环节在s平面上的极点为$-\frac{1}{T}$，见图2-11（b）。

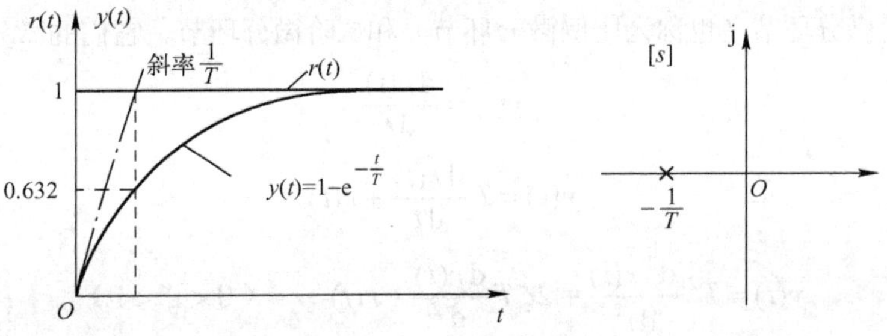

（a）时域响应　　（b）零极点图

图 2-11　一阶惯性环节

4．二阶振荡环节

二阶环节的特点是环节中含有两种独立储能元件，并且所储存的能量能够相互转换，致使输出量能呈现出振荡的性质。二阶环节的输出量与输入量之间的关系为

$$T^2\frac{\mathrm{d}^2y(t)}{\mathrm{d}t^2}+2\zeta T\frac{\mathrm{d}y(t)}{\mathrm{d}t}+y(t)=r(t)$$

二阶环节的传递函数为

$$G(s)=\frac{1}{T^2s^2+2\zeta Ts+1} \tag{2-68}$$

式中，T 为时间常数；ζ 为阻尼系数或阻尼比。如果令 $\omega_\mathrm{n}=\dfrac{1}{T}$，则式（2-68）可改写为

$$G(s)=\frac{\omega_\mathrm{n}^2}{s^2+2\zeta\omega_\mathrm{n}s+\omega_\mathrm{n}^2}$$

式中，ω_n 为无阻尼自然振荡频率。

当 $|\zeta|\geqslant 1$ 时，二阶环节是两个惯性环节传递函数的乘积。而当 $0<\zeta<1$ 时，二阶环节在单位阶跃输入信号作用下的输出响应 $y(t)$ 见图 2-12（a），此时输出量呈现衰减的振荡形式，二阶振荡环节因此得名。二阶振荡环节在 s 平面上的极点如图 2-12（b）所示。

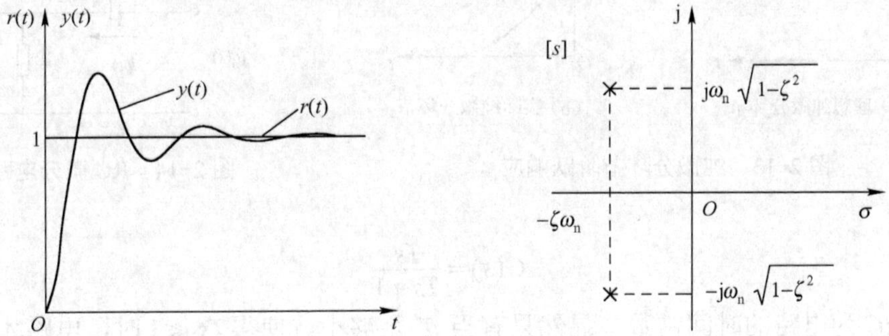

（a）时域响应　　（b）零极点图

图 2-12　二阶振荡环节

5．微分环节

微分环节的特点是输出量与输入量的导数成比例关系。按方程式的不同，微分环节有三种，即

纯微分环节、一阶微分环节（也称为比例微分环节）和二阶微分环节。它们的微分方程分别为

$$y(t)=\frac{\mathrm{d}r(t)}{\mathrm{d}t}$$

$$y(t)=T\frac{\mathrm{d}r(t)}{\mathrm{d}t}+r(t)$$

$$y(t)=T^2\frac{\mathrm{d}^2r(t)}{\mathrm{d}t^2}+2\zeta T\frac{\mathrm{d}r(t)}{\mathrm{d}t}+r(t)\qquad(0<\zeta<1)$$

相应的传递函数分别为

$$G(s)=s$$

$$G(s)=Ts+1$$

$$G(s)=T^2s^2+2\zeta Ts+1\qquad(0<\zeta<1)$$

可见，微分环节传递函数只有零点而无极点。纯微分环节的零点为0，一阶微分环节的零点是一个实数，而二阶微分环节的零点是一对共轭复数。

由于微分环节的输出量与输入量的各阶导数有关，因此能够预示输入信号的变化趋势，常常被用来改善控制系统的动态性能。

纯微分环节在实际中是得不到的，因为在实际系统或元件中惯性是普遍存在的，所以实际的微分环节常带有惯性。其传递函数为

$$G(s)=\frac{s}{Ts+1}$$

在单位阶跃输入信号作用下，理想纯微分环节和实际纯微分环节的输出响应分别如图2-13（a）、（b）所示。

图2-14所示RC微分电路的传递函数为

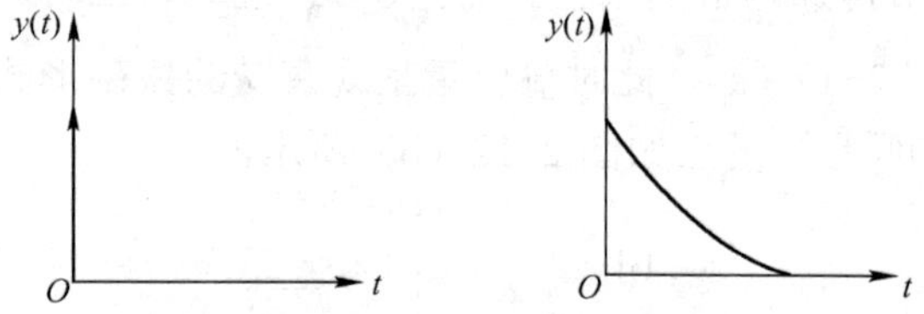

（a）理想纯微分环节　　（b）实际纯微分环节

图2-13　纯微分环节阶跃响应

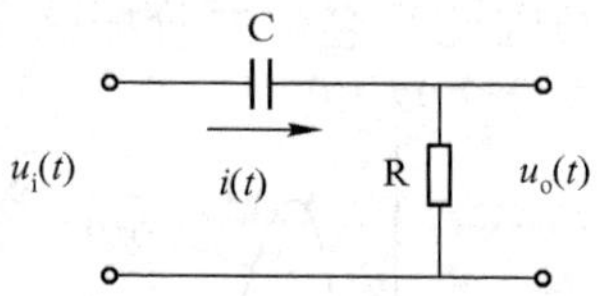

图2-14　RC微分电路

$$G(s)=\frac{Ts}{Ts+1}$$

式中，$T=RC$ 为电路的时间常数。显然只有当 T 足够小，使得 $Ts\ll 1$ 时，电路才近似为纯微分环节。

6. 延迟环节

延迟环节输入量与输出量的关系为

$$y(t)=r(t-\tau)$$

式中，τ 为延迟时间。

延迟环节的输出量在经过延迟时间后复现输入量，如图 2-15 所示，故又称时延环节、滞后环节或时滞环节。

根据拉普拉斯变换的时域平移定理，可得延迟环节的传递函数为

$$G(s)=\frac{Y(s)}{R(s)}=\mathrm{e}^{-\tau s}$$

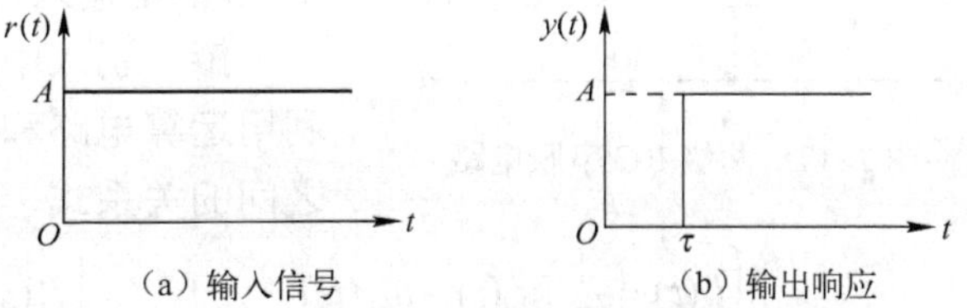

图 2-15　延迟环节的输入/输出响应

过程控制系统中，燃料从输入口到输出口有传输时间；介质压力和质量在管道中传播有传播延迟；在晶闸管整流装置中，晶闸管一旦被触发，就有一段失控时间，在这段时间内即便控制电压发生变化，也不会影响输出，只有在晶闸管的下一个触发脉冲到来时，才能反映新的控制作用等，都可以看成延迟环节。

2.3　结　构　图

结构图是控制系统动态结构图的简称，也称方框图或框图等。结构图是描述系统各部分之间信号传递关系的数学图示模型，它利用方框、有向信号线、信号的相加点和分支点等符号直观地反映控制系统的组成、系统各组成部分之间的连接关系及系统中信号的传递方向和运算关系等。通过结构图的简化，可以获得系统的传递函数，从而求取系统在任意输入信号作用下的输出响应。

2.3.1　结构图的概念

在如图 1-4 所示的控制系统框图中，将系统各部分的传递函数填写在对应的框中，得到的就是传递函数框图，即结构图。结构图是小到构成系统的元件、装置，大到整个控制系统的数学模型的图形化表示，其中填写了传递函数的方框称为一个函数框，函数框和与它相连的有向信号线构成了结构图的基本单元。图 2-16 所示结构图基本单元反映变量的变换关系为

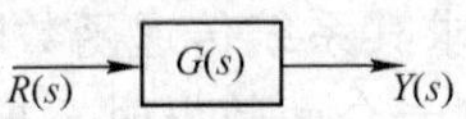

图 2-16　结构图基本单元

$$Y(s)=G(s)R(s)$$

式中，$Y(s)$是输出信号；$R(s)$是输入信号；$G(s)$是环节的传递函数。

除利用以上方法绘制控制系统的结构图外，也可利用系统各组成部分的微分方程得到其结构图，其一般步骤为：

（1）列写控制系统各组成部分的微分方程，并在零初始条件下对微分方程进行拉普拉斯变换，写出表示各环节输出量与输入量之间关系的方程式。输出量写在等式左边，输入量写在等式的右边。输入量要在至少一个方程的右边出现，除输入量外，在某方程右边出现的中间变量，一定要在另外方程的左边出现。

（2）根据上述关系绘制结构图的基本单元。

（3）将结构图基本单元中相同的信号线连接起来，即可获得控制系统的结构图。

需要注意的是，结构图是数学模型的图形化表示，只反映信号的传递和运算关系，并不代表真实系统的物理结构。建模过程中，中间变量选择不同，将导致系统有不同的结构图，但由结构

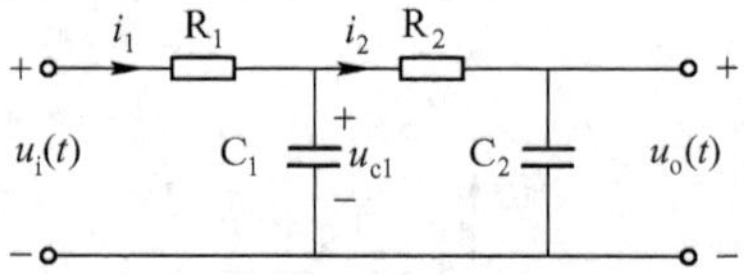

图 2-17　两级 RC 串联电路

图简化得到的系统输入量与输出量之间的关系是相同的。

例 2-11　图 2-17 所示两级 RC 滤波网络串联电路，其中，$u_i(t)$是输入量，$u_o(t)$是输出量，绘制该电气网络的结构图。

解　引入中间变量 $i_1(t)$、$i_2(t)$和 $u_{c1}(t)$，如图 2-17 所示。利用运算电路和运算阻抗的概念，从输入量开始列写各变量之间的关系式，有

$$\begin{cases} i_1(t)=\dfrac{1}{R_1}[u_i(t)-u_{c1}(t)] \\ u_{c1}(t)=\dfrac{1}{C_1}\displaystyle\int[i_1(t)-i_2(t)]\mathrm{d}t \\ i_2(t)=\dfrac{1}{R_2}[u_{c1}(t)-u_o(t)] \\ u_o(t)=\dfrac{1}{C_2}\displaystyle\int i_2(t)\mathrm{d}t \end{cases} \quad 即 \quad \begin{cases} I_1(s)=\dfrac{1}{R_1}[U_i(s)-U_{c1}(s)] \\ U_{c1}(s)=\dfrac{1}{C_1 s}[I_1(s)-I_2(s)] \\ I_2(s)=\dfrac{1}{R_2}[U_{c1}(s)-U_o(s)] \\ U_o(s)=\dfrac{1}{C_2 s}I_2(s) \end{cases} \tag{2-69}$$

绘制各关系式对应的结构图，并将相同的信号线连接起来，即可得图 2-17 所示两级 RC 滤波网络串联电路的结构图，如图 2-18 所示，图中用虚线框框起来的部分是式（2-69）中与各关系式对应的结构图。

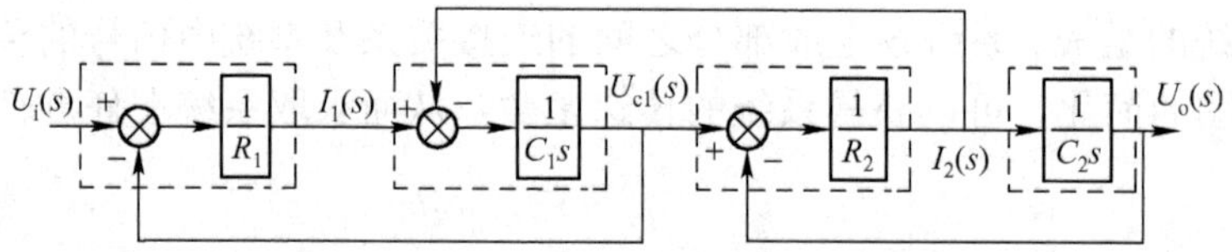

图 2-18　RC 网络结构图

2.3.2　结构图的简化

结构图清楚地反映了控制系统中各变量之间的关系，利用结构图求其系统传递函数时，总是要对结构图进行简化，简化到一个输入量和一个输出量之间只剩一个函数框时，框里的传递函数就是上述输入量和输出量之间的传递函数。结构图的简化应遵循等效原则，即变换前后各变量之间的数学关系保持不变。结构图等效变换的数学实质是在结构图上进行运算，消去中间变量。简化的过程表现为结构图上环节的合并，以及信号相加点、信号分支点的消除。

1. 环节的合并

控制系统结构图中，环节连接的基本方式有三种，即串联连接、并联连接和反馈连接。

1）串联环节的合并

结构图中几个环节按照信号流向首尾相连，前一环节的输出作为后一环节的输入，这种连接方式称为串联连接。图 2-19 所示为两环节串联连接的情况，由于

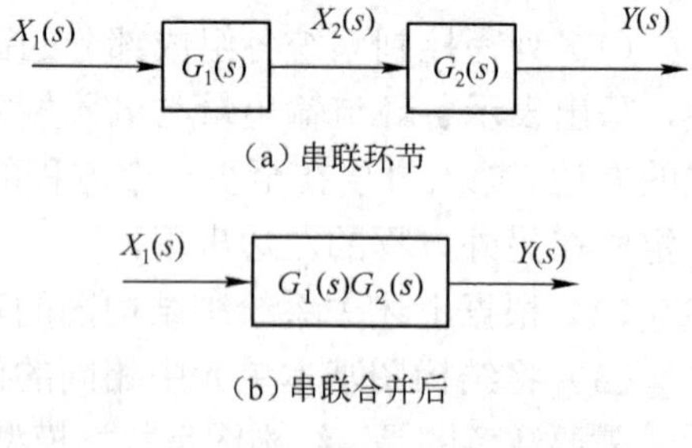

图 2-19　串联环节的合并

$$Y(s)=G_2(s)X_2(s)=G_2(s)G_1(s)X_1(s)$$

所以，串联连接的环节合并成为一个环节，等效的传递函数为

$$G(s)=\frac{Y(s)}{X_1(s)}=G_1(s)G_2(s)$$

此结论可以推广到 n 个环节串联的情况，等效环节的传递函数为各串联环节传递函数的乘积。

$$G(s)=\prod_{i=1}^{n}G_i(s) \tag{2-70}$$

在结构图中，总是认为环节间是没有负载效应的，即环节的传递函数不因带负载而改变。若实际环节间存在有负载效应，建立结构图时，就应考虑带负载后的传递函数。例如，图 2-17 所示两级 RC 网络串联电路，图 2-18 是该电路的结构图，图中由后一级的信号 I_2 引出到前一级 I_1 相加点处的反馈就反映了负载对前一级的影响，因此，在求取该网络传递函数时必须将后级作为前级的负载一同考虑，而不能直接将各自传递函数的乘积作为这两个环节串联后的结果。

2）并联环节的合并

当两个或多个环节具有相同的输入量，而总输出量为各环节输出量的代数和时，称环节为并联连接。图 2-20 所示为两环节并联连接的情况。

由于

$$\begin{aligned}Y(s)&=G_1(s)X(s)\pm G_2(s)X(s)\\&=[G_1(s)\pm G_2(s)]X(s)\end{aligned}$$

故

$$G(s)=\frac{Y(s)}{X(s)}=G_1(s)\pm G_2(s)$$

由此可见，两个环节并联的等效传递函数等于两个环节传递函数的代数和。

此结论可推广到 n 个环节的并联，即 n 个环节并联后的等效传递函数为并联各环节传递函数的代数和。

$$G(s)=\sum_{i=1}^{n}G_i(s) \tag{2-71}$$

3）反馈连接环节的合并

将环节的输出量反送到输入端与输入信号进行比较后作为环节的输入量，就构成了反馈连接，如图 2-21（a）所示。

图 2-21（a）中 $B(s)$ 为反馈信号，$E(s)$ 为偏差信号，$R(s)$ 为给定信号。如果反馈信号与给定信号极性相反，即反馈信号在相加点处取“-”号，则称该控制系统为负反馈控制系统。反之，如果反馈信号与给定信号极性相同，即反馈信号在相加点处取“+”号，则称为正反馈控制系统。通常情况下，将负反馈控制系统简称为反馈控制系统。

环节反馈连接后，信号的传递形成了闭合回路。通常把信号输入点 $R(s)$ 到信号输出点 $Y(s)$ 的通道称为前向通道，前向通道上所有环节的传递函数之积定义为前向通道传递函数；把输出信号 $Y(s)$ 到反馈信号 $B(s)$ 的通道称为反向通道，反向通道上所有环节的传递函数之积定义为反向通道传递函数。把偏差信号 $E(s)$ 到输出信号 $Y(s)$ 再经反馈信号 $B(s)$ 到偏差信号 $E(s)$ 的封闭通

道称为回路，回路上所有环节的传递函数之积定义为回路传递函数。

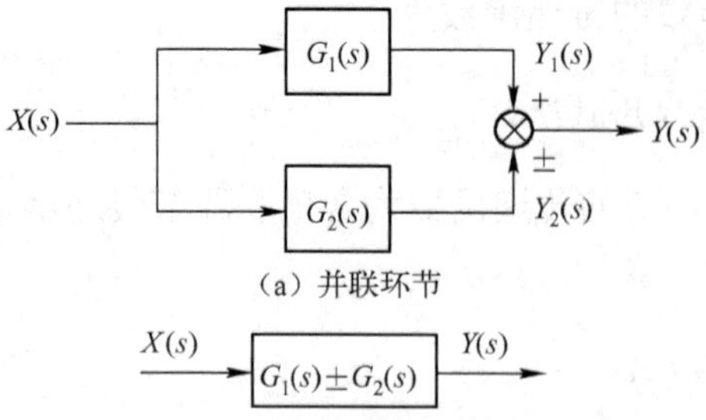

(a) 并联环节

(b) 并联合并后

图 2-20　并联环节的合并

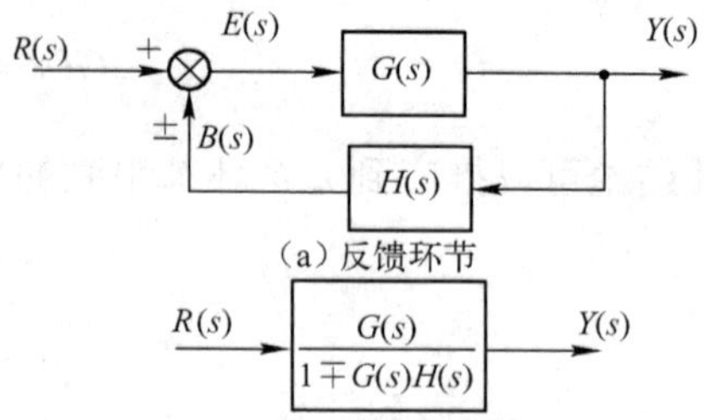

(a) 反馈环节

(b) 反馈合并后

图 2-21　反馈连接环节的合并

负反馈是自动控制系统最基本的结构形式，当反馈极性为负时，偏差信号 $E(s)$ 等于输入信号与反馈信号之差，有

$$\begin{aligned}Y(s)&=G(s)E(s)=G(s)[R(s)-B(s)]=G(s)[R(s)-Y(s)H(s)]\\&=G(s)R(s)-G(s)H(s)Y(s)\end{aligned}$$

整理可得系统负反馈时的闭环传递函数 $G_B(s)$为

$$G_B(s)=\frac{Y(s)}{R(s)}=\frac{G(s)}{1+G(s)H(s)} \tag{2-72}$$

同理可得，正反馈时系统的闭环传递函数 $G_B(s)$为

$$G_B(s)=\frac{Y(s)}{R(s)}=\frac{G(s)}{1-G(s)H(s)} \tag{2-73}$$

通常将反馈信号 $B(s)$与偏差信号 $E(s)$之比，定义为开环传递函数 $G_K(s)$，即

$$G_K(s)=\frac{B(s)}{E(s)}=G(s)H(s)$$

显然，开环传递函数 $G_K(s)$是前向通道传递函数 $G(s)$与反向通道传递函数 $H(s)$的乘积。

由此可见，反馈控制系统的闭环传递函数、开环传递函数和前向通道传递函数符合下面的关系

$$\text{闭环传递函数}=\frac{\text{前向通道传递函数}}{1\pm\text{开环传递函数}}$$

式中，“+”号对应于负反馈时的情形；“−”号对应于正反馈时的情形。

若反馈环节 $H(s)=1$，则称为单位反馈。单位反馈连接的闭环传递函数为

$$G_B(s)=\frac{G(s)}{1\pm G(s)} \tag{2-74}$$

从结构图可以看出，并联连接环节的合并和反馈连接环节的合并有着相同的结果，就是消除了结构图中的信号的相加点和信号的分支点。

2. 信号相加点和信号分支点的移动和互换

上述三种环节合并的方法是简化结构图的有效途径，但在几乎所有系统的结构图中，都会存在有信号的相加点和分支点，这就使得结构图中环节之间不完全符合上述三种连接方式，甚至出现环路相扣的情况，导致无法利用上述等价关系来实现结构图的简化。通过信号相加点、分支点的移动和互换可以使得环节之间具有典型的串联、并联和反馈连接形式，最终将结构图

简化为一个输入量和一个输出量之间只有一个传递函数框的形式。信号相加点、分支点的移动和互换也必须遵循等效原则。

1）信号相加点的移动

信号相加点的移动分为从环节前移到环节后和从环节后移到环节前两种情况。等效的原则是保持变换前后输出量 $Y(s)$ 是不变的，为此必须在移动的支路上增加相应的环节，如图 2-22 所示。

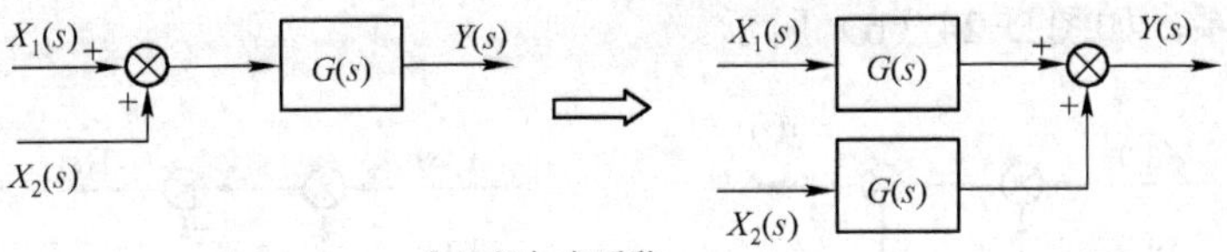

（a）相加点后移

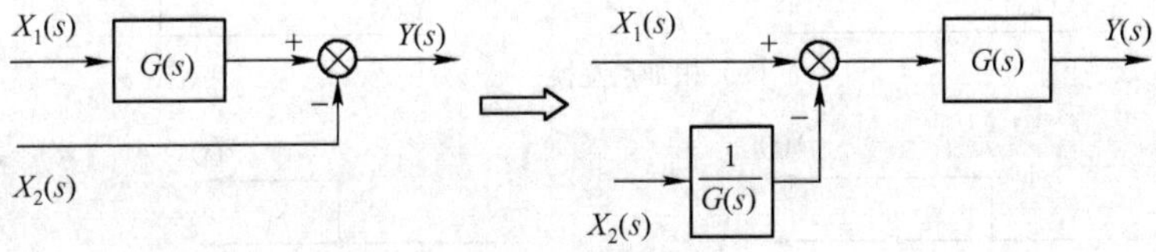

（b）相加点前移

图 2-22　信号相加点的移动

这里以图 2-22（a）中相加点后移为例，从数学角度说明变换前后结构图的等价关系。图 2-22（a）左图的输入/输出关系为

$$Y(s)=G(s)[X_1(s)+X_2(s)]$$

也可以写成

$$Y(s)=G(s)X_1(s)+G(s)X_2(s) \tag{2-75}$$

式（2-75）对应的结构图即图 2-22（a）中的右图。

2）信号分支点的移动

信号分支点的移动同样有从环节前移到环节后和从环节后移到环节前两种情况。信号分支点移动的等效原则是变换前后分支点取出信号必须保持不变，因此也必须在移动的支路上增加相应的环节，如图 2-23 所示。

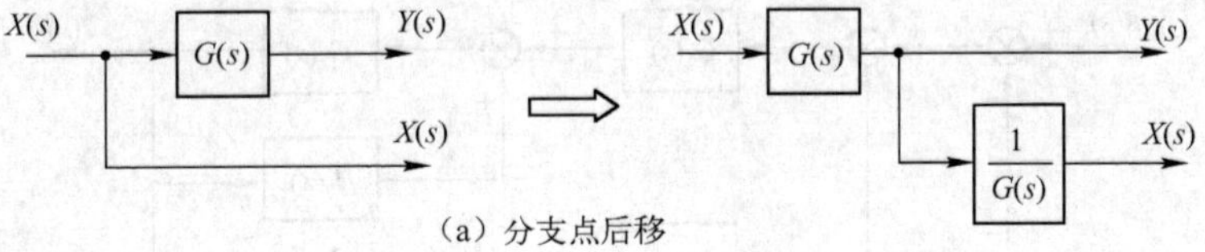

（a）分支点后移

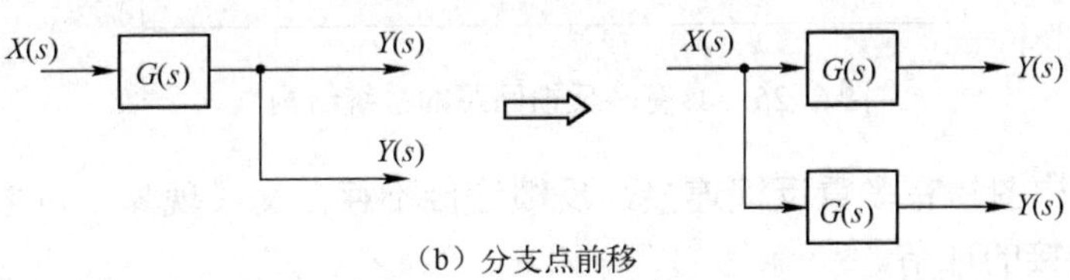

（b）分支点前移

图 2-23　分支点的移动

3）相邻的信号相加点或相邻的信号分支点的位置交换

图 2-24（a）所示信号相加点的输入/输出关系为

$$Y(s)=[X_1(s)-X_2(s)]-X_3(s)=[X_1(s)-X_3(s)]-X_2(s)$$

这表明，相邻的信号相加点交换位置不会改变变量之间的关系。对于相邻的信号分支点，由于从一条信号线上引出的总是同一个信号，所以相邻的信号分支点也可以互换位置而不会改变变换前的变量关系，如图 2-24（b）所示。

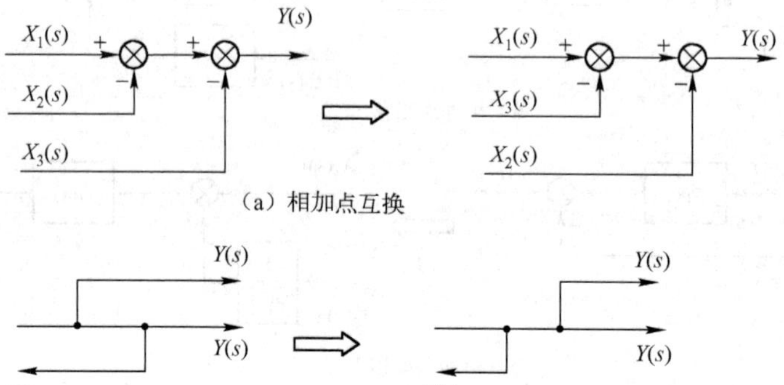

（a）相加点互换

（b）分支点互换

图 2-24　相邻相加点和相邻分支点的互换

结构图简化的关键是解除环路、消除信号的相加点和分支点，因此，在结构图简化过程中首先要设法使交叉环路分开，或形成大环套小环的形式。由于结构图上相邻的分支点可以彼此交换，相邻的信号相加点也可以彼此交换，而当分支点与相加点相邻时，它们的位置是不能进行简单交换的，因而解除交叉环路最有效的方法是相加点朝着有相加点的方向移动，分支点朝着有分支点的方向移动，然后将相邻的相加点或相邻的分支点交换位置，即可将交叉环路解开。

结构图变换前后所满足的等效原则，可简单总结为以下两点：①前向传递函数不变；②回路传递函数不变。

例 2-12　具有多反馈回路系统结构图如图 2-25 所示，试利用等效变换的方法简化结构图，求取系统的传递函数 $Y(s)/R(s)$。

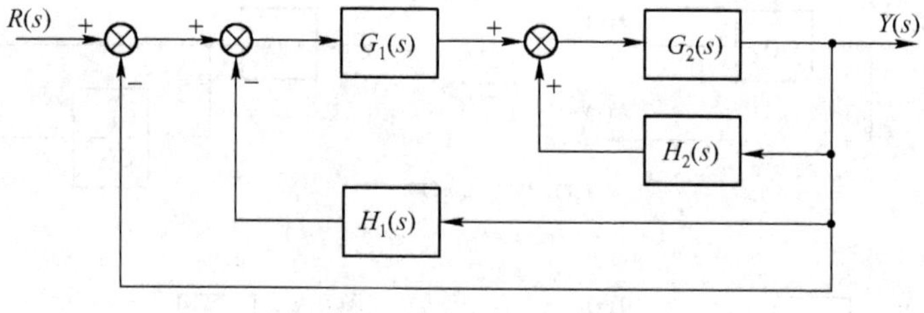

图 2-25　具有多反馈回路的系统结构

解　图 2-25 结构图具有多重反馈连接，反馈连接不存在交叉现象，可采用由内而外的办法，逐级合并反馈连接的环节。

（1）图 2-25 中 $G_2(s)$ 与 $H_2(s)$ 是正反馈连接，合并后如图 2-26（a）所示。

（2）图 2-26（a）中 $G_1(s)$ 与 $\dfrac{G_2(s)}{1-G_2(s)H(s)}$ 是串联连接，合并后如图 2-26（b）所示。

（3）图 2-26（b）中单位反馈环节与 $H_1(s)$ 并联连接，合并后如图 2-26（c）所示。

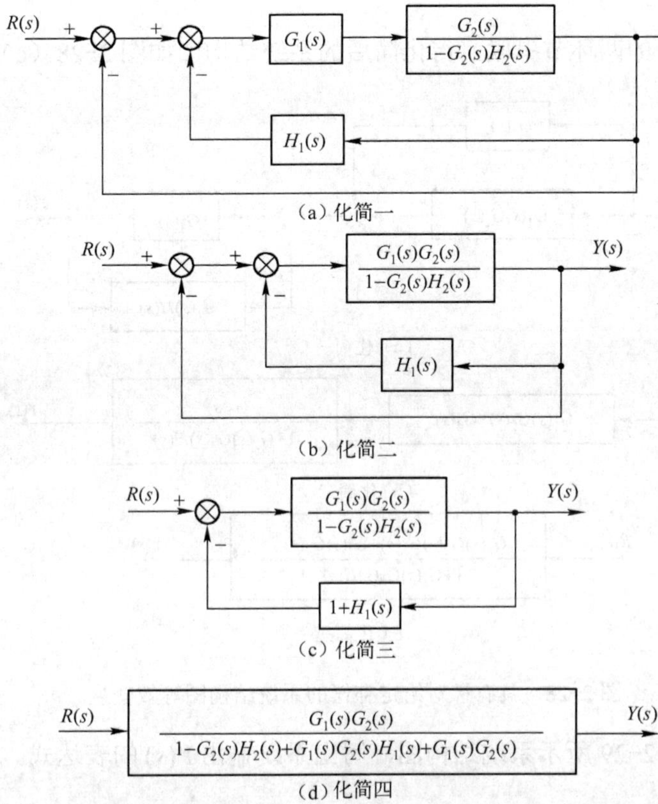

图 2-26　多反馈联结系统结构图的等效变换

（4）图 2-26（c）中的两个环节是典型的负反馈连接，合并后如图 2-26（d）所示。

系统的传递函数为

$$G(s)=\frac{G_1(s)G_2(s)}{1-G_2(s)H_2(s)+G_1(s)G_2(s)H_1(s)+G_1(s)G_2(s)}$$

例 2-13　具有针对给定补偿的控制系统结构图如图 2-27 所示，采用结构图简化的方法求 $Y(s)/R(s)$。

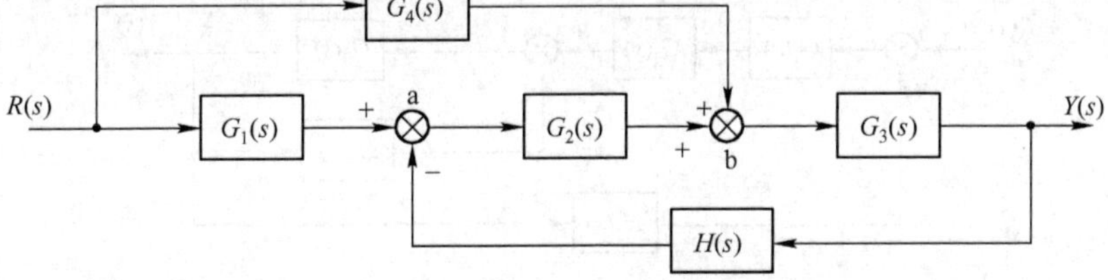

图 2-27　具有针对给定补偿的系统结构图

解　（1）把图2-27中相加a点后移与b点互换，并将串联连接环节合并等效如图2-28（a）所示。

（2）图2-28（a）中$G_4(s)$与$G_1(s)G_2(s)$并联，$G_3(s)$与$G_2(s)H(s)$是负反馈连接，等效如图2-28（b）所示。

（3）图2-28（b）的两环节串联，得化简后的系统结构图如图2-28（c）所示。

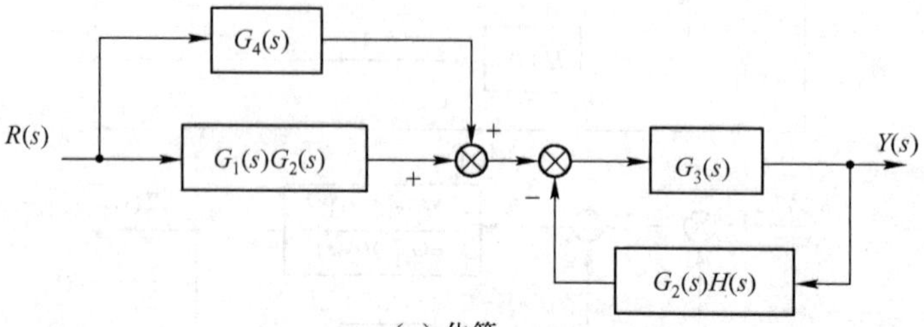

（a）化简一

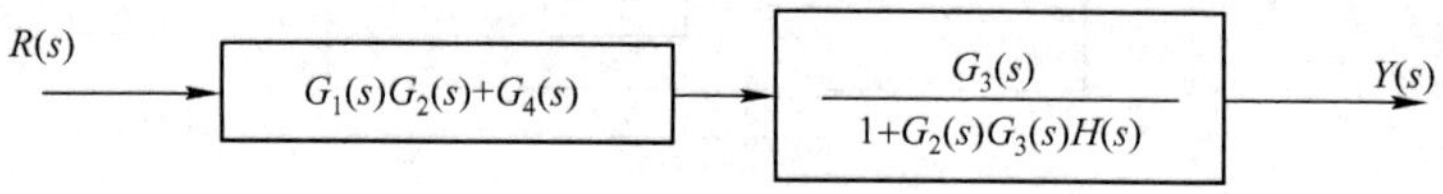

（b）化简二

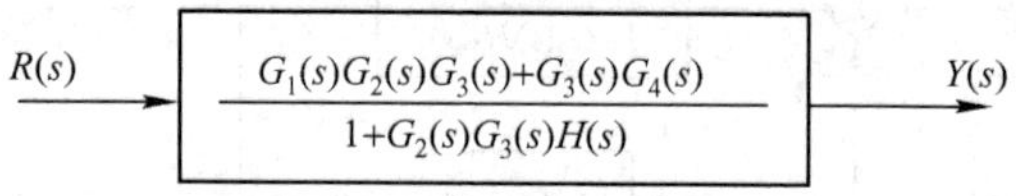

（c）化简三

图2-28　具有针对给定补偿的系统结构图等效变换

例2-14　简化图2-29所示系统结构图，写出系统输出$Y(s)$的表达式。

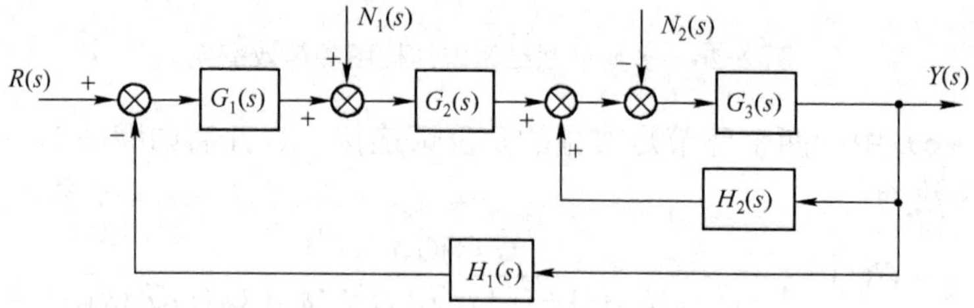

图2-29　结构图

解　（1）$R(s)$单独作用下，等效的系统结构图如图2-30所示。

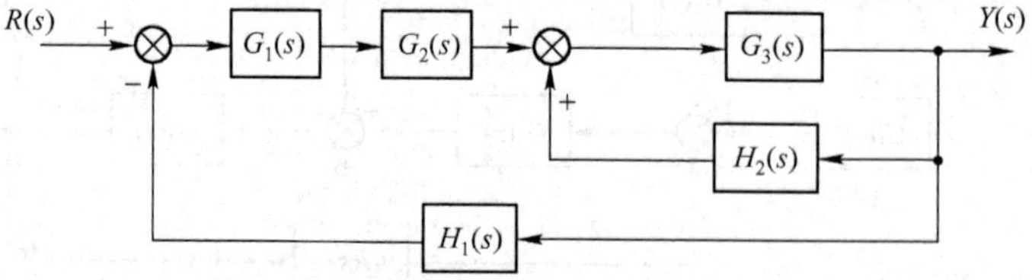

图2-30　在$N_1(s)=N_2(s)=0$时的等效结构图

简化结构图可得传递函数

$$G_R(s)=\frac{Y(s)}{R(s)}=\frac{G_1(s)G_2(s)G_3(s)}{1+G_1(s)G_2(s)G_3(s)H_1(s)-G_3(s)H_2(s)}$$

（2）$N_1(s)$ 单独作用下，等效的系统结构图如图 2-31 所示。

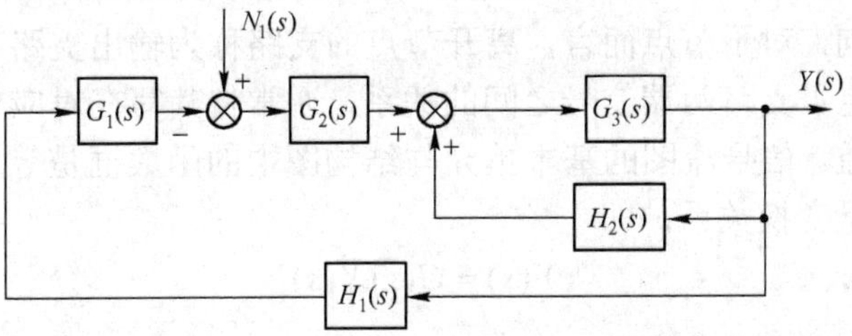

图 2-31　在 $R(s)=N_2(s)=0$ 时的等效结构图

简化结构图可得传递函数

$$G_{N1}(s)=\frac{Y(s)}{N_1(s)}=\frac{G_2(s)G_3(s)}{1+G_1(s)G_2(s)G_3(s)H_1(s)-G_3(s)H_2(s)}$$

（3）$N_2(s)$ 单独作用下，等效的系统结构图如图 2-32 所示。

简化结构图可得传递函数

$$G_{N2}(s)=\frac{Y(s)}{N_2(s)}=-\frac{G_3(s)}{1+G_1(s)G_2(s)G_3(s)H_1(s)-G_3(s)H_2(s)}$$

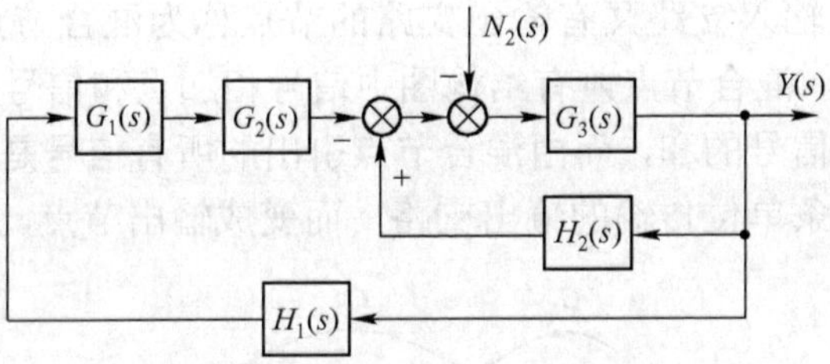

图 2-32　在 $R(s)=N_1(s)=0$ 时的等效结构图

（4）由于线性系统符合叠加原理，所以 $R(s)$、$N_1(s)$和 $N_2(s)$共同作用下系统的输出响应为

$$Y(s)=G_R(s)R(s)+G_{N1}(s)N_1(s)+G_{N2}(s)N_2(s)$$

2.4　信号流图

信号流图是一种表示线性代数方程组的图示方法。用来描述线性控制系统时，信号流图和结构图一样，也是一种描述系统各部分之间信号传递关系的数学图示模型，具有直观形象的特点。但信号流图又与结构图不同，它只能用来描述线性系统。结构图通过等价变换可以逐步简化得到控制系统输入/输出变量之间的传递函数，但对于复杂控制系统，结构图的简化过程是一件很复杂的事，甚至会出现找不到有效办法可以解除的交叉环路。对于信号流图，不仅可以通过等效变换法逐步化简得到输入/输出变量之间传递函数，也可以利用梅逊（Mason）增益公式

直接求取系统输入/输出变量之间的传递函数。

2.4.1　信号流图的概念

信号流图是由节点和支路两种基本元素组成的信号传递网络。其中，节点代表信号或变量，用符号“o”表示。节点之间用有向线段连接，称为支路，支路具有有向性和有权性。有向性规定了信号的传递方向，对于节点而言，离开节点的支路称为输出支路，指向节点的支路称为输入支路；有权性决定了支路两端信号之间的关系，通常将其写在对应支路的上边或下边，称为支路传输或支路增益。信号流图的基本单元与结构图中的函数框是等价的，如图 2-33 所示，它们表示了同样的变量变换关系，即

$$Y(s)=G(s)X(s)$$

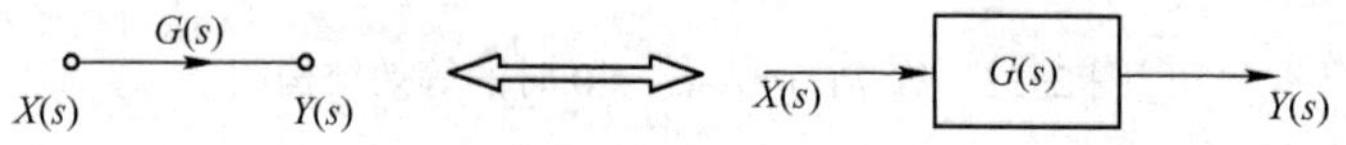

图 2-33　信号流图基本单元与结构图基本单元的等价

1. 节点的类型

（1）输入节点：只有输出支路的节点称为输入节点，也称源节点，它代表自变量或外部输入变量，如图 2-34 中的节点 X_0。

（2）输出节点：只有输入支路的节点称为输出节点，也称汇节点，它代表被控量或输出变量，如图 2-34 中的 X_6。

（3）混合节点：既有输入支路又有输出支路的节点称为混合节点，它代表中间变量，如图 2-34 中的节点 X_1～X_5。混合节点兼有结构图中信号相加点和信号分支点的功能。混合节点处的信号是所有输入支路信号的和，而由混合节点引出的所有信号是同一个信号。任何一个混合节点都可以通过增加一条单位传输的输出支路，而变成输出节点，如图 2-34 中的节点 X_5。

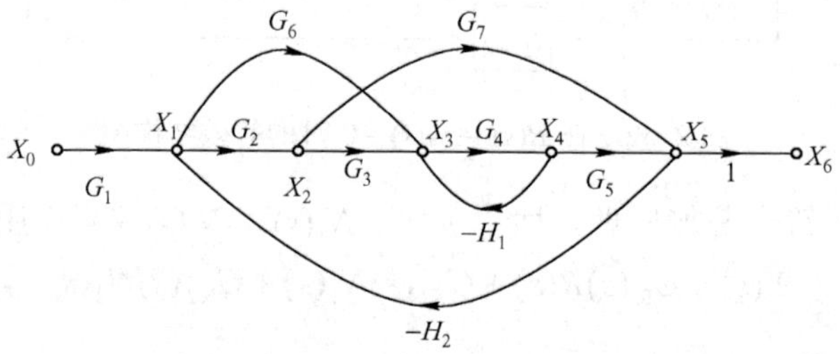

图 2-34　信号流图的术语解释

2. 通道及通道增益

（1）通道：从一个节点出发沿着支路箭头方向通过各个相连支路到达另外一个节点的路径称为通道。通道经过各支路传输的乘积称为通道的传输或增益。

（2）前向通道：从源节点到汇节点，且每个节点只经过一次的通道称为前向通道。前向通道上各支路传输的乘积称为前向传输或前向增益。

3. 回路及回路增益

（1）回路：起点和终点为同一个节点，且每个节点只经过一次的通道称为回路，也称回环或反馈环。回路上各支路传输的乘积称为回路传输或回路增益。

（2）不接触回路：没有任何公共节点的回路称为不接触回路。

2.4.2　信号流图的绘制

信号流图可以由系统的结构图绘制，也可以根据系统的微分方程绘制。根据结构图绘制信号流图时，将结构图中的变量和传递函数方框分别对应为信号流图中的节点和支路，传递函数就是支路的传输。一般应先确定节点，确定节点的方法是：首先将输入变量设一个输入节点，输出变量设一个输出节点，然后在结构图的每个分支点处和每个相加点之后各设一个节点，按照与结构图上的位置相对应的原则排列；最后根据变量之间的关系把连接节点的支路画出来。

由系统的微分方程式绘制信号流图时，首先经拉普拉斯变换将微分方程化成 s 域中的代数方程，再给每个变量指定一个节点，并按照系统中变量的因果关系，从左向右按顺序排列，最后根据数学表达式用标明了方向和增益的支路将各个节点连接起来，系统的信号流图就绘制完成了。画出系统的信号流图后，就可以利用梅逊公式直接求出各变量之间的传递函数。

例 2-15　已知描述线性系统的代数方程组为

$$\begin{cases} x_1(t)=x_0(t)+dx_2(t) \\ x_2(t)=ax_1(t)+ex_3(t)-fx_0(t) \\ x_3(t)=bx_2(t) \\ x_4(t)=gx_1(t)+cx_3(t) \end{cases} \quad \text{即} \quad \begin{cases} X_1(s)=X_0(s)+dX_2(s) \\ X_2(s)=aX_1(s)+eX_3(s)-fX_0(s) \\ X_3(s)=bX_2(s) \\ X_4(s)=gX_1(s)+cX_3(s) \end{cases} \tag{2-76}$$

假设变量 $X_0(s)$为输入变量；变量 $X_4(s)$为输出变量，绘制描述线性系统的信号流图。

解　式（2-76）中，变量 X_0 只出现在等式右端，是自变量，与之对应的是输入节点，画在信号流图的最左边，然后按照变量之间的导出关系将与各变量对应的节点按从左到右的顺序标出来，再按方程式表达的关系，画出标明了方向和增益的支路将各节点连接起来，可得信号流图如图 2-35 所示。

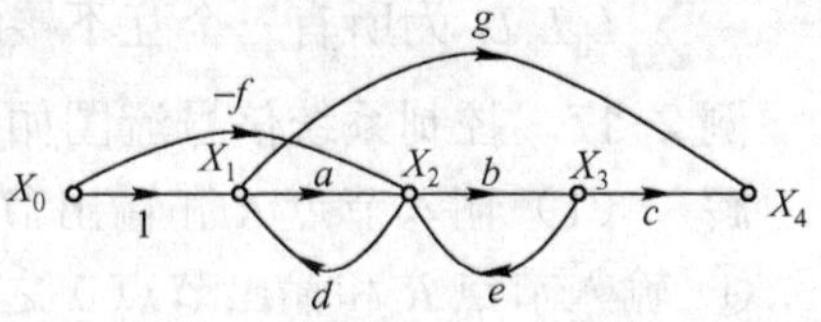

图 2-35　信号流图

例 2-16　两级 RC 网络串联电路的结构图如图 2-36 所示，根据结构图绘制系统的信号流图。

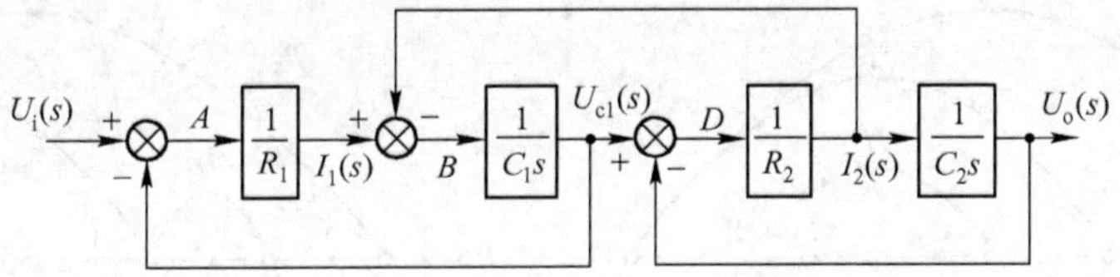

图 2-36　两级 RC 网络串联的结构图

解　$U_i(s)$设为输入节点，$U_o(s)$ 设为输出节点，另在图 2-36 所示结构图中 A、$I_1(s)$、B、$U_{c1}(s)$、D 和 $I_2(s)$处各设一个节点，并对应它们在结构图中的位置排列，再按结构图中给出的关系画出连接各节点的支路，RC 网络信号流图如图 2-37 所示。

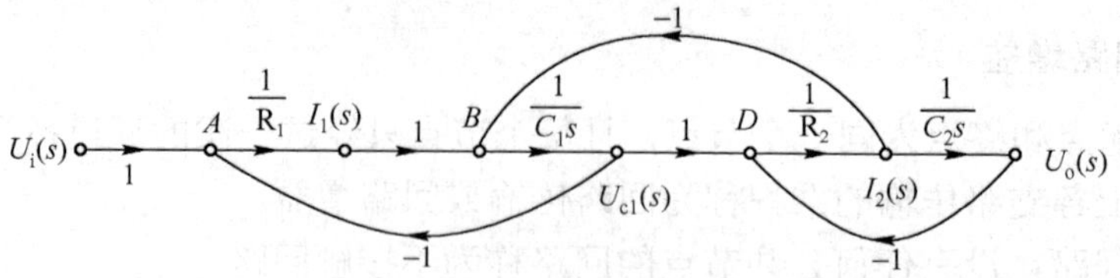

图 2-37　RC 网络信号流图

2.4.3　梅逊增益公式

信号流图与结构图一样，也可以利用支路的串联和并联对其简化。但与结构图相比，利用信号流图求取系统的传递函数时，可以不必采用等效变换法逐步简化信号流图，而是可以利用梅逊增益公式直接根据信号流图求取输入节点与输出节点之间总的传输。对于动态系统而言，这个总传输就是系统相应的输入和输出之间的传递函数。

计算信号流图中任意输入节点和输出节点之间总传输的梅逊增益公式为

$$G(s)=\frac{1}{\Delta}\cdot\sum_{k=1}^{n}P_k\Delta_k \tag{2-77}$$

式中，n 为从输入节点到输出节点前向通道的个数；

P_k 为从输入节点到输出节点的第 $k(k=1,2,\cdots,n)$ 条前向通道的增益；

Δ 为特征式，其计算公式为：$\Delta=1-\sum L_a+\sum L_b L_c-\sum L_d L_e L_f+\cdots$　（2-78）

Δ_k 为第 k 条前向通道的特征余子式，即除去与第 k 条前向通道相接触回路后的特征式；

$\sum L_a$ 为所有回路增益之和；

$\sum L_b L_c$ 为所有两两互不接触回路的增益乘积之和；

$\sum L_d L_e L_f$ 为所有三个互不接触回路的增益乘积之和。

例 2-17　控制系统信号流图如图 2-38 所示，试用梅逊公式计算增益 Y/R 和 Y_1/R_1。

解　（1）输入节点 R 和输出节点 Y 之间的增益 Y/R

① 输入节点 R 和输出节点 Y 之间有 3 条前向通道，如图 2-39 所示，这些前向通道的增益分别为

$$P_1=G_1G_2G_3；\ P_2=G_1G_4；\ P_3=G_5$$

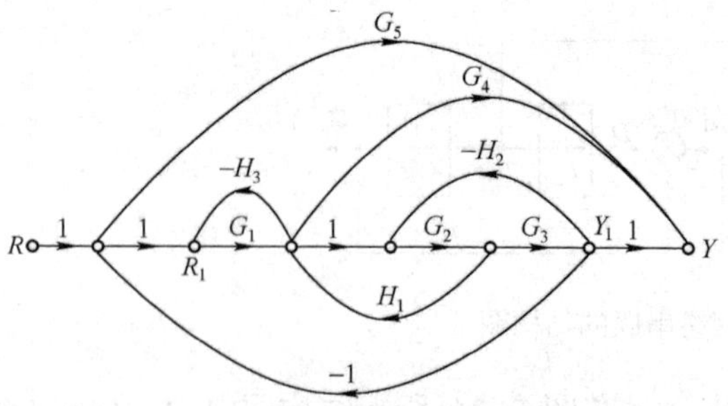

图 2-38　系统信号流图

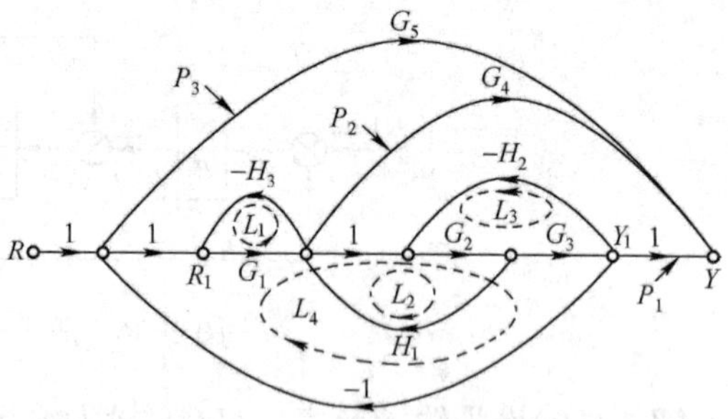

图 2-39　标注通道和回路的系统信号流图

② 系统中的回路有 4 个，如图 2-39 所示，这些回路的增益分别为

$$L_1=-G_1H_3\text{；}\quad L_2=G_2H_1\text{；}\quad L_3=-G_2G_3H_2\text{；}\quad L_4=-G_1G_2G_3$$

其中，L_1 和 L_3 是两个互不接触回路。

③ 特征式为

$$\begin{aligned}\Delta&=1-(L_1+L_2+L_3+L_4)+L_1L_3\\&=1+G_1H_3-G_2H_1+G_2G_3H_2+G_1G_2G_3+G_1G_2G_3H_2H_3\end{aligned}$$

④ 对于第 1 个前向通道 P_1，所有回路均与该前向通道相接触，所以其特征式的余子式为

$$\Delta_1=1$$

对于第 2 个前向通道 P_2，回路 L_3 与该前向通道不接触，所以其特征式的余子式为

$$\Delta_2=1-L_3=1+G_2G_3H_2$$

对于第 3 个前向通道 P_3，仅回路 L_4 与该前向通道接触，所以其特征式的余子式为

$$\Delta_3=1-(L_1+L_2+L_3)+L_1L_3=1+G_1H_3-G_2H_1+G_2G_3H_2+G_1G_2G_3H_2H_3$$

⑤ 输入节点 R 和输出节点 Y 之间的增益 Y/R，即系统的闭环传递函数为

$$G(s)=\frac{Y}{R}=\frac{1}{\Delta}(P_1\Delta_1+P_2\Delta_2+P_3\Delta_3)$$

$$=\frac{G_1G_2G_3+G_1G_4(1+G_2G_3H_2)+G_5(1+G_1H_3-G_2H_1+G_2G_3H_2+G_1G_2G_3H_2H_3)}{1+G_1H_3-G_2H_1+G_2G_3H_2+G_1G_2G_3+G_1G_2G_3H_2H_3}$$

（2）计算混合节点 R_1 和混合节点 Y_1 之间的增益 Y_1/R_1 时，有两种方法：

方法一：因为梅逊增益公式给出的是输入节点和输出节点之间的增益。而这里的 R_1 和 Y_1 均为混合节点，因此需要将 R_1 变换为输入节点，Y_1 变换为输出节点。对于混合节点 Y_1 仅需从该处增加一条增益为 1 的输出支路，就可将其变换为输出节点，如图 2-40 所示。而对于混合节点 R_1 变换为输入节点的方法是根据输入节点的定义，即将所有连接到混合节点 R_1 的输入支路断开（如图 2-40 中的虚线所示），则混合节点 R_1 就变成了输入节点。变换后的信号流图如图 2-41 所示。

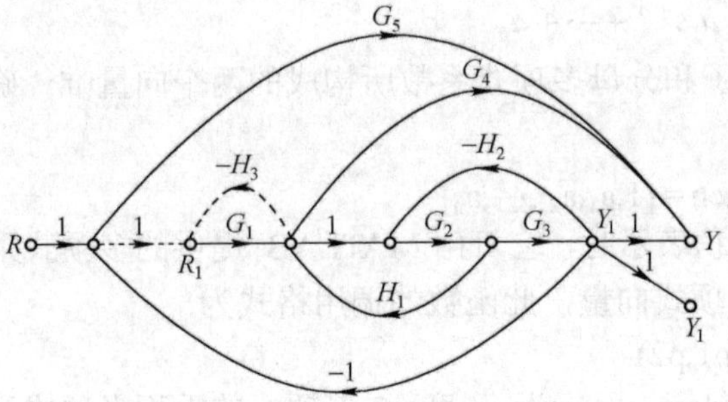

图 2-40　变换后的系统信号流图

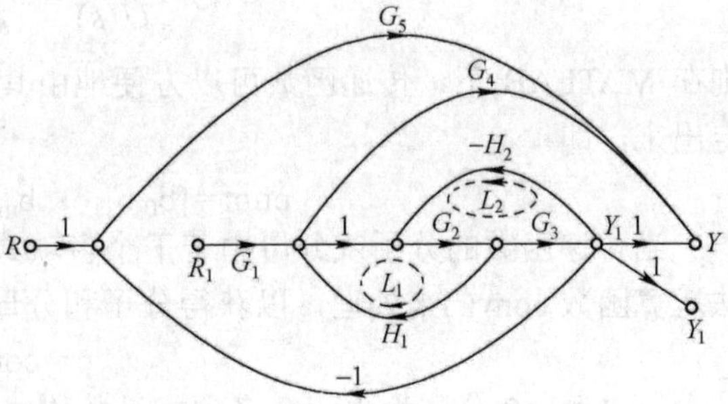

图 2-41　标注通道和回路的变换后系统信号流图

① 输入节点 R_1 和输出节点 Y_1 之间仅有 1 条前向通道，如图 2-41 所示，其增益为

$$P_1=G_1G_2G_3$$

② 回路有两个，如图 2-41 所示，其增益分别为

$$L_1=G_2H_1\text{；}\quad L_2=-G_2G_3H_2$$

③ 因为回路 L_1 和 L_2 相互接触，因此特征式为

$$\Delta = 1-(L_1+L_2) = 1-G_2H_1+G_2G_3H_2$$

④ 对于前向通道 P_1，回路 L_1 和 L_2 均与其接触，所以其特征式的余子式为

$$\Delta_1 = 1$$

⑤ 变换后的输入节点 R_1 和输出节点 Y_1 之间的增益 Y_1/R_1 为

$$\frac{Y_1}{R_1} = \frac{P_1\Delta_1}{\Delta} = \frac{G_1G_2G_3}{1-G_2H_1+G_2G_3H_2}$$

方法二：首先将 R_1 和 Y_1 均变换为输出节点，然后利用梅逊增益公式分别求出增益 R_1/R 和 Y_1/R，即

$$\frac{R_1}{R} = \frac{1-G_2H_1+G_2G_3H_2}{1+G_1H_3-G_2H_1+G_2G_3H_2+G_1G_2G_3+G_1G_2G_3H_2H_3}$$

和

$$\frac{Y_1}{R} = \frac{G_1G_2G_3}{1+G_1H_3-G_2H_1+G_2G_3H_2+G_1G_2G_3+G_1G_2G_3H_2H_3}$$

最后再根据 $\dfrac{Y_1}{R_1} = \dfrac{Y_1/R}{R_1/R}$ 计算出 Y_1/R_1，其结果同方法一。

2.5 利用 MATLAB 描述和求解系统数学模型

根据数学描述方法的不同，可建立不同形式的控制系统数学模型。在经典控制理论中，最常用的数学模型是传递函数，传递函数具有有理多项式、零-极点和部分分式等多种表示形式。不同的表示形式之间有着一定的等效关系，根据不同的应用场合实现不同形式的数学模型转换是必要的。

2.5.1 利用 MATLAB 描述系统数学模型

如果系统的数学模型可用如下的传递函数表示

$$G(s) = \frac{Y(s)}{U(s)} = \frac{b_0s^m + b_1s^{m-1}+\cdots+b_m}{s^n+a_1s^{n-1}+\cdots+a_n}$$

则在 MATLAB 下，传递函数可以方便地由其分子和分母多项式系数所构成的两个向量唯一确定出来，即

$$\text{num} = [b_0, b_1, \cdots, b_m];\ \text{den} = [1, a_1, a_2, \cdots, a_n]$$

当传递函数的分子或分母由若干个多项式乘积表示时，它可由 MATLAB 提供的多项式乘法运算函数 conv( )来处理，以获得分子和分母多项式向量，此函数的调用格式为

p = conv(p1,p2)

其中，p1 和 p2 分别为由两个多项式系数构成的向量，而 p 为 p1 和 p2 多项式的乘积多项式系数向量。conv( )函数的调用是允许多级嵌套的。

例 2-18 若系统的传递函数为

$$G(s) = \frac{4(s^2+6s+6)}{s(s+1)(s^3+3s^2+2s+5)}$$

试利用 MATLAB 求出其用分子和分母多项式表示的传递函数。

解 对于以上系统的传递函数，可以将其用下列 MATLAB 命令表示

```
>>num=4*[1,6,6];den=conv([1,0],conv([1 1],[1,3,2,5]));printsys(num,den)
```

结果显示：

```
num/den =
            4s^2 + 24s + 24
   ------------------------------------------
    s^5 + 4s^4 + 5s^3 + 7s^2 + 5s
```

如果系统的数学模型可用如下的零-极点模型表示

$$G(s)=K\frac{(s-z_1)(s-z_2)\cdots(s-z_m)}{(s-p_1)(s-p_2)\cdots(s-p_n)}$$

则在 MATLAB 下，零-极点模型可以由零点、极点和增益所构成的列向量唯一确定出来，即

Z = [z1; z2;⋯; zm]; P = [p1; p2;⋯; pn]; K = K

2.5.2　利用 MATLAB 实现数学模型间的转换

在系统研究中，在一些场合下需要用到系统一种模型，而另一场合下可能又需要系统的另外的模型。这些不同形式的数学模型之间有着某种内在的等效关系，所以有必要了解由一种模型到另一种模型的转换方法。

传递函数模型到零-极点模型的转换，可利用函数 tf2zp( )来实现，其调用格式为

[Z,P,K] = tf2zp(num,den)

传递函数模型到状态方程模型的转换，可利用函数 tf2ss( )来实现，其调用格式为

[A,B,C,D] = tf2ss(num,den)

零-极点模型到传递函数模型的转换，可利用函数 zp2tf ( )来实现，其调用格式为

[num,den] = zp2tf(Z,P,K)

其中，Z，P 和 K 分别为系统零-极点模型中的零点、极点和增益按降幂排列构成的系数列向量；num 和 den 分别为系统传递函数模型的分子多项式和分母多项式的系数按降幂排列构成的系数行向量；A,B,C,D 为线性系统状态方程模型的各矩阵值。

例 2-19　设系统的零-极点模型为

$$G(s)=\frac{6(s+3)}{(s+1)(s+2)(s+5)}$$

试利用 MATLAB 求出其用分子和分母多项式表示的传递函数。

解　MATLAB 命令如下

```
>>K=6;Z=[-3];P=[-1;-2;-5];[num,den]=zp2tf(Z,P,K);printsys(num,den)
```

结果显示：

```
num/den =
            6s + 18
   ----------------------------
    s^3 + 8s^2 + 17s + 10
```

2.5.3　利用 MATLAB 化简系统数学模型

一般情况下，控制系统常常由若干个环节通过串联、并联和反馈连接的方式而组成，在对系统进行分析时，就需要对系统的模型进行适当的处理，在 MATLAB 的控制系统工具箱中提

供了大量的对控制系统的模型进行化简合并的函数。

1. 串联连接环节的合并

在 MATLAB 的控制系统工具箱中提供了系统的串联连接处理函数 series( )，其调用格式为

[num,den] = series(num1,den1,num2,den2)

其中，num1,den1 和 num2,den2 分别为串联环节 1 和环节 2 的传递函数的分子和分母多项式系数向量；num,den 则为串联连接后系统总的传递函数的分子和分母多项式系数向量。

2. 并联连接环节的合并

在 MATLAB 的控制系统工具箱中提供了系统的并联连接处理函数 parallel( )，该函数的调用格式为

[num,den] = parallel(num1,den1,num2,den2)

其中，num1,den1 和 num2,den2 分别为并联环节 1 和环节 2 的传递函数的分子和分母多项式系数向量；num,den 则为并联连接后系统总的传递函数的分子和分母多项式系数向量。

3. 反馈连接环节的合并

在 MATLAB 的控制系统工具箱中提供了系统反馈连接处理函数 feedback( ), 其调用格式为

[num,den] = feedback(num1,den1,num2,den2,sign)

其中，num1,den1 和 num2,den2 分别为前向环节 1 和反馈环节 2 的传递函数的分子和分母多项式系数向量；num,den 则为反馈连接后系统总的传递函数的分子和分母多项式系数向量。sign 为反馈极性，对于正反馈 sign 取 1，对于负反馈取–1 或默认。

特别地，对于单位反馈系统，MATLAB 提供了更简单的处理函数 cloop( )，其调用格式为

[num,den] = cloop(num1,den1,sign)

其中，num1,den1 为前向环节 1 的传递函数的分子和分母多项式系数向量；num,den 则为反馈连接环节合并后系统总的传递函数的分子和分母多项式系数向量。sign 为反馈极性，对于正反馈 sign 取 1，负反馈取–1 或默认。

例 2-20 已知系统的结构图如图 2-42 所示。

试利用 MATLAB 求系统的闭环传递函数模型。

解 MATLAB 命令如下

```
>>num1 = 540;den1 = 1;num2 = 10;den2 = [1,1];num3 = 1;den3 = [2,0.5]; numh1 = 0.1;denh1 = 1;
>>[na,da] = series(num2,den2,num3,den3);[nb,db] = feedback(na,da,numh1,denh1,-1);
>>[nc,dc] = series(num1,den1,nb,db);[num,den] = cloop(nc,dc,-1);printsys(num,den)
```

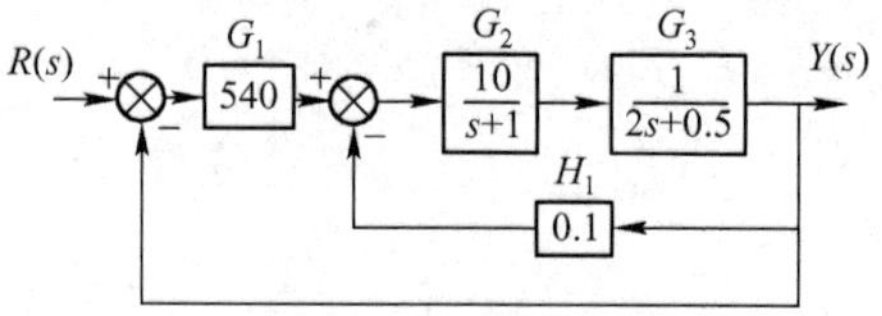

图 2-42 系统的结构图

结果显示：

```
num/den =
            5400
   ---------------------------
    2 s^2 + 2.5 s + 5401.5
```

或 >>s=tf('s');G1=540;G2=10/(s+1);G3=1/(2*s+0.5); H1=0.1;

```
>>GK=G1*feedback(G2*G3,H1);GB= feedback(GK,1)
```

结果显示：

```
num/den=
              5400
    ----------------------------
    2 s^2 + 2.5 s + 5402
```

小　　结

本章介绍了描述线性定常连续系统的多种数学模型形式，包括微分方程、传递函数、脉冲响应函数、结构图、信号流图等。数学模型定义为描述系统变量之间关系的数学表达式。学习数学模型，重点是各种数学模型的表示形式，以及各种表示形式之间的相互转换关系。通过本章学习，要着重掌握以下内容：

（1）微分方程是根据实际系统所遵循的物理学基本定律建立的时域内描述变量之间关系的数学表达式，是时域中的数学模型，也是数学模型的最基础的形式，其他形式的数学模型都可以通过微分方程导出。

（2）传递函数定义为零初始条件下，输出量的拉普拉斯变换象函数与输入量的拉普拉斯变换象函数之比，是控制系统结构和参数的数学表述。传递函数是复频域中的数学模型，也是控制理论中最重要的数学模型之一。在控制系统中，传递函数有开环传递函数、闭环传递函数等形式。传递函数可以由微分方程直接写出。

（3）脉冲响应函数是在零初始条件下，系统对单位理想脉冲输入的时域响应。对脉冲响应函数进行拉普拉斯变换，即可求得相应的传递函数。

（4）结构图和信号流图是用图形表示的数学模型，图解表示既可表明系统的组成和信号的传递方向，又可表明信号传递过程中的函数关系。结构图和信号流图可以由微分方程直接得到；通过等效变换，传递函数可以由结构图和信号流图得到；利用梅逊增益公式可以不必化简信号流图直接写出系统的传递函数。

（5）利用 MATLAB 可以方便地实现控制系统传递函数的描述与转换。

习　　题

2-1　已知质量-弹簧系统如题 2-1 图所示，图中标明了质量和弹簧的弹性系数。当外力 $F(t)$作用时，系统产生运动，如果在不计摩擦的情况下，以质量 m_2 的位移 $y(t)$为输出，外力 $F(t)$为输入，试列写系统的运动方程。

2-2　求题 2-2 图中由质量-弹簧-阻尼器组成的机械系统，建立系统的运动方程。其中，$x(t)$为基底相对于惯性空间的位移，$y(t)$为质量相对于惯性空间的位移。$z(t)=y(t)-x(t)$为基底和质量之间的相对位移，$z(t)$由记录得到，$x(t)$和 $z(t)$分别为输入量和输出量。

2-3　试求题 2-3 图所示无源 RC 电路的微分方程，其中 $u_i(t)$为输入量，$u_o(t)$为输出量。

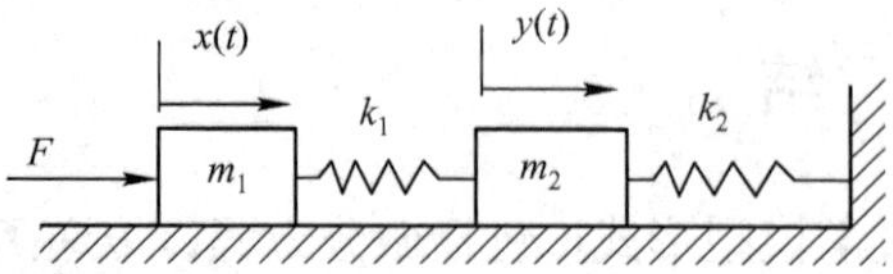

题 2-1 图

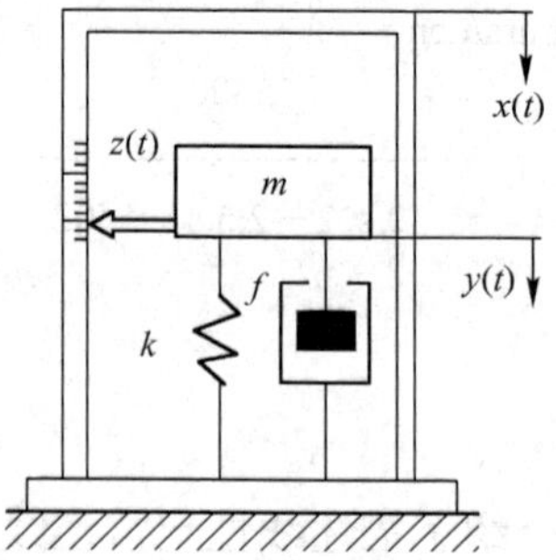

题 2-2 图

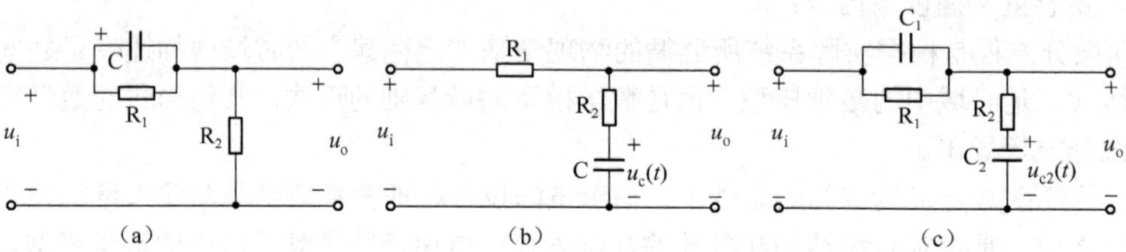

题 2-3 图

2-4　试求题 2-4 图所示有源 RC 电路的微分方程，其中 $u_i(t)$为输入量，$u_o(t)$为输出量。

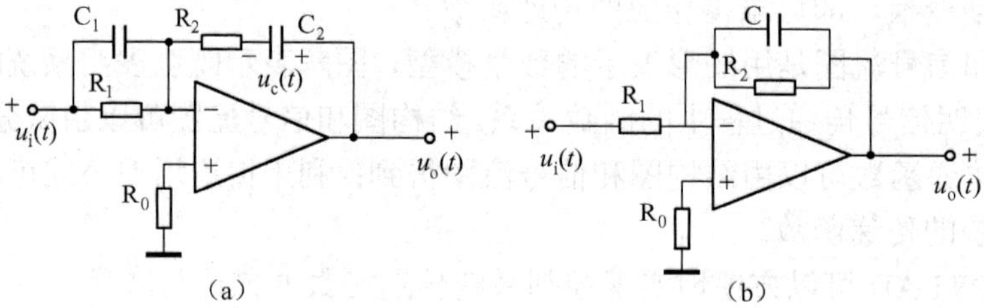

题 2-4 图

2-5　写出题 2-3 图和题 2-4 图中各电路的传递函数。

2-6　若某初始状态为零的系统，在单位脉冲输入信号 $r(t)=\delta(t)$ 作用下，系统的输出响应为 $g(t)=1-2e^{-2t}+e^{-t}$，试求系统的传递函数。

2-7　测速电桥电路如题 2-7 图所示。外加电压为 u_a，电动机转速为 ω，电动机反电动势 e_a 和 ω 成正比，即 $e_a=C_e\omega$，式中 C_e 是由电动机结构决定的常数。当满足 $R_1R_a=R_2R_3$ 时（R_a 为电动机电动势电阻），忽略电动机电枢绕组的电感。求电桥输出开路电压 u 和转速 ω 的关系方程式，并写出传递函数 $U(s)/\Omega(s)$。

2-8　简化如题 2-8 图所示系统的结构图，求传递函数 $Y(s)/R(s)$。

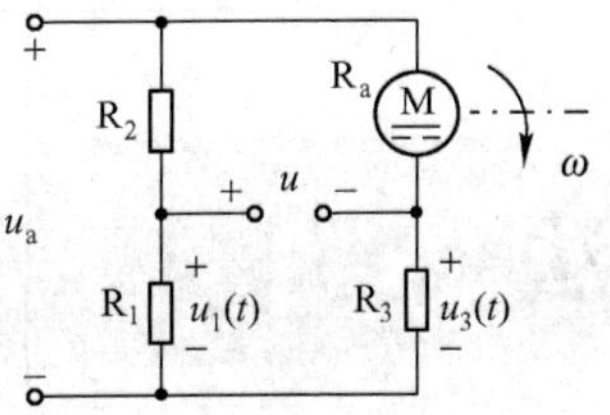

题 2-7 图

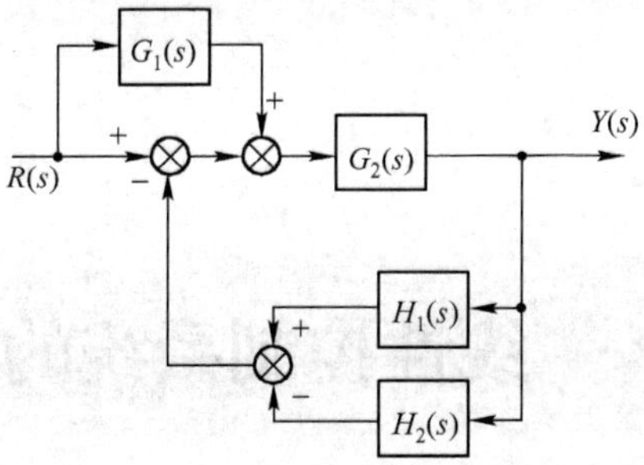

题 2-8 图

2-9　简化如题 2-9 图所示系统的结构图，求取传递函数 $Y(s)/R(s)$。

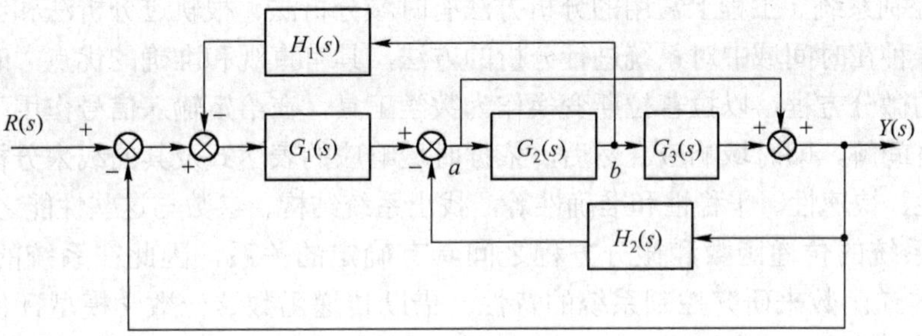

题 2-9 图

2-10　已知系统结构图如题 2-10 图所示，写出给定输入 $R(s)$和扰动输入 $N(s)$共同作用下系统输出 $Y(s)$的表达式。

2-11　已知系统的信号流如题 2-11 图所示，试用梅逊公式求取源节点 x_1 到汇节点 x_2 的传输，以及源节点 x_1 到节点 x_3 的传输。

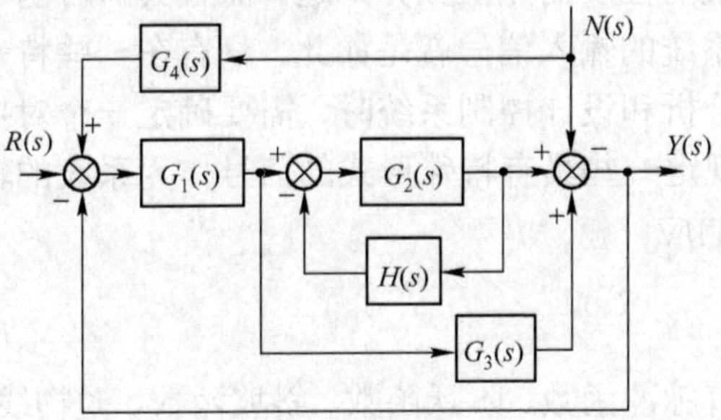

题 2-10 图

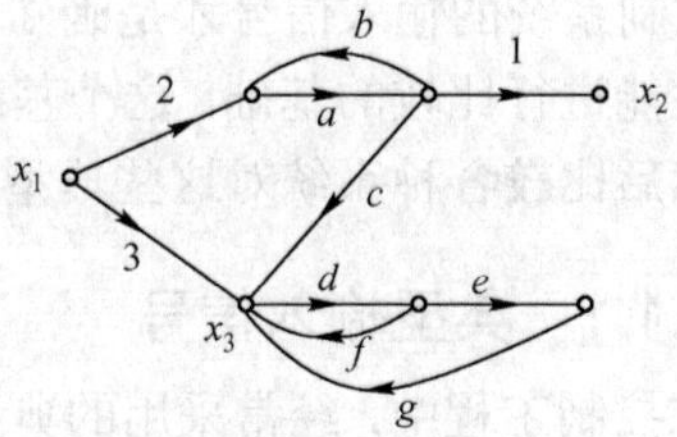

题 2-11 图

2-12　绘制题 2-9 图所示系统的信号流图，利用梅逊公式求取该系统的传递函数。

第3章

线性控制系统的时域分析法

对于线性控制系统，工程上常用的分析方法有时域分析法、根轨迹分析法和频域分析法等。时域分析法是一种在时间域中对系统进行分析的方法，具有直观和准确的优点。时域分析法就是根据控制系统的微分方程，以拉普拉斯变换作为数学工具，在给定输入信号作用下，求解控制系统输出变量的时间解，即时域响应。然后，依据时域响应的表达式及其曲线来分析控制系统的性能，诸如稳定性、快速性、平稳性和准确性等，找出系统结构、参数与这些性能之间的关系。

由于控制系统的传递函数和微分方程之间具有确定的关系，因此在系统的初始条件为零时，常常利用传递函数来研究控制系统的特性。借助传递函数这一数学模型评价系统的特性，是一种间接的分析方法，可以简便、快速地得到系统的各种时域性能指标。

3.1 时域分析的基础知识

控制系统的时域性能指标，可以通过在输入信号作用下系统的动态过程和稳态来评价。系统的动态过程和稳态不仅取决于系统本身的特性，而且还与外加输入信号的形式有关。在很多情况下，实际控制系统的外加输入信号具有随机的性质而无法预先知道，而且其瞬时函数关系往往又不能以解析的形式来表达，如随动跟踪系统的输入信号就是如此。只有在一些特殊情况下，控制系统的输入信号才是确知的。因此在分析和设计控制系统时，需要确定一个对控制系统的性能进行比较的基础，这个基础就是预先规定一些具有特殊形式的信号作为系统的输入信号，然后比较各种系统对这些典型输入信号的响应。

3.1.1 典型输入信号

在控制工程中，经常采用的典型输入信号有脉冲函数、阶跃函数、斜坡函数、抛物线函数、正弦函数等。

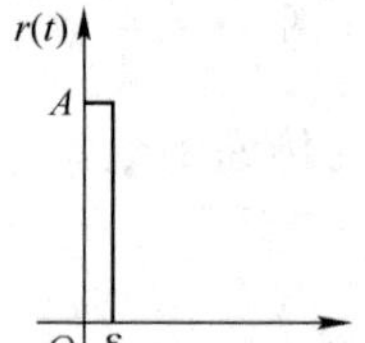

图 3-1　脉冲函数的曲线

1．脉冲函数

脉冲函数的曲线如图 3-1 所示，数学表达式为

$$r(t)=\begin{cases}0 & t<0,t>\varepsilon\\ \dfrac{A}{\varepsilon} & 0\leqslant t\leqslant\varepsilon\end{cases},\quad \int_{-\infty}^{\infty}r(t)\,\mathrm{d}t=A \tag{3-1}$$

其面积 A 表示脉冲函数的强度。

$A=1,\varepsilon\to 0$ 的脉冲函数称为单位脉冲函数，记作 $\delta(t)$，即

$$\delta(t)=\begin{cases}0 & t\neq 0\\ \infty & t=0\end{cases},\qquad \int_{-\infty}^{\infty}\delta(t)\,\mathrm{d}t=1 \tag{3-2}$$

于是强度为 A 的脉冲函数可表示为 $A\delta(t)$。

出现在 $t=t_0$ 时刻的单位脉冲函数记作 $\delta(t-t_0)$，即

$$\delta(t-t_0)=\begin{cases}0 & t\neq t_0\\ \infty & t=t_0\end{cases},\qquad \int_{-\infty}^{\infty}\delta(t-t_0)\,\mathrm{d}t=1$$

单位脉冲函数的拉普拉斯变换为

$$L[\delta(t)]=1$$

2．阶跃函数（等位置函数）

阶跃函数的数学表达式为

$$r(t)=\begin{cases}0 & t<0\\ A & t\geqslant 0\end{cases} \tag{3-3}$$

它表示一个在 $t=0$ 时出现的、幅值为 A 的阶跃变化函数，如图 3-2 所示。在实际系统中，如负荷突然增大或减小、调节阀突然开大或关小均可以近似看成阶跃函数的形式。

$A=1$ 的阶跃函数称为单位阶跃函数，记作 $1(t)$。因此，幅值为 A 的阶跃函数也可表示为

$$r(t)=A\cdot 1(t) \tag{3-4}$$

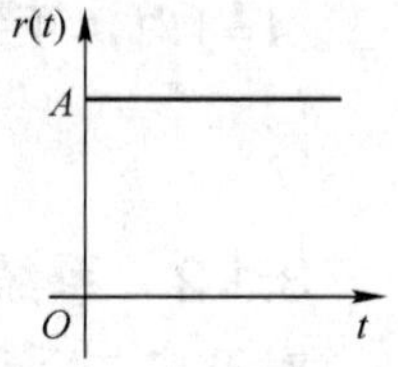

图 3-2　阶跃函数

出现在 $t=t_0$ 时刻的阶跃函数，表示为

$$r(t-t_0)=\begin{cases}0 & t<t_0\\ A & t\geqslant t_0\end{cases}$$

3．斜坡函数（等速度函数）

斜坡函数的数学表达式为

$$r(t)=\begin{cases}0 & t<0\\ At & t\geqslant 0\end{cases} \tag{3-5}$$

斜坡函数从 $t=0$ 时刻开始，随时间以恒定速度 A 增加，如图 3-3 所示。$A=1$ 时，斜坡函数称作单位斜坡函数。

4．抛物线函数（等加速度函数）

抛物线函数的数学表达式为

$$r(t)=\begin{cases}0 & t<0\\ \dfrac{1}{2}At^2 & t\geqslant 0\end{cases} \tag{3-6}$$

曲线如图 3-4 所示。当 $A=1$ 时，称为单位抛物线函数。

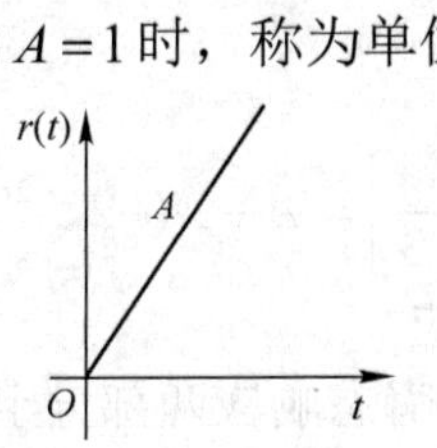

图 3-3　斜坡函数

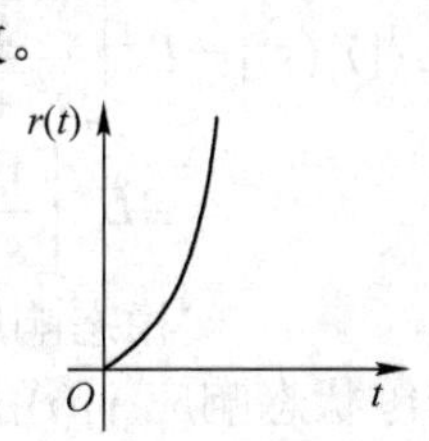

图 3-4　抛物线函数

单位脉冲函数、单位阶跃函数、单位斜坡函数和单位抛物线函数之间的关系如下

$$\delta(t)=\frac{\mathrm{d}}{\mathrm{d}t}[1(t)]=\frac{\mathrm{d}^2}{\mathrm{d}t^2}t=\frac{\mathrm{d}^3}{\mathrm{d}t^3}\left[\frac{1}{2}t^2\right]$$

或

$$\iiint\delta(t)\,\mathrm{d}t=\iint 1(t)\,\mathrm{d}t=\int t\,\mathrm{d}t=\frac{1}{2}t^2$$

5．正弦函数

正弦函数的数学表达式为

$$r(t)=\begin{cases}0 & t<0\\ A\sin\omega t & t\geqslant 0\end{cases} \tag{3-7}$$

式中，A 为振幅，ω 为角频率。

正弦函数为周期函数。当正弦信号作用于线性系统时，系统输出响应的稳态分量是和输入信号同频率的正弦信号，仅仅是幅值和相位不同。根据系统对不同频率正弦输入信号的稳态响应，可以得到系统性能的全部信息。

$A=1$ 时，正弦函数的拉普拉斯变换为

$$L[\sin\omega t]=\frac{\omega}{s^2+\omega^2} \tag{3-8}$$

3.1.2　系统时域响应的形式

对于某二阶系统的微分方程

$$\frac{\mathrm{d}^2}{\mathrm{d}t^2}y(t)+5\frac{\mathrm{d}}{\mathrm{d}t}y(t)+6y(t)=\frac{\mathrm{d}}{\mathrm{d}t}r(t)+6r(t) \tag{3-9}$$

两边逐项进行拉普拉斯变换可得

$$[s^2Y(s)-sy(0)-\dot{y}(0)]+5[sY(s)-y(0)]+6Y(s)=[sR(s)-r(0)]+6R(s)$$

整理后可得

$$Y(s)=\frac{s+6}{s^2+5s+6}R(s)+\frac{\dot{y}(0)+(s+5)y(0)-r(0)}{s^2+5s+6}=Y_1(s)+Y_2(s) \tag{3-10}$$

拉普拉斯反变换可得系统的时域响应为

$$y(t)=L^{-1}[Y_1(s)+Y_2(s)]=y_1(t)+y_2(t)=\text{零状态响应}+\text{零输入响应} \tag{3-11}$$

其中，$y(t)$为二阶系统的全解；$y_1(t)$为零状态响应，即系统在初始条件为零的情况下仅由输入 $r(t)$ 作用的响应；$y_2(t)$为零输入响应，即仅由系统的输入/输出初始条件决定的响应，属于瞬态响应或自由响应。由于 $Y_2(s)$的分母与 $Y_1(s)$的分母一样，均为系统的特征多项式，故 $y_2(t)$的变化取决于系统特征根的性质。对于一个稳定的系统，$y_2(t)$随着时间的推移，最终会衰减到零。

而对于零状态响应 $y_1(t)$，在阶跃函数作用下，有

$$\begin{aligned}y_1(t)&=L^{-1}[Y_1(s)]=L^{-1}\left[\frac{s+6}{s^2+5s+6}\cdot\frac{A}{s}\right]\\&=AL^{-1}\left[\frac{1}{s}-\frac{2}{s+2}+\frac{1}{s+3}\right]=A+A(-2\mathrm{e}^{-2t}+\mathrm{e}^{-3t})\\&=\text{稳态响应}+\text{瞬态响应}\end{aligned}$$

由此可见，系统的零状态响应 $y_1(t)$由稳态响应和瞬态响应两部分组成。其中，$y_1(t)$的稳态响应部分与输入 $r(t)$有关；$y_1(t)$的瞬态响应部分与 $y(t)$的零输入响应 $y_2(t)$一样，均为系统的瞬态

响应，其变化特性同样取决于系统特征方程根的性质。因此，系统的时域响应又可表示为

$$y(t)=\text{稳态响应}+\text{瞬态响应} \tag{3-12}$$

其中，瞬态响应又称为瞬态响应分量，它与系统结构、参数及初始条件有关，而与输入信号无关，是系统响应的自由分量；稳态响应又称为稳态响应分量，是在输入信号作用下系统的强迫分量，取决于系统结构、参数及输入信号的形式。

一般地，单输入单输出 n 阶线性定常系统的微分方程为

$$\begin{aligned}&a_0\frac{\mathrm{d}^n}{\mathrm{d}t^n}y(t)+a_1\frac{\mathrm{d}^{n-1}}{\mathrm{d}t^{n-1}}y(t)+\cdots+a_{n-1}\frac{\mathrm{d}}{\mathrm{d}t}y(t)+a_ny(t)\\&=b_0\frac{\mathrm{d}^m}{\mathrm{d}t^m}r(t)+b_1\frac{\mathrm{d}^{m-1}}{\mathrm{d}t^{m-1}}r(t)+\cdots+b_mr(t)\end{aligned} \tag{3-13}$$

式中，$r(t)$为输入信号；$y(t)$为输出信号，$a_0, a_1,a_2,\cdots,a_n$；$b_0,b_1,\cdots,b_m$ 是由系统本身结构和参数决定的系数。

在输入信号 $r(t)$作用下，输出 $y(t)$随时间变化的规律，即式（3-13）微分方程的解或系统的时域响应，一般也具有式（3-11）或式（3-12）的形式。分析系统的稳态响应时一般采用式（3-12）的结构形式。如欲重点分析系统的瞬态响应，特别是只需分析零状态响应，则通常采用式（3-11）的结构形式。

系统的零状态响应由系统的特征方程式（3-14）的特征根决定。

$$D(s)=a_0s^n+a_1s^{n-1}+\cdots+a_{n-1}s+a_n=0 \tag{3-14}$$

如果式（3-14）有 n 个不相等的特征根 $p_1,p_2,\cdots,p_n$，则系统的零状态响应可表示为

$$y_1(t)=A+k_1\mathrm{e}^{p_1t}+k_2\mathrm{e}^{p_2t}+\cdots+k_n\mathrm{e}^{p_nt} \tag{3-15}$$

式中，A 为稳态响应分量；其余部分为瞬态响应分量；$k_1,k_2,\cdots,k_n$ 为由系统的结构，参数及输入决定的系数。

对于重根或共轭复根，其对应的瞬态响应分量为 $k_it\,\mathrm{e}^{p_it}$ 或 $k_i\,\mathrm{e}^{p_it}\cos(\omega_it+\theta_i)$ 。

从系统零状态响应的两部分看，系统响应的瞬态响应分量是指从 $t=0$ 开始到进入稳态之前的这一段过程，描述系统的动态变化过程。稳态响应分量是系统在时间 $t\to\infty$时系统的输出，描述系统的稳态情况。

3.1.3　系统时域响应的性能指标

同一系统中，不同形式的输入信号所对应的输出响应是不同的，但对于线性控制系统来说，它们所表征的系统性能是一致的。由于在典型输入信号作用下，控制系统的时间响应可表示为动态过程和稳态两部分，故控制系统在典型输入信号作用下的性能，通常也由动态性能和稳态性能两部分组成。稳定是控制系统能够正常运行的首要条件，因此只有当动态过程收敛时，研究系统的动态性能和稳态性能才有意义。

在工程应用中，通常使用单位阶跃信号作为测试信号，来计算系统在时间域的动态性能和稳态性能。一般认为，阶跃信号对系统来说是最严峻的工作状态。如果系统在阶跃信号作用下的性能指标满足要求，那么系统在其他形式的输入信号作用下，其性能指标也是令人满意的。

1．动态性能指标

动态过程又称过渡过程或瞬态过程，是指系统在典型输入信号作用下，其输出量从初始状态到接近稳态值的响应过程，采用动态性能指标（瞬态响应指标），如快速性、平稳性等来衡

量。由于实际控制系统存在惯性、阻尼及其他一些因素，系统的输出量不可能完全复现输入量的变化，其动态过程曲线可表现为收敛、发散或等幅振荡的形式。显然，一个可以实际运行的控制系统，其动态过程必须是收敛的。换句话说，系统必须是稳定的。

描述稳定的控制系统在单位阶跃信号作用下，动态过程随时间 t 的变化状况的性能指标，称为动态特性指标。为了便于分析和比较，假定系统在单位阶跃信号作用前处于静止状态，而且输出量及其各阶导数均等于零。对于大多数控制系统来说，这种假设是符合实际情况的。

稳定控制系统的单位阶跃响应曲线有振荡衰减和单调上升两种类型，如图 3-5 所示。

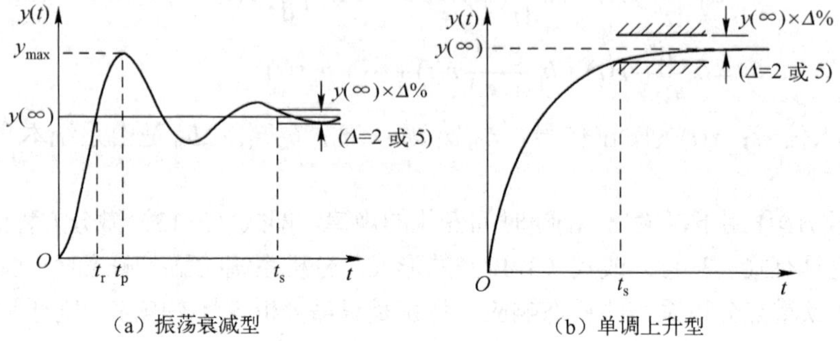

图 3-5　单位阶跃响应曲线

图 3-5 中，$y(\infty)$ 为单位阶跃响应的稳态值；$y_{\max}$ 为单位阶跃响应的最大值；Δ 为误差带，如何选取误差带宽度的大小，取决于系统设计的目的，工程上常取 $\Delta=2$ 或 $\Delta=5$。

1）具有振荡衰减类型的单位阶跃响应曲线如图 3-5（a）所示，其动态性能指标的定义如下。

（1）上升时间 t_r：指系统响应从零时刻首次到达稳态值的时间，即单位阶跃响应曲线从 $t=0$ 开始第一次上升到稳态值所需要的时间。

（2）峰值时间 t_p：指系统响应从零时刻到达最大峰值的时间，即单位阶跃响应曲线从 $t=0$ 开始上升到第一个峰值（即最大峰值）所需要的时间。

（3）最大超调量 M_p：指系统响应曲线的最大峰值与稳态值的差与稳态值之比的百分数，即

$$M_p=\frac{y(t_p)-y(\infty)}{y(\infty)}\times 100\% \tag{3-16}$$

（4）调整时间 t_s：指系统响应曲线进入允许的误差带 Δ 所限制的误差范围，并不再超出该误差范围的最小时间，称为调整时间（或过渡过程时间）。

（5）振荡次数 N：在调整时间 t_s 内响应曲线振荡的次数。

以上各性能指标中，通常用上升时间 t_r 或峰值时间 t_p 评价系统的响应速度，反映了动态过程的快速性；用最大超调量 M_p 和振荡次数 N 评价系统的阻尼特性或相对稳定程度，反映了动态过程的平稳性；而调整时间 t_s 是同时反映系统快速性和平稳性的综合指标。

2）具有单调上升类型的单位阶跃响应曲线，如图 3-5（b）所示。这种系统响应没有超调量，只用调整时间 t_s 表示动态过程的快速性，调整时间的定义同上所述。有时也用上升时间 t_r 这一指标表示动态过程的快速性。但是，这些没有超调量的系统，理论上到达稳态值的时间需要无穷大，因此，在这种情况下，上升时间的定义应修改为单位阶跃响应曲线从稳态值的 10% 上升到 90%所需的时间。

应当指出，除简单的一阶系统、二阶系统外，对高阶系统要精确确定以上这些动态性能指标的解析表达式是很困难的。

2. 稳态性能指标

稳态是指系统在典型输入信号的作用下，时间 t 趋于无穷时，系统的输出状态。采用稳态误差 e_{ss} 来衡量稳定系统的稳态性能，稳态误差的定义为：当时间 t 趋于无穷时，系统输出响应的期望值与实际值之差，即

$$e_{ss}=\lim_{t\to\infty}[r(t)-y(t)] \tag{3-17}$$

稳态误差 e_{ss} 用于评价稳定系统的准确性，反映了控制系统复现或跟踪输入信号的能力。

3.2　系统的稳定性

在分析和设计控制系统时，首先要考虑的是控制系统的稳定性。一个控制系统能够正常工作的首要条件，就是它必须是稳定的。由于控制系统在实际运行中，不可避免地会受到外界或内部一些扰动因素的影响，如系统负荷或能源的波动、系统参数和环境条件的变化等，从而会使系统偏离原来的工作状态。如果系统是稳定的，那么随着时间的推移，系统的各物理量就会恢复到原来的工作状态。如果系统不稳定，即使扰动很微弱，也会使系统中的各物理量随着时间的推移而发散，显然不稳定的系统是无法正常工作的。因此，如何分析系统的稳定性，并提出保证系统稳定的措施，是自动控制理论研究的基本任务之一。

3.2.1　稳定性的基本概念

由于稳定性的研究角度不同，控制系统稳定性在不同意义下的描述不尽相同，但是不同意义下稳定性描述的本质是相同的。对于线性定常控制系统，通常从下述两方面来定义稳定性。

（1）若系统在有界输入量作用时，其输出量的幅值也是有界的，则称系统为有界输入有界输出稳定，又简称为 BIBO 稳定。否则如果系统在有界输入作用下，产生无界的输出，则称系统是不稳定的。

（2）系统在受到扰动作用后，其输出量会偏离原来的工作状态，产生偏差，而当扰动消除后，随着时间的推移，该偏差逐渐减小并趋于零，即输出量又能逐渐回到原来的工作状态，则称系统为渐近稳定。否则，称这个系统是不稳定的。该定义表明，系统的稳定性反映在扰动消失后过渡过程的性质上。因此，控制系统的这种稳定性也可定义为系统没有输入，仅在初始条件的作用下，其输出随时间的推移逐渐趋于零。

第一种定义是针对输入引起的响应而言，是指由式（3-11）表示的动态方程中的 $y_1(t)$，因此也称为零状态响应的稳定性。第二种定义是针对零输入时，系统的自由运动而言的，如式（3-11）中的 $y_2(t)$，因此也称为零输入响应的稳定性。

以上两种稳定性的描述虽然表述不同，但是在本质上是一致的，都是基于系统输入/输出模型的。也就是说，它们只考虑了系统输出量在输入量有界或消失时是否收敛到有限值，因此把这种稳定性称为输入/输出稳定性。对于线性定常系统，这两个稳定性的定义实质上是等价的，下面用单输入单输出线性定常系统的传递函数来考查这两个定义的一致性。

设单输入单输出线性定常系统的传递函数为

$$G(s)=\frac{Y(s)}{R(s)}=\frac{b_0s^m+b_1s^{m-1}+\cdots+b_{m-1}s+b_m}{a_0s^n+a_1s^{n-1}+\cdots+a_{n-1}s+a_n}\quad (m<n) \tag{3-18}$$

其特征方程式为

$$D(s)=a_0s^n+a_1s^{n-1}+\cdots+a_{n-1}s+a_n=0 \tag{3-19}$$

当系统的初始条件为零时，其输出时域响应为

$$y(t)=y_1(t)=L^{-1}[G(s)R(s)]=\int_0^{\infty}g(t)r(t-\tau)\mathrm{d}\tau \tag{3-20}$$

式中，$g(t)=L^{-1}[G(s)]$为系统的单位脉冲响应。

对于式（3-20）两边取绝对值，得

$$|y(t)|=\left|\int_0^{\infty}g(t)r(t-\tau)\mathrm{d}\tau\right|\leqslant\int_0^{\infty}|g(t)r(t-\tau)|\mathrm{d}\tau\leqslant\int_0^{\infty}|g(t)|\cdot|r(t-\tau)|\mathrm{d}\tau \tag{3-21}$$

若对于有界输入，即 $|r(t)|\leqslant M_1<\infty$，则根据式（3-21）可得有界输出的条件为

$$|y(t)|\leqslant M_1\int_0^{\infty}|g(t)|\mathrm{d}\tau\leqslant M_2<\infty \tag{3-22}$$

由此可知，若单位脉冲响应$g(t)$是绝对可积的，即$\left|\int_0^{\infty}g(t)\mathrm{d}\tau\right|$为有限值，则式（3-22）成立，系统是有界输入有界输出稳定的。

另外，当系统输入为零时，其输出时域响应为

$$y(t)=L^{-1}[Y_2(s)]=y_2(t) \tag{3-23}$$

由式（3-10）可知，系统的零输入响应 $Y_2(s)$与传递函数$G(s)$的分母是相同的，即零输入响应取决于系统特征方程根的性质。如果系统特征方程的根都具有负的实部，则系统的单位脉冲响应$g(t)$一定绝对可积，此时系统的零输入响应$y_2(t)$表现为衰减变化过程，其值最终趋于零，系统是渐近稳定的。

显然，这两种稳定性的定义都统一为与单位脉冲响应$g(t)$是否绝对可积有关。至于函数$g(t)$是否绝对可积，取决于系统本身，即系统传递函数$G(s)$的极点或系统特征方程式（3-19）根的分布情况。

应当指出，尽管在描述稳定性时提到了输入作用和扰动作用，但对线性定常系统来说，系统稳定与否完全取决于系统本身的结构和参数，稳定性是系统本身的一种特性，而与输入作用无关。

由于线性系统的稳定性与外界条件无关，因此，可以假设线性系统在初始条件为零时，作用一个单位脉冲信号$\delta(t)$，这时系统的输出便是单位脉冲响应$g(t)$。这相当于系统在扰动信号作用下，输出信号偏离原来工作状态的情况。因此，根据第2种稳定性定义的描述，若时间趋于无穷大时，单位脉冲响应收敛于原来的工作状态，即

$$\lim_{t\to\infty}g(t)=0 \tag{3-24}$$

则线性系统是稳定的。

3.2.2 线性控制系统稳定的条件

1．线性系统稳定的充要条件

对于式（3-18）所示的n阶线性定常系统，若系统有n_1个实数极点，n_2对共轭复数极点，$n_1+2n_2=n$，则系统在单位脉冲信号作用下的单位脉冲响应可表示为

$$g(t)=L^{-1}[G(s)\cdot 1]=L^{-1}\left[\frac{M(s)}{D(s)}\right]=L^{-1}\left[\frac{\prod\limits_{k=1}^{m}(s-z_k)}{\prod\limits_{i=1}^{n_1}(s-p_i)\prod\limits_{j=1}^{n_2}(s^2+2\zeta_j\omega_{nj}s+\omega_{nj}^2)}\right] \tag{3-25}$$

$$=\sum_{i=1}^{n_1}A_i\,e^{p_i t}+\sum_{j=1}^{n_2}\left[B_j\,e^{-\zeta_j\omega_{nj}t}\cos\left(\omega_{nj}\sqrt{1-\zeta_j^2}\right)t+C_j\,e^{-\zeta_j\omega_{nj}t}\sin\left(\omega_{nj}\sqrt{1-\zeta_j^2}\right)t\right]$$

式中，$A_i(i=1,2,\cdots,n_1)$；B_j 、$C_j(j=1,2,\cdots,n_2)$为由系统的结构、参数及初始条件决定的系数。

由上可知，当系统的所有特征根的实部均为负值，即 p_i 和 $-\zeta_j\omega_{nj}$ 为负数，则单位脉冲响应最终将衰减到零，式（3-24）才能成立，这样的系统就是稳定的。若特征根中有一个或多个根具有正实部时，则单位脉冲响应将随时间的推移而发散，这样的系统就是不稳定的。当特征根中具有一个或一个以上零实部，而其余的特征根实部均为负值时，系统的单位脉冲响应将趋于常数或等幅振荡，此时系统处于稳定和不稳定的临界状态，按照稳定性的定义，该系统不是稳定的，通常称为临界稳定情况。

综上所述，系统稳定的充分必要条件是：系统特征根的实部均小于零，或系统的特征根均在 s 平面的左半平面。

2．线性系统稳定的必要条件

由于系统的稳定性与系统的特征根有关，而系统的特征根又取决于特征方程及其系数。因此，系统的稳定性必然与特征方程的系数有关。下面首先讨论特征方程的根与其系数间的关系。

假设 n 阶系统的特征方程为

$$D(s)=a_0s^n+a_1s^{n-1}+\cdots+a_{n-1}s+a_n=a_0(s-p_1)(s-p_2)\cdots(s-p_n)=0 \tag{3-26}$$

式中，$p_1,p_2,\cdots,p_n$ 为系统的特征根。

由根与系数的关系可求得

$$\left.\begin{aligned}a_1/a_0&=-(p_1+p_2+\cdots+p_n)\\a_2/a_0&=(p_1p_2+p_1p_3+p_2p_3+\cdots+p_{n-1}p_n)\\a_3/a_0&=-(p_1p_2p_3+p_1p_2p_4+p_2p_3p_4+\cdots+p_{n-2}p_{n-1}p_n)\\&\cdots\\a_n/a_0&=(-1)^n(p_1p_2\cdots p_{n-1}p_n)\end{aligned}\right\} \tag{3-27}$$

从式（3-27）可知，欲使全部特征 $p_1,p_2,\cdots,p_n$ 均具有负实部（即系统稳定），就必须满足以下两个条件。

（1）特征方程的各项系数 $a_0,a_1,a_2,\cdots,a_n$ 均不为零。因为若有一个系数为零，则必然出现实部为零或实部有正有负的特征根才能满足式（3-27），此时系统响应为临界稳定（根在虚轴上）或不稳定（根的实部为正）。

（2）特征方程的各项系数的符号都相同，才能满足式（3-27）。

综上所述，系统稳定的必要条件是：系统特征方程的所有系数 $a_0,a_1,a_2,\cdots,a_n$ 均大于零（或均小于零），而且也不缺项。

3.2.3 代数稳定判据

根据稳定的充分必要条件判别系统的稳定性，需要求出系统的全部特征根，但当系统的阶数高于 2 时，求解特征方程将会遇到较大困难，计算工作量相当大。于是人们希望寻求一种不必求解系统的特征方程，而直接根据特征方程的根与其系数间的关系，来判断系统稳定与否的方法。根据特征方程的根与其系数间的关系，产生了一系列代数稳定性判据，其中最主要的一个判据就是 1875 年由 E.J.Routh 提出的判据，称为劳斯判据（Routh 判据）。1895 年，A.Hurwitz 又提出了根据特征方程系数来判别系统稳定性的另一方法，称为赫尔维茨判据（Hurwitz 判据）。

1．劳斯判据

1）判据的充要条件

劳斯判据是一种代数稳定判据，它不但能提供线性定常系统稳定性的信息，而且还能指出在 s 平面虚轴上和右半平面特征根的个数。

假设 n 阶系统的特征方程为

$$D(s)=a_0s^n+a_1s^{n-1}+\cdots+a_{n-1}s+a_n=0 \tag{3-28}$$

则根据劳斯判据判定系统是否稳定的充要条件是：系统特征方程的所有系数 $a_0,a_1,a_2,\cdots,a_n$ 均大于零（或均小于零），且由该方程式系数作出的劳斯阵列中第一列所有元素均大于零。否则，系统在 s 平面右半平面特征根的个数等于劳斯阵列中第一列的元素符号改变的次数。

2）劳斯阵列

劳斯判据是基于系统特征方程式的根与系数的关系而建立的一种代数稳定判据。根据以上 n 阶系统特征方程式（3-28）的系数 a_0、a_1、a_2、…、a_n 可得到如下的劳斯阵列。

$$\begin{array}{c|ccccc}
s^n & a_0 & a_2 & a_4 & a_6 & \cdots \\
s^{n-1} & a_1 & a_3 & a_5 & a_7 & \cdots \\
\hdashline
s^{n-2} & b_1 & b_2 & b_3 & b_4 & \cdots \\
s^{n-3} & c_1 & c_2 & c_3 & c_4 & \cdots \\
\vdots & \vdots & \vdots & \vdots & \vdots & \\
s^2 & d_1 & d_2 & d_3 & 0 & \\
s^1 & e_1 & e_2 & 0 & & \\
s^0 & f_1 & & & &
\end{array}$$

劳斯阵列中的前两行元素直接根据特征方程式中的系数而得，第三行及以下各行的元素均由其上两行的参数根据下列公式计算得到，且各行一直要计算到值等于零时为止。这种过程一直进行到第 s^0 行的元素被计算出为止。

$$b_1=\frac{\begin{vmatrix}a_0 & a_2\\ a_1 & a_3\end{vmatrix}}{-a_1},\quad b_2=\frac{\begin{vmatrix}a_0 & a_4\\ a_1 & a_5\end{vmatrix}}{-a_1},\quad b_3=\frac{\begin{vmatrix}a_0 & a_6\\ a_1 & a_7\end{vmatrix}}{-a_1},\ \cdots,$$

$$c_1=\frac{\begin{vmatrix}a_1 & a_3\\ b_1 & b_2\end{vmatrix}}{-b_1},\quad c_2=\frac{\begin{vmatrix}a_1 & a_5\\ b_1 & b_3\end{vmatrix}}{-b_1},\quad c_3=\frac{\begin{vmatrix}a_1 & a_7\\ b_1 & b_4\end{vmatrix}}{-b_1},\cdots,$$

$$\vdots$$

$$f_1 = \frac{\begin{vmatrix} d_1 & d_2 \\ e_1 & e_2 \end{vmatrix}}{-e_1}$$

需要指出，在展开的阵列中，为了简化其后的数值计算，可用一个正数去除或乘某一整行，不会改变稳定性结论。

例 3-1　假设系统的特征方程为

$$D(s) = s^4 + 3s^3 + 3s^2 + 2s + 2 = 0$$

试利用劳斯判据判断系统的稳定性。

解　根据系统特征方程的系数，可得到如下的劳斯阵列

$$\begin{array}{c|ccc} s^4 & 1 & 3 & 2 \\ s^3 & 3 & 2 & 0 \\ \hdashline s^2 & \frac{7}{3} & 2 & \\ s^1 & -\frac{4}{7} & 0 & \\ s^0 & 2 & & \end{array} \quad 或 \quad \begin{array}{c|ccc} s^4 & 1 & 3 & 2 \\ s^3 & 3 & 2 & 0 \\ \hdashline s^2 & \frac{7}{3} & 2 & 0 \\ s^2 & 7 & 6 & \text{(上行各元素乘3)} \\ s^1 & -\frac{4}{7} & 0 & \\ s^0 & 6 & & \end{array}$$

由于劳斯阵列中第一列元素的符号改变了两次（7/3→−4/7→2）或（7→−4/7→6），故系统不稳定，在 s 平面右半平面有两个特征根。

3）劳斯阵列的两种特殊情况

（1）如劳斯阵列中某一行的第一个元素为零，而该行其他元素并不全为零，则在计算下一行第一个元素时，该元素必将趋于无穷大，以至于劳斯阵列的计算无法进行。为了解决这一问题，可用一个无穷小正数 ε 来代替该行第一列的零元素，使劳斯阵列可继续下去。若 ε 上面的元素和下面的元素符号相反，则表示第一列元素的符号改变了一次。

例 3-2　假设系统的特征方程为

$$D(s) = s^4 + 2s^3 + s^2 + 2s + 1 = 0$$

试利用劳斯判据判断系统的稳定性。

解　根据系统特征方程的系数，可得到如下的劳斯阵列

$$\begin{array}{c|ccc} s^4 & 1 & 1 & 1 \\ s^3 & 2 & 2 & 0 \\ \hdashline s^3 & 0 & 1 & 0 \\ s^3 & \varepsilon & 1 & (\varepsilon > 0) \\ s^2 & 2-\frac{2}{\varepsilon} < 0 & & (\varepsilon\text{为很小的正数}) \\ s^0 & 1 & 0 & \end{array}$$

劳斯阵列第一列元素符号改变两次，因此系统有两个右半平面的根，系统是不稳定的。

（2）如果劳斯阵列中某一行的元素全为零，则表示在 s 平面内存在一些大小相等符号相反的实根或一些大小相等而实部符号相反的共轭复根或共轭纯虚根，此时系统将是不稳定的或临

界稳定的。为了将劳斯阵列继续列下去，则可用该零行的上一行的各元素构成一个辅助多项式 $P(s)$，并利用这个多项式导数的各项系数来代替全为零一行的各元素，使劳斯阵列可继续下去。系统对称于虚轴或虚轴上的这些根，可以由辅助方程 $P(s)=0$ 求出。辅助方程的阶数通常为偶数，并且等于那些对称于虚轴或虚轴上的根的个数。

例 3-3 假设系统的特征方程为

$$D(s)=s^5+s^4+3s^3+3s^2+2s+2=0$$

试利用劳斯判据判断系统的稳定性。

解 根据系统特征方程的系数，可得到如下的劳斯阵列

$$\begin{array}{c|ccc}
s^5 & 1 & 3 & 2 \\
s^4 & 1 & 3 & 2 \quad (\text{辅助方程}P(s)=s^4+3s^2+2) \\
s^3 & 0 & 0 & 0 \\
s^3 & 4 & 6 & \quad (\dot{P}(s)=4s^3+6s\text{的系数}) \\
s^2 & \frac{3}{2} & 2 & \\
s^1 & \frac{2}{3} & 0 & \\
s^0 & 2 & &
\end{array}$$

根据行全为零元素的上一行元素构成辅助多项式

$$P(s)=s^4+3s^2+2$$

上式对 s 求导得

$$\dot{P}(s)=4s^3+6s$$

其系数为4、6，用它代替全为零行的元素。

由于劳斯阵列中第一列元素的符号没改变，故系统在 s 平面右半平面没有特征根；但由于劳斯阵列中某一行的元素全为零，故系统在虚轴上有特征根，特征根由

$$P(s)=s^4+3s^2+2=0$$

得

$$s_{1,2}=\pm \mathrm{j}, \quad s_{3,4}=\pm \mathrm{j}\sqrt{2}$$

将式 $(s+\mathrm{j})(s-\mathrm{j})(s+\mathrm{j}\sqrt{2})(s-\mathrm{j}\sqrt{2})(s-s_5)=0$ 与系统的特征方程式 $D(s)$比较，可知系统的另一个特征根为

$$s_5=-1$$

2. 赫尔维茨判据

赫尔维茨（Huvwitz）判据也是根据特征方程的系数来判别系统稳定性的一种代数稳定判据。设系统的特征方程为

$$D(s)=a_0s^n+a_1s^{n-1}+\cdots+a_{n-1}s+a_n=0$$

由以上特征方程的各项系数，构造如下赫尔维茨行列式，即该行列式的维数为 $n\times n$，其主对角线上的元素依次为特征方程的系数 $a_1,a_2,\cdots,a_n$。然后每一列内的元素从上到下按下标递减的顺序填入特征方程的其他系数。当下标大于 n 或小于0时，行列式中元素的值均取0。

$$\Delta=\begin{vmatrix} a_1 & a_3 & a_5 & a_7 & \cdots & 0 \\ a_0 & a_2 & a_4 & a_6 & \cdots & 0 \\ 0 & a_1 & a_3 & a_5 & \cdots & 0 \\ 0 & a_0 & a_2 & a_4 & \cdots & 0 \\ \vdots & \vdots & \vdots & \vdots & \ddots & \vdots \\ 0 & 0 & 0 & 0 & \cdots & a_n \end{vmatrix}_{n\times n}$$

赫尔维茨判据指出，系统稳定的充分必要条件是：在系统特征方程的系数 $a_0>0$ 的情况下，由上述行列式组成的各阶主子式Δ_i 均大于零，即

$$\Delta_1=a_1>0;\quad \Delta_2=\begin{vmatrix} a_1 & a_3 \\ a_0 & a_2 \end{vmatrix}=a_1a_2-a_3a_0>0;\quad \Delta_3=\begin{vmatrix} a_1 & a_3 & a_5 \\ a_0 & a_2 & a_4 \\ 0 & a_1 & a_3 \end{vmatrix}>0;\quad \cdots;\quad \Delta_n=\Delta>0$$

例 3-4　二阶系统的特征方程为

$$a_0s^2+a_1s+a_2=0$$

试利用赫尔维茨判据判断系统的稳定性。

解　根据系统特征方程的系数，列写以下行列式

$$\Delta=\begin{vmatrix} a_1 & 0 \\ a_0 & a_2 \end{vmatrix}=a_1a_2$$

由赫尔维茨判据，系统稳定的充分必要条件为

$$a_0>0,\quad a_1>0,\quad a_1a_2>0$$

即二阶系统稳定的充分必要条件是系统特征方程的所有系数均大于零。

3.2.4　系统参数对稳定性的影响

应用代数稳定判据不仅可以判断系统的稳定性，还可以用来分析系统参数对系统稳定性的影响。

例 3-5　系统结构图如图 3-6 所示，试确定系统稳定时 K 的取值范围。

解　系统的闭环传递函数

$$G_B(s)=\frac{Y(s)}{R(s)}=\frac{K}{s^3+6s^2+5s+K}$$

其特征方程为

$$D(s)=s^3+6s^2+5s+K=0$$

根据系统特征方程的系数，可得到如下的劳斯阵列

$$\begin{array}{c|cc} s^3 & 1 & 5 \\ s^2 & 6 & K \\ s^1 & \dfrac{30-K}{6} & \\ s^0 & K & \end{array}$$

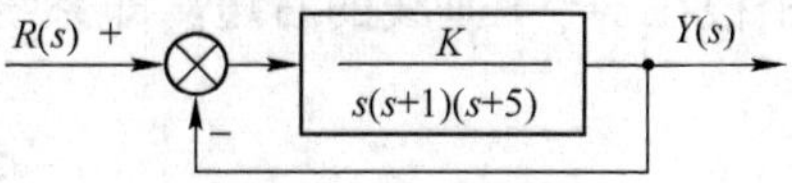

图 3-6　系统结构图

按劳斯判据，要使系统稳定，应有 $K>0$，且 $30-K>0$，故 K 的取值范围为 $0<K<30$。

3.2.5 相对稳定性和稳定裕量

上面所讨论的稳定性，指的是系统的绝对稳定性，具有绝对稳定性的系统称为稳定系统。对于一个稳定的系统，还可以用相对稳定性来进一步衡量系统的稳定程度。如果一个系统负实部的特征根非常靠近虚轴，尽管系统满足稳定条件，但动态过程将具有过大的超调量或过于缓慢的响应，甚至会由于系统内部参数变化，使特征根转移到 s 平面的右半平面，导致系统不稳定。为此，需研究系统的相对稳定性，相对稳定性的大小，用系统的特征根在 s 左半平面与虚轴的距离，也称为稳定裕量来衡量。稳定裕量越小，系统的相对稳定性越低，系统的灵敏性和快速性越强，当然系统的振荡也越激烈。劳斯判据或赫尔维茨判据不仅可以判定系统的绝对稳定性，而且也可以判定系统的相对稳定性。

为了能应用上述的代数稳定判据，通常将 s 平面的虚轴左移一个距离 δ，得到新的复平面 s_1，即令 $s=s_1-\delta$ 得到以 s_1 为变量的新特征方程式 $D(s_1)=0$，再利用代数稳定判据判别新特征方程式的稳定性，若新特征方程式 $D(s_1)$ 的所有根均在 s_1 平面的左半平面，则说明原系统不但稳定，而且所有特征根均位于 s 平面 $-\delta$ 的左侧，δ 称为系统的稳定裕量。

例 3-6 已知系统的特征方程式为

$$D(s)=2s^3+10s^2+13s+4=0$$

检验系统是否有根在右半 s 平面，以及有几个根在 $s=-1$ 垂线的右边。

解 （1）根据系统特征方程的系数，可得到如下的劳斯阵列

$$\begin{array}{c|cc} s^3 & 2 & 13 \\ s^2 & 10 & 4 \\ s^1 & 12.2 & \\ s^0 & 4 & \end{array}$$

由劳斯判据知，系统稳定，系统在右半 s 平面没有根。

（2）令 $s=s_1-1$，代入特征方程式 $D(s)=0$，得新特征方程式

$$D(s_1)=2s_1^3+4s_1^2-s_1-1=0$$

根据系统新特征方程的系数，可得到如下的劳斯阵列

$$\begin{array}{c|cc} s_1^3 & 2 & -1 \\ s_1^2 & 4 & -1 \\ s_1^1 & -0.5 & \\ s_1^0 & -1 & \end{array}$$

劳斯阵列第一列元素符号改变一次，因此系统有一个根在 s_1 右半平面，也就是说系统有一个根在 $s=-1$ 垂线的右边，即系统的稳定裕量小于 1。

3.3 系统的时域响应

3.3.1 一阶系统的时域响应

1. 一阶系统的数学模型

能够用一阶微分方程描述的系统为一阶系统，典型一阶系统的传递函数为

$$G_B(s)=\frac{Y(s)}{U(s)}=\frac{1}{Ts+1} \tag{3-29}$$

其中，T 为一阶系统的时间常数。

其零、极点分布如图 3-7 所示。它实质上就是一阶惯性环节。

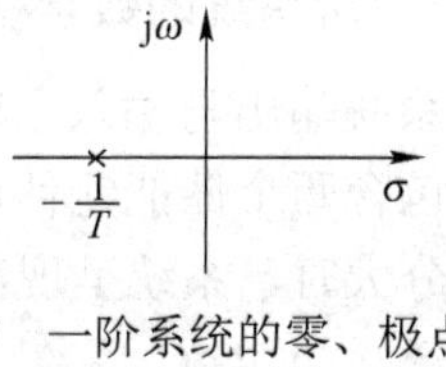

图 3-7　一阶系统的零、极点分布

2. 一阶系统的单位阶跃响应

当输入信号为单位阶跃函数时，系统的输出称为单位阶跃响应，记为 $h(t)$，即当 $r(t)=1(t)$，$R(s)=1/s$ 时，有

$$h(t)=L^{-1}[Y(s)]=L^{-1}\left[\frac{1}{Ts+1}\cdot\frac{1}{s}\right]=1-\mathrm{e}^{-t/T} \tag{3-30}$$

一阶系统的单位阶跃响应为一条由零开始按指数规律上升的曲线，如图 3-8 所示。

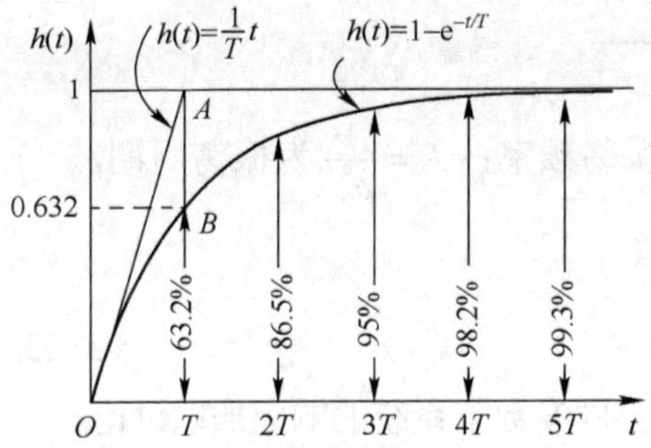

图 3-8　一阶系统的单位阶跃响应

时间常数 T 是表示一阶系统响应的结构参数，它反映系统的响应速度。响应曲线的切线斜率为 $1/T$。

当经过时间 $t=T$，$2T$，$3T$，$4T$ 和 $5T$ 时，输出曲线分别达到稳态值的 63.2%，86.5%，95%，98.2%和 99.3%。因系统允许的误差带一般取：$\Delta\%=5\%$或 2%。

故当$\Delta\%=5\%$时，调整时间 $t_s^{5\%}\approx 3T$；当$\Delta\%=2\%$时，调整时间 $t_s^{2\%}\approx 4T$。

一阶系统的时间常数 T 可利用以下方法得到：

$$h(t)\big|_{t=T}=(1-\mathrm{e}^{-t/T})\big|_{t=T}=0.632=0.632h(\infty)$$

即单位阶跃响应 $h(t)$上升到其稳态值 $h(\infty)$的 0.632 倍时所需的时间即为时间常数 T。

单位阶跃响应的性能指标如下。

（1）调整时间 t_s

经过时间(3～4)T，响应曲线已达稳态值的 95%～98%，可以认为其调整过程已完成，故一般取调整时间 $t_s=(3\sim4)T$。

（2）最大超调量 M_p

一阶系统的单位阶跃响应为非周期响应，故系统无振荡、无超调，即 $M_p=0$。

3. 一阶系统的单位脉冲响应

当输入信号为理想单位脉冲函数时，系统的输出称为单位脉冲响应，记为 $g(t)$，即当 $r(t)=\delta(t)$，$R(s)=1$ 时，有

$$g(t)=L^{-1}[Y(s)]=L^{-1}\left[\frac{1}{Ts+1}\cdot 1\right]=\frac{1}{T}\mathrm{e}^{-t/T} \tag{3-31}$$

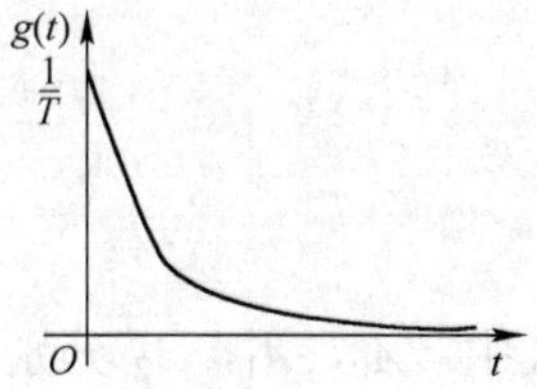

图 3-9　一阶系统的单位脉冲响应曲线

一阶系统的单位脉冲响应曲线如图 3-9 所示。

由于单位脉冲函数$\delta(t)$是单位阶跃函数的导数，根据线性系统齐次性，则

$$g(t)=\frac{\mathrm{d}}{\mathrm{d}t}[h(t)]$$

3.3.2 二阶系统的时域响应

1．二阶系统的数学模型

当系统输出与输入之间的特性由二阶微分方程描述时，称为二阶系统。从理论上讲，二阶系统总包含两个储能元件，能量在两个元件之间交换，引起系统具有往复振荡的趋势，当阻尼不够充分大时，系统呈现出振荡特性，故二阶系统也称为二阶振荡环节。它在控制工程中应用极为广泛，如 RLC 网络、电枢电压控制的直流电动机转速系统等。此外，许多高阶系统，在一定条件下，常常可以近似作为二阶系统来研究。

典型二阶系统的传递函数为

$$G_B(s)=\frac{Y(s)}{R(s)}=\frac{\omega_n^2}{s^2+2\zeta\omega_n s+\omega_n^2} \tag{3-32}$$

或

$$G_B(s)=\frac{Y(s)}{R(s)}=\frac{1}{T^2s^2+2\zeta Ts+1}$$

式中，ζ 为系统的阻尼比或阻尼系数；ω_n 为无阻尼自然振荡频率；$T=\dfrac{1}{\omega_n}$ 为振荡周期。

系统的特征方程为 $$D(s)=s^2+2\zeta\omega_n s+\omega_n^2=0$$

特征根为 $$s_{1,2}=-\zeta\omega_n\pm\omega_n\sqrt{\zeta^2-1} \tag{3-33}$$

系统的特征根完全由 ζ 和 ω_n 两个参数来描述，下面就不同参数下系统的响应加以讨论。

2．二阶系统的单位阶跃响应

（1）过阻尼状态

当 $\zeta>1$ 时，系统有两个不相等的负实根，称系统为过阻尼状态。

在过阻尼状态下，系统有两个不相等的负实根

$$s_1=-\zeta\omega_n+\omega_n\sqrt{\zeta^2-1}，\quad s_2=-\zeta\omega_n-\omega_n\sqrt{\zeta^2-1}$$

系统在单位阶跃信号作用下输出的拉普拉斯变换为

$$\begin{aligned}Y(s)=G_B(s)\cdot R(s)&=\frac{\omega_n^2}{s^2+2\zeta\omega_n s+\omega_n^2}\cdot\frac{1}{s}\\&=\frac{\omega_n^2}{s(s-s_1)(s-s_2)}=\frac{A_0}{s}+\frac{A_1}{s-s_1}+\frac{A_2}{s-s_2}\end{aligned} \tag{3-34}$$

式中，A_0，A_1，A_2 分别是复平面上 $s=0$，$s=s_1$，$s=s_2$ 处 $Y(s)$的留数，即 $A_0=\lim\limits_{s\to 0}sY(s)$，$A_1=\lim\limits_{s\to s_1}(s-s_1)Y(s)$，$A_2=\lim\limits_{s\to s_2}(s-s_2)Y(s)$。

对式（3-34）取拉普拉斯反变换，整理后可得过阻尼状态下系统的单位阶跃响应

$$h(t)=1-\frac{1}{2\sqrt{\zeta^2-1}}\left[\frac{1}{\zeta-\sqrt{\zeta^2-1}}e^{s_1t}-\frac{1}{\zeta+\sqrt{\zeta^2-1}}e^{s_2t}\right] \tag{3-35}$$

分析式（3-35）可知，在过阻尼状态下 s_1 和 s_2 均为负实数，阶跃响应的瞬态响应为两个衰减的指数项，输出的稳态值为 1，其响应曲线如图 3-10 所示。

由图 3-10 看出，过阻尼二阶系统的阶跃响应是非振荡单调变化的，但它由两个惯性环节串联，所以又不同于一阶系统的阶跃响应。过阻尼二阶系统的单位阶跃响应，起始速度很小，然后逐渐加大到某一值后又减小，直到趋于零。另外，两个衰减的指数项分别为 $s_1=-\zeta\omega_n+\omega_n\sqrt{\zeta^2-1}$ 和 $s_2=-\zeta\omega_n-\omega_n\sqrt{\zeta^2-1}$。当 $\zeta\gg1$ 时，包含 s_2 的指数项比另一项衰减快得多，它在瞬态响应中占的比例很小，只影响系统阶跃响应的起始段，系统瞬态响应主要取决于包含 s_1 的项，此时可以略去 s_2 对系统响应的影响，同时又要保证输出的初值和终值不变。

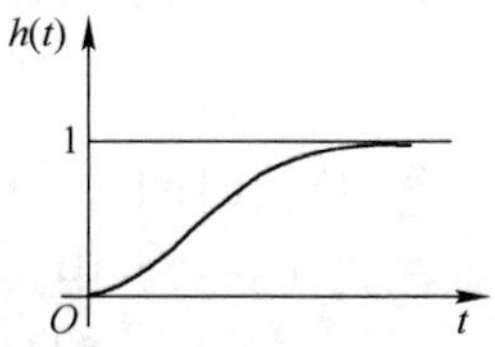

图 3-10 过阻尼二阶系统单位阶跃响应

当 $\zeta>1.25$ 时，系统的过渡过程时间可近似为 $t_s=(3\sim4)(1/s_1)$，系统的超调量 $M_p=0$。

（2）欠阻尼状态

当 $0<\zeta<1$ 时，系统有一对实部为负的共轭复根，称系统为欠阻尼状态。

在欠阻尼状态下，系统的两个闭环极点为一对共轭复极点，即

$$s_{1,2}=-\zeta\omega_n\pm j\omega_n\sqrt{1-\zeta^2}=-\zeta\omega_n\pm j\omega_d$$

式中，$\omega_d=\omega_n\sqrt{1-\zeta^2}$ 称为阻尼振荡频率。

当输入为单位阶跃函数时，输出的象函数为

$$Y(s)=G_B(s)\cdot R(s)=\frac{\omega_n^2}{s(s^2+2\zeta\omega_n s+\omega_n^2)}=\frac{\omega_n^2}{s(s-s_1)(s-s_2)}=\frac{A_0}{s}+\frac{A_1}{s-s_1}+\frac{A_2}{s-s_2} \tag{3-36}$$

式中，A_0，A_1，A_2 分别是复平面上 $s=0$，$s=s_1$，$s=s_2$ 处 $Y(s)$的留数，即 $A_0=\lim\limits_{s\to0}sY(s)$，$A_1=\lim\limits_{s\to s_1}(s-s_1)Y(s)$，$A_2=\lim\limits_{s\to s_2}(s-s_2)Y(s)$。

对式（3-36）取拉普拉斯反变换，整理后可得欠阻尼状态下二阶系统的单位阶跃响应

$$h(t)=1-e^{-\zeta\omega_n t}\left[\cos\omega_d t+\frac{\zeta}{\sqrt{1-\zeta^2}}\sin\omega_d t\right]=1-\frac{1}{\sqrt{1-\zeta^2}}e^{-\zeta\omega_n t}\sin(\omega_d t+\beta) \tag{3-37}$$

式中，
$$\beta=\arctan\frac{\sqrt{1-\zeta^2}}{\zeta}=\arccos\zeta \tag{3-38}$$

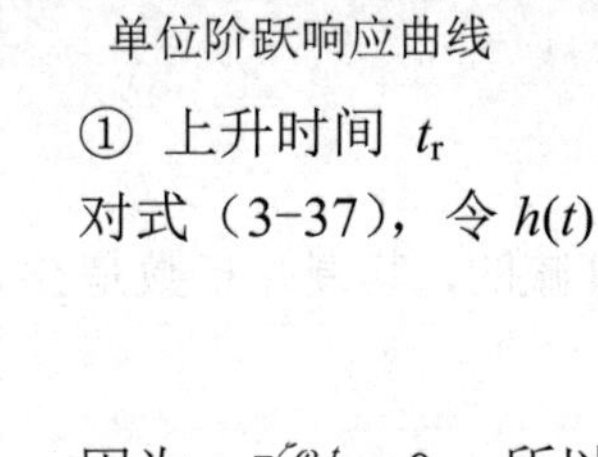

图 3-11 欠阻尼状态下系统单位阶跃响应曲线

由式（3-37）看出，系统响应由稳态响应和瞬态响应两部分组成，稳态响应为 1，瞬态响应是一个随时间 t 的增长而衰减的振荡过程，衰减指数为 $-\zeta\omega_n$，振荡角频率为 $\omega_d=\omega_n\sqrt{1-\zeta^2}$。图 3-11 给出了 $\zeta=0.4$ 时单位阶跃响应曲线。

欠阻尼下系统阶跃响应的性能指标如下。

① 上升时间 t_r

对式（3-37），令 $h(t)=1$，得

$$1-\frac{1}{\sqrt{1-\zeta^2}}e^{-\zeta\omega_n t}\sin(\omega_d t+\beta)=1$$

因为 $e^{-\zeta\omega_n t}\neq0$，所以 $\omega_d t+\beta=l\pi \quad (l=0,1,2,\cdots)$

取 $l=1$，得上升时间

$$t_r = \frac{\pi - \beta}{\omega_d} = \frac{\pi - \beta}{\omega_n \sqrt{1-\zeta^2}} \tag{3-39}$$

② 峰值时间 t_p

在式（3-37）中，将 $h(t)$对时间求导并令其为零，即

$$\frac{\mathrm{d}h(t)}{\mathrm{d}t} = \frac{-1}{\sqrt{1-\zeta^2}} \mathrm{e}^{-\zeta\omega_n t}[\omega_d \cos(\omega_d t+\beta) - \zeta\omega_n \sin(\omega_d t+\beta)] = 0$$

则必有

$$\omega_d \cos(\omega_d t+\beta) - \zeta\omega_n \sin(\omega_d t+\beta) = 0$$

即

$$\tan(\omega_d t+\beta) = \frac{\omega_d}{\zeta\omega_n} = \frac{\sqrt{1-\zeta^2}}{\zeta} = \tan\beta$$

所以

$$\omega_d t = l\pi \qquad (l = 0,1,2,\cdots)$$

又因峰值时间 t_p 对应于出现第一个峰值的时间，所以峰值时间为

$$t_p = \frac{\pi}{\omega_d} = \frac{\pi}{\omega_n\sqrt{1-\zeta^2}} \tag{3-40}$$

③ 最大超调量 M_p

将峰值时间表达式（3-40）代入式（3-37），得输出的最大值

$$h(t_p) = 1 - \frac{1}{\sqrt{1-\zeta^2}} \mathrm{e}^{-\zeta\omega_n t_p} \sin(\omega_d t_p + \beta) = 1 - \frac{1}{\sqrt{1-\zeta^2}} \mathrm{e}^{-\zeta\omega_n t_p} \sin(\pi+\beta)$$

$$= 1 + \frac{1}{\sqrt{1-\zeta^2}} \mathrm{e}^{-\zeta\omega_n t_p} \cdot \sqrt{1-\zeta^2} = 1 + \mathrm{e}^{-\frac{\zeta\pi}{\sqrt{1-\zeta^2}}}$$

所以最大超调量为

$$M_p = \frac{h(t_p) - h(\infty)}{h(\infty)} = \mathrm{e}^{-\frac{\zeta\pi}{\sqrt{1-\zeta^2}}} \times 100\% \tag{3-41}$$

不同阻尼比的最大超调量见表 3-1。

表 3-1　不同阻尼比的最大超调量

ζ	0	0.1	0.2	0.3	0.4	0.5	0.6	0.7	1
M_p(%)	100	72.9	52.7	37.2	25.4	16.3	9.4	4.3	0

由式（3-41）可见，最大超调量 M_p 仅与阻尼比 ζ 有关，ζ 越大，则 M_p 越小。

④ 调整时间 t_s

在欠阻尼状态下，阶跃响应随时间而衰减的振荡过程，在达到稳态值之前是在两条包络线之间振荡，如图 3-12 所示，包络线的方程为

$$y'(t) = 1 \pm \frac{1}{\sqrt{1-\zeta^2}} \mathrm{e}^{-\zeta\omega_n t}$$

它们与振荡过程的峰值相切并形成包络线。包络线是按指数率衰减的，其衰减指数是 $\zeta\omega_n$，如图 3-12 所示。

当

$$\zeta\omega_n t = 3, \qquad \mathrm{e}^{-\zeta\omega_n t} = 0.0498 < 5\%$$

即振幅进入±5%的误差带范围，所以 $t_s = \dfrac{3}{\zeta\omega_n}$。 (3-42)

当 $\zeta\omega_n t = 4$，　　$e^{-\zeta\omega_n t} = 0.0183 < 2\%$

即振幅进入±2%的误差带范围，此时　$t_s = \dfrac{4}{\zeta\omega_n}$。　　(3-43)

⑤ 振荡次数 N。

振荡次数 N 表示在调节时间内，系统响应的振荡次数，用数学式子表示

$$N = \frac{t_s}{T_d} = \frac{t_s}{2\pi/\omega_d} = \frac{\omega_d t_s}{2\pi} \tag{3-44}$$

当考虑 5%误差带，则 $N = \dfrac{3\sqrt{1-\zeta^2}}{2\pi\zeta}$；当考虑 2%误差带，则 $N = \dfrac{2\sqrt{1-\zeta^2}}{\pi\zeta}$。通常 N 取整数。

(3) 临界阻尼状态

当阻尼比 $\zeta = 1$ 时，系统的特征根为两个相等的负实根，称系统为临界阻尼状态。

在临界阻尼状态下，系统有两个相等的负实根 $s_1 = s_2 = -\omega_n$，此时系统在单位阶跃函数的作用下，输出的象函数为

$$Y(s) = G_B(s)R(s) = \frac{\omega_n^2}{s(s^2 + 2\zeta\omega_n s + \omega_n^2)} = \frac{\omega_n^2}{s(s+\omega_n)^2} = \frac{1}{s} - \frac{\omega_n}{(s+\omega_n)^2} - \frac{1}{s+\omega_n}$$

取拉普拉斯反变换，得

$$h(t) = 1 - \omega_n t e^{-\omega_n t} - e^{-\omega_n t} = 1 - e^{-\omega_n t}(1 + \omega_n t) \tag{3-45}$$

阶跃响应为单调上升过程，如图 3-13 所示，由于 $\zeta = 1$ 是振荡与单调过程的分界，所以称其为临界阻尼状态。

系统的最大超调量 $M_p = 0$，调节时间 $t_s = 4.7/\omega_n$ (对应误差带 $\Delta\% = 5\%$)。

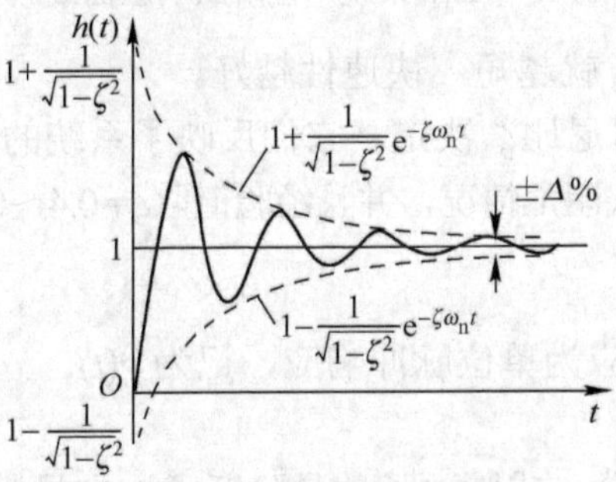

图 3-12　系统阶跃响应的包络线曲线

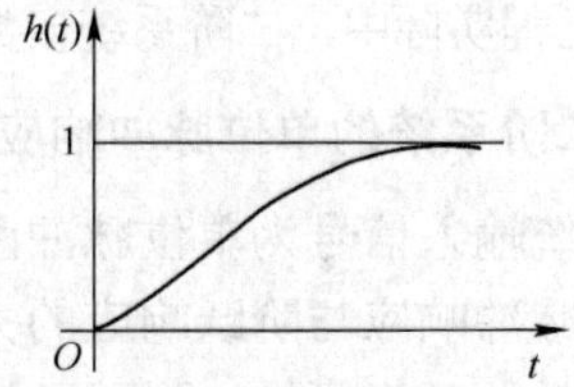

图 3-13　临界阻尼时系统阶跃响应

(4) 无阻尼状态

当阻尼比 $\zeta = 0$ 时，系统特征根为一对纯虚根，称系统为无阻尼状态。

在无阻尼状态下，系统特征根 $s_{1,2} = \pm j\omega_n$，单位阶跃函数作用下输出的象函数为

$$Y(s) = G_B(s)R(s) = \frac{\omega_n^2}{s(s^2 + 2\zeta\omega_n s + \omega_n^2)} = \frac{\omega_n^2}{s(s^2 + \omega_n^2)} = \frac{1}{s} - \frac{s}{s^2 + \omega_n{}^2}$$

进行拉普拉斯反变换得无阻尼状态下的单位阶跃响应为

$$h(t) = 1 - \cos\omega_n t \tag{3-46}$$

系统的阶跃响应为等幅振荡过程，如图 3-14 所示，振荡角频率为ω_n，所以ω_n称为无阻尼自然振荡角频率。

根据以上分析，可得出不同阻尼比ζ下系统单位阶跃响应曲线簇如图 3-15 所示。

由图 3-15 看出：

① 阻尼比ζ 越大，最大超调量越小，响应的平稳性越好。反之，阻尼比ζ 越小，振荡越强，平稳性越差。当$\zeta=0$ 时，系统为具有频率为ω_n的等幅振荡。

② 过阻尼状态下，系统响应迟缓，过渡过程时间长，系统快速性差；ζ 过小，响应的起始速度较快，但因振荡强烈，衰减缓慢，所以调节时间 t_s 也长，快速性差。

③ 当$\zeta=0.707$ 时，系统的最大超调量 $M_p<5\%$，调节时间 t_s 也最短，即平稳性和快速性最佳，故称$\zeta=0.707$ 为最佳阻尼比。

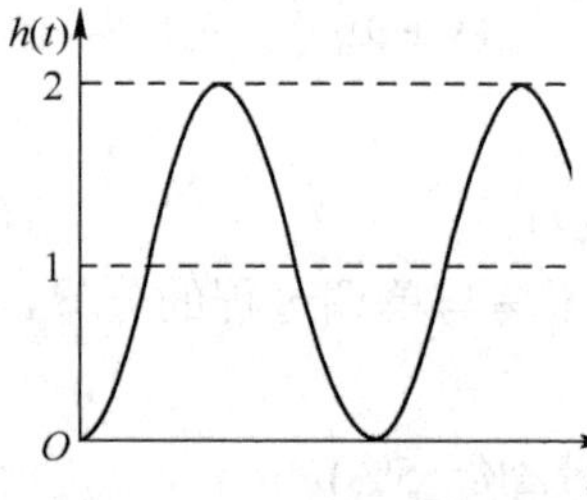

图 3-14　无阻尼状态下系统阶跃响应

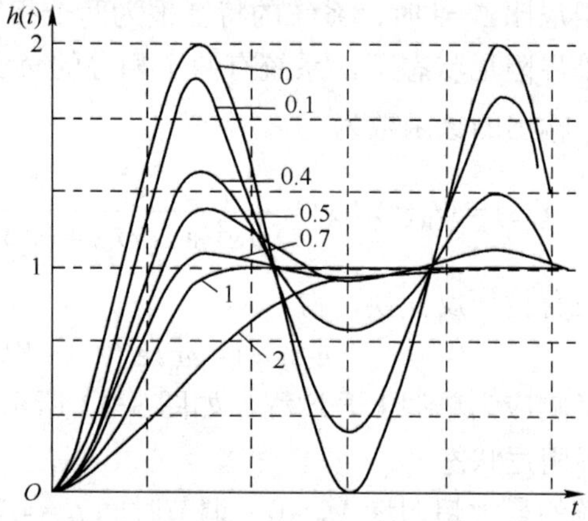

图 3-15　二阶系统单位阶跃响应曲线簇

④ 当阻尼比ζ为常数时，ω_n越大，调节时间 t_s就越短，快速性越好。

⑤ 系统的最大超调量 M_p 和振荡次数 N 仅由阻尼比ζ 决定，它们反映了系统的平稳性。

⑥ 工程实际中，二阶系统多数设计成$0<\zeta<1$的欠阻尼情况，并且经验值取$\zeta=0.4\sim0.8$。

3．二阶系统的单位脉冲响应

当系统输入信号为单位脉冲函数时，系统的响应为单位脉冲响应，记为$g(t)$。

（1）脉冲响应与阶跃响应的关系

从数学的角度可知，阶跃函数是脉冲函数的积分，或脉冲函数是阶跃函数的导数，根据线性系统的齐次性原理得，系统的单位阶跃响应是该系统单位脉冲响应的积分，或系统的单位脉冲响应是该系统单位阶跃响应的导数，即

$$g(t)=\frac{\mathrm{d}}{\mathrm{d}t}[h(t)] \qquad 或 \qquad h(t)=\int_0^t g(t)\mathrm{d}t$$

（2）二阶系统在不同阻尼比时的单位脉冲响应

根据脉冲响应与阶跃响应的关系，对式（3-35）、式（3-37）、式（3-45）和式（3-46）求时间 t 的导数，可得不同ζ下二阶系统的单位脉冲响应 $g(t)$。

当$\zeta>1$时，
$$g(t)=\frac{\omega_n}{2\sqrt{\zeta-1^2}}[\mathrm{e}^{-(\zeta-\sqrt{\zeta^2-1})\omega_n t}-\mathrm{e}^{-(\zeta+\sqrt{\zeta^2-1})\omega_n t}]$$

当 $0<\zeta<1$ 时，
$$g(t)=\frac{\omega_n}{\sqrt{1-\zeta^2}}e^{-\zeta\omega_n t}\sin(\omega_n\sqrt{1-\zeta^2}t)$$

当 $\zeta=1$ 时，
$$g(t)=\omega_n^2 t\,e^{-\omega_n t}$$

当 $\zeta=0$ 时，
$$g(t)=\omega_n\sin\omega_n t$$

不同阻尼比 ζ 下，系统单位脉冲响应曲线如图 3-16 所示。

由于单位脉冲响应是单位阶跃响应的导数，所以单位脉冲响应曲线与时间轴第一次相交点对应的时间必然是峰值时间 t_p。而从 $t=0$ 到 $t=t_p$ 这一段 $g(t)$ 曲线与时间轴所包围的面积等于 $1+M_p$，如图 3-17 所示，而且单位脉冲响应曲线与时间轴包围的面积代数和为 1。

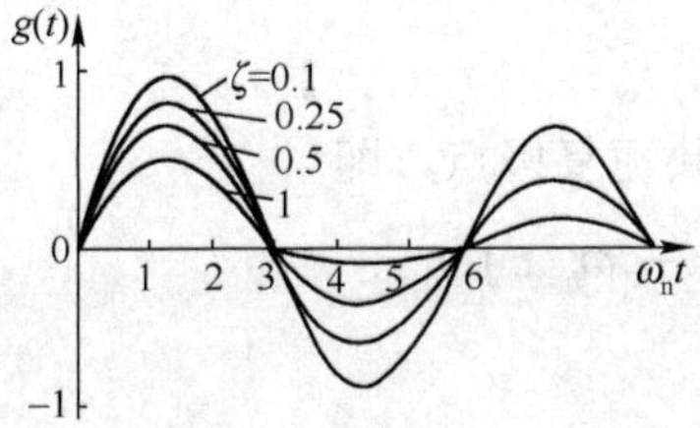

图 3-16　二阶系统的单位脉冲响应曲线

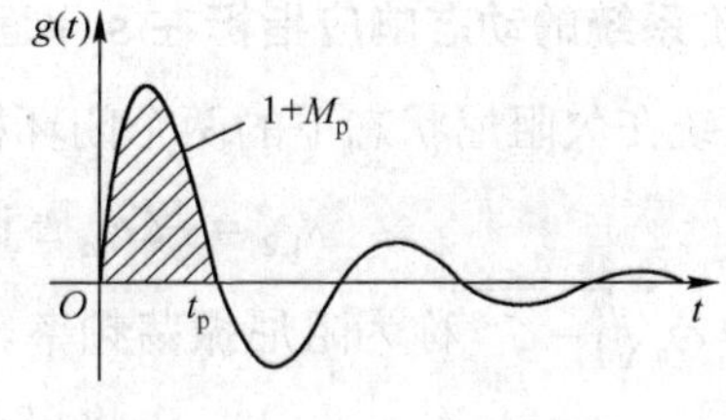

图 3-17　脉冲响应曲线

例 3-7　对于如图 3-18 所示的控制系统结构图。在 $K_t\neq 0$ 时，系统单位阶跃响应的最大超调量 $M_p=16.4\%$，峰值时间 $t_p=1.14$。试确定参数 K 和 K_t，并计算系统在 $K_t=0$ 和 $K=10$ 时的单位阶跃响应 $h(t)$ 及其最大超调量和峰值时间。

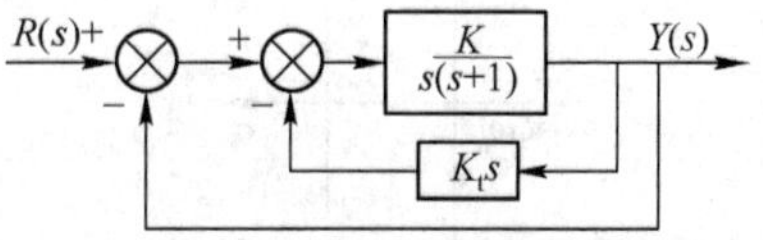

图 3-18　控制系统结构图

解　(1) 当 $K_t\neq 0$ 时，系统的传递函数为
$$G_B(s)=\frac{Y(s)}{R(s)}=\frac{K}{s^2+(1+KK_t)s+K}$$

与典型二阶系统式（3-32）相比较，有
$$\omega_n=\sqrt{K},\quad 2\zeta\omega_n=1+KK_t$$

根据 $M_p=e^{-\frac{\zeta\pi}{\sqrt{1-\zeta^2}}}\times 100\%=16.4\%$；$t_p=\dfrac{\pi}{\omega_d}=\dfrac{\pi}{\omega_n\sqrt{1-\zeta^2}}=1.14$

求得
$$\zeta=0.5,\quad \omega_n=3.16$$

因此
$$K=\omega_n^2=3.16^2=10,\quad K_t=(2\zeta\omega_n-1)/K=0.216$$

根据式（3-37）可得其单位阶跃响应为
$$h(t)=1-\frac{1}{\sqrt{1-\zeta^2}}e^{-\zeta\omega_n t}\sin(\omega_n\sqrt{1-\zeta^2}t+\beta)=1-1.154e^{-1.58t}\sin(2.74t+60^\circ)$$

(2) 当 $K_t=0$ 和 $K=10$ 时，系统的传递函数为
$$G_B(s)=\frac{Y(s)}{R(s)}=\frac{K}{s^2+s+K}=\frac{10}{s^2+s+10}$$

与典型二阶系统式（3-32）比较，有

$$\omega_n = \sqrt{10} = 3.16, \quad \zeta = 0.158$$

系统的最大超调量和峰值时间分别为

$$M_p = e^{-\frac{\zeta\pi}{\sqrt{1-\zeta^2}}} \times 100\% = 60\%, \quad t_p = \frac{\pi}{\omega_d} = \frac{\pi}{\omega_n\sqrt{1-\zeta^2}} = 1.01$$

其单位阶跃响应为

$$h(t) = 1 - 1.016\,e^{-0.55t}\sin(3.12t + 80.9°)$$

从上例计算表明：系统引入速度反馈控制后，其无阻尼自然振荡频率ω_n不变，而阻尼比ζ加大，系统阶跃响应的最大超调量减小。

4．二阶系统的动态响应指标在 s 平面上的表示

二阶系统在欠阻尼状态下的两个闭环极点为一对共轭复极点，即

$$s_{1,2} = -\zeta\omega_n \pm j\omega_n\sqrt{1-\zeta^2} = -\zeta\omega_n \pm j\omega_d$$

其中，$\omega_d = \omega_n\sqrt{1-\zeta^2}$ 称为阻尼振荡频率。

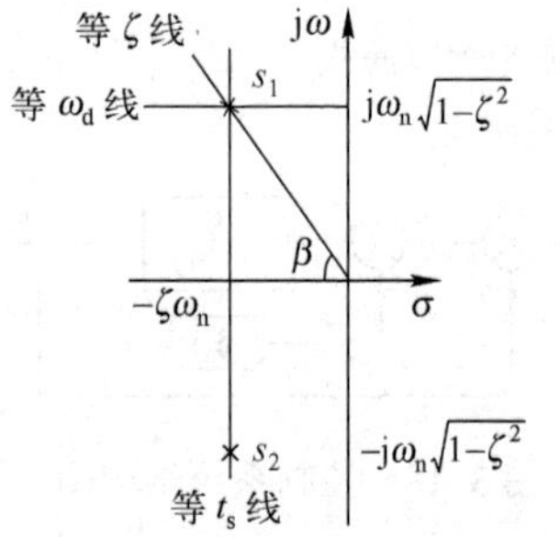

图 3-19　三条特殊的关系曲线

将极点s_1表示在s平面上后，可得三条特殊的关系曲线，如图 3-19 所示。

（1）等t_s线

通过极点s_1做一条与虚轴平行的直线，该直线上各点与虚轴的距离相等，均为$\zeta\omega_n$，即为极点s_1实部的绝对值。由于二阶振荡系统的调整时间t_s仅与$\zeta\omega_n$有关，所以极点位于该直线上的二阶系统具有相同的t_s值，故通常将该直线称为等t_s线。

等t_s线离虚轴越近，系统的调整时间和过渡过程越长。

（2）等ω_d线

通过极点s_1画一条与实轴平行的直线，该直线上各点与实轴的距离相等，均为$\omega_d = \omega_n\sqrt{1-\zeta^2}$，即极点$s_1$虚部的值。由于极点位于该直线上的二阶系统具有相同的ω_d值，故通常将该直线称为等ω_d线。

等ω_d线离实轴越远，系统的振荡频率越高。

（3）等ζ线

通过原点到极点s_1做一条射线。假设此射线上各点与负实轴间的夹角为β，则有

$$\cos\beta = \frac{\zeta\omega_n}{\sqrt{(\zeta\omega_n)^2 + (\omega_n\sqrt{1-\zeta^2})^2}} = \zeta$$

由此可见，该直线上各点与负实轴间的夹角相等，均为 $\cos^{-1}\zeta$，仅与ζ有关。即极点位于该射线上的二阶系统具有相同的ζ值，故通常将其该射线称为等ζ线。

等ζ线与负实轴间的夹角越小，ζ就越大，则最大超调量M_p越小，表明系统的相对稳定性越高。

如果对二阶系统的动态响应指标给出具体的数值，则可在 s 平面上作出对应于这些给定性能指标的等值线，如图 3-20 所示。这样，如果所设计二阶系统的极点位于这些等值线所限制的阴影区域中，则该二阶系统的动态响应特性就一定优于给定的要求。

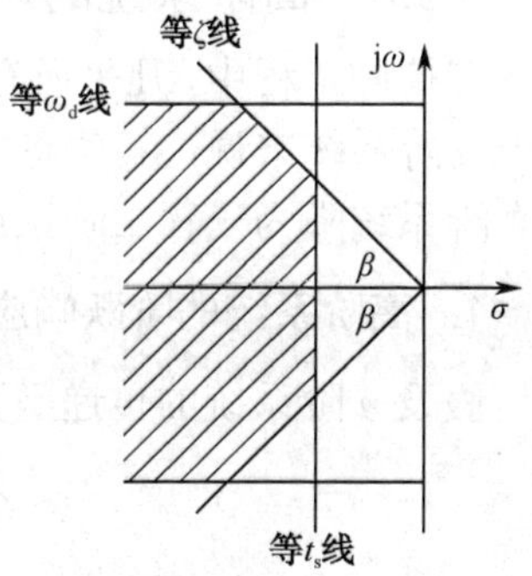

图 3-20　最佳动态响应特性区域

5. 具有零点的二阶系统

假设具有零点二阶系统的传递函数为

$$G_B(s)=\frac{Y(s)}{R(s)}=\frac{\omega_n^2(Ts+1)}{s^2+2\zeta\omega_n s+\omega_n^2}=\frac{\omega_n^2 T(s+1/T)}{s^2+2\zeta\omega_n s+\omega_n^2} \tag{3-47}$$

可得二阶系统在欠阻尼状态下的单位阶跃响应为

$$h(t)=1-\frac{\sqrt{(\omega_n T)^2-2\zeta\omega_n T+1}}{\sqrt{1-\zeta^2}}\mathrm{e}^{-\zeta\omega_n t}\sin\left(\omega_n\sqrt{1-\zeta^2}\,t+\tan^{-1}\frac{\sqrt{1-\zeta^2}}{\zeta-\omega_n T}\right) \tag{3-48}$$

由系统的单位阶跃响应可知，当其他条件不变时，二阶振荡系统增加一个闭环零点后，使系统的最大超调量 M_p 增加、调整时间 t_s 减少、峰值时间 t_p 也减小，即系统反应更加迅速，但相对稳定性下降。该零点离系统的极点越近，对系统的影响越显著。该零点远离系统极点，且离虚轴较远时，对系统的影响可忽略。

最后特别指出，对具有零点的二阶系统，在定量求其动态性能指标，如上升时间 t_r、峰值时间 t_p、最大超调量 M_p 和调整时间 t_s 时，以上所给典型二阶系统的相应计算公式均不适用。它的各项动态性能指标，一定要根据定义利用其单位阶跃响应来求取。

例 3-8　已知系统的传递函数为

$$G_B(s)=\frac{Y(s)}{R(s)}=\frac{3s+2}{s^2+3s+2}$$

试求该系统的单位阶跃响应，及其最大超调量 M_p 和调节时间 t_s（对应误差带 $\Delta\%=5\%$）。

解　（1）根据

$$Y(s)=G_B(s)R(s)=\frac{3s+2}{s^2+3s+2}\cdot\frac{1}{s}=\frac{1}{s}+\frac{1}{s+1}-\frac{2}{s+2}$$

可得系统的单位阶跃响应为

$$h(t)=L^{-1}[Y(s)]=L^{-1}\left[\frac{1}{s}+\frac{1}{s+1}-\frac{2}{s+2}\right]=1+\mathrm{e}^{-t}-2\,\mathrm{e}^{-2t}$$

（2）由于该系统为有零点的二阶系统，故其动态性能指标的计算，需采用基本定义方法来求。

令 $\dfrac{\mathrm{d}h(t)}{\mathrm{d}t}=-\mathrm{e}^{-t}+4\,\mathrm{e}^{-2t}=0$，得 $t_p=1.386$，$h(t_p)=1.125$

则最大超调量

$$M_p=\frac{h(t_p)-h(\infty)}{h(\infty)}100\%=\frac{1.125-1}{1}\times 100\%=12.5\%$$

令

$$h(t)=1+\mathrm{e}^{-t}-2\,\mathrm{e}^{-2t}=1+0.05=1.05$$

得调节时间　　$t_s^{5\%}=2.874$　　和　　$t=0.812<t_p$（舍去）

3.3.3 高阶系统的时域响应

在控制工程中，几乎所有的控制系统都是用高阶微分方程描述的系统，即所谓的高阶系统。对于高阶系统来说，其动态性能指标的确定是比较复杂的。工程上常采用闭环主导极点的概念将高阶系统降为一、二阶系统进行近似分析，从而得到高阶系统动态性能指标的估算公式。

1. 高阶系统的阶跃响应

假设 n 阶系统的传递函数为

$$G_{\mathrm{B}}(s)=\frac{Y(s)}{R(s)}=\frac{b_0s^m+b_1s^{m-1}+\cdots+b_m}{s^n+a_1s^{n-1}+\cdots+a_n} \tag{3-49}$$

如果分子和分母可分解因式，则式（3-49）可以写成

$$G_{\mathrm{B}}(s)=\frac{Y(s)}{R(s)}=k\frac{(s-z_1)(s-z_2)\cdots(s-z_m)}{(s-p_1)(s-p_2)\cdots(s-p_n)} \tag{3-50}$$

式中，$z_j\,(j=1,2,\cdots,m)$为闭环传递函数的零点；$p_i\,(i=1,2,\cdots,n)$为闭环传递函数的极点；k 为比例系数。

当输入为单位阶跃函数 $r(t)=1(t)$，即 $R(s)=1/s$ 时，则

$$Y(s)=k\frac{\prod\limits_{j=1}^{m}(s-z_j)}{\prod\limits_{i=1}^{n}(s-p_i)}\cdot\frac{1}{s}$$

假设所有闭环零点和极点互不相等且均为实数，那么上式可分解成部分分式，即

$$Y(s)=k\frac{\prod\limits_{j=1}^{m}(s-z_j)}{\prod\limits_{i=1}^{n}(s-p_i)}\cdot\frac{1}{s}=\frac{A_0}{s}+\sum_{i=1}^{n}\frac{A_i}{(s-p_i)} \tag{3-51}$$

对式（3-51）进行拉普拉斯反变换，可以得到系统的单位阶跃响应

$$h(t)=A_0+\sum_{i=1}^{n}A_i\mathrm{e}^{p_it} \tag{3-52}$$

当极点中还包含共轭复极点时，一对共轭复极点可以写成一个 s 的二次三项式，即 $s^2+2\zeta\omega_{\mathrm{n}}s+\omega_{\mathrm{n}}^2$，那么此时 $Y(s)$可写成

$$\begin{aligned}Y(s)&=\frac{k\prod\limits_{j=1}^{m}(s-z_j)}{s\prod\limits_{i=1}^{q}(s-p_i)\prod\limits_{k=1}^{r}(s^2+2\zeta_k\omega_{\mathrm{n}k}s+\omega_{\mathrm{n}k}^2)}\\&=\frac{A_0}{s}+\sum_{i=1}^{q}\frac{A_i}{(s-p_i)}+\sum_{k=1}^{r}\frac{B_k(s+\zeta_k\omega_{\mathrm{n}k})+C_k\omega_{\mathrm{n}k}\sqrt{1-\zeta_k^2}}{s^2+2\zeta_k\omega_{\mathrm{n}k}s+\omega_{\mathrm{n}k}^2}\end{aligned} \tag{3-53}$$

式中，$q+2r=n$。

对式（3-53）进行拉普拉斯反变换，可得系统的单位阶跃响应

$$h(t)=A_0+\sum_{i=1}^{q}A_i\,\mathrm{e}^{p_it}+\sum_{k=1}^{r}B_k\,\mathrm{e}^{-\zeta_k\omega_{\mathrm{n}k}t}\cos\omega_{\mathrm{n}k}\sqrt{1-\zeta_k^2}\,t+\sum_{k=1}^{r}C_k\,\mathrm{e}^{-\zeta_k\omega_{\mathrm{n}k}t}\sin\omega_{\mathrm{n}k}\sqrt{1-\zeta_k^2}\,t \tag{3-54}$$

由式（3-52）和式（3-54）可以看出，系统的单位阶跃响应由闭环极点 p_i 及系数 A_i、B_i、

C_i 决定，而系数 A_i、B_i、C_i 也与闭环零、极点的分布有关。如果系统的闭环极点均位于根 s 平面的左半平面，则阶跃响应的瞬态响应分量将随时间而衰减，系统是稳定的。只要有一个极点位于右半平面，则对应的响应将是发散的，系统不能稳定运行。

但是，对于高阶系统，如果不借助于数字计算机对其传递函数的分子和分母进行因式分解，进而用拉普拉斯反变换求阶跃响应，并不是一件容易的事，阶次越高，困难也越大。因而在实际中很少直接用上述方法求高阶系统的阶跃响应，而往往采用忽略掉一些次要因素影响的方法。把系统的阶次降低，近似地估计出系统的响应特性，然后再做适当的修正，使得分析过程简单化。

2．高阶系统的降阶

（1）主导极点

对于稳定的高阶系统而言，其闭环极点和零点在左半 s 平面上虽有各种分布模式，但就距虚轴的距离来说，却只有远近之别。远离虚轴的闭环极点所对应的响应分量，随时间的推移收敛较快，只影响阶跃响应的起始段，而距虚轴近的闭环极点所对应的响应分量，随时间的推移衰减缓慢，系统动态性能主要取决于这些闭环极点对应的响应分量。此外，各瞬态响应分量的具体值还与其系数大小有关。根据部分分式理论，各瞬态响应分量的系数与闭环零、极点的分布有如下关系：①若某闭环极点远离原点，则相应项的系数很小；②若某闭环极点接近一闭环零点，而又远离其他闭环极点和零点，则相应项的系数也很小；③若某闭环极点远离闭环零点又接近原点或其他闭环极点，则相应项系数就比较大。系数大而且衰减慢的分量在瞬态响应中起主要作用。

如果在所有的闭环极点中，距虚轴最近的极点周围没有闭环零点，而其他闭环极点又远离虚轴，那么距虚轴最近的闭环极点所对应的响应分量，无论从指数还是从系数来看，在系统的整个时间响应过程中起着主要的决定性作用，这样的闭环极点被称为主导极点。闭环主导极点可以是实数极点，也可以是复数极点，或者是它们的组合。除闭环主导极点外，所有其他闭环极点由于离虚轴很远，则它对应的瞬态响应分量衰减得很快，只在响应的起始部分起一点作用，对系统的时间响应过程影响很小，因而统称为非主导极点。

（2）偶极子

如果闭环零、极点相距很近，那么这样的闭环零、极点常称为偶极子。偶极子有实数偶极子和复数偶极子之分，而复数偶极子必共轭出现。只要偶极子不十分接近坐标原点，它们对系统动态性能的影响就甚微，从而可以忽略它们的存在。工程上，当某极点和某零点之间的距离比它们的模值小一个数量级，就可认为这对零、极点为偶极子。

偶极子的概念对控制系统的综合校正是很有用的，可以有意识地在系统中加入适当的零点，以抵消对系统动态响应过程影响较大的不利极点，使系统的动态特性得以改善。闭环传递函数中，如果零、极点数值上相近，则可将该零点和极点一起消掉，称之为偶极子相消。

（3）高阶系统动态性能的估算

经验认为，一般闭环非主导极点的实部绝对值比闭环主导极点的实部绝对值大 5 倍以上时，则那些闭环非主导极点可略去不计，有时甚至比闭环主导极点的实部绝对值大 2～3 倍的极点也可忽略不计，即在闭环传递函数中除去。对于相互靠得很近的偶极子，其作用近似抵消，可以忽略相应分量的影响，只要偶极子不十分接近坐标原点，它们对系统动态性能的影响甚微，从而可以忽略它们的存在。

工程上往往只用闭环主导极点估算高阶系统的动态特性，即如果高阶系统存在一对闭环主导复极点或一个闭环主导实极点时，可将高阶系统近似地看成是二阶系统或一阶系统。这时，可以用二阶系统或一阶系统的动态性能指标估算高阶系统的动态特性。但是，事实上高阶系统毕竟不是二阶系统或一阶系统，因而在用二阶系统或一阶系统性能进行估算时，还要考虑其他非主导闭环零、极点对系统动态性能的影响。另外，还要注意使降阶后的低阶系统与原高阶系统有相同的闭环增益，以保证阶跃响应的终值相同。

如果在降阶处理时略去一个 s 左半平面的闭环实零点，那么求得的阶跃响应将较实际系统的响应慢一些，超调量也小些。略去的零点离虚轴越远，计算结果与实际情况的差别越小。反之，如果在降阶处理中略去一个 s 右半平面的闭环实零点，则计算结果将较实际系统的响应快一些，超调量也偏大。同样，此零点离虚轴越远，造成的误差也越小。如果在降阶处理时略去一个 s 左半平面的闭环实极点，那么求得的阶跃响应较实际系统的响应快一些，超调量也较大，系统的反应也较灵敏。如果略去的闭环零点或极点离虚轴的距离是主导极点实部的5倍以上，以及略去的偶极子不十分接近虚轴且这对闭环零、极点距虚轴的距离是其相互之间距离的10倍以上时，上述误差不超过5%，可满足一般工程要求。

在控制工程实践中，通常要求控制系统既具有较高的响应速度，又具有一定的阻尼程度。此外，还要求减少死区、间隙和库仑摩擦等非线性因素对系统性能的影响，因此高阶系统的增益常常调整到使系统具有一对闭环共轭主导极点。

例3-9 利用主导极点或偶极子将以下系统降为二阶系统，并估算该系统的超调量和调整时间。

（1）$G_B(s)=\dfrac{44}{s^3+10s^2+24s+44}$；（2）$G_B(s)=\dfrac{44(s+7.8)}{s^3+10s^2+24s+44}$

解 （1）由系统的特征方程式 $D(s)=s^3+10s^2+24s+44=0$

得

$$s_{1,2}=-1.2\pm \mathrm{j}2.08\ ,\quad s_3=-7.6$$

因 7.6/1.2=6.33>5，所以 $s_{1,2}=-1.2\pm \mathrm{j}2.08$ 可作为系统的一对主导极点。

根据主导极点 $s_{1,2}$，可将原系统近似为以下二阶系统。

$$G_B'(s)=\frac{k'}{(s+1.2+\mathrm{j}2.08)(s+1.2-\mathrm{j}2.08)}=\frac{k'}{s^2+2.4s+5.78}$$

其中，系数 k' 根据系统近似前后要保证其稳态值（系统稳态增益）不变，即 $G_B(0)=G_B'(0)$ 求得为

$$k'=5.78$$

（2）由系统的特征方程式 $D(s)=s^3+10s^2+24s+44=0$

得

$$s_{1,2}=-1.2\pm \mathrm{j}2.08\ ,\quad s_3=-7.6$$

极点 $s_3=-7.6$ 和零点 $z_1=-7.8$ 7 相距很近，为偶极子。由于它们远离原点，故可相互抵消。

系统忽略偶极子后，可将原系统近似为以下二阶系统。

$$G_B'(s)=\frac{k'}{(s+1.2+\mathrm{j}2.08)(s+1.2-\mathrm{j}2.08)}=\frac{k'}{s^2+2.4s+5.78}$$

其中，系数 k' 根据系统近似前后要保证其稳态值（系统稳态增益）不变，即 $G_B(0)=G_B'(0)$ 求得为

$$k'=7.8\times 5.78=45.08$$

（3）针对以上利用主导极点 $s_{1,2}$ 表示的二阶系统，其阻尼角均为 $\beta=\mathrm{arctg}(2.08/1.2)\approx 60^\circ$ 。则原系统最大超调量和调整时间的估算值均分别为

$$M_p = e^{-\frac{\pi\zeta}{\sqrt{1-\zeta^2}}} \times 100\% = e^{-\frac{\pi}{\mathrm{tg}\beta}} \times 100\% \approx 16.3\%，\quad t_s = \frac{3 \sim 4}{\zeta\omega_n} = \frac{3 \sim 4}{1.2} = 2.5 \sim 3 \text{（s）。}$$

3.4 系统的稳态误差

控制系统的稳态误差，是系统控制准确度（控制精度）的一种度量，通常称为稳态性能。在控制系统的设计中，稳态误差是一项重要的技术指标。需要指出的是，只有当系统稳定时，研究稳态误差才有意义。因此，在计算系统的稳态误差之前，必须判断系统是稳定的。

3.4.1 稳态误差的定义

1. 控制系统的误差

对于图 3-21 所示的反馈控制系统，系统的误差一般定义为系统被控量的期望值与实际值之差，即

$$e_0(t) = r(t) - y(t)$$

或
$$E_0(s) = R(s) - Y(s) \tag{3-55}$$

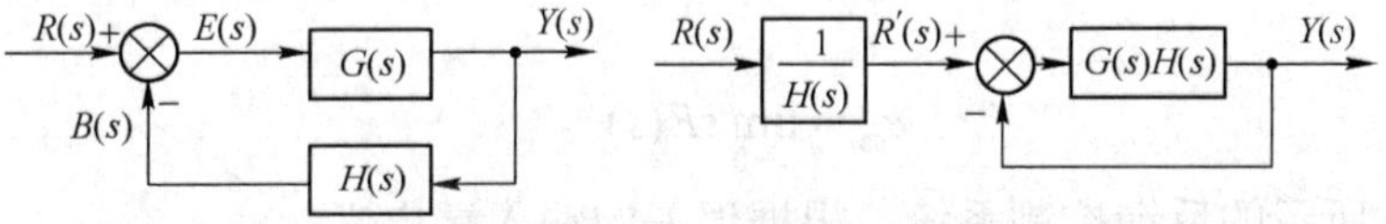

（a）非单位反馈控制系统　　（b）等效单位反馈控制系统

图 3-21　反馈控制系统

但是实际控制系统的参考输入信号 $R(s)$与输出信号 $Y(s)$通常是不同量纲或不同量程的物理量。比如，在温度控制系统中，输入信号为电压或电流，而输出信号为温度。在这种情况下，控制系统的误差不能直接用它们之间的差值来表示，应该将 $R(s)$和 $Y(s)$转换为相同量纲或相同量程后才能进行运算。假设将 $Y(s)$转换为与 $R(s)$相同量纲或相同量程的转换系数为$\alpha(s)$，则系统的误差通常采用以下两种定义方式。

从输入端定义

$$E_1(s) = R(s) - \alpha(s)Y(s)$$

从输出端定义

$$E_2(s) = R(s)/\alpha(s) - Y(s)$$

由图 3-21 可知，在一般情况下，转换系数α (s)与系统反馈环节的传递函数 $H(s)$相等。于是控制系统的误差可表示为

$$E_1(s) = R(s) - H(s)Y(s) = R(s) - B(s)$$
$$E_2(s) = R(s)/H(s) - Y(s) = R'(s) - Y(s)$$

控制系统误差的这两种表达形式在本质上相同的，两者之间的关系为

$$E_2(s) = E_1(s)/H(s)$$

特别指出，对于单位反馈系统，因为$H(s)=1$，所以此时以上两种误差定义的方法是一致

的，它们不仅均等于误差的定义式（3-55），而且也均等于系统的偏差 $E(s)$，即 $E_1(s)=E_2(s)=E_0(s)=E(s)$。

由于从输入端定义的误差，在实际系统中是可以测量的，具有一定的物理意义。而从输出端定义的误差，在系统性能指标的提法中经常使用，但在实际系统中有时无法测量，因而一般只有数学意义。所以在本书的以后叙述中，如无特别说明，误差一般采用从系统输入端定义，在不引起混淆的情况下，用 $E(s)$表示其误差的象函数，对应误差的时间函数 $e(t)$表示为

$$e(t)=L^{-1}[E(s)] \tag{3-56}$$

2．控制系统的稳态误差

误差响应 $e(t)$如同系统的输出响应 $y(t)$一样，也包含稳态响应分量和瞬态响应分量两部分，对于一个稳定系统，误差响应 $e(t)$的瞬态响应分量随着时间的推移逐渐消失，而稳态响应分量趋于一定值。

稳态误差 e_{ss} 是时间 t 趋于无穷时误差响应 $e(t)$的稳态值，即

$$e_{ss}=\lim_{t\to\infty}e(t) \tag{3-57}$$

稳态误差 e_{ss} 反映控制系统复现或跟踪输入信号的能力。除了可用定义式（3-57）计算稳态误差之外，稳定系统的稳态误差还可以借助拉氏变换中的终值定理方便地计算出，其表达式为

$$e_{ss}=\lim_{s\to 0}sE(s) \tag{3-58}$$

对于图 3-21 所示的反馈控制系统，根据误差的输入端定义

$$E(s)=R(s)-B(s)=R(s)-G(s)H(s)E(s)$$

$$E(s)=\frac{1}{1+G(s)H(s)}R(s) \tag{3-59}$$

$$e_{ss}=\lim_{s\to 0}sE(s)=\lim_{s\to 0}s\frac{1}{1+G(s)H(s)}R(s) \tag{3-60}$$

对于高阶系统，误差信号 $E(s)$的极点不易求得，故使用式（3-56）和式（3-57）利用拉氏反变换求稳态误差的方法相对困难一些。在实际计算过程中，只要 $sE(s)$满足要求的解析条件，使用式（3-60）计算稳态误差则要简便得多。使用式（3-60）的条件是有理函数 $sE(s)$在 s 右半平面和虚轴上必须解析，即 $sE(s)$的全部极点都必须分布在 s 左半平面。

3.4.2 静态误差系数法

从稳态误差的表达式（3-60）可知，系统的稳态误差不仅与输入信号 $r(t)$的形式有关，而且与系统开环传递函数 $G(s)H(s)$，即系统的结构有关。

1．系统的类型

假设系统的开环传递函数 $G(s)H(s)$可表示为

$$G_K(s)=G(s)H(s)=\frac{K(\tau_1 s+1)(\tau_2 s+1)\cdots(\tau_m s+1)}{s^{v}(T_1 s+1)(T_2 s+1)\cdots(T_{n-v} s+1)} \tag{3-61}$$

式中，K 为开环增益（开环放大倍数）；v 为积分环节个数。

系统常按开环传递函数中所含的积分环节个数 v 来定义系统的类型。即，当 $v=0$ 时，称

为 0 型系统；$v=1$ 时，称为Ⅰ型系统；$v=2$ 时，称为Ⅱ型系统；等等。

2．静态误差系数

1）静态位置误差系数 K_p

当系统的输入为单位阶跃（等位置）信号，即 $r(t)=1(t)$时，有

$$e_{ss}=\lim_{s\to 0}sE(s)=\lim_{s\to 0}s\frac{1}{1+G(s)H(s)}\cdot\frac{1}{s}=\frac{1}{1+\lim\limits_{s\to 0}G(s)H(s)}=\frac{1}{1+K_p} \tag{3-62}$$

其中，$K_p=\lim\limits_{s\to 0}G(s)H(s)$ 定义为静态位置误差系数。

对于 0 型系统：$K_p=K$，$e_{ss}=1/(1+K)$；Ⅰ型或Ⅰ型以上系统：$K_p=\infty$，$e_{ss}=0$。

由上面的分析可以看出：

（1）K_p 的大小反映了系统在阶跃输入下消除误差的能力。K_p 越大，稳态误差越小。

（2）0 型系统对阶跃输入引起的稳态误差为一常值，其大小与开环增益 K 有关，K 越大，e_{ss} 越小，但总有差，所以把 0 型系统常称为有差系统。

（3）在阶跃输入时，若要求系统稳态误差为零，则系统至少为Ⅰ型或高于Ⅰ型的系统。

2）静态速度误差系数 K_v

当系统的输入为单位斜坡（等速度）信号时，即当 $r(t)=t$ 时，有

$$e_{ss}=\lim_{s\to 0}sE(s)=\lim_{s\to 0}s\frac{1}{1+G(s)H(s)}\cdot\frac{1}{s^2}=\frac{1}{\lim\limits_{s\to 0}sG(s)H(s)}=\frac{1}{K_v} \tag{3-63}$$

其中，$K_v=\lim\limits_{s\to 0}s\,G(s)H(s)$ 定义为静态速度误差系数。

对于 0 型系统：$K_v=0$，$e_{ss}=\infty$；Ⅰ型系统：$K_v=K$，$e_{ss}=1/K$；对于Ⅱ型或Ⅱ型以上系统：$K_v=\infty$，$e_{ss}=0$。

由上述结果可得：

（1）K_v 的大小反映了系统跟踪斜坡输入信号的能力，K_v 越大，系统稳态误差越小；

（2）0 型系统在稳态时，无法跟踪斜坡输入信号；

（3）Ⅰ型系统在稳态时，输出与输入在速度上相等，但有一个与 K 成反比的常值位置误差；

（4）Ⅱ型或Ⅱ型以上系统在稳态时，可完全跟踪斜坡信号。

3）静态加速度误差系数 K_a

当系统输入为单位抛物线（等加速度）信号时，即当 $r(t)=\frac{1}{2}t^2$ 时，则系统稳态误差为

$$e_{ss}=\lim_{s\to 0}sE(s)=\lim_{s\to 0}s\frac{1}{1+G(s)H(s)}\cdot\frac{1}{s^3}=\frac{1}{\lim\limits_{s\to 0}s^2G(s)H(s)}=\frac{1}{K_a} \tag{3-64}$$

其中，$K_a=\lim\limits_{s\to 0}s^2\,G(s)H(s)$ 定义为静态加速度误差系数。

对于 0 型系统：$K_a=0$，$e_{ss}=\infty$；Ⅰ型系统：$K_a=0$，$e_{ss}=\infty$；Ⅱ型系统：$K_a=K$，$e_{ss}=1/K$。

上述分析表明：

（1）K_a 的大小反映了系统跟踪抛物线输入信号的能力，K_a 越大，系统跟踪精度越高；

（2）0 型和Ⅰ型系统输出不能跟踪抛物线输入信号，在跟踪过程中误差越来越大，稳态时达到无限大；

（3）Ⅱ型系统能跟踪抛物线输入，但有一常值误差，其大小与 K 成反比；

（4）要想准确跟踪抛物线输入，系统应为Ⅲ型或高于Ⅲ型的系统。

表 3-2 概括了 0 型、Ⅰ型和Ⅱ型系统在典型输入作用下的稳态误差。在对角线以上，稳态误差为 0；在对角线以下，稳态误差则为无穷大。

表 3-2　典型信号输入下各种类型系统的稳态误差

输入形式	稳态误差		
	0 型系统	Ⅰ型系统	Ⅱ型系统
单位阶跃函数	$\frac{1}{1+K_p}$	0	0
单位斜坡函数	∞	$\frac{1}{K_v}$	0
单位抛物线函数	∞	∞	$\frac{1}{K_a}$

误差系数 K_p、K_v 和 K_a 反映了系统消除稳态误差的能力，系统型号越高，消除稳态误差的能力越强，但型号增大却使系统难以稳定。

应注意，静态误差系数法仅适用于给定信号作用下求稳态误差。另外，上述稳态误差中的 K 必须是系统的开环增益（或开环放大倍数）。

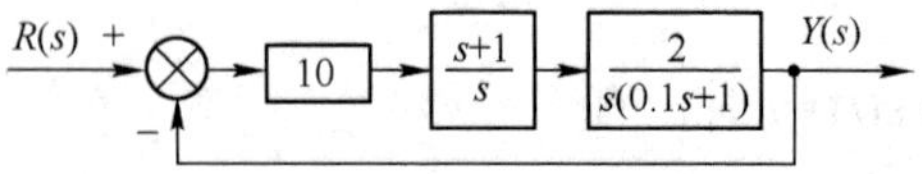

图 3-22　单位反馈系统结构图

例 3-10　单位反馈系统结构图如图 3-22 所示，求当输入信号 $r(t)=2t+t^2$ 时，系统的稳态误差 e_{ss}。

解　单位反馈系统的开环传递函数为

$$G(s)H(s)=\frac{20(s+1)}{s^2(0.1s+1)}$$

（1）首先判别系统的稳定性

由 $1+G(s)H(s)=0$ 可得系统的闭环特征方程为

$$D(s)=0.1s^3+s^2+20s+20=0$$

根据劳斯判据知闭环系统稳定。

（2）求稳态误差 e_{ss}

因为系统为Ⅱ型系统，故

当 $r_1(t)=t$ 时，$K_v=\lim\limits_{s\to 0}sG(s)H(s)=\infty, e_{ss1}=\frac{1}{K_v}=0$

当 $r_2(t)=\frac{1}{2}t^2$ 时，$K_a=\lim\limits_{s\to 0}s^2G(s)H(s)=20, e_{ss2}=\frac{1}{K_a}=0.05$

当 $r(t)=2t+t^2=2r_1(t)+2r_2(t)$ 时，根据线性系统的叠加性，系统的稳态误差 e_{ss} 为

$$e_{ss}=2e_{ss1}+2e_{ss2}=0.1$$

3.4.3　动态误差系数法

利用动态误差系数法，可以研究输入信号为任意时间函数时系统的稳态误差变化，因此动态误差系数又称为广义误差系数。为了求取动态误差系数，根据误差输入端的定义式（3-59），可得误差为

$$E(s)=\frac{1}{1+G(s)H(s)}R(s)=G_e(s)R(s) \tag{3-65}$$

将误差的传递函数 $G_e(s)$ 在 $s=0$ 邻域内按泰勒级数展开得

$$G_e(s)=\frac{1}{1+G(s)H(s)}=G_e(0)+\dot{G}_e(0)s+\frac{1}{2!}\ddot{G}_e(0)s^2+\cdots \tag{3-66}$$

则误差可表示为

$$E(s)=G_e(0)R(s)+\dot{G}_e(0)sR(s)+\frac{1}{2!}\ddot{G}_e(0)s^2R(s)+\cdots \tag{3-67}$$

式（3-67）称为误差级数，它是以 $s=0$ 的邻域为收敛域的无穷级数，相当于在 $t\to\infty$ 时成立。因此，当所有初始条件均为零时，对式（3-67）进行拉氏反变换，就可得到作为时间函数的稳态误差表达式

$$e_{ss}(t)=G_e(0)r(t)+\dot{G}_e(0)\dot{r}(t)+\frac{1}{2!}\ddot{G}_e(0)\ddot{r}(t)+\cdots=\sum_{k=0}^{\infty}C_k r^{(k)}(t) \tag{3-68}$$

式中，$C_k=\frac{1}{k!}G_e^{(k)}(0)\ (k=0,1,2,\cdots)$ 称为动态误差系数。其中，习惯上称 C_0 为动态位置误差系数；C_1 为动态速度误差系数；C_2 为动态加速度误差系数。

应当明确指出，这里的“动态”两字的含义是指这种方法可以完整地描述系统稳态误差函数 $e_{ss}(t)$ 随时间变化的规律，而不是指误差信号中的瞬态响应分量随时间变化的情况。此外，式（3-68）给出的误差函数级数仅在 $t\to\infty$ 时成立，因此如果输入信号 $r(t)$ 中包含有随时间趋于零的分量，则这些分量不应包含在稳态误差级数表达式中的输入信号及其各阶导数之内。例如，若输入信号为 $r(t)=\sin\omega t+e^{-at}$，则在 $a>0$ 时，输入信号分量 e^{-at} 将随时间的增长而衰减到零，对稳态误差（当 $t\to\infty$ 时）的影响也减小到零。因此，在此输入信号中只考虑正弦信号分量及其各阶导数就可以了。

由式（3-68）可知，稳态误差函数表达式既与动态误差系数有关，也与输入信号及其各阶导数有关。由于输入信号的稳态响应分量是已知的，因此确定稳态误差的关键是根据给定的系统求出各动态误差系数。动态误差系数法特别适用于输入信号是时间 t 的有限项幂级数的情况。此时稳态误差函数的幂级数也只需取有限几项就足够了。

在系统阶次较高的情况下，利用式（3-68）求解各个动态误差系数是不方便的，下面介绍一种简便的方法，即利用多项式除法求动态误差系数的方法。

首先将系统的开环传递函数 $G(s)H(s)$ 按 s 的升幂排列成如下形式

$$G(s)H(s)=\frac{K}{s^{\nu}}\cdot\frac{1+b_1s+b_2s^2+\cdots+b_ms^m}{1+a_1s+a_2s^2+\cdots+a_{n-\nu}s^{n-\nu}} \tag{3-69}$$

然后根据多项式除法，将系统的误差传递函数表示为 s 升幂级数的形式

$$G_e(s)=\frac{1}{1+G(s)H(s)}=C_0+C_1s+C_2s^2+C_3s^3+\cdots \tag{3-70}$$

则误差信号可表示为

$$E(s)=G_e(s)R(s)=(C_0+C_1s+C_2s^2+C_3s^3+\cdots)R(s) \tag{3-71}$$

比较式（3-67）和式（3-71）可知，它们是等价的无穷级数，其收敛域均是 $s=0$ 的邻域。因此，式（3-70）中的系数 $C_i\,(i=1,2,3,\cdots)$ 就是动态误差系数。

在一个特定的系统中，动态误差系数和静态误差系数具有如下简单关系。

0 型系统：$C_0=\dfrac{1}{1+K_{\mathrm{p}}}$；Ⅰ型系统：$C_1=\dfrac{1}{K_{\mathrm{v}}}$；Ⅱ型系统：$C_2=\dfrac{1}{K_{\mathrm{a}}}$。

例 3-11 已知系统的开环传递函数为

$$G(s)H(s)=\frac{10}{(0.5s+1)(0.1s+1)}$$

求输入信号为 $r(t)=t$ 时的稳态误差函数。

解 首先判别系统的稳定性。由 $1+G(s)H(s)=0$ 可得系统的闭环特征方程为

$$D(s)=0.05s^2+0.6s+11=0$$

根据劳斯判据知闭环系统稳定。

然后根据系统的开环传递函数，可得误差传递函数按 s 升幂排列的形式

$$G_{\mathrm{e}}(s)=\frac{1}{1+G(s)H(s)}=\frac{1+0.6s+0.05s^2}{11+0.6s+0.05s^2}$$

利用如图 3-23 所示的综合除法，可将上式表示成如下形式

$$G_{\mathrm{e}}(s)=\frac{1+0.6s+0.05s^2}{11+0.6s+0.05s^2}=0.09091+0.049586s+\cdots$$

则误差信号可表示为

$$E(s)=G_{\mathrm{e}}(s)R(s)=0.09091R(s)+0.049586sR(s)+\cdots$$

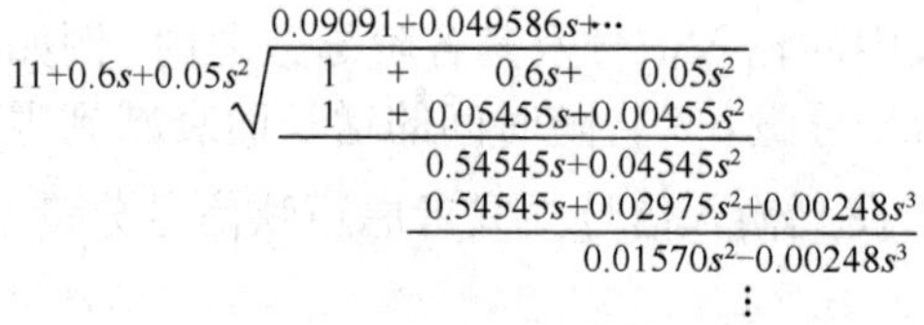

图 3-23 综合除法

稳态误差函数为

$$e_{\mathrm{ss}}(t)=0.09091r(t)+0.049586\dot{r}(t)+\cdots$$

由于 $r(t)=t$，则 $\dot{r}(t)=1$，$\ddot{r}(t)=0$，…，所以系统的稳态误差函数为

$$e_{\mathrm{ss}}(t)=0.09091t+0.049586$$

故系统的稳态误差 e_{ss} 为

$$e_{\mathrm{ss}}=\lim_{t\to\infty}e_{\mathrm{ss}}(t)=\infty$$

以上结果与利用静态速度误差系数所得的结果是一致的，对于本题

$$K_{\mathrm{v}}=\lim_{s\to 0}sG(s)H(s)=0，\quad e_{\mathrm{ss}}=1/K_{\mathrm{v}}=\infty$$

3.4.4 给定信号和扰动信号同时作用下的稳态误差

控制系统除受输入信号作用外，还经常处于各种扰动信号作用之下。由于输入信号和扰动信号作用于系统的不同位置，因此即使系统对于某种形式输入信号作用的稳态误差为零，但对于同一形式的扰动作用，其稳态误差未必为零。假设给定信号（参考输入信号）和扰动信号同时作用的线性控制系统，如图 3-24 所示。

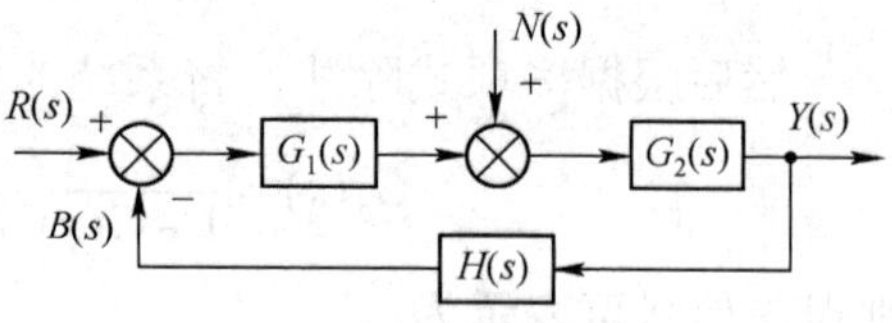

图 3-24 系统结构图

1．给定信号 $r(t)$ 单独作用下

在给定信号 $r(t)$ 单独作用下，从输入端定义的误差为

$$E_{\mathrm{r}}(s)=R(s)-B(s)=R(s)-G_1(s)G_2(s)H(s)E_{\mathrm{r}}(s)$$

$$E_{\mathrm{r}}(s)=\frac{1}{1+G_1(s)G_2(s)H(s)}R(s)$$

稳态误差为

$$e_{ssr}=\lim_{s\to 0}sE_r(s)=\lim_{s\to 0}s\frac{1}{1+G_1(s)G_2(s)H(s)}R(s) \tag{3-72}$$

2．扰动信号 $n(t)$单独作用下

由于在扰动信号 $n(t)$作用下，系统的理想输入应为零，所以在扰动信号 $n(t)$单独作用下，从输入端定义的误差为

$$E_n(s)=0-B(s)=-H(s)Y(s)=-\frac{G_2(s)H(s)}{1+G_1(s)G_2(s)H(s)}N(s)$$

稳态误差为

$$e_{ssn}=\lim_{s\to 0}sE_n(s)=\lim_{s\to 0}s\frac{-G_2(s)H(s)}{1+G_1(s)G_2(s)H(s)}N(s) \tag{3-73}$$

对于式（3-73），若 $G_1(s)G_2(s)H(s)\gg 1$，则可近似为

$$e_{ssn}=\lim_{s\to 0}sE_n(s)\approx\lim_{s\to 0}s\frac{-G_2(s)H(s)}{G_1(s)G_2(s)H(s)}N(s)=\lim_{s\to 0}s\frac{-1}{G_1(s)}N(s)$$

由此可见，干扰信号作用下产生的稳态误差 e_{ssn} 除了与干扰信号的形式有关外，还与干扰作用点之前（干扰点与误差点之间）的传递函数的结构及参数有关，但与干扰作用点之后的传递函数无关。干扰作用点之前的增益越大，扰动产生的稳态误差越小，而稳态误差与扰动作用点之后的增益无关。

由于干扰信号作用下的稳态误差 e_{ssn} 与干扰信号作用点之后的积分环节无关。而与误差信号到扰动点之间的前向通道中的积分环节有关，要想消除稳态误差，应在误差信号到干扰点之间的前向通道中增加积分环节。

3．给定信号 $r(t)$ 和扰动信号 $n(t)$ 共同作用下

根据线性系统的叠加原理，可得控制系统在给定信号 $r(t)$和扰动信号 $n(t)$同时作用下的稳态误差为

$$\begin{aligned}e_{ss}&=e_{ssr}+e_{ssn}=\lim_{s\to 0}sE_r(s)+\lim_{s\to 0}sE_n(s)\\&=\lim_{s\to 0}s\left[\frac{1}{1+G_1(s)G_2(s)H(s)}R(s)+\frac{-G_2(s)H(s)}{1+G_1(s)G_2(s)H(s)}N(s)\right]\end{aligned} \tag{3-74}$$

4．改善系统稳态精度的途径

从上面稳态误差分析可知，采用以下途径可改善系统的稳态精度。

（1）提高系统的型号或增大系统的开环增益，可以保证系统对给定信号的跟踪能力。但同时会使系统稳定性变差，甚至导致系统不稳定。

（2）增大误差信号与扰动作用点之间前向通道的开环增益或积分环节的个数，可以降低扰动信号引起的稳态误差。但同样也会引起稳定性问题。

（3）采用复合控制，即将反馈控制与扰动信号的前馈或与给定信号的前馈相结合。关于这部分内容将在系统校正部分介绍。

3.5 基于 MATLAB 的控制系统时域分析

MATLAB 提供了多种求取并绘制系统时域响应曲线的函数，使用它们可以很方便地绘制控制系统的时域响应曲线，并对系统进行时域分析和设计。

3.5.1 利用 MATLAB 分析系统的稳定性

在分析控制系统时，首先遇到的问题就是系统的稳定性。判断一个线性系统稳定性的一种最有效的方法是直接求出系统所有的极点，然后根据极点的分布情况来确定系统的稳定性。对线性系统来说，如果一个连续系统的所有极点都位于左半 s 平面，则该系统是稳定的。

MATLAB 中根据特征多项式求特征根的函数为 roots( )，其调用格式为

r = roots(p)

式中，p 为特征多项式的系数向量；r 为特征多项式的根。

另外，MATLAB 中的 pzmap( )函数可绘制系统的零极点图，其调用格式为

[p,z] = pzmap(num,den)

式中，num 和 den 分别为系统传递函数的分子和分母多项式的系数按降幂排列构成的系数行向量。

当 pzmap( )函数不带输出变量时，可在当前图形窗口中绘制出系统的零、极点图；当带有输出变量时，也可得到零、极点位置，如需要可通过 pzmap(p,z)绘制出零、极点图，图中的极点用“×”表示，零点用“o”表示。

例 3-12 已知闭环系统的传递函数为

$$G_{\rm B}(s)=\frac{Y(s)}{R(s)}=\frac{3s^4+2s^3+s^2+4s+2}{3s^5+5s^4+s^3+2s^2+2s+1}$$

给出系统的零、极点图，并判定系统的稳定性。

解 利用以下 MATLAB 命令

```
>>num=[3 2 1 4 2];den=[3 5 1 2 2 1];
>>r=roots(den),pzmap(num,den)
```

执行结果可得以下极点和如图 3-25 所示的零、极点图。

```
r =
  -1.6067
   0.4103 +  0.6801i
   0.4103 -  0.6801i
  -0.4403 +  0.3673i
  -0.4403 -  0.3673i
```

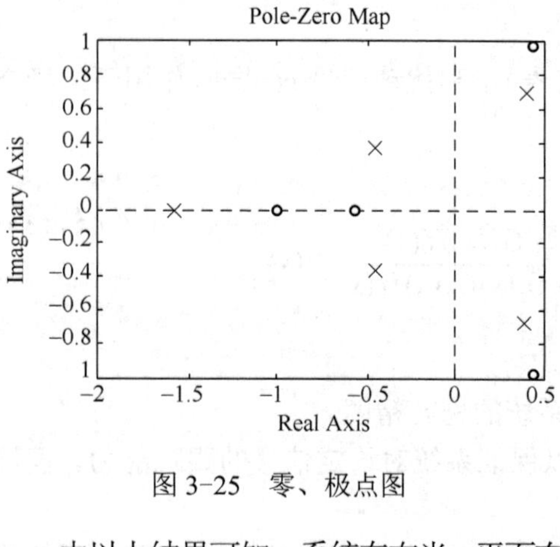

图 3-25 零、极点图

由以上结果可知，系统在右半 s 平面有两个极点，故系统不稳定。

3.5.2 利用 MATLAB 分析系统的动态特性

利用时域分析方法能够了解控制系统的动态性能，如系统的上升时间、调节时间和最大超调量。它们都可以通过系统在给定输入信号作用下的过渡过程来评价。MATLAB 控制系统工具箱中提供了多种求取线性系统在特定输入下的时间响应曲线的函数。

1. 单位阶跃响应函数

单位阶跃响应函数 step( )的调用格式为

$$[y,x,t]=\text{step}(num,den,t)$$

其中，t 为选定的仿真时间向量；y 为系统在各个仿真时刻的输出所组成的矩阵；而 x 为自动选择的状态变量的时间响应数据；num 和 den 分别为系统传递函数的分子和分母多项式的系数按降幂排列构成的系数行向量。

如果对具体的响应数值 x、y 不感兴趣，而只想绘制出系统的阶跃响应曲线，则可以根据如下的格式调用此函数

$$\text{step}(num,den,t)$$

当然，时间向量 t 也可省略，此时由 MATLAB 自动选择一个比较合适的仿真时间。

在利用 step( )函数自动绘制的系统阶跃响应曲线窗口中，不仅可以通过单击曲线上任意一点获得此点所对应的系统名称（System）、系统当前的运行时间（Time）和幅值（Amplitude）等信息；而且还可以在该曲线窗口中的空白处，单击鼠标右键，利用弹出菜单中的 Characteristics 子菜单的选项，在曲线上获得系统不同特性参数的标记点，如响应峰值（Peak Response）、调整时间（Settling Time）、上升时间（Rise Time）和稳定状态（Steady State）等。

例 3-13　假设闭环系统的传递函数为

$$G_{\mathrm{B}}(s)=\frac{Y(s)}{R(s)}=\frac{2}{s^2+2s+2}$$

试求该系统的单位阶跃响应曲线和最大超调量。

解　首先利用以下 MATLAB 命令获得如图 3-26 所示的单位阶跃响应曲线。

```
>>num=2;den=[1 2 2];step(num,den)
```

然后，在该命令自动绘制的系统单位阶跃响应曲线上，利用鼠标右键弹出菜单中的 Characteristics→Peak Response 选项，获得系统阶跃响应曲线上的峰值标记点；并单击此标记点即可获得该系统的响应峰值、最大超调量(%)和峰值时间分别为 1.04、4.32 和 3.15，如图 3-26 所示。

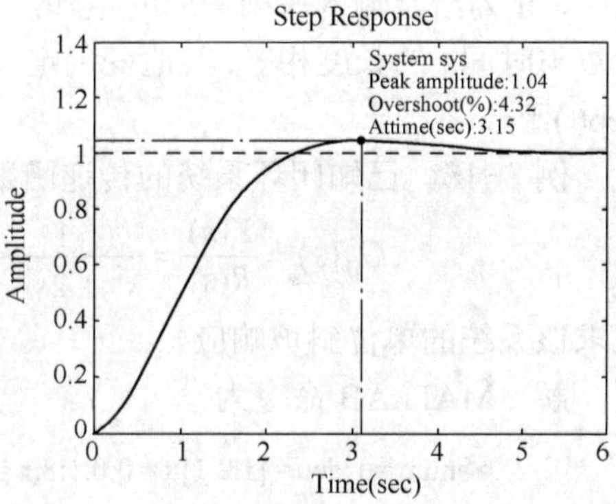

图 3-26　单位阶跃响应曲线

2. 单位脉冲响应函数

单位脉冲响应函数 impulse( )与单位阶跃函数 step( )的调用格式完全一致。

利用 MATLAB 控制系统工具箱中的线性时不变系统浏览器(LTI Viewer)，也可以绘制系统的各种时域响应曲线，并且还可以获得系统的性能指标。如同函数 step( )自动绘制的系统阶跃响应曲线一样，通过单击曲线上任意一点，可以获得此点所对应的系统有关信息。也可在该曲线窗口中的空白处，单击鼠标右键，利用弹出菜单中的 Characteristics 子菜单的选项，在曲线上获得系统不同特性参数的标记点。

例 3-14　已知闭环系统的传递函数如例 3-13 所示。试利用线性时不变系统的浏览器（LTI Viewer）绘制该系统的单位脉冲响应曲线。

解 （1）首先利用以下 MATLAB 命令，打开浏览器（LTI Viewer）工作窗口，并同时绘制出所给系统 ex3_14 的单位阶跃响应曲线。

```
>>num = 2;den = [1 2 2];ex3_14 = tf(num,den);ltiview(ex3_14)
```

（2）在该曲线窗口中的空白处，单击鼠标右键，利用弹出的 Plot Types 子菜单的选项，选择单位脉冲响应曲线（Implus），便可绘制出该系统的单位脉冲响应曲线，如图 3-27 所示。

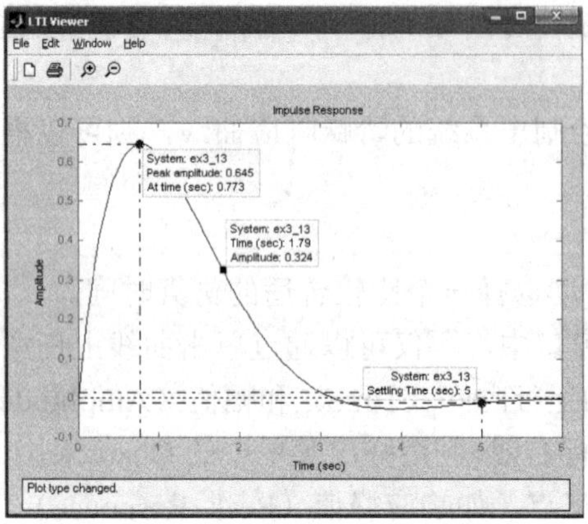

图 3-27 单位脉冲响应曲线

使用浏览器（LTI Viewer），除绘制系统的单位阶跃响应曲线（Step）和单位脉冲响应曲线（Impulse）外，还可以绘制系统的伯德图（Bode）、零输入响应（Initial Condition）、伯德图幅值图（Bode Magnitude）、奈奎斯特图（Nyquist）、尼科尔斯图（Nichols）、奇异值分析（Singular Value），以及零极点图（Pole / Zero）等。

3．任意输入函数的响应函数

连续系统对任意输入函数的响应可利用 MATLAB 的函数 lsim( )求取，其调用格式为

[y,x] = lsim(num,den,u,t)

式中，u 为给定输入序列构成的矩阵，它的每列对应一个输入，每行对应一个新的时间点，其行数与时间 t 的长度相等；其他变量定义和该函数用法同 step( )函数。

例 3-15 已知闭环系统的传递函数为

$$G_B(s)=\frac{Y(s)}{R(s)}=\frac{1}{s^2+2s+1}$$

试求该系统的单位斜坡响应。

解 MATLAB 命令为

```
>>num = 1;den = [1 2 1];t = 0:0.1:8;r = t;
>>y = lsim(num,den,r,t);plot(t,r,'--',t,y,'-')
```

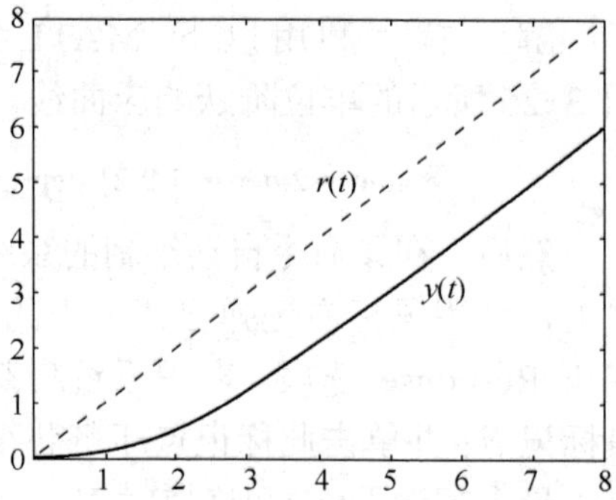

图 3-28 单位斜坡输出响应曲线

执行后可得如图 3-28 所示的输出响应曲线。

例 3-16 利用 MATLAB 绘制例 3-9 中原系统和降阶后二阶系统的单位阶跃响应曲线。

解 利用以下 MATLAB 命令，可得如图 3-29 所示的单位阶跃响应曲线。

```
>>subplot(1,2,1);num0=44;den0=[1 10 24 44];step(num0,den0,'-.');hold on;
>>num=5.78;den=[1 2.4 5.78];step(num,den);
>>legend('原系统 1','降阶后 2 阶系统')
>>subplot(1,2,2);num0=44*[1 7.8];den0=[1 10 24 44];step(num0,den0,'-.');hold on;
>>num=45.08;den=[1 2.4 5.78];step(num,den);
>>legend('原系统 2','降阶后 2 阶系统')
```

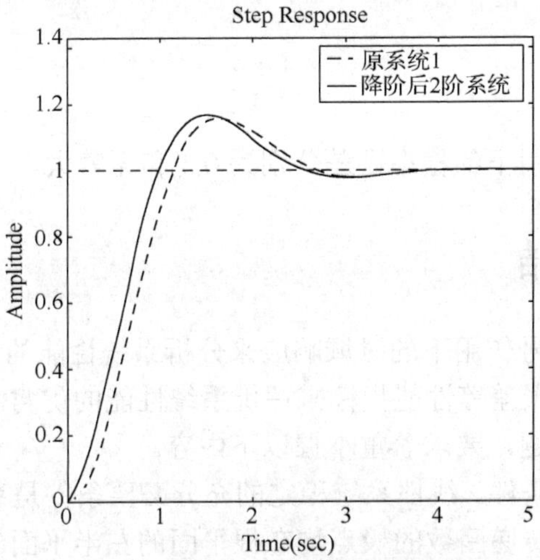

（a）系统1的单位阶跃响应曲线

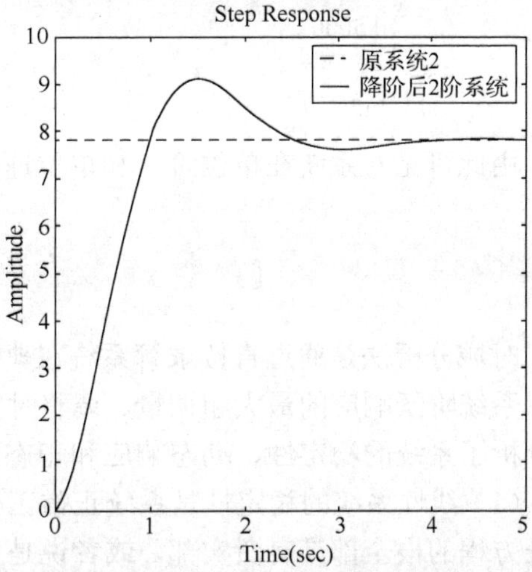

（b）系统2的单位阶跃响应曲线

图 3-29　例 3-16 系统的单位阶跃响应曲线

3.5.3　利用 MATLAB 计算系统的稳态误差

对于图 3-30 所示的反馈控制系统，根据误差的输入端定义，利用拉氏变换终值定理可得稳态误差 e_{ss} 为

$$e_{ss}=\lim_{s\to 0}sE(s)=\lim_{s\to 0}s[R(s)-B(s)]=\lim_{s\to 0}s\frac{1}{1+G(s)H(s)}R(s)=\lim_{s\to 0}E_s(s)$$

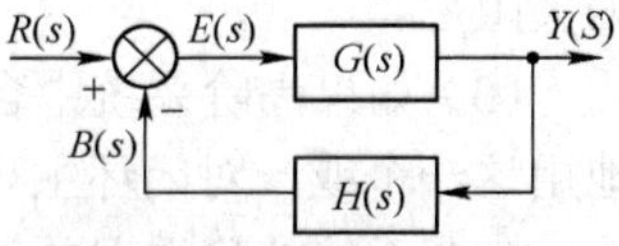

图 3-30　反馈控制系统

在 MATLAB 中，利用函数 dcgain( )可求取系统在给定输入下的稳态误差，其调用格式为

ess = dcgain (nume,dene)

式中，ess 为系统的给定稳态误差；nume 和 dene 分别为系统在给定输入下的稳态传递函数 $E_s(s)$ 的分子和分母多项式的系数按降幂排列构成的系数行向量。

例 3-17　已知单位反馈系统的开环传递函数为

$$G(s)H(s)=\frac{1}{s^2+2s+1}$$

试求该系统在单位阶跃和单位速度信号作用下的稳态误差。

解　（1）系统在单位阶跃和单位速度信号作用下的稳态传递函数分别为

$$E_{s1}(s)=s\frac{1}{1+G(s)H(s)}R(s)=s\frac{s^2+2s+1}{s^2+2s+2}\cdot\frac{1}{s}=\frac{s^2+2s+1}{s^2+2s+2}$$

$$E_{s2}(s)=s\frac{1}{1+G(s)H(s)}R(s)=s\frac{s^2+2s+1}{s^2+2s+2}\cdot\frac{1}{s^2}=\frac{s^2+2s+1}{s^3+2s^2+2s}$$

（2）MATLAB 命令为

```
>>nume1 = [1 2 1];dene1 = [1 2 2];ess1 = dcgain (nume1,dene1)
>>nume2 = [1 2 1];dene2 = [1 2 2 0];ess2 = dcgain (nume2,dene2)
```

执行后可得以下结果：

```
ess1  =
```

```
        0.5000
ess2  =
        Inf
```

由此可见，系统在单位阶跃和单位速度信号作用下的稳态误差分别为 0.5 和无穷大。

小　结

时域分析法是通过直接求解系统在典型输入信号作用下的时域响应来分析系统性能的。通常以系统阶跃响应的最大超调量、调整时间和稳态误差等性能指标来评价系统性能的优劣。本章分析了系统的稳定性、动态响应和稳态误差等问题，要求着重掌握以下内容。

（1）线性系统的稳定性是系统正常工作的首要条件。线性系统稳定的充分必要条件是系统特征方程的根全部具有负实部，或者说是系统闭环传递函数的极点均在根平面的左半平面。系统的稳定性是系统固有的一种特性，完全由系统自身的结构、参数决定，而与输入无关。判别稳定性的代数方法常用的是劳斯判据和赫尔维茨判据，它们不用求解系统的特征方程，就能判别系统的稳定性。

（2）线性定常二阶系统在欠阻尼时的时域响应虽有振荡，但只要阻尼比取值适当，如$\zeta=0.7$左右，则系统既有响应的快速性又有过渡过程的平稳性，因而在控制工程中常把二阶系统设计为欠阻尼。

（3）如果高阶系统中含有一个或一对闭环主导极点，则该高阶系统的动态响应就可以近似地用这一个或一对闭环主导极点所描述的一阶或二阶系统来表征。

（4）系统的稳态误差是系统的稳态性能指标，它标志着系统的控制精度。稳态误差既与系统的结构和参数有关；又与输入信号的形式、大小和作用点有关。系统的型号和静态误差系数也是稳态精度的一种标志，型号越高，静态误差系数越大，系统的稳态误差则越小。

（5）利用 MATLAB 可分析和计算给定输入信号下控制系统的动态响应、稳定性和稳态误差等问题。

习　题

3-1　已知单位反馈系统的开环传递函数如下，试确定系统稳定时 K 的取值范围。

（1）$G(s)H(s)=\dfrac{K}{s(s+1)(0.2s+1)}$；（2）$G(s)H(s)=\dfrac{K(0.2s+1)}{s(s+1)(s+1)}$

3-2　已知系统的特征方程为$s^6+4s^5-4s^4+4s^3-7s^2-8s+10=0$，求系统在 s 复平面右半部的特征根数，并求出特征根。

3-3　已知单位反馈系统的开环传递函数为

$$G(s)H(s)=\frac{K}{s(0.1s+1)(0.2s+1)}$$

试求：

（1）系统稳态时 K 的取值；

（2）闭环极点均位于 $s=-1$ 垂线的左边，此时 K 应取何值。

3-4　已知系统在零初始条件下的脉冲响应曲线如题3-4图所示，求其传递函数。

3-5　设单位反馈二阶系统的单位阶跃响应如题3-5图所示，试确定系统的开环传递函数。

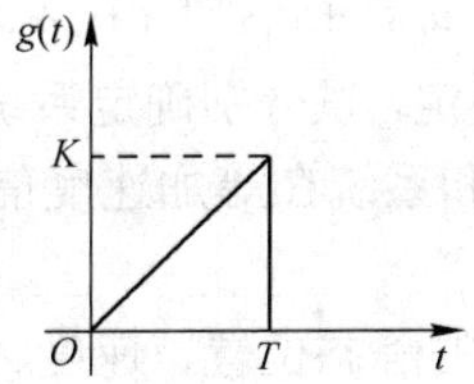

题3-4图

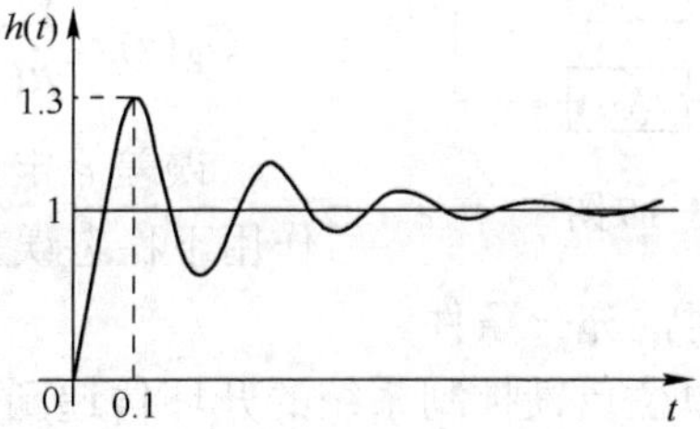

题3-5图

3-6　已知系统在 $r(t)=1(t)+t\cdot 1(t)$ 作用下的响应为 $y(t)=9t-0.9+0.9\mathrm{e}^{-10t}$，试求系统的传递函数。

3-7　已知系统非零初始条件下的单位阶跃响应为 $y(t)=1+\mathrm{e}^{-t}-\mathrm{e}^{-2t}$，求系统传递函数 $Y(s)/R(s)$。

3-8　设单位反馈的典型二阶系统的开环传递函数为

$$G(s)H(s)=\frac{4}{s(s+2)}$$

试求系统的单位阶跃响应和各项性能指标。

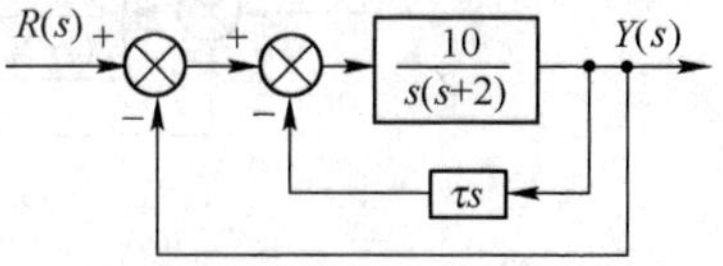

题3-9图

3-9　系统结构图如题3-9图所示，试求当 $\tau=0$ 时，系统的 ζ 和 ω_n 之值，如要求 $\zeta=0.7$，试确定参数 τ。

3-10　已知系统的传递函数为 $G_B(s)=\dfrac{Y(s)}{R(s)}=\dfrac{2}{s^2+3s+2}$，系统的初始条件为 $y(0)=-1, \dot{y}(0)=0$，试求系统的单位阶跃响应。

3-11　已知系统的传递函数为

$$G_B(s)=\frac{Y(s)}{R(s)}=\frac{15.36(s+6.25)}{(s^2+2s+2)(s+6)(s+8)}$$

试估算系统性能指标。

3-12　已知单位反馈系统的开环传递函数为

$$G(s)H(s)=\frac{10}{s(s+5.375)(s+1.125)}$$

（1）求系统的闭环极点，并判断系统是否存在主导极点；

（2）若存在主导极点，确定对应的 ζ、ω_n、M_p、t_p 和 t_s；

（3）求系统的单位阶跃响应，并讨论非主导极点对过渡过程的影响。

3-13　已知单位反馈控制系统的开环传递函数为

$$G(s)H(s)=\frac{K(s+1)}{s^3+0.8s^2+2s+1}$$

试确定系统临界增益 K 的值及响应的振荡频率。

3-14　已知单位负反馈系统的开环传递函数为 $G(s)H(s)=\dfrac{K}{s(Ts+1)(2s+1)}$，试求：

（1）为使闭环系统稳定，K、T 应满足什么条件；

（2）若要使系统处于 $\omega=1$ 的等幅振荡，确定 K、T。

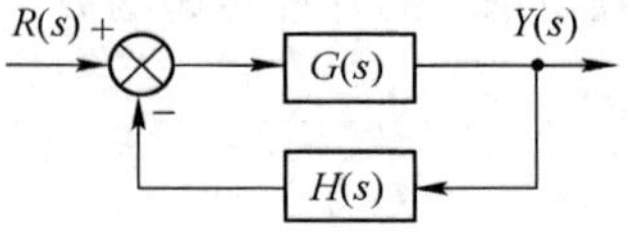

题 3-15 图

3-15　题 3-15 图所示系统的传递函数为

$$G_B(s)=\frac{Y(s)}{R(s)}=\frac{G(s)}{1+G(s)H(s)}=\frac{b_0s^m+b_1s^{m-1}+\cdots+b_{m-1}s+b_m}{a_0s^n+a_1s^{n-1}+\cdots+a_{n-1}s+a_n}$$

误差 e 定义为 $r-y$，且系统稳定，试分别确定系统在阶跃信号作用下稳态误差为零的充分条件和系统在等加速度信号作用下稳态误差为零时的充分条件。

3-16　单位反馈控制系统的开环传递函数如下，试求系统的静态位置、速度、加速度误差系数。

（1）$G(s)H(s)=\dfrac{50}{(1+0.1s)(1+2s)(1+0.5s)}$；　（2）$G(s)H(s)=\dfrac{K}{s(s^2+4s+200)}$

3-17　系统结构如题 3-17 图（a）所示，试计算在单位斜坡输入信号下的稳态误差，如果在输入端加入一个比例微分环节如题 3-17 图（b）所示，试证明适当选择参数 a 后，系统跟踪斜坡输入的稳态误差可以消除。

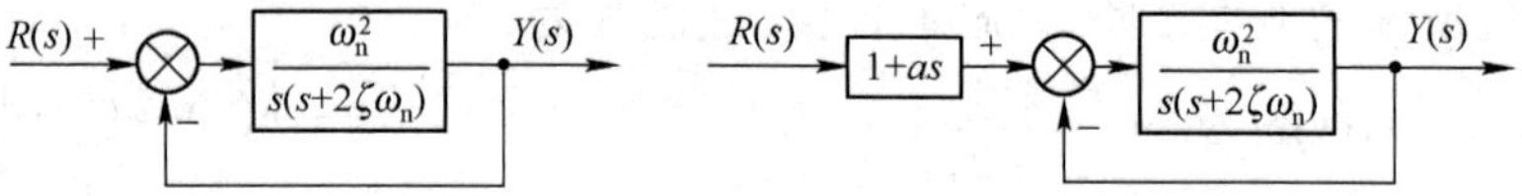

（a）　（b）

题 3-17 图

3-18　单位反馈控制的三阶系统，其开环传递函数 $G(s)$，如要求（1）由单位斜坡函数输入引起的稳态误差为 0.5；（2）三阶系数的一对主导极点为 $s_{1,2}=-1\pm j2$。求同时满足上述条件的开环传递函数 $G(s)H(s)$。

3-19　已知单位负反馈系统的开环传递函数为 $G(s)H(s)=\dfrac{\omega_n^2}{s(s+2\zeta\omega_n)}$，系统的误差函数为 $e(t)=1.4e^{-1.07t}-0.4e^{-3.73t}$。求系统的稳态误差 e_{ss} 和阻尼比 ζ、无阻尼振荡频率 ω_n。

3-20　已知系统结构图如题 3-20 图所示，试求：

（1）当 $a=0$，确定 ζ、ω_n 及输入 $r(t)=t$ 时的稳态误差 e_{ss}；

（2）要求 ζ 为最佳阻尼比（$\zeta=0.707$），确定 a 及 $r(t)=t$ 时的稳态误差 e_{ss}；

（3）欲保证 $\zeta=\dfrac{1}{\sqrt{2}}$ 和 $e_{ss}=0.25$，确定参数 a 和前向通道放大倍数。

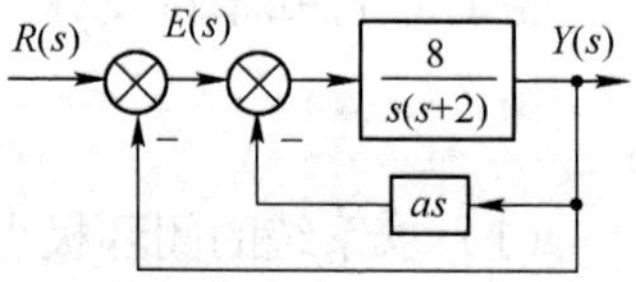

题 3-20 图

3-21　系统如题 3-21 图所示，其中扰动信号 $n(t)=1(t)$。仅仅改变 K_1 的值，能否使系统在扰动信号作用下的稳态误差为−0.099。

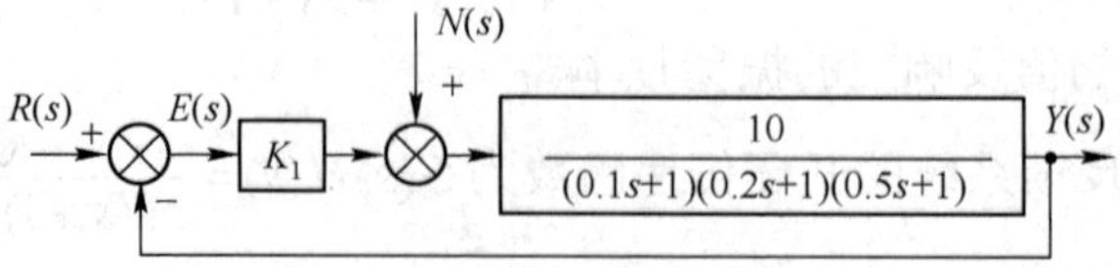

题 3-21 图

3-22　单位反馈系统的开环传递函数为

$$G(s)H(s)=\frac{10}{s(s+1)}$$

求参考输入信号 $r(t)=a_0+a_1t+a_2t^2$ 产生的稳态误差 $e_{ss}(t)$。

3-23　已知单位反馈系统的开环传递函数为

$$G(s)H(s)=\frac{100}{s(0.1s+1)}$$

若输入为 $r(t)=\sin 5t$，求系统的稳态误差 $e_{ss}(t)$。

3-24　复合控制系统如题 3-24 图所示，其中 $G_r(s)$ 为给定信号的前馈装置特性，$G_n(s)$ 为扰动前馈装置特性，欲使输出 $Y(s)$ 与扰动 $N(s)$ 无关，并且输出完全复现输入信号 $R(s)$，试确定 $G_r(s)$ 和 $G_n(s)$ 的表达式。

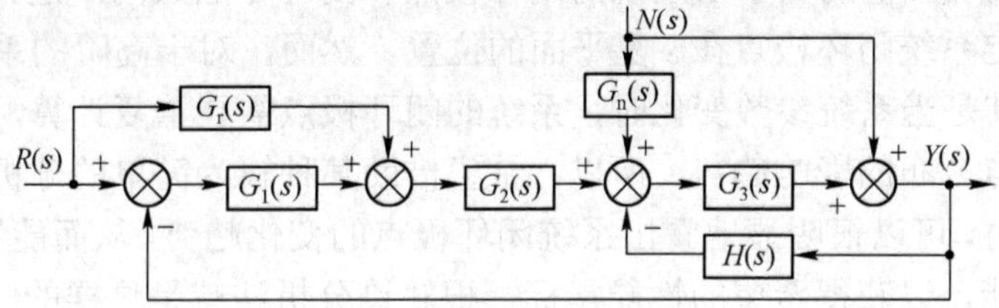

题 3-24 图

第 4 章

线性控制系统的根轨迹分析法

通过前面分析可知，闭环控制系统的稳定性和时间响应的形式由系统的闭环极点（特征方程的根）决定，时间响应值的大小由系统的闭环极点和闭环零点共同决定。因此，分析系统性能时，常常要求确定系统闭环极点在 s 复平面的位置。然而，对于高阶的系统，求解闭环极点是相当困难的，尤其是当系统参数变化时，系统的闭环极点需要重复计算，而且不能看出系统参数变化对闭环极点分布的影响趋势。所以，希望借助某种较为简单的分析方法，当已知系统某个参数发生变化时，可以很明显地看出系统闭环极点的变化趋势，从而能够判断系统稳定性、预测闭环系统的性能，以获得希望的性能指标。根轨迹分析法就是这样的一种图解分析方法。它是通过系统在复域中的特征根，来评价和计算系统在时域中的性能的，因而根轨迹分析法又称为复域分析法。

4.1 根轨迹分析的基础知识

4.1.1 根轨迹的基本概念

1. 根轨迹的提出

对于图 4-1 所示的单位反馈系统，已知开环传递函数为

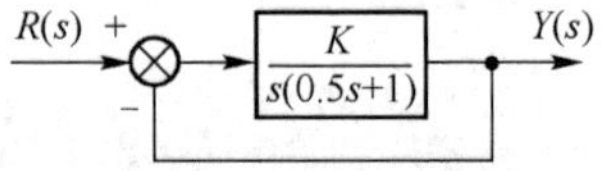

图 4-1 单位反馈系统

$$G_K(s) = G(s)H(s) = G(s) = \frac{K}{s(0.5s+1)}$$

则系统的闭环传递函数为

$$G_B(s) = \frac{Y(s)}{R(s)} = \frac{G(s)}{1+G_K(s)} = \frac{2K}{s^2+2s+2K}$$

系统的特征方程为

$$D(s)=s^2+2s+2K=0$$

系统的特征根或闭环极点为

$$s_{1,2} = -1 \pm \sqrt{1-2K} \tag{4-1}$$

式（4-1）表明，闭环极点随变量 K 的变化而变化，从而影响系统的瞬态响应，系统具有不同的动态过程。为了使系统尽可能稳、准、快地结束，应多次改变 K 值，以调节闭环极点在 s 复平面的位置，达到寻求理想的输出特性曲线的目的。但每改变一次 K 值，需重新求解一次

闭环特征方程，这使得系统的分析、计算工作量很大。特别是当系统高于三阶时，求解特征根是相当困难的，尤其是当参数变化时，要求出系统特征方程的根，就更加困难了。

为了减少多次求解代数方程的工作量，1948 年埃文斯（W.R.Evans）提出了根轨迹分析法，这种方法不直接求解特征方程，而是根据反馈控制系统开、闭环传递函数之间的内在联系，提出一种在 s 复平面上，根据系统开环零、极点的分布，用几何作图的方法，确定闭环系统特征方程根的图解方法。

对于图 4-1 所示系统，当 K 从 $0\to+\infty$ 变化时，可以采用解析的方法，利用式（4-1）尽可能多地求出系统对应于 K 的闭环极点值，将这些值标注在 s 平面上，并连成光滑的粗实线，如图 4-2 所示。图中带箭头的粗实线就称为系统的根轨迹，根轨迹上的箭头表示随着 K 的增大，系统闭环极点的变化趋势。

由此可见，图 4-2 所示的系统根轨迹图直观地表示了系统参数 K 变化时，闭环极点变化的情况，也全面地描述了系统参数 K 对闭环极点分布的影响。

利用图 4-2 所示的系统根轨迹图就能方便地分析系统性能随系统参数 K 变化时的规律。

1）稳定性

当 K 由 $0\to+\infty$ 变化时，由图 4-2 可知，系统的闭环极点 s_1，s_2 均在 s 平面的左半平面，因此，系统对所有 K 值均是稳定的。

2）动态性能

由于系统闭环极点的位置影响系统的瞬态响应及品质指标，则系统在不同的 K 值下，其动态特性不同，对应的阶跃响应曲线如图 4-3 所示。即：

① 当 $0<K<0.5$ 时，系统闭环极点 s_1，s_2 均为负实数，系统呈过阻尼状态，阶跃响应单调变化。

② 当 $K=0.5$ 时，$s_1=s_2=-1$，系统两个闭环极点重合，系统为临界阻尼状态。

③ 当 $0.5<K<+\infty$ 时，系统闭环极点 s_1，s_2 为一对实部为负的共轭复数，系统呈欠阻尼状态，阶跃响应为衰减振荡过程。因随 K 增大，仅闭环极点的虚部增大，故系统阻尼比减小，超调量增大，但过渡过程时间不变。

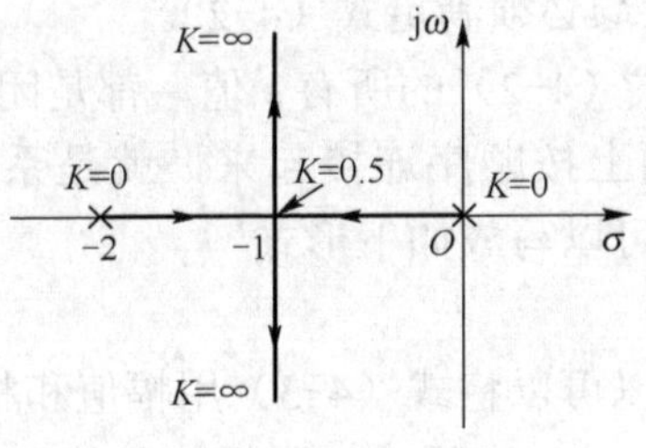

图 4-2　系统根轨迹图

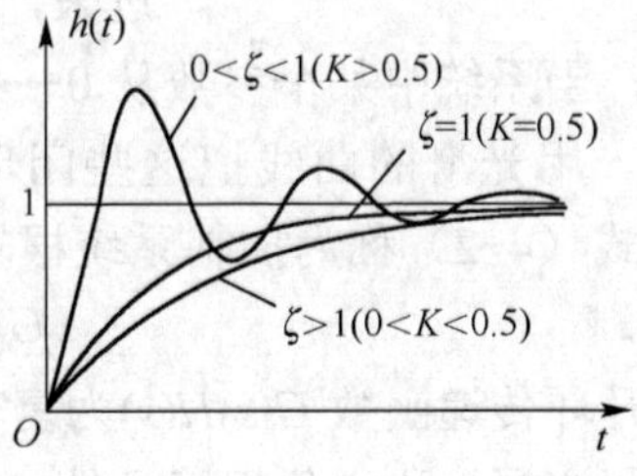

图 4-3　系统阶跃响应曲线

3）稳态性能

由图 4-2 可知，系统在坐标原点有一个开环极点，系统属于Ⅰ型系统。因此系统在阶跃信号作用下的稳态误差为零，在单位斜坡信号作用下的稳态误差就等于根轨迹上 K 值的倒数。

2. 根轨迹的定义

所谓根轨迹就是当系统的某个参数从 $0\to+\infty$ 变化时，系统特征根在 s 复平面上移动所形成的轨迹。

一般系统的开环传递函数可表示成如下形式

$$G(s)H(s)=\frac{K\prod_{j=1}^{m}(\tau_j s+1)}{\prod_{i=1}^{n}(T_i s+1)}=\frac{k\prod_{j=1}^{m}(s-z_j)}{\prod_{i=1}^{n}(s-p_i)} \quad (n\geqslant m)$$

式中，τ_j 为分子因子的时间常数（$j=1,2,\cdots,m$）；T_i 为分母因子的时间常数（$i=1,2,\cdots,n$）；K 为开环增益；z_j 为开环零点（$j=1,2,\cdots,m$）；p_i 为开环极点（$i=1,2,\cdots,n$）；k 为根轨迹放大系数，$k=K\prod_{j=1}^{m}\tau_j/\prod_{i=1}^{n}T_i$。

根轨迹中的可变参数，实际上可取开环传递函数中的任何变量作为可变参数，如根轨迹增益 k 或开环增益 K 或开环零点 z_j 和开环极点 p_i 或时间常数 τ_j 和 T_i，但通常取根轨迹放大系数 k 或开环增益 K 作为可变参数。

3．根轨迹分析法

根轨迹分析法就是利用根轨迹对系统进行分析和设计的一种图解方法。该方法利用系统特征根在 s 复平面上的位置，分析系统参数变化对系统特征根的影响，从而根据系统特征根位置与瞬态响应的关系，可直观地分析系统参数与系统动静态特性的关系。

4.1.2　根轨迹的基本条件

1．根轨迹的基本方程

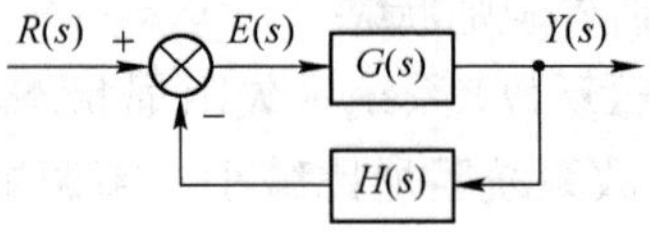

图 4-4　反馈系统

设系统如图 4-4 所示，其闭环传递函数为

$$G_B(s)=\frac{Y(s)}{R(s)}=\frac{G(s)}{1+G(s)H(s)}$$

特征方程式为

$$D(s)=1+G(s)H(s)=0 \tag{4-2}$$

满足式（4-2）的 s 点均为闭环系统特征根（闭环极点），反过来，根轨迹上的所有点均必须满足式（4-2）。

可见，当系统中某个参数从 0→+∞变化时，满足式（4-2）的所有 s 值，都是闭环传递函数的极点。用光滑的曲线把这些闭环极点在 s 复平面上按顺序连接起来，就是系统的根轨迹。因此式（4-2）称为控制系统根轨迹的基本方程，可以写成如下形式

$$G(s)H(s)=-1 \tag{4-3}$$

因为开环传递函数 $G(s)H(s)$ 为复变量 s 的函数，所以可以将式（4-3）用幅值和相角表示，根据等式两边幅值和相角相等条件，可将特征方程式（4-3）表示成以下幅值条件和相角条件

幅值条件

$$|G(s)H(s)|=1 \tag{4-4}$$

相角条件

$$\angle G(s)H(s)=\pm(2l+1)\cdot 180^\circ \tag{4-5}$$

对于系统中某个参数从 0→+∞变化时，满足以上两式的所有 s 点，均为闭环极点，也就是根轨迹上的所有点。复平面上的 s 点如果是闭环极点，那么它与开环零、极点所组成的向量必须满足式（4-4）幅值条件和式（4-5）相角条件。

以上两式是绘制系统根轨迹及应用根轨迹分析和设计控制系统的重要依据。

2．根轨迹基本方程的零极点表示

如将开环传递函数写成零、极点形式

$$G(s)H(s)=\frac{k\prod_{j=1}^{m}(s-z_j)}{\prod_{i=1}^{n}(s-p_i)} \quad (n\geqslant m) \tag{4-6}$$

则式（4-2）、式（4-4）和式（4-5）可以进一步表示成

特征方程
$$1+\frac{k\prod_{j=1}^{m}(s-z_j)}{\prod_{i=1}^{n}(s-p_i)}=0 \tag{4-7}$$

幅值条件
$$\frac{k\prod_{j=1}^{m}|s-z_j|}{\prod_{i=1}^{n}|s-p_i|}=1 \tag{4-8}$$

相角条件
$$\sum_{j=1}^{m}\angle(s-z_{\mathrm{j}})-\sum_{i=1}^{n}\angle(s-p_i)=\pm(2l+1)\cdot 180^{\circ} \quad (l=0,1,2,\cdots) \tag{4-9}$$

复平面上的 s 点如果是闭环极点，那么它与开环零、极点所组成的向量必须满足式（4-8）幅值条件和式（4-9）相角条件。由于根轨迹的幅值条件与根轨迹增益 k 有关，而相角条件与 k 无关，所以在绘制根轨迹时，一般先用相角条件确定根轨迹上的点；然后利用幅值条件确定根轨迹上该点对应的 k 值；最后将复平面上所有满足相角条件的点 s 顺序连成曲线，这种方法被称为试探法。

根据幅值条件与相角条件，采用试探法尽管可逐点精确绘制根轨迹，但它很麻烦，需要在 s 复平面上任选足够多的实验点，来根据相角条件判断是否为根轨迹上的点，计算量大，不便于人工绘制，仅适用于计算机绘制。所以，人们根据相角条件和幅值条件推导出了若干绘制根轨迹的规则，利用这些规则可以简捷绘出根轨迹的大致图形，并为精确绘制根轨迹指明方向。

4.2　常规根轨迹的绘制

本节仅讨论当系统根轨迹增益 k 变化时，根据相角条件和幅值条件绘制根轨迹的一般规则。这些基本规则，对于系统其他参数变化时，经过适当变换仍然可用。

4.2.1　负反馈系统的根轨迹

在绘制根轨迹前，首先将系统的开环传递函数表示成如式（4-6）所示的零、极点形式，且在 s 复平面上，用“o”表示开环零点 $z_j\,(j=1,2,\cdots,m)$的位置；用“×”表示开环极点 $p_i(i=1,2,\cdots,n)$的位置。

1．根轨迹的分支数、对称性和连续性

当根轨迹增益 k 从 0→+∞连续变化时，每个闭环极点的变化都在 s 复平面上形成一支连续变化的曲线，这些曲线被称为根轨迹的分支。

根据特征方程式（4–7），得

$$\prod_{i=1}^{n}(s-p_i)+k\prod_{j=1}^{m}(s-z_j)=0$$

当 $n\geqslant m$ 时，特征方程的阶次等于开环极点数 n，而 n 阶特征方程就对应有 n 个特征根或 n 个闭环极点。由于 n 个闭环极点就可形成 n 支根轨迹，所以根轨迹的分支数就为 n。

另外，由于系统特征方程式（4–7）是一实系数方程，其特征根或为实根或为共轭复根，所以当 k 从 $0\to+\infty$ 连续变化时，根轨迹必然对称于实轴，且连续变化。所以可得绘制根轨迹的规则 1。

规则 1：根轨迹是对称于实轴的连续变化曲线，其分支数等于系统的开环极点数 n。

2．根轨迹的起点和终点

根轨迹的起点是指根轨迹上对应于 $k=0$ 的点；终点是指根轨迹上对应 $k=+\infty$ 的点。

根据幅值条件式（4–8），可得

$$\frac{\prod_{j=1}^{m}|s-z_j|}{\prod_{i=1}^{n}|s-p_i|}=\frac{1}{k} \tag{4-10}$$

（1）当 $k=0$ 时，式（4–10）的右边 $1/k\to+\infty$。而式（4–10）的左边，只有 $s\to p_i\ (i=1, 2, \cdots, n)$ 时为无穷大。也就是说，当 $k=0$ 时，只有 $s\to p_i\ (i=1, 2, \cdots, n)$ 时，式（4–10）才成立。所以，根轨迹的起点一定位于系统的 n 个开环极点处。

（2）当 $k\to+\infty$ 时，式（4–10）的右边 $1/k=0$。而式（4–10）的左边，当 $s\to z_j$ 时为 0，即根轨迹终止于开环零点。另外，当 $n>m$ 时，$s\to+\infty$ 时，式（4–10）左边

$$\left.\frac{1}{s^{n-m}}\right|_{s\to+\infty}\to 0$$

故当 $n>m$ 时，有 m 支根轨迹终止于开环零点，其余（$n-m$）支根轨迹趋向无穷远处。

由此可见，n 阶系统的 n 支根轨迹（n 个分支）分别起始于 n 个开环极点，其中 m 支终止于 m 个开环零点，其余（$n-m$）支终止于无穷远处。

如果把趋向无穷远处根轨迹的终点称为无限开环零点，趋向有限数值根轨迹的终点称为有限开环零点，那么可以说根轨迹必终止于开环零点处。从这个意义上讲，可得绘制根轨迹的规则 2。

规则 2：根轨迹起始于开环极点，而终止于开环零点。

3．实轴上的根轨迹

位于实轴上的根轨迹，可直接利用相角条件来判断，下面按两种情况讨论。

（1）假设系统所有的开环零、极点均为实数，其分布如图 4–5（a）中实轴上的 z_1，z_2，p_1 和 p_2 所示。

现假定讨论位于开环零极点 z_1 和 p_2 之间的一段实轴，在该区间段上任取一点 s_0 为试验点，很明显，从点 s_0 左边的每一个实数开环零点 z_2 和开环极点 p_2 向点 s_0 所作向量的相位角均为零，而从点 s_0 右边的每一个实数开环零点 z_1 和开环极点 p_1 向点 s_0 所作向量的相位角均为 180°。因此只有位于点 s_0 右边实轴上的开环零、极点才影响相角条件。

（2）若系统还存在一对共轭复零点 $z_{3,4}$，和一对共轭复极点 $p_{3,4}$，其分布如图 4–5（b）中所示。

由图 4–5（b）可看出，开环复零点 $z_{3,4}$ 对实轴上任意一个试验点 s_0 所作向量的相位角之和

为 360°。同理，开环复极点 $p_{3,4}$ 对实轴上任意一个试验点 s_0 所作向量的相位角之和也为 360°，它们的存在对相角条件没有影响。因此，共轭复零点、共轭复极点对实轴上根轨迹的分布没有影响。

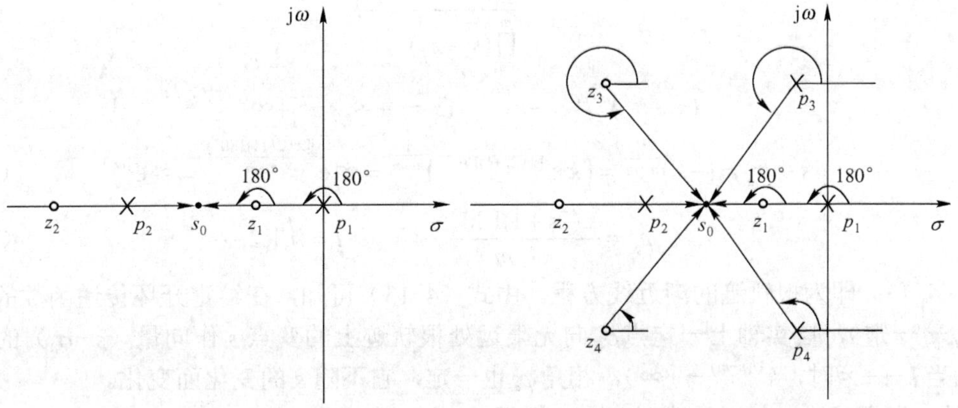

图 4-5　开环零–极点分布

如假设在试验点 s_0 右边实轴上的开环零、极点数分别为 m_1 和 n_1，在其左边实轴上的开环零、极点数分别为 m_2 和 n_2。另外，系统分别有 m_3 和 n_3 对共轭开环零、极点，则根据相角条件式（4-9）可得

$$m_1 \cdot 180° + m_2 \cdot 0° + m_3 \cdot 360° - (n_1 \cdot 180° + n_2 \cdot 0° + n_3 \cdot 360°) = \pm(2l+1)180°$$

即

$$(m_1 - n_1)180° + (m_3 - n_3)360° = \pm(2l+1) \cdot 180°$$

所以要满足相角条件，s_0 右边实轴上的开环零、极点总数之和（或差）必须是奇数。

规则 3： 若实轴上某线段右边的所有开环零点和开环极点数目之和为奇数，则这一线段就是根轨迹。

例 4-1　已知系统开环传递函数

$$G(s)H(s) = \frac{k(s+1)}{s+2}$$

试绘制 k 从 0→+∞变化时的根轨迹。

解　（1）开环极点 p_1=-2；开环零点 z_1=-1；$n = m$=1。

（2）系统有一条根轨迹，起始于-2，终止于-1。

（3）实轴上（-2，-1）区段为根轨迹。

根据以上规则可绘制系统的根轨迹如图 4-6 所示。

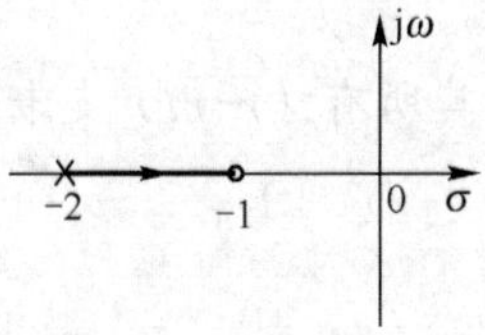

图 4-6　例 4-1 系统的根轨迹

4．根轨迹的渐近线

由上可知，当系统的 $n>m$ 时，根轨迹一定有（$n-m$）支在 k→+∞时趋向无穷远处，根轨迹在无穷远处的趋向可由渐近线来决定。

假设在根轨迹上无穷远处有一点 s，即当 s→+∞时，由于系统开环零、极点到根轨迹上无限远 s 点构成的向量差别很小，几乎重合，因而，可以将从各个不同的开环零、极点指向无限远 s 点的向量，用从同一点 σ_a 处指向无限远 s 点的向量来代替，即当 s→+∞时，可用向量($s-\sigma_a$)

来代替向量（$s-z_j$）和（$s-p_i$）。

此时针对由根据特征式（4-7）所得的下式

$$\frac{\prod_{i=1}^{n}(s-p_i)}{\prod_{j=1}^{m}(s-z_j)}=-k \tag{4-11}$$

有
$$(s-\sigma_{\mathrm{a}})^{n-m}=-k \qquad (k\to+\infty, s\to+\infty) \tag{4-12}$$

即
$$s-\sigma_{\mathrm{a}}=(-k)^{\frac{1}{n-m}}=\left(k\,\mathrm{e}^{\mathrm{j}[\pm(2l+1)180^\circ]}\right)^{\frac{1}{n-m}}=\infty\,\mathrm{e}^{\frac{\mathrm{j}[\pm(2l+1)180^\circ]}{n-m}}=\infty\,\mathrm{e}^{\mathrm{j}\varphi_{\mathrm{a}}} \tag{4-13}$$

式中，
$$\varphi_{\mathrm{a}}=\frac{\pm(2l+1)180^\circ}{n-m},\qquad l=0,1,2,\cdots \tag{4-14}$$

式（4-13）即为根轨迹的渐近线方程。由式（4-13）可知，在给定开环传递函数的情况下（n, m, p_i, z_j 一定），自实轴上一定点σ_{a}向无限远处根轨迹上的变点 s 作向量（$s-\sigma_{\mathrm{a}}$）的长度为$+\infty$（因当 $k\to+\infty$时，$k^{1/(n-m)}\to+\infty$），相角φ_{a}也一定，它不随 s 的变化而变化。

另外，根据式（4-11）和式（4-12）可得

$$s^{n-m}+\left(\sum_{i=1}^{n}p_i-\sum_{j=1}^{m}z_j\right)s^{n-m-1}+\cdots=-k \tag{4-15}$$

和
$$(s-\sigma_{\mathrm{a}})^{n-m}=s^{n-m}+(n-m)\sigma_{\mathrm{a}}s^{n-m-1}+\cdots=-k \tag{4-16}$$

比较式（4-15）和式（4-16）知，当 $s\to+\infty$时，两式是等价的，其 s^{n-m-1} 项的系数应相等，所以有

$$\sigma_{\mathrm{a}}=\frac{\sum_{i=1}^{n}p_i-\sum_{j=1}^{m}z_j}{n-m} \tag{4-17}$$

规则 4：当系统的 $n>m$ 时，根轨迹在 $k\to+\infty$ 时，有（$n-m$）支渐近线，它们与实轴的夹角 φ_{a}分别为

$$\varphi_{\mathrm{a}}=\frac{\pm(2l+1)180^\circ}{n-m},\qquad l=0,1,2,\cdots \tag{4-18}$$

其所有（$n-m$）支渐近线交于实轴上同一点，其交点坐标为

$$\sigma_{\mathrm{a}}=\frac{\sum_{i=1}^{n}p_i-\sum_{j=1}^{m}z_j}{n-m} \tag{4-19}$$

说明：（1）由于开环零、极点或为实数或为共轭复数，故σ_{a} 必为实数，即各支渐近线的交点在实轴上。

（2）在求渐近线与实轴的夹角φ_{a}时，l 依次取 0,1,2,3,…，直到所求值重复 360° 为止。

（3）在（$n-m$）条渐近线中，两两与实轴成镜像关系。

例 4-2 已知系统开环传递函数

$$G(s)H(s)=\frac{k}{(s+1)^2}$$

试绘制 k 从 $0\to+\infty$变化时的根轨迹。

解 （1）开环极点 $p_1=-1$，$p_2=-1$；没有开环零点；$n-m=2$。

（2）系统有两条根轨迹，均起始于-1，而终止于无穷远处。

（3）实轴上无根轨迹。

（4）两条渐近线与实轴的夹角和交点分别为

$$\varphi_{\rm a}=\frac{\pm(2l+1)180^\circ}{n-m}=\pm 90^\circ\,(l=0)\,,\quad \sigma_{\rm a}=\frac{\sum\limits_{i=1}^{n}p_i-\sum\limits_{j=1}^{m}z_j}{n-m}=\frac{-1-1}{2}=-1$$

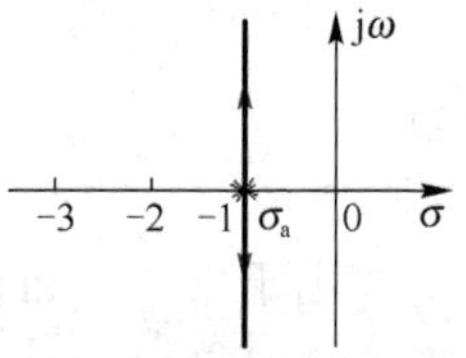

图 4-7　例 4-2 系统的根轨迹

根据以上规则可绘制系统的根轨迹如图 4-7 所示。

5．根轨迹的分离（会合）点与分离（会合）角

1）分离（会合）点

两条或两条以上根轨迹分支在 s 复平面上相交的点称为根轨迹的分离（会合）点。由于根轨迹对称于实轴，所以分离（会合）点可以位于实轴也可以位于复平面上。如图 4-8 所示，其中，在图 4-8（a）和图 4-8（b）中，分离点和会合点均位于实轴上，通常将根轨迹分支离开实轴进入复平面时与实轴的交点称为分离点，如图 4-8（a）所示；而将根轨迹分支从复平面进入实轴时与实轴的交点称为会合点，如图 4-8（b）所示。分离（会合）点还可以共轭复数对的形式出现在复平面中，如图 4-8（c）所示。

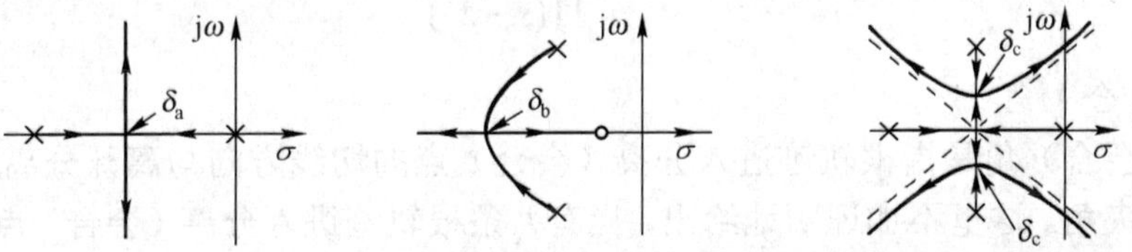

（a）实轴上的分离点　（b）实轴上的会合点　（c）复平面中的分离（会合）点

图 4-8　根轨迹上的分离点和会合点

由于根轨迹上的分离（会合）点实质上就是闭环特征方程的重根，因而可以利用求解方程重根的方法确定根轨迹上的分离（会合）点。

针对式（4-6）所示系统，可得其特征方程为

$$D(s)=\prod_{i=1}^{n}(s-p_i)+k\prod_{j=1}^{m}(s-z_j)=0 \tag{4-20}$$

则在根轨迹上的分离（会合）点，即系统特征方程在重根处，一定满足

$$D(s)=\prod_{i=1}^{n}(s-p_i)+k\prod_{j=1}^{m}(s-z_j)=0 \tag{4-21}$$

和

$$D'(s)=\frac{\mathrm{d}}{\mathrm{d}s}\left[\prod_{i=1}^{n}(s-p_i)+k\prod_{j=1}^{m}(s-z_j)\right]=0 \tag{4-22}$$

将式（4-21）除式（4-22）得

$$\frac{\frac{\mathrm{d}}{\mathrm{d}s}\left[\prod\limits_{i=1}^{n}(s-p_i)\right]}{\prod\limits_{i=1}^{n}(s-p_i)}=\frac{\frac{\mathrm{d}}{\mathrm{d}s}\left[\prod\limits_{j=1}^{m}(s-z_j)\right]}{\prod\limits_{j=1}^{m}(s-z_j)} \tag{4-23}$$

即
$$\frac{\mathrm{d}\left[\ln\prod_{i=1}^{n}(s-p_i)\right]}{\mathrm{d}s}=\frac{\mathrm{d}\left[\ln\prod_{j=1}^{m}(s-z_j)\right]}{\mathrm{d}s}$$

由于
$$\ln\prod_{i=1}^{n}(s-p_i)=\sum_{i=1}^{n}\ln(s-p_i),\qquad \ln\prod_{j=1}^{m}(s-z_j)=\sum_{j=1}^{m}\ln(s-z_j)$$

所以
$$\sum_{i=1}^{n}\frac{\mathrm{d}\ln(s-p_i)}{\mathrm{d}s}=\sum_{j=1}^{m}\frac{\mathrm{d}\ln(s-z_j)}{\mathrm{d}s}\tag{4-24}$$

根据式（4-24），可得
$$\sum_{i=1}^{n}\frac{1}{s-p_i}=\sum_{j=1}^{m}\frac{1}{s-z_j}\tag{4-25}$$

利用式（4-25）求出实数 s 值（实轴上的根轨迹）中，使 $k>0$ 的点，即为所求的分离点与会合点。

对应于重根处的 k 值，可由特征方程式（4-20）或式（4-7）求得，即
$$k=-\frac{\prod_{i=1}^{n}(s-p_i)}{\prod_{j=1}^{m}(s-z_j)}\tag{4-26}$$

2）分离（会合）角

所谓分离（会合）角是指根轨迹进入分离（会合）点的切线方向与离开分离（会合）点的切线方向之间的夹角。这里不加证明地给出，当有 r 条根轨迹进入分离（会合）点时，分离（会合）角的计算公式为
$$\theta_{\mathrm{d}}=\frac{(2l+1)180^\circ}{r}\qquad (l=0,1,\cdots,r-1)\tag{4-27}$$

显然，当 $r=2$ 时，分离（会合）角必为直角。

另外，因为针对于实轴上的根轨迹而言，在分离点处的 k 值最大，会合点处的 k 值最小。故也可根据求导来得到最大 k 值处的 s 值和最小 k 值处的 s 值。此时，利用根轨迹增益 k 的表达式（4-26），将增益 k 对 s 求导，并令其为零，即 $\frac{\mathrm{d}k}{\mathrm{d}s}=0$，可得
$$\frac{\mathrm{d}k}{\mathrm{d}s}=-\frac{\frac{\mathrm{d}}{\mathrm{d}s}\left[\prod_{i=1}^{n}(s-p_i)\right]\cdot\prod_{j=1}^{m}(s-z_j)-\frac{\mathrm{d}}{\mathrm{d}s}\left[\prod_{j=1}^{m}(s-z_j)\right]\cdot\prod_{i=1}^{n}(s-p_i)}{\left(\prod_{j=1}^{m}(s-z_j)\right)^2}=0\tag{4-28}$$

或
$$\frac{\mathrm{d}}{\mathrm{d}s}\left[\prod_{i=1}^{n}(s-p_i)\right]\cdot\prod_{j=1}^{m}(s-z_j)-\frac{\mathrm{d}}{\mathrm{d}s}\left[\prod_{j=1}^{m}(s-z_j)\right]\cdot\prod_{i=1}^{n}(s-p_i)=0\tag{4-29}$$

可见，所得结果式（4-29）与式（4-23）是等价的。

规则 5： 根轨迹的分离（会合）点可由式（4-25）或式（4-28）求解；分离（会合）点对应的根轨迹增益 k 可利用式（4-26）求解；根轨迹在分离（会合）点处的分离（会合）角可由式（4-27）求解。

必须指出，规则 5 用来确定分离点或会合点的条件只是必要条件，不是充分条件，也就是

说由式（4-25）或式（4-28）求的解不一定是分离点和会合点。只有当求出的重根点在根轨迹上时，该点才是分离点或会合点。所以在求出重根及对应的 k 值后，必须判断该点的 k 值。如果该点的 $k>0$，才能认为该点为分离点或会合点。

例 4-3 已知系统开环传递函数

$$G(s)H(s)=\frac{k}{s(s+2)}$$

试绘制 k 从 $0\to+\infty$ 变化时的根轨迹。

解 （1）开环极点 $p_1=0$、$p_2=-2$；没有开环零点；$n-m=2$。

（2）系统有两条根轨迹，分别起始于 0、−2，均终止于无穷远处。

（3）实轴上（−2,0）区段为根轨迹；

（4）渐近线与实轴的夹角和交点分别为

$$\varphi_a=\frac{\pm(2l+1)180^\circ}{n-m}=\pm 90^\circ(l=0)\text{，}\quad \sigma_a=\frac{\sum_{i=1}^{n}p_i-\sum_{j=1}^{m}z_j}{n-m}=\frac{-2-0}{2}=-1$$

（5）根轨迹的分离点

根据式（4-25）可得

$$\frac{1}{s}+\frac{1}{s+2}=0$$

即

$$2s+2=0$$

解此方程可得分离点为

$$s=-1,\quad k=-s(s+2)\big|_{s=-1}=1>0$$

在分离点 $s=-1$ 处的分离角，根据式（4-27）可知为 $\theta_d=90^\circ$。

根据以上规则可绘制系统的根轨迹如图 4-9 所示。

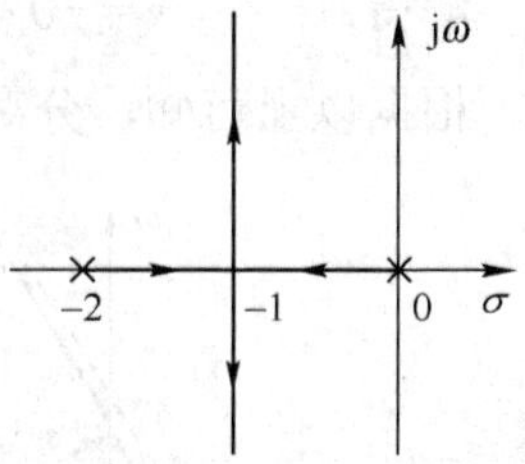

图 4-9 例 4-3 系统的根轨迹

6．根轨迹与虚轴的交点

由前可知，系统闭环极点的位置影响系统的瞬态响应及品质指标，特征根在 s 复平面的左半平面时，系统处于稳定状态，根轨迹穿越虚轴进入右半平面，系统将不稳定，根轨迹与虚轴相交，意味着闭环极点中有一部分极点为纯虚数，系统处于临界稳定状态。为了判断系统的稳定范围，需确定根轨迹与虚轴的交点。

根轨迹与虚轴的交点可采用以下两种方法确定：

（1）利用劳斯判据，可求出系统临界稳定时的 k 值和根轨迹与虚轴的交点。

（2）由特征方程 $D(s)=1+G(s)H(s)=0$ 和虚轴方程 $s=\mathrm{j}\omega$ 联立求解，可得

$$1+G(\mathrm{j}\omega)H(\mathrm{j}\omega)=0$$

即

$$\begin{cases}\mathrm{Re}[1+G(\mathrm{j}\omega)H(\mathrm{j}\omega)]=0\\ \mathrm{Im}[1+G(\mathrm{j}\omega)H(\mathrm{j}\omega)]=0\end{cases}\tag{4-30}$$

根据式（4-30），则可解出根轨迹与虚轴的交点 ω 值及对应的临界 k 值。

规则 6：根轨迹与虚轴的交点可根据劳斯判据或式（4-30）求解。

例 4-4 已知某反馈系统的开环传递函数为

$$G(s)H(s)=\frac{k}{s(s+1)(s+2)}$$

试绘制 k 从 0→+∞变化时的根轨迹。

解 （1）开环极点 $p_1=0$、$p_2=-1$、$p_3=-2$；无开环零点；$n-m=3$。

（2）系统有三条根轨迹，分别起始于 0、-1、-2，均终止于无穷远处。

（3）实轴上（-∞，-2）与（-1，0）两区段为根轨迹；

（4）三条渐近线与实轴的夹角和交点分别为

$$\varphi_a=\frac{\pm(2l+1)180^\circ}{n-m}=\pm60^\circ\ (l=0),180^\circ\ (l=1)，\quad \sigma_a=\frac{\sum_{i=1}^{n}p_i-\sum_{j=1}^{m}z_j}{n-m}=-1$$

（5）根轨迹的分离点

根据系统特征方程：
$$1+G(s)H(s)=1+\frac{k}{s(s+1)(s+2)}=0$$

得
$$k=-s(s+1)(s+2)$$

由
$$\frac{\mathrm{d}k}{\mathrm{d}s}=\frac{\mathrm{d}}{\mathrm{d}s}[-s(s+1)(s+2)]=-(3s^2+6s+2)=0$$

解得：$s_1=-0.42$，$k_1=-s(s+1)(s+2)\big|_{s=s_1}=0.38$；$s_2=-1.58$，$k_2<0$（舍去）

根据以上可知，分离点为：$s_1=-0.42$（$k_1=0.38$），在分离点 $s_1=-0.42$ 处的分离角，根据式（4-27）可知为 $\theta_d=90^\circ$

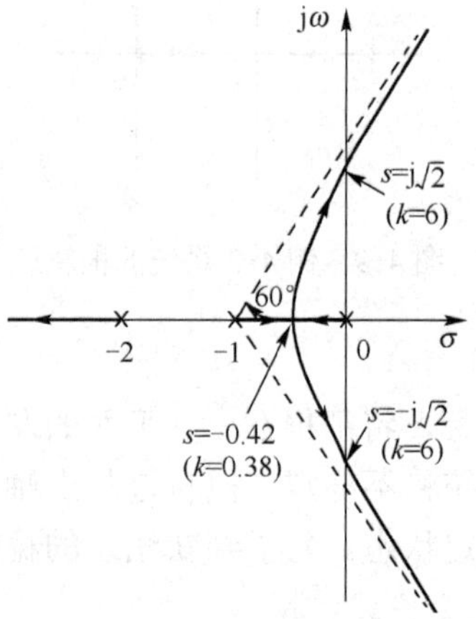

图 4-10　例 4-4 控制系统的根轨迹

（6）求根轨迹与虚轴交点：

系统闭环特征方程为：$D(s)=s^3+3s^2+2s+k=0$

列 Routh 阵列：

s^3	1	2
s^2	3	k（辅助方程 $P(s)=3s^2+k=0$）
s	$\frac{6-k}{10}$	0
s^0	k	

根据劳斯阵列可知，系统临界稳定时 $k=6$，将其代入辅助方程

$$P(s)=3s^2+k=3s^2+6=0$$

求得
$$s_{1,2}=\pm \mathrm{j}\sqrt{2}$$

根据以上规则可绘制系统的根轨迹如图 4-10 所示。

7. 根轨迹的出射角和入射角

根轨迹的出射角，是指起始于复数开环极点的根轨迹在起点处的切线与正实轴方向的夹角，如图 4-11 中的 θ_{p1} 角。而根轨迹的入射角，是指终止于复数开环零点的根轨迹在终点处的切线与正实轴方向的夹角，如图 4-12 中的 θ_{z1} 角。

下面以图 4-11 所示开环零、极点分布为例，说明出射角的求取。

在图 4-11 所示根轨迹上，靠近起始点 p_1 附近取一点 s_1，根据根轨迹相角条件有

$$\angle(s_1-z_1)-\angle(s_1-p_1)-\angle(s_1-p_2)-\angle(s_1-p_3)=\pm(2l+1)180^\circ$$

当 s_1 无限靠近 p_1，即 $s_1\to p_1$ 时，则各开环零、极点指向 s_1 的向量，就变成各开环零、极点指向 p_1 的向量，而这时 $\angle(s_1-p_1)$ 即为出射角 θ_{p1}

$$\theta_{p_1} = \mp(2l+1)180^\circ + \angle(p_1 - z_1) - \angle(p_1 - p_2) - \angle(p_1 - p_3)$$

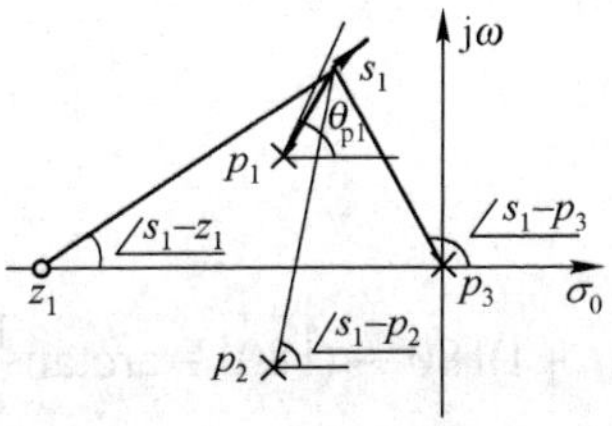

图 4-11　根轨迹的出射角

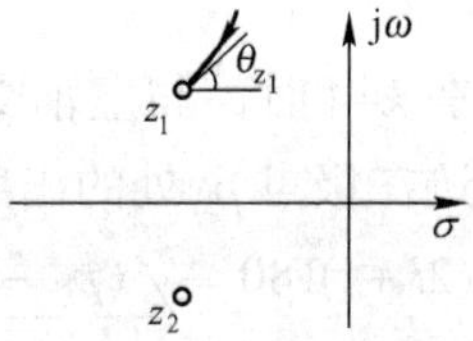

图 4-12　根轨迹的入射角

更一般情况，根据相角条件式（4-7），根轨迹在第 a 个开环极点 p_a 处的出射角为

$$\theta_{p_a} = \mp(2l+1)180^\circ + \sum_{j=1}^{m} \angle(p_a - z_j) - \sum_{\substack{i=1 \\ i \neq a}}^{n} \angle(p_a - p_i) \tag{4-31}$$

同理可得，根轨迹在第 b 个开环零点 z_b 处的入射角为

$$\theta_{zb} = \pm(2l+1)\cdot 180^\circ + \sum_{i=1}^{n} \angle(z_b - p_i) - \sum_{\substack{j=1 \\ j \neq b}}^{m} \angle(z_b - z_j) \tag{4-32}$$

有了出射角与入射角，就可确定根轨迹在复数开环极点和复数开环零点处大致的起始方向与终止方向。

规则 7：根轨迹的出射角和入射角分别根据式（4-31）和式（4-32）计算。

例 4-5　单位反馈系统的开环传递函数

$$G(s)H(s) = \frac{k}{s(s^2+2s+2)}$$

试绘制系统根轨迹。

解　（1）系统开环极点 $p_1=0$、$p_2=-1+j$、$p_3=-1-j$；无开环零点；$n-m=3$；

（2）系统有 3 条根轨迹，分别起始于 3 个开环极点 p_1, p_2, p_3，它们均终止于无穷远处；

（3）实轴上（$-\infty$，0）区段为根轨迹段；

（4）渐近线夹角和交点分别为

$$\varphi_a = \frac{\pm(2l+1)180^\circ}{3} = \pm 60^\circ (l=0), 180^\circ (l=1), \quad \sigma_a = \frac{\sum_{i=1}^{n} p_i - \sum_{j=1}^{m} z_j}{n-m} = -\frac{2}{3} = -0.667$$

（5）由于根据式（4-25）所得的方程无解，故无分离点；

（6）根轨迹与虚轴交点。

系统闭环特征方程为　$D(s) = s^3 + 2s^2 + 2s + k = 0$

列 Routh 阵列

$$\begin{array}{c|cc}
s^3 & 1 & 2 \\
s^2 & 2 & k \\
s & \dfrac{4-k}{2} & 0 \\
s^0 & k &
\end{array}$$

根据劳斯阵列可知，系统临界稳定时 k=4，将其代入辅助方程

$$P(s)=2s^2+k=2s^2+4=0$$

求得

$$s_{1,2}=\pm \mathrm{j}\sqrt{2}$$

即根轨迹在 k=4 时，与虚轴交于 $\pm \mathrm{j}\sqrt{2}$ 。

（7）根轨迹在极点 p_2 处的出射角

$$\theta_{\mathrm{p2}}=\mp(2l+1)180^\circ-\underline{/(p_2-p_1)}-\underline{/(p_2-p_3)}=\mp(2l+1)180^\circ-(180^\circ-\arctan\frac{1}{1})-90^\circ$$

$$=\mp(2l+1)180^\circ-180^\circ+45^\circ-90^\circ=-360^\circ-45^\circ(l=0)\text{或}-45^\circ(l=0)$$

因 p_2 与 p_3 为共轭复数，所以 $\theta_{\mathrm{p3}}=45^\circ$ 。

根据以上规则可绘制系统的根轨迹如图 4-13 所示。

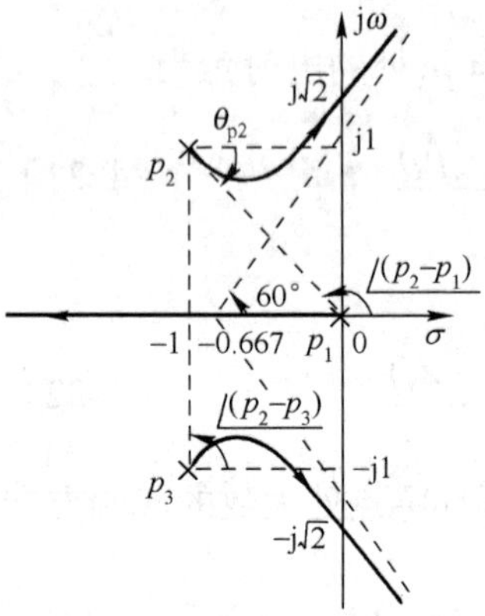

图 4-13　例 4-5 的根轨迹

8．系统的闭环极点之和与闭环极点之积

系统的特征方程可表示为

$$D(s)=\prod_{i=1}^{n}(s-p_i)+k\prod_{j=1}^{m}(s-z_j)=s^n-\sum_{i=1}^{n}p_is^{n-1}+$$

$$\cdots+(-1)^n\prod_{i=1}^{n}p_i+k[s^m-\sum_{j=1}^{m}z_js^{m-1}+\cdots \tag{4-33}$$

$$+(-1)^m\prod_{j=1}^{m}z_j]=0$$

当系统 $n\geqslant m+2$ 时，s^m 阶次比 s^n 、s^{n-1} 要低，上式合并为

$$D(s)=s^n-\sum_{i=1}^{n}p_is^{n-1}+\cdots+[(-1)^n\prod_{i=1}^{n}p_i+k(-1)^m\prod_{j=1}^{m}z_j]=0 \tag{4-34}$$

闭环特征方程还可由闭环极点 p_{ci} 来表示

$$D(s)=\prod_{i=1}^{n}(s-p_{ci})=s^n-\sum_{i=1}^{n}p_{ci}s^{n-1}+\cdots+(-1)^n\prod_{i=1}^{n}p_{ci} \tag{4-35}$$

比较式（4-34）与式（4-35）中 s^{n-1} 的系数有

$$\sum_{i=1}^{n}p_{ci}=\sum_{i=1}^{n}p_i \tag{4-36}$$

式中，p_{ci} 为系统闭环极点，i=1,2,…,n；p_i 为系统开环极点，i=1,2,…,n。

根据这一规则可知，当系统 $n\geqslant m+2$ 时，根轨迹若有一些分支向左移，必有一些分支向右移动，以保持 $\sum_{i=1}^{n}p_{ci}$ 不变。

比较式（4-34）与式（4-35）的常数项可得，n 个闭环极点之积为

$$(-1)^n\prod_{i=1}^{n}p_{ci}=(-1)^n\prod_{i=1}^{n}p_i+k(-1)^m\prod_{j=1}^{m}z_j \tag{4-37}$$

式中，p_{ci} 为系统闭环极点，i=1,2,…,n；p_i 为系统开环极点，i=1,2,…,n；z_j 为系统开环零点，j=1,2,…,m；k 为根轨迹增益。

由此可见，当根轨迹增益 k 为确定值时，若已知一些闭环极点，利用根之和、根之积规则可以较方便地确定其他待求的根。

规则 8： 当系统满足 $n \geqslant m+2$ 时，根轨迹增益 k 变化时，闭环极点之和为常数，等于开环极点之和；系统闭环极点之积满足式（4-37）。

由此可见，在给定系统开环零点和开环极点的情况下，利用以上介绍的绘制根轨迹的 8 条基本规则，就可以比较迅速地绘制出根轨迹的大致形状和变化趋势。如果对某些重要部分的根轨迹感兴趣，如虚轴和原点附近的根轨迹，可以根据相角条件精确绘制。需要说明的是，根据系统的不同，绘制系统的根轨迹不一定要用到以上全部的绘制规则，有时只用到部分规则就可以绘制出系统完整的根轨迹。

4.2.2　正反馈系统的根轨迹

前面提到的建立根轨迹的基本规则是针对负反馈控制系统而言的。而对图 4-14 所示的正反馈控制系统，其闭环传递函数为

$$G_B(s)=\frac{Y(s)}{R(s)}=\frac{G(s)}{1-G(s)H(s)}$$

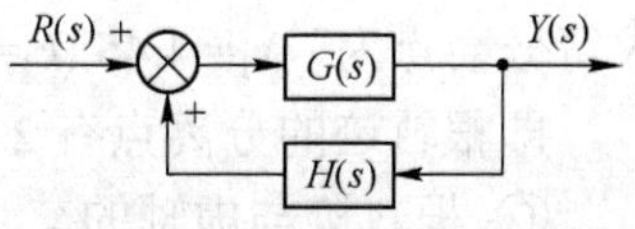

图 4-14　正反馈控制系统

其特征方程式为

$$D(s)=1-G(s)H(s)=0$$

或

$$G(s)H(s)=1 \tag{4-38}$$

由此可得正反馈系统的特征方程式应满足两个条件

幅值条件

$$|G(s)H(s)|=1 \tag{4-39}$$

相角条件

$$\angle G(s)H(s)=\pm 2l\cdot 180^\circ \quad (l=0,1,2,3,\cdots) \tag{4-40}$$

由此可见，正反馈系统根轨迹的幅值条件与负反馈系统的相同，而相角条件与负反馈系统的不同。因此利用以上负反馈系统根轨迹的基本规则绘制正反馈系统的根轨迹时，必须修改绘制负反馈系统根轨迹基本规则中与相角有关的规则，即规则 3、规则 4 和规则 7。即

规则 3： 正反馈系统在实轴上的根轨迹是分布在其右边的开环实零、极点总数为偶数的线段上。

规则 4： 正反馈系统根轨迹渐近线与实轴的交点坐标同负反馈系统，但其夹角为

$$\varphi_a=\frac{\pm 2l\cdot 180^\circ}{n-m},\qquad l=0,1,2,\cdots \tag{4-41}$$

规则 7： 正反馈系统根轨迹的出射角为

$$\theta_{p_a}=\mp 2l\cdot 180^\circ+\sum_{j=1}^{m}\angle(p_a-z_j)-\sum_{\substack{i=1\\ i\neq a}}^{n}\angle(p_a-p_i) \tag{4-42}$$

根轨迹的入射角为

$$\theta_{z_b}=\pm 2l\cdot 180^\circ+\sum_{i=1}^{n}\angle(z_b-p_i)-\sum_{\substack{j=1\\ j\neq b}}^{m}\angle(z_b-z_j) \tag{4-43}$$

除了上述 3 条规则修改外，其他规则与负反馈系统相同，其中包括分离（会合）角的计算公式仍按式（4-27）计算。

例 4-6　系统结构图如图 4-15 所示，试绘制具有正反馈控制系统的根轨迹，并证明根轨迹为一圆。

解　（1）正反馈系统的开环传递函数为

$$G(s)H(s)=\frac{k(s-2)}{s(s+1)}$$

① 系统开环极点 $p_1=0$、$p_2=-1$；开环零点 $z_1=2$；$n-m=1$；

② 根轨迹有两条，分别起始于开环极点 p_1,p_2；两条根轨迹分别趋向于 $z_1=2$ 和无穷远处；

③ 实轴上（-1，0）和（2，+∞）区段为根轨迹；

④ 根轨迹的渐近线有一条，渐近线与实轴夹角 $\varphi_a=0$，故与正实轴重合；

⑤ 根轨迹的分会点

根据式（4-25）可得

$$\frac{1}{s}+\frac{1}{s+1}=\frac{1}{s-2}$$

求得分会点为　$s_1=4.45\ (k_1=9.9)$, $s_2=-0.45\ (k_2=0.1)$

即根轨迹的分离点有 2 个 $s_1=4.45$, $s_2=-0.45$。

⑥ 根轨迹与虚轴的交点

系统特征方程为

$$D(s)=s^2+(1-k)s+2k=0$$

将 $s=\mathrm{j}\omega$ 代入特征方程 $D(s)$ 中，得

$$D(\mathrm{j}\omega)=(\mathrm{j}\omega)^2+\mathrm{j}(1-k)\omega+2k=0$$

可得 $\omega=0$，$k=0$；$\omega=\pm\sqrt{2}$，$k=1$。

画出根轨迹的大致图形如图 4-16 所示。

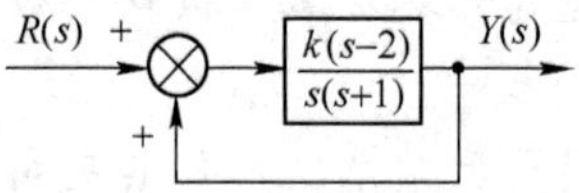

图 4-15　正反馈控制系统结构图

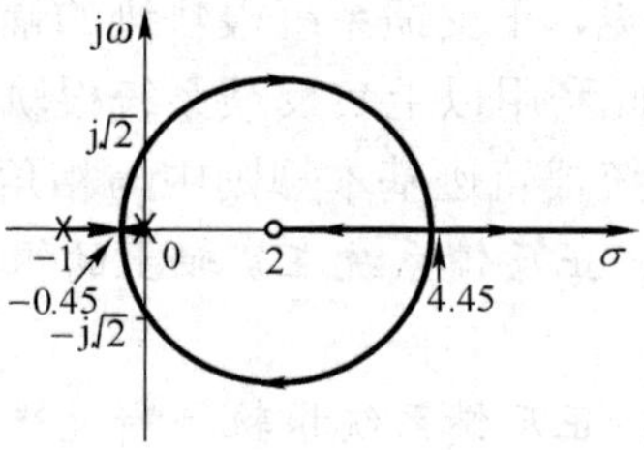

图 4-16　例 4-6 正反馈控制系统的根轨迹

当 $k>1$ 时，系统的闭环极点将位于 s 复平面的右半平面，正反馈系统将是不稳定的。

（2）证明根轨迹为一圆

① 由特征方程　$$1-G(s)H(s)=1-\frac{k(s-2)}{s(s+1)}=0$$

得　$$s^2+(1-k)s+2k=0$$

将 $s=\sigma+\mathrm{j}\omega$ 代入上式可得

$$\sigma^2-\omega^2+(1-k)\sigma+2k+\mathrm{j}[2\sigma\omega+(1-k)\omega]=0$$

分别令其实部和虚部为零，有

$$\begin{cases}\sigma^2-\omega^2+(1-k)\sigma+2k=0\\ 2\sigma\omega+(1-k)\omega=0\end{cases}$$

消去以上两式中的 k 可得　$$\sigma^2-4\sigma+\omega^2-2=0$$

即　$$(\sigma-2)^2+\omega^2=6$$

② 利用相角条件

$$\angle(s-2)-\angle s-\angle(s+1)=\pm 2l\pi$$

将 $s=\sigma+\mathrm{j}\omega$ 代入以上相角条件可得

$$\angle(\sigma-2+\mathrm{j}\omega)-\angle(\sigma+\mathrm{j}\omega)-\angle(\sigma+1+\mathrm{j}\omega)=\pm 2l\pi$$

即
$$\arctan\frac{\omega}{\sigma-2}-\arctan\frac{\omega}{\sigma}-\arctan\frac{\omega}{\sigma+1}=\pm 2l\pi$$

$$\tan\left(\arctan\frac{\omega}{\sigma-2}-\arctan\frac{\omega}{\sigma}\right)=\tan\left(\pm 2l\pi+\arctan\frac{\omega}{\sigma+1}\right)$$

化简可得
$$(\sigma-2)^2+\omega^2=6$$

可见，根轨迹在 s 复平面是以 $(2, \mathrm{j}0)$ 为圆心，$\sqrt{6}$ 为半径的圆。

4.2.3　180° 等相角根轨迹和 0° 等相角根轨迹

因为上面介绍的负反馈系统和正反馈系统根轨迹的绘制规则，都是首先假设能将系统的开环传递函数表示成如式（4-6）所示的零、极点形式，然后根据根轨迹增益 k 从 $0\to+\infty$ 变化时，应用系统特征方程的相角条件或幅值条件进行推导的。所以，当系统的开环传递函数不能表示成如式（4-6）所示的零、极点形式时，应对具有负反馈结构的系统，采用正反馈系统的根轨迹规则进行绘制；对具有正反馈结构的系统，采用负反馈系统的根轨迹规则进行绘制。这是因为对于某些系统虽然是负反馈（或正反馈）结构，但在将其开环传递函数表示成如式（4-6）所示的零、极点形式时，开环传递函数前可能出现一负号，使系统具有正反馈（或负反馈）的性质。

由此可见，绘制系统的根轨迹时，不仅要看系统的结构，而且也要看系统的开环传递函数的形式，结合两者才能判断该系统的根轨迹满足的相角条件是式（4-5）还是式（4-40），从而最终决定采用何种反馈方式的规则进行绘制系统的根轨迹。

通常，也将复平面上所有满足相角条件式（4-5）的点 s 连成的曲线称为 180° 等相角根轨迹，即上面所述的负反馈系统的根轨迹；将复平面上所有满足相角条件式（4-40）的点 s 连成的曲线称为 0° 等相角根轨迹（零度根轨迹），即上面所述的正反馈系统的根轨迹。

一般来说，0° 等相角根轨迹的来源有两个方面：其一是系统的开环传递函数中包含 s 最高次幂的系数为负的因子；其二是控制系统中包含有正反馈回路。

例如对如图 4-15 所示的具有正反馈结构的控制系统，如该系统的开环传递函数变为 $G(s)H(s)=\dfrac{k(2-s)}{s(s+1)}$。则将其表示成如式（4-6）所示的零、极点形式时，开环传递函数就为 $G(s)H(s)=-\dfrac{k(s-2)}{s(s+1)}$，所以该系统实际具有负反馈的性质。因此绘制该系统的根轨迹时，应该采用负反馈系统的根轨迹规则进行绘制，即该系统的根轨迹是 180° 等相角根轨迹。

4.3　参数根轨迹的绘制

前面讨论系统根轨迹的绘制方法时，是以根轨迹增益 k（或开环增益 K）为可变参量，这是在实际中最常见的情况。而在实际控制系统中，有时需要研究根轨迹增益 k 以外的其他参数，如开环零点、开环极点、时间常数和反馈系数等对系统性能的影响，这时可绘制以其他参数为可变参数的根轨迹。

通常将负反馈系统中以根轨迹增益 k 为可变参量的根轨迹称为常规根轨迹。而将除根轨迹增益 k 为可变参量的根轨迹以外，其他情况下的根轨迹统称为广义根轨迹。如以上介绍的零度根轨迹，以及以下将要介绍的参数根轨迹、开环传递函数中零点个数多于极点个数时的根轨迹和开环传递函数中含有纯迟延因子时的根轨迹等均可列入广义根轨迹的范畴。

4.3.1 单参数根轨迹

绘制单参数根轨迹的规则与绘制常规根轨迹的规则完全相同。只要在绘制参数根轨迹之前，引入等效开环传递函数概念，则常规根轨迹的所有规则，均适用于参数根轨迹的绘制。

已知系统的开环传递函数为

$$G(s)H(s)=\frac{k\prod_{j=1}^{m}(s-z_j)}{\prod_{i=1}^{n}(s-p_i)}=\frac{K\prod_{j=1}^{m}(\tau_j s+1)}{\prod_{i=1}^{n}(T_i s+1)}\qquad (n\geqslant m) \tag{4-44}$$

假设 $\tau_{\rm m}$ 为可变参数，闭环系统的特征方程

$$D(s)=1+G(s)H(s)=1+\frac{K\prod_{j=1}^{m}(\tau_j s+1)}{\prod_{i=1}^{n}(T_i s+1)}=0 \tag{4-45}$$

总可以化成

$$F_1(s)+\tau_{\rm m}F_2(s)=0 \tag{4-46}$$

当 $F_1(s)$ 的阶次不小于 $F_2(s)$ 的阶次时，有

$$1+\frac{\tau_{\rm m}F_2(s)}{F_1(s)}=0 \tag{4-47}$$

否则，有

$$1+\frac{\frac{1}{\tau_{\rm m}}F_1(s)}{F_2(s)}=0 \tag{4-48}$$

比较式（4-45）和式（4-47）知，尽管等式左边的第二项不同，但它们都由同一特征方程式 $D(s)=1+G(s)H(s)=0$ 得到，因而可得到相同的闭环极点，故可把 $\frac{\tau_{\rm m}F_2(s)}{F_1(s)}$ 看成一个等效开环传递函数 $G^*(s)H^*(s)$，即令

$$G^*(s)H^*(s)=\frac{\tau_{\rm m}F_2(s)}{F_1(s)} \tag{4-49}$$

则

$$1+G^*(s)H^*(s)=0$$

等效开环传递函数 $G^*(s)H^*(s)$ 中 $\tau_{\rm m}$ 所处的位置与原开环传递函数中 k 的位置相同，这样就可按前述绘制以 k 为参变量的方法来绘制以 $\tau_{\rm m}$ 为参变量的根轨迹。

需要强调指出，等效开环传递函数是根据式（4-45）得来的，因此“等效”的含义仅在闭环极点相同这一点上，而闭环零点一般是不同的。所以根据闭环零、极点分布来分析和估算系统性能时，可以采用参数根轨迹上的闭环极点，但必须采用原来闭环系统的零点。

当系统的其他参数作为参变量时，可以采用同样的方法处理。顺便指出，当系统的开环传

递函数式（4-44）中的 $n<m$ 时，对于根轨迹的绘制，同样也可采用类似式（4-48）的方法处理。

例 4-7　已知系统开环传递函数

$$G(s)H(s)=\frac{K(Ts+1)}{s(s+1)(s+2)}$$

试绘制 $K=6$，$T\to\infty$ 变化时系统的根轨迹。

解　系统闭环特征方程为

$$D(s)=s^3+3s^2+2s+K+KTs=0$$

以 s^3+3s^2+2s+K 除特征方程，得

$$1+\frac{KTs}{s^3+3s^2+2s+K}=0$$

等效开环传递函数为

$$G^*(s)H^*(s)=\frac{KTs}{s^3+3s^2+2s+K}$$

当 $K=6$ 时　　$G^*(s)H^*(s)=\dfrac{6Ts}{s^3+3s^2+2s+6}=\dfrac{k_1 s}{(s+3)(s^2+2)}$

其中 $k_1=6T$，由于 k_1 所处位置与式（4-6）中 k 所处位置相当，可以按以 k 为参变量绘制常规根轨迹的方法来绘制 $k_1=6T$ 为参变量的根轨迹。

（1）系统开环极点 $p_1=-3$、$p_2=\mathrm{j}\sqrt{2}$、$p_3=-\mathrm{j}\sqrt{2}$；开环零点 $z_1=0$；$n-m=2$。

（2）根轨迹有三条，分别起始于开环极点 p_1, p_2, p_3；三条根轨迹分别趋向于 0 和无穷远处。

（3）实轴上（-3，0）区段为根轨迹。

（4）渐近线有两条，其夹角为

$$\varphi_{\mathrm{a}}=\frac{\pm(2l+1)180^\circ}{2}=\pm90^\circ(l=0)$$

渐近线与实轴的交点

$$\sigma_{\mathrm{a}}=\frac{\sum\limits_{i=1}^{n}p_i-\sum\limits_{j=1}^{m}z_j}{n-m}=-\frac{3}{2}=-1.5$$

（5）由于根据式（4-25）所得的方程无解，故无分离点。

（6）由 $D(\mathrm{j}\omega)=(\mathrm{j}\omega)^3+3(\mathrm{j}\omega)^2+2(\mathrm{j}\omega)+K+KT(\mathrm{j}\omega)=0$ 可知，根轨迹与虚轴除在起点处有交点外无其他交点。

（7）根轨迹的出射角

对共轭复极点 p_2 处根轨迹的出射角

$$\theta_{\mathrm{p}2}=\mp(2l+1)180^\circ+\angle(p_2-z_1)-\angle(p_2-p_1)-\angle(p_2-p_3)$$

$$=\mp(2l+1)180^\circ+90^\circ-\arctan\frac{\sqrt{2}}{3}-90^\circ$$

$$=\mp(2l+1)180^\circ-25^\circ=155^\circ(l=0)\text{或}-205^\circ(l=0)$$

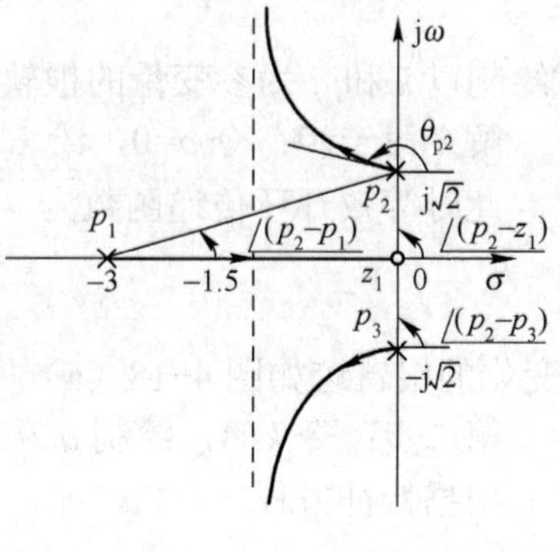

图 4-17　例 4-7 控制系统的根轨迹

根轨迹如图 4-17 所示。

4.3.2　多参数根轨迹

在有些场合，需研究几个参数同时变化时对系统性能的影响。这时就需要绘制几个参数同时变化时的根轨迹，此时根轨迹将是一族曲线，称为根轨迹簇。

设系统开环传递函数为

$$G(s)H(s)=\frac{k_1M_1(s)+k_2M_2(s)}{N(s)} \tag{4-50}$$

试绘制 k_1 和 k_2 为可变参量的根轨迹簇。

第一步：令一个可变参数为零，绘制另一个参数的根轨迹。

例如，令 $k_2=0$，系统开环传递函数变成

$$G(s)H(s)=\frac{k_1M_1(s)}{N(s)} \tag{4-51}$$

画出以 k_1 为参变量的根轨迹。

第二步：令 k_1 为某一常值，绘制 k_2 变化时的根轨迹。

系统特征方程为

$$D(s)=1+G(s)H(s)=\frac{N(s)+k_1M_1(s)+k_2M_2(s)}{N(s)}=0 \tag{4-52}$$

或

$$N(s)+k_1M_1(s)+k_2M_2(s)=0$$

用不含 k_2 的项除特征方程，得

$$1+\frac{k_2M_2(s)}{N(s)+k_1M_1(s)}=0 \tag{4-53}$$

等效开环传递函数为

$$G^*(s)H^*(s)=\frac{k_2M_2(s)}{N(s)+k_1M_1(s)} \tag{4-54}$$

绘制 k_1 为常数，k_2 变化时的根轨迹。

注意，绘制 k_2 变化时的根轨迹时，其起点即 $G^*(s)H^*(s)$ 的极点为 $N(s)+k_1M_1(s)=0$ 的根，这意味着按式（4-54）绘制的根轨迹都是从式（4-51）绘制的根轨迹上起始的。

例 4-8 已知系统开环传递函数为

$$G(s)H(s)=\frac{k}{s(s+a)}$$

试绘制以 k 和 a 为参变量的根轨迹簇。

解 第一步：令 $a=0$，绘 k 为参变量的根轨迹。

此时等效开环传递函数为

$$G(s)H(s)=\frac{k}{s^2}$$

k 变化的根轨迹如图 4-18（a）所示。

第二步：令 $k=4$，绘制 a 从 $0\to\infty$ 变化时的根轨迹。

根据特征方程 $D(s)=s^2+as+k=0$

可得

$$1+\frac{as}{s^2+k}=0$$

等效开环传递函数为

$$G^*(s)H^*(s)=\frac{as}{s^2+k}=\frac{as}{s^2+4}$$

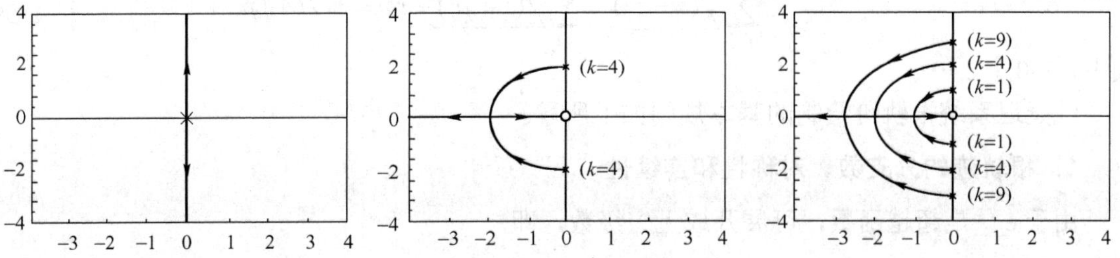

（a）a=0　$k\uparrow_0^{\infty}$时的根轨迹　（b）k=4　$a\uparrow_0^{\infty}$时的根轨迹　（c）根轨迹簇

图 4-18　例 4-8 控制系统的根轨迹

k=4 时，a 从 0→∞变化时的根轨迹如图 4-18（b）所示。该根轨迹起始于图 4-18（a）根轨迹上 k=4 的点，即(0，±j2)点，终止于原点及无远穷处。

当 k 为其他值时，a 从 0→∞变化时的根轨迹如图 4-18（c）所示。

4.4　纯迟延根轨迹的绘制

在很多控制系统中，如过程控制系统的成分分析控制、温度控制等，不仅存在着时间常数较大的环节，还常有纯迟延存在，这时系统的开环传递函数中含有纯迟延因子 $\mathrm{e}^{-\tau s}$。.

假设系统的开环传递函数为

$$G(s)H(s)=G_1(s)H_1(s)\mathrm{e}^{-\tau s}=\frac{k\prod\limits_{j=1}^{m}(s-z_j)}{\prod\limits_{i=1}^{n}(s-p_i)}\mathrm{e}^{-\tau s}\tag{4-55}$$

则系统闭环特征方程为

$$1+G(s)H(s)=1+G_1(s)H_1(s)\mathrm{e}^{-\tau s}=1+\frac{k\prod\limits_{j=1}^{m}(s-z_j)}{\prod\limits_{i=1}^{n}(s-p_i)}\mathrm{e}^{-\tau s}=0\tag{4-56}$$

或

$$\prod_{i=1}^{n}(s-p_i)+k\prod_{j=1}^{m}(s-z_j)\mathrm{e}^{-\tau s}=0\tag{4-57}$$

由于 $\mathrm{e}^{-\tau s}$ 是一个超越函数，故式（4-57）为一超越方程，它有无穷多个根。因此，具有纯延迟系统的根轨迹有无穷多条分支，这是纯迟延系统根轨迹的特点。

因为

$$\mathrm{e}^{-\tau s}\Big|_{s=\delta+\mathrm{j}\omega}=\mathrm{e}^{-\tau\delta}\mathrm{e}^{-\mathrm{j}\omega\tau}$$

则纯延迟系统根轨迹的幅值条件为

$$\frac{k\prod\limits_{j=1}^{m}\left|s-z_j\right|}{\prod\limits_{i=1}^{n}\left|s-p_i\right|}\mathrm{e}^{-\tau\delta}=1\tag{4-58}$$

相角条件为

$$\sum_{j=1}^{m}\angle(s-z_j)-\sum_{i=1}^{n}\angle(s-p_i)-\tau\omega=\pm(2l+1)\pi \tag{4-59}$$

式中，$l=0, 1, 2,\cdots$

纯延迟系统根轨迹绘制的基本规则如下所述。

1．根轨迹的分支数、对称性和连续性

由于 $e^{-\tau s}$ 是超越函数，可展开成无穷级数，即

$$e^{-\tau s}=\sum_{i=0}^{\infty}\frac{1}{i!}(-\tau s)^i$$

由此可知，$e^{-\tau s}$ 展成无穷级数后，方程式（4-57）仍为实系数方程，仅仅是阶次是无穷大的多项式。因而系统的特征根有无穷多个。当 k 从 $0\to+\infty$ 连续变化时，根轨迹对称于实轴，且连续变化。所以可得绘制纯迟延系统根轨迹的规则 1。

规则 1：纯迟延系统的根轨迹是对称于实轴的连续曲线，其分支数为无穷多个。

2．根轨迹的起点和终点

由幅值条件式（4-58）可得

$$\frac{\prod_{j=1}^{m}|s-z_j|}{\prod_{i=1}^{n}|s-p_i|}e^{-\tau\delta}=\frac{1}{k}$$

当 $k=0$ 时，即根轨迹的起点条件为 $s=p_i$ 或 s 的实部 δ 趋于 $-\infty$。当 $k=+\infty$ 时，由式（4-58）可得根轨迹的终止条件为 $s=z_j$ 或 s 的实部 δ 趋于 $+\infty$。

规则 2：纯迟延系统根轨迹的起始点为有限个开环极点 p_i 和无穷多个 $\delta\to-\infty$ 的无穷远点；而根轨迹的终止点为有限个开环零点 z_j 和无穷多个 $\delta\to+\infty$ 的无穷远点。

3．实轴上的根轨迹

在实轴上，将 $\omega=0$ 代入相角条件式（4-59），其变为

$$\sum_{j=1}^{m}\angle(s-z_j)-\sum_{i=1}^{n}\angle(s-p_i)=\pm(2l+1)180^\circ$$

与常规根轨迹时相角条件相同，因此，确定实轴上根轨迹的规则 3 同前，即

规则 3：若实轴上某线段右边的所有即开环零点和开环极点数目之和为奇数，则这一线段就是根轨迹。

4．根轨迹的渐近线

由上可知，纯迟延系统根轨迹的渐近线，在无穷远起处和终点处均有无限多条，且全部平行于 s 复平面的实轴。

1）起点处的渐近线

因在根轨迹无穷远点的起点处有　　　　$k=0$，$\delta\to-\infty$

所以，这时所有开环零、极点到 s 复平面左半无穷远处变点 s 的向量相角均为 $\pm\pi$。根据纯迟延系统的相角条件式（4-59）有

$$\pm(m-n)\pi-\tau\omega=\pm(2l+1)\pi \tag{4-60}$$

为使式（4-60）成立，

当 $n-m$=奇数时，$\tau\omega$应为$\pm\pi$的偶数倍，即 $\tau\omega=\pm 2l\pi$　（$l=0,1,2,\cdots$）

当 $n-m$=偶数时，$\tau\omega$应为$\pm\pi$的奇数倍，即 $\tau\omega=\pm(2l+1)\pi$　（$l=0,1,2,\cdots$）

所以起点处的渐近线与虚轴的交点为

当 $n-m$=奇数时，$\omega=\pm 2l\pi/\tau$　（$l=0,1,2,\cdots$）　（4-61）

当 $n-m$=偶数时，$\omega=\pm(2l+1)\pi/\tau$　（$l=0,1,2,\cdots$）　（4-62）

2）终点处的渐近线

因在根轨迹无穷远点的终点处有　$k=+\infty$，$\delta\to+\infty$

所以，这时所有开环零、极点到 s 复平面右半无穷远处变点 s 的向量相角均为 0。根据纯迟延系统的相角条件式（4-59）有

$$-\tau\omega=\pm(2l+1)\pi$$

所以终点处的渐近线与虚轴的交点为

$$\omega=\pm(2l+1)\pi/\tau \quad (l=0,1,2,\cdots) \tag{4-63}$$

规则 4：纯迟延系统的根轨迹在无穷远起点处和无穷远终点处均有无限多条渐近线平行于实轴；其中，无穷远起点处的无限多条渐近线与虚轴的交点按式（4-61）或式（4-62）计算；无穷远终点处的无限多条渐近线与虚轴的交点按式（4-63）计算。

5．其他规则同前，可仿照进行

例 4-9　已知纯迟延系统开环传递函数为

$$G(s)H(s)=\frac{k}{s+1}\mathrm{e}^{-s}$$

试绘制 $k\to+\infty$变化时系统的根轨迹。

解　（1）纯迟延系统存在一个有限开环极点 $p=-1$；无有限开环零点。

（2）根轨迹有无限多条分支，根轨迹的起点为有限开环极点 $p=-1$ 及无限多个$\delta\to-\infty$的点，终点为无限个$\delta\to+\infty$的点。

（3）实轴上（$-\infty$，-1）区段为根轨迹段。

（4）渐近线

因 $n-m$=奇数，所以无穷远起点处的渐近线与虚轴的交点为

$$\omega=\pm 2l\pi/\tau=\pm 2l\pi \quad (l=0,1,2,\cdots)$$

无穷远终点处的渐近线与虚轴的交点为

$$\omega=\pm(2l+1)\pi/\tau=\pm(2l+1)\pi \quad (l=0,1,2,\cdots)$$

渐近线用点画线标在图 4-19 上。

（5）分会点

令
$$\frac{\mathrm{d}k}{\mathrm{d}s}=\frac{\mathrm{d}}{\mathrm{d}s}\left[-\frac{s+1}{\mathrm{e}^{-s}}\right]=\frac{\mathrm{d}}{\mathrm{d}s}[-(s+1)\mathrm{e}^{s}]=-(s+2)\mathrm{e}^{s}=0$$

可得 $s=-2$。

（6）求根轨迹与虚轴交点

系统闭环特征方程为

$$D(s)=s+1+k\,\mathrm{e}^{-s}=0$$

将 $s=\mathrm{j}\omega$代入特征方程 $D(s)$中，得

$$D(\mathrm{j}\omega)=\mathrm{j}\omega+1+k\,\mathrm{e}^{-\mathrm{j}\omega}=0$$

即
$$(1+k\cos\omega)+\mathrm{j}(\omega-k\sin\omega)=0$$
令
$$\begin{cases}(1+k\cos\omega)=0\\(\omega-k\sin\omega)=0\end{cases}$$
可得
$$\tan\omega=-\omega$$

有无限多个解

$$\omega=0.64\pi，k=2；$$
$$\omega=2.55\pi，k=8；$$
$$\cdots$$

设 $l=0,1,2,\cdots$ 可绘出系统根轨迹如图 4-19 所示。$l=0$ 的根轨迹称为主根轨迹。$l=1,2,\cdots$ 的根轨迹称为辅助根轨迹。系统的动态响应主要由主根轨迹来决定。

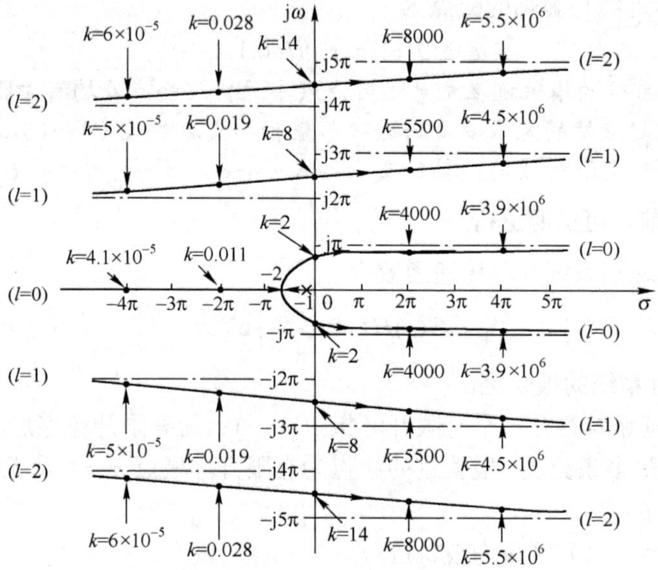

图 4-19　例 4-9 控制系统的根轨迹

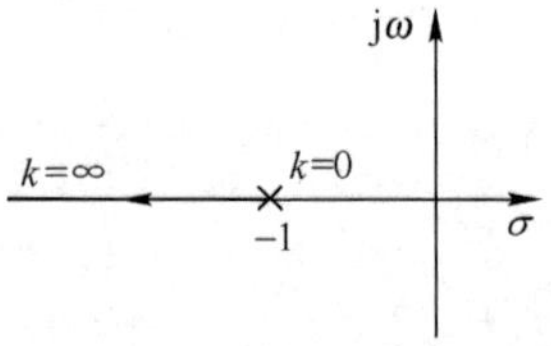

图 4-20　例 4-9 系统 $\tau=0$ 时的根轨迹

若例 4-9 中系统不含纯延迟，则一阶系统的开环传递函数为

$$G(s)H(s)=\frac{k}{s+1}$$

其根轨迹如图 4-20 所示，不论 k 为何值，系统始终是稳定的。有纯延迟环节 $e^{-\tau s}$，系统稳定性变差，如本例中，要使系统稳定，必须选取 $k<2$。

4.5　利用根轨迹分析控制系统

利用特征根在 s 复平面上的位置分析系统的稳定性和动态特性是根轨迹法的重要应用。本节通过实例来具体说明。

4.5.1 利用根轨迹定性分析

如果系统的根轨迹全部位于 s 左半平面，则对于根轨迹可变参数的所有值，闭环系统都是稳定的。但是很多系统的根轨迹通常一部分位于 s 左半平面，而另一部分位于 s 右半平面。这意味着对于某些根轨迹的可变参数，在一定范围内取值时，闭环系统是稳定的；而取值超出此范围时，闭环系统是不稳定的。可变参数在一定范围内取值才能使闭环系统稳定，这样的系统称为条件稳定系统。对于条件稳定系统，可由根轨迹法确定使系统稳定的参数取值范围。即使对于稳定的系统，也可能由于根轨迹的不同，系统表现为不同的动态过程。

例 4-10 已知系统开环传递函数

$$G(s)H(s)=\frac{k}{s(s+4)(s+6)}$$

（1）试绘制 k 从 0→+∞变化时的根轨迹；

（2）利用根轨迹分析 k 对系统动态特性的影响；

（3）利用根轨迹确定使闭环系统稳定时的根轨迹增益 k 的范围。

解 （1）绘制 k 从 0→+∞变化时的根轨迹

① 开环极点 $p_1=0$、$p_2=-4$、$p_3=-6$，无开环零点；$n-m=3$。

② 系统有三条根轨迹，起始于 0、−4、−6，均终止于无穷远处。

③ 实轴上（−∞,-6）与（−4,0）两区段为根轨迹。

④ 渐近线与实轴的夹角为

$$\varphi_{\mathrm{a}}=\frac{\pm(2l+1)180^\circ}{n-m}=\pm60^\circ(l=0),180^\circ(l=1)$$

渐近线与实轴的交点

$$\sigma_{\mathrm{a}}=\frac{\sum_{i=1}^{n}p_i-\sum_{j-1}^{m}z_j}{n-m}=\frac{-10-0}{3}=-3.33$$

⑤ 根轨迹的分离点

根据系统特征方程 $1+G(s)H(s)=1+\dfrac{k}{s(s+4)(s+6)}=0$

得
$$k=-s(s+4)(s+6)$$

由
$$\frac{\mathrm{d}k}{\mathrm{d}s}=\frac{\mathrm{d}}{\mathrm{d}s}[-s(s+4)(s+6)]=-(3s^2+20s+24)=0$$

解得 $s_1=-1.57$，$k_1=-s(s+4)(s+6)\big|_{s=s_1}=16.9$

$s_2=-5.1$，$k_2=-s(s+4)(s+6)\big|_{s=s_2}<0$ （舍去）

根据以上可知，分离点为 $s_1=-1.57$（$k_1=16.9$），在分离点 $s_1=-1.57$ 处的分离角，根据式（4-27）可知为 $\theta_{\mathrm{d}}=90^\circ$

⑥ 求根轨迹与虚轴交点：

系统闭环特征方程为

$$D(s)=s^3+10s^2+24s+k=0$$

列 Routh 阵列

$$
\begin{array}{c|cc}
s^3 & 1 & 24 \\
s^2 & 10 & k \\
s & \dfrac{240-k}{10} & 0 \\
s^0 & k &
\end{array}
$$

根据劳斯阵列可知，系统临界稳定时 k=240，将其代入辅助方程

$$P(s)=10s^2+k=0$$

求得

$$s_{1,2}=\pm \mathrm{j}2\sqrt{6}$$

系统根轨迹如图 4-21 所示。

（2）从根轨迹图可以看到：

当 $0<k\leqslant 16.9$ 时，系统三个闭环极点都是负实数，系统为衰减单调型；

当 $16.9<k<240$ 时，系统有两个闭环极点成为实部为负的共轭复数，系统为衰减振荡型；

当 k=240 时，系统临界稳定，系统为等幅振荡型；

当 k>240 时，系统不稳定。

（3）由以上对根轨迹分析可知，使系统稳定时的根轨迹增益 k 的范围为

$$0<k<240$$

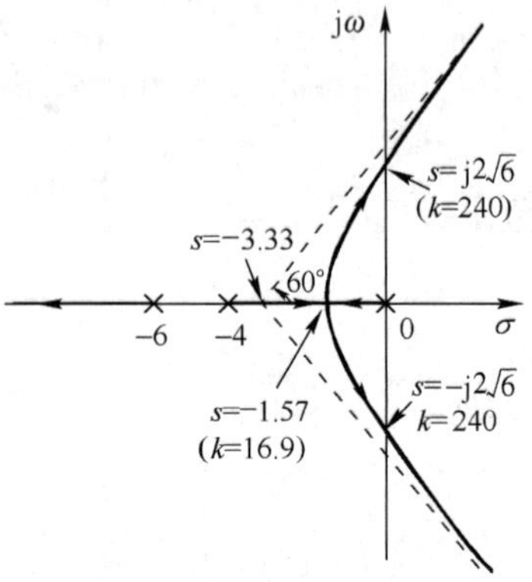

图 4-21　例 4-10 控制系统根轨迹

可见，根轨迹清晰地描绘了闭环极点与根轨迹系数 k 的关系。

4.5.2　利用根轨迹定量分析

1．利用根轨迹估算系统的性能

根轨迹分析法和时域分析法的实质是一样的，都可用来分析系统的性能。但是根轨迹采用的是图解方法，与时域分析法相比，避免了烦琐的数学计算，又能清楚地看到系统根轨迹增益或其他参数变化时，系统闭环极点位置及其动态性能的改变情况。根轨迹法用于控制系统的分析和设计十分方便，尤其是对于具有主导极点的高阶系统，使用根轨迹对系统进行分析和设计更加简便。

对于典型二阶系统的传递函数

$$G_{\mathrm{B}}(s)=\frac{Y(s)}{R(s)}=\frac{\omega_{\mathrm{n}}^2}{s^2+2\zeta\omega_{\mathrm{n}}s+\omega_{\mathrm{n}}^2} \tag{4-64}$$

在欠阻尼状态下，系统的两个闭环极点 $s_{1,2}$ 为一对共轭复极点，即

$$s_{1,2}=-\zeta\omega_{\mathrm{n}}\pm \mathrm{j}\omega_{\mathrm{n}}\sqrt{1-\zeta^2} \tag{4-65}$$

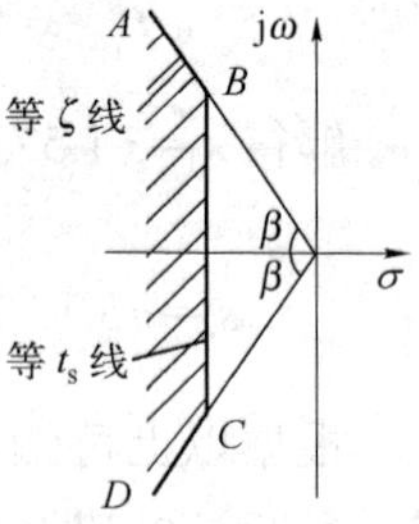

图 4-22　最佳动态特性区域

根据 3.3.4 节中的讨论可知，二阶系统的等ζ 线与负实轴间的夹角 β越小，系统的阻尼比ζ 就越大，则系统的最大超调量 M_{p} 越小。闭环极点离开虚轴的距离

越远，系统的调整时间 t_s 越小。显然，如果二阶系统的闭环极点位于如图 4-22 所示的折线 $ABCD$ 的左边区域，则必有

$$M_p \leqslant e^{-\frac{\pi\zeta}{\sqrt{1-\zeta^2}}} \times 100\% = e^{-\frac{\pi}{\tan\beta}} \times 100\%\text{；}\quad t_s \leqslant \frac{3-4}{\zeta\omega_n}$$

在具有主导极点的高阶系统中，可以使用该方法估算系统的动态性能指标。在进行高阶系统的性能指标估算时，应先确定系统的闭环主导极点；然后将系统简化为以主导极点为极点的二阶系统（主导极点为一对共轭复数）或一阶系统（主导极点为一个实数）；最后再根据二阶系统（或一阶系统）的性能指标来估算。

例 4-11　已知例 4-10 所给系统。试判断闭环极点 $s_{1,2} = -1.2 \pm j2.08$ 是否为系统的主导极点。若是，试估算该系统的超调量和调整时间。

解　（1）首先根据根轨迹的绘制规则，可得系统的根轨迹如图 4-23（a）所示。

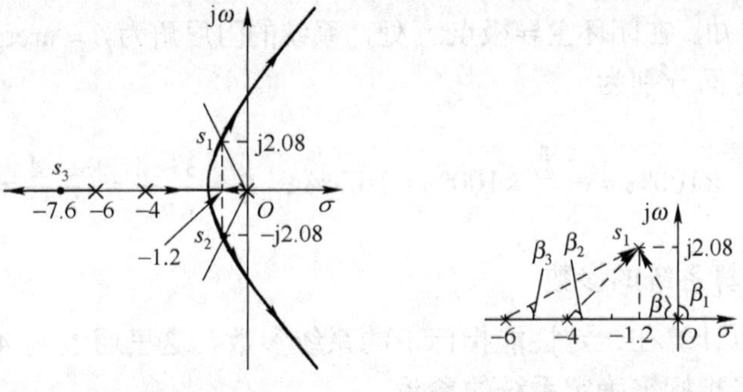

（a）系统的根轨迹图　　（b）性能指标计算图

图 4-23　系统根轨迹及性能指标计算图

（2）判断闭环极点 $s_{1,2} = -1.2 \pm j2.08$ 是否为系统的主导极点。

① 判断闭环极点 $s_{1,2}$ 是否为系统的闭环极点

利用图 4-23（b），根据相角条件

$$\angle G(s_1)H(s_1) = -\angle s_1 - \angle(s_1+4) - \angle(s_1+6) = -\beta_1 - \beta_2 - \beta_3$$

$$= -\left(180° - \arctan\frac{2.08}{1.2}\right) - \arctan\frac{2.08}{-1.2+4} - \arctan\frac{2.08}{-1.2+6} = -180°$$

可知 s_1 点满足相角条件。所以 $s_{1,2}$ 是系统根轨迹上的点，即为系统的闭环极点。

② 判断闭环极点 $s_{1,2}$ 是否为系统的主导极点

首先假设系统的另一个闭环极点为 s_3，然后再根据根轨迹的绘制规则 8，即当系统满足 $n \geqslant m+2$ 时，系统的闭环极点之和等于开环极点之和。则有

$$-1.2 + j2.08 - 1.2 - j2.08 + s_3 = 0 - 4 - 6$$

解上式可得　　$s_3 = -7.6$

由 $7.6/1.2 = 6.33 > 5$，可知 $s_{1,2}$ 为系统的主导复极点。

在闭环极点 $s_{1,2}$ 和 s_3 处的根轨迹增益 k，可根据以下特征方程

$$1 + G(s)H(s) = 1 + \frac{k}{s(s+4)(s+6)} = 0$$

求解，即

$$k=-s(s+4)(s+6)\ \big|_{s=s_3=-7.6}\approx 44$$

（3）估算系统的性能指标。

根据以上所得系统的闭环极点$s_{1,2}$、s_3和对应的根轨迹增益k，可得系统的闭环传递函数为

$$G_{\mathrm{B}}(s)=\frac{44}{(s+1.2+\mathrm{j}2.08)(s+1.2-\mathrm{j}2.08)(s+7.6)}$$

根据主导极点$s_{1,2}$，将原三阶系统近似为以下典型二阶系统

$$G'_{\mathrm{B}}(s)=\frac{k'}{(s+1.2+\mathrm{j}2.08)(s+1.2-\mathrm{j}2.08)}=\frac{k'}{s^2+2.4s+5.78}$$

其中，系数k'根据系统近似前后要保证其稳态值（系统稳态增益）不变，即$G_{\mathrm{B}}(0)=G'_{\mathrm{B}}(0)$求得为

$$k'=44/7.6=5.78$$

由图4-23（b）可知，在闭环主导极点s_1处，系统的阻尼角为$\beta=\mathrm{arctg}(2.08/1.2)\approx 60^\circ$，则系统的超调量和调整时间分别为

$$M_{\mathrm{p}}=\mathrm{e}^{-\frac{\pi\zeta}{\sqrt{1-\zeta^2}}}\times 100\%=\mathrm{e}^{-\frac{\pi}{\mathrm{tg}\beta}}\times 100\%\approx 16.3\%\ ;\quad t_{\mathrm{s}}=\frac{3\sim 4}{\zeta\omega_{\mathrm{n}}}=\frac{3\sim 4}{1.2}=2.5\sim 3\,(\mathrm{s})$$

2. 利用根轨迹计算系统的参数

利用根轨迹法可以计算在一定性能指标下的系统参数。这里通过例4-12来讨论如何根据系统的动态和稳态性能指标来确定系统的参数。

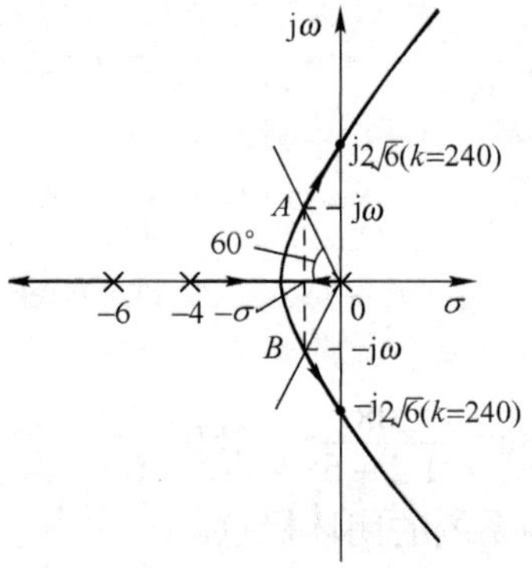

图4-24 系统根轨迹

例4-12 已知例4-10所给系统。（1）若要求在单位阶跃输入信号作用时，闭环系统的最大超调量$M_{\mathrm{p}}\leqslant 16.3\%$。试确定根轨迹增益$k$的范围。（2）能否通过选择$k$满足系统静态速度误差系数$K_{\mathrm{v}}\geqslant 15$的要求。

解 （1）由于闭环系统的最大超调量为

$$M_{\mathrm{p}}=\mathrm{e}^{-\frac{\pi\zeta}{\sqrt{1-\zeta^2}}}\times 100\%=\mathrm{e}^{-\frac{\pi}{\tan\beta}}\times 100\%\leqslant 16.3\%$$

所以，可得阻尼角$\beta\leqslant 60^\circ$。

在根轨迹图上，画一条与负实轴夹角为$\beta=60^\circ$的直线，它与根轨迹交于A点，如图4-24所示。假设A点的坐标为$s_{\mathrm{A}}=-\sigma+\mathrm{j}\omega$，则

$$\frac{\omega}{\sigma}=\tan 60^\circ=\sqrt{3}$$

另外根据相角条件有

$$-(180^\circ-\beta)-\arctan\frac{\omega}{-\sigma+4}-\arctan\frac{\omega}{-\sigma+6}=-180^\circ$$

联立求解以上两式可得

$$\sigma=1.2\ ;\quad \omega=2.08$$

即A点的坐标为$s_{\mathrm{A}}=-1.2+\mathrm{j}2.08$。

由于根据上例 4-11 知，$s_{A,B}=-1.2\pm j2.08$ 可作为系统的闭环主导极点，且这时系统的根轨迹增益 $k\approx 44$。所以，若要求系统的最大超调量 $M_p\leqslant 16.3\%$，则根轨迹增益要满足 $0<k\leqslant 44$。

另外，将 A 点的坐标代入系统的闭环特征方程，令其实部和虚部分别为零，再利用 A 点坐标的实部和虚部的关系式 $\omega=\sqrt{3}\sigma$，也可求出 A 点的坐标和对应的根轨迹增益。

（2）系统静态速度误差系数为

$$K_v=\lim_{s\to 0}sG(s)H(s)=\lim_{s\to 0}s\frac{k}{s(s+4)(s+6)}=\frac{k}{24}$$

由例 4-10 可知，使闭环系统稳定时的根轨迹增益 k 的范围为 $0<k<240$。因此，在使闭环系统稳定的范围内，系统静态速度误差系数为

$$K_v=\frac{240}{24}=10<15$$

所以，不能通过选择 k 满足系统静态速度误差系数 $K_v\geqslant 15$。

4.6 利用 MATLAB 进行根轨迹分析

MATLAB 提供了绘制系统精确根轨迹的函数，使用它们不仅可以很方便地绘制出控制系统的零、极点图和根轨迹，而且也可以利用绘制出的根轨迹求给定点的根轨迹增益。

4.6.1 绘制系统根轨迹和获得根轨迹增益

1. 绘制系统的根轨迹

利用 rlocus( )函数可绘制出当根轨迹增益 k 由 0 至 $+\infty$ 变化时，闭环系统的特征根在 s 复平面变化的轨迹，该函数的调用格式为

[r,k]=rlocus(num,den)　或　[r,k]=rlocus(num,den,k)

其中，r 为系统的闭环极点；k 为相应的根轨迹增益；num 和 den 分别为系统开环传递函数的分子和分母多项式的系数按降幂排列构成的系数向量。rlocus(num,den)中的增益 k 是自动选取的，rlocus(num,den,k)可利用指定的增益 k 来绘制系统的根轨迹。在不带输出变量引用函数时，rolcus( )可在当前图形窗口中绘制出系统的根轨迹图。当带有输出变量引用函数时，可得到根轨迹的位置列向量 r 及相应的增益 k 列向量，再利用 plot(r,'x')可绘制出根轨迹。

如果系统的开环传递函数是用零、极点的形式表示，也就是说它们的分子和分母可能由若干个一阶多项式相乘组成，则可利用 MATLAB 中的多项式乘法运算函数 conv( )将其分子和分母分别处理成一个高阶多项式的形式。该函数的调用格式参第 2 章的 2.6 节。

2. 获得系统的根轨迹增益

在系统分析过程中，常常希望确定根轨迹上某一点处的增益值 k，这时可利用 MATLAB 中的 rlocfind( )函数，在使用此函数前要首先利用 rlocus()函数得到系统的根轨迹，然后再执行如下命令

[k,poles]=rlocfind(num,den)　或　[k,poles]=rlocfind(num,den,p)

其中，num 和 den 分别为系统开环传递函数的分子和分母多项式的系数按降幂排列构成的系数向量；poles 为所求系统的闭环极点；k 为相应的根轨迹增益；p 为系统给定的闭环极点。

执行上述第 1 条命令后，将在屏幕上的图形中生成一个十字光标，使用鼠标移动它至所希

望的位置，然后单击鼠标左键即可得到该点所对应的增益 k 值及其对应的所有闭环极点 poles 值。而第 2 条命令可对系统的给定闭环极点 p 计算对应的根轨迹增益 k 及其对应的所有闭环极点 poles 值。因为即使给定闭环极点 p 不在根轨迹上，利用以上第 2 条命令也可计算出结果。所以只有当计算结果 poles 中包含所给定的闭环极点 p 值时，才能说明给定的闭环极点 p 确实位于根轨迹上。

例 4-13 已知某反馈系统的开环传递函数为

$$G(s)H(s)=\frac{k}{s(s+1)(s+2)}$$

试绘制该系统根轨迹，并利用根轨迹分析系统稳定的 k 值范围。

解 MATLAB 的命令为

```
>>num=1;den=conv([1,0],conv([1,1],[1,2]));
>>rlocus(num,den);[k,poles]=rlocfind(num,den)
```

执行以上命令，并移动鼠标到根轨迹与虚轴的交点处单击鼠标左键后可得如图 4-25 所示的根轨迹和如下结果：

```
Select a point in the graphics window
selected_point =
      0.0000 - 1.4142i
k =
      6.0000
poles =
    -3.0000
      0.0000 +1.4142i
      0.0000 -1.4142i
```

由此可见根轨迹与虚轴交点处的增益 k=6，这说明当 k<6 时系统稳定，当 k>6 时，系统不稳定；利用 rlocfind( )函数也可找出根轨迹在实轴上的分离点处的增益 k =0.38，这说明当 0<k≤0.38 时，系统为单调衰减稳定，当 0.38<k<6 时系统为振荡衰减稳定的。

例 4-14 已知某正反馈系统的开环传递函数如例 4-13 所示。试绘制系统根轨迹，并计算根轨迹上点-2.3±j2.02 处的根轨迹增益和此时系统的稳定性。

解 MATLAB 的命令为

```
>>num=1;den=conv([1,0],conv([1,1],[1,2]));
>>rlocus(-num,den);[k,poles]=rlocfind(-num,den, -2.3+2.02j)
```

执行以上命令可得如下结果和如图 4-26 所示的根轨迹。

```
k =
     15.0166
poles =
   -2.3011 + 2.0195i
   -2.3011 - 2.0195i
     1.6021
```

由此可见，点-2.3±j2.02 确实为根轨迹上的点，且该点处的增益为 15.0166，而由于另一个闭环极点位于正实轴上的 1.6021 点处，故此时系统不稳定。实际上由于系统的一条根轨迹一直位于正实轴上，因此该系统在所有的正值增益值 k 下均不稳定。

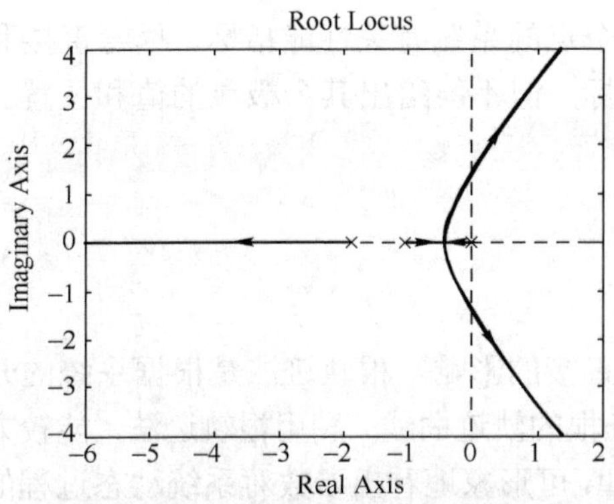

图 4-25　负反馈系统的根轨迹

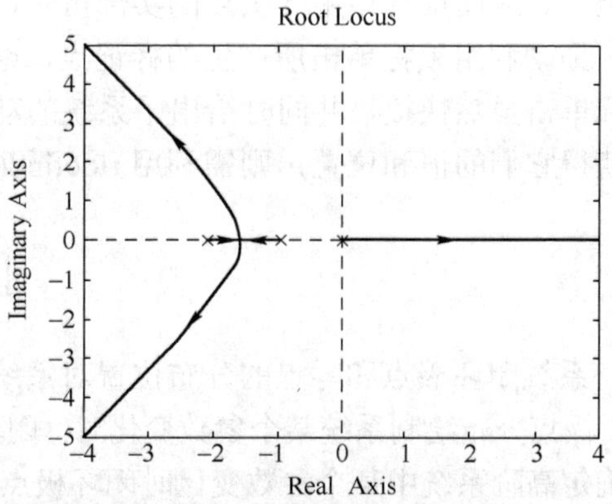

图 4-26　正反馈系统的根轨迹

由以上两例可见，对同一开环传递函数，其正、负反馈系统在实轴上的根轨迹正好互补，它们的根轨迹共同占据了整个实轴，即实轴上负反馈系统的根轨迹没有经过的区段恰好有相应的正反馈系统的根轨迹所填补。

4.6.2　绘制阻尼系数和自然频率的栅格线

MATLAB 中的函数 sgrid( )可在系统的根轨迹或零极点图上绘制出栅格线，栅格线由等阻尼系数和等自然频率线构成，阻尼系数 ζ 以步长 0.1，从 0 到 1 给出；自然频率 ω_n 以步长 $\pi/10$，从 0 到 π 绘出。函数 sgrid( )有以下几种调用格式

```
sgrid                   %在已有的图形上绘制栅格线
sgrid('new') %先清除图形屏幕，然后绘制出栅格线并设置成 hold on，使后续绘图命令能绘制在栅格上
sgrid(zeta,wn)          %可指定阻尼系数ζ和自然频率ωn
sgrid(zeta,wn, 'new')   %可指定阻尼系数ζ和自然频率ωn；且在绘制栅格线之前清除图形窗口
```

例 4-15　已知某负反馈系统的开环传递函数如例 4-13 所示。试绘制系统的根轨迹，并求取系统具有阻尼比 ζ=0.5 的共轭闭环极点，并估算此时系统的性能指标。

解　MATLAB 的命令为

```
>>num=1;den=conv([1,0],conv([1,1],[1,2]));
>>rlocus(num,den);sgrid(0.5,[ ]);
```

执行以上命令，可得如图 4-27 所示的根轨迹。然后移动鼠标到根轨迹与阻尼比 ζ=0.5 射线的交点处单击鼠标左键便可获得此时系统的有关性能指标，即可得系统的阻尼比 ζ=0.5 时，根轨迹增益为 1.02；闭环极点为−0.335±j0.569；最大超调量(%)为 15.8%；阻尼比为 0.507；无阻尼自然振荡频率为 0.661，如图 4-27 所示。

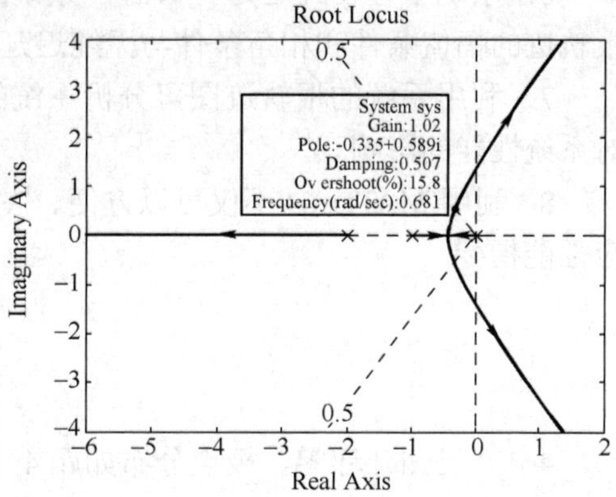

图 4-27　例 4-15 的根轨迹

再者，由于系统另外一个闭环实极点位于其开

环极点−2 的左边，且 2/0.335>5，故另外一个闭环实极点离虚轴的距离一定大于共轭闭环极点−0.335±j0.569 离虚轴距离的 5 倍以上，因此极点−0.335±j0.569 可作为该系统的一对共轭闭环主导极点。从而根据该主导极点的实部可知，系统的调整时间为(3～4)/0.335。

拖动利用鼠标单击所产生的标记点，也可获得各个点的系统有关性能指标。尽管直接利用鼠标单击虽然快捷，并同时给出了系统的动态性能指标，但不能给出其余极点的值和位置。若要获得它们的值和位置，则需利用 rlocfind( )函数。

小　结

系统闭环极点和零点的分布位置对系统的性能有直接的影响。根轨迹法是根据系统的开环零、极点分布绘制系统某个参数变化时，闭环系统特征根的轨迹曲线。利用根轨迹法，能较方便地确定高阶系统中某个参数变化时闭环极点分布的规律，可形象地看出参数对系统动态过程的影响，特别是可以看到增益变化的影响。本章介绍了绘制根轨迹的基本规则，以及利用根轨迹法分析和计算系统性能指标的方法，要着重掌握以下内容：

1．系统可变参数可以是任意变量，而以系统的根轨迹增益或开环增益为变量的根轨迹，称为常规根轨迹；以其他系统参数为可变参量的根轨迹称为广义根轨迹。

2．根轨迹法是通过系统在复域中的特征根，来评定和计算系统在时域中的性能，因而根轨迹法又称复域分析法。当系统的开环零、极点已知时，根据绘制根轨迹的幅值条件 $|G(s)H(s)|=1$ 和相角条件 $\angle G(s)H(s)=\pm(2l+1)180^\circ$，可求出绘制负反馈系统根轨迹的基本规则，利用这些规则可绘出根轨迹的大致形状。

3．对于正反馈系统或负反馈系统的开环传递函数整理成标准的零、极点形式时出现负号，系统根轨迹的基本方程为 $G(s)H(s)=1$，相应的幅值条件 $|G(s)H(s)|=1$ 和相角条件 $\angle G(s)H(s)=\pm 2l\cdot 180^\circ$。此时绘制系统的根轨迹时，需要对与相角条件有关的规则进行相应的修改。

4．对参数根轨迹的绘制，应注意把特征方程化为与常规根轨迹特征方程类似的形式，即求出等效的开环传递函数，此时，常规根轨迹的相角条件、幅值条件和基本规则仍然适用。

5．几个参数同时变化时的根轨迹将成为几组曲线，称为根轨迹簇。

6．系统中存在纯迟延环节时，系统的特征方程成为超越方程，根轨迹有无穷多条，绘制根轨迹的幅值条件和相角条件与无纯迟延环节的系统不同。

7．利用系统的根轨迹图可分析系统的稳定性、动态特性，并可研究附加开环零点、极点对系统性能的影响。

8．利用 MATLAB 不仅可以方便、快捷地绘制系统的根轨迹，而且可以求取系统的时域响应性能指标。

习　题

4-1　已知开环零、极点分布如题 4-1 图所示，试粗略绘制相应的根轨迹图。

4-2　已知单位反馈系统的开环传递函数如下，试绘制 k 从 $0\to+\infty$ 变化时系统的根轨迹图。

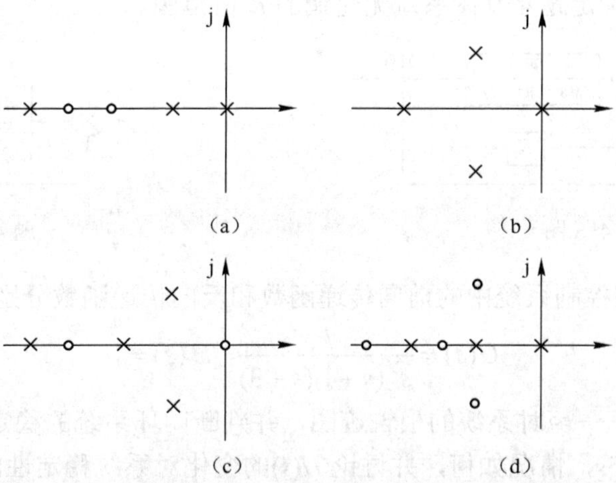

题 4-1 图

（1）　$G(s)H(s)=\dfrac{k}{s(s+1)(s^2+2s+2)}$；　（2）　$G(s)H(s)=\dfrac{k}{s(s+1)(s+3)}$

4-3　单位反馈系统的开环传递函数

$$G(s)H(s)=\frac{k(s+2)}{s(s^2+2s+2)}$$

试绘制系统根轨迹大致图形。

4-4　已知系统开环传递函数

$$G(s)H(s)=\frac{k}{s(s+4)(s^2+4s+20)}$$

试绘制 k 从 0→+∞变化时系统的根轨迹。

4-5　已知系统的开环传递函数为

$$G(s)H(s)=\frac{k(s+a)}{s(s+b)}\qquad (a>b>0)$$

试绘制 k 从 0→+∞变化时的根轨迹，并证明其轨迹为圆，求出圆的半径和圆心。

4-6　已知系统的闭环特征方程如下，试绘制 K 从 0→+∞变化时，系统的根轨迹。

（1）$D(s)=s^3+s^2+(K+2)s+3K=0$；　（2）$D(s)=s^4+2s^3+s^2+2Ks+5K=0$

4-7　单位反馈系统的开环传递函数为

$$G(s)H(s)=\frac{k}{s^2(s+1)}$$

（1）试绘制 k 从 0→+∞变化时系统的根轨迹，并对系统稳定性进行分析。

（2）若增加一零点 $z=-a$，试讨论根轨迹图有何变化，对系统稳定性有何影响。

4-8　控制系统结构图如题 4-8 图所示。

（1）当 $K_t=0$ 时，试绘制 k 从 0→+∞变化时系统的根轨迹。

（2）当 $k=10$ 时，试绘制 K_t 从 0→+∞变化时系统的根轨迹。

4-9　用根轨迹法确定题 4-9 图系统无超调的 K 值范围。

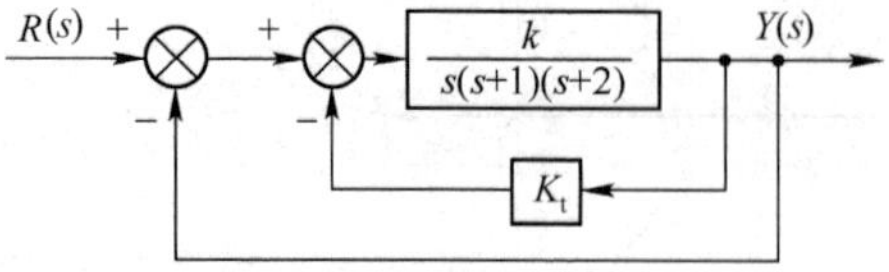

题 4-8 图

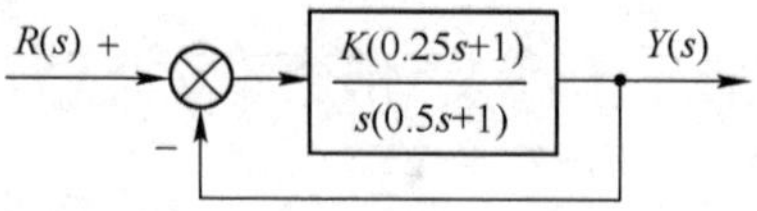

题 4-9 图

4-10　已知负反馈控制系统中的前向传递函数和反向传递函数分别为

$$G(s)=\frac{k}{s^2(s+1)(s+3)}\quad H(s)=1$$

（1）试绘制 k 从 0→+∞时系统的根轨迹图，并判断闭环系统的稳定性。

（2）若使 $H(s)=1+5s$，情况如何，并讨论 $H(s)$的变化对系统稳定性的影响。

4-11　单位反馈控制系统的开环传递函数为

$$G(s)H(s)=\frac{k(s+a)}{s^2(s+3)}$$

试确定 a 的值，使根轨迹（k 从 0→+∞变化时）有 0，1，2 个分会点（不包括 s=0 点），并绘制其根轨迹图。

4-12　设单位反馈控制系统的开环传递函数为

$$G(s)=\frac{k(2-s)}{s(s+3)}$$

试绘制 k 从 0→+∞变化时的根轨迹，并求出使系统响应为衰减振荡下 k 的取值范围。

4-13　已知单位负反馈系统的开环传递函数为 $G(s)H(s)=\dfrac{k}{s(s+1)^2}$，试绘制 $k\in(-\infty\sim+\infty)$时，闭环系统根在 s 复平面上的变化轨迹，并要求标明关键点的数值。

4-14　设负反馈控制系统的开环传递函数为

$$G(s)H(s)=\frac{k(s+2)}{s(s+1)(s+3)}$$

（1）试绘制 k 从 0→+∞变化时系统的根轨迹。

（2）求当 $\zeta=0.5$ 时，闭环系统的一对主导极点，并求其 k 值。

4-15　已知系统结构如题 4-15 图所示，试求：

（1）若 $G_1(s)=K$，试绘制 $K:0\rightarrow+\infty$ 的根轨迹；

（2）是否可通过选择 K，使系统最大超调量 $M_p\leqslant 5\%$，说明理由；

（3）是否可通过选择 K，使系统调节时间 $t_s\leqslant 2s$，说明理由；

（4）是否可通过选择 K，使系统静态位置误差系数 $K_p\geqslant 5$，说明理由；

（5）若 $G_1(s)=K(s+3)^2$ 时，能否选择 K，使（2）、（3）、（4）同时满足。

4-16　已知系统的开环传递函数为

$$G(s)H(s)=\frac{k}{s(s^2+4s+5)}$$

（1）试画 k 从 0 到 $+\infty$ 变化的根轨迹；

（2）当 $k=5$ 时，求闭环极点并估算超调量 M_p 和调节时间 t_s。

4-17　如题 4-17 图所示系统，试绘制 k 从 $0\to+\infty$ 变化时系统的根轨迹，利用根轨迹分析 k 对系统动态特性的影响，并求系统的最小阻尼比。

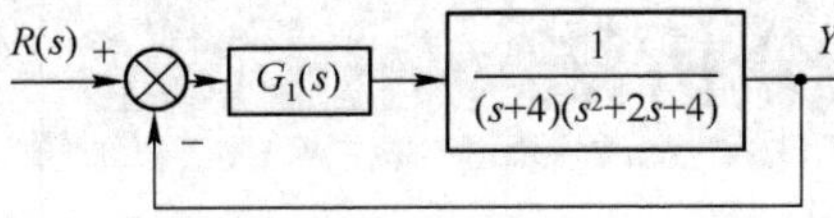

题 4-15 图

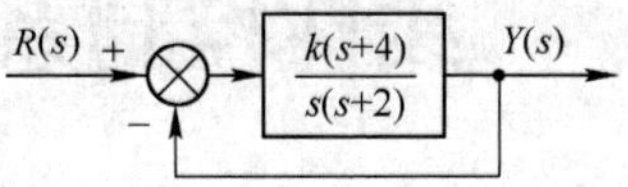

题 4-17 图

4-18　已知系统的开环传递函数 $G(s)H(s)=\dfrac{0.525}{s(s+1)(0.5s+1)}$，试求系统的闭环极点并估算系统的性能指标。

4-19　已知单位负反馈系统的开环传递函数为

$$G(s)H(s)=\frac{20}{(s+4)(s+b)}$$

（1）画出 b 由零到无穷大变化时系统的根轨迹（标出必要的特征数值）；

（2）欲使系统对单位阶跃函数的响应为单调的时间函数，试用根轨迹确定 b 的取值范围。

4-20　单位反馈控制系统的开环传递函数为

$$G(s)H(s)=\frac{\frac{1}{4}(s+a)}{s^2(s+1)}$$

试绘制 a 从 $0\to+\infty$ 变化时的根轨迹，并确定系统稳定时 a 的取值范围。

4-21　已知系统的开环传递函数为

$$G(s)H(s)=\frac{K(Ts+1)}{s(s+1)(s+2)}$$

（1）试画 K=24，T 从 0 到 $+\infty$ 变化的根轨迹。（写出作图参数计算式）

（2）写出使系统闭环能够稳定的 T 的取值范围（K=24 时）。

4-22　已知系统的开环传递函数为

$$G(s)H(s)=\frac{k\,\mathrm{e}^{-0.1s}}{s(s+1)(s+2)}$$

试绘制系统的主根轨迹。

第 5 章 线性控制系统的频域分析法

前面介绍了线性控制系统的时域分析法和根轨迹分析法。显然，系统的动态性能用时域响应来描述最为直观与逼真。但是实际生产过程往往比较复杂，组成控制系统的阶次一般比较高，用解析方法求解系统的时域响应十分不易。因此，在工程应用中，人们提出了一种简便实用的频域分析法。频域分析法是一种图解分析方法，它依据系统的频率特性，对系统的性能进行分析。频域分析法的特点是可以根据系统的开环频率特性去判断系统的性能，并能较方便地分析系统中参数对系统性能的影响，从而进一步指出改善系统性能的途径。

5.1 频域分析的基础知识

5.1.1 频率特性的基本概念

在正弦输入信号作用下，线性定常系统输出的稳态响应分量称为系统的频率响应。而系统频率响应与正弦输入信号的关系称为频率特性。

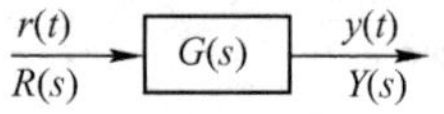

图 5-1 线性定常系统

设图 5-1 所示的线性定常系统的传递函数为

$$G(s)=\frac{Y(s)}{R(s)}=\frac{b_0 s^m+b_1 s^{m-1}+\cdots+b_m}{s^n+a_1 s^{n-1}+\cdots+a_n}=\frac{M(s)}{\prod_{i=1}^{n}(s-p_i)}$$

式中，$M(s)$ 为传递函数 $G(s)$ 的分子多项式；$p_i(i=1,2,\cdots,n)$ 为系统的极点。这里为讨论问题方便并且不失一般性，假设系统的所有极点都是互异的实极点。

在正弦输入信号

$$r(t)=R\sin\omega t\text{，即}\quad R(s)=\frac{R\omega}{s^2+\omega^2}$$

作用下的系统输出响应为

$$Y(s)=G(s)R(s)=\frac{M(s)}{\prod_{i=1}^{n}(s-p_i)}\cdot\frac{R\omega}{s^2+\omega^2}=\frac{a}{s-\mathrm{j}\omega}+\frac{\bar{a}}{s+\mathrm{j}\omega}+\sum_{i=1}^{n}\frac{c_i}{s-p_i} \tag{5-1}$$

式中，$a=\lim\limits_{s\to\mathrm{j}\omega}(s-\mathrm{j}\omega)G(s)R(s)=\lim\limits_{s\to\mathrm{j}\omega}(s-\mathrm{j}\omega)G(s)\frac{R\omega}{s^2+\omega^2}=\frac{R}{2\mathrm{j}}G(\mathrm{j}\omega)$

$$\overline{a}=\lim_{s\to -\mathrm{j}\omega}(s+\mathrm{j}\omega)G(s)R(s)=\lim_{s\to -\mathrm{j}\omega}(s+\mathrm{j}\omega)G(s)\frac{R\omega}{s^2+\omega^2}=-\frac{R}{2\mathrm{j}}G(-\mathrm{j}\omega)$$

$$c_i=\lim_{s\to p_i}(s-p_i)G(s)R(s)=\lim_{s\to p_i}(s-p_i)G(s)\frac{R\omega}{s^2+\omega^2}$$

对式（5-1）进行拉氏反变换，可得系统输出的时域响应为

$$y(t)=a\mathrm{e}^{\mathrm{j}\omega t}+\overline{a}\mathrm{e}^{-\mathrm{j}\omega t}+\sum_{i=1}^{n}c_i\mathrm{e}^{p_i t} \tag{5-2}$$

对于稳定的系统，当 $t\to+\infty$ 时，$\mathrm{e}^{p_i t}\to 0$。此时系统的稳态响应分量为

$$\begin{aligned}y_{\mathrm{ss}}(t)&=a\mathrm{e}^{\mathrm{j}\omega t}+\overline{a}\mathrm{e}^{-\mathrm{j}\omega t}=\frac{R}{2\mathrm{j}}G(\mathrm{j}\omega)\mathrm{e}^{\mathrm{j}\omega t}-\frac{R}{2\mathrm{j}}G(-\mathrm{j}\omega)\mathrm{e}^{-\mathrm{j}\omega t}\\&=\frac{R}{2\mathrm{j}}|G(\mathrm{j}\omega)|\mathrm{e}^{\mathrm{j}\angle G(\mathrm{j}\omega)}\mathrm{e}^{\mathrm{j}\omega t}-\frac{R}{2\mathrm{j}}|G(-\mathrm{j}\omega)|\mathrm{e}^{\mathrm{j}\angle G(-\mathrm{j}\omega)}\mathrm{e}^{-\mathrm{j}\omega t}\\&=R|G(\mathrm{j}\omega)|\frac{(\mathrm{e}^{\mathrm{j}\omega t}\mathrm{e}^{\mathrm{j}\angle G(\mathrm{j}\omega)}-\mathrm{e}^{-\mathrm{j}\omega t}\mathrm{e}^{-\mathrm{j}\angle G(\mathrm{j}\omega)})}{2\mathrm{j}}\\&=R|G(\mathrm{j}\omega)|\sin[\omega t+\angle G(\mathrm{j}\omega)]\\&=Y\sin(\omega t+\varphi)\end{aligned} \tag{5-3}$$

式中，$Y=R|G(\mathrm{j}\omega)|,\ \varphi=\angle G(\mathrm{j}\omega)$。

式（5-3）表明，线性定常系统在正弦输入信号作用下，其输出的稳态响应分量 $y_{\mathrm{ss}}(t)$ 是与正弦输入信号 $r(t)=R\sin\omega t$ 同频率的正弦信号，与正弦输入信号的幅值之比为 $|G(\mathrm{j}\omega)|$，相位角（简称相角）之差为 $\angle G(\mathrm{j}\omega)$，均与 $G(\mathrm{j}\omega)$ 有关。

通常，定义

$$G(\mathrm{j}\omega)=|G(\mathrm{j}\omega)|\mathrm{e}^{\mathrm{j}\angle G(\mathrm{j}\omega)}=A(\omega)\mathrm{e}^{\mathrm{j}\varphi(\omega)} \tag{5-4}$$

为系统的频率特性，它反映了线性定常系统在正弦输入信号作用下，系统稳态输出信号与正弦输入信号之间的关系。

式（5-4）中，系统稳态输出信号与正弦输入信号的幅值之比 $A(\omega)=|G(\mathrm{j}\omega)|$ 称为系统的幅频特性，它是频率 ω 的函数，反映了系统稳态输出对于不同频率正弦输入信号的幅值变化特性。系统稳态输出信号与正弦输入信号的相角之差 $\varphi(\omega)=\angle G(\mathrm{j}\omega)$ 称为系统的相频特性，它也是频率 ω 的函数，表示系统稳态输出对于不同频率正弦输入信号的相角变化特性。

因为频率特性 $G(\mathrm{j}\omega)$ 为复数，所以它还可以用如下的形式来表示，即

$$G(\mathrm{j}\omega)=\mathrm{Re}(\omega)+\mathrm{j}\,\mathrm{Im}(\omega) \tag{5-5}$$

式中，$\mathrm{Re}(\omega)$ 为频率特性 $G(\mathrm{j}\omega)$ 的实部，它是频率 ω 的函数，称为系统的实频特性；$\mathrm{Im}(\omega)$ 为频率特性 $G(\mathrm{j}\omega)$ 的虚部，它也是频率 ω 的函数，称为系统的虚频特性。

显然，频率特性 $G(\mathrm{j}\omega)$ 的极坐标和直角坐标表示形式的相互关系为

$$A(\omega)=|G(\mathrm{j}\omega)|=\sqrt{\mathrm{Re}^2(\omega)+\mathrm{Im}^2(\omega)}$$

$$\varphi(\omega)=\angle G(\mathrm{j}\omega)=\arctan\frac{\mathrm{Im}(\omega)}{\mathrm{Re}(\omega)}$$

$$\mathrm{Re}(\omega)=A(\omega)\cos\varphi(\omega)$$

$$\mathrm{Im}(\omega)=A(\omega)\sin\varphi(\omega)$$

通过上述推导过程，可以看出系统的频率特性 $G(\mathrm{j}\omega)$ 与传递函数 $G(s)$ 的关系为

$$G(\mathrm{j}\omega)=G(s)|_{s=\mathrm{j}\omega} \tag{5-6}$$

由于这种简单关系的存在，利用频率特性的频率分析法和利用传递函数的时域分析法在数学上是等价的，因此在系统分析和设计时，其作用也是类似的，但频率分析法有其独特的优势。因为利用式（5-6）不仅可以获得稳定系统的频率特性，而且也可获得不稳定系统的频率特性。另外稳定系统的频率特性还可以通过实验的方法获得，这对于那些内部结构未知以及难以用分析的方法列出动态方程的系统尤为重要。频率特性虽然是一种稳态特性，但它却不仅能够反映系统的稳态性能，而且还可以用来研究系统的稳定性和动态性能。

另外，由系统的频率特性式（5-4）可得系统的对数频率特性

$$\lg G(\mathrm{j}\omega)=\lg A(\omega)+\mathrm{j}\varphi(\omega)\lg \mathrm{e}=\lg A(\omega)+\mathrm{j}0.434\varphi(\omega) \tag{5-7}$$

根据对数频率特性的实部和虚部（不考虑常数0.434）可得

对数幅频特性

$$L(\omega)=20\lg A(\omega)=20\lg|G(\mathrm{j}\omega)| \quad (\mathrm{dB}) \tag{5-8}$$

对数相频特性

$$\varphi(\omega)=\angle G(\mathrm{j}\omega) \quad (°) \tag{5-9}$$

5.1.2 频率特性的表示方法

系统或环节频率特性的表示方法有很多种，其本质都是一样的，只是表示的形式不同而已，最常用的有以下三种图示法。

1）极坐标图

极坐标图，又称为幅相频率特性曲线。它是当频率ω从$0\to+\infty$变化时，频率特性$G(\mathrm{j}\omega)$在直角坐标复平面上的幅值$A(\omega)=|G(\mathrm{j}\omega)|$与相角$\varphi(\omega)=\angle G(\mathrm{j}\omega)$的关系曲线。它以横轴为实轴，纵轴为虚轴，构成复数平面。对于任一给定的频率，频率特性值为复数。用来表示频率特性$G(\mathrm{j}\omega)$的复平面也称[G]平面。

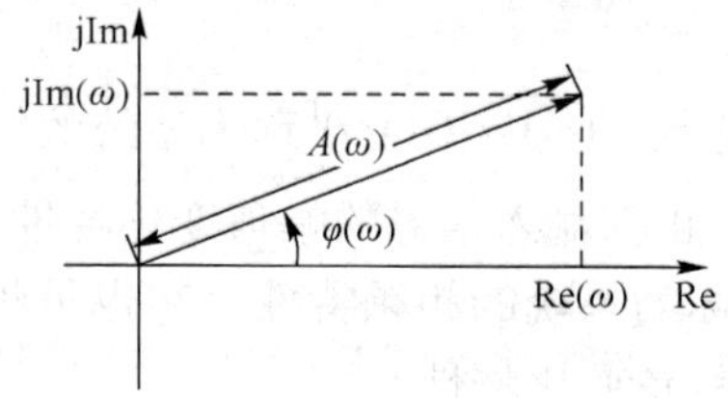

图5-2 极坐标图

若将频率特性$G(\mathrm{j}\omega)$表示成式（5-4）所示的复指数形式，则频率特性为复平面[G]上的向量，而向量的长度为频率特性的幅值$|G(\mathrm{j}\omega)|$，向量与实轴正方向的夹角等于频率特性的相角$\angle G(\mathrm{j}\omega)$，且逆时针方向为正。若将频率特性$G(\mathrm{j}\omega)$表示成式（5-5）所示的实数和虚数和的形式，则实部$\mathrm{Re}(\omega)$为实轴坐标值，虚部$\mathrm{Im}(\omega)$为虚轴坐标值。如图5-2所示。

由于频率特性的幅频特性为频率ω的偶函数，相频特性为频率ω的奇函数，则频率ω从$0\to+\infty$和频率ω从$0\to-\infty$的幅相频率特性曲线关于实轴对称，因此一般只绘制ω从$0\to+\infty$的幅相频率特性曲线。在系统幅相频率特性曲线中频率ω为参变量，一般用小箭头表示ω增大时幅相频率特性曲线的变化方向。

2）对数坐标图

对数坐标图，又称为对数频率特性曲线。对数频率特性曲线就是将频率特性表示在对数坐标系中。它由对数幅频特性和对数相频特性两条曲线组成。对数幅频特性曲线是对数幅频特性$L(\omega)=20\lg A(\omega)$与频率$\omega$的关系曲线；对数相频特性曲线是对数相频特性$\varphi(\omega)$与频率$\omega$的关系曲线。

对数幅频特性曲线的纵坐标按对数幅值$L(\omega)=20\lg A(\omega)$线性分度，单位为分贝（dB）。对数相频特性曲线的纵坐标按相角$\varphi(\omega)$线性分度，单位为度（°）。对数幅频特性曲线和对数相

频特性曲线的横坐标都按 $\lg\omega$ 分度，但为了便于观察仍以频率 ω 的值进行标注，单位为弧度/秒（rad/s），因此横坐标对于 ω 而言不是线性分度，而是按对数分度的。由此构成的坐标系称为半对数坐标系，如图 5-3 所示。

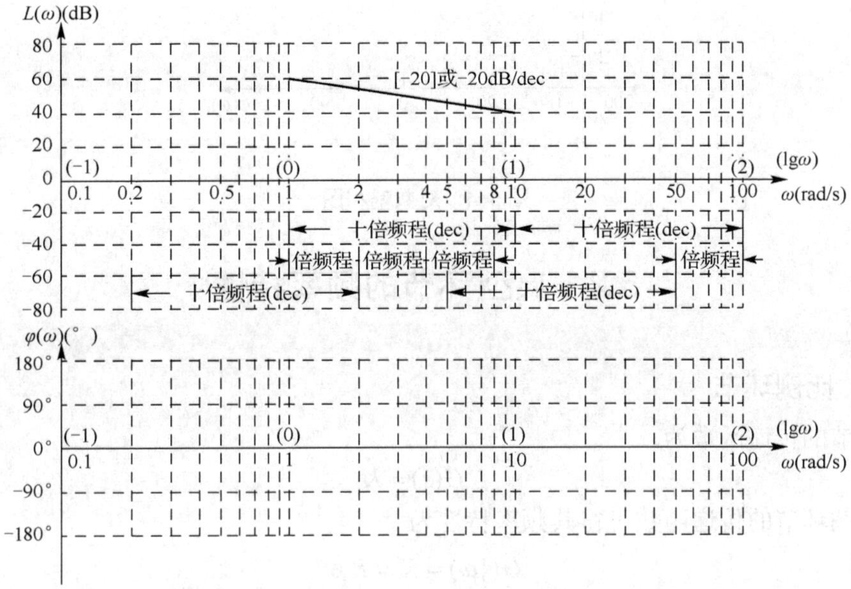

图 5-3　对数坐标图

对数频率特性采用 ω 的对数分度实现了横坐标的非线性压缩，便于在较大频率范围反映频率特性的变化情况。在同一张图中，既画出了频率特性的中、高频段，又能清楚地画出其低频段。

另外，采用对数坐标后，可将幅值的乘除运算化为加减运算，使计算简化。在对数坐标图中，对数幅频特性可用分段直线（又称渐近线）近似表示，它易于绘制且具有一定的精确性。对这些渐近线进行适当的修正，便可获得精确的对数坐标图。通常可用这种用渐近线表示的对数坐标图对系统进行分析和设计。

在线性分度中，当变量增大或减小 1 时，坐标间距离变化一个单位长度；在对数分度中，当变量增大或减小 10 倍时，其坐标间距离也变化一个单位长度，这一个单位长度被称为十倍频程或十倍频，用 dec 表示。如在频率 ω 的横轴上，频率 ω 从 1 到 10、10 到 100 或 0.2 到 2、5 到 50 的范围，它们在横轴上的对应长度都等于 1。在对数幅频特性中的 $L(\omega)$ 曲线的斜率，对应于十倍频程（dec）的 $L(\omega)$ 值的改变量，在图中一般用外加方括号表示，如[-20]表示 $L(\omega)$ 曲线的斜率每十倍频程衰减 20 分贝（dB），当然也可用-20dB/dec 直接表示。类似地，在对数分度中，频率 ω 每变化一倍，横坐标变化 0.301 单位长度，被称为倍频程，用 oct 表示。

由于对数坐标图的横轴以 ω 值进行标注，所以横轴不可能从零开始（因 $\lg 0 \to -\infty$）。

3）对数幅相图

对数幅相图，又称为对数幅相频率特性曲线。它以相角 $\varphi(\omega)$ 为横轴，$L(\omega) = 20\lg A(\omega)$ 为纵坐标，频率 ω 为参变量的一种图示法。

对数幅相图是在频率 ω 为参变量的情况下，将对数幅频特性和对数相频特性两张图合成一张图，即纵坐标为对数幅值$L(\omega)$(dB)，横坐标为相应的相角$\varphi(\omega)$(°)，如图5-4所示。

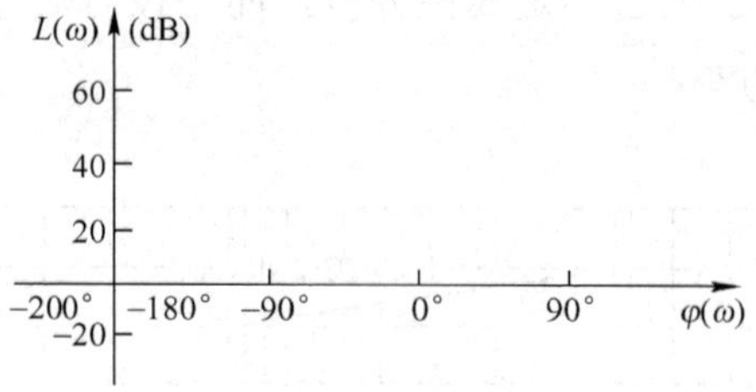

图 5-4　对数幅相图

5.2　典型环节的频率特性

5.2.1　比例环节

比例环节的传递函数为

$$G(s)=K \tag{5-10}$$

利用比例环节的传递函数可得其频率特性为

$$G(\mathrm{j}\omega)=K=K\,\mathrm{e}^{\mathrm{j}0^\circ} \tag{5-11}$$

1．比例环节的幅相频率特性（极坐标图）

利用比例环节的频率特性可得其幅频特性和相频特性分别为

$$A(\omega)=K,\quad \varphi(\omega)=0$$

当频率ω从 $0\to+\infty$变化时，$A(\omega)\equiv K$，$\varphi(\omega)\equiv 0$，故极坐标图为实轴上的一点，如图5-5（a）所示。

2．比例环节的对数频率特性（对数坐标图）

利用比例环节的幅频特性和相频特性可得其对数幅频特性和对数相频特性分别为

$$L(\omega)=20\lg A(\omega)=20\lg K\,,\quad \varphi(\omega)=0$$

当频率ω从 $0\to+\infty$变化时，对数幅频特性为一水平直线，相角$\varphi(\omega)\equiv 0$，如图 5-5（b）所示。

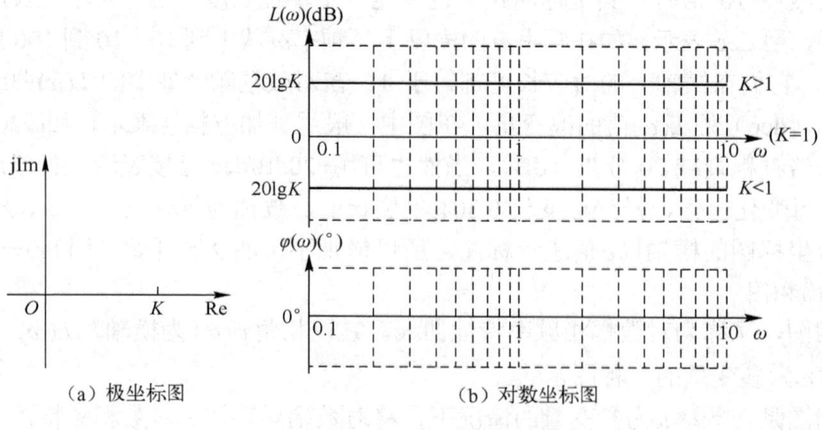

图 5-5　比例环节

5.2.2　积分环节

积分环节的传递函数为

$$G(s)=\frac{1}{s} \tag{5-12}$$

利用积分环节的传递函数可得其频率特性为

$$G(\mathrm{j}\omega)=\frac{1}{\mathrm{j}\omega}=-\mathrm{j}\frac{1}{\omega}=\frac{1}{\omega}\mathrm{e}^{\mathrm{j}(-90^\circ)} \tag{5-13}$$

1．积分环节的幅相频率特性（极坐标图）

利用积分环节的频率特性可得其幅频特性和相频特性分别为

$$A(\omega)=1/\omega,\quad \varphi(\omega)=-90^\circ$$

当频率ω从 0→+∞变化时，$A(\omega)=1/\omega$由+∞→0，相角$\varphi(\omega)\equiv-90^\circ$，极坐标图如图5-6（a）中的实线所示。

2．积分环节的对数频率特性（对数坐标图）

利用积分环节的幅频特性和相频特性可得其对数幅频特性和对数相频特性分别为

$$L(\omega)=20\lg A(\omega)=-20\lg\omega,\quad \varphi(\omega)=-90^\circ$$

当频率ω从 0→+∞变化时，频率ω每增大十倍，$L(\omega)$值下降 20dB，即 $L(\omega)$是一条斜率为−20dB/dec 的直线；当频率ω从 0→+∞变化时，相角$\varphi(\omega)\equiv-90^\circ$，其对数坐标图如图5-6（b）中的实线所示。

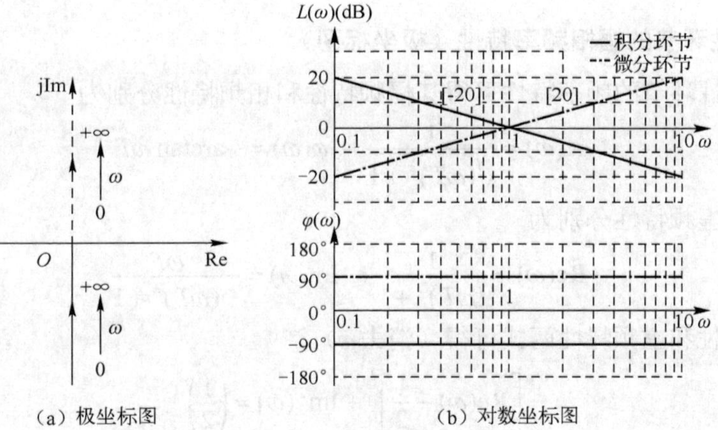

图5-6　积分环节和微分环节

5.2.3　微分环节

微分环节的传递函数为

$$G(s)=s \tag{5-14}$$

利用微分环节的传递函数可得其频率特性为

$$G(\mathrm{j}\omega)=\mathrm{j}\omega=\omega\mathrm{e}^{\mathrm{j}90^\circ} \tag{5-15}$$

1．微分环节的幅相频率特性（极坐标图）

利用微分环节的频率特性可得其幅频特性和相频特性分别为

$$A(\omega)=\omega,\varphi(\omega)=90^\circ$$

当频率ω从 0→+∞变化时，$A(\omega)=\omega$由 0→+∞，相角$\varphi(\omega)\equiv 90^\circ$，极坐标图如图 5-6（a）中的点画线所示。

2．微分环节的对数频率特性（对数坐标图）

利用微分环节的幅频特性和相频特性可得其对数幅频特性和对数相频特性分别为

$$L(\omega)=20\lg A(\omega)=20\lg\omega，\quad \varphi(\omega)=90^\circ$$

当频率ω从0→+∞变化时，频率ω每增大十倍，$L(\omega)$值增大20dB，即$L(\omega)$是一条斜率为20dB/dec的直线；当频率ω从 0→+∞变化时，相角$\varphi(\omega)\equiv 90^\circ$，其对数坐标图如图 5-6（b）中的点画线所示。

比较积分环节与微分环节的传递函数可知，两者的函数关系互为倒数。因此，两者的对数幅频特性对称于横坐标轴 0dB 线，对数相频特性对称于 0°线，如图 5-6（b）所示。

5.2.4 一阶惯性环节

一阶惯性环节的传递函数为

$$G(s)=\frac{1}{Ts+1} \tag{5-16}$$

利用一阶惯性环节的传递函数可得其频率特性为

$$G(\mathrm{j}\omega)=\frac{1}{\mathrm{j}\omega T+1}=\frac{1}{(\omega T)^2+1}-\mathrm{j}\frac{\omega T}{(\omega T)^2+1}=\frac{1}{\sqrt{(\omega T)^2+1}}\mathrm{e}^{\mathrm{j}(-\arctan\omega T)} \tag{5-17}$$

1．一阶惯性环节的幅相频率特性（极坐标图）

利用一阶惯性环节的频率特性可得其幅频特性和相频特性分别为

$$A(\omega)=\frac{1}{\sqrt{(\omega T)^2+1}}，\quad \varphi(\omega)=-\arctan\omega T$$

实频特性和虚频特性分别为

$$\mathrm{Re}(\omega)=\frac{1}{(\omega T)^2+1}，\quad \mathrm{Im}(\omega)=-\frac{\omega T}{(\omega T)^2+1}$$

根据实频特性和虚频特性两式可得（消去ω）

$$\left[\mathrm{Re}(\omega)-\frac{1}{2}\right]^2+\mathrm{Im}^2(\omega)=\left(\frac{1}{2}\right)^2$$

当频率ω从 0→+∞变化时，极坐标图如图 5-7（a）中的实线所示，为一半圆。

2．一阶惯性环节的对数频率特性（对数坐标图）

利用一阶惯性环节的幅频特性和相频特性可得其对数幅频特性和对数相频特性分别为

$$L(\omega)=20\lg\frac{1}{\sqrt{(\omega T)^2+1}}=-20\lg\sqrt{(\omega T)^2+1}，\quad \varphi(\omega)=-\arctan\omega T$$

当频率ω从 0→+∞变化时，便可根据以上两式得到相应的$L(\omega)$和$\varphi(\omega)$值，从而可得惯性环节对数坐标图的精确曲线，不过这样十分麻烦。通常先绘制对数幅频特性的渐近线，然后再在转折频率附近对曲线进行误差修正，便可得到对数幅频特性的精确曲线。

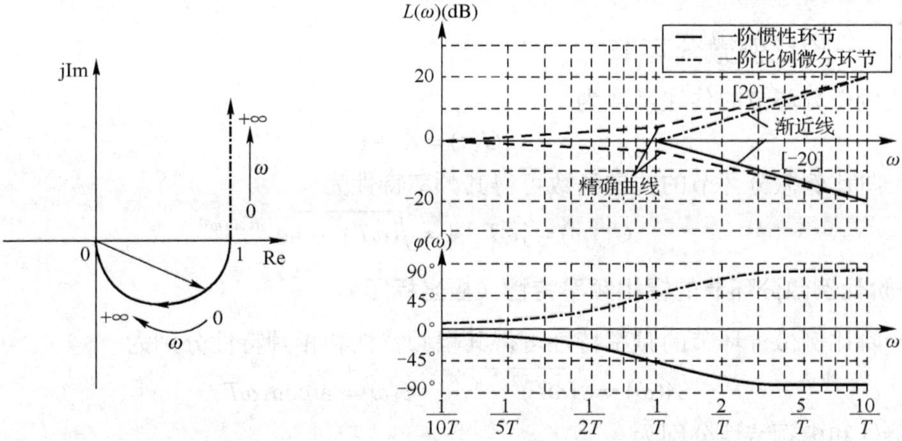

（a）极坐标图　　（b）对数坐标图

图 5-7　一阶惯性环节和一阶比例微分环节

1）对数幅频特性的渐近线

当频率$\omega \ll 1/T$时，可得低频段渐近线为

$$L_{低渐}(\omega) = 20\lg A(\omega) \approx -20\lg 1 = 0(\mathrm{dB})$$

当频率$\omega \gg 1/T$时，可得高频段渐近线为

$$L_{高渐}(\omega) = 20\lg A(\omega) \approx -20\lg \omega T = -20\lg \omega + 20\lg(1/T)(\mathrm{dB})$$

这表明$L(\omega)$在高低频段都有渐近线，低频段的渐近线是一条 0 分贝的水平线，而高频段的渐近线是一条斜率为-20(dB/dec)且与ω轴交于$\omega=1/T$ 点的直线。高、低频段渐近线交点处的频率$\omega=1/T$，称为惯性环节的转折频率，如图 5-7（b）上半部分中的实线所示。

2）对数幅频特性的误差修正

在转折频率$\omega=1/T$处精确曲线$L(\omega)$与渐近线的误差最大，误差为

$$\Delta L(\omega)\big|_{\omega=1/T} = L(\omega)\big|_{\omega=1/T} - L_{低渐}(\omega)\big|_{\omega=1/T} \approx -20\lg\sqrt{2} - 0 = -3(\mathrm{dB})$$

在频率$\omega=1/(2T)$ 处精确曲线$L(\omega)$与渐近线的误差为

$$\Delta L(\omega)\big|_{\omega=1/(2T)} = L(\omega)\big|_{\omega=1/(2T)} - L_{低渐}(\omega)\big|_{\omega=1/(2T)} \approx -20\lg\sqrt{1.25} - 0 = -1(\mathrm{dB})$$

在频率$\omega=2/T$处精确曲线$L(\omega)$与渐近线的误差为

$$\Delta L(\omega)\big|_{\omega=2/T} = L(\omega)\big|_{\omega=2/T} - L_{高渐}(\omega)\big|_{\omega=2/T} \approx -20\lg\sqrt{5} + 20\lg 2 = -1(\mathrm{dB})$$

可见，离转折频率越远误差越小，一阶惯性环节的误差曲线见图 5-8。在转折频率$\omega=1/T$附近利用误差曲线对渐近线进行修正便可得到精确曲线$L(\omega)$，如图 5-7（b）上半部分中的虚线所示。

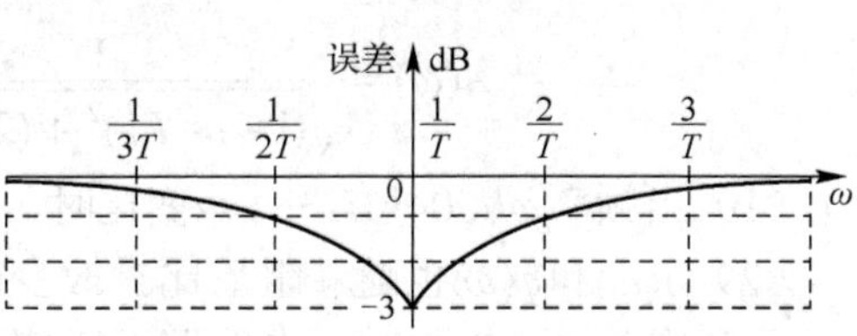

图 5-8　一阶惯性环节的误差曲线

当频率ω从 $0\to 1/T\to +\infty$变化时，相角$\varphi(\omega)=0\to -45°\to -90°$，其对数相频特性如图 5-7（b）下半部分中的实线所示。

5.2.5 一阶比例微分环节

一阶比例微分环节的传递函数为

$$G(s)=Ts+1 \tag{5-18}$$

利用一阶比例微分环节的传递函数可得其频率特性为

$$G(\mathrm{j}\omega)=\mathrm{j}\omega T+1=\sqrt{(\omega T)^2+1}\,\mathrm{e}^{\mathrm{j}\arctan\omega T} \tag{5-19}$$

1．一阶比例微分环节的幅相频率特性（极坐标图）

利用一阶比例微分环节的频率特性可得其幅频特性和相频特性分别为

$$A(\omega)=\sqrt{(\omega T)^2+1}\,,\quad \varphi(\omega)=\arctan\omega T$$

实频特性和虚频特性分别为

$$\mathrm{Re}(\omega)=1\,,\quad \mathrm{Im}(\omega)=\omega T$$

极坐标图如图5-7（a）中的点画线所示。

2．一阶比例微分环节的对数频率特性（对数坐标图）

利用一阶比例微分环节的幅频和相频特性可得其对数幅频特性和对数相频特性分别为

$$L(\omega)=20\lg\sqrt{(\omega T)^2+1}\,,\quad \varphi(\omega)=\arctan\omega T$$

其对数坐标图如图5-7（b）中的点画线所示。

比较一阶比例微分环节与一阶惯性环节的对数频率特性表达式可知，两者的函数关系几乎相同，只是符号相反。由于两者的传递函数互为倒数，因此两者的对数幅频特性对称于横坐标轴0dB线，对数相频特性对称于0°线，如图5-7（b）所示。

5.2.6 二阶振荡环节

二阶振荡环节的传递函数为

$$G(s)=\frac{\omega_\mathrm{n}^2}{s^2+2\zeta\omega_\mathrm{n}s+\omega_\mathrm{n}^2}=\frac{1}{T^2s^2+2\zeta Ts+1}\quad (\omega_\mathrm{n}=\frac{1}{T}) \tag{5-20}$$

利用二阶振荡环节的传递函数可得其频率特性为

$$G(\mathrm{j}\omega)=\frac{1}{(\mathrm{j}\omega T)^2+\mathrm{j}2\zeta T\omega+1} \tag{5-21}$$

1．二阶振荡环节的幅相频率特性（极坐标图）

利用二阶振荡环节的频率特性可得其幅频特性和相频特性分别为

$$A(\omega)=\frac{1}{\sqrt{(1-\omega^2T^2)^2+(2\zeta\omega T)^2}}\,,\quad \varphi(\omega)=-\arctan\frac{2\zeta T\omega}{1-(\omega T)^2}$$

（1）当频率ω从$0\to1/T\to+\infty$变化时，$A(\omega)$由$1\to1/(2\zeta)\to0$，$\varphi(\omega)=0°\to-90°\to-180°$。

（2）$A(\omega)$和$\varphi(\omega)$也随着阻尼比ζ改变而改变。

（3）在$\zeta\in(0,0.707)$时，出现谐振峰值$M_\mathrm{r}=A(\omega)|_{\omega=\omega_\mathrm{r}}=A_{\max}(\omega)$，$\omega_\mathrm{r}$为谐振频率。

对于二阶振荡环节，当$0<\zeta<0.707$时，$A(\omega)$出现谐振峰值M_r。

令
$$\frac{\mathrm{d}A(\omega)}{\mathrm{d}\omega}=\frac{\mathrm{d}}{\mathrm{d}\omega}\left(\frac{1}{\sqrt{(1-\omega^2T^2)^2+(2\zeta T\omega)^2}}\right)=0$$

可得谐振频率和谐振峰值分别为

$$\omega_{\mathrm{r}}=\frac{1}{T}\sqrt{1-2\zeta^2}=\omega_{\mathrm{n}}\sqrt{1-2\zeta^2}\text{ ，}\quad M_{\mathrm{r}}=A(\omega)|_{\omega=\omega_{\mathrm{r}}}=\frac{1}{2\zeta\sqrt{1-\zeta^2}}$$

二阶振荡环节的极坐标图，如图 5-9 所示。

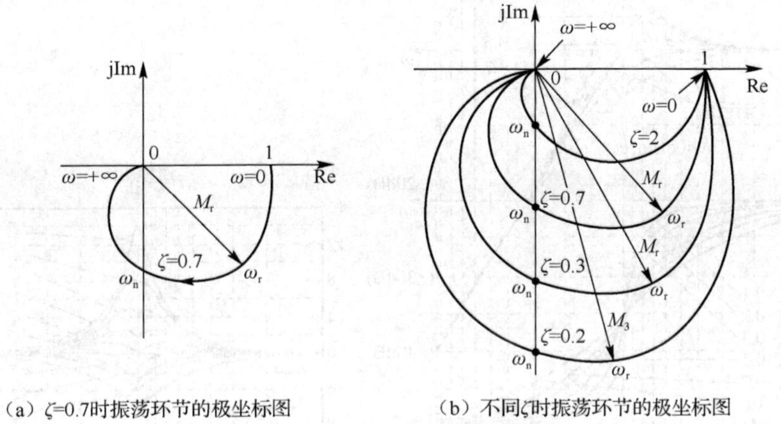

图 5-9　二阶振荡环节的极坐标图

2. 二阶振荡环节的对数频率特性（对数坐标图）

利用二阶振荡环节的幅频特性和相频特性可得其对数幅频特性和对数相频特性分别为

$$L(\omega)=20\lg A(\omega)=-20\lg\sqrt{(1-\omega^2T^2)^2+(2\zeta\omega T)^2}\text{ ，}\quad \varphi(\omega)=-\arctan\frac{2\zeta T\omega}{1-(\omega T)^2}$$

当频率ω从 0→+∞变化时，便可根据以上两式得到相应的$L(\omega)$和$\varphi(\omega)$值，从而可得二阶振荡环节对数坐标图的精确曲线，不过这样十分麻烦。这里与一阶惯性环节一样，通常先绘制其对数幅频特性的渐近线，然后再在转折频率附近对曲线进行误差修正，便可得到对数幅频特性的精确曲线。

1）对数幅频特性的渐近线

当频率$\omega \ll 1/T$时，可得低频段渐近线为

$$L_{低渐}(\omega)=20\lg A(\omega)\approx -20\lg 1=0(\mathrm{dB})$$

当频率$\omega \gg 1/T$时，可得高频段渐近线为

$$L_{高渐}(\omega)=20\lg A(\omega)\approx -40\lg \omega T=-40\lg\omega+40\lg(1/T)(\mathrm{dB})$$

这表明$L(\omega)$在高低频段都有渐近线，低频段的渐近线是一条 0 分贝的水平线，而高频段的渐近线是一条斜率为-40(dB/dec)且与ω轴交于$\omega=1/T$ 点的直线。高、低频段渐近线交点处的频率$\omega=1/T=\omega_{\mathrm{n}}$称为二阶振荡环节的转折频率。二阶振荡环节对数幅频特性的渐近线如图 5-10（a）上半部分中的实线所示。

2）对数幅频特性的误差修正

在转折频率$\omega=1/T$处精确曲线$L(\omega)$与渐近线的误差最大，误差也随着阻尼比ζ 改变而改变，

离转折频率越远误差越小，如图 5-10（b）所示。在转折频率ω=1/T 附近利用误差曲线对渐近线进行修正可得到精确曲线 $L(\omega)$，在不同阻尼比ζ下的对数幅频特性的精确曲线如图 5-10（a）上半部中的虚线所示。其中点画线为谐振频率ω_r随阻尼比ζ在（0,0.707）区间变化时的曲线。

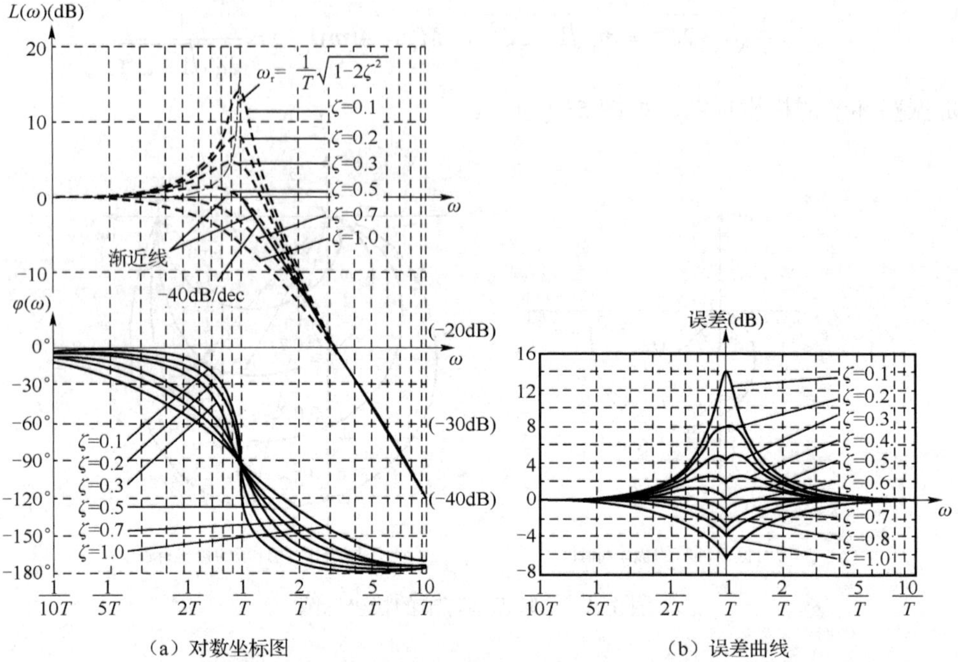

图 5-10　二阶振荡环节的对数坐标图及误差曲线

当频率ω从 0→1/T→+∞变化时，相角 $\varphi(\omega)$= 0→−90°→−180°，二阶振荡环节在不同阻尼比ζ下的对数相频特性曲线如图 5-10（a）下半部分所示。

5.2.7　纯滞后环节

纯滞后环节的传递函数为

$$G(s) = \mathrm{e}^{-\tau s} \tag{5-22}$$

利用纯滞后环节的传递函数可得其频率特性为

$$G(\mathrm{j}\omega) = \mathrm{e}^{-\mathrm{j}\tau\omega} = 1 \cdot \mathrm{e}^{-\mathrm{j}\tau\omega} \tag{5-23}$$

1. 纯滞后环节的幅相频率特性（极坐标图）

利用纯滞后环节的频率特性可得其幅频特性和相频特性分别为

$$A(\omega) = 1, \varphi(\omega) = -\tau\omega$$

当频率ω从 0→+∞变化时，$A(\omega)$=1，相角 $\varphi(\omega)$由 0→−∞，极坐标图如图 5-11（a）所示。另外，当$\omega\tau \ll 0$ 时，

$$\mathrm{e}^{-\mathrm{j}\tau\omega} = 1 - \mathrm{j}\tau\omega + \frac{1}{2!}(\mathrm{j}\tau\omega)^2 - \frac{1}{3!}(\mathrm{j}\tau\omega)^3 + \cdots \approx 1 - \mathrm{j}\tau\omega$$

$$\frac{1}{1+\mathrm{j}\tau\omega} = 1 - \mathrm{j}\tau\omega + (\mathrm{j}\tau\omega)^2 - (\mathrm{j}\tau\omega)^3 + \cdots \approx 1 - \mathrm{j}\tau\omega$$

所以，当$\omega\tau \ll 0$ 时，纯滞后环节可近似为

$$G(\mathrm{j}\omega)=\mathrm{e}^{-\mathrm{j}\tau\omega}\approx\frac{1}{1+\mathrm{j}\tau\omega}$$

2．纯滞后环节的对数频率特性（对数坐标图）

利用纯滞后环节的幅频和相频特性可得其对数幅频特性和对数相频特性分别为

$$L(\omega)=20\lg A(\omega)=20\lg 1=0(\mathrm{dB})\text{，}\quad \varphi(\omega)=-\tau\omega$$

当频率ω从 0→+∞变化时，$L(\omega)$=0，相角 $\varphi(\omega)$由 0→−∞，如图 5-11（b）所示。

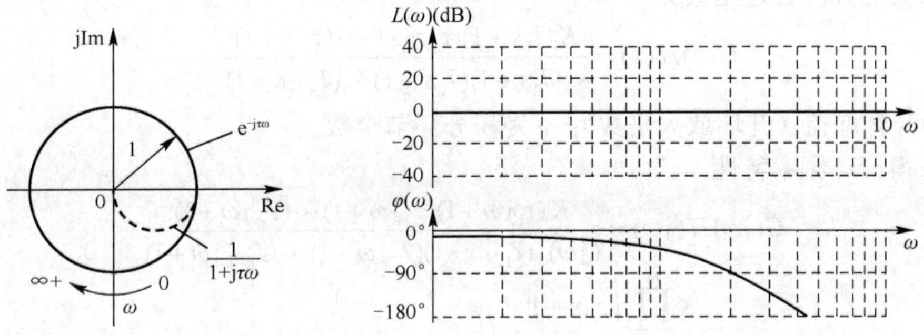

（a）极坐标图　　（b）对数坐标图

图 5-11　纯滞后环节

5.3　系统的开环频率特性

对于图 5-12 所示的系统，其开环传递函数为$G(s)H(s)$，将开环传递函数$G(s)H(s)$中的 s 用 jω来代替，便可求得系统的开环频率特性$G(\mathrm{j}\omega)H(\mathrm{j}\omega)$，简称为开环频率特性。

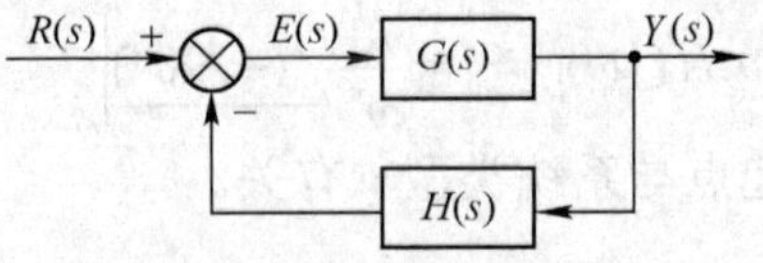

图 5-12　反馈系统

5.3.1　开环频率特性的三种图示法

开环频率特性最常用的图示法有以下三种，即 Nyquist 图、Bode 图和 Nichds 图。

1．开环频率特性的极坐标图（奈奎斯特图）

1）基本概念

开环频率特性$G(\mathrm{j}\omega)H(\mathrm{j}\omega)$的极坐标图，也称开环极坐标图，又称为奈奎斯特图（Nyquist 图），简称奈氏图，用来表示开环频率特性$G(\mathrm{j}\omega)H(\mathrm{j}\omega)$的复平面也称[GH]平面。在绘制开环频率特性$G(\mathrm{j}\omega)H(\mathrm{j}\omega)$的极坐标图时，可将$G(\mathrm{j}\omega)H(\mathrm{j}\omega)$写成直角坐标形式

$$G(\mathrm{j}\omega)H(\mathrm{j}\omega)=\mathrm{Re}(\omega)+\mathrm{jIm}(\omega)$$

或复指数的形式

$$G(\mathrm{j}\omega)H(\mathrm{j}\omega)=A(\omega)\mathrm{e}^{\mathrm{j}\varphi(\omega)}$$

给出不同的ω，计算出相应的$\mathrm{Re}(\omega)$、$\mathrm{Im}(\omega)$或$A(\omega)$和$\varphi(\omega)$，便可得出坐标中相应的点。当频率ω从 0→+∞变化时，便可准确地绘制出系统开环频率特性$G(\mathrm{j}\omega)H(\mathrm{j}\omega)$的极坐标图。显然，这种方法比较麻烦。在一般情况下，只需要绘制出概略的奈奎斯特图。绘制概略的奈奎斯特图比较简单，但是应保持曲线的重要特征，并且在要研究的点附近应有足够的准确性。下面介绍绘制奈奎斯特图的一般规则。

2）绘制奈奎斯特图的一般规则

假设系统的开环传递函数为

$$G(s)H(s)=\frac{K(\tau_1 s+1)(\tau_2 s+1)\cdots(\tau_m s+1)}{s^v(T_1 s+1)(T_2 s+1)\cdots(T_{n-v}s+1)} \tag{5-24}$$

式中，K为开环增益（开环放大倍数）；v为积分环节个数。

便可求得开环频率特性

$$G(\mathrm{j}\omega)H(\mathrm{j}\omega)=\frac{K(\tau_1\mathrm{j}\omega+1)(\tau_2\mathrm{j}\omega+1)\cdots(\tau_m\mathrm{j}\omega+1)}{(\mathrm{j}\omega)^v(T_1\mathrm{j}\omega+1)(T_2\mathrm{j}\omega+1)\cdots(T_{n-v}\mathrm{j}\omega+1)}$$

$$G(\mathrm{j}\omega)H(\mathrm{j}\omega)=\frac{K\prod_{j=1}^{m}\left|\mathrm{j}\tau_j\omega+1\right|}{\omega^v\prod_{i=1}^{n-v}\left|\mathrm{j}T_i\omega+1\right|}\angle\left(\sum_{j=1}^{m}\arctan\tau_j\omega-\sum_{i=1}^{n-v}\arctan T_i\omega-v90^\circ\right) \tag{5-25}$$

（1）低频段的奈奎斯特图

当频率$\omega\to 0$时

$$G(\mathrm{j}\omega)H(\mathrm{j}\omega)\Big|_{\omega\to 0}=\frac{K\prod_{j=1}^{m}\left|\mathrm{j}\tau_j\omega+1\right|}{\omega^v\prod_{i=1}^{n-v}\left|\mathrm{j}T_i\omega+1\right|}\angle\left(\sum_{j=1}^{m}\arctan\tau_j\omega-\sum_{i=1}^{n-v}\arctan T_i\omega-v90^\circ\right)\Bigg|_{\omega\to 0}$$

即

$$G(\mathrm{j}\omega)H(\mathrm{j}\omega)\Big|_{\omega\to 0}=\frac{K}{\omega^v}\angle(-v90^\circ)\Big|_{\omega\to 0} \tag{5-26}$$

由此可见，奈奎斯特图的起点与系统类型v有关。

① 当v=0 时，即 0 型系统

$$G(\mathrm{j}\omega)H(\mathrm{j}\omega)\Big|_{\omega\to 0}=\frac{K}{\omega^v}\angle(-v90^\circ)\Big|_{\omega\to 0}=K$$

所以 0 型系统，奈奎斯特图起始于实轴上的K点。

② 当v=1 时，即 I 型系统

$$G(\mathrm{j}\omega)H(\mathrm{j}\omega)\Big|_{\omega\to 0}=\frac{K}{\omega^v}\angle(-v90^\circ)\Big|_{\omega\to 0}=+\infty\angle(-90^\circ)$$

所以 I 型系统，奈奎斯特图起始于负虚轴上的无穷远点。

③ 当v=2 时，即 II 型系统

$$G(\mathrm{j}\omega)H(\mathrm{j}\omega)\Big|_{\omega\to 0}=\frac{K}{\omega^v}\angle(-v90^\circ)\Big|_{\omega\to 0}=+\infty\angle(-180^\circ)$$

所以 II 型系统，奈奎斯特图起始于负实轴上的无穷远点。

④ 当v=3 时，即III型系统

$$G(\mathrm{j}\omega)H(\mathrm{j}\omega)\Big|_{\omega\to 0}=\frac{K}{\omega^v}\angle(-v90^\circ)\Big|_{\omega\to 0}=+\infty\angle(-270^\circ)$$

所以III型系统，奈奎斯特图起始于正虚轴的无穷远点。

当ν=0，1，2，3 时，低频段的奈奎斯特图如图 5-13 所示。

（2）高频段的奈奎斯特图

当频率ω→+∞时

$$G(\mathrm{j}\omega)H(\mathrm{j}\omega)\Big|_{\omega\to+\infty}=\frac{K\prod\limits_{j=1}^{m}\left|\mathrm{j}\tau_j\omega+1\right|}{\omega^{\nu}\prod\limits_{i=1}^{n-\nu}\left|\mathrm{j}T_i\omega+1\right|}\angle\left(\sum_{j=1}^{m}\arctan\tau_j\omega-\sum_{i=1}^{n-\nu}\arctan T_i\omega-\nu 90^{\circ}\right)\Bigg|_{\omega\to+\infty}$$

即

$$G(\mathrm{j}\omega)H(\mathrm{j}\omega)\Big|_{\omega\to\infty}=0\angle[-(n-m)90^{\circ}]\quad (n>m) \tag{5-27}$$

所以，当 $n>m$ 时奈奎斯特图以顺时针方向终止于原点，$(n-m)$值的大小决定与哪个坐标轴相切。

① 当 $n-m=1$ 时，高频段的奈奎斯特图将与负虚轴相切而以顺时针方向终止于原点；

② 当 $n-m=2$ 时，高频段的奈奎斯特图将与负实轴相切而以顺时针方向终止于原点；

③ 当 $n-m=3$ 时，高频段的奈奎斯特图将与正虚轴相切而以顺时针方向终止于原点；

④ 当 $n-m=4$ 时，高频段的奈奎斯特图将与正实轴相切而以顺时针方向终止于原点。

当 $n-m$=1，2，3，4 时，高频段的奈奎斯特图如图 5-14 所示。

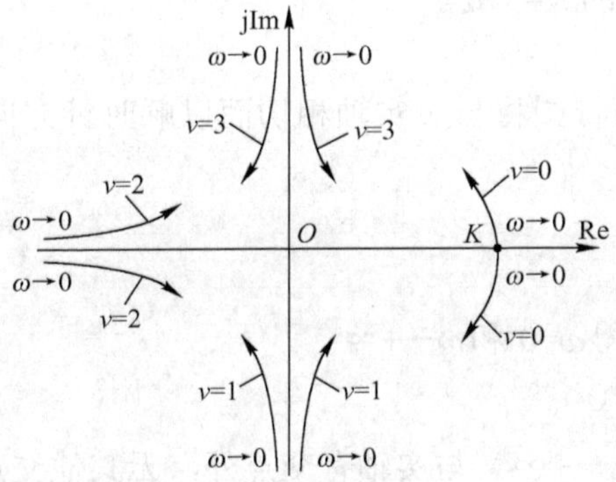

图 5-13　低频段的奈奎斯特图

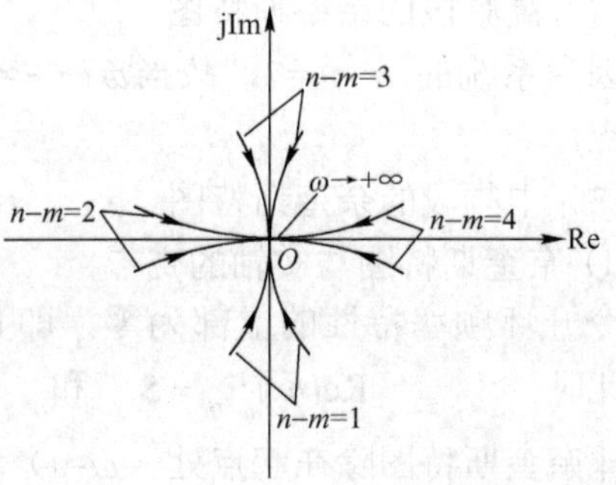

图 5-14　高频段的奈奎斯特图

（3）中频段的奈奎斯特图

根据奈奎斯特图与坐标轴的交点和幅值的极值点，可以进一步确定中频段的奈奎斯特图。

假设开环频率特性为

$$G(\mathrm{j}\omega)H(\mathrm{j}\omega)=\mathrm{Re}(\omega)+\mathrm{j}\,\mathrm{Im}(\omega)=A(\omega)\mathrm{e}^{\mathrm{j}\varphi(\omega)}$$

① 求与坐标轴的交点

令开环频率特性 $G(\mathrm{j}\omega)H(\mathrm{j}\omega)$ 的实部 $\mathrm{Re}(\omega)$ 和虚部 $\mathrm{Im}(\omega)$ 分别为零，便可得到开环频率特性 $G(\mathrm{j}\omega)H(\mathrm{j}\omega)$ 与虚轴和实轴的所有交点。其中，实部等于零的解，是与虚轴的所有交点；虚部等于零的解，是与实轴的所有交点。

② 求极值点

令 $\mathrm{d}A(\omega)/\mathrm{d}\omega=0$ 可得极值点的频率。将该频率代入 $A(\omega)$中，便可得到开环频率特性在该频率点的幅值。

在 $0<\omega<+\infty$ 区段，奈奎斯特图的形状与开环传递函数的结构及其参数有关。

如果系统没有开环零点（m=0），即开环传递函数的分子中没有时间常数，则当ω由 0 增大到+∞的过程中，开环频率特性的相位角以一个方向连续变化，即由 0 依次减到 $-n90^0$，奈奎斯特图为平滑曲线。如果开环传递函数的分子中有时间常数，则视这些时间常数的数值大小不同，开环频率特性的相位角可能不按同一个方向连续变化，此时奈奎斯特图可能出现凸凹部。

例如，若系统的开环传递函数为 $G(s)H(s)=\dfrac{K(\tau s+1)}{(T_1 s+1)(T_2 s+1)(T_3 s+1)}$，则当 $T_1\geqslant\tau, T_2\geqslant\tau, T_3\geqslant\tau$ 或 $\tau=0$ 时，系统的奈奎斯特图均为平滑曲线。当 $T_1>\tau, T_2>\tau, T_3<\tau$ 时，系统的奈奎斯特图就会出现凸凹部。

例 5-1　已知系统的开环传递函数为

$$G(s)H(s)=\frac{5}{(1+s)(0.1s+1)}$$

试绘制系统开环频率特性的极坐标图（奈奎斯特图）。

解　系统的开环频率特性为

$$G(\mathrm{j}\omega)H(\mathrm{j}\omega)=\frac{5}{(1+\mathrm{j}\omega)(1+\mathrm{j}0.1\omega)}=\frac{5(1-0.1\omega^2)}{(1+\omega^2)(1+0.01\omega^2)}-\mathrm{j}\frac{5.5\omega}{(1+\omega^2)(1+0.01\omega^2)}=\mathrm{Re}(\omega)+\mathrm{j}\,\mathrm{Im}(\omega)$$

（1）低频段的奈奎斯特图

因为系统的ν=0，故奈奎斯特图起始于正实轴上的K=5 处。

（2）高频段的奈奎斯特图

因为系统的 $n-m$=2，故当$\omega\to+\infty$时，奈奎斯特图将与负实轴相切而以顺时针方向终止于原点。

（3）中频段的奈奎斯特图

① 奈奎斯特图与实轴的交点

令开环频率特性的虚部为零，即 $\mathrm{Im}(\omega)=0$，得ω=0 和$\omega\to+\infty$

此时：　$\mathrm{Re}(\omega)\big|_{\omega=0}=5$　和　$\mathrm{Re}(\omega)\big|_{\omega\to+\infty}=0$

即奈奎斯特图除在起点处（ω=0）和终点处（$\omega\to+\infty$）与实轴有交点外，无其他交点。

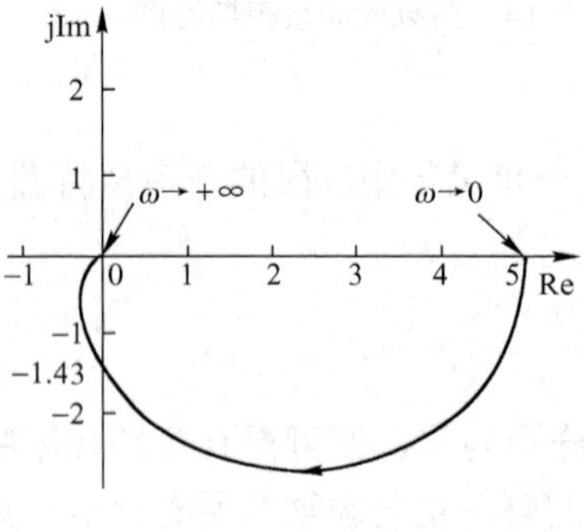

图 5-15　例 5-1 系统的奈奎斯特图

② 奈奎斯特图与虚轴的交点

令开环频率特性的实部为零，即 $\mathrm{Re}(\omega)=0$，得

$$\omega=\sqrt{10}\text{ 和 }\omega\to+\infty$$

此时：$\mathrm{Im}(\omega)\big|_{\omega=\sqrt{10}}=-\left.\dfrac{5.5\omega}{(1+\omega^2)(1+0.01\omega^2)}\right|_{\omega=\sqrt{10}}=-1.43$

和　$\mathrm{Im}(\omega)\big|_{\omega\to+\infty}=0$

所以奈奎斯特图除在终点处（$\omega\to+\infty$）与虚轴有交点外，还与虚轴交于-1.43 点。系统开环频率特性的极坐标图如图 5-15 所示。由于系统没有开环零点，故其奈奎斯特图为一平滑曲线。

2．开环频率特性的对数坐标图（Bode 图）

1）基本概念

开环频率特性 $G(\mathrm{j}\omega)H(\mathrm{j}\omega)$ 的对数坐标图，也称开环对数坐标图，又称为伯德图（Bode 图）。

对于图 5-12 所示的系统，假设其开环传递函数 $G(s)H(s)$ 由 n 个典型环节串联组成，即

$$G(s)H(s)=G_1(s)G_2(s)\cdots G_n(s)$$

则系统的开环频率特性

$$G(\mathrm{j}\omega)H(\mathrm{j}\omega)=G_1(\mathrm{j}\omega)G_2(\mathrm{j}\omega)\cdots G_n(\mathrm{j}\omega)$$

开环对数幅频特性

$$\begin{aligned}L(\omega)&=20\lg|G(\mathrm{j}\omega)H(\mathrm{j}\omega)|=20\lg(|G_1(\mathrm{j}\omega)G_2(\mathrm{j}\omega)\cdots G_n(\mathrm{j}\omega)|)\\&=20\lg|G_1(\mathrm{j}\omega)|+20\lg|G_2(\mathrm{j}\omega)|+\cdots+20\lg|G_n(\mathrm{j}\omega)|\\&=L_1(\omega)+L_2(\omega)+\cdots+L_n(\omega)\end{aligned}$$

开环对数相频特性

$$\varphi(\omega)=\angle G(\mathrm{j}\omega)H(\mathrm{j}\omega)=\angle G_1(\mathrm{j}\omega)+\angle G_2(\mathrm{j}\omega)+\cdots+\angle G_n(\mathrm{j}\omega)$$

可见，由若干典型环节串联组成的开环传递函数，其开环对数幅频特性为各串联典型环节对数幅频特性之和，其开环对数相频特性也为各串联典型环节对数相频特性之和。

当频率 ω 从 0→+∞ 变化时，在各个频率下将所含各典型环节的对数幅频特性和对数相频特性相加，便可求得开环频率特性的对数幅频特性和对数相频特性的精确曲线。不过这样十分麻烦，曲线越精确，计算频率点越多。通常，对于系统的开环对数幅频特性先单独绘制各典型环节的渐近线，然后对所有典型环节的渐近线进行叠加，最后在各转折频率附近进行修正，便可得到精确的开环对数幅频特性曲线。将各典型环节的对数相频特性进行叠加，即可得到系统的开环对数相频特性曲线。

2）绘制伯德图的一般规则

通过分析系统的开环对数幅频特性渐近线的特点，同时鉴于系统开环对数幅频特性渐近线在控制系统的分析和设计中具有十分重要的作用，以下着重介绍根据系统开环频率特性直接绘制出系统开环对数幅频特性渐近线的方法，其步骤如下。

（1）将系统的开环频率特性化成典型环节之积的形式，即

$$G(\mathrm{j}\omega)H(\mathrm{j}\omega)=G_1(\mathrm{j}\omega)G_2(\mathrm{j}\omega)\cdots G_n(\mathrm{j}\omega)$$

求出各典型环节的转折频率，并标注在对数坐标图上。

（2）确定低频段的渐近线

假设系统的开环频率特性为

$$G(\mathrm{j}\omega)H(\mathrm{j}\omega)=\frac{K\prod_{j=1}^{m}(\mathrm{j}\tau_j\omega+1)}{(\mathrm{j}\omega)^{\nu}\prod_{i=1}^{n-\nu}(\mathrm{j}T_i\omega+1)}\tag{5-28}$$

若因子 $(\mathrm{j}\tau_j\omega+1)$ 和因子 $(\mathrm{j}T_i\omega+1)$ 中的最小转折频率为 $\omega_{\min}=\min\left\{\dfrac{1}{\tau_j},\dfrac{1}{T_i}\right\}$，则当 $\omega\ll\omega_{\min}$ 时

$$L(\omega)=20\lg K-20\nu\lg\omega+20\lg\frac{\prod_{j=1}^{m}|\mathrm{j}\tau_j\omega+1|}{\prod_{i=1}^{n-\nu}|\mathrm{j}T_i\omega+1|}\approx 20\lg K-20\nu\lg\omega+20\lg 1$$

即低频段（$\omega\ll\omega_{\min}$）的渐近线方程为

$$L(\omega)\approx 20\lg K-20\nu\lg\omega\tag{5-29}$$

当ω=1 时，有 $L(\omega)=20\lg K$

当$L(\omega)=0$ 时，有 $20\lg K=\nu 20\lg\omega$， 即 $K=\omega^{\nu}$

所以低频段的渐近线是一条斜率为$-\nu 20$(dB/dec)，且通过ω=1，$L(\omega)=20\lg K$点（或与ω轴交于$\omega=\sqrt[\nu]{K}$点)的直线。它从低频段开始一直到最左边的第一个转折频率，即最小转折频率$\omega_{\min}$处。

由此可知，0型系统的低频段的渐近线是一条水平直线；Ⅰ型系统的低频段的渐近线是一条斜率为-20（dB/dec）的直线；Ⅱ型系统的低频段的渐近线是一条斜率为-40（dB/dec）的直线；依次类推。

（3）$L(\omega)$从低频段开始向高频段延伸时，每经过一个转折频率，渐近线斜率的改变量为该转折频率所属典型环节的高频渐近线斜率。如每经过一个一阶因子渐近线斜率的改变量为±20（dB/dec）；每经过一个二阶因子渐近线斜率的改变量为±40（dB/dec）。如此便可得到一条随ω连续变化的开环对数幅频特性曲线的渐近线。

（4）在各转折频率附近对渐近线作合理修正，便可得到精确的$L(\omega)$曲线。

至于系统开环对数相频特性曲线的绘制，通常是分别画出各典型环节的对数相频特性曲线，然后将各曲线进行叠加。实际画图时，可先写出总的系统开环相频特性表达式，然后每隔十倍频程或一倍频程计算出一个点，最后用光滑曲线连接即可得到系统的开环对数相频特性曲线。

例 5-2 已知系统的开环传递函数为

$$G(s)H(s)=\frac{100(0.1s+1)}{s(s+1)(0.01s+1)}$$

试绘制系统开环频率特性的对数坐标图（伯德图）。

解 系统的开环频率特性为

$$G(\mathrm{j}\omega)H(\mathrm{j}\omega)=\frac{100(1+\mathrm{j}0.1\omega)}{\mathrm{j}\omega(1+\mathrm{j}\omega)(1+\mathrm{j}0.01\omega)}=100\times\frac{1}{\mathrm{j}\omega}\times\frac{1}{1+\mathrm{j}\omega}\times(1+\mathrm{j}0.1\omega)\times\frac{1}{1+\mathrm{j}0.01\omega}$$

由此可见，系统由比例、积分、一阶惯性、一阶比例微分和一阶惯性5个典型环节组成。其中一阶惯性、一阶微分和一阶惯性的转折频率分别为：1、10 和 100。系统的最小转折频率为$\omega_{\min}=1$。

1）开环频率特性的对数幅频特性

（1）将转折频率1、10和100标注在对数坐标图中。

（2）因当$\omega\ll\omega_{\min}=1$时，系统的低频段渐近线方程可表示为

$$L(\omega)\approx 20\lg K-20\nu\lg\omega=20\lg 100-20\lg\omega=40-20\lg\omega$$

故在对数坐标图中最小转折频率 1 之前，画一条斜率为-20dB/dec，且过$\omega=1$，$L(\omega)=40-20\lg 1=40\text{dB}$点的低频渐近线。

（3）斜率为-20dB/dec的渐近线过第1个转折频率1后，渐近线斜率按该一阶惯性的性质增加-20dB/dec，变为-40dB/dec。

（4）斜率为-40dB/dec的渐近线过第2个转折频率10后，渐近线斜率按该一阶比例微分的性质增加20dB/dec，变为-20dB/dec。

（5）斜率为-20dB/dec的渐近线过第3个转折频率100后，渐近线斜率按该一阶惯性的性质增加–20dB/dec，又变为-40dB/dec。

系统对数幅频特性的渐近线如图5-16上半部分中实线所示。在转折频率附近按误差曲线加以修正，便可得到系统对数幅频特性的精确曲线，如图5-16上半部分中虚线所示。

2）开环频率特性的对数相频特性

开环频率特性的对数相频特性为比例、积分、一阶惯性、一阶比例微分和一阶惯性 5 个典型环节对数相频特性（如图 5-16 下半部分中虚线所示）的叠加，其叠加后的开环频率特性的对数相频特性曲线如图 5–16 下半部分中的实线所示。

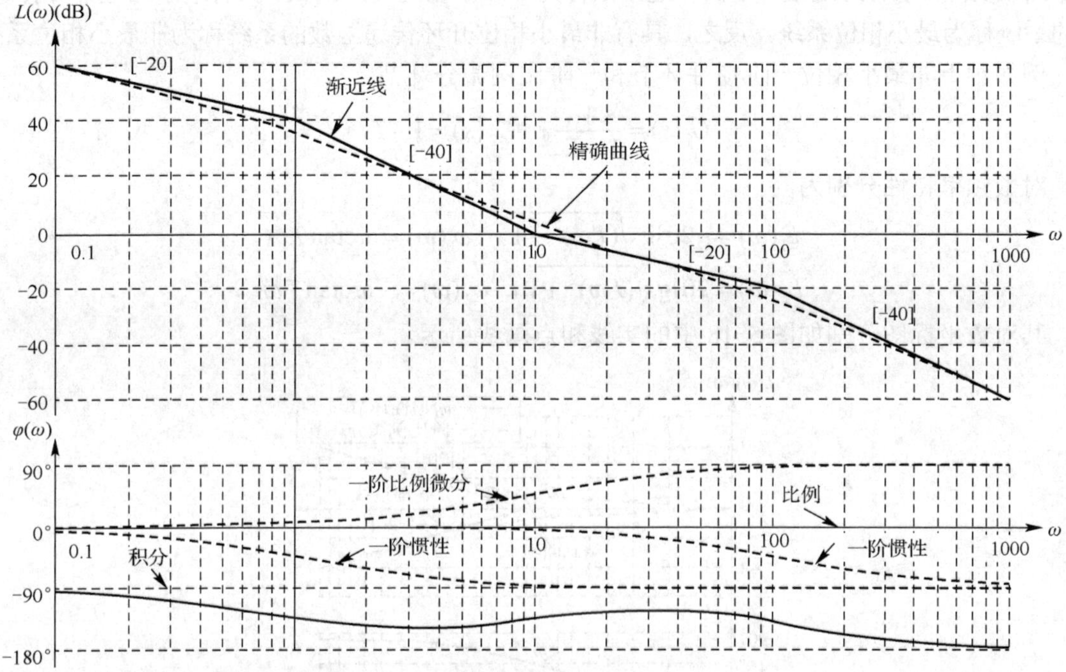

图 5–16　例 5–2 系统的开环对数坐标图

3. 开环频率特性的对数幅相图（Nichols 图）

开环频率特性 $G(\mathrm{j}\omega)H(\mathrm{j}\omega)$ 的对数幅相图，也称开环对数幅相图，又称为尼科尔斯图（Nichols 图）。它既可根据开环频率特性 $G(\mathrm{j}\omega)H(\mathrm{j}\omega)$ 的对数幅频特性和对数相频特性进行绘制，也可直接根据系统的开环频率特性 $G(\mathrm{j}\omega)H(\mathrm{j}\omega)$ 的对数坐标图进行绘制。开环对数幅相图将开环对数幅频特性和开环对数相频特性两张图，在频率 ω 为参变量的情况下合成一张图，即以开环频率特性 $G(\mathrm{j}\omega)H(\mathrm{j}\omega)$ 的相角 $\varphi(\omega)$ 为横轴，$L(\omega)=20\lg A(\omega)$ 为纵坐标，以频率 ω 为参变量的一种图示法。

例 5–3　已知系统的开环传递函数如例 5–2 所示，试绘制系统开环频率特性的对数幅相图（Nichols 图）。

解　根据例 5–2 所绘制系统的开环对数坐标图，当频率从小到大变化时，将同一频率的对数幅频特性和相频特性的值分别作为对数幅相平面中的纵坐标和横坐标，便可得该系统的尼科尔斯图，如图 5–17 所示。

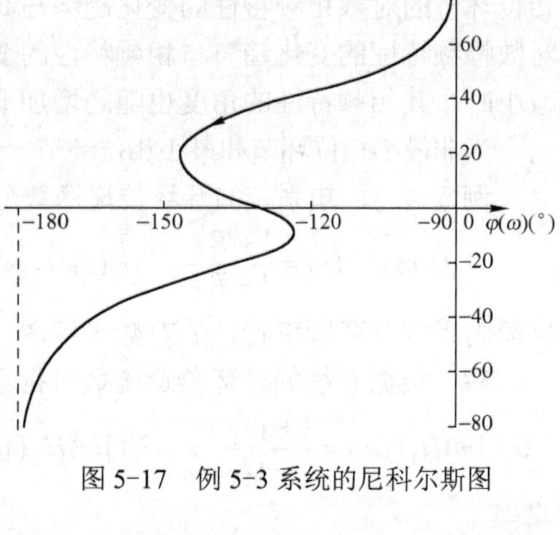

图 5–17　例 5–3 系统的尼科尔斯图

5.3.2 最小相位系统的开环频率特性

1. 最小相位系统的定义

在右半 s 平面上没有零点和极点的传递函数称为最小相位传递函数。反之，在右半 s 平面上有零点或极点，或有纯迟延环节的传递函数称为非最小相位传递函数。具有最小相位开环传递函数的系统称为最小相位系统。反之，具有非最小相位开环传递函数的系统称为非最小相位系统。

例如对于非最小相位一阶惯性环节和一阶比例微分环节

$$G_1(s)=\frac{1}{1-Ts}\text{；}\quad G_2(s)=1-Ts$$

对数频率特性分别为

$$L_1(\omega)=-20\lg\sqrt{(T\omega)^2+1}\text{，}\quad \varphi_1(\omega)=\arctan T\omega$$
$$L_2(\omega)=20\lg\sqrt{(T\omega)^2+1}\text{，}\quad \varphi_2(\omega)=-\arctan T\omega$$

其对数坐标图分别如图 5-18 中的实线和点画线所示。

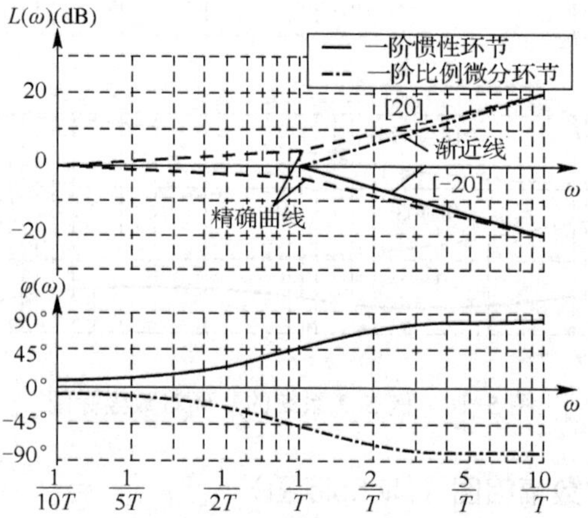

图 5-18　非最小相位环节的对数坐标图

比较图 5-18 和图 5-7 可知，非最小相位环节的对数幅频特性与同类型的最小相位环节的对数幅频特性相同，而其对数相频特性是最小相位环节对数相频特性的负值。换言之，非最小相位环节的对数相频特性的变化趋势与其对数幅频特性的变化趋势不一致。而最小相位环节的对数幅频特性的变化趋势与相频特性的变化趋势是一致的，即当对数幅频特性的斜率增加或者减小时，其相频特性的角度也随之增加或者减小。

当非最小相位环节和最小相位环节一起构成系统时，其频率特性也表现出类似的特点。

例 5-4　已知系统的开环传递函数分别为

$$G_1(s)H_1(s)=\frac{1+T_2s}{1+T_1s}\text{；}\quad G_2(s)H_2(s)=\frac{1-T_2s}{1+T_1s}\text{；}\quad G_3(s)H_3(s)=\frac{1-T_2s}{1-T_1s}\qquad (T_1>T_2>0)$$

试绘制系统开环频率特性的对数坐标图（伯德图）。

解　根据系统的开环传递函数可得系统的开环频率特性分别为

$$G_1(\mathrm{j}\omega)H_1(\mathrm{j}\omega)=\frac{1+\mathrm{j}T_2\omega}{1+\mathrm{j}T_1\omega}\text{；}\quad G_2(\mathrm{j}\omega)H_2(\mathrm{j}\omega)=\frac{1-\mathrm{j}T_2\omega}{1+\mathrm{j}T_1\omega}\text{；}\quad G_3(\mathrm{j}\omega)H_3(\mathrm{j}\omega)=\frac{1-\mathrm{j}T_2\omega}{1-\mathrm{j}T_1\omega}\ (T_1>T_2>0)$$

它们的对数幅频特性均为

$$L_1(\omega) = L_2(\omega) = L_3(\omega) = 20\lg\sqrt{(T_2\omega)^2+1} - 20\lg\sqrt{(T_1\omega)^2+1}$$

而对数相频特性分别为

$$\varphi_1(\omega) = \arctan T_2\omega - \arctan T_1\omega$$
$$\varphi_2(\omega) = -\arctan T_2\omega - \arctan T_1\omega$$
$$\varphi_3(\omega) = -\arctan T_2\omega + \arctan T_1\omega$$

其开环对数坐标图分别如图 5-19 中所示。

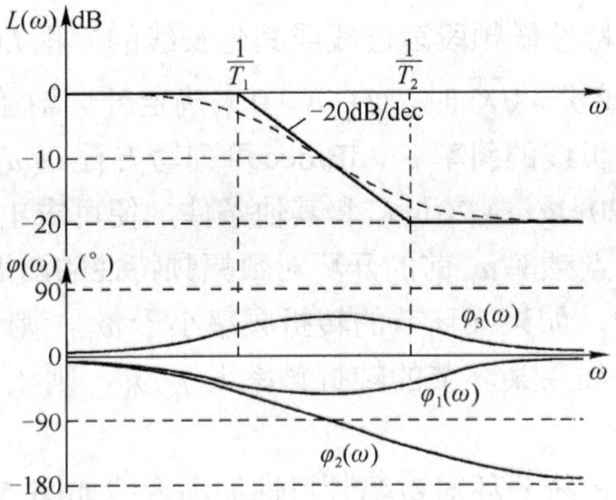

图 5-19　例 5-4 系统的开环对数坐标图

综上所述，在具有相同幅频特性的一类系统中，当频率ω从 0 变化至$+\infty$时，最小相位系统的相角变化范围最小，如曲线$\varphi_1(\omega)$所示，且对数幅频特性的变化趋势与相频特性的变化趋势是一致的。而非最小相位系统则不然，它的相角变化范围通常比最小相位系统的相角变化范围要大，如曲线$\varphi_2(\omega)$所示；或者相角变化范围虽不大，但相角的变化趋势与对数幅频特性的斜率变化趋势不一致，如曲线$\varphi_3(\omega)$所示。因而，对于最小相位系统，对数幅频特性和相频特性之间存在着唯一的对应关系。这就是说，根据系统的对数幅频特性，就可唯一地确定相应的相频特性和传递函数，反之亦然。但是，对于非最小相位系统，就不存在上述关系，非最小相位系统的相角变化范围通常比最小相位系统的相角变化范围大。因此，对于最小相位系统，可只根据对数幅频特性（或相频特性）对其进行分析；而对于非最小相位系统，在进行分析或综合时，必须同时考虑其对数幅频特性与相频特性。

对于幅频特性相同的系统，最小相位系统的相位角变化范围是最小的，而非最小相位系统的相位角变化范围必定大于前者。这就是“最小相位”名称的由来。

2. 根据最小相位系统的对数幅频特性确定其传递函数

由上可知，根据最小相位系统的开环对数幅频特性（或相频特性），就可唯一地确定该系统的开环传递函数，其步骤如下。

1）确定系统的类型

首先根据系统开环对数幅频特性低频段渐近线的斜率为-20ν dB/dec 来确定系统类型 ν 的值。

2）确定系统所含各环节的类型和参数

从低频到高频根据开环对数幅频特性渐近线的斜率变化量和转折频率的大小来确定系统所含各环节的类型和参数，如在转折频率后斜率变化 −20 dB/dec，该环节对应于一阶惯性环节；斜率变化 −40 dB/dec，对应于重一阶惯性环节或二阶振荡环节；斜率变化 20 dB/dec，对应于一阶比例微分环节；斜率变化 40 dB/dec，对应于重一阶比例微分环节或二阶比例微分环节。转折频率的倒数即为该环节的时间常数。

3）确定系统的开环增益

确定系统的开环增益，一般有以下三种方法。

（1）利用开环对数幅频特性低频段渐近线或其延长线的方程 $L(\omega)=-20v\lg\omega+20\lg K$，在 $\omega=1$ 时，$L(\omega)=20\lg K$；或 $\omega=\sqrt[v]{K}$ 时，$L(\omega)=0$ 来确定开环增益 K。

（2）首先利用穿越零分贝线的斜率 $-N$ dB/dec 可列写方程 $L(\omega)=-N\lg\omega+b$；然后再根据低频段渐近线方程 $L(\omega)=-20v\lg\omega+20\lg K$ 和其他条件，便可求出开环增益 K。

（3）利用系统在零分贝点频率 ω_0 前的开环对数幅频特性的渐近线方程来确定开环增益 K。该渐近线方程是这样确定的，如果某环节的转折频率小于 ω_0，则该环节的对数幅频特性方程用其高频渐近线方程代替；如果某环节的转折频率大于 ω_0，则该环节的对数幅频特性方程用其低频渐近线方程代替。

例 5-5 已知最小相位系统开环对数幅频特性的渐近线如图 5-20 所示，试确定系统的开环传递函数。

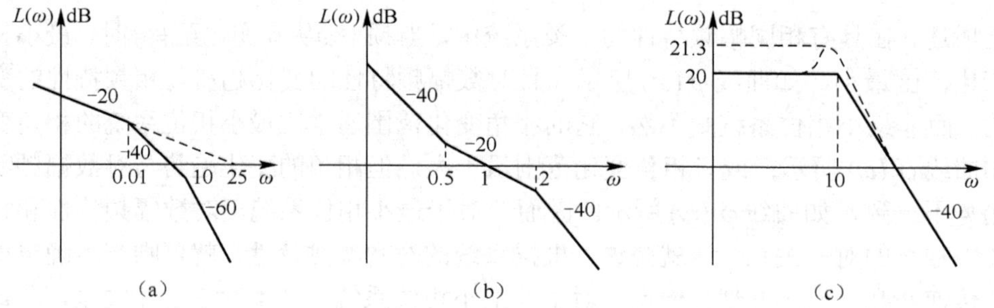

图 5-20 系统的对数幅频特性

解 （1）系统为Ⅰ型，且有两个转折频率 $\omega_1=0.01$，$\omega_2=10$，设其开环传递函数为：

$$G(s)H(s)=\frac{K}{s\left(\frac{1}{0.01}s+1\right)\left(\frac{1}{10}s+1\right)}=\frac{K}{s(100s+1)(0.1s+1)}$$

因低频段（第 1 个转折频率之前）的渐近线为

$$L(\omega)=20\lg K-20\lg\omega$$

由 $\omega=25$ 时，$L(\omega)=20\lg K-20\lg\omega=0\,\text{dB}$，得 $K=\omega=25$

则开环传递函数为

$$G(s)H(s)=\frac{25}{s(100s+1)(0.1s+1)}$$

（2）系统为Ⅱ型，且有两个转折频率 $\omega_1=0.5$，$\omega_2=2$，设其开环传递函数为：

$$G(s)H(s)=\frac{K\left(\frac{1}{0.5}s+1\right)}{s^2\left(\frac{1}{2}s+1\right)}=\frac{K(2s+1)}{s^2(0.5s+1)}$$

方法1：根据通过$\omega=1$处的渐近线方程$L(\omega)=-20\lg\omega+b$，得

$$L(0.5)-L(1)=-20(\lg 0.5-\lg 1)$$

又因低频段（第1个转折频率之前）的渐近线方程$L(\omega)=20\lg K-40\lg\omega$，在$\omega=0.5$时有

$$L(0.5)=20\lg K-40\lg 0.5$$

求解以上两式可得 $K=0.5$

方法2：因第2个转折频率ω=2之前的渐近线方程为

$$L(\omega)=20\lg K-20\lg\omega^2+20\lg\frac{\omega}{0.5}-20\lg 1$$

根据ω=1时， $L(\omega)=20\lg K-20\lg\omega^2+20\lg\frac{\omega}{0.5}-20\lg 1=0$（dB）

可得 $K=0.5$

则开环传递函数为

$$G(s)H(s)=\frac{0.5(2s+1)}{s^2(0.5s+1)}$$

（3）系统为0型，且有一个转折频率，此系统的幅频特性有谐振现象，故为二阶振荡环节，设其开环传递函数为

$$G(s)H(s)=\frac{K\omega_n^2}{s^2+2\zeta\omega_n s+\omega_n^2}=\frac{100K}{s^2+20\zeta s+100}$$

由图知 $\omega_n=10$； $20\lg K=20\text{dB}$

二阶振荡环节的谐振峰值为：

$$20\lg M_r=20\lg\frac{1}{2\zeta\sqrt{1-\zeta^2}}=21.3-20=1.3$$

解得： $K=10$； $\zeta=0.496$； $\omega_n=10$

则开环传递函数为

$$G(s)H(s)=\frac{1000}{s^2+9.92s+100}$$

5.3.3 奈奎斯特稳定判据

在前面已经对系统的稳定性进行了分析，并且给出了代数稳定判据。本节介绍判别系统稳定性的另一种方法，即奈奎斯特稳定判据（简称奈氏判据）。这一判据由H.Nyquist于1932年提出，是一种几何判据，它主要利用系统的开环频率特性判定系统的稳定性，其主要优点是不仅能够判定系统的稳定性，而且还能够看出系统参数对稳定性的影响，并表明系统稳定的程度。

1．基本原理

对于图5-21所示系统，其闭环传递函数为

$$G_B(s)=\frac{Y(s)}{R(s)}=\frac{G(s)}{1+G(s)H(s)} \tag{5-30}$$

要使系统稳定，闭环特征方程 $1+G(s)H(s)=0$ 的全部根必须位于左半 s 平面上。

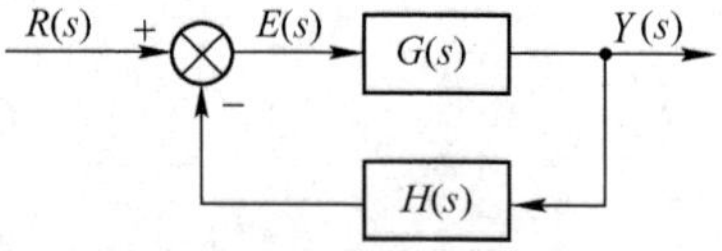

图 5-21　反馈系统

1）闭环特征函数 $F(s)=1+G(s)H(s)$ 的零极点

假设开环传递函数为 $G(s)H(s)=\frac{M(s)}{N(s)}$

则闭环特征函数 $F(s)=1+G(s)H(s)=\frac{N(s)+M(s)}{N(s)}$ （5-31）

显然，闭环特征函数 $F(s)$ 的极点就是系统的开环极点，而其零点就是系统的闭环极点。从而，系统稳定 ≡ 闭环极点均位于左半 s 平面 ≡ $F(s)$ 的零点均位于左半 s 平面。

2）映射定理

假设系统的开环极点为 $p_i(i=1,2,\cdots,n)$，闭环极点为 $z_j(j=1,2,\cdots,n)$，则闭环特征函数

$$F(s)=1+G(s)H(s)=\frac{K\prod_{j=1}^{n}(s-z_j)}{\prod_{i=1}^{n}(s-p_i)}$$

作为 s 的复函数，$F(s)$ 的每个值也可以在复平面上来表示，此复平面称为[F]平面，如图 5-22 所示。

可以证明：

（1）对于 s 平面上一条不通过 $F(s)$ 的任何零极点的连续封闭曲线，在[F]平面上必有一条不通过坐标原点的封闭曲线与之对应，如图 5-23 所示。

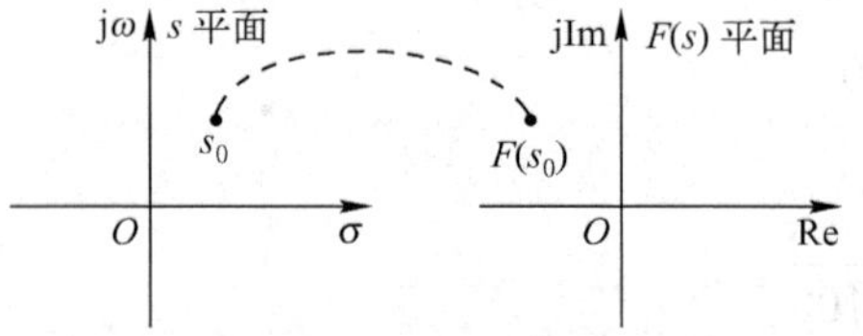

图 5-22　点映射关系

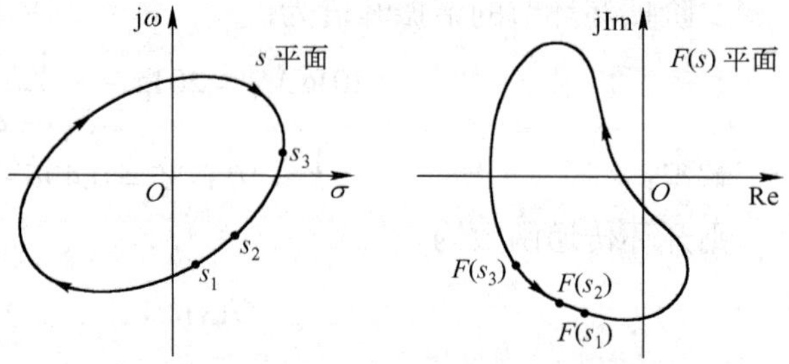

图 5-23　s 平面与[F]平面的映射关系

（2）设 s 平面上某一封闭曲线 C_s 包围了闭环特征函数 $F(s)$ 的 P 个极点，Z 个零点，则在 s 平面上，当变点 s 沿曲线 C_s 顺时针方向移动一周时，在[F]平面上对应的封闭曲线 Γ 将按逆时针方向包围原点 $N=P-Z$ 次。

证：关于以上第（1）条，这里不加证明，有关内容参见复变函数。在此仅对以上第（2）条给出以下证明。

假设闭环特征函数 $F(s)$，在 s 平面上被封闭曲线 C_s 包围的 P 个极点为 $p_i(i=1,2,\cdots,P)$，Z 个零点为 $z_j(j=1,2,\cdots,Z)$；不被包围的 $(n-P)$ 个极点为 $p_{P+i}(i=1,2,\cdots,n-P)$，$(n-Z)$ 个零点为 $z_{Z+j}(j=1,2,\cdots,n-Z)$。则 $F(s)$ 可写成

$$F(s)=1+G(s)H(s)=\frac{K\prod_{j=1}^{Z}(s-z_j)\prod_{j=1}^{n-Z}(s-z_{Z+j})}{\prod_{i=1}^{P}(s-p_i)\prod_{i=1}^{n-P}(s-p_{P+i})} \tag{5-32}$$

其相角为

$$\angle F(s)=\sum_{j=1}^{Z}\angle(s-z_j)+\sum_{j=1}^{n-Z}\angle(s-z_{Z+j})-\sum_{i=1}^{P}\angle(s-p_i)-\sum_{i=1}^{n-P}\angle(s-p_{P+i}) \tag{5-33}$$

由图 5-24 可知，当 s 平面上的变点 s_1 沿曲线 C_s 顺时针方向移动一周时，被曲线 C_s 包围的每个向量的相角的改变量为 $-360°$，而所有其他不被曲线 C_s 包围的每个向量的相角的改变量为 $0°$。故当 s 平面上的变点 s_1 沿曲线 C_s 顺时针方向移动一周时，函数 $F(s_1)$ 相位角的改变量为

$$\begin{aligned}\Delta\angle F(s_1)&=\sum_{j=1}^{Z}\Delta\angle(s_1-z_j)+\sum_{j=1}^{n-Z}\Delta\angle(s_1-z_{Z+j})-\sum_{i=1}^{P}\Delta\angle(s_1-p_i)-\sum_{i=1}^{n-P}\Delta\angle(s_1-p_{P+i})\\&=Z(-360°)+(n-Z)(0°)-P(-360°)-(n-P)(0°)=(P-Z)(360°)\end{aligned}$$

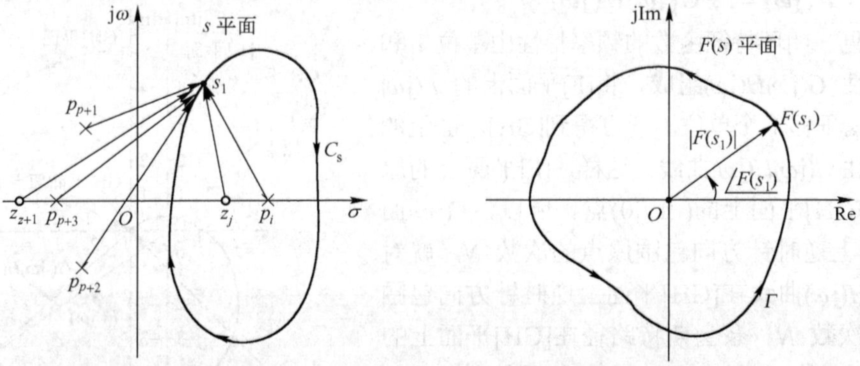

（a）s 平面上的封闭曲线　　（b）[F] 平面上的封闭曲线

图 5-24　映射关系

函数 $F(s)$的相角每改变 360°，就意味着[F]平面上对应的封闭曲线Γ的点（$F(s)$的端点）沿该封闭曲线将按逆时针方向包围原点一次。故可写成

$$N=P-Z \tag{5-34}$$

式中，N 为[F]平面上封闭曲线Γ逆时针方向包围原点的次数；P 为在 s 平面上被封闭曲线 C_s 包围闭环特征函数 $F(s)$的极点数；Z 为在 s 平面上被封闭曲线 C_s 包围闭环特征函数 $F(s)$的零点数。

2．奈奎斯特路径及其映射

（1）奈奎斯特路径

若选择 s 平面上的封闭曲线 C_s 包围整个 s 右半平面，如图 5-25 所示。它是由整个虚轴（$s=j\omega$，ω从$-\infty\to0\to+\infty$）和半径为无穷大的半圆弧（$s=+\infty$）组成的。则被 s 平面上的封闭曲线 C_s 包围的函数 $F(s)$的极点数 P 就是系统位于 s 右半平面上的开环极点数，而由式 $Z=P-N$ 计算得到的 Z 值，就是系统位于 s 右半平面上的闭环极点数。这样映射定理与系统的稳定性就联系起来了。把这样的封闭曲线 C_s 称为奈奎斯特路径或 Nyquist 路径。

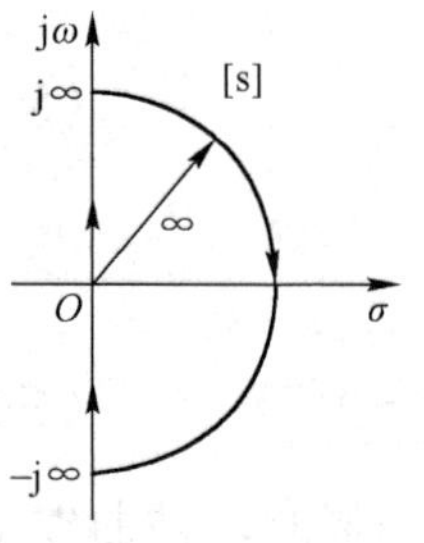

图 5-25　s 平面上的 Nyquist 路径

（2）奈奎斯特路径在[F]平面上的映射

对于闭环特征函数

$$F(s)=1+G(s)H(s)$$

当 $s=\mathrm{j}\omega$（ω 从 $-\infty\to0\to+\infty$）时，$F(\mathrm{j}\omega)=1+G(\mathrm{j}\omega)H(\mathrm{j}\omega)$

所以，对于 s 平面上的整个虚轴（$s=\mathrm{j}\omega$，ω 从 $-\infty\to0\to+\infty$），它在[F]平面上的映射是闭环特征函数的频率特性曲线 $F(\mathrm{j}\omega)=1+G(\mathrm{j}\omega)H(\mathrm{j}\omega)$（$\omega=0\to+\infty$）及其关于实轴的镜像的频率特性曲线（对应于 $\omega=-\infty\to0$ 部分）。

当 $s\to+\infty$ 时，$F(\mathrm{j}\omega)\big|_{\omega\to+\infty}=1+G(+\infty)H(+\infty)=1+$常数=常数。

故对于 s 平面上的半径为无穷大的半圆弧（$s=+\infty$）以及虚轴上的无穷远点 $s=\pm\mathrm{j}\infty$，它在[F]平面上的映射都为 $F(\mathrm{j}\omega)$ 曲线上的同一定点。

（3）奈奎斯特路径在[GH]平面上的映射

因为闭环特征函数的频率特性为

$$F(\mathrm{j}\omega)=1+G(\mathrm{j}\omega)H(\mathrm{j}\omega)$$

由此可见，闭环特征函数的频率特性由单位 1 和开环频率特性 $G(\mathrm{j}\omega)H(\mathrm{j}\omega)$ 组成，将[F]平面上的 $F(\mathrm{j}\omega)$ 曲线整个向左平移 1 个单位，便可得到[GH]平面上的开环频率特性 $G(\mathrm{j}\omega)H(\mathrm{j}\omega)$ 曲线。这样，[F]平面上的原点就对应于[GH]平面上的 $(-1,\mathrm{j}0)$ 点。所以，$F(\mathrm{j}\omega)$ 曲线在[F]平面上逆时针方向包围原点的次数 N，就对应于 $G(\mathrm{j}\omega)H(\mathrm{j}\omega)$ 曲线在[GH]平面上逆时针方向包围 $(-1,\mathrm{j}0)$ 点的次数 N。奈奎斯特路径在[GH]平面上的映射就是开环频率特性 $G(\mathrm{j}\omega)H(\mathrm{j}\omega)$ 当频率 ω 从 $-\infty\to0\to+\infty$ 变化时的曲线，即当频率 ω 从 $-\infty\to0\to+\infty$ 变化时的奈奎斯特图，简称为奈奎斯特曲线或 Nyquist 曲线，如图 5-26 所示。

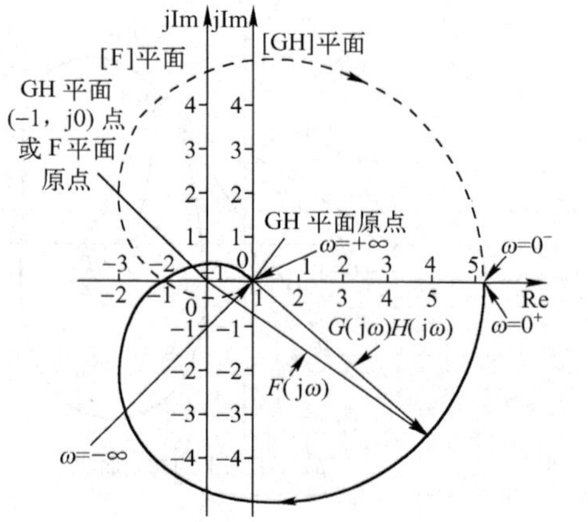

图 5-26　[F]平面和[GH]平面上的 Nyquist 曲线

3. 奈奎斯特稳定判据

1）奈奎斯特稳定判据一

判据一：若系统的开环传递函数 $G(s)H(s)$ 在 s 平面的原点及虚轴上无极点，当 ω 从 $-\infty\to0\to+\infty$ 变化时，如果开环频率特性 $G(\mathrm{j}\omega)H(\mathrm{j}\omega)$ 曲线（Nyquist 曲线）逆时针方向包围 $(-1,\mathrm{j}0)$ 点的次数 N 等于开环传递函数 $G(s)H(s)$ 位于右半 s 平面的开环极点数 P，则系统稳定。否则，系统在右半 s 平面的闭环极点数为 $Z=P-N$。

例 5-6　已知单位反馈系统的开环传递函数为

（1）$G(s)H(s)=\dfrac{K}{Ts-1}$　　（2）$G(s)H(s)=\dfrac{5}{(s+1)(0.1s+1)}$

试利用奈奎斯特稳定判据判定系统的稳定性。

解　（1）系统的开环频率特性为

$$G(\mathrm{j}\omega)H(\mathrm{j}\omega)=\frac{K}{\mathrm{j}\omega T-1}=\frac{-K}{(\omega T)^2+1}-\mathrm{j}\frac{K\omega T}{(\omega T)^2+1}$$

当ω从 0→+∞变化时，开环频率特性 $G(j\omega)H(j\omega)$曲线如图 5-27（a）中实线所示，镜像对称得ω从-∞→0 变化时的 $G(j\omega)H(j\omega)$曲线，如图 5-27（a）中虚线所示。

由于系统开环传递函数 $G(s)H(s)$在右半 s 平面有一个开环极点，故 P=1。

从图 5-27（a）中可知，当ω从-∞→0→+∞变化时，若 K>1，Nyquist 曲线逆时针方向包围（-1,j0)点一次，即 N=1，此时 $Z=P-N=0$，系统稳定；若 K<1，Nyquist 曲线不包围（-1,j0)点，即 N=0，此时 $Z=P-N=1$，系统不稳定；若 K=1 时，系统处于稳定边界。

（2）利用镜像对称关系，根据例 5-1 中当ω从 0→+∞变化时，开环频率特性 $G(j\omega)H(j\omega)$ 曲线，如图 5-27（b）中实线所示。可得系统当ω从-∞→0 变化时的 $G(j\omega)H(j\omega)$ 曲线，如图 5-27（b）中虚线所示。

由于该系统的 P=0。且从图 5-27（b）中可知，当ω从-∞→0→+∞变化时，Nyquist 曲线不包围（-1，j0）点，即 N=0。此时 $Z=P-N=0$，系统稳定。

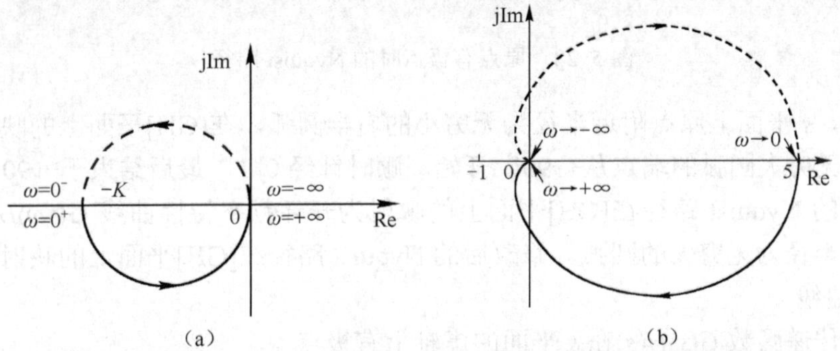

图 5-27　例 5-6 的 Nyquist 曲线

2）奈奎斯特稳定判据二

当系统的开环传递函数 $G(s)H(s)$在 s 平面的原点及虚轴上有极点时，要对 s 平面上的 Nyquist 路径进行修正，使其不通过 $G(s)H(s)$的极点。

（1）开环传递函数 $G(s)H(s)$在 s 平面的原点有极点

假设系统的开环传递函数为

$$G(s)H(s)=\frac{K\prod_{j=1}^{m}(\tau_j s+1)}{s^{\nu}\prod_{i=1}^{n-\nu}(T_i s+1)} \tag{5-35}$$

① 修改的 Nyquist 路径

若开环传递函数 $G(s)H(s)$在 s 平面的原点有极点，应将 Nyquist 路径作相应的改变。为使 s 平面上的 Nyquist 路径不通过 $G(s)H(s)$在原点的极点，可对 Nyquist 路径在原点附近进行修正，即在原点附近以原点为圆心，半径为无穷小的右半圆弧，将此半圆弧作为 Nyquist 路径的一部分，从而将原点归入了左半 s 平面，如图 5-28 所示。

② 修改的 Nyquist 路径在[GH]平面上的映射

位于原点附近的小半圆可表示为

$$s=\varepsilon e^{j\theta}\quad（\theta从-90°\ →0°\ →+90°） \tag{5-36}$$

将式（5-36）代入开环传递函数式（5-35），并考虑ε →0，有

$$G(s)H(s)\Big|_{\substack{s\to 0\\ \varepsilon\to 0}}=\frac{K}{\varepsilon^{\nu}\mathrm{e}^{\mathrm{j}\nu\theta}}\Bigg|_{\varepsilon\to 0}=\infty\mathrm{e}^{\mathrm{j}(-\nu\theta)}\quad（\theta\ 从-90°\ \to 0°\ \to +90°）\tag{5-37}$$

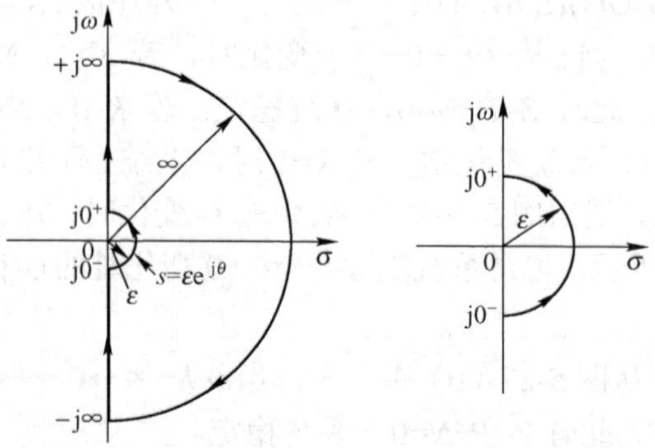

（a）修改的 Nyquist 路径　　（b）原点附近的 Nyquist 路径

图 5-28　原点有极点时的 Nyquist 路径

由此可见，s 平面上原点附近半径为无穷小的右半圆弧，在[GH]平面上的映射半径为无穷大的圆弧，该无穷大圆弧的端点从$+\nu 90°$ 开始，顺时针经 0°，最后结束于$-\nu 90°$。

故修改后的 Nyquist 路径在[GH]平面上的映射为开环频率特性曲线 $G(\mathrm{j}\omega)H(\mathrm{j}\omega)$（$\omega$从$-\infty\to 0\to +\infty$）和半径为无穷大的圆弧。修改后的 Nyquist 路径在[GH]平面上的映射，一般称为增补的 Nyquist 曲线。

（2）开环传递函数 $G(s)H(s)$在 s 平面的虚轴上有极点

若开环传递函数 $G(s)H(s)$在 s 平面的虚轴上有极点 $s_{1,2}=\pm\mathrm{j}\omega_{\mathrm{n}}$，应将 Nyquist 路径作相应的改变。如图 5-29 所示，在虚轴上的极点处作半径为无穷小的右半圆，即在极点 $s_{1,2}=\pm\mathrm{j}\omega_{\mathrm{n}}$ 附近，取 $s=\pm\mathrm{j}\omega_{\mathrm{n}}+\varepsilon\mathrm{e}^{\mathrm{j}\theta}$（$\varepsilon\to 0$，$\theta$从$-90°\to 0°\to +90°$），使 Nyquist 路径不通过虚轴上的极点但仍包围整个 s 右半平面，修改后的奈奎斯特判据仍可用。

判据二：若系统的开环传递函数 $G(s)H(s)$在 s 平面的原点及虚轴上有极点，当ω从$-\infty\to 0\to +\infty$变化时，如果增补的开环频率特性 $G(\mathrm{j}\omega)H(\mathrm{j}\omega)$曲线（增补的 Nyquist 曲线）逆时针方向包围$(-1,\mathrm{j}0)$点的次数 N，等于开环传递函数 $G(s)H(s)$位于右半 s 平面的开环极点数 P，则系统稳定。否则，系统在右半 s 平面的闭环极点数为 $Z=P-N$。它与判据一比较仅多了增补二字，其余一致。

例 5-7　已知单位反馈系统的开环传递函数为

（1）$G(s)H(s)=\dfrac{K}{s(T_1s+1)(T_2s+1)}$　　（2）$G(s)H(s)=\dfrac{K}{s^2(Ts+1)}$

试利用奈奎斯特稳定判据判定系统的稳定性。

解　（1）系统的开环频率特性为

$$G(\mathrm{j}\omega)H(\mathrm{j}\omega)=\frac{K}{\mathrm{j}\omega(\mathrm{j}\omega T_1+1)(\mathrm{j}\omega T_2+1)}=\frac{-K(T_1+T_2)}{[1+(\omega T_1)^2][1+(\omega T_2)^2]}-\mathrm{j}\frac{K(1-T_1T_2\omega^2)}{\omega[1+(\omega T_1)^2][1+(\omega T_2)^2]}$$

当ω从 $0^+\to +\infty$变化时，开环频率特性 $G(\mathrm{j}\omega)H(\mathrm{j}\omega)$曲线如图 5-30（a）中实线所示，镜像对称得$\omega$从$-\infty\to 0^-$ 变化时的 $G(\mathrm{j}\omega)H(\mathrm{j}\omega)$曲线，如图 5-30（a）中虚线所示。

因该系统为 I 型系统，故增补的大圆弧半径为无穷大的右半圆弧，如图 5-30（a）中点画线所示。

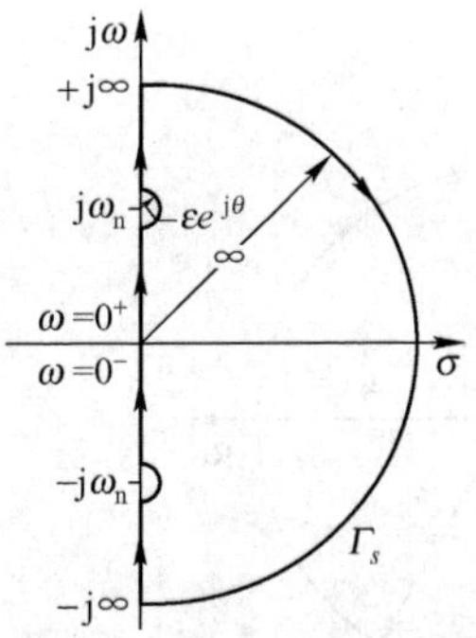

图 5-29　虚轴上有极点时的 Nyquist 路径

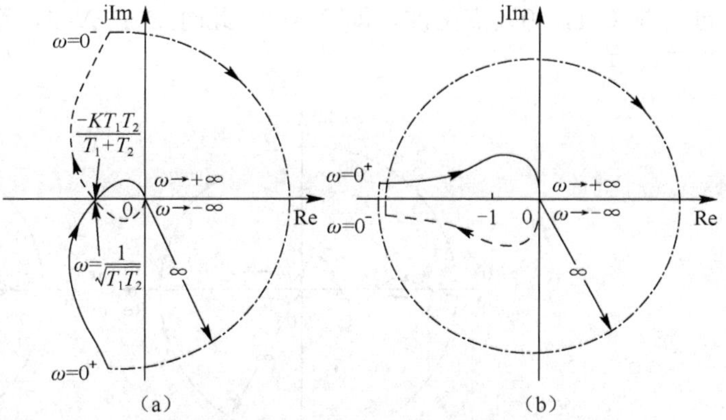

图 5-30　例 5-7 的 Nyquist 曲线

由于系统属最小相位系统，故 P=0。

从图 5-30（a）中可知，当ω从$-\infty\to0\to+\infty$变化时，若$\frac{KT_1T_2}{T_1+T_2}>1$，增补的 Nyquist 曲线顺时针方向包围(−1, j0)点两次，即 N= −2。此时 Z=P−N=2，系统不稳定，系统在右半 s 平面有两个闭环极点；若$\frac{KT_1T_2}{T_1+T_2}<1$，增补的 Nyquist 曲线不包围（−1,j0）点，即 N=0。此时 Z=P−N=0，系统稳定；若$\frac{KT_1T_2}{T_1+T_2}=1$，系统处于稳定边界。

（2）系统的开环频率特性为

$$G(\mathrm{j}\omega)H(\mathrm{j}\omega)=\frac{K}{(\mathrm{j}\omega)^2(\mathrm{j}\omega T+1)}=\frac{-K}{\omega^2[1+(\omega T)^2]}+\mathrm{j}\frac{K}{\omega^2[1+(\omega T)^2]}$$

当ω从$-\infty\to0\to+\infty$变化时，开环频率特性 $G(\mathrm{j}\omega)H(\mathrm{j}\omega)$曲线如图 5-30（b）中所示。因该系统为Ⅱ型系统，故增补的大圆弧为半径为无穷大的一个圆弧，如图 5-30（b）中点画线所示，增补的 Nyquist 曲线顺时针方向包围（−1，j0）点两次，即 N=−2。

由于该系统的 P=0。则 Z=P−N=2，系统不稳定，且其稳定性与系统的参数无关。

例 5-8　当ω从 $0^+\to+\infty$变化时，Ⅱ型最小相位系统开环频率特性的极坐标图如图 5-31 所示。试利用奈奎斯特稳定判据判断该系统的稳定性。

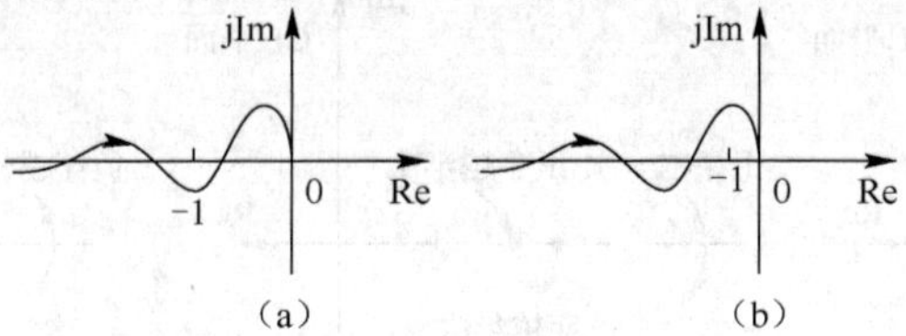

图 5-31　系统的 Nyquist 图

解　（1）根据题意可以补画系统，当ω从$-\infty\to0^-$和从 $0^-\to0^+$变化时的开环频率特性曲线（它们分别为图 5-32 中的虚线和点画线）。从而得到系统，当ω从$-\infty\to0\to+\infty$变化时的开环频率特性曲线（Nyquist 曲线），如图 5-32 所示。

（2）对于图 5-32（a）所示最小相位系统（P=0），由于 Nyquist 曲线没有包围（−1，j0）点，因此该系统稳定。而对于图 5-32（b）所示最小相位系统（P=0），由于 Nyquist 曲线顺时针方向包围（-1，j0）点两次，即 N=-2。此时 $Z=P-N=2$，系统不稳定，系统在右半 s 平面有两个闭环极点。

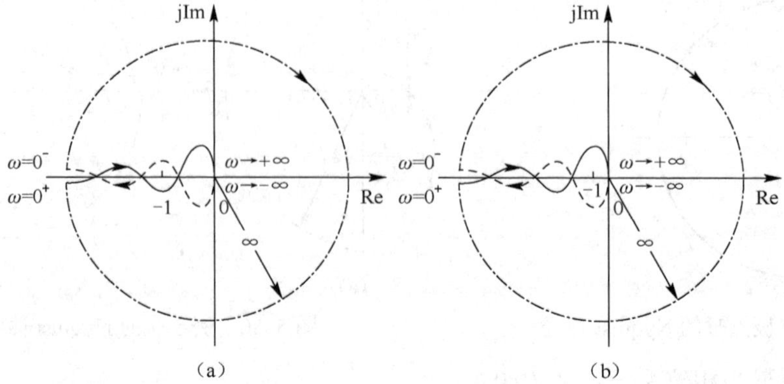

图 5-32 系统的奈奎斯特曲线

4．奈奎斯特稳定判据的推广

1）奈奎斯特稳定判据在极坐标图中的推广

利用奈奎斯特判据判断系统是否稳定，主要就是看系统的开环频率特性 G(jω)H(jω)曲线对（-1，j0）点的包围情况。对于比较简单的开环频率特性曲线，通过观察便可看出对（-1，j0）点的包围情况，而对于比较复杂的系统，必须借助开环频率特性曲线在实轴（-∞，-1）范围内的正负穿越情况来判断，如图 5-33（a）所示。

当频率ω从 0→+∞变化时，开环频率特性曲线从上半[GH]平面穿越负实轴到下半[GH]平面，由于这种穿越伴随着相位角的增加，故称其为正穿越，正穿越次数用 N_+表示；反之称为负穿越，负穿越次数用 N_-表示。如果当ω从 0→+∞变化时，开环频率特性曲线沿逆时针方向起始或终止于负实轴上，记为半次正穿越，如图 5-33（b）所示；反之开环频率特性曲线沿顺时针方向起始或终止于负实轴上，记为半次负穿越如图 5-33（c）所示。在实轴（-∞，-1）范围内的正穿越意味着开环频率特性曲线对（-1，j0）点的逆时针方向的包围，负穿越意味着顺时针方向的包围，因此，奈奎斯特稳定判据根据正、负穿越次数的描述为：

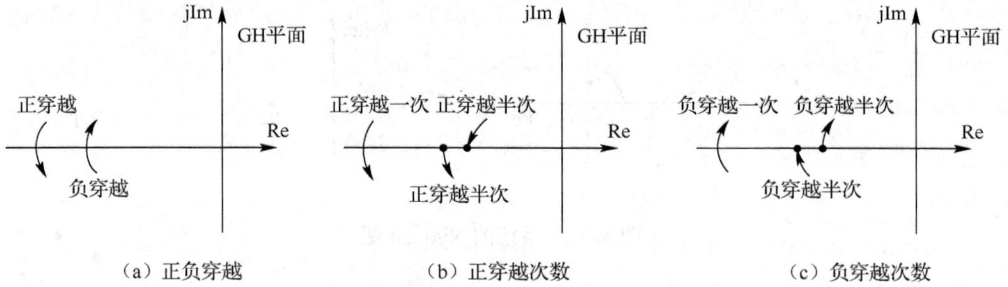

图 5-33 极坐标图中频率特性的正负穿越

当ω从 0→+∞变化时，若开环频率特性 $G(j\omega)H(j\omega)$的极坐标图在实轴（-∞，-1）范围内的正穿越次数 N_+与负穿越次数 N_-之差 $N'=N_+-N_-$的两倍，等于开环传递函数 $G(s)H(s)$位于右半 s

平面的开环极点数 P，系统稳定。否则，系统在右半 s 平面的闭环极点数为 $Z=P-2N'$，则系统不稳定。

例 5-9　试利用奈奎斯特稳定判据在极坐标图中的推广，判定例 5-6 和例 5-8 中所给系统的稳定性。

解　（1）对于例 5-6 中第 1 个系统，由图 5-27（a）可知 $N_+=0.5$，$N_-=0$，即 $N'=N_+-N_-=0.5$。该系统因位于右半 s 平面的开环极点数 $P=1$，则在右半 s 平面的闭环极点数 $Z=P-2N'=1-2\times0.5=0$。故该系统稳定。

对于例 5-6 中第 2 个系统，由图 5-27（b）可知 $N_+=0$，$N_-=0$，即 $N'=N_+-N_-=0$。该系统因位于右半 s 平面的开环极点数 $P=0$，则在右半 s 平面的闭环极点数 $Z=P-2N'=0$。故该系统稳定。

（2）对于例 5-8 中第 1 个系统，由图 5-31（a）可知 $N_+=1$，$N_-=1$，即 $N'=N_+-N_-=0$。该系统因位于右半 s 平面的开环极点数 $P=0$，则在右半 s 平面的闭环极点数 $Z=P-2N'=0$。故该系统稳定。

对于例 5-8 中第 2 个系统，由图 5-31（b）可知 $N_+=1$，$N_-=2$，即 $N'=N_+-N_-=-1$。该系统因位于右半 s 平面的开环极点数 $P=0$，则在右半 s 平面的闭环极点数 $Z=P-2N'=2$。故该系统不稳定。

2）奈奎斯特稳定判据在伯德图中的推广

由于系统开环频率特性 $G(\mathrm{j}\omega)H(\mathrm{j}\omega)$ 的极坐标图和对数坐标图有如下的对应关系。（1）极坐标图中的单位圆，对应于对数坐标图中的零分贝线；（2）极坐标图中单位圆外的部分，与对数坐标图中零分贝线以上的部分相对应；（3）极坐标图中的负实轴，对应于对数坐标图中的-180°相位线。

因此，极坐标图中的频率特性曲线在（-∞，-1）区段的正负穿越，在对数坐标图中表现为在对数幅频特性曲线 $L(\omega)>0\mathrm{dB}$ 的范围内，当频率 ω 增加时，相频特性曲线从下向上穿越-180°相位线称为正穿越。而从上向下穿越-180°相位线称为负穿越，如图 5-34 所示。

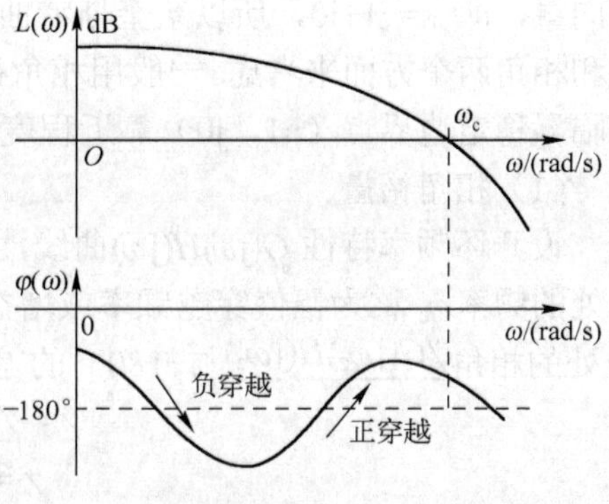

图 5-34　对数坐标图中频率特性的正负穿越

综上所述，在对数坐标图中的奈奎斯特判据可叙述为：

当 ω 从 $0\to+\infty$ 变化时，在开环频率特性 $G(\mathrm{j}\omega)H(\mathrm{j}\omega)$ 的对数幅频特性曲线 $L(\omega)>0\,\mathrm{dB}$ 的范围内，如果相频特性曲线对-180°相位线的正穿越次数 N_+ 与负穿越次数 N_- 之差 $N'=N_+-N_-$ 的两倍，等于开环传递函数 $G(s)H(s)$ 位于右半 s 平面的开环极点数 P，则系统稳定。否则，系统在右半 s 平面的闭环极点数为 $Z=P-2N'$，则系统不稳定。

例 5-10　设系统的开环传递函数为

$$G(s)H(s)=\frac{K\mathrm{e}^{-0.8s}}{s+1}$$

试确定使系统稳定时 K 值的范围。

解　系统的开环频率特性为

$$G(\mathrm{j}\omega)H(\mathrm{j}\omega)=\frac{K\mathrm{e}^{-0.8\mathrm{j}\omega}}{1+\mathrm{j}\omega}=\frac{K}{1+\omega^2}[(\cos0.8\omega-\omega\sin0.8\omega)-\mathrm{j}(\sin0.8\omega+\omega\cos0.8\omega)]$$

令 $\sin0.8\omega+\omega\cos0.8\omega=0$ 有 $\omega=-\tan0.8\omega$

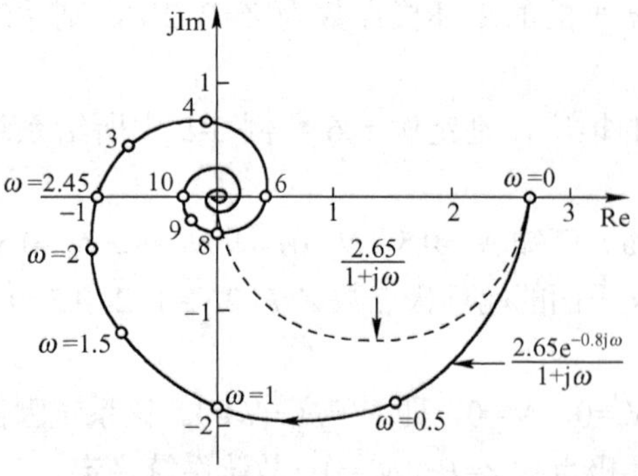

图 5-35　例 5-10 图

解以上方程，可得最小的解值为：$\omega = 2.45$

将 $\omega = 2.45$ 代入开环频率特性 $G(\mathrm{j}\omega)H(\mathrm{j}\omega)$ 中可得

$$G(\mathrm{j}\omega)H(\mathrm{j}\omega)\big|_{\omega=2.45} = -0.378K$$

令 $-0.378K = -1$，得：$K = 2.65$

由图 5-35 可知，当 $K < 2.65$ 时，开环频率特性曲线在实轴（$-\infty$, -1）范围内的正负穿越次数之差为零，所以使系统稳定时的 K 值范围为 $0 < K < 2.65$ 。

5.3.4　控制系统的稳定裕量

第 3 章中曾经在 s 平面讨论分析过系统相对稳定性和稳定裕量的概念。本节利用系统的开环频率特性来研究系统的相对稳定性。在频域中，系统的稳定裕量通常用相角裕量和幅值裕量来表示。

1．稳定裕量在极坐标图中的表示

从奈奎斯特稳定判据可知，对于最小相位系统，若奈奎斯特曲线不包围（−1，j0）点，则系统稳定。在系统稳定的前提下，奈奎斯特曲线离（−1，j0）点越远，则系统的稳定程度越高，反之，稳定程度越低。由此可见，奈奎斯特曲线不仅表明了系统是否稳定，而且还表明了稳定系统的稳定程度，这就是所谓的相对稳定性。因为（−1，j0）点可表示幅值为 1，相角为−180°的向量，即 $s=-1+\mathrm{j}0$，所以奈奎斯特曲线对（−1，j0）的靠近程度，即系统的稳定裕量可从幅值和相角两个方面来考虑。一般用相角裕量γ 和幅值裕量 K_{g} 表示最小相位系统的奈奎斯特曲线对临界稳定边界点（−1，j0）靠近程度的定量关系，它反映了系统的相对稳定性。

（1）相角裕量

设开环频率特性 $G(\mathrm{j}\omega)H(\mathrm{j}\omega)$曲线，在极坐标图中与单位圆相交于 C 点，如图 5-36 所示。C 点处的频率ω_{c} 称为幅值穿越频率或增益穿越频率（也称开环剪切频率或开环截止频率）。频率ω_{c} 处的相角$\angle G(\mathrm{j}\omega_{\mathrm{c}})H(\mathrm{j}\omega_{\mathrm{c}})$与−180° 的差称为相角裕量或相位裕量，用$\gamma$表示，即

$$\gamma = \angle G(\mathrm{j}\omega_{\mathrm{c}})H(\mathrm{j}\omega_{\mathrm{c}}) - (-180^\circ)$$

$$\gamma = \angle G(\mathrm{j}\omega_{\mathrm{c}})H(\mathrm{j}\omega_{\mathrm{c}}) + 180^\circ \tag{5-38}$$

式（5-38）中的幅值穿越频率ω_{c}满足

$$|G(\mathrm{j}\omega_{\mathrm{c}})H(\mathrm{j}\omega_{\mathrm{c}})| = 1$$

相角裕量γ表示在幅值穿越频率ω_{c}处，$\angle G(\mathrm{j}\omega_{\mathrm{c}})H(\mathrm{j}\omega_{\mathrm{c}})$与−180° 的接近程度。当$\gamma>0$ 时，相角裕量是正的，系统稳定，如图 5-37 中 $G_1(\mathrm{j}\omega)H_1(\mathrm{j}\omega)$ 系统所示；$\gamma<0$ 时，相角裕量是负的，系统不稳定，如图 5-37 中 $G_2(\mathrm{j}\omega)H_2(\mathrm{j}\omega)$ 系统所示；$\gamma=0$ 时，相角裕量为零，系统属于临界稳定，如图 5-37 中 $G_3(\mathrm{j}\omega)H_3(\mathrm{j}\omega)$ 系统所示。

（2）幅值裕量

设开环频率特性 $G(\mathrm{j}\omega)H(\mathrm{j}\omega)$曲线在极坐标图中与负实轴相交于 G 点，如图 5-36 所示。G 点处的频率ω_{g} 称为相角穿越频率或相位穿越频率。频率ω_{g} 处的幅值$|G(\mathrm{j}\omega_{\mathrm{g}})H(\mathrm{j}\omega_{\mathrm{g}})|$的倒数称为幅值裕量或增益裕量，用 K_{g} 表示，即

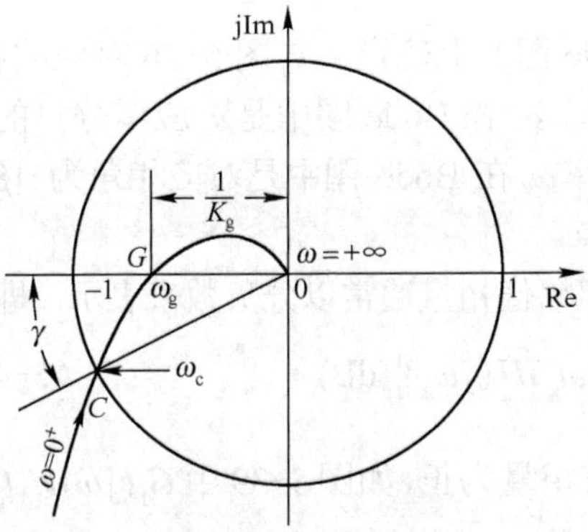

图 5-36　极坐标图

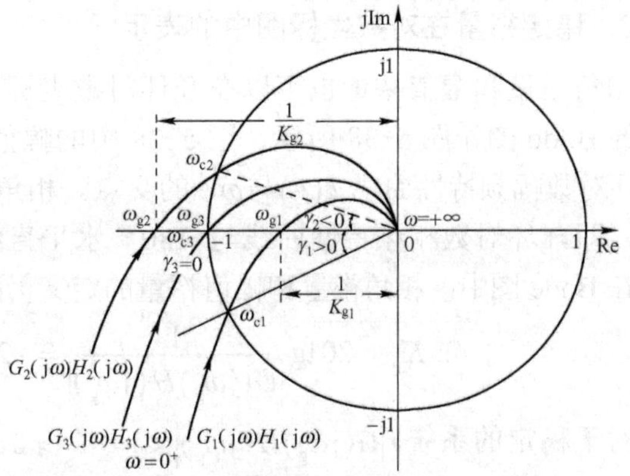

图 5-37　稳定裕量在极坐标图中的表示

$$K_g = 1/\left|G(j\omega_g)H(j\omega_g)\right| \tag{5-39}$$

式（5-39）中的相角穿越频率ω_g满足

$$\angle G(j\omega_g)H(j\omega_g) = -180^\circ$$

幅值裕量K_g表示在相角穿越频率ω_g处，幅值与单位圆 1 的接近程度。当$K_g>1$时，幅值裕量大于 1，系统稳定，如图 5-37 中$G_1(j\omega)H_1(j\omega)$系统所示；$K_g<1$时，幅值裕量小于 1，系统不稳定，如图 5-37 中$G_2(j\omega)H_2(j\omega)$系统所示；$K_g=1$时，幅值裕量等于 1，系统临界稳定，如图 5-37 中$G_3(j\omega)H_3(j\omega)$系统所示。

例 5-11　已知系统的开环传递函数

$$G(s)H(s) = \frac{10}{s(s+1)(s+10)}$$

求系统的相角裕量和幅值裕量。

解　系统的开环频率特性为

$$G(j\omega)H(j\omega) = \frac{10}{j\omega(j\omega+1)(j\omega+10)} = \frac{1}{j\omega(j\omega+1)(j0.1\omega+1)}$$

则　$$\left|G(j\omega)H(j\omega)\right| = \frac{1}{\omega\sqrt{1+\omega^2}\cdot\sqrt{1+(0.1\omega)^2}},\quad \varphi(\omega) = -90^\circ - \arctan(\omega) - \arctan(0.1\omega)$$

令　$\left|G(j\omega)H(j\omega)\right| = 1$　　得　$\omega_c = 0.78$

所以　$\varphi(\omega_c) = -133^\circ$

相角裕量

$$\gamma = 180^\circ + \varphi(\omega_c) = 47^\circ$$

令　$\varphi(\omega) = -180^\circ$　　得　$\omega_g = 3.2\,\text{rad/s}$

幅值裕量

$$K_g = \frac{1}{\left|G(j\omega_g)H(j\omega_g)\right|} = 11$$

2．稳定裕量在对数坐标图中的表示

相角裕量和幅值裕量也可以在开环对数坐标图（Bode 图）上确定。与图 5-36 对应的稳定系统的 Bode 图如图 5-38 所示。图 5-38 中的幅值穿越频率ω_c在 Bode 图中是对应零分贝的点，即开环对数幅频特性曲线 $L(\omega)$与ω轴的交点。相角穿越频率ω_g在 Bode 图中是对应相角为-180°的点，即开环对数相频特性曲线与-180° 水平直线的交点。

在 Bode 图中，相角裕量和幅值裕量的定义仍同上，但幅值裕量通常以分贝数来表示，即

$$K_g = 20\lg\frac{1}{\left|G(j\omega_g)H(j\omega_g)\right|} = -20\lg\left|G(j\omega_g)H(j\omega_g)\right|(\text{dB}) \tag{5-40}$$

对于稳定的系统，$\left|G(j\omega_g)H(j\omega_g)\right|<1$，$K_g>0\text{dB}$，幅值裕量为正，如图 5-39 中 $G_1(j\omega)H_1(j\omega)$ 系统所示；不稳定的系统，$\left|G(j\omega_g)H(j\omega_g)\right|>1$，$K_g<0\text{dB}$，幅值裕量为负，如图 5-39 中 $G_2(j\omega)H_2(j\omega)$ 系统所示；临界稳定系统，$\left|G(j\omega_g)H(j\omega_g)\right|=1$，$K_g=0\text{dB}$，幅值裕量为零，如图 5-39 中 $G_3(j\omega)H_3(j\omega)$ 系统所示。

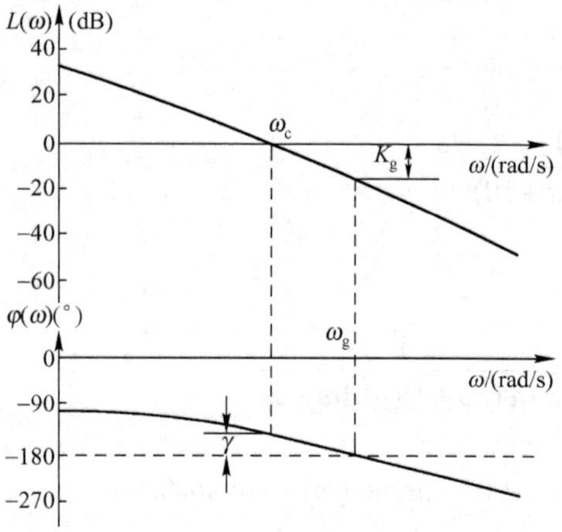

图 5-38　对数坐标图

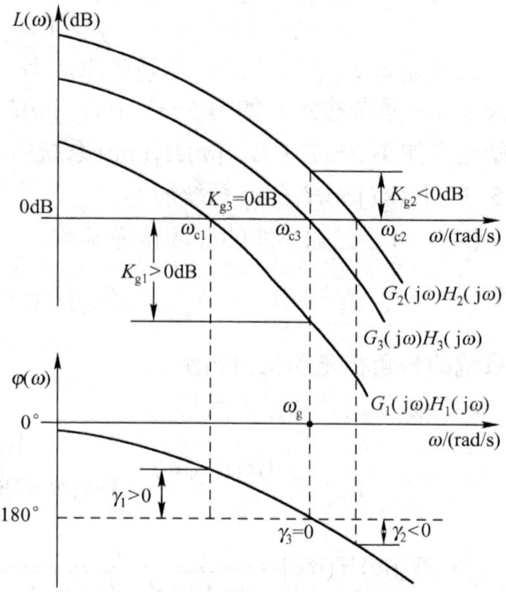

图 5-39　稳定裕量在对数坐标图中的表示

由于幅值裕量反映的是系统开环增益对系统稳定性的影响，而相角裕量则不同，它仅反映理论上只改变开环频率特性的那些参数的变化对稳定性的影响。因此幅值裕量大的系统其相角裕量不一定大。所以一般需同时利用幅值裕量和相角裕量两种性能指标来衡量系统的相对稳定性。

相角裕量γ和幅值裕量 K_g 是设计控制系统时常用的频域指标，系统具有足够的稳定裕量，可以预防系统中参数变化可能带来的不利影响。经验表明，为了得到较好的动态过程，即系统的相对稳定性较好，一般相角裕量γ应当在 30°～60° 之间，而幅值裕量 K_g 应大于 2 或 6dB，因 20lg2=6dB。

系统的稳定性，除可利用以上相角裕量和幅值裕量判断外，也可利用开环频率特性 $G(j\omega)H(j\omega)$

的幅值穿越频率和相角穿越频率的大小来判断。通常，对于最小相位系统，当ω_c<ω_g时，一定存在γ>0 和K_g>1，所以系统必然稳定，如图 5-36 和图 5-38 所示。当ω_c>ω_g时，一定存在γ<0 和K_g<1，系统不稳定。当$\omega_c=\omega_g$时，一定满足γ=0 和K_g=1，系统临界稳定。

3. 稳定裕量在对数幅相图中的表示

在对数幅相图中，系统相对稳定性参数如图 5-40 所示，相位穿越点（-180° 线）和幅值穿越点（0 分贝线）之间的水平距离，是相角裕量γ，垂直距离是幅值裕量K_g。对于稳定的系统，$K_g > 0\,\text{dB}$，幅值裕量为正；γ>0，相角裕量为正，如图 5-40(a)所示；不稳定的系统，$K_g < 0\,\text{dB}$，幅值裕量为负；γ>0，相角裕量为负，如图 5-40（b）所示；临界稳定系统，$K_g = 0\,\text{dB}$，幅值裕量为零；γ=0，相角裕量为零，如图 5-40（c）所示。

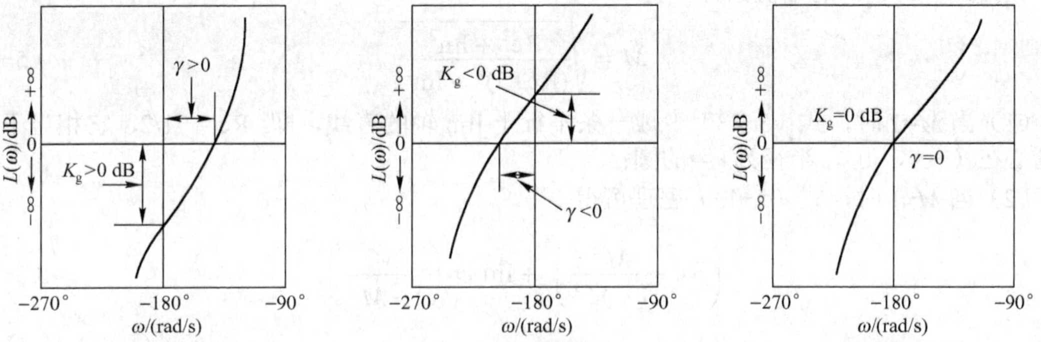

（a）稳定系统　（b）不稳定系统　（c）临界稳定系统

图 5-40　稳定裕量在对数幅相图中的表示

由于开环频率特性 $G(j\omega)H(j\omega)$的幅值与开环增益成正比，而相位则与开环增益无关。因此，当系统的开环增益改变时，系统的开环对数幅相图仅是上下移动，而不改变形状；而当对$G(j\omega)H(j\omega)$增加一恒定相角，曲线为水平平移。这对分析系统的稳定性和系统参数之间的相互影响是很有利的。

5.4　系统的闭环频率特性

前面介绍了通过系统的开环频率特性来分析系统的相对稳定性，本节将讨论利用系统的闭环频率特性来分析系统的相对稳定性。

5.4.1　等 M 圆（等幅值轨迹）和等 N 圆（等相角轨迹）

对于图 5-41 所示的单位反馈系统，其闭环传递函数为

$$G_B(s)=\frac{Y(s)}{R(s)}=\frac{G(s)}{1+G(s)}$$

系统的闭环频率特性

$$G_B(j\omega)=\frac{Y(j\omega)}{R(j\omega)}=\frac{G(j\omega)}{1+G(j\omega)} \tag{5-41}$$

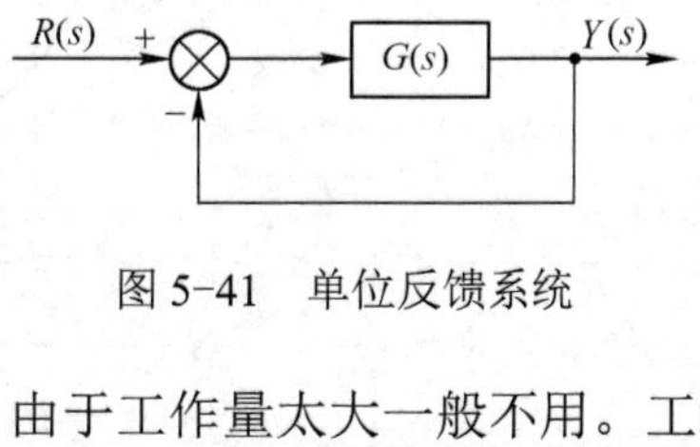

图 5-41　单位反馈系统

利用式（5-41），便可逐点绘制出系统的闭环频率特性。由于工作量太大一般不用。工程

上常采用以下图解法。

设图 5-41 所示单位反馈系统的开环频率特性为

$$G(\mathrm{j}\omega)=\mathrm{Re}(\omega)+\mathrm{j}\,\mathrm{Im}(\omega)$$

则闭环频率特性

$$G_{\mathrm{B}}(\mathrm{j}\omega)=\frac{Y(\mathrm{j}\omega)}{R(\mathrm{j}\omega)}=\frac{G(\mathrm{j}\omega)}{1+G(\mathrm{j}\omega)}=\frac{\mathrm{Re}(\omega)+\mathrm{j}\,\mathrm{Im}(\omega)}{1+\mathrm{Re}(\omega)+\mathrm{j}\,\mathrm{Im}(\omega)}$$

$$G_{\mathrm{B}}(\mathrm{j}\omega)=\sqrt{\frac{\mathrm{Re}^2+\mathrm{Im}^2}{(\mathrm{Re}+1)^2+\mathrm{Im}^2}}\,\mathrm{e}^{\mathrm{j}\left(\arctan\frac{\mathrm{Im}}{\mathrm{Re}}-\arctan\frac{\mathrm{Im}}{1+\mathrm{Re}}\right)} \tag{5-42}$$

1．等 M 圆（等幅值轨迹）

根据式（5-42）的幅值条件，有

$$M=\sqrt{\frac{\mathrm{Re}^2+\mathrm{Im}^2}{(\mathrm{Re}+1)^2+\mathrm{Im}^2}} \tag{5-43}$$

（1）当 M=1 时，式（5-43）变成一条平行于 jIm 轴的直线，即 $\mathrm{Re}=-1/2$，它相当于，一个圆心在（−∞，j0），半径为+∞的圆；

（2）当 M≠1 时，式（5-43）整理可得

$$\left(\mathrm{Re}-\frac{M^2}{1-M^2}\right)^2+\mathrm{Im}^2=\left(\frac{M}{1-M^2}\right)^2 \tag{5-44}$$

对于式（5-44），当 M 取不同值时，在 Re-jIm 复平面上，是一个圆心在$\left(\frac{M^2}{1-M^2},\mathrm{j}0\right)$，半径为$\left|\frac{M}{1-M^2}\right|$的圆簇。

① 当 M>1 时，所有的圆均位于 M=1 这一直线的左侧且随着 M 值的增大，等 M 圆半径越来越小，最后收敛于（−1，j0）点；

② 当 M<1 时，所有的圆均位于 M=1 这一直线的右侧且随着 M 值的减小，等 M 圆半径也越来越小，最后收敛于原点，如图 5-42 所示。

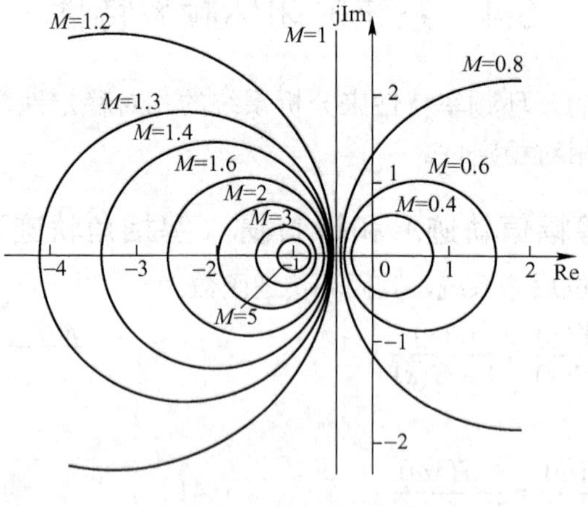

图 5-42　等 M 圆簇

2．等 N 圆（等相角轨迹）

根据式（5-42）的相角条件，有

$$\varphi = \arctan\frac{\mathrm{Im}}{\mathrm{Re}} - \arctan\frac{\mathrm{Im}}{1+\mathrm{Re}}$$

令

$$N = \tan\varphi = \tan\left(\arctan\frac{\mathrm{Im}}{\mathrm{Re}} - \arctan\frac{\mathrm{Im}}{1+\mathrm{Re}}\right) = \frac{\dfrac{\mathrm{Im}}{\mathrm{Re}} - \dfrac{\mathrm{Im}}{1+\mathrm{Re}}}{1+\dfrac{\mathrm{Im}}{\mathrm{Re}}\cdot\dfrac{\mathrm{Im}}{1+\mathrm{Re}}} = \frac{\mathrm{Im}}{\mathrm{Re}^2+\mathrm{Re}+\mathrm{Im}^2}$$

整理可得

$$\left(\mathrm{Re}+\frac{1}{2}\right)^2 + \left(\mathrm{Im}-\frac{1}{2N}\right)^2 = \left(\frac{\sqrt{N^2+1}}{2N}\right)^2 \tag{5-45}$$

对于式（5-45），当 N 取不同值时，在 Re −jIm 复平面上，是一个圆心在 $\left(-\dfrac{1}{2}, \mathrm{j}\dfrac{1}{2N}\right)$，半径为 $\dfrac{\sqrt{N^2+1}}{2N}$ 的圆簇，如图 5-43 所示。

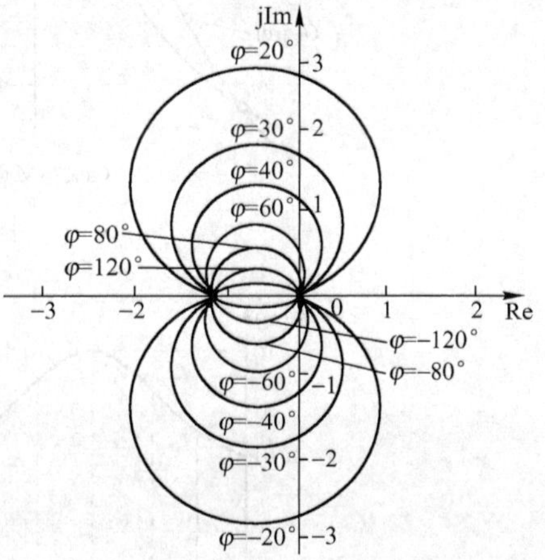

图 5-43　等 N 圆簇

（1）等 N 圆上以 φ 值进行标注，由于 $N=\tan\varphi=\tan(\varphi \pm l180°)$，所以对于同一 N 值，φ 值是多值的，但在等 N 圆上仅标注（-180° ～+180° ）范围的 φ 值。

（2）当 Re=0，Im=0 和 Re=−1，Im=0 时，式（5-45）圆方程总成立，故所有的等 N 圆均通过（0，j0）和（-1，j0）点。

（3）对于给定 φ 值的等 N 圆轨迹，实际上并不是一个完整的圆，而是一段圆弧，例如 φ=60° 和 φ= -120° 的圆弧是同一个圆的一部分。故对于位于实轴以上的圆弧 φ 值标以相应的正值（0° ～+180° ），位于实轴以下的圆弧 φ 值标以相应的负值（-180° ～0° ）。

（4）当 N=0(φ=0)时，相应的“圆”是与实轴重叠的直线，其中位于（-1，0）之间线段的 φ 值为±180° ，其余部分的 φ 值为 0° 。

（5）由于在等 N 圆上 φ 是多值的，因此利用等 N 圆来确定系统的相角时，就必须适当指出 φ 值的范围，为了避免错误，应从对应于 φ=0 的零频开始，一直到高频，相位曲线必须是连续的，如图 5-43 所示。

5.4.2　利用等 M 圆和等 N 圆求系统的闭环频率特性

1．单位反馈系统的闭环频率特性

有了等 M 圆和等 N 圆，便可根据单位反馈系统的开环频率特性求系统的闭环频率特性，即闭环幅频特性和闭环相频特性。

将单位反馈系统的开环频率特性 $G(\mathrm{j}\omega)$ 的极坐标图（Nyquist 图）与等 M 圆（或等 N 圆）按相同的比例重叠画出，如图 5-44（a）（或图 5-44（b））所示，适当地选取曲线 $G(\mathrm{j}\omega)$ 与一系列等 M 圆（或等 N 圆）的交点，并分别按曲线 $G(\mathrm{j}\omega)$ 和等 M 圆（或等 N 圆）读取这些交点（或切点）对应的频率ω和M（或N）值，便可得到单位反馈系统的闭环幅频特性$M(\omega)$或闭环相频特性$\varphi(\omega)$。其中曲线$G(j\omega)$和等M圆的切点处对应的频率ω就是谐振频率ω_r，M值就是谐振峰值M_r，如图5-45所示。

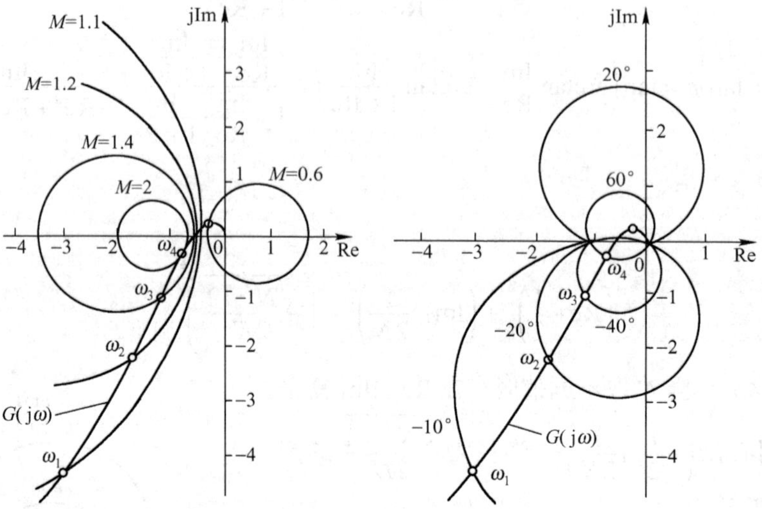

（a）等M圆　（b）等N圆

图5-44　等M圆和等N圆

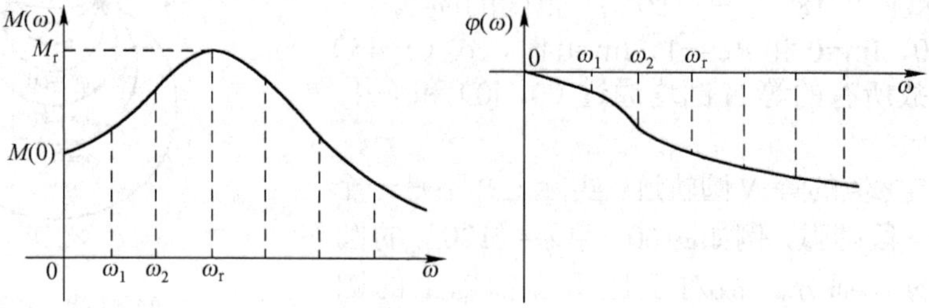

（a）　（b）

图5-45　系统的闭环频率特性曲线

2．非单位反馈系统的闭环频率特性

上面介绍的利用等M圆和等N圆求取系统的闭环频率特性，仅适用于单位反馈系统，对于非单位反馈系统，可将其变换为等效的单位反馈系统，如图5-46所示。

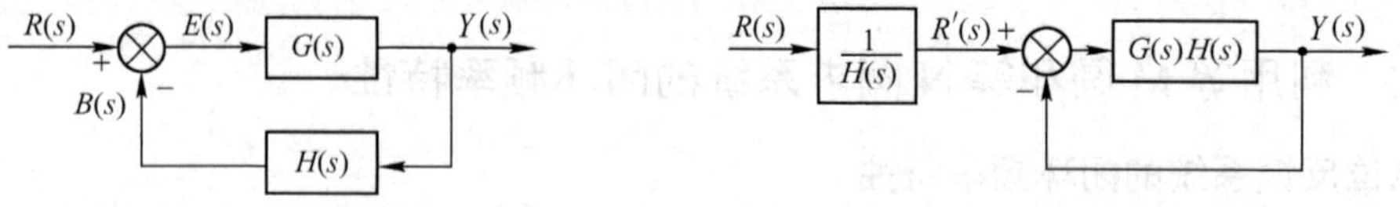

（a）非单位反馈控制系统　（b）等效单位反馈控制系统

图5-46　反馈控制系统

图5-46（b）中的单位反馈系统的闭环频率特性$Y(j\omega)/R'(j\omega)$可按以上方法求取，它们再与频率特性$1/H(j\omega)$相乘（或相加），便可得到总的闭环频率特性，即总的闭环幅频特性曲线

$A(\omega)$ 和闭环相频特性曲线 $\varphi(\omega)$ 。

3. 系统的闭环频域性能指标

与时域响应中衡量系统性能采用的时域性能指标类似，频率特性在数值上和曲线形状上的特点常用频域性能指标来衡量，它们在很大程度上能够间接地表明系统的动态特性和稳态特性。由系统的闭环幅频特性曲线 $A(\omega)$ 和闭环相频特性曲线 $\varphi(\omega)$ 组成的闭环频率特性曲线如图 5-47 所示。利用图 5-47 可得以下系统的性能指标。

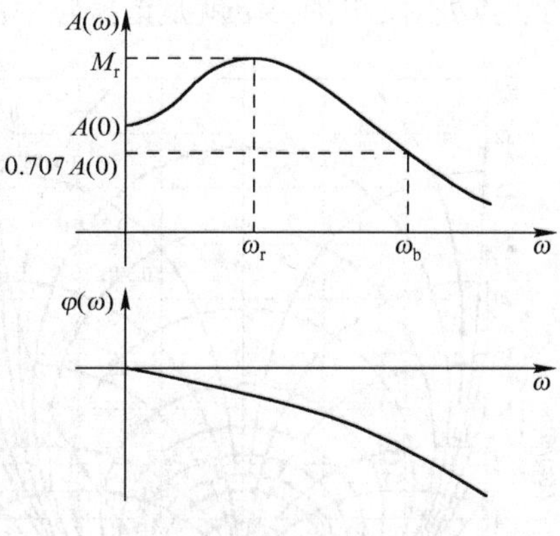

图 5-47　闭环频率特性曲线

（1）谐振频率 ω_r ：幅频特性 $A(\omega)$ 出现最大幅值时所对应的频率。

（2）谐振峰值 M_r ：幅频特性 $A(\omega)$ 的最大幅值，它与谐振频率 ω_r 相对应。 M_r 越大，系统的超调量越大。

（3）闭环截止频率（或频带） ω_b ：幅频特性 $A(\omega)$ 的幅值衰减到起始值的 0.707 倍时所对应的频率。它反映了系统的快速性， ω_b 越大，系统的快速性越好，阶跃响应的上升时间越短，调节时间越短。

（4）零频幅值 $A(0)$ ：幅频特性 $A(\omega)$ 频率 $\omega=0$ 时的幅值。它表示系统阶跃响应的终值，$A(0)$ 与 1 之差的大小，反映了系统的稳态误差精度， $A(0)$ 越接近于 1，系统的稳态精度越高。

5.4.3　利用 Nichols 图求系统的闭环频率特性

仿照在直角坐标平面绘制等 M 圆和等 N 圆的方法，在对数幅相平面上也可绘制出等幅值轨迹（等 M 轨迹）和等相角轨迹（等 N 轨迹）。它们被称为对数幅相平面上的尼科尔斯（Nichols）轨迹，如图 5-48 所示。

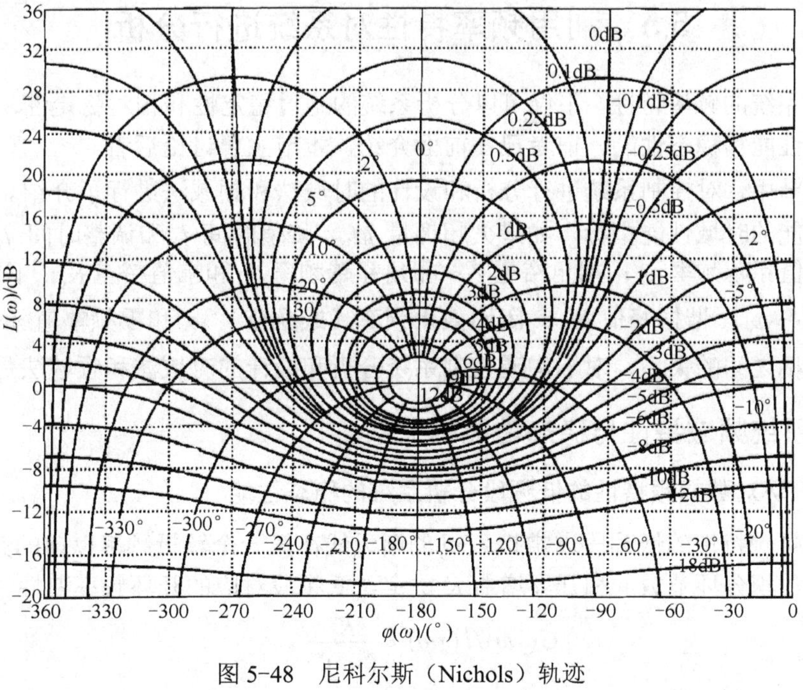

图 5-48　尼科尔斯（Nichols）轨迹

在绘有等 M 轨迹和等 N 轨迹的对数幅相平面上，画出单位反馈系统的开环对数幅相图。该图与等 M 轨迹和等 N 轨迹的交点给出了相应频率下闭环频率特性的对数幅值和相角，如图 5-49 所示。据此可画出系统的闭环对数频率特性曲线，如图 5-50 所示。其中开环对数幅相图与等 M 轨迹的切点处对应的频率ω就是谐振频率ω_r，等 M 轨迹的幅值就是谐振峰值 M_r 的对数值。

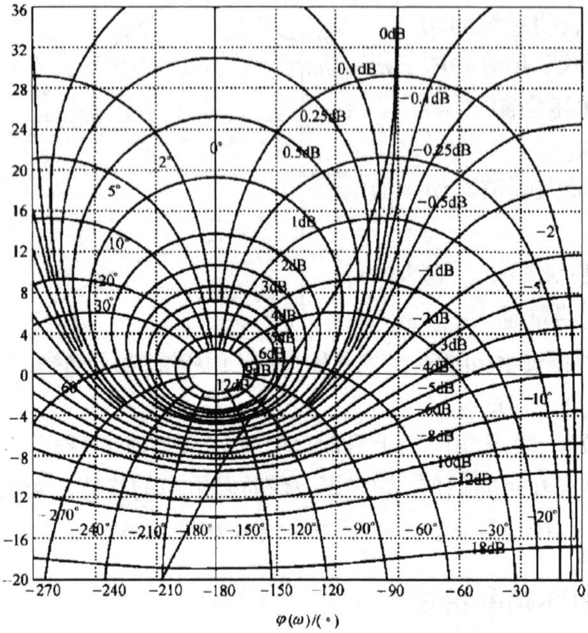

图 5-49　叠加在 Nichols 轨迹上的开环对数幅相图

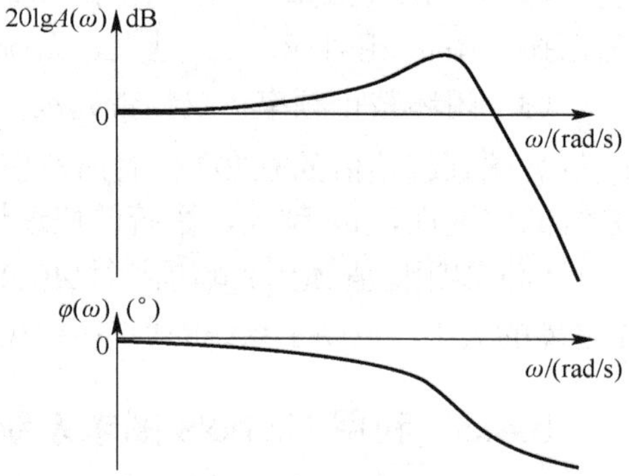

图 5-50　系统的闭环频率特性

5.5　利用频率特性对系统进行分析

应用控制系统的频率特性，不仅可以分析系统的绝对稳定性和相对稳定性，而且还可以分析系统的动态性能和稳态性能。前者已在前面介绍，本节主要讨论后者。

在前面章节中，对控制系统进行分析和设计的时域法和频域法进行了介绍。同时，也给出了衡量系统性能的时域性能指标，如最大超调量 M_p、峰值时间 t_p 和调整时间 t_s；开环频域性能指标，如幅值穿越频率 ω_c；相角裕量 γ；相角穿越频率 ω_g 和幅值裕量 K_g；闭环频域性能指标，如谐振频率 ω_r；谐振峰值 M_r；闭环截止频率（或频带）ω_b 和零频幅值 $A(0)$。因此，掌握这些性能指标之间的关系，对于沟通控制系统分析和设计的时域法和频域法是至关重要的。

5.5.1　系统频域特性与稳态性能的关系

1．利用开环对数幅频特性的低频段分析系统的稳态性能

开环对数幅频特性的低频段通常指 $L(\omega)$的渐近线在第一个转折频率以前的频段，这一段特性完全由系统的积分环节数 v 和开环增益 K 决定，低频段对应的开环频率特性为

$$G(\mathrm{j}\omega)H(\mathrm{j}\omega)\approx\frac{K}{(\mathrm{j}\omega)^{v}} \qquad (5\text{-}46)$$

则低频段（$\omega \to 0$）的开环对数幅频特性为

$$L(\omega)=20\lg K-\nu 20\lg\omega$$

当$\omega=1$ 时，$L(\omega)=20\lg K$；当 $L(\omega)=0$ 时，$20\lg K=\nu 20\lg\omega$，即 $K=\omega^{\nu}$

所以低频段的渐近线是一条斜率为-20ν (dB/dec)，且通过$\omega=1$ 和 $L(\omega)=20\lg K$ 点（或与ω轴交于 $\omega=\sqrt[\nu]{K}$ 点)的直线。

低频段反映了系统的静态特性。积分环节越多，低频段的渐近线越倾斜，系统的稳态误差越小。

2. 利用闭环幅频特性分析系统的稳态性能

对于单位阶跃输入信号，根据终值定理可得系统时域响应的稳态值为

$$y(\infty)=\lim_{t\to\infty}y(t)=\lim_{s\to 0}sG_{\mathrm{B}}(s)\frac{1}{s}=\lim_{s\to 0}G_{\mathrm{B}}(s)=A(0) \tag{5-47}$$

单位反馈系统在单位阶跃输入信号作用下的稳态误差 e_{ss} 为

$$e_{\mathrm{ss}}=1-y(\infty)=1-A(0) \tag{5-48}$$

显然，对于单位反馈系统而言，可根据闭环频率特性的零频幅值 $A(0)$ 来确定系统的稳态误差 e_{ss}。也就是说，系统的闭环幅频特性的零频幅值 $A(0)$ 反映了系统的稳态误差精度，它越接近于 1，系统的稳态误差越小，系统的稳态精度越高。

5.5.2 系统频域特性与时域性能的关系

1. 典型二阶系统的开环频域性能指标与动态时域性能指标的关系

对于典型二阶振荡系统，其开环频率特性

$$G(\mathrm{j}\omega)H(\mathrm{j}\omega)=\left.\frac{\omega_{\mathrm{n}}^2}{s(s+2\zeta\omega_{\mathrm{n}})}\right|_{s=\mathrm{j}\omega}=\frac{\omega_{\mathrm{n}}{}^2}{(\mathrm{j}\omega)(\mathrm{j}\omega+2\zeta\omega_{\mathrm{n}})} \tag{5-49}$$

其中，ζ 为系统的阻尼比；ω_{n} 为系统的无阻尼固有振荡频率。

系统的开环幅频特性和开环相频特性分别为

$$M(\omega)=\frac{\omega_{\mathrm{n}}{}^2}{\omega\sqrt{\omega^2+(2\zeta\omega_{\mathrm{n}})^2}},\quad \varphi(\omega)=-90^\circ-\arctan\frac{\omega}{2\zeta\omega_{\mathrm{n}}}=-180^\circ+\arctan\frac{2\zeta\omega_{\mathrm{n}}}{\omega}$$

令 $M(\omega)=1$，可得幅值穿越频率 ω_{c} 为

$$\omega_{\mathrm{c}}=\omega_{\mathrm{n}}\sqrt{\sqrt{4\zeta^2+1}-2\zeta^2} \tag{5-50}$$

于是可得系统的相角裕量为

$$\gamma=\varphi(\omega_{\mathrm{c}})+180^\circ=\arctan\frac{2\zeta}{\sqrt{\sqrt{4\zeta^2+1}-2\zeta^2}} \tag{5-51}$$

由此可见，典型二阶振荡系统的幅值穿越频率 ω_{c} 是系统的无阻尼固有振荡频率 ω_{n} 和阻尼比 ζ 的函数；而相角裕量 γ 仅是阻尼比 ζ 的函数，且成正比关系。当 $0<\zeta\leqslant 0.7$ 时，可近似为如下线性关系

$$\zeta=0.01\gamma$$

1）二阶振荡系统的相角裕量 γ 与最大超调量 M_{p} 的关系

二阶振荡系统的最大超调量为

$$M_p = e^{-\frac{\zeta\pi}{\sqrt{1-\zeta^2}}} \times 100\%$$

它也是阻尼比ζ的单值函数。由此可见，最大超调量M_p与相角裕量γ之间也具有单值关系。且相角裕量γ越小，系统阶跃响应的最大超调量M_p便越大，随之对应的系统相对稳定性也就越差。因此，可用相角裕量γ来表征系统动态响应的相对稳定性。

2）幅值穿越频率ω_c与调整时间t_s的关系

对于二阶振荡系统，调整时间 t_s为

$$t_s = \frac{3 \sim 4}{\zeta\omega_n} \tag{5-52}$$

将式（5-50）和式（5-51）代入式（5-52）得

$$t_s = \frac{3 \sim 4}{\zeta\omega_n} = \frac{6 \sim 8}{\omega_c} \cdot \frac{1}{\tan\gamma} \tag{5-53}$$

由此可见，$t_s\omega_c$随相角裕量γ的增加而单调下降。如果系统的相角裕量γ不变，则动态响应的调整时间t_s与幅值穿越频率ω_c成反比。即幅值穿越频率ω_c越大，调整时间t_s便越短，系统动态响应的快速性就越好。因此，幅值穿越频率ω_c表征了系统动态响应的快速性。

2．典型二阶系统的闭环频域性能指标与动态时域性能指标的关系

对于典型二阶振荡系统，其闭环频率特性

$$G_B(j\omega) = \left.\frac{\omega_n^2}{s^2 + 2\zeta\omega_n s + \omega_n^2}\right|_{s=j\omega} = \frac{{\omega_n}^2}{(j\omega)^2 + j2\zeta\omega_n\omega + {\omega_n}^2} \tag{5-54}$$

其中，ζ为系统的阻尼比；ω_n为系统的无阻尼固有振荡频率。

所以系统的闭环幅频特性和闭环相频特性分别为

$$A(\omega) = \frac{{\omega_n}^2}{\sqrt{({\omega_n}^2 - \omega^2)^2 + (2\zeta\omega_n\omega)^2}}，\quad \varphi(\omega) = -\arctan\frac{2\zeta\omega_n\omega}{{\omega_n}^2 - \omega^2}$$

当$0 < \zeta < 0.707$时，令$\frac{\mathrm{d}A(\omega)}{\mathrm{d}\omega} = 0$，可得谐振频率$\omega_r$和谐振峰值$M_r$分别为：

$$\omega_r = \omega_n\sqrt{1-2\zeta^2} \qquad 和 \qquad M_r = A(\omega)|_{\omega=\omega_r} = \frac{1}{2\zeta\sqrt{1-\zeta^2}}$$

由此可见，典型二阶振荡系统的谐振频率ω_r是系统的无阻尼固有振荡频率ω_n和阻尼比ζ的函数；而谐振峰值M_r仅是阻尼比ζ的函数，且成正比关系。

1）谐振频率ω_r与峰值时间t_p的关系

二阶振荡系统的峰值时间 t_p为

$$t_p = \frac{\pi}{\omega_d} = \frac{\pi}{\omega_n\sqrt{1-\zeta^2}}$$

谐振频率ω_r为

$$\omega_r = \omega_n\sqrt{1-2\zeta^2}$$

由此可见，在阻尼比ζ一定时，谐振频率ω_r越大，ω_n也越大，系统的峰值时间 t_p会越小，系统响应越快。因此，谐振频率ω_r表征了系统动态响应的快速性。

2）谐振峰值 M_r 与最大超调量 M_p 的关系

二阶振荡系统的最大超调量为

$$M_p = e^{-\frac{\zeta\pi}{\sqrt{1-\zeta^2}}} \times 100\%$$

M_r 与 M_p 都仅与系统的阻尼比 ζ 有关。M_r 越大，阻尼比 ζ 越小，系统的最大超调量 M_p 越大。当 M_r=1.2～1.4 时，M_p=20%～30%，系统具有较好的动态特性。因此，谐振峰值 M_r 表征了系统动态响应的相对稳定性。

3）闭环截止频率 ω_b 与调整时间 t_s

闭环截止频率 ω_b 是幅频特性 $A(\omega)$ 的幅值衰减到起始值 $A(0)$ 的 0.707 倍时所对应的频率。

对于二阶振荡系统，根据

$$A(\omega_b) = 0.707A(0)$$

可得系统的闭环截止频率 ω_b 为

$$\omega_b = \omega_n\sqrt{1-2\zeta^2+\sqrt{2-4\zeta^2+4\zeta^4}} \tag{5-55}$$

它与系统的调整时间 $t_s = (3\sim\ 4)/\zeta\omega_n$ 一样，均为系统的无阻尼固有振荡频率 ω_n 和阻尼比 ζ 的函数。ω_b 越大，ω_n 和 ζ 越大，t_s 越小，系统的快速性越好，阶跃响应的上升时间越短，调节时间越短。因此，频带宽度 0～ω_b，也表征了系统动态响应的快速性。

3．高阶系统的频域性能指标与动态时域性能指标的关系

由前面的分析可知，应用频率响应法分析二阶系统的性能是准确的。但是对于高阶系统，很难建立频域性能指标与动态时域性能指标之间的关系。因此应用频率响应法只能对高阶系统的动态性能作出近似的估计，利用一些经验公式、计算图表或近似关系来估算实际系统性能。

1）谐振峰值 M_r 和幅值穿越频率 ω_c 与最大超调量 M_p 和调整时间 t_s 的关系

对于高阶系统，当 $1 \leqslant M_r \leqslant 1.8$ 时，其频域性能指标与动态时域性能指标之间常用下列估算公式

$$M_p = 0.16 + 0.4(M_r - 1)$$

$$t_s = \frac{\pi}{\omega_c}[2 + 1.5(M_r - 1) + 2.5(M_r - 1)^2]$$

由此可见，控制系统动态响应的最大超调量 M_p，随着谐振峰值 M_r 的增大而增大；而调整时间 t_s，则随着 M_r 的增大而加长，并与幅值穿越频率 ω_c 成反比。

2）谐振峰值 M_r 与相位裕量 γ 的关系

如果系统的闭环谐振频率 ω_r 与开环幅值穿越频率 ω_c 比较接近，而且开环频率特性在 ω_c 附近的变化又比较缓慢时，则单位反馈系统的谐振峰值 M_r 与相角裕量 γ 之间具有下列的近似关系

$$M_r \approx \frac{1}{\sin\gamma}$$

由此可见，若系统的相角裕量 γ 较小，则谐振峰值 M_r 便较大，系统就容易趋于振荡；而当 $\gamma = 0$ 时，$M_r \to \infty$，则系统便处于不稳定的边缘。

由上述这些经验公式的近似关系式可以看出，对于高阶系统的频域性能指标与时域性能指标之间的定量关系和变化趋势，与二阶振荡系统的相类似。因此，二阶系统中各指标之间的关系和变化趋势，也适用于一般的高阶系统。

3）根据开环对数幅频特性中频段的形状估算最小相位系统的动态性能

开环对数幅频特性的中频段通常指 $L(\omega)$在系统幅值穿越频率ω_c 附近的区段，这段特性集中反映了系统动态响应的平稳性和稳定性。

对于最小相位系统，其开环对数幅频特性与相频特性具有单值的对应关系。若要求系统稳定且相角裕量γ在 30°～60°之间，则开环对数幅频特性曲线在幅值穿越频率ω_c附近的斜率应大于-40dB/dec。通常要求开环对数幅频特性曲线在幅值穿越频率ω_c处的斜率为-20dB/dec，且保持一定的频率宽度，如图 5-51 所示。一般来说，维持这一段斜率的范围越宽，相角裕量γ便越大，系统动态响应的相对稳定性就越好。因此，工程上常常利用最小相位系统这一重要性质，直接根据开环对数幅频特性曲线在ω_c附近的形状，以及在ω_c附近斜率为-20dB/dec 的频率宽度，来估算系统的动态性能。

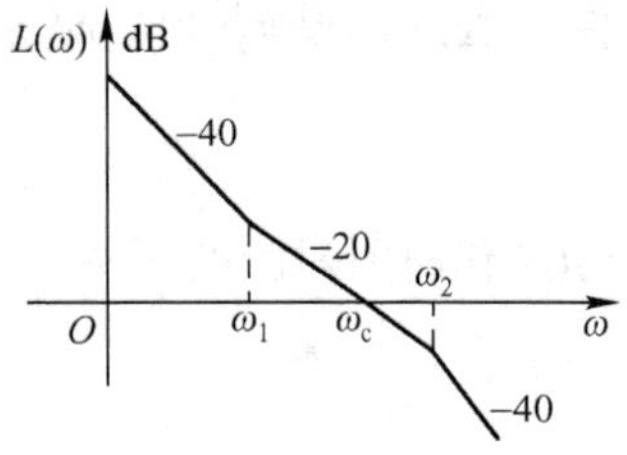

图 5-51 开环系统的 Bode 图

5.6 基于 MATLAB 的控制系统频域分析

MATLAB 提供了多种求取并绘制系统频率特性曲线的函数，使用它们可以很方便地绘制控制系统的频率特性曲线，并对系统进行频域分析和设计。

5.6.1 利用 MATLAB 绘制 Bode 图

MATLAB 提供的函数 bode( )可以绘制系统 Bode 图，该函数的调用格式为

[mag,phase,ω]=bode(num,den) 或 [mag,phase,ω]=bode(num,den,ω)

式中，num 和 den 分别为系统开环传递函数的分子和分母多项式的系数按降幂排列构成的系数行向量；ω为频率点构成的向量；mag 为系统的幅值；phase 为系统的相角。

频率向量可由 logspace()函数来构成。此函数的调用格式为

ω=logspace(m,n,npts)

此命令可生成一个以 10 为底的指数向量(10^m～10^n)，点数由 npts 任意选定。

当 bode( )函数带输出变量引用函数时，可得到系统 Bode 图相应的幅值 mag，相角 phase 及频率点ω向量，有了这些数据就可以利用下面的 MATLAB 命令绘制系统的 Bode 图。

```
>>subplot(2,1,1);semilogx(ω,20*log10(mag));subplot(2,1,2);semilogx(ω,phase)
```

如果只想绘制出系统的 Bode 图，而对获得幅值和相角的具体数值并不感兴趣，则可以采用如下简单的调用格式

bode(num,den) 或 bode(num,den,ω)

其中 bode(num,den,ω)可利用指定的频率向量ω绘制系统的 bode 图。

例 5-12 已知二阶系统的开环传递函数为

$$G(s)H(s)=\frac{9}{s^2+1.8s+9}$$

绘制系统的 Bode 图。

解 MATLAB 命令为

```
>>w=logspace(-1,2);
>>num=9;den=[1,1.8,9];
>>bode(num,den,w);grid;
```

执行后得如图 5-52 所示系统的 Bode 图。在曲线窗口中，通过利用鼠标单击曲线上任意一点，可以获得此点所对应的系统在该点的频率与幅值或频率与相角等有关信息，如图 5-52 所示。

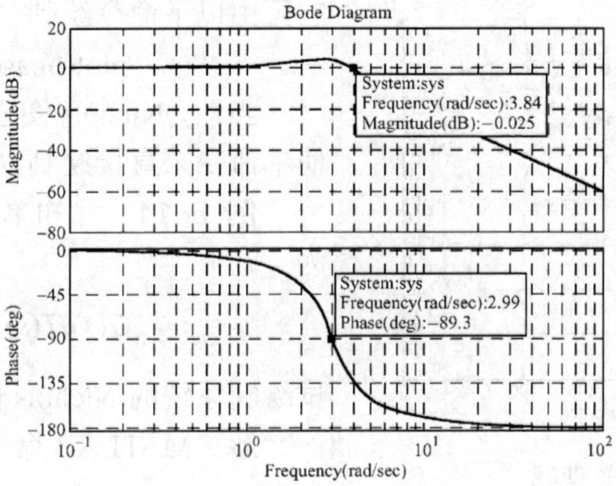

图 5-52　Bode 图

5.6.2　利用 MATLAB 绘制奈奎斯特图

MATLAB 提供的函数 nyquist( )可以绘制系统的奈奎斯特图，该函数的调用格式为

[Re,Im,ω]=nyquist(num,den)　或　[Re,Im,ω]=nyquist(num,den,ω)

其中，num 和 den 分别为系统开环传递函数的分子和分母多项式的系数按降幂排列构成的系数行向量；Re,Im 和ω分别为开环频率特性的实部向量、虚部向量和对应的频率向量。

有了这些值就可利用命令 plot(Re,Im)来直接绘出系统的奈奎斯特图。当然，奈奎斯特图也可采用与 Bode 图类似的简单命令来直接绘制。

例 5-13　已知系统的开环传递函数为

$$G(s)H(s)=\frac{0.5}{s^3+2s^2+s+0.5}$$

绘制系统的奈奎斯特图，并判断系统的稳定性。

解　MATLAB 命令为

```
>>num=0.5;den=[1 2 1 0.5];
>>nyquist(num,den)
```

执行后可得如图 5-53 所示的曲线，由于奈奎斯特曲线没有包围(−1, j0)点，且 P=0，所以由 $G(s)H(s)$构成的单位负反馈系统稳定。

在奈奎斯特曲线窗口中，也可利用鼠标通过单击曲线上任意一点，获得此点所对应的系统的开环频率特性，在该点的实部和虚部及其频率的值，如图 5-53 所示。

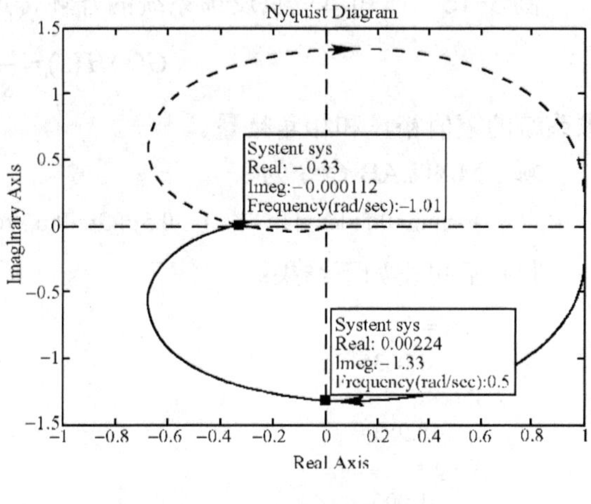

图 5-53　奈奎斯特曲线

5.6.3 利用 MATLAB 绘制 Nichols 图

MATLAB 提供的函数 nichols( )，可以绘制系统的 Nichols 图，该函数的调用格式为

[mag,phase,ω]=nichols(num,den,ω)

可见该函数的调用格式以及返回的值与 bode( )函数完全一致，事实上虽然它们使用的算法不同，但这两个函数得出的结果还是基本一致的。但 Nichols 图的绘制方式和 Bode 图是不同的，它可由以下命令绘制

plot(phase,20*log10(mag))

当然，Nichols 图也可采用与 Bode 图类似的简单命令来直接绘制。

例 5-14 已知单位负反馈的开环传递函数为

$$G(s)H(s)=\frac{1}{s(s+1)(0.2s+1)}$$

试绘制系统的 Nichols 图。

解 MATLAB 命令为

```
>>num=1;den=conv([1,0],conv([1,1],[0.2,1]));
>>nichols(num,den); ngrid
```

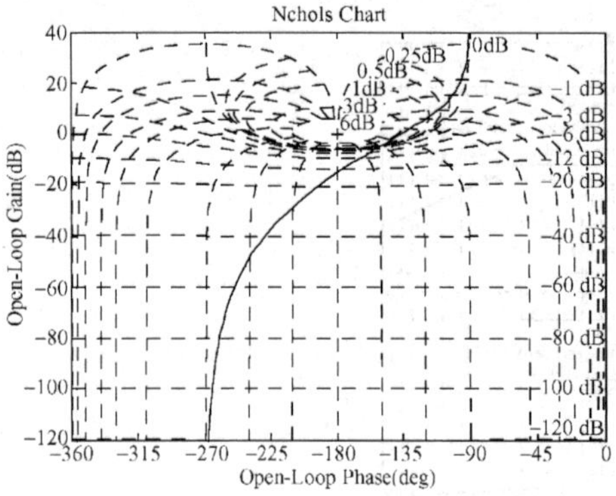

图 5-54 Nichols 曲线

执行后可得如图 5-54 所示的 Nichols 图。

5.6.4 利用 MATLAB 计算系统的相角裕量和幅值裕量

在判断系统稳定性时，常常需要求出系统的幅值裕量和相角裕量。利用 MATLAB 控制系统工具箱提供的 margin( )函数可以求出系统的幅值裕量与相角裕量，该函数的调用格式为

[Gm,Pm,Wcg,Wcp]=margin(num,den)

式中，Gm 和 Pm 分别为系统的幅值裕量 K_g 和相角裕量γ；而 Wcg 和 Wcp 分别为幅值裕量和相角裕量处相应的频率值，即相角穿越频率 ω_g 和幅值穿越频率 ω_c。当系统不存在幅值裕量或相角裕量时，幅值裕量或相角裕量的值应该返回 inf，而发生的频率值应该返回 NaN。

例 5-15 已知单位负反馈系统的开环传递函数为

$$G(s)H(s)=\frac{0.5}{s^3+2s^2+s+0.5}$$

求系统的幅值裕量和相角裕量。

解 MATLAB 命令为

```
>>num=0.5;den=[1  2  1  0.5];[Gm,Pm,Wcg,Wcp]=margin(num,den)
```

执行后可得如下结果：

```
Gm =
    3.0035
Pm =
    48.9534
Wcg =
    1.0004
Wcp =
    0.6435
```

由此可知，系统的幅值裕量 K_g=3.0035= 9.5526dB；相角裕量γ=48.9534°；相角穿越频率 ω_g =1.0004；幅值穿越频率 ω_c =0.6435°。

5.6.5 利用 MATLAB 绘制系统的闭环频率特性曲线

由上可知，利用 MATLAB 的函数 bode( )，根据系统的开环传递函数可以绘制系统开环频率特性的对数坐标图，即 Bode 图；对于系统的闭环频率特性曲线，同样也可以利用 MATLAB 的函数 bode( )来绘制，但此时必须采用系统的闭环传递函数。

例 5-16　已知单位反馈系统的开环传递函数为

$$G(s)H(s)=\frac{0.5}{s^3+2s^2+s+0.5}$$

绘制系统的闭环频率特性曲线。

解　MATLAB 命令为

```
>>w=logspace(-1,2);num=0.5;den=[1,2,1,0.5];
>>[numb,denb]=cloop(num,den);bode(numb,denb,w);grid;
```

执行后得如图 5-55 所示系统的闭环频率特性曲线。在曲线窗口中，首先利用鼠标单击曲线外任意一点弹出一个功能菜单；然后选择 Characteristics 子菜单中的 Peak Response（响应峰值）选项，便可在曲线上得到一个峰值标注点；最后点击峰值标注点便可以获得此点频率与幅值等有关信息。

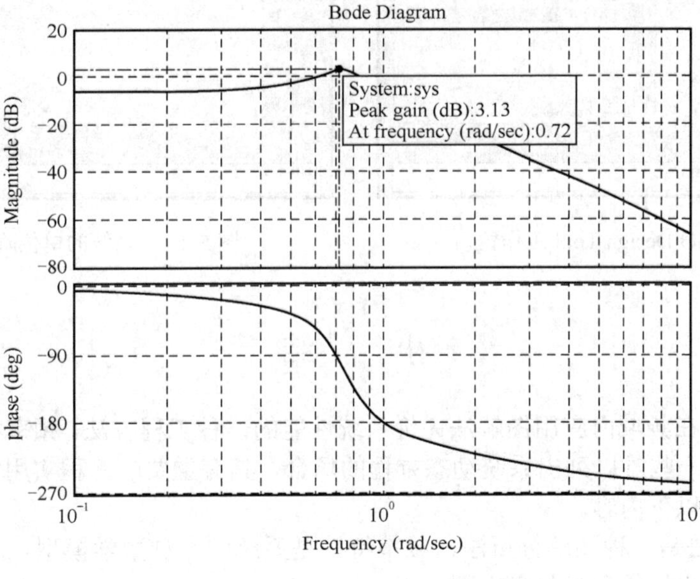

图 5-55　系统的闭环频率特性曲线

由图 5-55 可知，系统的谐振峰值 M_r =3.13（dB），谐振频率 ω_r =0.72（rad/s）。随着频率的增加，系统的闭环频率特性最终减小到零，系统表现为低通滤波器。

另外，利用 MATLAB 中的单变量线性系统设计器（SISO Design Tool），不仅可以绘制系统的频率特性曲线、根轨迹和时域响应曲线，而且还可以获得系统的性能指标。

例如，对于例 5-15 所示系统，利用以下命令

>>num=0.5;den=[1,2,1,0.5];ex5_15=tf(num,den);sisotool(ex5_15)

便可打开设计器（SISO Design Tool）工作窗口，并绘制出所给系统 ex5_15 的对数坐标图和根轨迹，同时给出系统的幅值裕量和相角裕量，以及相角穿越频率和幅值穿越频率，如图 5-56 所示。显然它与例 5-15 所得结果一致。

利用图 5-56 中 Analysis 菜单下的 Response to Step Command 或 Other Loop Responses…相关命令，便可打开该系统的单位阶跃响应，如图 5-57 所示。在图 5-56 中，其左上角“C(s)=”对话框中的值，即为系统开环增益 K（或根轨迹增益）的当前值。另外，利用鼠标直接拖动图 5-56 中系统根轨迹上的方块时，也可方便地改变系统开环增益 K（或根轨迹增益）的值。从而更直观地从图 5-57 中观测到系统的单位阶跃响应随着 K 值变化而变化的情况。利用图 5-56 中 Analysis 菜单下的 Closed-Loop Bode 命令或 Other Loop Responses...下的相关命令，便得到系统如图 5-55 所示的闭环频率特性曲线。

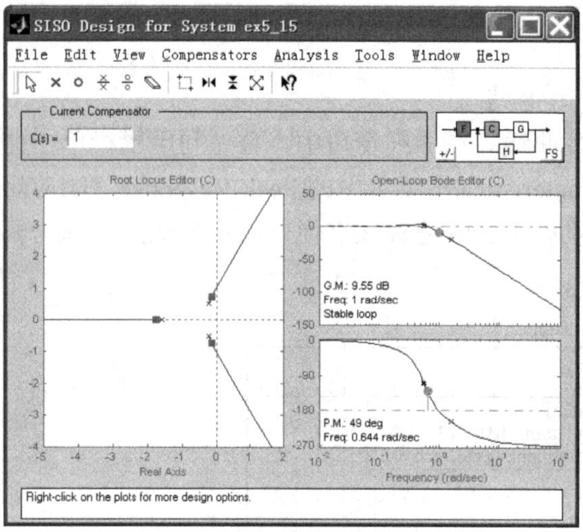

图 5-56　SISO Design Tool 工作窗口

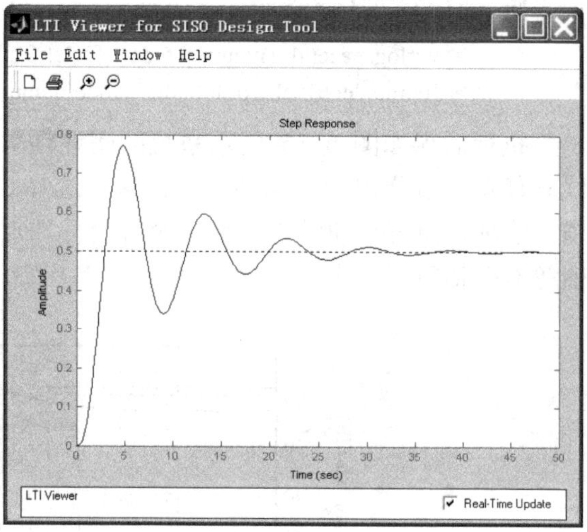

图 5-57　系统的单位阶跃响应（K=1）

小　　结

频域分析法是在频域内应用图解法评价系统性能的一种工程方法，频率特性可以利用实验方法求出，这对于一些难以列出系统动态方程的场合，具有重要的工程实用意义。通过本章的学习，要着重掌握以下内容。

1．频域分析法是一种图解分析法，频率特性是系统的一种数学模型。系统的频域分析法常用的两图形为极坐标图和对数坐标图。

2．开环频率特性的对数坐标图（Bode 图）可根据典型环节频率特性的特点，来绘制其对数幅值频率特性的渐近线，它不但计算简单、绘图容易，而且能直观地显示系统时间常数等系统参数变化对系统性能的影响。开环频率特性对数坐标图的低频段表征了系统的稳态性能，中频段表征了系统的动态性能，高频段反映了系统的抗干扰能力。

3．若系统开环传递函数的极点和零点均位于 s 平面的左半平面，该系统称为最小相位系统。反之，若系统的开环传递函数具有位于右半平面的零点或极点或有纯滞后环节，则系统称为非最小相位系统。对于最小相位系统，幅频特性和相频特性之间存在唯一的对应关系，即根据对数幅频特性，可以唯一地确定相频特性和传递函数，而对非最小相位系统则不然。

4. 根据 Nyquist 稳定判据，可利用开环频率特性的极坐标图（Nyquist 图），来判别系统的稳定性，同时也可用相角裕量和幅值裕量来反映系统的相对稳定性。

5. 利用等 M 圆和等 N 圆，可由开环频率特性来求闭环频率特性，并可求得闭环频率特性的谐振频率 ω_r、谐振峰值 M_r、闭环截止频率 ω_b 等。

6. 由闭环频率特性可定性或定量分析系统的时域响应。

7. 利用 MATLAB 不仅可以绘制系统的 Bode 图、Nyquist 图和 Nichols 图，而且还可以计算系统的幅值裕量和相角裕量及系统的其他性能指标。

习　题

5-1　已知单位反馈系统的开环传递函数，试绘制其开环极坐标图和开环对数坐标图。

（1）$G(s)H(s)=\dfrac{10}{s(0.1s+1)}$；　　（2）$G(s)H(s)=\dfrac{1}{(0.2s+1)(2s+1)}$；

（3）$G(s)H(s)=\dfrac{1}{s(s+1)(2s+1)}$；　　（4）$G(s)H(s)=\dfrac{10}{s^2(s+1)(0.1s+1)}$

5-2　设单位反馈系统的开环传递函数

$$G(s)H(s)=\frac{10}{(s+2)}$$

试求下列输入信号作用下，系统的稳态输出。

（1）　$r(t)=\sin(t+30^\circ)$；　　（2）$r(t)=\sin t-2\cos(2t-45^\circ)$

5-3　已知单位反馈系统的开环传递函数

$$G(s)H(s)=\frac{10}{s(s+1)(s+10)}$$

试绘制系统的 Nyquist 图和 Bode 图，并求系统的相角裕量和幅值裕量。

5-4　已知题 5-4 图所示 RLC 网络，当 ω=10rad/s 时，系统的幅值 A=1，相角 $\varphi=-90^\circ$ ，试求其传递函数。

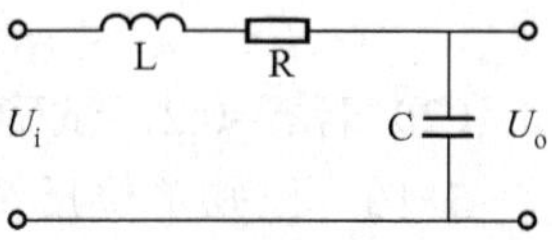

题 5-4 图

5-5　已知最小相位系统的开环对数幅频特性的渐近线如题 5-5 图所示，试求系统的开环传递函数，并计算系统的相角裕量。

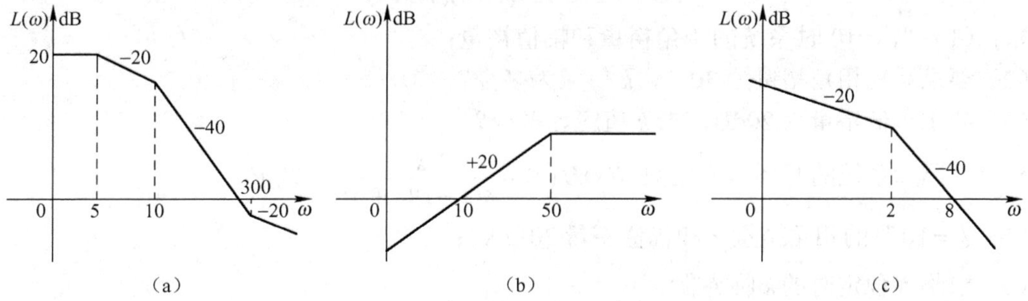

题 5-5 图

5-6　设系统开环传递函数为

（1）$G(s)H(s)=\dfrac{K}{(1+0.2s)(1+0.02s)}$ ；（2）$G(s)H(s)=\dfrac{K\mathrm{e}^{-0.1s}}{s(s+1)(0.1s+1)}$

试绘制系统的 Bode 图，并确定使开环截止频率 ω_c=5rad/s 时的 K 值。

5-7　设系统开环频率特性极坐标图如题 5-7 图所示，试判断系统的稳定性（其中，v表示积分环节个数，P 为开环右极点个数）。

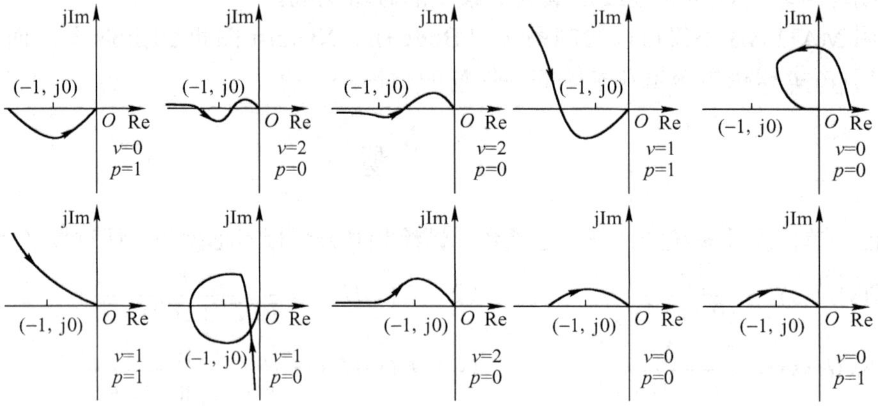

题 5-7 图

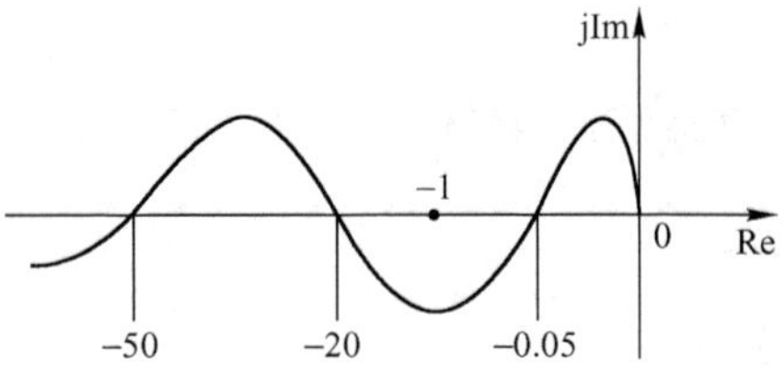

题 5-8 图

5-8　对题 5-8 图所示系统的开环极坐标图，开环增益 K=500，且开环无右极点，试确定使系统稳定的 K 值范围。

5-9　设系统的开环传递函数为

$$G(s)H(s)=\frac{k\mathrm{e}^{-\tau s}}{s(s+1)}$$

（1）试确定使系统稳定时 k 的临界值与纯时延 τ 的关系；

（2）若 τ =0.2，试确定使系统稳定的 k 的最大值。

5-10　已知单位反馈系统的开环传递函数

$$G(s)H(s)=\frac{k}{s(s+1)(s+10)}$$

求：（1）当 k=10 时系统的相角裕量和幅值裕量；

（2）要求系统相角裕量为 30°，k 值应为多少？

（3）要求幅值裕量为 20dB，求 k 值应为多少？

5-11　已知系统的开环传递函数 $G(s)H(s)=\dfrac{k}{s(s+1)(s+5)}$，试求

（1）$k=10$时的相角裕量γ 和幅值裕量 $20\lg K_g$；

（2）求临界稳定时的k临界值。

5-12　已知系统的开环传递函数 $G(s)H(s)=\dfrac{K}{s(0.1s+1)}$，试求 $\gamma=45^\circ$ 时的开环放大系数 K

的取值。

5-13　已知系统的开环传递函数 $G(s)H(s)=\dfrac{k}{s(s^2+s+100)}$，试求幅值裕量 $20\lg K_g=10\text{dB}$ 时的放大系数 k 的取值。

5-14　已知负反馈系统的开环传递函数 $G(s)H(s)=\dfrac{K}{s(0.1s+1)(0.01s+1)}$，试求：

（1）满足闭环谐振峰值 $M_r \leqslant 1.4$ 时的开环放大系数 K；

（2）用 γ 及 $20\lg K_g$ 来分析系统的稳定性；

（3）求出系统的时域指标 M_p 及 t_s 各是多少？

5-15　若系统单位阶跃响应 $y(t)=1-1.8\text{e}^{-4t}+0.8\text{e}^{-9t},t\geqslant 0$，试求系统频率特性。

5-16　设系统的开环传递函数为：$G(s)H(s)=\dfrac{K(T_2s+1)}{s^2(T_1s+1)},K>0,T_1>0,T_2>0$

（1）试画出奈奎斯特图，并确定系统的稳定性。（提示：请按 $T_1<T_2,T_1=T_2,T_1>T_2$ 三种情况分别进行讨论。）

（2）当 $T_2>T_1>0$ 时，求使相角裕量 γ 为最大值时的 K 值。

5-17　已知 P=0（P 为系统开环传递函数在右半平面的极点数），开环传递函数在 s 平面原点的极点重数为 1，系统的开环增益 K=100 时的对数幅频、相频特性曲线如题 5-17 图所示，试确定系统稳定的 K 的取值范围。

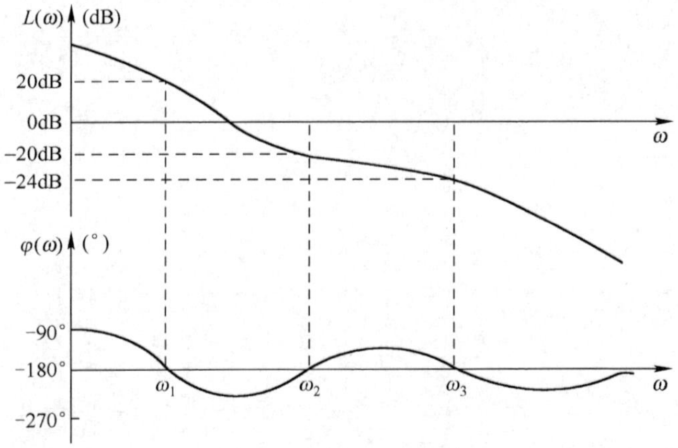

题 5-17 图

5-18　已知某单位负反馈最小相位系统有开环极点−40 和−20 且当开环增益 K=25 时，系统开环幅相频率特性曲线如题 5-18 图所示。

（1）写出系统的开环传递函数 $G(s)$；

（2）作出其对数幅频率特性渐近线 $L(\omega)$，并求系统幅值穿越频率 ω_c；

（3）能否调整开环增益 K 值使系统在给定输入 $r(t)$=1+t 作用下稳态误差 $e_{ss}<0.01$？

5-19　系统结构图如题 5-19 图所示，试用 Nyquist 判据确定系统稳定时 τ 的范围。

5-20　已知系统的对数闭环幅频、相频特性如题 5-20 图所示。

（1）试求系统的传递函数；

（2）并计算系统动态性能指标 M_p、t_s。

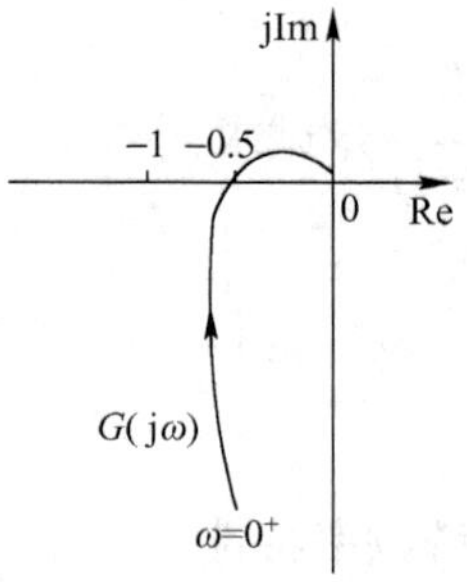

题 5-18 图

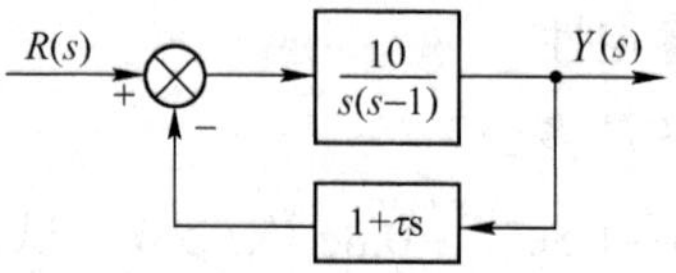

题 5-19 图

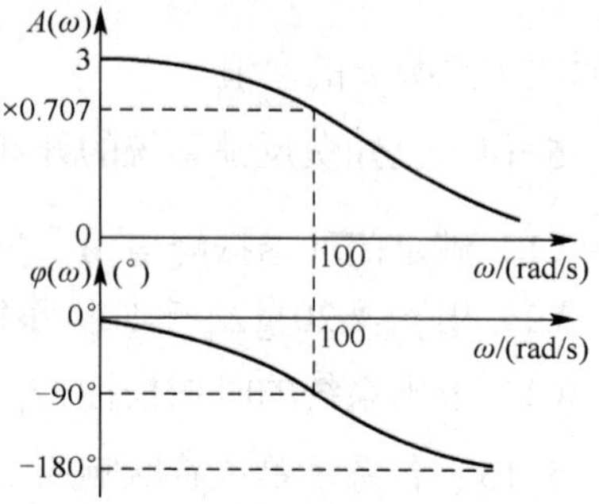

题 5-20 图

5-21　设单位反馈系统的开环传递函数为

$$G(s)H(s)=\frac{K}{s(s+1)(0.1s+1)}$$

（1）确定使系统的谐振峰值为 $M_r=1.4$ 的 K 值；

（2）确定使系统的幅值裕量为 20dB 的 K 值；

（3）确定使系统的相角裕量为 60° 的 K 值。

第 6 章

线性控制系统的校正方法

前几章介绍了线性控制系统的分析方法，并利用这些方法分析了控制系统的动态性能和稳态性能。在实际工程控制问题中，当控制系统的性能指标不能满足要求时，就必须在系统原有结构的基础上引入新的附加环节，以作为同时改善系统稳态性能和动态性能的手段。这种添加新的环节去改善系统性能的过程称为对控制系统的校正，或者称为控制系统的设计，而把附加的环节称为校正装置。工业过程控制中所用的 PID 控制器就属于校正装置。

6.1　线性控制系统的基础知识

6.1.1　性能指标

性能指标是衡量控制系统性能优劣的尺度，也是系统设计的技术依据。校正装置的设计通常是针对某些具体性能指标来进行的。系统常用的性能指标有稳态性能指标和动态性能指标两类。

1．稳态性能指标

稳态性能指标有：静态位置误差系数 K_p、静态速度误差系数 K_v、静态加速度误差系数 K_a 和稳态误差 e_{ss}，它们能反映出系统的控制精度。

2．动态性能指标

（1）时域性能指标有：上升时间 t_r、峰值时间 t_p、调整时间 t_s 和最大超调量（或最大百分比超调量）M_p。

（2）频域性能指标包括开环频域指标和闭环频域指标。

① 开环频域指标：幅值穿越频率或增益穿越频率（也称开环剪切频率或开环截止频率）ω_c(rad/s)、相角裕量（或相位裕量）γ(°)和幅值裕量（或增益裕量）K_g。

② 闭环频域指标：谐振频率ω_r、谐振峰值 M_r、闭环零频幅值 $A(0)$、闭环截止频率ω_b和闭环带宽 $0\sim\omega_b$。

正确选择各项性能指标，是控制系统设计中的一项最为重要的工作。不同系统对指标的要求应有所侧重，如调速系统对平稳性和稳态精度要求严格，而随动系统则对快速性能要求很高。另外，性能指标的提出应切合实际，满足生产要求，切忌盲目追求高指标而忽视经济性，甚至脱离实际。总之，系统性能指标既要满足设计的需要，又不能过于苛刻，以便容易实现。

6.1.2 校正方式

校正装置的设计是自动控制系统全局设计中的重要组成部分。设计者的任务是在不改变系统被控对象的情况下，选择合适的校正装置，并计算和确定其参数，以使系统满足所要求的各项性能指标。

按照校正装置在系统中的连接方式，控制系统的校正方式可以分为串联校正、反馈校正和复合校正三种方式。

1．串联校正

如果校正装置 $G_c(s)$串联在系统的前向通道中，则称其为串联校正，如图 6-1 所示。

2．反馈校正

如果校正装置 $G_c(s)$设置在系统的局部反馈回路的反馈通道上，则称其为反馈校正，如图 6-2 所示。

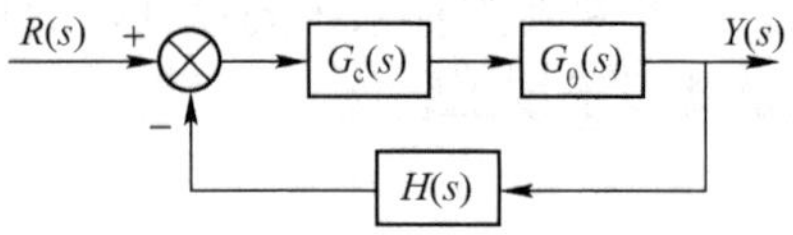

图 6-1 串联校正

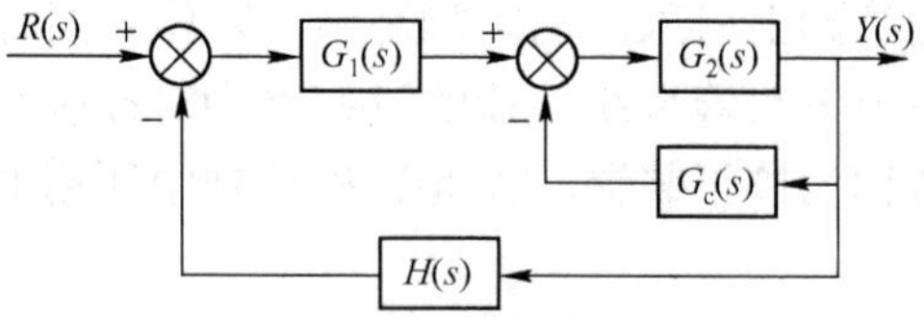

图 6-2 反馈校正

3．复合校正

复合校正是将校正装置 $G_c(s)$设置在系统反馈回路之外作为附加校正而采用的一种复合校正方法，如图 6-3 所示。其中图 6-3（a）为按输入补偿的复合校正方式，图 6-3（b）为按扰动补偿的复合校正方式。

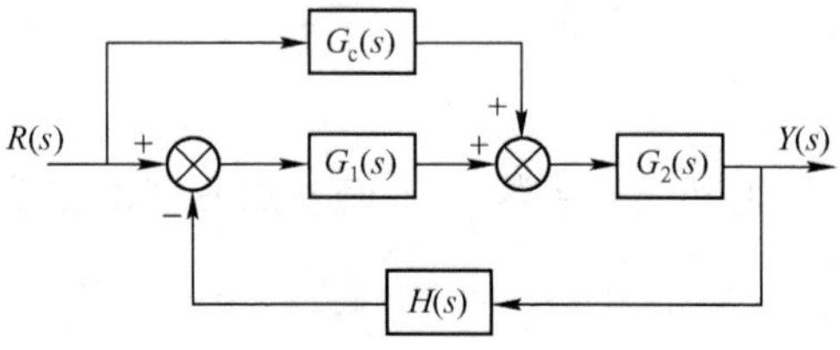

（a）按输入补偿的复合校正

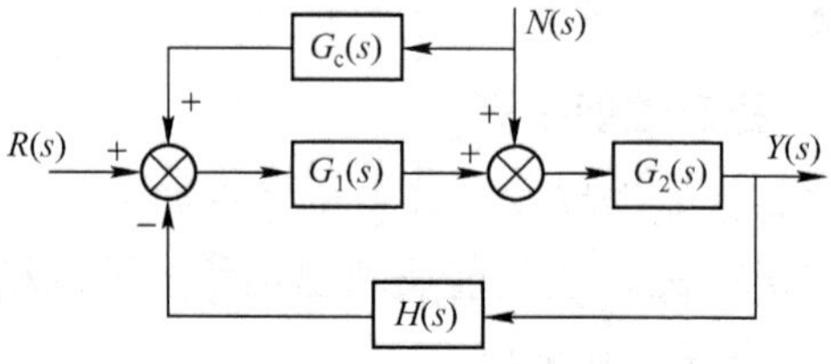

（b）按扰动补偿的复合校正

图 6-3 复合校正

实际中究竟选择何种校正装置和校正方式，主要取决于系统的结构特点、所采用的元件、信号的性质和性能指标等要求。一般来说，串联校正比反馈校正简单，且易实现。串联校正装置通常设于前向通道中能量较低的部位上，且采用有源校正网络来实现。反馈校正的信号是从高功率点传向低功率点，故通常不采用有源元件。另外，反馈校正还可以消除系统中原有部分参数或非线性因素对系统性能的不良影响。输入补偿或扰动补偿常作为反馈控制系统的附加校正而组成复合校正系统，这对既要求稳态误差小，同时又要求动态特性好的系统尤为适用。

6.2 串联校正

串联校正是最常用的校正方式。按校正装置的特点来分，串联校正分为串联超前（微分）校正、串联滞后（积分）校正和串联滞后-超前（积分-微分）校正。按校正方法来分，串联校正又分为频率法串联校正和根轨迹法串联校正。

6.2.1 串联校正装置及其特性

在串联校正中，根据校正装置的特性，校正装置一般分为超前校正装置、滞后校正装置和滞后-超前校正装置。

1. PID 控制器

PID 控制器是比例积分微分控制器的简称，它的控制规律是比例、积分和微分三种控制作用的叠加，又称为比例积分微分校正。在工业生产自动控制的发展历程中，PID 控制器是历史最久、生命力最强的基本控制方式，它的基本原理却比较简单，基本 PID 控制器的传递函数可描述为

$$G_c(s)=K_p\left(1+\frac{1}{T_i s}+T_d s\right) \tag{6-1}$$

式中，K_p 为比例系数或增益（视情况可设置为正或负）；T_i 为积分时间；T_d 为微分时间。

设计者的问题是如何恰当地组合这些作用，确定连接方式以及它们的参数，以便使系统全面满足所要求的性能指标。

当 $T_i=\infty$，$T_d=0$ 时，PID 控制器可实现比例控制（简称 P 控制）作用，所对应的传递函数为

$$G_c(s)=K_p \tag{6-2}$$

当 $T_i=\infty$时，PID 控制器可实现比例微分控制（简称 PD 控制）作用，所对应的传递函数为

$$G_c(s)=K_p(1+T_d s) \tag{6-3}$$

当 $T_d=0$ 时，PID 控制器可实现比例积分控制（简称 PI 控制）作用，所对应的传递函数为

$$G_c(s)=K_p\left(1+\frac{1}{T_i s}\right) \tag{6-4}$$

在控制系统中应用 PID 控制器时，只要 K_p、T_i 和 T_d 配合得当就可以得到较好的控制效果。

实际工业中 PID 控制器的传递函数为

$$G_c(s)=K_p\left(1+\frac{1}{T_i s}+\frac{T_d s}{1+\dfrac{T_d}{K_d}s}\right) \tag{6-5}$$

其中微分作用项比式（6-1）多了一个惯性环节，这是因为采用实际元件很难实现理想微分环节在系统校正中的作用。从滤波器的角度来看，PD 控制器是一高通滤波器，属超前校正装置；PI 控制器是一低通滤波器，属滞后校正装置；而 PID 控制器是由其参数决定的带通滤波器，属滞后-超前校正装置。下面主要对用无源网络构成的校正装置说明其特性。

2. 超前校正装置

如果校正装置的输出信号在相位上超前于输入信号，即校正装置具有正的相位特性，则称

这种校正装置为超前校正装置，其对系统的校正称为超前校正。

1）超前校正装置的传递函数

根据 PD 控制器的传递函数式（6-3），可知其频率特性为

$$G_c(j\omega) = K_p(1 + j\omega T_d)$$

可以看出，在正弦函数作用下，PD 控制器输出信号的相位超前于输入信号，超前角为 $\arctan(\omega T_d)$。当 $\omega \to +\infty$时，$\arctan(\omega T_d) \to 90°$。因此 PD 控制器就是超前校正装置。

另外，在控制系统中，还可以采用无源或有源网络构成超前校正装置。图 6-4 所示为 RC 网络构成的超前校正装置，该装置的传递函数为

$$G_c(s) = \frac{U_o(s)}{U_i(s)} = \frac{R_2}{R_1 + R_2} \frac{R_1Cs + 1}{\frac{R_2}{R_1 + R_2} R_1Cs + 1}$$

令 $\alpha = \frac{R_2}{R_1 + R_2} < 1$，$T = R_1C$，则

$$G_c(s) = \frac{U_o(s)}{U_i(s)} = \alpha \frac{Ts + 1}{\alpha Ts + 1} \qquad (\alpha < 1) \qquad (6\text{-}6)$$

同理，由电气或机械构成的超前校正装置也具有以上相同的传递函数。它们都具有与 PD 控制器相类似的频率特性，实际上是一种带惯性的比例微分控制器。

超前校正装置的零点 $z_c = -\frac{1}{T}$ 和极点 $p_c = -\frac{1}{\alpha T}$ 均位于负实轴上，如图 6-5 所示。其中零点总位于极点的右边，并且起主要作用，零、极点之间的距离由α值确定。

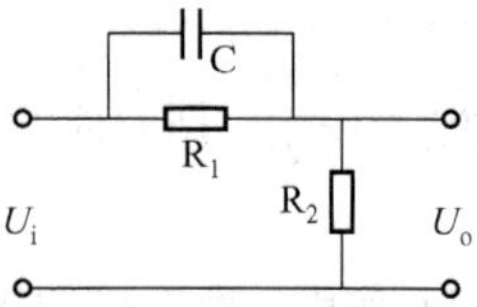

图 6-4　RC 超前网络

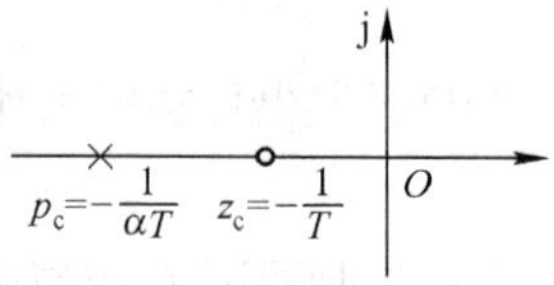

图 6-5　超前校正装置的零、极点分布

为了补偿超前装置所带来的幅值衰减，通常在采用无源 RC 超前校正装置的同时串入一个放大倍数为 $K_c>1$ 的补偿放大器。若取 $K_c=1/\alpha$，则式（6-6）所示的超前校正装置加补偿放大器后的传递函数可表示为

$$G_c'(s) = K_cG_c(s) = K_c\alpha \frac{Ts + 1}{\alpha Ts + 1} = \frac{Ts + 1}{\alpha Ts + 1} \qquad (\alpha < 1) \qquad (6\text{-}7)$$

其频率特性为

$$G_c'(j\omega) = \frac{j\omega T + 1}{j\alpha\omega T + 1} \qquad (\alpha < 1) \qquad (6\text{-}8)$$

超前校正装置的超前相角为

$$\varphi_c(\omega) = \arctan(\omega T) - \arctan(\alpha\omega T) \qquad (\alpha < 1) \qquad (6\text{-}9)$$

由式（6-9）可知，α越大，超前相角越小，其微分作用也越弱。另外，从校正装置的表达式来看，当采用无源相位超前校正装置时，系统的开环增益要下降α倍。α越小，系统的开环增益下降得也越多，故一般取$\alpha = 0.2 \sim 0.05$。

2）超前校正装置的极坐标图

由超前校正装置的频率特性表达式（6-8）知：

当 $\omega=0$ 时，$|G_c'(j\omega)|=1$，$\varphi_c(\omega)=0$；

当 $\omega=+\infty$时，$|G_c'(j\omega)|=1/\alpha$，$\varphi_c(\omega)=0$。

$G_c'(j\omega)$ 在极坐标图上的轨迹为一半圆，圆心为 $\left[\frac{1}{2}\left(\frac{1}{\alpha}+1\right),0\right]$，半径为 $\frac{1}{2}\left(\frac{1}{\alpha}-1\right)$，当 $\omega=0\to+\infty$变化时，相角 $\varphi_c(\omega)$ 一直为正，且有一最大超前相角 φ_m，它与 α 的关系可由图 6-6 求得。

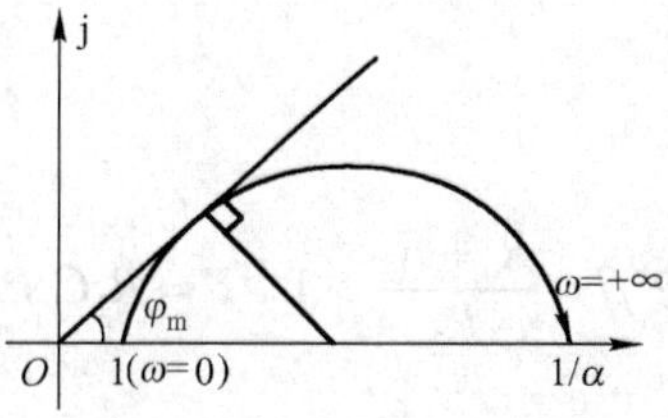

图 6-6　超前校正装置的极坐标图

根据图 6-6，由

$$\sin\varphi_m=\frac{\frac{1}{2}\left(\frac{1}{\alpha}-1\right)}{\frac{1}{2}\left(\frac{1}{\alpha}+1\right)}=\frac{1-\alpha}{1+\alpha}$$

得最大超前相角

$$\varphi_m=\arcsin\frac{1-\alpha}{1+\alpha}\qquad(\alpha<1)\qquad(6\text{-}10)$$

对应最大超前相角 φ_m 的频率 ω_m，可令 $\frac{d\varphi_c(\omega)}{d\omega}=0$ 求得，即

$$\omega_m=\frac{1}{T\sqrt{\alpha}}\qquad(\alpha<1)\qquad(6\text{-}11)$$

最大超前相角φ_m仅与α值有关，α越小，输出信号相位超前越多；另一方面，α的选择要考虑系统的高频噪声。

（3）超前校正装置的对数坐标图

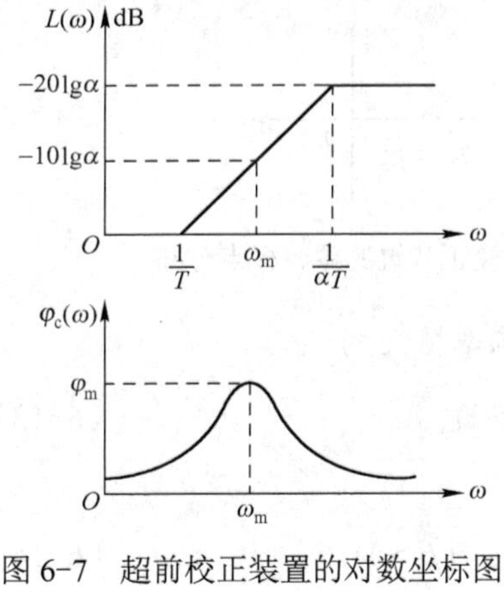

图 6-7　超前校正装置的对数坐标图

超前校正装置频率特性在对数坐标图上的转折频率为 $\frac{1}{T}$ 和 $\frac{1}{\alpha T}$，且当 $\omega\to0$ 时，$20\lg|G_c'(j\omega)|\to0$，$\varphi_c(\omega)\to0$；当 $\omega=\omega_m=\frac{1}{T\sqrt{\alpha}}$ 时，$20\lg|G_c'(j\omega)|=-10\lg\alpha$，$\varphi_c(\omega)=\varphi_m$；当 $\omega\to+\infty$时，$20\lg|G_c'(j\omega)|\to-20\lg\alpha,\varphi_c(\omega)\to0$。

超前校正装置频率特性的对数坐标图如图 6-7 所示。相频曲线具有正相角，即网络的稳态输出在相位上超前于输入，故称为超前校正网络。

由图 6-7 可见，超前校正装置是一个高通滤波器（高频通过，低频被衰减），它主要能使系统的瞬态响应得到显著改善，而稳态精度的提高则较小。超前校正装置是通过其相位超前效应获得所需效果的。

3．滞后校正装置

如果校正装置的输出信号在相位上落后于输入信号，即校正装置具有负的相位特性，则称这种校正装置为滞后校正装置，其对系统的校正称为滞后校正。

（1）滞后校正装置的传递函数

根据 PI 控制器的传递函数式（6-4）可知其频率特性为

$$G_c(j\omega)=K_p\left(1+\frac{1}{j\omega T_i}\right)$$

可以看出，在正弦函数作用下，PI 控制器输出信号的相位滞后于输入信号，滞后角为 $\arctan[1/(\omega T_i)]$。当 $\omega\to 0$ 时，$\arctan[1/(\omega T_i)]\to 90°$。因此 PI 控制器就是滞后校正装置。

另外，在控制系统中，还可以采用无源或有源网络构成滞后校正装置。

图 6-8 所示为 RC 网络构成的滞后校正装置，该装置的传递函数为

$$G_c(s)=\frac{U_o(s)}{U_i(s)}=\frac{R_2Cs+1}{\dfrac{R_1+R_2}{R_2}R_2Cs+1}$$

令 $\beta=\dfrac{R_1+R_2}{R_2}>1$，$T=R_2C$，则

$$G_c(s)=\frac{U_o(s)}{U_i(s)}=\frac{Ts+1}{\beta Ts+1}\qquad(\beta>1)\tag{6-12}$$

同理，由电气或机械构成的滞后校正装置也具有以上相同的传递函数。当 β 足够大时，即 $\beta T\gg 1$，则式（6-12）可写成

$$G_c(s)=\frac{Ts+1}{\beta Ts+1}\approx\frac{Ts+1}{\beta Ts}=\frac{1}{\beta}\left(1+\frac{1}{Ts}\right)$$

即电气或机械构成的滞后校正装置相当于一个比例积分控制器。

滞后校正装置的零点 $z_c=-\dfrac{1}{T}$ 和极点 $p_c=-\dfrac{1}{\beta T}$ 均位于负实轴上，如图 6-9 所示。其中极点总位于零点的右边并起主要作用，零、极点之间的距离由 β 值确定。

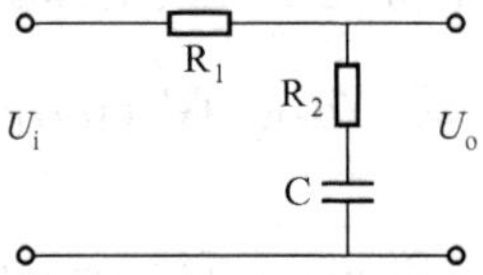

图 6-8　RC 滞后网络

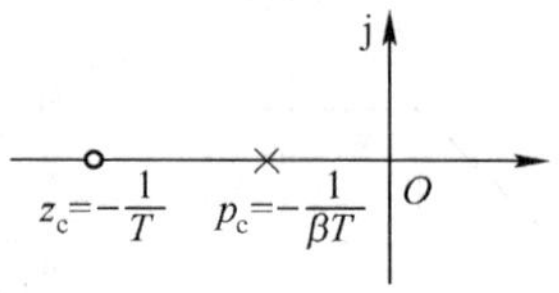

图 6-9　滞后校正装置的零、极点分布

根据式（6-12）所示滞后校正装置的传递函数，可得其频率特性为

$$G_c(j\omega)=\frac{j\omega T+1}{j\beta\omega T+1}\qquad(\beta>1)\tag{6-13}$$

滞后校正装置的滞后相角为

$$\varphi_c(\omega)=\arctan(\omega T)-\arctan(\beta\omega T)\qquad(\beta>1)\tag{6-14}$$

（2）滞后校正装置的极坐标图

由滞后校正装置的频率特性表达式（6-13）可知：当 $\omega=0$ 时，$|G_c(j\omega)|=1$，$\varphi_c(\omega)=0$；当 $\omega=+\infty$ 时，$|G_c(j\omega)|=1/\beta$，$\varphi_c(\omega)=0$。

$G_c(j\omega)$ 在极坐标图上的轨迹为一半圆，圆心为 $\left[\dfrac{1}{2}\left(1+\dfrac{1}{\beta}\right),0\right]$，半径为 $\dfrac{1}{2}\left(1-\dfrac{1}{\beta}\right)$，当 $\omega=0\to+\infty$ 变化时，相角 $\varphi_c(\omega)$ 一直为负，且有一最大滞后相角 φ_m，如图 6-10 所示。

同理可求得最大滞后相角 φ_m 和对应最大滞后相角的频率 ω_m：

$$\varphi_m = \arcsin\frac{1-\beta}{1+\beta} \qquad (\beta>1) \qquad (6\text{-}15a)$$

$$\omega_m = \frac{1}{T\sqrt{\beta}} \qquad (\beta>1) \qquad (6\text{-}15b)$$

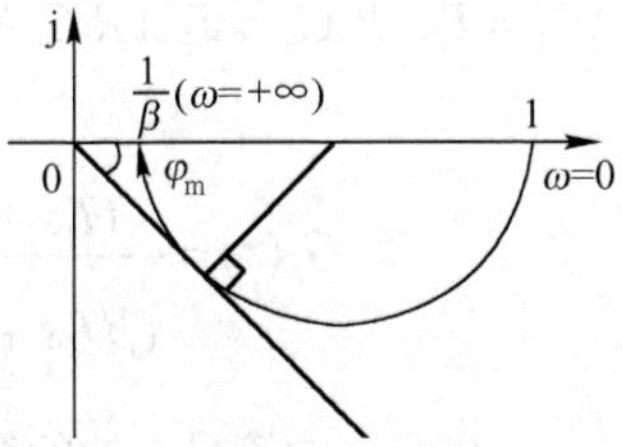

图 6-10 滞后校正装置的极坐标图

（3）滞后校正装置的对数坐标图

滞后校正装置频率特性在对数坐标图上的转折频率为 $\frac{1}{\beta T}$ 和 $\frac{1}{T}$，且当 $\omega\to 0$ 时，$20\lg|G_c(j\omega)|\to 0$，$\varphi_c(\omega)\to 0$；当 $\omega=\omega_m=\frac{1}{T\sqrt{\beta}}$ 时，$20\lg|G_c(j\omega)|=-10\lg\beta$，$\varphi_c(\omega)=\varphi_m$；当 $\omega\to+\infty$ 时，$20\lg|G_c(j\omega)|\to-20\lg\beta$，$\varphi_c(\omega)\to 0$。

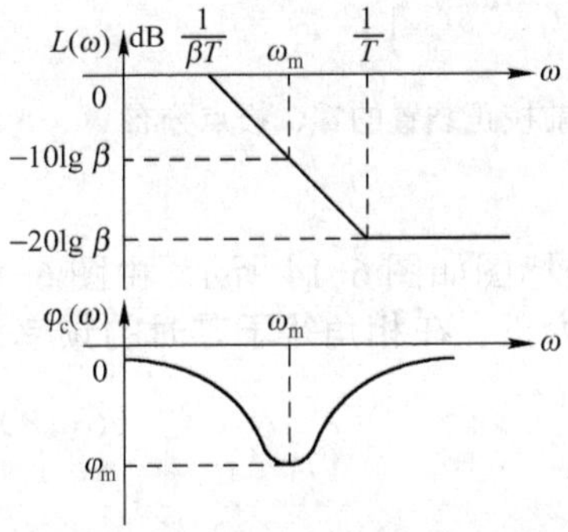

图 6-11 滞后校正装置的对数坐标图

滞后校正装置频率特性的对数坐标图如图 6-11 所示。其相频曲线具有负相角，即网络的稳态输出在相位上滞后于输入，故称为滞后校正网络。

由图 6-11 可见：滞后校正装置是一个低通滤波器（低频通过，高频被衰减），且β值越大，抑制高频噪声的能力越强，抗高频干扰性能越好；但是响应速度变慢。故滞后校正能使稳态精度得到显著提高，但瞬态响应时间却随之增加。应用滞后校正装置的目的，主要是利用其高频衰减特性。

4．滞后-超前校正装置

若校正装置在某一频率范围内具有负的相位特性，而在另一频率范围内却具有正的相位特性，则这种校正装置称为滞后-超前校正装置，其对系统的校正称为滞后-超前校正。

（1）滞后-超前校正装置的传递函数

由式（6-1）可知 PID 控制器的传递函数为

$$G_c(s)=K_p\left(1+\frac{1}{T_i s}+T_d s\right)=K_p\frac{1+T_i s+T_i T_d s^2}{T_i s} \qquad (6\text{-}16a)$$

或

$$G_c(s)\approx K_p\frac{1+(T_i+T_d)s+T_i T_d s^2}{T_i s}=K_p\left[\left(1+\frac{1}{T_i s}\right)(1+T_d s)\right] \qquad (6\text{-}16b)$$

式（6-16）中的 $\left(1+\frac{1}{T_i s}\right)$ 项即为 PI 控制器，起滞后校正作用；$(1+T_d s)$ 项即为 PD 控制器，起超前校正作用。

在控制系统中，可以采用无源或有源网络构成滞后-超前校正装置。下面主要对用无源网络构成的滞后-超前校正装置说明其特性。

图 6-12 所示为 RC 网络构成的滞后-超前校正装置，该装置的传递函数为

$$G_c(s)=\frac{U_o(s)}{U_i(s)}=\frac{(R_1C_1s+1)(R_2C_2s+1)}{R_1R_2C_1C_2s^2+(R_1C_1+R_2C_2+R_1C_2)s+1}$$

令 $R_1C_1 = T_1$，$R_2C_2 = T_2$，$R_1C_1 + R_2C_2 + R_1C_2 = \beta T_1 + \dfrac{T_2}{\beta}$，则

$$G_c(s) = \frac{(T_1 s+1)(T_2 s+1)}{(\beta T_1 s+1)\left(\dfrac{T_2}{\beta}s+1\right)} = \left(\frac{s+\dfrac{1}{T_1}}{s+\dfrac{1}{\beta T_1}}\right)\left(\frac{s+\dfrac{1}{T_2}}{s+\dfrac{\beta}{T_2}}\right) \qquad (\beta>1, T_1>T_2) \qquad (6\text{-}17)$$

式（6-17）中等号右边的第一项产生滞后校正的作用，第二项产生超前校正的作用。该装置具有与 PID 控制器相类似的特性，其零点、极点均位于负实轴上，如图 6-13 所示。

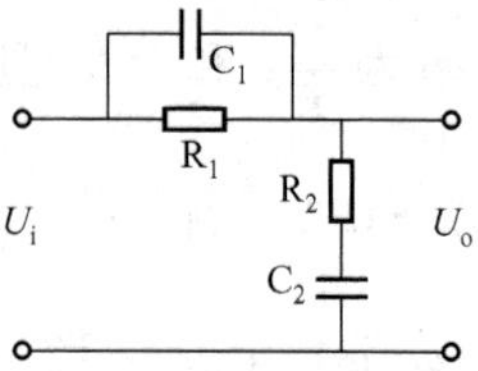

图 6-12　RC 滞后-超前网络

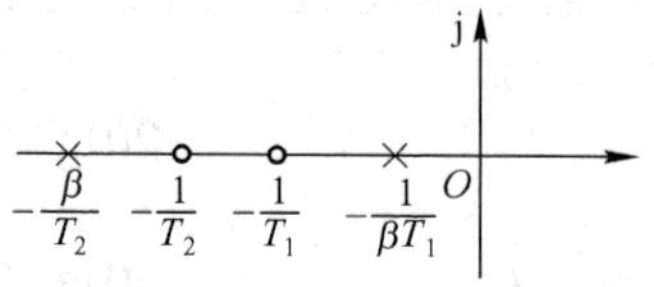

图 6-13　滞后-超前校正装置的零、极点分布

（2）滞后-超前校正装置的极坐标图

根据滞后-超前校正装置的传递函数式（6-17），可得其极坐标图如图 6-14 所示。由图 6-14 可知，当 $0<\omega<\omega_0$ 时，相角为负，而当 $\omega_0<\omega<+\infty$ 时，相角为正。在相角等于零时的频率为

$$\omega_0 = \frac{1}{\sqrt{T_1 T_2}} \qquad (T_1 > T_2) \qquad (6\text{-}18)$$

（3）滞后-超前校正装置的对数坐标图

滞后-超前校正装置频率特性在对数坐标图上的转折频率为 $\dfrac{1}{\beta T_1}$、$\dfrac{1}{T_1}$、$\dfrac{1}{T_2}$ 和 $\dfrac{\beta}{T_2}$，且当 $\omega\to 0$ 时，$20\lg|G_c(j\omega)|\to 0$，$\varphi_c(\omega)\to 0$；当 $\omega=\omega_0$ 时，$\varphi_c(\omega)=0$；当 $\omega\to+\infty$ 时，$20\lg|G_c(j\omega)|\to 0$，$\varphi_c(\omega)\to 0$。

滞后-超前校正装置频率特性的对数坐标图如图 6-15 所示。由图 6-15 可知：曲线低频段具有负相角，即当 $0<\omega<\omega_0$ 时，它起滞后校正的作用；而高频段具有正相角，即当 $\omega_0<\omega<+\infty$ 时，它起超前校正的作用。它综合了滞后装置和超前装置的特点，即可同时提高系统的稳态特性和动态特性，故称为滞后-超前校正装置。

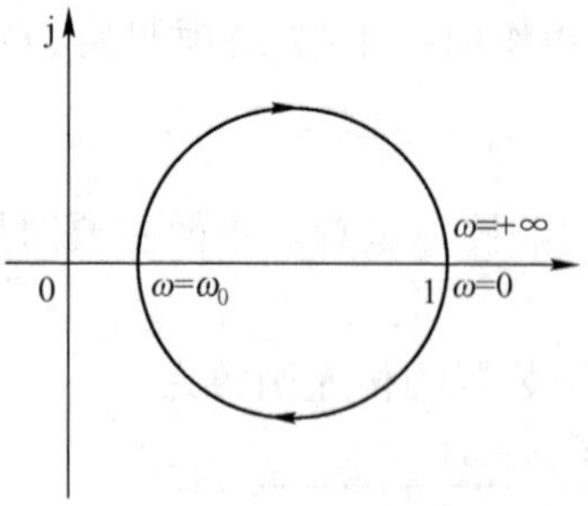

图 6-14　滞后-超前校正装置的极坐标图

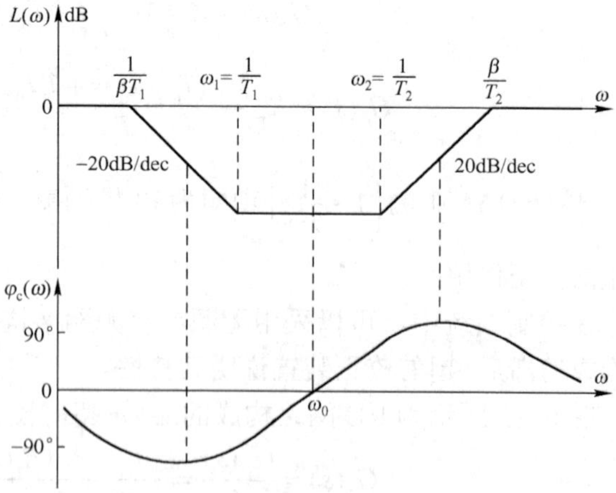

图 6-15　滞后-超前校正装置的对数坐标图

6.2.2 频率法串联校正

在设计、分析控制系统时，最常用的方法是频率法。应用频率法对系统进行校正，其目的是改变频率特性的形状，使校正后的系统频率特性具有合适的低频、中频和高频特性以及足够的稳定裕量，从而满足所要求的性能指标。

利用频率特性法设计校正装置主要通过开环对数频率特性（Bode 图）来进行。开环对数频率特性的低频段决定系统的稳态误差，根据稳态性能指标确定低频段的斜率和高度；为保证系统具有足够的相角裕量（45° 左右），开环对数幅频特性在开环剪切频率 ω_c 附近的斜率应为-20dB/dec，而且应具有足够的中频宽度，以保证在系统参数变化时，相角裕量变化不大；为抑制高频干扰对系统的影响，高频段应尽可能迅速衰减。

用频率法进行校正时，动态性能指标以幅值裕量 K_g、相角裕量γ和开环剪切频率 ω_c 等频域性能指标的形式给出。若给出时域性能指标，则应换算成开环频域性能指标。

1．频率法的串联超前校正

串联超前校正是利用超前校正装置的正相角来增加系统的相角裕量，以改善系统的动态特性。超前校正装置的主要作用是通过其相位超前特性，产生足够大的相位超前角，以补偿原来系统中元件造成的过大的相位滞后。因此，为了获得最大的相位超前量，应使超前校正装置的最大超前相角出现在校正后系统的幅值穿越频率（幅频特性的幅值穿越频率）ω_c'处。

根据上述设计思想，利用频率法设计超前校正装置的步骤如下：

（1）如果系统的开环增益 K 未给定，则根据性能指标对稳态误差系数的要求，确定开环增益 K。

（2）画出未校正系统[其开环传递函数为 $G_K(s)$]的 Bode 图，并求出其相角裕量γ和幅值裕量 K_g。

（3）确定为使相角裕量达到要求值而所需增加的超前相角 φ_c，即

$$\varphi_c = \gamma^* - \gamma + \varepsilon \tag{6-19}$$

式中，γ^*为要求的相角裕量；γ为原系统的相角裕量；ε是因为考虑到校正装置将使系统的幅值穿越频率增大，所导致相角裕量的减小而附加的相角，当未校正系统中频段的斜率为-40dB/dec 时取ε= 5° ～15°，当未校正系统中频段斜率为-60dB/dec 时取ε=15° ～20°。

（4）令超前校正装置 $G'_c(s)$的最大超前相角 $\varphi_m=\varphi_c$，则由下式可求出校正装置的参数 α：

$$\alpha = \frac{1-\sin\varphi_c}{1+\sin\varphi_c} \tag{6-20}$$

（5）若将校正装置的最大超前相角处的频率 ω_m作为校正后系统[其开环传递函数为 $G_c'(s)G_K(s)$]的幅值穿越频率ω_c'，则有$20\lg|G_c'(j\omega_c')G_K(j\omega_c')|=0$，即

$$-20\lg\sqrt{\alpha} + 20\lg|G_K(j\omega_c')| = 0$$

可得

$$20\lg|G_K(j\omega_c')| = 20\lg\sqrt{\alpha} = 10\lg\alpha \text{ 或 } |G_K(j\omega_c')| = \sqrt{\alpha} \tag{6-21}$$

可见，未校正系统的频率特性的幅值等于$\sqrt{\alpha}$时的频率，即校正后系统的剪切频率ω_c'。

（6）根据 $\omega_m=\omega_c'$，利用下式求超前校正装置的参数 T：

$$T = \frac{1}{\omega_m\sqrt{\alpha}} = \frac{1}{\omega_c'\sqrt{\alpha}} \tag{6-22}$$

由此可得，超前校正装置加放大器 $K_c=1/\alpha$后的传递函数为

$$G_c'(s) = \frac{Ts+1}{\alpha Ts+1} \qquad (\alpha<1) \qquad (6\text{-}23)$$

（7）画出校正后系统[其开环传递函数为 $G_c'(s)G_K(s)$]的 Bode 图，检验性能指标是否已全部达到要求；若不满足要求，可增大 ε 值，从步骤（3）起重新计算。

特别指出，如果系统的开环增益 K 已给定，通常补偿放大器的增益 $K_c \neq 1/\alpha$。此时超前校正装置加补偿放大器 K_c 后的传递函数为

$$K_cG_c(s) = K_c\alpha G_c'(s) = K_c\alpha\frac{Ts+1}{\alpha Ts+1} = K_c\frac{s-z_c}{s-p_c} \qquad (\alpha<1)$$

校正后系统的开环传递函数为

$$K_cG_c(s)G_K(s) = K_c\alpha\frac{Ts+1}{\alpha Ts+1}G_K(s) = K_c\frac{s-z_c}{s-p_c}G_K(s) \qquad (\alpha<1)$$

补偿放大器的增益 K_c 可根据性能指标对稳态误差系数的要求来确定。

例 6-1 设有一单位反馈系统，其开环传递函数为

$$G_K(s) = G(s)H(s) = \frac{K}{s(0.5s+1)}$$

要求系统的稳态速度误差系数 K_v^*=20(1/s)，相角裕量 $\gamma^* \geqslant 50°$，幅值裕量 $K_g^* \geqslant 10$dB。试设计一个串联超前校正装置，来满足要求的性能指标。

解 （1）根据

$$K_v = \lim_{s\to 0} sG_K(s) = \lim_{s\to 0} s\frac{K}{s(0.5s+1)} = K_v^* = 20$$

可求出 K=20，即 $G_K(s) = \dfrac{20}{s(0.5s+1)}$。

（2）根据已确定的 K 值，绘制原系统 $G_K(s)$ 的 Bode 图，如图 6-16 所示，并求得原系统的幅值穿越频率 ω_c=6.2rad/s，相角穿越频率 $\omega_g=\infty$，幅值裕量为 $K_g=+\infty$dB，相角裕量 $\gamma=18°$。相角裕量不满足要求。

（3）系统需要增加的超前相角 φ_c 为

$$\varphi_c = \gamma_0^* - \gamma + \varepsilon = 50° - 18° + 5° = 37°$$

（4）令超前校正装置的最大超前相角 $\varphi_m=\varphi_c$，则由下式可求出校正装置的参数 α：

$$\alpha = \frac{1-\sin\varphi_c}{1+\sin\varphi_c} = \frac{1-\sin 37°}{1+\sin 37°} = 0.25$$

（5）由 $|G_K(j\omega_c')| = \dfrac{20}{\omega_c'\sqrt{(0.5\omega_c')^2+1^2}} = \sqrt{\alpha} = \sqrt{0.25} = 0.5$，得校正后系统的幅值穿越频率

$$\omega_c' = 8.9\,\text{rad/s}$$

（6）根据 $\omega_m = \omega_c'$，可得

$$T = \frac{1}{\omega_c'\sqrt{\alpha}} = \frac{1}{8.9\sqrt{0.5}} = 0.22$$

则超前校正网络加放大器 $K_c=1/\alpha$ 后，其传递函数为

$$G_c'(s) = \frac{Ts+1}{\alpha Ts+1} = \frac{0.22s+1}{0.055s+1} = \frac{1}{0.25}\cdot\frac{s+4.5}{s+18.2} \qquad (\alpha<1)$$

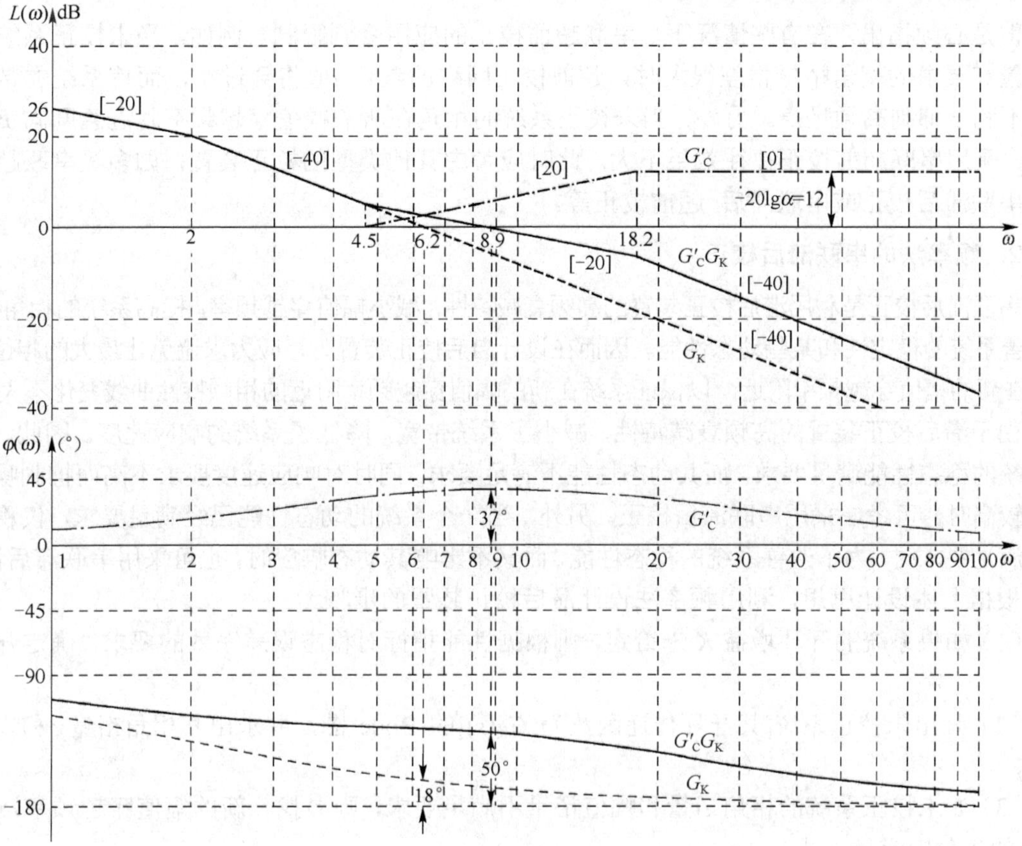

图 6-16　例 6-1 系统的 Bode 图

（7）校正后系统的开环传递函数为

$$G'_K(s) = G'_c(s)G_K(s) = \frac{20(0.22s+1)}{s(0.5s+1)(0.055s+1)} \qquad (\alpha<1)$$

（8）画出校正后系统 $G'_c(s)G_K(s)$ 的 Bode 图，如图 6-16 中所示，检验性能指标是否已全部达到要求。

由图 6-16 可知，校正后系统的幅值穿越频率 $\omega'_c = 8.9\ \mathrm{rad/s}$，相角穿越频率 $\omega'_g = \infty$，相角裕量 $\gamma' = 50°$，幅值裕量 $K'_g = +\infty\ \mathrm{dB}$，稳态速度误差系数 $K'_v = \lim_{s\to0} sG'_K(s) = 20\ (1/s)$。故校正后系统满足性能指标的要求。

如果例 6-1 系统的开环增益 K=20，要求系统的稳态速度误差系数 $K_v^* = 25\ (1/s)$，则根据以上设计步骤可得校正后系统的开环传递函数为

$$G'_K(s) = K_c G_c(s) G_K(s) = K_c\alpha\frac{20(0.22s+1)}{s(0.5s+1)(0.055s+1)} = \frac{5K_c(0.22s+1)}{s(0.5s+1)(0.055s+1)}$$

根据 $K'_v = \lim_{s\to0} sG'_K(s) = K_v^* = 25$，可得 K_c=5。

从例 6-1 看出：系统采用串联超前校正后，不仅使中频区斜率变为-20dB/dec，占据一定频带范围，从而增大了系统的相角裕量，降低了系统响应的超调量，而且也使系统的幅值穿越频率增大了，从而增加了系统的频带宽度，使系统的响应速度加快。

但是必须指出，在有些情况下，串联超前校正的应用受到限制。例如，当未校正系统的相角裕量和要求的相角裕量相差很大时，超前校正网络的参数α值将会过小，而使系统的带宽过大，不利于抑制高频噪声。另外，当未校正系统的相角在所需幅值穿越频率附近急剧向负值增大时，采用串联超前校正往往效果不大。此时应考虑其他类型的校正装置，如多级串联超前校正、串联滞后校正或串联滞后-超前校正等。

2. 频率法的串联滞后校正

串联滞后校正是利用滞后校正装置的高频衰减特性，减小幅值穿越频率，提高系统的相角裕量，以改善系统的稳定性和某些动态性能。因而在设计滞后校正装置时，应力求避免让最大的相位滞后发生在新的幅值穿越频率附近，以保证系统在新的幅值穿越频率附近的相频特性曲线变化不大。

由于滞后校正装置的高频衰减特性，减小了系统带宽，降低了系统的响应速度。因此，当一个系统的稳态性能满足要求，而其动态性能不满足要求，同时对响应速度要求不高而抑制噪声又要求较高时，可考虑采用串联滞后校正。另外，当一个系统的动态性能已经满足要求，仅稳态性能不满足要求时，为了改善系统的稳态性能，而又不影响其动态响应时，也可采用串联滞后校正。

根据上述设计思想，利用频率法设计滞后校正装置的步骤为：

（1）如果系统的开环增益K未给定，则根据性能指标对稳态误差系数的要求，确定开环增益K。

（2）画出未校正系统[其开环传递函数为$G_K(s)$]的 Bode 图，并求出其相角裕量γ和幅值裕量K_g。

（3）如未校正系统的相角裕量和幅值裕量不满足要求，则寻找一新的幅值穿越频率ω_c'，在ω_c'处的相角应满足下式：

$$\angle G_K(j\omega_c') = -180° + \gamma^* + \varepsilon \tag{6-24}$$

式中，γ^*为要求的相角裕量；ε是为补偿滞后校正装置在校正后系统的幅值穿越频率ω_c'处的相位滞后而附加的相角，一般取$\varepsilon = 5° \sim 12°$。

（4）为使滞后校正装置$G_c(s)$对系统的相位滞后影响较小（一般限制在5°～12°），其最大滞后相角处的频率ω_m应远小于ω_c'（即$\omega_m << \omega_c'$）。因此，一般取滞后校正装置的第二个转折频率：$\omega_2 = 1/T = (1/2 \sim 1/10)\,\omega_c'$，$\omega_2$取得越小，对系统的相角裕量影响越小，但太小则校正装置的时间常数T将很大，这也是不允许的。

（5）确定使校正后系统[其开环传递函数为$G_c(s)G_K(s)$]的幅值曲线在新的幅值穿越频率ω_c'处下降到0dB所需的衰减量$20\lg|G_K(j\omega_c')|$。

因$\omega_m \ll \omega_c'$，所以滞后校正装置在新的幅值穿越频率ω_c'处有$20\lg|G_c(j\omega_c')| \approx -20\lg\beta$；根据在新的幅值穿越频率$\omega_c'$处，校正后系统的对数幅值必为零，即

$$20\lg|G_c(j\omega_c')G_K(j\omega_c')| = 20\lg|G_c(j\omega_c')| + 20\lg|G_K(j\omega_c')| = 0$$

可得

$$20\lg\beta = 20\lg|G_K(j\omega_c')| \text{ 或 } \beta = |G_K(j\omega_c')| \tag{6-25}$$

由此可得，滞后校正装置的传递函数为

$$G_c(s) = \frac{Ts+1}{\beta Ts+1} \quad (\beta > 1) \tag{6-26}$$

（6）画出校正后系统[其开环传递函数为$G_c(s)G_K(s)$]的 Bode 图，检验性能指标是否已全部达到要求；若不满足要求，可增大ε值，从步骤（3）起重新计算。

特别指出，如果系统的开环增益 K 已给定，通常需要附加一个增益为 K_c 的放大器。此时校正后系统的开环传递函数为

$$K_c G_c(s) G_K(s) = K_c \frac{Ts+1}{\beta Ts+1} G_K(s) \qquad (\beta > 1)$$

补偿放大器的增益 K_c 可根据性能指标对稳态误差系数的要求来确定。

例 6-2　设有一单位负反馈系统的开环传递函数为

$$G_K(s) = \frac{K}{s(s+1)(0.25s+1)}$$

要求系统的稳态速度误差系数 K_v^*=5(1/s)，相角裕量 $\gamma^* \geqslant 40°$，幅值裕量 $K_g^* \geqslant 10$dB。试设计一个串联滞后校正装置，来满足要求的性能指标。

解　(1) 根据 $K_v = \lim\limits_{s \to 0} sG_K(s) = \lim\limits_{s \to 0} s \dfrac{K}{s(s+1)(0.25s+1)} = K_v^* = 5$

可求出 K=5，即

$$G_K(s) = \frac{5}{s(s+1)(0.25s+1)}$$

(2) 根据已确定的 K 值，绘制原系统 $G_K(s)$ 的 Bode 图，如图 6-17 中所示，并求得未校正系统的幅值穿越频率 $\omega_c = 2$ rad/s；相角穿越频率 $\omega_g = 2$ rad/s；幅值裕量 K_g=0 dB，相角裕量 $\gamma = 0°$，它们均不满足要求。

(3) 在 Bode 图上求出未校正系统 $G_K(s)$相角

$$\angle G_K(j\omega) = -180° + \gamma_0^* + \varepsilon = -180° + 40° + 10° = -130°$$

时的频率为 ω=0.6 rad/s，并选其为新的幅值穿越频率 ω_c'，即

$$\omega_c' = 0.6 \text{ rad/s}$$

(4) 为保证滞后校正装置对系统在 ω_c' 处的相频特性基本不受影响，按下式确定滞后校正网络的第二个转折频率为

$$\omega_2 = 1/T = \omega_c'/5 = 0.12 \text{rad/s}$$

即 T=8.33。

(5) 根据式（6-25）可知

$$\beta = \left|G_K(j\omega_c')\right|_{\omega_c'=0.6\text{rad/s}} = \left|\frac{5}{j\omega_c'(j\omega_c'+1)(0.25j\omega_c'+1)}\right|_{\omega_c'=0.6\text{rad/s}} \approx 7.1$$

由此可得，滞后校正装置的传递函数为

$$G_c(s) = \frac{Ts+1}{\beta Ts+1} = \frac{8.33s+1}{59.14s+1}\left(= \frac{1}{7.1}\frac{s+0.12}{s+0.017}\right) \qquad (\beta > 1)$$

(6) 校正后系统的开环传递函数为

$$G_K'(s) = G_c(s)G_K(s) = \frac{5(8.33s+1)}{s(s+1)(0.25s+1)(59.14s+1)}$$

(7) 画出校正后系统 $G_c(s)G_K(s)$ 的 Bode 图，如图 6-17 中所示，并校验性能指标。若不满足要求，可改变 ε 值重新设计。

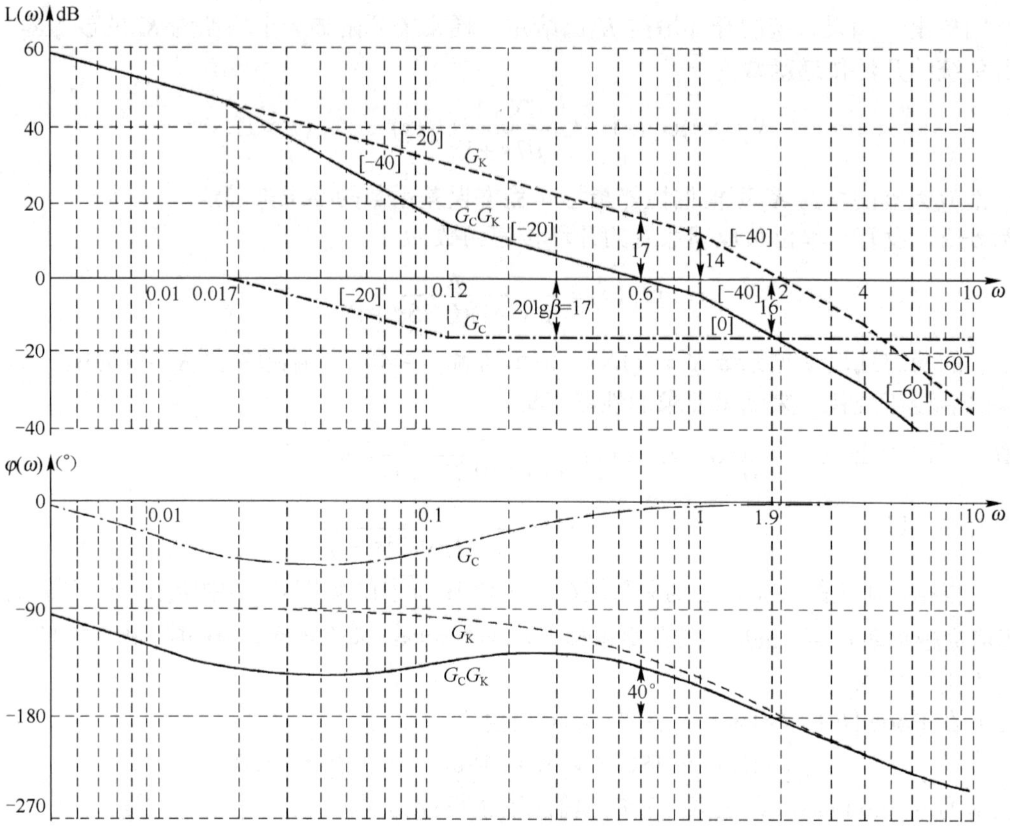

图 6-17　例 6-2 系统的 Bode 图

由图 6-17 可知：校正后系统的幅值穿越频率 $\omega_c' = 0.6\,\text{rad/s}$；相角穿越频率 $\omega_g' = 1.9\,\text{rad/s}$；相角裕量 $\gamma' = 40°$，幅值裕量 $K_g' = 16\,\text{dB}$，稳态速度误差系数 $K_v' = \lim\limits_{s\to 0} sG_K'(s) = 5\,(1/\text{s})$。故校正后系统满足性能指标的要求。但幅值穿越频率从原来的 2rad/s 降低到 0.6rad/s，系统的闭环截止频率 ω_b 降低了，系统对输入信号的响应速度也降低了。

如果例 6-2 系统的开环增益 K=5，要求系统的稳态速度误差系数 $K_v^* = 10\,(1/\text{s})$，则根据以上设计步骤可得校正后系统的开环传递函数为

$$G_K'(s) = K_c G_c(s) G_K(s) = K_c \frac{5(8.33s+1)}{s(s+1)(0.25s+1)(59.14s+1)}$$

根据 $K_v' = \lim\limits_{s\to 0} sG_K'(s) = K_v^* = 10$，可得 K_c=2。

由例 6-2 可知，采用串联滞后校正，既能提高系统稳态精度，又基本上不改变系统的动态性能，效果是很明显的。如果利用增大补偿放大器的增益 K_c，将校正后系统的对数幅频特性向上平移 17dB，则校正前后系统的幅值穿越频率和相角裕量基本相同，但开环总增益却增大 7 倍（$20\lg 7 = 17\,\text{dB}$）。

由此可见，串联滞后校正既可以用来改善系统的动态性能，又可以用来提高系统的稳态精度。从 Bode 图来看，前者是降低系统的幅值穿越频率，提高其相角裕量，以改善系统的稳定性和某些动态性能；后者是通过提高系统的总增益来增大低频段的增益，以减小系统的

稳态误差，同时又基本保证系统动态性能不变。但是，就滞后校正装置本身而言，其主要作用就是在中、高频段造成幅值衰减，降低系统的幅值穿越频率，以便能使系统获得充分的相角裕量。

最后指出，在有些应用方面，采用串联滞后校正可能会得出时间常数大到不能实现的结果。这是由于需要在足够小的频率值上安置滞后校正装置的第二个转折频率，以保证对系统的相角裕量影响较小。在这种情况下，最好采用串联滞后-超前校正。

3．频率法的串联滞后-超前校正

如果系统在校正前不稳定，且要求系统校正后有较高的响应速度、相角裕量和稳态精度，则需采用滞后-超前校正。其装置中的超前部分可以增大系统的相角裕量，同时使频带变宽，改善系统的动态特性；而滞后校正部分则主要用来提高系统的稳态性能。滞后-超前校正兼有超前校正和滞后校正的优点，即已校正系统的响应速度较快，超调量较小，抑制高频噪声的性能也较好。

滞后-超前校正装置的超前校正部分，增加了相位超前角，并且在幅值穿越频率上增大了相角裕量，因而提高了系统的相对稳定性；滞后部分在幅值穿越频率以上，将使幅值特性产生显著的衰减，因此在确保系统有满意的瞬态响应特性的前提下，允许在低频段上大大提高系统的开环放大系数，以改善系统的稳态特性。利用频率法设计滞后-超前校正装置的步骤如下：

（1）如果系统的开环增益 K 未给定，则根据性能指标对稳态误差系数的要求，确定开环增益 K。

（2）画出未校正系统[其开环传递函数为 $G_K(s)$]的 Bode 图，并求出其相角裕量 γ 和幅值裕量 K_g。

（3）如果未校正系统的相角裕量和幅值裕量不满足要求，则选择未校正系统相频特性曲线上相角等于−180° 的频率，即将原系统相角穿越频率 ω_g 作为校正后系统的幅值穿越频率 ω_c'。

（4）利用 ω_c' 确定滞后校正部分的参数 T_1 和 β。通常选取滞后校正部分的第二个转折频率 $\omega_1=1/T_1=(1/10)\,\omega_c'$，并取 $\beta=10$。

（5）根据校正后系统[其开环传递函数为 $G_c(s)G_K(s)$]在新的幅值穿越频率 ω_c' 处的幅值必为 0dB 确定超前校正部分的参数 T_2。

（6）画出校正后系统的 Bode 图，并检验系统的性能指标是否已全部满足要求。

特别指出，如果系统的开环增益 K 已给定，通常需要附加一个增益为 K_c 的放大器。此时校正后系统的开环传递函数为

$$K_c G_c(s) G_K(s) = K_c \left(\frac{s+\dfrac{1}{T_1}}{s+\dfrac{1}{\beta T_1}} \right) \left(\frac{s+\dfrac{1}{T_2}}{s+\dfrac{\beta}{T_2}} \right) G_K(s) \qquad (\beta > 1, T_1 > T_2)$$

补偿放大器的增益 K_c 可根据性能指标对稳态误差系数的要求来确定。

例 6-3　设有单位负反馈系统，其开环传递函数为

$$G_K(s) = \frac{K}{s(s+1)(0.5s+1)}$$

若要求 $K_v^* = 10(1/s)$，相角裕量 $\gamma^* = 50°$，幅值裕量 $K_g^* > 10\text{dB}$，试设计一个串联滞后-超前校正装置，来满足要求的性能指标。

解　（1）根据

$$K_v = \lim_{s\to 0} sG_K(s) = \lim_{s\to 0} s\frac{K}{s(s+1)(0.5s+1)} = K_v^* = 10$$

可求出 K=10，即

$$G_K(s) = \frac{10}{s(s+1)(0.5s+1)}$$

（2）根据已确定的 K 值，绘制原系统 $G_K(s)$ 的 Bode 图，如图 6-18 中所示，并求得未校正系统的幅值穿越频率 ω_c =2.5rad/s，相角穿越频率 ω_g =1.4rad/s，幅值裕量为 K_g= −11dB，相角裕量 γ= −30°，它们均不满足要求。

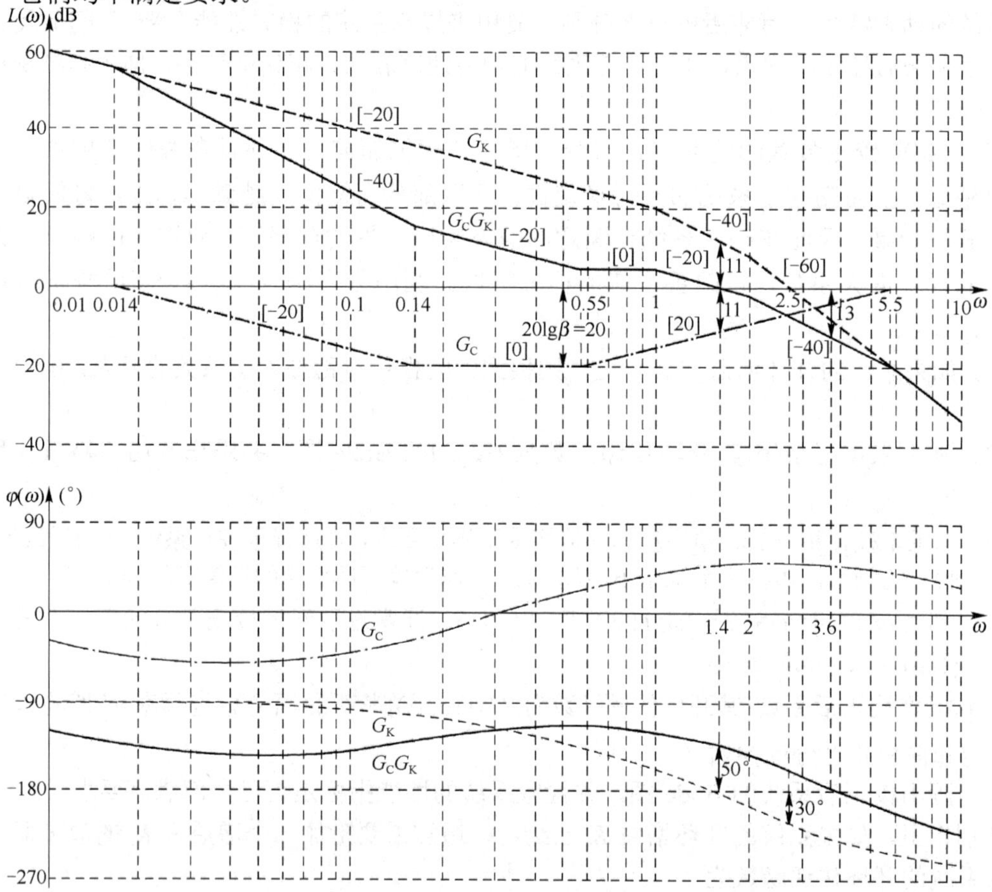

图 6-18　例 6-3 系统的 Bode 图

（3）取校正后系统的幅值穿越频率为：$\omega_c' = \omega_g = 1.4\ \text{rad/s}$。

（4）选取滞后校正部分的第二个转折频率 $\omega_1=1/T_1=\omega_c'/10 \approx 0.14\text{rad/s}$，并取 β=10。

校正装置滞后部分 $G_{c1}(s)$的传递函数为

$$G_{c1}(s) = \frac{s+\dfrac{1}{T_1}}{s+\dfrac{1}{\beta T_1}} = \frac{s+0.14}{s+0.014} \qquad (\beta > 1)$$

滞后校正部分在 ω_c'=1.4rad/s 处产生的幅值和相位滞后角分别为

$$|G_{c1}(j\omega_c')|\approx 1,\qquad \arctan^{-1}\frac{1.4}{0.14}-\arctan\frac{1.4}{0.014}\approx -5°$$

（5）根据校正后系统在新的幅值穿越频率 ω_c' 处的幅值必为 0dB 确定超前校正部分的参数 T_2。从图 6-18 中可知，未校正系统 $G_K(j\omega)$在 ω_c'=1.4rad/s 处的幅值为

$$20\lg|G_K(j\omega_c')|=\left|\frac{10}{j\omega_c'(j\omega_c'+1)(0.5j\omega_c'+1)}\right|=11\text{dB}$$

因此，如校正装置在 ω_c'=1.4rad/s 处能产生−11dB 的增益，则可实现已校正系统在 ω_c' 处的幅值为 0dB 的要求，即

$$20\lg|G_K'(j\omega_c')|=20\lg|G_{c1}(j\omega_c')G_{c2}(j\omega_c')G_K(j\omega_c')|=0\,\text{dB}$$

为此，可通过点（1.4rad/s, −11dB）画一条斜率为 20dB/dec 的直线，该直线与 0dB 线及 $-20\lg\beta=-20$dB 线交点处的频率分别为 0.55rad/s 和 5.5rad/s，它们分别为校正装置超前部分的两个转折频率 ω_2 和 ω_2'，即 $\omega_2=1/T_2$=0.55rad/s 和 $\omega_2'=\beta/T_2=5.5\,\text{rad/s}$。

校正装置超前部分 $G_{c2}(s)$的传递函数为

$$G_{c2}(s)=\frac{s+\dfrac{1}{T_2}}{s+\dfrac{\beta}{T_2}}=\frac{s+0.55}{s+5.5}\qquad(\beta>1)$$

滞后-超前校正装置的传递函数为

$$G_c(s)=G_{c1}(s)G_{c2}(s)=\frac{s+0.14}{s+0.014}\bullet\frac{s+0.55}{s+5.5}$$

（6）校正后系统的开环传递函数为

$$G_K'(s)=G_c(s)G_K(s)=\frac{10(s+0.14)(s+0.55)}{s(s+1)(0.5s+1)(s+0.014)(s+5.5)}$$

（7）画出校正后系统 $G_c(s)G_K(s)$ 的 Bode 图，如图 6-18 中所示，并校验性能指标。

由图 6-18 可知，校正后系统的幅值穿越频率 $\omega_c'=1.4\,\text{rad/s}$，相角穿越频率 $\omega_g'=3.6\,\text{rad/s}$，相角裕量 $\gamma'=50°$，幅值裕量 $K_g'=13\,\text{dB}$，稳态速度误差系数 $K_v'=\lim\limits_{s\to 0}sG_K'(s)=10\,(1/\text{s})$。故校正后系统满足性能指标的要求。

如果例 6-3 系统的开环增益 K=10，要求系统的稳态速度误差系数 $K_v^*=15(1/\text{s})$，则根据以上设计步骤可得校正后系统的开环传递函数为

$$G_K'(s)=K_cG_c(s)G_K(s)=K_c\frac{10(s+0.14)(s+0.55)}{s(s+1)(0.5s+1)(s+0.014)(s+5.5)}$$

根据 $K_v'=\lim\limits_{s\to 0}sG_K'(s)=K_v^*=15$，可得 K_c=1.5。

4．三种串联校正的比较

通过以上介绍可知，超前校正、滞后校正和滞后-超前校正在改善系统的某些性能方面是相同的，比如超前校正和滞后校正都可以用来改善系统的动态性能，但它们也有以下不同之处：

（1）超前校正通常用来改善系统的稳定裕量，而滞后校正通常用来提高系统的稳态精度。

（2）超前校正是利用超前校正装置的相角超前特性，获得系统所需的相角裕量。串联滞后

校正是利用滞后校正装置的高频衰减特性，降低幅值穿越频率，提高系统的相角裕量，或者在基本保证系统校正前后幅值穿越频率不变的情况下，通过提高系统低频响应的放大系数来减小系统的稳态误差。

（3）超前校正比滞后校正提供更高的幅值穿越频率。幅值穿越频率越高，系统频带越宽，调整时间越短。从提高系统的响应速度出发，希望系统带宽越大越好，但带宽越大，系统越易受噪声干扰的影响。因此，当系统需要快速响应特性，输入端噪声电平又较低时，应采用超前校正；反之，当系统对响应速度要求不高，输入端噪声电平又较高时，一般不宜采用超前校正。

（4）为了满足系统严格的稳态性能要求，当采用无源校正网络时，超前校正要求一定的附加增益以抵消超前校正装置本身的衰减，而滞后校正一般仅需要较小的附加增益甚至不需要附加增益。这表明，超前校正比滞后校正需要更大的增益。在大多数情况下，增益越大，意味着系统的体积和重量越大，成本也越高，而且越有可能会在系统中产生比较大的不希望信号，造成系统中的饱和现象。

（5）滞后校正的高频衰减特性，仅降低了系统在高频区的增益，但是并没有降低系统在低频区的增益。系统的高频增益降低后，总增益可以增大，从而低频增益随之增加，因此改善了系统的稳态精度。

（6）滞后校正减小了系统的带宽，因此系统具有较低的响应速度，但系统中包含的任何高频噪声都可以得到衰减。另外，滞后校正在原点附近引进的极点与零点组合，将会在瞬态响应中产生小振幅的长时间拖尾现象。

（7）如果系统既要获得快速响应特性，又需要获得良好的稳态精度，则可以采用滞后-超前校正。利用滞后-超前校正装置，可提高系统的低频增益并改善其稳态精度，但同时也增大了系统的带宽和稳定裕度。

虽然利用串联超前校正、串联滞后校正和串联滞后-超前校正，可以完成大量的实际校正任务；但是对于复杂的系统，采用由这些校正装置组成的简单校正，可能得不到满意的结果。因此，必须采用具有不同极点与零点组合的其他校正装置。

6.2.3 根轨迹法串联校正

当系统的性能指标是以时域指标给出时，如给定了要求的最大超调量 M_p、上升时间 t_r、调整时间 t_s、阻尼比 ζ、无阻尼自然振荡频率 ω_n、稳态误差 e_ss 等时域性能指标，则采用根轨迹法来设计和校正系统是很有效的。

利用根轨迹法进行校正，其实质就是通过改变根轨迹的形状，将系统的闭环主导极点位于根平面上期望的位置，从而使系统满足所提出的性能指标。

1. 根轨迹法的串联超前校正

设系统的开环传递函数为

$$G_\text{K}(s)=G(s)H(s)=\frac{k\prod_{j=1}^{m}(s-z_j)}{s^v\prod_{i=1}^{n-v}(s-p_i)}=\frac{K\prod_{j=1}^{m}(\tau_j s+1)}{s^v\prod_{i=1}^{n-v}(T_i s+1)} \tag{6-27}$$

则可得系统的开环增益（又称静态误差系数）为

$$K = \lim_{s\to 0} s^{v} G_{\mathrm{K}}(s) = \frac{k\prod_{j=1}^{m}(-z_j)}{\prod_{i=1}^{n-v}(-p_i)} \tag{6-28}$$

假设一个系统在所要求的开环增益 K 下是不稳定的，或者虽然稳定，但系统具有不理想的瞬态响应特性（超调量过大、调节时间过长），在这种情况下，就有必要在虚轴和原点附近对根轨迹进行修正，以便使系统的闭环主导极点位于根平面上期望的位置。这个问题可以通过在前向通道上串联一个适当的超前校正装置来解决。

若串联超前校正装置的传递函数为

$$G_{\mathrm{c}}(s) = \alpha\frac{Ts+1}{\alpha Ts+1} = \frac{s-z_{\mathrm{c}}}{s-p_{\mathrm{c}}} \qquad (\alpha<1) \tag{6-29}$$

为补偿超前校正装置的幅值衰减，可串入一个放大倍数为 K_{c} 的补偿放大器，则校正后系统的开环传递函数为

$$G'_{\mathrm{K}}(s) = K_{\mathrm{c}}G_{\mathrm{c}}(s)G_{\mathrm{K}}(s) = K_{\mathrm{c}}\frac{s-z_{\mathrm{c}}}{s-p_{\mathrm{c}}}\cdot\frac{k\prod_{i=1}^{m}(s-z_i)}{s^{v}\prod_{j=1}^{n-v}(s-p_j)} \tag{6-30}$$

若 s_1 是根据性能指标确定的期望闭环主导极点之一，则 s_1 应在根轨迹上，它一定满足幅值和相角条件，即满足

$$|G'_{\mathrm{K}}(s_1)| = |K_{\mathrm{c}}G_{\mathrm{c}}(s_1)G_{\mathrm{K}}(s_1)| = 1 \tag{6-31}$$

和

$$\angle G'_{\mathrm{K}}(s_1) = \angle G_{\mathrm{c}}(s_1) + \angle G_{\mathrm{K}}(s_1) = \pm(2l+1)\,180^{\circ} \tag{6-32}$$

最后再验证一下根据二阶系统性能指标确定的闭环极点 $s_{1,2}$ 是否可作为系统校正后的闭环主导极点；若可以，则说明按二阶系统性能指标设计的 $K_{\mathrm{c}}G_{\mathrm{c}}(s)$可使闭环系统达到期望的性能指标。

根据以上分析，可归纳出用根轨迹法设计超前校正装置的步骤如下：

（1）根据要求的性能指标，确定期望闭环极点 $s_{1,2}$ 的位置。应用对二阶系统的分析，根据要求的ζ、ω_{n}，便可求得期望的闭环极点

$$s_{1,2} = -\zeta\omega_{\mathrm{n}} \pm \mathrm{j}\omega_{\mathrm{n}}\sqrt{1-\zeta^2} \tag{6-33}$$

（2）绘制原系统[其开环传递函数为 $G_{\mathrm{K}}(s)$]的根轨迹，确定期望闭环极点 $s_{1,2}$ 是否落在根轨迹上。若已在根轨迹上，则表明原系统不需增加校正装置，只要调整增益就能满足给定要求；如果根轨迹不通过期望的闭环极点，则表明仅调整增益不能满足给定要求，需增加校正装置。如果原系统根轨迹位于期望极点的右侧，则应串入超前校正装置。

若串联超前校正装置的传递函数为

$$G_{\mathrm{c}}(s) = \alpha\frac{Ts+1}{\alpha Ts+1} = \frac{s-z_{\mathrm{c}}}{s-p_{\mathrm{c}}} \qquad (\alpha<1) \tag{6-34}$$

则校正后的系统开环传递函数（包括补偿放大器 K_{c}）为

$$G'_{\mathrm{K}}(s) = K_{\mathrm{c}}G_{\mathrm{c}}(s)G_{\mathrm{K}}(s) \tag{6-35}$$

（3）由校正后系统的相角条件，计算超前校正装置应提供的超前相角φ_{c}。

根据校正后系统的相角条件

$$\angle G'_K(s_1) = \angle G_c(s_1) + \angle G_K(s_1) = \pm(2l+1)\,180^\circ$$

可得

$$\varphi_c = \angle G_c(s_1) = \pm(2l+1)\,180^\circ - \angle G_K(s_1) \tag{6-36}$$

（4）求校正装置零、极点位置以及参数α和 T。

对于给定的φ_c，校正装置的零、极点位置不是唯一的。在此常采用使系数α为极值（比较大的α值将产生比较大的静态误差系数）的方法确定零、极点。

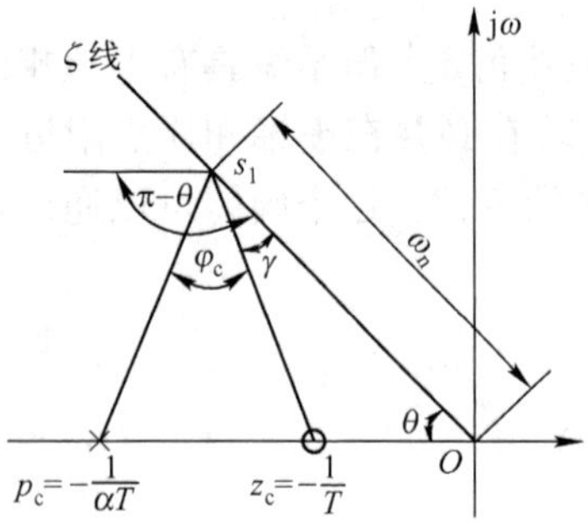

图 6-19　确定校正装置零、极点

根据图 6-19 所示的超前校正装置的超前相角φ_c与 p_c和 z_c间的几何关系图，由$\triangle z_cOs_1$和$\triangle p_cOs_1$可得

$$|z_c| = \omega_n \frac{\sin\gamma}{\sin(\pi-\theta-\gamma)} \tag{6-37}$$

$$|p_c| = \omega_n \frac{\sin(\gamma+\varphi_c)}{\sin(\pi-\theta-\gamma-\varphi_c)} \tag{6-38}$$

则

$$\alpha = \frac{|z_c|}{|p_c|} = \frac{\sin\gamma\cdot\sin(\pi-\theta-\gamma-\varphi_c)}{\sin(\pi-\theta-\gamma)\cdot\sin(\gamma+\varphi_c)} \tag{6-39}$$

由

$$\frac{\mathrm{d}\alpha}{\mathrm{d}\gamma} = 0$$

得

$$\gamma = \frac{1}{2}(\pi-\theta-\varphi_c)$$

由此，便可根据式（6-37）、式（6-38）和式（6-39）确定校正装置零、极点位置以及参数α和 T，即

$$z_c = -|z_c|,\quad p_c = -|p_c|,\quad \alpha = \frac{|z_c|}{|p_c|},\quad T = \frac{1}{|z_c|} \tag{6-40}$$

（5）在期望的闭环极点 s_1 上，利用校正后系统[其开环传递函数为 $K_cG_c(s)G_K(s)$]的幅值条件为 1，并根据系统的开环增益 K 是否给定，确定补偿放大器的增益 K_c 或 K_cK。

（6）校验校正后系统的各项性能指标。如果系统不满足要求指标，适当调整零、极点位置；如果需要大的静态误差系数，则应采用其他方案。

例 6-4　设单位反馈系统开环传递函数为

$$G_K(s) = \frac{1200}{s(s+5)(s+20)}$$

要求系统超调量 $M_p^*\leqslant 25\%$，过渡过程时间 $t_s^*\leqslant 0.7\text{s}$，静态速度误差系数 $K_v^*\geqslant 12(1/\text{s})$。试设计一个串联超前校正装置，来满足要求的性能指标。

解　（1）根据要求的性能指标，确定期望闭环极点 $s_{1,2}$ 的位置。

由超调量 $M_p^*=25\%$，过渡过程时间 $t_s^*=0.7\text{s}$，得$\zeta=0.4$，$\omega_n=15$，从而可得期望的闭环极点为

$$s_{1,2} = -\zeta\omega_n \pm \mathrm{j}\omega_n\sqrt{1-\zeta^2} = -6 \pm \mathrm{j}13.7$$

（2）由于原系统的根轨迹不通过期望的闭环极点 s_1，且位于其右侧，如图 6-20（a）所示，因此需增加超前校正装置。

设串联超前校正装置的传递函数为

$$G_c(s)=\alpha\frac{Ts+1}{\alpha Ts+1}=\frac{s-z_c}{s-p_c}\qquad(\alpha<1)$$

则校正后的系统开环传递函数（包括补偿放大器 K_c）为

$$G'_K(s)=K_cG_c(s)G_K(s)=K_c\frac{s-z_c}{s-p_c}\cdot\frac{1200}{s(s+5)(s+20)}$$

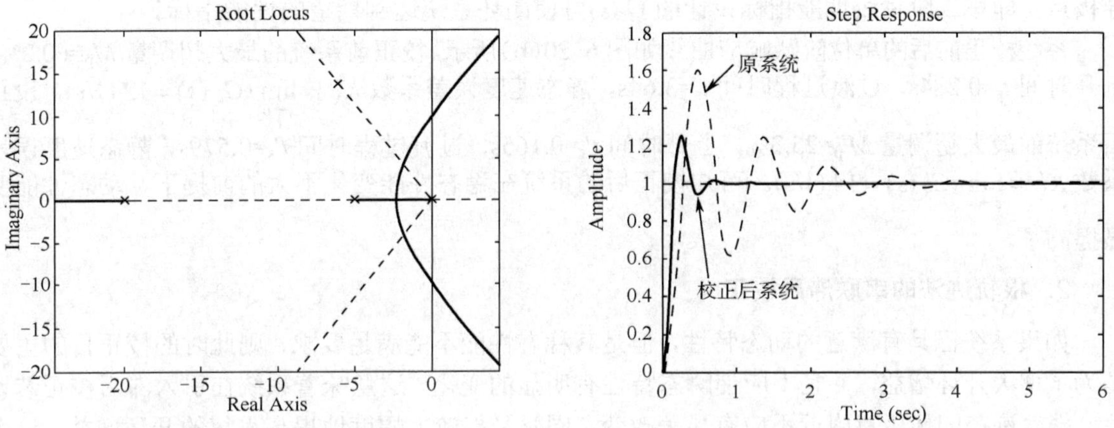

（a）原系统的根轨迹及期望的闭环主导极点　　（b）系统校正前后的单位阶跃响应曲线

图 6-20　例 6-4 系统的根轨迹与单位阶跃响应曲线

（3）由校正后系统的相位条件，计算超前校正装置应提供的超前相角φ_c：

$$\varphi_c=\angle G_c(s_1)=\pm(2l+1)180^\circ-\angle G_K(s_1)$$

即

$$\varphi_c=180^\circ-[-\angle s_1-\angle(s_1+5)-\angle(s_1+20)]=72^\circ$$

（4）求校正装置零、极点位置以及参数α 和 T。根据期望的闭环极点可得

$$\theta=\arctan\frac{13.7}{6}=66^\circ$$

所以有

$$\gamma=\frac{1}{2}(180^\circ-\theta-\varphi_c)=21^\circ\text{，}\ |z_c|=5.3,|p_c|=42.4$$

以及

$$\alpha=|z_c|/|p_c|=0.125\text{，}\ T=1/|z_c|=0.1887$$

（5）在新的期望闭环主导极点上，根据校正后系统的幅值条件为 1，确定补偿放大器增益 K_c。

校正后系统的开环传递函数为

$$G'_K(s)=K_cG_c(s)G_K(s)=K_c\frac{s+5.3}{s+42.4}\cdot\frac{1200}{s(s+5)(s+20)}=\frac{1200K_c(s+5.3)}{s(s+5)(s+20)(s+42.4)}$$

由$|K_cG_c(s_1)G_K(s_1)|_{s_1=-6+\mathrm{j}13.7}=1$得

$$K_c=\left.\frac{|s_1|\cdot|s_1+5|\cdot|s_1+20|\cdot|s_1+42.4|}{1200\cdot|s_1+5.3|}\right|_{s_1=-6+\mathrm{j}13.7}=9.561$$

（6）校验校正后系统的各项性能指标。

校正后系统的静态速度误差系数为

$$K'_v=\lim_{s\to0}sG'_K(s)=14>K^*_v$$

校正后系统的闭环传递函数为

$$G_B(s)=\frac{K_cG_c(s)G_K(s)}{1+K_cG_c(s)G_K(s)}=\frac{11473(s+5.3)}{(s+6.0-j13.7)(s+6.0+j13.7)(s+5.4)(s+50)}$$

由上式可知，系统的闭环极点为 $s_{1,2}=-6.0\pm j13.7$，$s_3=-5.4$，$s_4=-50$；闭环零点为 $z_1=-5.3$。

因闭环极点 $s_3=-5.4$ 与闭环零点 $z_1=-5.3$ 靠得很近可相互抵消，而闭环极点 $s_4=-50$ 离虚轴的距离又是 $s_{1,2}$ 离虚轴距离的 50/6.0=8.3 倍，所以闭环极点 $s_{1,2}=-6.0\pm j13.7$ 可作为系统的闭环主导极点，即按二阶系统性能指标设计的 $G_c(s)$可使闭环系统达到期望的性能指标。

系统校正前后的单位阶跃响应曲线如图 6-20（b）所示。校正前系统的最大超调量 M_p=60.2%，上升时间 t_r=0.284s，过渡过程时间 t_s=3.64s，静态速度误差系数 $K_V=\lim\limits_{s\to 0}sG_K(s)=12\ (1/s)$。校正后系统的最大超调量 M'_p=25.3%，上升时间 t'_r=0.165s，过渡过程时间 t'_s=0.579s，静态速度误差系数 $K'_V=\lim\limits_{s\to 0}sG'_K(s)=14\ (1/s)$。可知校正后的系统在稳态性能变化不大的前提下，动态性能明显提高了。

2．根轨迹法的串联滞后校正

如果系统已具有满意的动态特性，但是其稳态性能不能满足要求，则此时的校正目的主要是为了增大开环增益，并且不应使瞬态特性有明显的变化。这意味着系统在引入滞后校正装置后，根轨迹在闭环极点附近不应有显著改变，同时又能较大幅度地提高系统的开环增益，这个问题可通过在前向通道上串联一个适当的滞后校正装置来解决。

（1）为了避免原系统在闭环极点附近的根轨迹有显著改变，滞后校正装置的相角应当限制在不大的角度内（一般限制在 5° 左右）。为此，应使滞后校正装置的零、极点尽量靠近在一起，并且使它们靠近 s 平面的坐标原点，这样已校正系统的闭环极点，将从它们的原来位置稍稍离开，因而系统的瞬态特性将基本上保持不变。

（2）当滞后校正装置零、极点靠得很近时，有

$$G_c(s)=\frac{Ts+1}{\beta Ts+1}=\frac{1}{\beta}\frac{s+\frac{1}{T}}{s+\frac{1}{\beta T}}\approx\frac{1}{\beta}\qquad(\beta>1)$$

这表明利用补偿放大器的增益 K_c，可以把系统校正后的开环放大系数大约增加到β倍，而不影响系统的瞬态特性。

（3）如果滞后校正装置的零、极点距离坐标原点很近，在满足 $s_1+\frac{1}{T}\approx s_1+\frac{1}{\beta T}$ 的条件下，β值可以取得较大。

（4）增大开环增益意味着增大静态误差系数，减小稳态误差。

设原系统的开环传递函数为 $G_K(s)$，则静态误差系数 K 为

$$K=\lim_{s\to 0}s^{\nu}G_K(s)$$

如果滞后校正装置为

$$G_c(s)=\frac{Ts+1}{\beta Ts+1}=\frac{1}{\beta}\frac{s-z_c}{s-p_c}\qquad(\beta>1)\tag{6-41}$$

则校正后系统的静态误差系数为

$$K'=\lim_{s\to 0}s^{\nu}K_cG_c(s)G_K(s)=K_c\cdot\lim_{s\to 0}G_c(s)\cdot\lim_{s\to 0}s^{\nu}G_K(s)=K_cK\tag{6-42}$$

式（6-42）表明，校正后系统静态误差系数增加 K_c 倍，静态误差减小 K_c 倍。

根据以上分析，可归纳出用根轨迹法设计滞后校正的设计步骤如下：

（1）画出原系统[其开环传递函数为 $G_K(s)$]的根轨迹，根据要求的瞬态响应性能指标，在根轨迹上确定期望的闭环主导极点 $s_{1,2}$。如果系统要求的阻尼比为 ζ，则可根据根轨迹与 $\theta=\arccos\zeta$ 的交点求出系统期望的闭环主导极点 $s_{1,2}$。

（2）根据幅值条件，确定与闭环主导极点 $s_{1,2}$ 对应的开环增益。

设系统的开环传递函数为

$$G_K(s)=\frac{k\prod_{j=1}^{m}(s-z_j)}{s^{v}\prod_{i=1}^{n-v}(s-p_i)}$$

则根据幅值条件 $|G_K(s_1)|=1$，得

$$k=\frac{|s_1|^{v}\prod_{i=1}^{n-v}|s_1-p_i|}{\prod_{j=1}^{m}|s_1-z_j|} \tag{6-43}$$

原系统的静态误差系数为

$$K=\lim_{s\to 0}s^{v}G_K(s)=\frac{k\prod_{j=1}^{m}(-z_j)}{\prod_{i=1}^{n-v}(-p_i)} \tag{6-44}$$

（3）确定满足性能指标而应增大的误差系数值，从而确定滞后校正装置参数 β 取值范围的最小值。

若原系统的静态误差系数为 K，要求的静态误差系数为 K^*，则应增大的误差系数值为 K^*/K，则串联放大器的增益 K_c 应大于 K^*/K，即 β 值应大于 K^*/K。

（4）确定滞后校正装置的零、极点。为了能使校正后系统的静态误差系数增加，而又不使校正前后系统在闭环主导极点附近的根轨迹有显著改变，滞后校正装置的零、极点应靠近坐标原点选取。

（5）绘出校正后系统[其开环传递函数为 $K_cG_c(s)G_K(s)$]的根轨迹，并求出它与 $\theta=\arccos\zeta$ 的交点，将其作为新的期望的闭环主导极点 $s_{1,2}$。

（6）在期望的闭环主导极点 s_1 上，根据校正后系统的幅值条件为 1，确定补偿放大器的增益 K_c。

（7）校验校正后系统的各项性能指标，如不满足要求，可适当调整校正装置零、极点。

例 6-5 已知单位反馈系统开环传递函数为

$$G_K(s)=\frac{k}{s(s+1)(s+5)}$$

要求系统满足阻尼比 $\zeta=0.45$，静态速度误差系数 $K^*_v\geq 7(1/s)$。试设计一个串联滞后校正装置，来满足要求的性能指标。

解 （1）原系统的根轨迹如图 6-21（a）中虚线所示，并以原点为起点作一与负实轴夹角为 $\theta=\arccos\zeta=\arccos 0.45$ 的射线 OA，它们的交点为 $s_1=-0.4+\mathrm{j}0.8$。根据对称性可求 s_2，即期望的闭环主导极点为 $s_{1,2}=-0.4\pm\mathrm{j}0.8$。由 $\zeta\omega_n=0.4$，得 $\omega_n=0.4/0.45=0.89$。

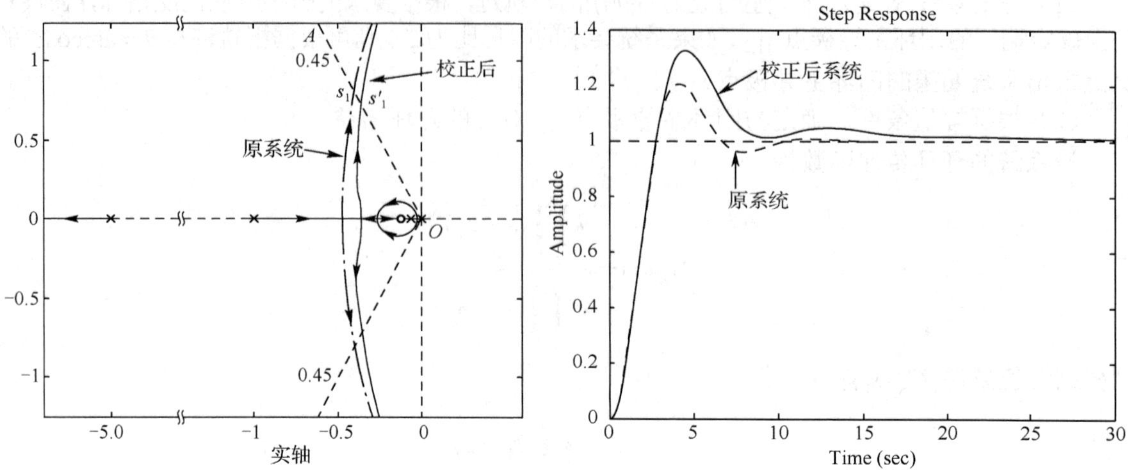

（a）系统校正前后的根轨迹　　（b）系统校正前后的单位阶跃响应

图 6-21　例 6-5 系统的根轨迹和单位阶跃响应

（2）根据幅值条件

$$|G_K(s_1)| = \frac{k}{|s_1||s_1+1||s_1+5|} = 1$$

得 $k = |s_1||s_1+1||s_1+5| = 4.17$。

原系统的静态速度误差系数为

$$K_v = \lim_{s \to 0} s\ G_K(s) = \frac{k}{5} = 0.83(1/s)$$

（3）为满足静态速度误差系数 $K^*_v \geqslant 7$ 的要求，串联放大器的增益 K_c 应大于 7/0.83=8.43。

（4）确定滞后校正装置的零、极点。为了使校正后系统的静态速度误差系数增加 8.43 倍以上，取β=10>8.43。另外，为了保证在闭环主导极点附近的根轨迹没有显著的变化，滞后校正装置的零、极点分别取为：

$$z_c = -\frac{1}{T} = -0.1 \quad 和 \quad p_c = -\frac{1}{\beta T} = -0.01$$

则滞后校正装置为

$$G_c(s) = \frac{10s+1}{100s+1} = \frac{1}{10}\frac{s+0.1}{s+0.01}$$

（5）校正后系统开环传递函数为

$$G'_K(s) = K_c G_c(s) G_K(s) = K_c \cdot \frac{1}{10} \cdot \frac{s+0.1}{s+0.01} \cdot \frac{k}{s(s+1)(s+5)} = \frac{0.417K_c(s+0.1)}{s(s+1)(s+5)(s+0.01)}$$

校正后系统根轨迹如图 6-21（a）中实线所示，由图可见在闭环主导极点 s_1 附近，校正后系统的根轨迹与原系统的根轨迹相比变化不大。

由校正后系统的根轨迹与 $\theta = \arccos\zeta = \arccos 0.45 = 63.26°$ 的射线 OA 的交点可求得新的闭环主导极点为 $s'_{1,2} = -0.36 \pm \mathrm{j}0.72$。

（6）在新的期望的闭环主导极点上，根据幅值条件，确定串联放大器的增益 K_c。

由　$|K_c G_c(s'_1) G_K(s'_1)| = 1$　得

$$K_c = \frac{|s_1'|\cdot|s_1'+1|\cdot|s_1'+5|\cdot|s_1'+0.01|}{0.417\cdot|s_1'+0.1|} = \frac{3.75}{0.417} = 9$$

（7）校验校正后系统的各项性能指标。

校正后系统的静态速度误差系数为

$$K_v' = \lim_{s\to 0} sG_K'(s) = 2\cdot 0.417K_c = 7.5(1/s) > K_v^* = 7(1/s)$$

校正后系统的闭环传递函数为

$$G_B(s) = \frac{K_c G_c(s) G_K(s)}{1+K_c G_c(s) G_K(s)} = \frac{3.75(s+0.1)}{(s+0.36-\mathrm{j}0.72)(s+0.36+\mathrm{j}0.72)(s+0.11)(s+5.17)}$$

由上式可知，系统的闭环极点为：$s_{1,2}=-0.36\pm \mathrm{j}0.72$，$s_3=-0.11$，$s_4=-5.17$；闭环零点为：$z_1=-0.1$。

因闭环极点 $s_3=-0.11$ 与闭环零点 $z_1=-0.1$ 靠得很近可相互抵消，而闭环极点 $s_4=-5.17$ 离虚轴的距离又是 $s_{1,2}$ 离虚轴距离的 5.17/0.36=14.36 倍，所以闭环极点 $s_{1,2}=-0.36\pm \mathrm{j}0.72$ 可作为系统的闭环主导极点，即按二阶系统性能指标设计的 $G_c(s)$可使闭环系统达到要求的系统性能指标。

系统校正前后的单位阶跃响应曲线如图 6-21（b）所示。校正前系统的最大超调量 M_p=20.1%，上升时间 t_r=2.76s，过渡过程时间 t_s=9.5s，静态速度误差系数 K_v=0.83(1/s)。校正后系统的最大超调量 M_p'=32.2%，上升时间 t_r'=2.73s，过渡过程时间 t_s'=17.4s，静态速度误差系数 K_v'=7.5(1/s)。可知校正后的系统动态性能虽稍有下降，但稳态性能明显提高了。

3. 根轨迹法的串联滞后-超前校正

从上述可看到，超前校正适用于改善系统的动态特性，而对稳态性能只能提供有限的改进。如果稳态性能相当差，超前校正就无能为力。而滞后校正常用于改善系统的稳态性能，且基本保持原系统的动态特性不会发生太大变化。当系统的动态和稳态特性均较差时，通常采用滞后-超前校正。滞后-超前校正装置的设计步骤如下：

（1）根据要求的性能指标，确定期望闭环极点 $s_{1,2}$ 的位置。

（2）为使闭环极点位于期望的位置，计算滞后-超前校正中超前部分应产生的超前相角φ_c。

根据校正后系统的相位条件：

$$\angle G_K'(s_1) = \angle G_K(s_1) + \angle G_c(s_1) = \pm(2l+1)180^\circ$$

可得

$$\varphi_c = \angle G_c(s_1) = \pm(2l+1)\,180^\circ - \angle G_K(s_1) \tag{6-45}$$

（3）若滞后-超前校正装置的传递函数为

$$G_c(s) = \left(\frac{s+\frac{1}{T_1}}{s+\frac{1}{\beta T_1}}\right)\left(\frac{s+\frac{1}{T_2}}{s+\frac{\beta}{T_2}}\right) \qquad (\beta>1,\quad T_1>T_2) \tag{6-46}$$

则校正后系统的开环传递函数为

$$G_K'(s) = K_c G_c(s) G_K(s) \tag{6-47}$$

稳态误差系数为

$$K' = \lim_{s\to 0} s^{\nu} G_K'(s) = \lim_{s\to 0} s^{\nu} K_c G_c(s) G_K(s) \tag{6-48}$$

根据要求的稳态误差系数，确定补偿放大器的增益 K_c。

（4）当滞后-超前校正中滞后部分的 T_1 选得足够大时（为了便于在实际中能够实现，滞后部分的最大时间常数βT_1不宜取得太大），可使得

$$\left|\frac{s_1+\dfrac{1}{T_1}}{s_1+\dfrac{1}{\beta T_1}}\right|\approx 1 \qquad (\beta>1)$$

这时根据校正后系统的幅值和相角条件，可得超前部分的 T_2 和β的关系式为

$$K_c\cdot\left|\frac{s_1+\dfrac{1}{T_2}}{s_1+\dfrac{\beta}{T_2}}\right|\cdot\left|G_K(s_1)\right|=1;\qquad \left\{\angle\left(s_1+\frac{1}{T_2}\right)-\angle\left(s_1+\frac{\beta}{T_2}\right)\right\}=\varphi_c \tag{6-49}$$

（5）利用求得的β值，选择滞后部分的 T_1，使

$$\left|\frac{s_1+\dfrac{1}{T_1}}{s_1+\dfrac{1}{\beta T_1}}\right|=1 \quad 和 \quad 0<\left|\angle\left(s_1+\frac{1}{T_1}\right)-\angle\left(s_1+\frac{1}{\beta T_1}\right)\right|<3^\circ \quad (\beta>1) \tag{6-50}$$

（6）检验校正后系统[其开环传递函数为 $K_cG_c(s)G_K(s)$]的各项性能指标。

例 6-6 已知单位反馈系统开环传递函数为

$$G_K(s)=\frac{4}{s(s+0.5)}$$

要求系统满足阻尼比$\zeta=0.5$，无阻尼自然振荡频率$\omega_n=5\text{rad/s}$，静态速度误差系数 $K^*_v\geqslant 50(1/s)$。试设计一个串联滞后-超前校正装置，来满足要求的性能指标。

解 （1）根据$\zeta=0.5$，$\omega_n=5\text{rad/s}$，可得期望闭环极点

$$s_{1,2}=-2.5\pm j4.33$$

（2）超前部分应产生的超前相角

$$\varphi_c=-180^\circ-\angle G_K(s_1)=-180^\circ-(-235^\circ)=55^\circ$$

（3）设滞后-超前校正装置的传递函数为

$$G_c(s)=\left(\frac{s+\dfrac{1}{T_1}}{s+\dfrac{1}{\beta T_1}}\right)\left(\frac{s+\dfrac{1}{T_2}}{s+\dfrac{\beta}{T_2}}\right)$$

则校正后系统开环传递函数为

$$G'_K(s)=K_cG_c(s)G_K(s)=K_c\left(\frac{s+\dfrac{1}{T_1}}{s+\dfrac{1}{\beta T_1}}\right)\left(\frac{s+\dfrac{1}{T_2}}{s+\dfrac{\beta}{T_2}}\right)\frac{4}{s(s+0.5)}$$

由静态速度误差系数

$$K'_v=\lim_{s\to 0}sG'_K(s)=8K_c=K^*_v=50(1/s)$$

得补偿放大器的增益 K_c=6.25。

（4）由幅值条件和相角条件式（6-49）可得

$$K_c\cdot\left|\frac{s_1+\frac{1}{T_2}}{s_1+\frac{\beta}{T_2}}\right|\cdot|G_K(s_1)|=6.25\left|\frac{s_1+\frac{1}{T_2}}{s_1+\frac{\beta}{T_2}}\right|\cdot\left|\frac{24}{s_1(s_1+0.5)}\right|=\left|\frac{s_1+\frac{1}{T_2}}{s_1+\frac{\beta}{T_2}}\right|\cdot\frac{5}{4.77}=1$$

$$\left\{\angle\left(s_1+\frac{1}{T_2}\right)-\angle\left(s_1+\frac{\beta}{T_2}\right)\right\}=55°$$

从而可得 $T_2=2,\ \beta=10$，即超前部分的传递函数为 $\left(\dfrac{s+\frac{1}{T_2}}{s+\frac{\beta}{T_2}}\right)=\left(\dfrac{s+0.5}{s+5}\right)$。

（5）利用 $\beta=10$，合理地选择滞后部分的时间常数 T_1，使之能同时满足滞后部分的幅值和相角条件，同时还能保证 βT_1 不能太大，以便在实际工程中实现。因此选 T_1=10，βT_1=100。此时

$$\left|\frac{s_1+\frac{1}{T_1}}{s_1+\frac{1}{\beta T_1}}\right|=\left|\frac{s_1+0.1}{s_1+0.01}\right|=0.9912\approx 1$$

$$\left|\angle\left(s_1+\frac{1}{T_1}\right)-\angle\left(s_1+\frac{1}{\beta T_1}\right)\right|=|\angle(s_1+0.1)-\angle(s_1+0.01)|=|-0.9°\ |<3°$$

滞后部分的传递函数为 $\left(\dfrac{s+\frac{1}{T_1}}{s+\frac{1}{\beta T_1}}\right)=\left(\dfrac{s+0.1}{s+0.01}\right)$，滞后–超前校正装置的传递函数为

$$G_c(s)=\left(\frac{s+0.1}{s+0.01}\right)\left(\frac{s+0.5}{s+5}\right)$$

则校正后系统开环传递函数为

$$G_K'(s)=K_cG_c(s)G_K(s)=6.25\left(\frac{s+0.1}{s+0.01}\right)\left(\frac{s+0.5}{s+5}\right)\frac{4}{s(s+0.5)}=\frac{25(s+0.1)}{s(s+0.01)(s+5)}$$

（6）校验校正后系统的各项性能指标。校正后系统的闭环传递函数为

$$G_B(s)=\frac{K_cG_c(s)G_K(s)}{1+K_cG_c(s)G_K(s)}=\frac{25(s+0.1)}{(s+2.5-\mathrm{j}4.33)(s+2.5+\mathrm{j}4.33)(s+0.101)}$$

由上式可知，系统的闭环极点为：$s_{1,2}=-2.5\pm \mathrm{j}4.33$，$s_3=-0.101$；闭环零点为：$z_1=-0.1$。

由于滞后部分在 $s_{1,2}=-2.5\pm \mathrm{j}4.33$ 时滞后相角很小（<1°），所以校正后系统的闭环主导极点变化很小。另外，由于校正后系统的第 3 个闭环极点 $s_3=-0.101$ 与闭环零点 $z_1=-0.1$ 很接近，所以闭环极点 $s_{1,2}=-2.5\pm \mathrm{j}4.33$ 可作为系统的闭环主导极点，即按二阶系统性能指标设计的 $G_c(s)$ 可使闭环系统达到期望的性能指标。

系统校正前后的单位阶跃响应曲线如图 6-22 所示。校正前系统的最大超调量 M_p=67%，上升时间 t_r=0.86s，过渡过程时间 t_s=14.7s，静态速度误差系数 $K_V=\lim\limits_{s\to 0}sG_K(s)=8\ (1/s)$。校正后系统的最大超调量 $M_p'=18.6\%$，上升时间 $t_r'=0.48$s，过渡过程时间 $t_s'=1.2$s，静态速度误差系数 $K_v'=50\ (1/s)$。可知校正后系统的动态性能和稳态性能都明显提高了。

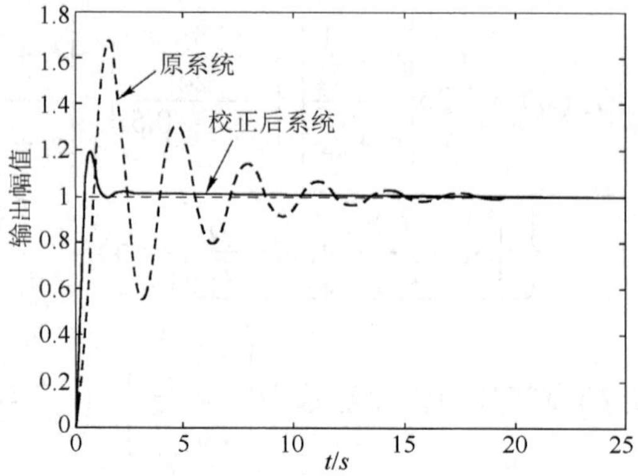

图 6-22　例 6-6 系统校正前后的单位阶跃响应曲线

6.3　反 馈 校 正

在实际控制系统中，为改善控制系统的性能，除选用前述的串联校正方式外，也常常采用反馈校正方式。若校正装置放在系统反向通道中，就称之为反馈校正。系统采用反馈校正后，除了可以得到与串联校正相同的校正效果外，还可以获得某些改善系统性能的特殊功能。

6.3.1　反馈校正的原理

反馈校正就是采用校正装置反馈包围系统前向通道中的一部分环节或全部环节，以实现改善系统的性能。其结构框图如图 6-23 所示。

对于如图 6-23 所示的反馈校正系统，$G_c(s)$ 是校正装置，其余环节为系统的固有部分，被校正装置 $G_c(s)$ 反馈包围部分的等效传递函数为

$$G_{2B}(s)=\frac{G_2(s)}{1\pm G_2(s)G_c(s)}$$

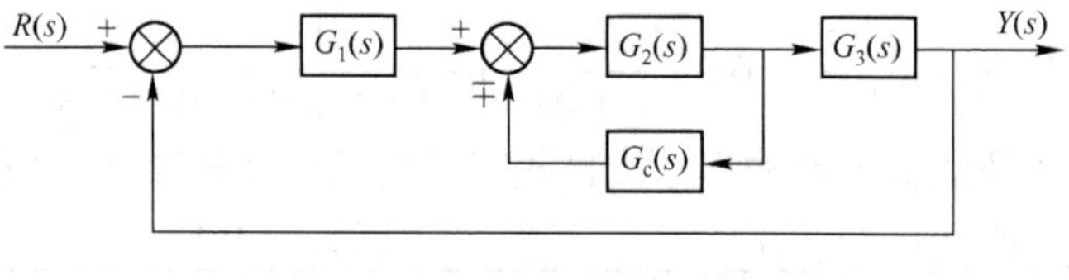

图 6-23　反馈校正系统结构框图

（1）当局部反馈为正反馈时，假设环节 $G_2(s)$ 的增益为 k_2，校正装置 $G_c(s)$ 的增益为 k_c，则被校正装置 $G_c(s)$ 反馈包围部分的闭环增益为

$$k_{2B}=\frac{k_2}{1-k_2k_c} \tag{6-51}$$

从式（6-51）可见，若取 $k_c\approx\frac{1}{k_2}$，则闭环增益 k_{2B} 将远大于前向环节 $G_2(s)$ 的增益 k_2，这是正反馈所具有的重要特性之一。所以，有些航天系统及部分机床等，为了增加前向通道的增益而采用局部正反馈。

（2）当局部反馈为负反馈时，整个系统的开环传递函数为

$$G_K(s)=G_1(s)G_{2B}(s)G_3(s)=\frac{G_1(s)G_2(s)G_3(s)}{1+G_2(s)G_c(s)} \tag{6-52}$$

由式（6-52）可见，引入局部负反馈后，原系统的开环传递函数 $G_1(s)G_2(s)G_3(s)$，降低至 $1/[1+G_2(s)G_c(s)]$。当被包围部分 $G_2(s)$ 内部参数变化或受到作用于 $G_2(s)$ 上的干扰影响时，由于负反馈的作用，将其影响下降为 $1/[1+G_2(s)G_c(s)]$，从而得到有效抑制。

如果反馈校正包围的回路稳定（即回路中各环节均是最小相位环节），可以用对数频率特性曲线来分析其性能。由式（6-52）可得其频率特性为

$$G_K(j\omega)=G_1(j\omega)G_{2B}(j\omega)G_3(j\omega)=\frac{G_1(j\omega)G_2(j\omega)G_3(j\omega)}{1+G_2(j\omega)G_c(j\omega)} \tag{6-53}$$

若选择结构参数，使 $|G_2(j\omega)G_c(j\omega)|\gg 1$，则式（6-53）可近似为

$$G_K(j\omega)\approx\frac{G_1(j\omega)G_2(j\omega)G_3(j\omega)}{G_2(j\omega)G_c(j\omega)}=\frac{G_1(j\omega)G_3(j\omega)}{G_c(j\omega)}$$

在这种情况下，$G_2(j\omega)$ 部分的特性几乎被反馈校正环节的特性取代。反馈校正的这种取代作用，在系统设计中常常用来改造不期望的某些环节，达到改善系统性能的目的。

若选择结构参数，使 $|G_2(j\omega)G_c(j\omega)|\ll 1$，则式（6-53）可近似为

$$G_K(j\omega)\approx\frac{G_1(j\omega)G_2(j\omega)G_3(j\omega)}{1}=G_1(j\omega)G_2(j\omega)G_3(j\omega)$$

这时，系统校正后的开环频率特性与校正前近似相同。

因此，适当选择校正装置 $G_c(s)$ 的参数，在保证内回路稳定的情况下，可使系统动态性能满足要求。为此，应使系统的中频段位于校正的频段内，选择 $G_c(s)$ 参数，使中频段的斜率为 −20dB/dec。

6.3.2 反馈校正的设计

从控制的观点来看，采用反馈校正不仅可以得到与串联校正同样的校正效果，而且还有许多串联校正所不具备的突出优点。例如，反馈校正不仅能有效地改变被包围环节的动态结构和参数，而且在一定条件下，反馈校正装置的特性可以完全取代被包围环节的特性，从而可大大消弱这部分环节由于特性参数变化及各种干扰带给系统的不利影响，提高系统的整体性能。下面仅讨论比例反馈校正和微分反馈校正的设计方法。

1. 比例反馈校正

如果反馈回路为一比例环节，则称为比例反馈校正。图 6-24 所示为二阶振荡环节被比例负反馈包围的系统结构图，其闭环传递函数为

$$G_B(s)=\frac{G(s)}{1+G(s)K_h}=\frac{1}{T^2s^2+2\zeta Ts+1+K_h}=\frac{K'}{(T')^2s^2+2\zeta'T's+1}$$

其中，$K'=\dfrac{1}{1+K_h}$，$T'=\dfrac{T}{\sqrt{1+K_h}}$，$\zeta'=\dfrac{\zeta}{\sqrt{1+K_h}}$。

可以看到，比例负反馈改变了振荡环节的时间常数 T、阻尼比 ζ 和放大系数 K 的数值，并且均减小了。因此，比例负反馈使得系统频带加宽，瞬态响应加快，但使得系统控制精度下降，故应给予补偿才可保证系统的精度。这与串联校正中比例控制的作用主要是提高稳态精度是不

同的，比例反馈校正的主要作用是改善被包围部分的动态特性。

2．微分反馈校正

图 6-25 所示为微分负反馈包围二阶振荡环节的系统结构图，其闭环传递函数为

$$G_{\mathrm{B}}(s)=\frac{G(s)}{1+G(s)K_{\mathrm{t}}s}=\frac{1}{T^2s^2+(2\zeta T+K_{\mathrm{t}})s+1}=\frac{1}{T^2s^2+2\zeta' Ts+1}$$

其中，$\zeta'=\zeta+\dfrac{K_{\mathrm{t}}}{2T}$。

上式表明，微分负反馈不改变被包围环节的性质，但由于阻尼比增大，使得系统动态响应超调量减小，振荡次数减少，改善了系统的平稳性和过渡过程时间，从而削弱了阻尼振荡环节的不利影响。

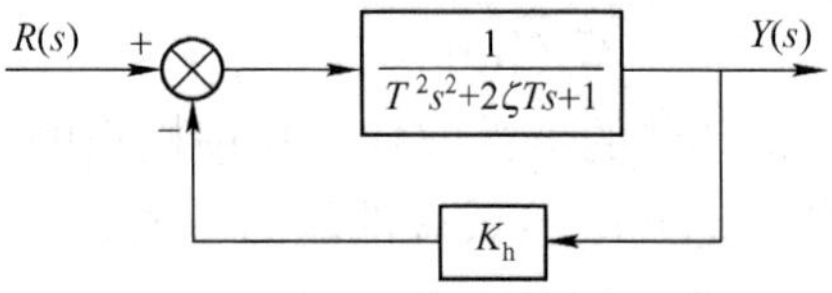

图 6-24　比例负反馈系统结构图

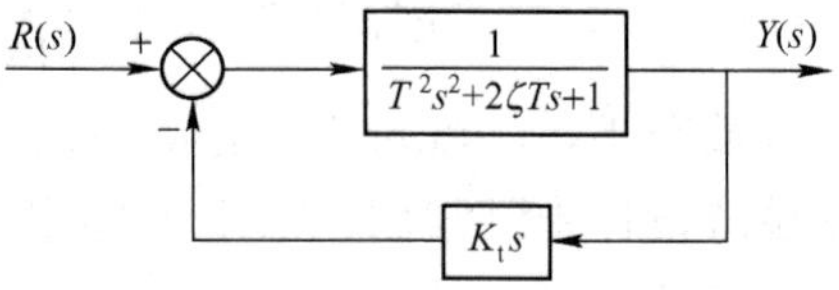

图 6-25　微分负反馈系统结构图

微分反馈是将被包围环节输出量的速度信号反馈至输入端，故常称微分反馈为速度反馈。若反馈环节的传递函数为 $K_{\mathrm{t}}s^2$，则称为加速度反馈。

例 6-7　已知单位反馈系统的结构如图 6-25 所示。其中，$\omega_{\mathrm{n}}=12\ \mathrm{rad/s}$，$\zeta=0.417$。采用微分反馈来校正系统，若校正后系统具有阻尼比 $\zeta'=0.707$，试确定校正装置参数 K_{t}。

解　闭环传递函数为：

$$G_{\mathrm{B}}(s)=\frac{G(s)}{1+G(s)K_{\mathrm{t}}s}=\frac{1}{T^2s^2+(2\zeta T+K_{\mathrm{t}})s+1}$$

$$=\frac{\omega_{\mathrm{n}}^2}{s^2+2(\zeta+K_{\mathrm{t}}\omega_{\mathrm{n}}/2)\omega_{\mathrm{n}}s+\omega_{\mathrm{n}}^2}=\frac{\omega_{\mathrm{n}}^2}{s^2+2\zeta'\omega_{\mathrm{n}}s+\omega_{\mathrm{n}}^2}$$

根据 $\zeta'=\zeta+K_{\mathrm{t}}\omega_{\mathrm{n}}/2$ 及题给条件可得：$K_{\mathrm{t}}=0.048$。

由此可见，采用微分反馈后，系统的阻尼比由原来的 0.417 增大到 0.707，使得系统动态响应的最大超调量由原来的 23.7%减小到 4.3%。

6.4　复 合 校 正

采用串联校正或反馈校正在一定程度上能够使系统满足所要求的性能指标。但是，当对系统动态和静态性能的要求都很高，或者系统存在强干扰时，工程中往往在采用串联校正或局部反馈校正的同时，再附加前馈校正和干扰补偿而组成控制系统的复合校正。

6.4.1　按输入补偿的复合校正

前馈校正加单位反馈校正的复合校正系统如图 6-26 所示，由图可知系统的输出 $Y(s)$为

$$Y(s)=\frac{G_1(s)G_2(s)+G_c(s)G_2(s)}{1+G_1(s)G_2(s)}R(s) \qquad (6-54)$$

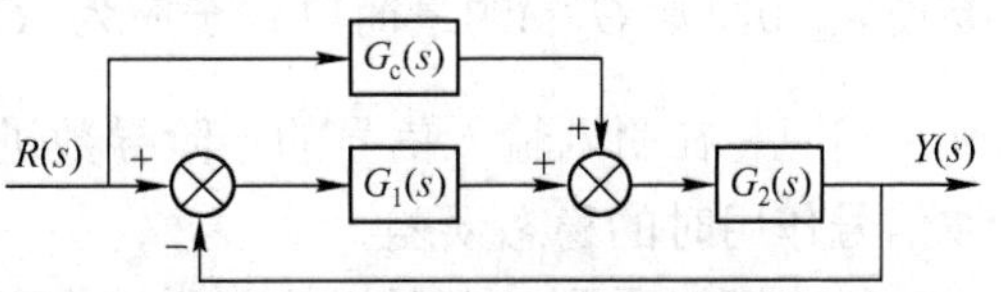

图 6-26　前馈校正加单位反馈校正的复合校正系统

1. 完全补偿

若选择前馈校正装置的传递函数为

$$G_c(s)=\frac{1}{G_2(s)}$$

则 $Y(s)=R(s)$，表明输出 $y(t)$完全复现了输入信号 $r(t)$，前馈校正装置完全消除了输入信号作用时所产生的误差，达到了完全补偿。

2. 部分补偿

由于 $G_2(s)$一般形式比较复杂，所以实现完全补偿是比较困难的，但做到满足跟踪精度的部分补偿是完全可能的。这样，不仅能满足系统对稳态精度的要求，而且前馈校正装置在结构上具有较简单的形式，便于实现。

在给定信号 $r(t)$作用下，图 6-26 所示系统的误差函数为

$$E(s)=R(s)-Y(s) \qquad (6-55)$$

将式（6-54）代入误差函数表达式（6-55）中，得

$$E(s)=\frac{1-G_c(s)G_2(s)}{1+G_1(s)G_2(s)}R(s)$$

则系统的稳态误差为

$$e_{ss}=\lim_{s\to 0}sE(s)=\lim_{s\to 0}s\frac{1-G_c(s)G_2(s)}{1+G_1(s)G_2(s)}R(s) \qquad (6-56)$$

由式（6-56）可知，在给定信号作用下，根据系统稳态误差为零可确定前馈校正装置 $G_c(s)$。

例 6-8　系统结构如图 6-26 所示，其中

$$G_1(s)=1$$

$$G_2(s)=\frac{K}{s(T_1s+1)(T_2s+1)}$$

为消除系统跟踪斜坡输入信号时的稳态误差，求前馈校正装置 $G_c(s)$。

解　（1）完全补偿。若选择前馈校正装置的传递函数为

$$G_c(s)=\frac{1}{G_2(s)}=\frac{s(T_1s+1)(T_2s+1)}{K}$$

则由式（6-54）可得

$$Y(s)=\frac{G_1(s)G_2(s)+G_c(s)G_2(s)}{1+G_1(s)G_2(s)}R(s)=R(s)$$

这表明输出 $y(t)$完全复现了输入信号 $r(t)$；但由于 $G_c(s)$是 3 阶微分形式，所以实现完全补偿是不可能的。

（2）部分补偿。由式（6-56）可知，系统引入前馈校正装置 $G_c(s)$后的稳态误差为

$$e_{ss}=\lim_{s\to 0}sE(s)=\lim_{s\to 0}s\frac{1-G_c(s)G_2(s)}{1+G_1(s)G_2(s)}R(s)=\lim_{s\to 0}s\frac{T_1T_2s^3+(T_1+T_2)s^2+s-KG_c(s)}{s(T_1s+1)(T_1s+1)+K}\frac{1}{s^2}$$

要使 $e_{ss}=0$，则 $G_c(s)$的最简单式子应为 $G_c(s)=\dfrac{s}{K}$。

可见，在引入输入信号的一阶导数进行前馈校正后，系统由Ⅰ型变为Ⅱ型，可完全消除斜坡信号作用时的稳态误差。

综上可以看到，在反馈控制系统中引入前馈校正后：

（1）可以提高系统的型号，起到消除稳态误差的作用，从而提高控制精度。

（2）不影响闭环系统的稳定性。从图 6-26 可知，未校正系统的闭环传递函数为

$$G_B(s)=\frac{G_1(s)G_2(s)}{1+G_1(s)G_2(s)} \tag{6-57}$$

加入前馈校正后，系统的闭环传递函数为

$$G_B(s)=\frac{G_1(s)G_2(s)+G_2(s)G_c(s)}{1+G_1(s)G_2(s)} \tag{6-58}$$

式（6-57）和式（6-58）的分母相同，即系统的特征方程相同，所以前馈校正不影响闭环系统的稳定性，并且稳定性和稳态精度这两个相互矛盾的问题被分开了，完全可以单独考虑。

（3）不仅可以改善系统的稳态精度，而且还可改善系统的动态特性。

6.4.2 按扰动补偿的复合校正

反馈校正与扰动补偿校正构成复合校正的另一种形式，如图 6-27 所示。控制系统的输出为

$$Y(s)=\frac{G_1(s)G_2(s)}{1+G_1(s)G_2(s)}R(s)+\frac{G_2(s)+G_1(s)G_2(s)G_c(s)}{1+G_1(s)G_2(s)}N(s) \tag{6-59}$$

式（6-59）等号右边第一项为给定信号 $R(s)$和反馈校正所产生的输出，第二项为扰动信号 $N(s)$和前馈校正所产生的输出。适当选择前馈校正装置的传递函数 $G_c(s)$，使其满足

$$G_c(s)=-\frac{1}{G_1(s)}$$

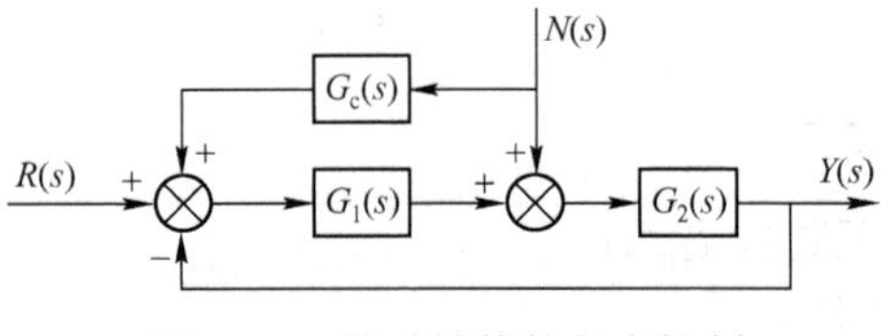

图 6-27　扰动补偿的复合控制

则扰动信号对系统输出的影响可以得到完全补偿。扰动补偿的实质是利用双通道原理，利用扰动来补偿扰动，以消除扰动对系统输出的影响。

应当注意，在应用扰动补偿时，首先扰动信号必须是可测量的，其次校正装置应是物理上可实现的。另外，由于扰动补偿是一种开环控制，所以，校正装置还应具有较高的参数稳定性。

例 6-9　系统结构如图 6-27 所示，其中

$$G_1(s)=K(Ts+1)$$

$$G_2(s)=\frac{K}{s(T_1s+1)(T_2s+1)}$$

为消除扰动对系统的影响，求前馈校正装置 $G_c(s)$。

解　由该系统的输出式（6-59）可知，当前馈控制校正装置的传递函数 $G_c(s)$满足

$$G_c(s)=-\frac{1}{G_1(s)}=-\frac{1}{K(Ts+1)}$$

时，系统的输出 $Y(s)$仅与给定信号 $R(s)$有关，而与扰动信号 $N(s)$无关，即此时扰动信号对系统输出的影响可以得到完全补偿。

6.5　基于 MATLAB 的控制系统校正

MATLAB 提供了多种求取并绘制系统特性曲线的函数，使用它们可以很方便地绘制控制系统的特性曲线，并对系统进行设计。

6.5.1　利用 MATLAB 实现频率法的串联校正

1．频率法串联超前校正

例 6-10　针对例 6-1 所给系统和要求，试利用 MATLAB 根据频率法确定串联超前校正装置，并求出系统校正后的性能指标。

解　根据例 6-1 所求原系统的开环传递函数，利用下列语句

```
>>numo=[20];deno=conv([1,0],[0.5,1]); [Gm,Pm,Wcg,Wcp]=margin(numo,deno)
```

可得，原系统的幅值穿越频率 ω_c=6.1685rad/s；相角穿越频率 $\omega_g=\infty$rad/s；幅值裕量为 K_g=+∞dB；相角裕量γ=17.9642°。由于相角裕量远远小于要求值，为达到所要求的性能指标，根据频率法串联超前校正的设计步骤，编写以下 MATLAB 程序。

```
%ex6_10.m
numo=1;deno=conv([1,0],[0.5,1]);                %定义未校正系统即原系统（不包含系数 K）
Kv=20; r0=50;                                   %系统要求的稳态速度误差系数和期望的相角裕量 r0
K=Kv*polyval(deconv(deno,conv([1,0],numo)),0);  %根据已给速度误差系数确定原系统系数 K
numo=K*numo;
[Gm1,Pm1,Wcg1,Wcp1]=margin(numo,deno);          %求原系统的幅值裕量和相角裕量
r=Pm1;                                          %原系统的相角裕量
w=logspace(-1,3);                               %定义频率变化范围为 10^-1～10^3，即 0.1～1000
[mag1,phase1]=bode(numo,deno,w);                %求原系统的幅值和相角
for epsilon=5:15                                %定义附加相角 ε 的变化范围
    phic=( r0-r+epsilon)*pi/180;                %求需增加的超前相角 φc
    alpha=(1-sin(phic))/(1+sin(phic));          %求校正装置的参数 α
    [i1,ii]=min(abs(mag1-sqrt(alpha)));
    wc=w(ii);                    %将原系统的幅值等于-20lg(α)^(1/2) 时的频率作为校正后系统的 ω'c
    T=1/(wc*sqrt(alpha));                       %求校正装置的参数 T
    numc=[ T,1];denc=[ alpha*T,1];              %定义校正装置的传递函数
    [numk,denk]=series(numc,denc,numo,deno);    %求系统校正后的传递函数
    [Gm,Pm,Wcg,Wcp]=margin(numk,denk);          %求系统校正后的幅值裕量和相角裕量
    if(Pm>=r0);break;end                        %判别系统校正后的相角裕量是否满足要求
end
printsys(numc,denc)                             %显示校正装置的传递函数
[mag2,phase2]=bode(numc,denc,w);                %求校正装置的幅值和相角
[mag,phase]=bode(numk,denk,w);                  %求校正后系统的幅值和相角
subplot(2,1,1);semilogx(w,20*log10(mag),w,20*log10(mag1),'--',w,20*log10(mag2),'-.');
grid;ylabel('幅值 (dB)');title('-- Go,     -. Gc,     __ GoGc');
```

```
subplot(2,1,2);semilogx(w,phase,w,phase1,'--',w,phase2,'-.',w,(w-180-w),':');
grid;ylabel('相角 (度)');xlabel('频率 (rad/sec)')
disp(['校正后：幅值穿越频率=',num2str(Wcp),'rad/sec,','相角穿越频率=',num2str(Wcg ),' rad/sec ']);
disp(['校正后：幅值裕量=',num2str(20*log10(Gm)),' dB,','相角裕量=',num2str(Pm),'°']);
figure;[num,den]=cloop(numo,deno);step(num,den,'-.');      %绘制原系统的单位阶跃响应
hold on;[num,den]=cloop(numk,denk);step(num,den);          %绘制系统校正后的单位阶跃响应
legend('原系统','校正后系统');
```

执行后可得如下超前校正装置的传递函数和系统校正后的性能指标及图 6-28 所示曲线。

```
num/den =
    0.22541 s + 1
    -------------
    0.053537 s + 1
```

校正后：幅值穿越频率=8.8802rad/s，相角穿越频率=Inf rad/s。

校正后：幅值裕量=Inf dB，相角裕量=50.7196°。

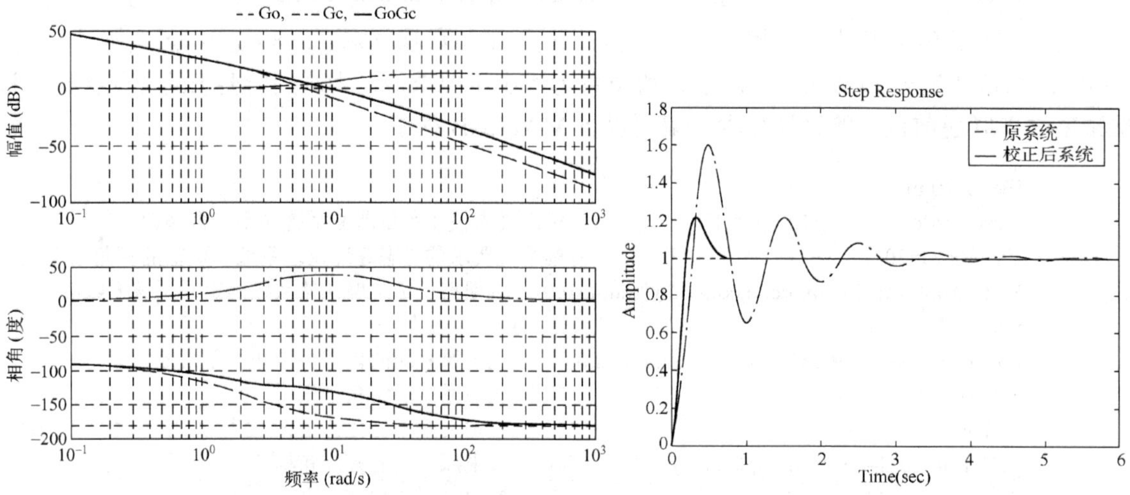

（a）超前校正装置及校正前后系统Bode图　（b）系统校正前后的单位阶跃响应曲线

图 6-28　例 6-10 系统

由此可见，利用 MATLAB 所得结果与例 6-1 所求结果一致。

2．频率法串联滞后校正

例 6-11　针对例 6-2 所给系统和要求，试利用 MATLAB 根据频率法确定串联滞后校正装置，并求出系统校正后的性能指标。

解　根据例 6-2 所求原系统的开环传递函数，利用下列语句

```
>>numo=5;deno=conv([1,0],conv([1,1],[0.25,1])); [Gm,Pm,Wcg,Wcp]=margin(numo,deno)
```

可得，原系统的幅值穿越频率 ω_c=2rad/s；相位穿越频率 ω_g =2rad/s；幅值裕量为 K_g= 0dB；相角裕量$\gamma\approx 0°$。它们均不满足要求，为达到所要求的性能指标，根据频率法串联滞后校正的设计步骤，编写以下 MATLAB 程序。

```
%ex6_11.m
numo=1;deno=conv([1,0],conv([1,1],[0.25,1]));          %定义未校正系统即原系统（不包含系数 K）
Kv=5; r0=40;                                            %系统要求的稳态速度误差系数和期望的相角裕量 r0
K=Kv*polyval(deconv(deno,conv([1,0],numo)),0);          %根据已给速度误差系数确定原系统系数 K
numo=K*numo;
[Gm1,Pm1,Wcg1,Wcp1]=margin(numo,deno);                  %求原系统的幅值裕量和相角裕量
w=logspace(-3,1);                                       %定义频率变化范围为 10^-3～10^1，即 0.001～1
[mag1,phase1]=bode(numo,deno,w);                        %求原系统的幅值和相角
for epsilon=5:15                                        %定义附加相角 ε 的变化范围
    r=(-180+ r0+epsilon);
    [i1,ii]=min(abs(phase1-r));
    wc=w(ii);          %将原系统的相位角等于(-180+γ0+ε)时的频率作为校正后系统的 ω'c
    beta=mag1(ii); T=5/wc;                              %求校正装置的参数 β 和 T
    numc=[T,1];denc=[beta*T,1];                         %定义校正装置的传递函数
    [numk,denk]=series(numc,denc,numo,deno);            %求校正后系统的传递函数
    [Gm,Pm,Wcg,Wcp]=margin(numk,denk);                  %求系统校正后的幅值裕量和相角裕量
    if (Pm>=r0);break;end;                              %判别系统校正后的相角裕量是否满足要求
end
printsys(numc,denc);
[mag2,phase2]=bode(numc,denc,w);                        %求校正装置的幅值和相角
[mag,phase]=bode(numk,denk,w);                          %求校正后系统的幅值和相角
subplot(2,1,1);semilogx(w,20*log10(mag),w,20*log10(mag1),'--',w,20*log10(mag2),'-.');
grid;ylabel('幅值 (dB)');title('-- Go,     -. Gc,     __ GoGc');
subplot(2,1,2);semilogx(w,phase,w,phase1,'--',w,phase2,'-.',w,(w-180-w),':');
grid;ylabel('相角 (度)');xlabel('频率 (rad/sec)')
disp(['校正后：幅值穿越频率=',num2str(Wcp),'rad/sec,','相角穿越频率=',num2str(Wcg),' rad/sec ']);
disp(['校正后：幅值裕量=',num2str(20*log10(Gm)),' dB,','相角裕量=',num2str(Pm),'°']);
figure;[num,den]=cloop(numo,deno);step(num,den,'-.');         %绘制原系统的单位阶跃响应
hold on;[num,den]=cloop(numk,denk);step(num,den);             %绘制系统校正后的单位阶跃响应
legend('原系统','校正后系统');
```

执行后可得如下滞后校正装置的传递函数和系统校正后的性能指标及图 6-29 所示曲线。

```
num/den =
      8.3842 s + 1
      ------------
      59.7135 s + 1
```

校正后：幅值穿越频率=0.60508rad/s，相角穿越频率=1.8675rad/s。

校正后：幅值裕量=15.8574dB，相角裕量=40.6552°。

由此可见，利用 MATLAB 所得结果与例 6-2 所求结果一致。

3．频率法串联滞后-超前校正

例 6-12　针对例 6-3 所给系统和要求，试利用 MATLAB 根据频率法确定串联滞后-超前校正装置，并求出系统校正后的性能指标。

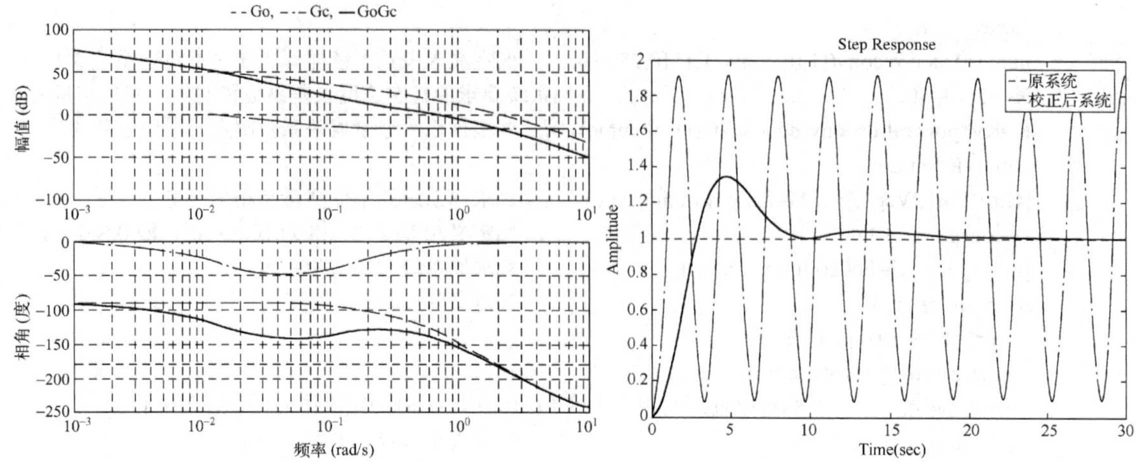

（a）超前校正装置及校正前后系统Bode图　（b）系统校正前后的单位阶跃响应曲线

图 6-29　例 6-11 系统

解　根据例 6-3 所求原系统的开环传递函数，利用下列语句

```
>>numo=10;deno=conv([1,0],conv([1,1],[0.5,1]));[Gm,Pm,Wcg,Wcp]=margin(numo,deno)
```

可得，原系统的幅值穿越频率 ω_c=2.4253rad/s；相角穿越频率 ω_g=1.4142rad/s；幅值裕量为 K_g=0.3= −10.4576dB；相角裕量γ= −28.0814° 。它们均不满足要求，为达到所要求的性能指标，根据频率法串联滞后-超前校正的设计步骤，编写以下 MATLAB 程序。

```
%ex6_12.m
numo=1;deno=conv([1,0],conv([1,1],[0.5,1]));  %定义未校正系统即原系统（不包含系数K）
Kv=10; r0=50;                                  %系统要求的稳态速度误差系数和期望的相角裕量r0
K=Kv*polyval(deconv(deno,conv([1,0],numo)),0); %根据已给速度误差系数确定原系统系数K
numo=K*numo;
[Gm1,Pm1,Wcg1,Wcp1]=margin(numo,deno);         %求原系统的幅值裕量和相角裕量
w=logspace(-2,2);                              %定义频率变化范围为10^-2～10^2，即0.01～100
[mag1,phase1]=bode(numo,deno,w);               %求原系统的幅值和相角
ii=find(abs(w-Wcg1)==min(abs(w-Wcg1)));
wc=Wcg1;            %将原系统的相角穿越频率作为校正后系统的幅值穿越频率ω'c
w1=wc/10;beta=10;                              %确定滞后校正部分的参数
numc1=[1,w1];denc1=[1,w1/beta];                %定义滞后校正部分的传递函数
w2=w1;                                         %定义超前校正部分的参数初值
mag(ii)=2;          %定义幅值初值，当w2=w1时，校正后系统在ω'c处的幅值必大于1
while(mag(ii)>1)    %利用校正后系统在ω'c处的幅值必为1确定超前校正部分的参数ω2
    numc2=[1,w2];denc2=[1,(w2*beta)];
    w2=w2+0.01;     %逐渐增加 w2 以使校正后系统在ω'c处的幅值调整为1
    [numc,denc]=series(numc1,denc1,numc2,denc2); %求校正装置的传递函数
    [numk,denk]=series(numc,denc,numo,deno);     %求校正后系统的传递函数
    [mag,phase]=bode(numk,denk,w);
end
printsys(numc1,denc1);                         %显示超前校正部分的传递函数
printsys(numc2,denc2);                         %显示滞后校正部分的传递函数
[Gm,Pm,Wcg,Wcp]=margin(numk,denk);             %求系统校正后的幅值裕量和相角裕量
```

```
[mag2,phase2]=bode(numc,denc,w);                    %求校正装置的幅值和相角
[mag,phase]=bode(numk,denk,w);                      %求校正后系统的幅值和相角
subplot(2,1,1);semilogx(w,20*log10(mag),w,20*log10(mag1),'--',w,20*log10(mag2),'-.');
grid;ylabel('幅值 (dB)');title('-- Go,     -. Gc,     __ GoGc');
subplot(2,1,2);semilogx(w,phase,w,phase1,'--', w,phase2,'-.', w,(w-180-w),':');
grid;ylabel('相角 (度)');xlabel('频率 (rad/sec)')
disp(['校正后：幅值穿越频率=',num2str(Wcp),'rad/sec,','相角穿越频率=',num2str(Wcg ),' rad/sec ']);
disp(['校正后：幅值裕量=',num2str(20*log10(Gm)),' dB,','相角裕量=',num2str(Pm),'°']);
figure;[num,den]=cloop(numk,denk);step(num,den);     %绘制系统校正后的单位阶跃响应
hold on;axis([0,30,0,1.5]);[num,den]=cloop(numo,deno);step(num,den,'-.'); %绘制原系统的单位阶跃响应
legend('校正后系统','原系统');
```

执行后可得如下滞后校正部分与超前校正部分的传递函数和系统校正后的性能指标及图 6-30 所示曲线。

```
num/den =                          num/den =
    s + 0.14142                        s + 0.53142
    ------------                       -----------
    s + 0.014142                       s + 5.3142
```

校正后：幅值穿越频率=1.3175rad/s，相角穿越频率=3.6027rad/s。

校正后：幅值裕量=13.7848dB，相角裕量=52.4219°。

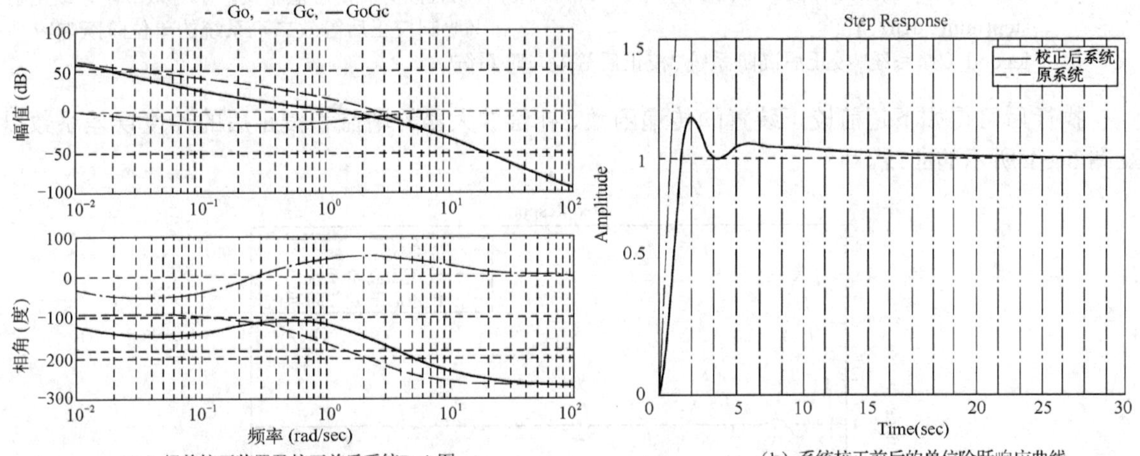

（a）超前校正装置及校正前后系统Bode图　　（b）系统校正前后的单位阶跃响应曲线

图 6-30　例 6-12 系统

由此可见，利用 MATLAB 所得结果与例 6-3 所求结果一致。

6.5.2　利用 MATLAB 实现根轨迹法的串联校正

1．根轨迹法串联超前校正

例 6-13　针对例 6-4 所给的系统和要求，试利用 MATLAB 采用根轨迹法确定串联超前校正装置，并画出系统校正前后的阶跃响应曲线。

解　根据根轨迹法串联超前校正的设计步骤和例 6-4 所给条件，编写以下 MATLAB 程序。

```
%ex6_13.m
numo=1200;deno=conv([1,0],conv([1,5],[1,20]));                %定义原系统（包含系数 k）
zeta=0.4;wn=15;Kv=12;                                          %要求的系统性能指标
s1=-zeta*wn+j*wn*sqrt(1-zeta^2);                               %系统期望的闭环主导极点
rlocus(numo, deno);sgrid(zeta,[]); hold on;                    %绘制原系统根轨迹
plot(-zeta*wn,wn*sqrt(1-zeta^2),'x');          %确定期望主导极点 s1 是否落在原系统根轨迹上
phic=180-(angle(polyval(numo,s1))-angle(polyval(deno,s1)))*180/pi;  %求超前校正应提供的超前角 φc
%phic=180-angle(polyval(numo,s1)/polyval(deno,s1))*180/pi;      %求超前校正应提供的超前角 φc
sita=atan(imag(s1)/abs(real(s1)))*180/pi;gama=(180-sita-phic)/2;
zc=-wn*sin(gama*pi/180)/sin((180-sita-gama)*pi/180);           %求超前校正装置的零点
pc=-wn*sin((gama+phic)*pi/180)/sin((180-sita-gama-phic)*pi/180);  %求超前校正装置的极点
alpha=abs(zc/pc);T=abs(1/zc);
numc=[1,-zc];denc=[1,-pc];printsys(numc,denc);     %求超前校正装置的传递函数
[numk,denk]=series(numc,denc,numo,deno);          %求校正后系统的开环传递函数（不含系数 Kc）
Kc=abs(polyval(denk,s1)/polyval(numk,s1))         %在新 s1 上根据幅值条件为 1 确定系数 Kc
numk=Kc*numk;                                     %将系统校正后的开环传递函数乘以系数 Kc
Kv=polyval(numk,0)/polyval(deconv(denk,[1,0]),0)          %系统校正后的速度误差系数
figure;[num,den]=cloop(numo,deno);step(num,den,'-.k');    %绘制原系统的单位阶跃响应
hold on;[num,den]=cloop(numk,denk);step(num,den);         %绘制系统校正后的单位阶跃响应
den2=conv([1,-s1],[1,-conj(s1)]); %根据希望的闭环主极点，定义系统校正后等效二阶系统的分母
num2=(polyval(num,0)/polyval(den,0))*polyval(den2,0);%由近似前后稳态值不变，求等效二阶系统增益
step(num2,den2,':r');                              %绘制校正后等效二阶系统的单位阶跃响应
legend（'原系统','校正后高阶系统','校正后等效二阶系统'）
```

执行后可得如下超前校正装置的传递函数、补偿放大器的增益和校正后的速度误差系数以及图 6-31 所示的曲线。

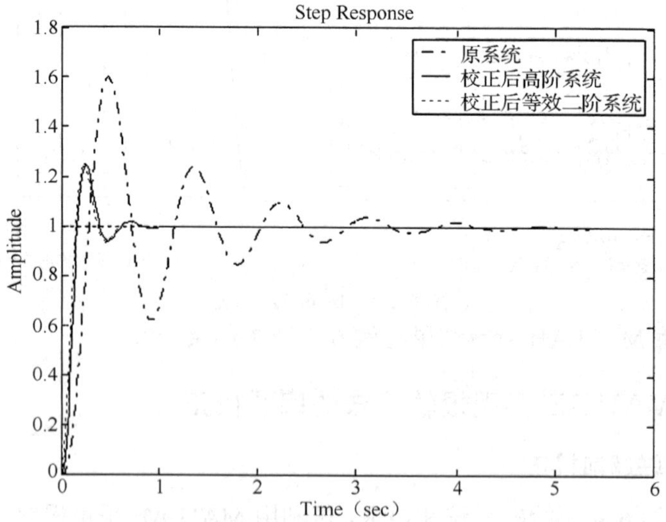

图 6-31　例 6-13 系统校正前后的单位阶跃响应曲线

```
num/den =
        s + 5.3041
```

```
    ---------------
    s + 42.4202
Kc =9.5609；   Kv = 14.3455
```

由此可见，利用 MATLAB 所得结果与例 6-4 所得结果一致。

2．根轨迹法串联滞后校正

例 6-14 针对例 6-5 所给的系统和要求，试利用 MATLAB 采用根轨迹法确定串联滞后校正装置，并画出系统校正前后的阶跃响应曲线。

解 根据根轨迹法串联滞后校正的设计步骤和例 6-5 所给条件，编写以下 MATLAB 程序。

```
%ex6_14.m
numo=1;deno=conv([1,0],conv([1,1],[1,5]));    %定义原系统（不包含系数 k）
zeta=0.45;Kv=7;                               %系统要求的阻尼比ζ和最小静态速度误差系数
rlocus(numo,deno);sgrid(zeta,[]);             %绘制原系统根轨迹和要求的阻尼比ζ射线
rlocfind(numo,deno);s1=-0.40+j*0.80;     %由原系统根轨迹与要求的ζ线的交点求希望的闭环主极点
k=abs(polyval(deno,s1)/polyval(numo,s1)); %在闭环极点上，根据幅值为 1 确定原系统根轨迹系数 k
Kv1=polyval(k*numo,0)/polyval(deconv(deno,[1,0]),0)  %原系统的静态速度误差系数
Kv/Kv1,beta=10;   %选取滞后校正的参数β应大于要求的误差系数与原系统的误差系数之比 Kv/Kv1
zc=-0.1;pc=zc/beta;T=1/abs(zc);                          %选取滞后校正装置的零点和极点
numc=[T,1];denc=[ beta*T,1];printsys(numc,denc);         %求滞后校正装置的传递函数
numo=k*numo;[numk,denk]=series(numc,denc,numo,deno);     %求系统校正后的开环传递函数
rlocus(numk,denk);sgrid(zeta,[]);       %绘制系统校正后的根轨迹和要求的ζ射线
rlocfind(numk,denk);s1=-0.36+j*0.72;    %由系统校正后根轨迹与要求的ζ线的交点求新的闭环极点
Kc=abs(polyval(denk,s1)/polyval(numk,s1))   %在新 s1 上，根据幅值条件为 1 确定串联放大器的增益
numk=Kc*numk;                                 %将系统校正后的开环传递函数乘以放大器的增益 Kc
Kv2=polyval(numk,0)/polyval(deconv(denk,[1,0]),0)        %系统校正后的速度误差系数
rlocus(numo,deno);sgrid(zeta,[]);hold on;rlocus(numk,denk);   %绘制系统校正前后的根轨迹
figure;[num,den]=cloop(numo,deno);step(num,den,'-.k');       %绘制原系统的单位阶跃响应
hold on;[num,den]=cloop(numk,denk);step(num,den);             %绘制系统校正后的单位阶跃响应
den2=conv([1,-s1],[1,-conj(s1)]);   %根据新希望的闭环主极点，定义系统校正后等效二阶系统的分母
num2=(polyval(num,0)/polyval(den,0))*polyval(den2,0);%由近似前后稳态值不变，求等效二阶系统增益
step(num2,den2,':r');                              %绘制校正后等效二阶系统的单位阶跃响应
legend('原系统','校正后高阶系统','校正后等效二阶系统');
```

执行后可得如下校正前后系统的静态速度误差系数、串联放大器的增益和滞后校正装置的传递函数以及图 6-32 所示的曲线。

```
Kv1=0.8352；Kv2=7.6159；Kc = 9.1184；
num/den =
        10 s + 1
      -----------
        100 s +1
```

由此可见，利用 MATLAB 所得结果与例 6-5 所得结果一致。

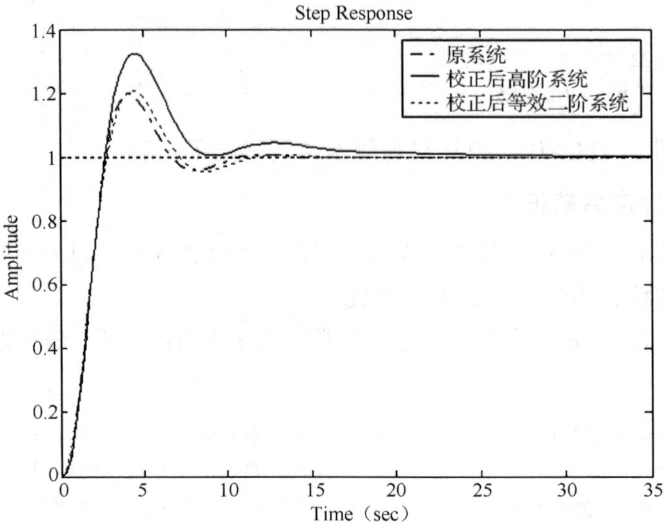

图 6-32　例 6-14 系统校正前后的单位阶跃响应曲线

3．根轨迹法串联滞后-超前校正

例 6-15　针对例 6-6 所给系统和要求，试利用 MATLAB 采用根轨迹法确定串联滞后-超前校正装置，并画出系统校正前后的阶跃响应曲线。

解　根据根轨迹法串联超前校正的设计步骤和例 6-6 所给条件，编写以下 MATLAB 程序。

```
%ex6_15.m
k=4;numo=k;deno=conv([1,0],[1,0.5]);                    %定义原系统（包含系数 k）
Kv1=polyval(numo,0)/polyval(deconv(deno,[1,0]),0)       %原系统的静态速度误差系数
zeta=0.5;wn=5;Kv=50;                                    %系统要求的性能指标
s1=-zeta*wn+j*wn*sqrt(1-zeta^2);                        %系统期望的闭环主导极点
phic=180-(angle(polyval(numo,s1))-angle(polyval(deno,s1)))*180/pi; %求超前校正应提供的超前角 φc
Kc=Kv*polyval(deconv(deno,conv([1,0],numo)),0)     %根据要求速度误差系数确定放大器的增益 Kc
beta=10;T2=2;            %选取超前校正部分 Gc2(s)的参数使|KcGc2(s1)Go(s1)|≈1, ∠Gc2(s1)=φc
[num,den]=series(Kc*[1,1/T2],[1,beta/T2], numo,deno);   %求 KcGc2(s)Go(s)的传递函数
K_s1=abs(polyval(num,s1)/polyval(den,s1));              %求 KcGc2(s)Go(s)在极点 s1 处的幅值
phic2=angle(polyval([1,1/T2],s1)/polyval([1, beta/T2],s1))*180/pi;   %超前校正部分在极点 s1 处的相角
T1=10;                   %选取滞后校正部分 Gc1(s)的参数使|Gc1(s1)|≈1, |∠Gc1(s1) |<3°
Kc1_s1=abs(polyval([1,1/T1],s1)/polyval([1,1/(beta*T1)],s1));        %滞后校正部分在 s1 处的幅值
phic1=angle(polyval([1,1/T1],s1)/polyval([1,1/(beta*T1)],s1))*180/pi; %滞后校正部分在 s1 处的相角
numc1=[1,1/T1];denc1=[1,1/(beta*T1)];printsys(numc1,denc1); %定义并显示滞后校正部分的传递函数
numc2=[1,1/T2];denc2=[1,beta/T2];printsys(numc2,denc2);     %定义并显示超前校正部分的传递函数
[numc,denc]=series(numc1,denc1,numc2,denc2);            %求校正装置的传递函数
[numk,denk]=series(numc,denc,numo,deno);                %求系统校正后的开环传递函数
numk=Kc*numk;                                     %将系统校正后开环传递函数乘以放大器增益 Kc
K_s1=abs(polyval(numk,s1)/polyval(denk,s1));      %系统校正后在极点 s1 处的幅值应为 1
phi=angle(polyval(numk,s1)/polyval(denk,s1))*180/pi; %系统校正后在极点 s1 处的相角应为±(2l+1)180°
Kv2=polyval(numk,0)/polyval(deconv(denk,[1,0]),0)       %系统校正后的速度误差系数
[num,den]=cloop(numo,deno);step(num,den,'-.k');         %绘制原系统的单位阶跃响应
hold on;[num,den]=cloop(numk,denk);step(num,den);       %绘制系统校正后的单位阶跃响应
```

```
den2=conv([1,-s1],[1,-conj(s1)]);     %根据希望的闭环主极点，定义系统校正后等效二阶系统的分母
num2=(polyval(num,0)/polyval(den,0))*polyval(den2,0);%由近似前后稳态值不变，求等效二阶系统增益
step(num2,den2,':r');                 %绘制系统校正后等效二阶系统的单位阶跃响应
legend('原系统','校正后高阶系统','校正后等效二阶系统');
```

执行后可得如下校正前后系统的静态速度误差系数、串联放大器的增益和滞后校正部分与超前校正部分的传递函数及如图 6-33 所示的曲线。

```
Kv1 =8；Kv2 =50；Kc =6.2500；
num/den =                    num/den =
          s + 0.1                      s + 0.5
          -----------                  --------
          s + 0.01                     s + 5
```

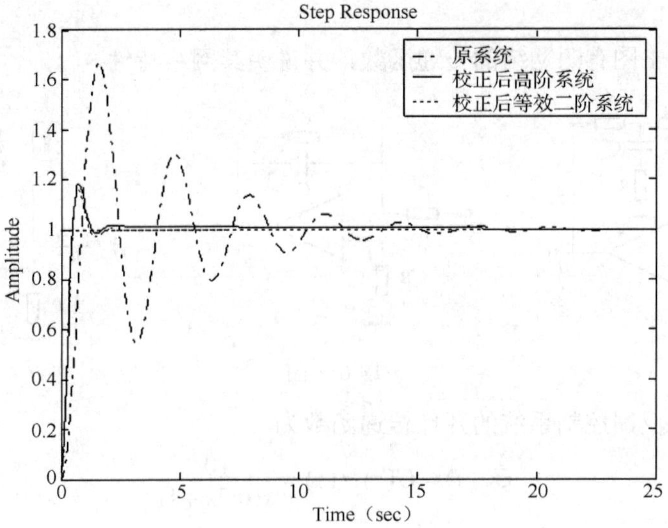

图 6-33　例 6-15 系统校正前后的单位阶跃响应曲线

由此可见，利用 MATLAB 所得结果与例 6-6 所求结果一致。

小　　结

在控制系统中常常需要通过增加附加装置来改善控制系统的性能，这种方法称为系统的设计或校正。校正装置的引入是解决系统动态性能和稳态性能相互矛盾的有效方法。本章主要介绍了系统的校正方式、校正装置的特性和校正系统的设计方法，要着重掌握以下内容：

（1）按校正装置附加在系统中的位置不同，系统校正分为串联校正、反馈校正和复合校正。根据串联校正装置特性的不同分为串联超前校正、串联滞后校正、串联滞后-超前校正。无论采用何种方法设计校正装置，实质上均表现为修改描述系统运动规律的数学模型。串联超前校正装置是通过其相位超前效应来获得所需的效果。应用串联滞后校正装置的目的，主要是利用其高频衰减特性。

（2）比例、微分和积分控制是线性系统的基本控制规律，将 PI、PD 和 PID 控制规律附加

在系统中，可以达到校正系统特性的目的。

（3）串联校正装置的设计比较简单，易于实现，因此在系统校正中被广泛应用。

（4）反馈校正以其独特的优点，可以取代不期望的特性，达到改善系统性能的目的。

（5）复合校正能很好处理系统中稳定性与稳态精度之间、抗干扰和系统跟踪之间的矛盾，使系统获得较好的动态和静态特性。

（6）校正装置分为有源和无源校正装置。由于运算放大器性能高、参数调整方便、价格便宜，故串联校正几乎全部采用有源校正装置。反馈校正的信号从高功率点传向低功率点，往往采用无源校正装置。

（7）利用 MATLAB 可以设计控制系统的校正装置。

习　　题

6-1　试求题 6-1 图有源网络的传递函数，并说明其网络特性。

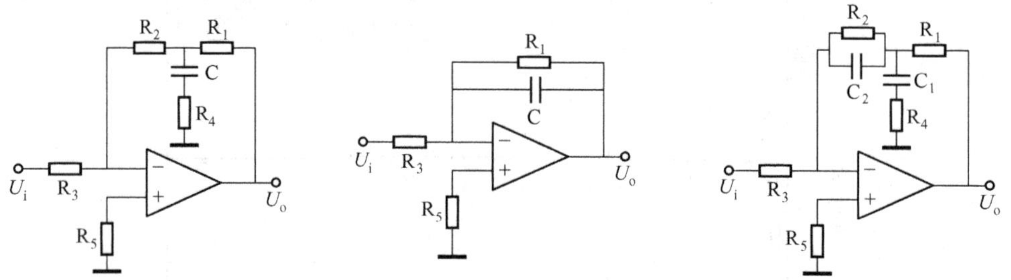

题 6-1 图

6-2　已知单位反馈控制系统的开环传递函数为

$$G_K(s)=G(s)H(s)=\frac{10}{s(0.2s+1)}$$

当串联校正装置的传递函数 $G_c(s)$ 为

（a）$G_c(s)=\dfrac{0.2s+1}{0.05s+1}$　　　　（b）$G_c(s)=\dfrac{2(s+1)}{10s+1}$

时，试完成：

（1）绘出两种校正装置在校正前和校正后系统的 Bode 图；

（2）比较两种校正方案的优缺点。

6-3　已知一单位反馈系统的开环传递函数为

$$G_K(s)=G(s)H(s)=\frac{200}{s(0.1s+1)}$$

试设计一超前校正装置，使系统的相角裕量 $\gamma\geqslant 45°$，幅值穿越频率 $\omega_c\geqslant 50\text{rad/s}$。

6-4　单位反馈系统的开环传递函数为

$$G_K(s)=G(s)H(s)=\frac{4}{s(2s+1)}$$

设计一串联滞后校正装置，使系统相角裕量 $\gamma\geqslant 40°$，并保持原有的开环增益。

6-5　设单位反馈系统的开环传递函数为

$$G_K(s)=G(s)H(s)=\frac{5}{s(0.1s+1)(0.25s+1)}$$

试设计一校正装置，使系统满足下列性能指标，静态速度误差系数 $K_V=5\text{rad/s}$，相角裕量 $\gamma\geqslant 40°$，幅值穿越频率 $\omega_c\geqslant 0.5\text{rad/s}$。

6-6　已知单位反馈系统的开环传递函数为

$$G_K(s)=G(s)H(s)=\frac{K}{s(s+1)}$$

试利用根轨迹法设计超前校正装置，使系统满足下列性能指标：$\zeta=0.7$，$t_s=1.4\text{s}$，$K_V=2s^{-1}$。

6-7　单位反馈系统的开环传递函数为：$G_K(s)=G(s)H(s)=\dfrac{K}{s(s+2)(s+4)}$，要求系统响应的最大超调量 $M_p\approx 16.3\%$，调整时间 $t_s\leqslant 4\text{s}$，开环增益 $K>1$，设计串联超前校正装置。

6-8　单位反馈系统的开环传递函数为：$G_K(s)=G(s)H(s)=\dfrac{K_1}{s(s+2)}$。要求：$\zeta=0.45$，$t_s\leqslant 5\text{s}$（现取 $t_s=4\text{s}$），$K_V>10$，试设计串联滞后校正装置。

6-9　单位反馈系统的开环传递函数为

$$G_K(s)=G(s)H(s)=\frac{10}{s(0.25s+1)(0.05s+1)}$$

若要求校正后系统的谐振峰值 $M_r=1.4$，谐振频率 $\omega_r\geqslant 10\text{rad/s}$，试确定校正装置的形式与参数。

6-10　已知单位反馈系统的开环传递函数为

$$G_K(s)=G(s)H(s)=\frac{K}{s(Ts+1)}$$

要求串联校正可以消除该系统跟踪匀速输入信号时的稳态误差，试设计串联校正环节。

6-11　单位反馈系统的结构如题 6-11 图所示，现用速度反馈来校正系统，校正后系统具有临界阻尼比 $\zeta=1$，试确定校正装置参数 K_t。

6-12　已知系统如题 6-12 图所示，要求闭环回路的阶跃响应无阻尼，并且系统跟踪斜坡信号时无稳态误差，试确定 K 值及前馈校正装置 $G_c(s)$。

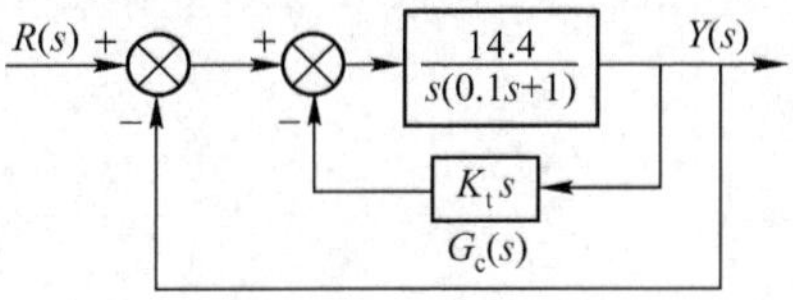

题 6-11 图

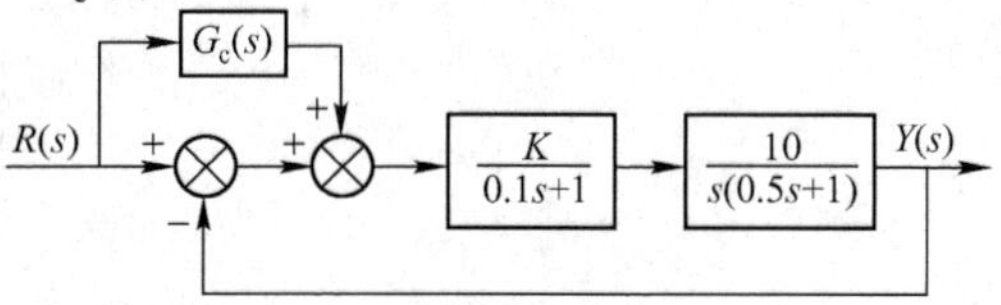

题 6-12 图

6-13 已知系统如题 6-13 图所示，试确定 $G_{1c}(s)$ 和 $G_{2c}(s)$ 使系统输出量完全不受干扰信号 $n(t)$ 的影响，且单位阶跃响应的超调量等于 25%，峰值时间等于 2s。其中，$G_1(s)=K$，$G_2(s)=\dfrac{1}{s^2}$。

6-14　如题 6-14 图所示，试采用串联校正和复合控制两种方法，消除系统跟踪斜坡信号时的稳态误差，分别计算出校正装置的传递函数。

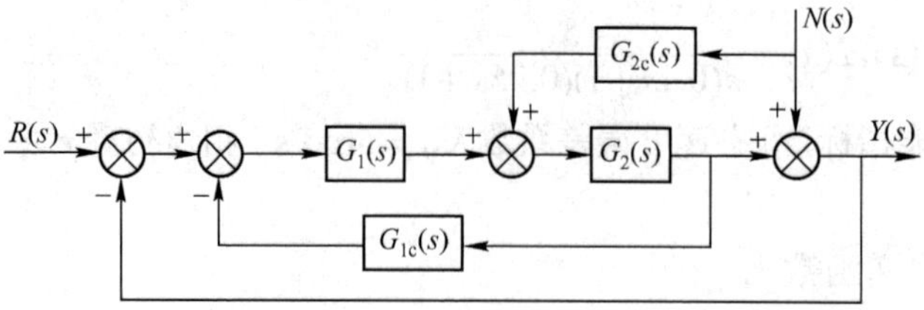

题 6-13 图

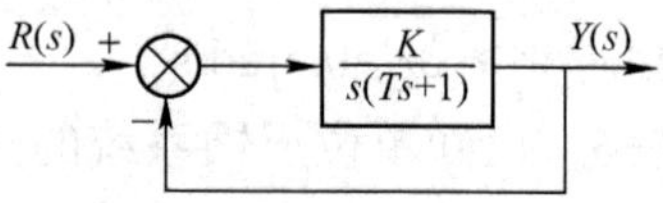

题 6-14 图

第7章 非线性控制系统的分析

严格地讲，所有实际物理系统都是非线性的，只是非线性的程度不同而已。为了分析或求解上的方便，往往用线性方程近似。例如，第 2 章将系统中的非线性特性用平衡点附近的增量进行线性化处理，把系统近似当作线性系统来分析。一般来说，这种方法对于系统中非线性程度较低，或信号变化范围不大的情况，或仅对系统做近似分析是行之有效的。但是，当系统中非线性程度比较严重，或输入信号变化范围较大（如电动机启动制动）时，采用线性化方法来研究系统动态特性就出现很大缺陷，此时必须考虑非线性本质才能得到符合实际的结果。因此，建立非线性系统数学模型、寻求非线性系统的研究方法是很有必要的。另外，在非线性系统研究中，人们发现如果在系统中适当地接入非线性元件，能更有效地改善控制系统的性能。

7.1 非线性控制系统的基础知识

7.1.1 非线性系统的特点

非线性系统与线性系统相比，其稳态和动态特性有着显著的差别，在研究非线性系统之前了解非线性系统的特点是非常必要的。

1. 瞬态响应

在线性系统中瞬态响应过程曲线的形状与输入信号大小无关，与初始条件无关。输入信号的幅值只会使响应曲线的幅值成比例地变化，初始条件的不同也仅影响响应曲线的起始位置，而不改变它的形状。

而在非线性系统中瞬态响应曲线的形状却与输入信号大小、初始条件有密切的关系。图 7-1（a）表示同一个非线性系统对不同幅值阶跃信号的响应。当输入阶跃信号幅值为 1 时响应为衰减振荡型，当输入阶跃信号幅值为 2 时响应为等幅振荡型，显然瞬态响应是截然不同的。即使形式相同，而最大超调量 M_p、过渡过程时间 t_s 等指标也不相同，如图 7-1（b）所示。因此，叠加原理不适用于非线性系统。

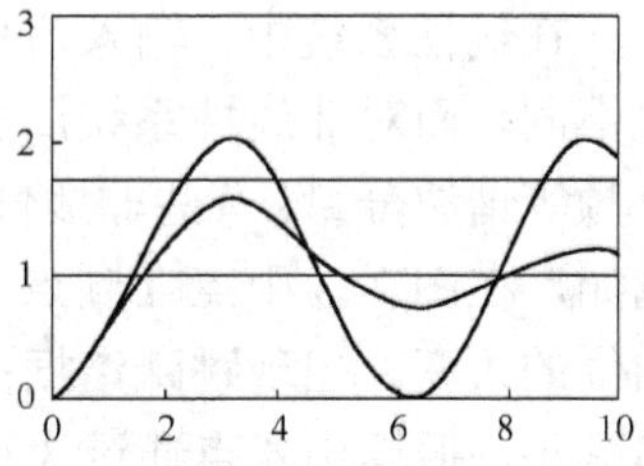

（a）不同幅值的阶跃响应

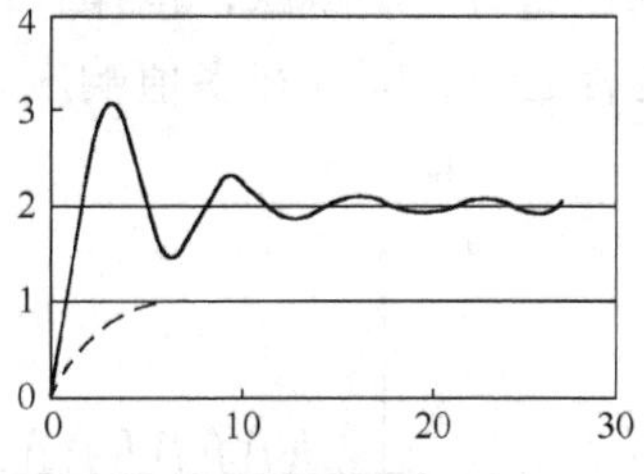

（b）不同幅值的动态过程

图 7-1 非线性系统瞬态响应曲线

2．稳定性

线性系统的稳定性仅取决于系统的结构和参数，而和输入信号大小、初始状态无关。而非线性系统的稳定性，除了和系统结构、参数有关外，还与初始状态及输入信号大小有密切关系，这一点是十分重要的。如在小偏差信号下，系统稳定；而大偏差时，系统可能不稳定。

例如，某非线性系统的方程为

$$\ddot{x}+2\dot{x}+(1-x)x=0 \tag{7-1}$$

式中，x 项的系数是（$1-x$），它与变量 x 有关。

当起始偏差 $x_0 \leqslant 1$ 时，式（7-1）的特征根位于根平面的左半平面，系统稳定，动态过程随时间衰减；而当 $x_0 \geqslant 1$ 时，式（7-1）有位于根平面右半平面的特征根，系统不稳定，动态响应随时间发散。

由此可看出，对非线性系统不能笼统地说稳定与不稳定，而必须指明是在什么条件、什么范围下稳定。

3．自持振荡（自激振荡）

线性系统在输入信号作用下才有输出，输出响应有稳定和不稳定两种形式。（临界状态的等幅振荡状态难以持久，稍有干扰等幅振荡便不复存在）。

而在非线性系统中，除了稳定和不稳定运动形式外，还有一个重要特征，就是系统有可能发生自持振荡。所谓自持振荡，是指在没有周期信号作用下，由系统结构和参数所确定的一种具有固定频率和振幅的振荡状态，通常是一种非正弦的周期振荡，如图 7-2 所示。

非线性系统中的自持振荡不同于线性系统中临界状态的等幅振荡过程，它可在一定范围内长期存在，不会由于一定范围内的扰动而消失。另外，自持振荡的幅值不受初始偏差变化的影响。

在很多情况下，自持振荡有着我们所不希望的、极大的破坏作用；但有时又可利用自持振荡来改善系统的性能。

4．多值响应和跳跃谐振

在线性系统中，输入信号为正弦信号时，系统输出是同频率的正弦信号，仅仅是幅值和相位不同。而对非线性系统，在正弦信号作用下系统的响应，其组成很复杂，常常包含有倍频、分频等谐波分量；有些非线性系统当输入信号的频率由低频端开始增加时，输出的幅值也增加。例如，在图 7-3 中点 1 到点 2，若频率继续增加，将引起从点 2 到点 3 的跳跃，并伴有振幅和相位的改变，出现跳跃谐振；当频率再增加时，输出振幅由点 3 到点 4。若换一个方向，即频率减小，振幅由 4 点通过 3 点逐渐增大，直到点 5 为止；当频率继续减小时，将引起从点 5 到点 6 的另一个跳跃，也伴有振幅和相位的改变。另外，在这个频率范围内，稳定与振荡可能是两者之一，即存在多值响应。

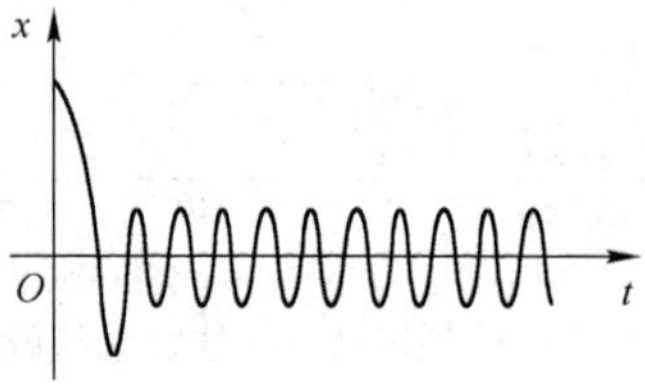

图 7-2　非线性系统的自持振荡

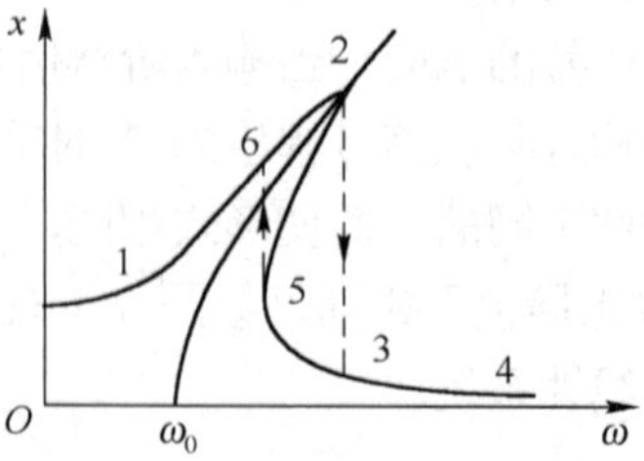

图 7-3　跳跃谐振和多值响应

7.1.2　常见的非线性特性

1．死区（不灵敏区）特性

一般运动机构都不同程度地存在不灵敏区。例如，电动机，由于轴上存在着摩擦力矩，只有在电枢电压达到一定数值后电动机才会转动。这种在输入信号比较小时没输出，只有在输入量超过一定值后才有输出的特性称为死区（不灵敏区）非线性特性，如图 7-4 所示。

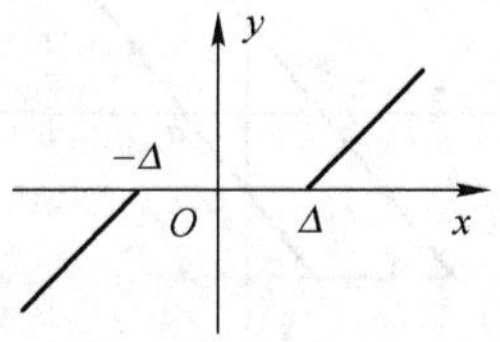

图 7-4　死区特性曲线

死区特性的数学表达式为

$$y=\begin{cases}k(x-\Delta) & x>\Delta\\ 0 & |x|\leqslant\Delta\\ k(x+\Delta) & x<-\Delta\end{cases}$$

式中，x 表示输入；y 表示输出；Δ表示死区；$-\Delta<x<\Delta$的区域叫做不灵敏区或死区。

死区特性的存在，一方面导致系统稳态误差的增大和跟踪精度的降低，另一方面提高了抗干扰能力。

2．饱和特性

实际放大器只能在一定的输入范围内保持输出和输入之间的线性关系，当输入信号超过某一范围后，环节输出信号不再随输入信号而变化仍保持某一常值。典型饱和特性曲线如图 7-5 所示。

饱和特性的数学表达式为

$$y=\begin{cases}M & x>a\\ kx & |x|\leqslant a\\ -M & x<-a\end{cases}$$

从饱和非线性特性曲线可看出：当$|x|\leqslant a$时，环节的等效增益为常值 k；而当$|x|\geqslant a$时，输出饱和，等效增益随输入信号的增大逐渐减小，增益曲线如图 7-6 所示。

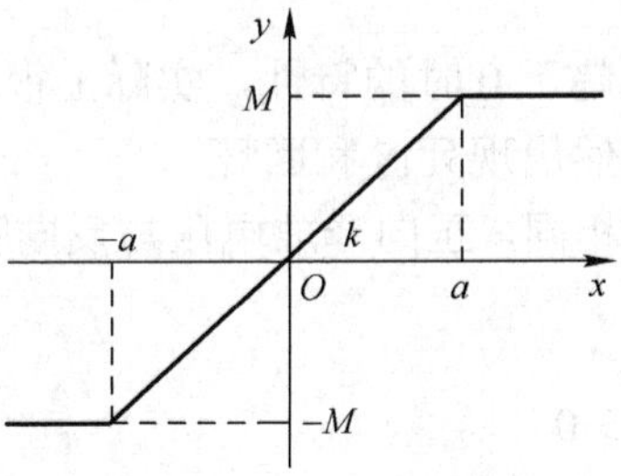

图 7-5　饱和特性曲线

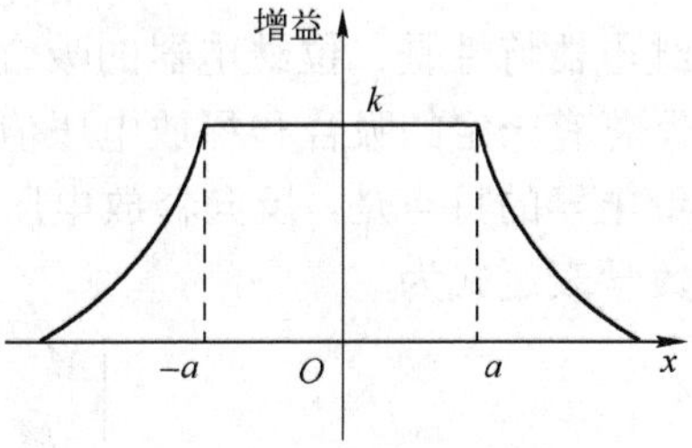

图 7-6　饱和特性的等效增益曲线

饱和特性的存在，将使系统开环增益有所降低，对系统的稳定性有利。特别是对起始偏差较大的系统，最终可能稳定，最坏情况是自持振荡，而不会造成不稳定状态。

许多实际环节都呈现出饱和特性，如磁饱和；还有，运动范围由于受到能源、功率等条件的限制，也都有饱和非线性特性。有时，工程上还人为引入饱和非线性特性，以限制过载。

3．间隙特性

机械传动中，由于加工精度的限制及运动件相互配合的需要，总会有间隙存在。例如，齿

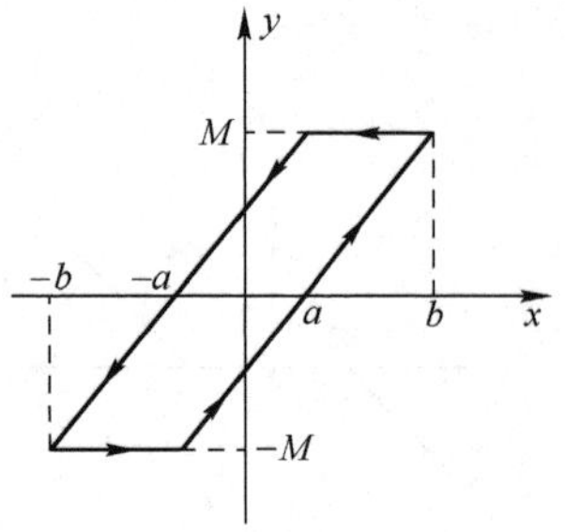

图 7-7　间隙非线性特性曲线

轮传动、丝杆螺母传动、链轮传动等往往存在间隙。即使在精密数控机床中采用双齿轮等措施消除了静态间隙，但施加负载后仍然会出现间隙。间隙非线性特性曲线如图 7-7 所示。

间隙特性的数学表达式为

$$y=\begin{cases}k[x-a] & \dot{y}>0\\ k[x+a] & \dot{y}<0\\ M\ \mathrm{sign}\,x & \dot{y}=0\end{cases}$$

当系统中包含有间隙特性时，对系统的影响是：降低了系统精度，增大了系统的静差；再者加剧了系统动态响应的振荡，使系统稳定性变坏。

4．继电器特性

继电器特性的常见形式如图 7-8 所示，其中（a）为理想继电器特性，（b）为回环继电器特性，（c）为具有死区的继电器特性，（d）为兼有死区和回环的继电器特性。

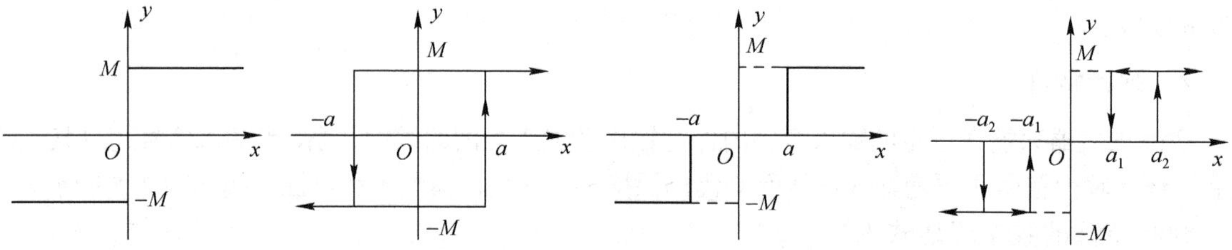

（a）理想继电器特性　（b）回环继电器特性　（c）具有死区的继电器特性　（d）兼有死区和回环的继电器特性

图 7-8　继电器特性常见形式

理想继电器特性的数学表达式为

$$y=\begin{cases}M & x\geqslant 0^{+}\\ -M & x\leqslant 0^{-}\end{cases}$$

理想继电器特性是二位继电器的吸合电压和释放电压趋于 0 时的特性，实际上很难实现。一般继电器总有一定的吸合和释放电压值，所以其特性必然出现死区和回环。

回环继电器的特点是，反向释放电压与正向吸合电压相同，正向释放电压与反向吸合电压相同。其数学表达式为

$$y=\begin{cases}\left.\begin{matrix}M & x>a\\ -M & x<a\end{matrix}\right\}\text{且}\dot{x}>0\\ \left.\begin{matrix}M & x>-a\\ -M & x<-a\end{matrix}\right\}\text{且}\dot{x}<0\end{cases}$$

具有死区的三位继电器特性的数学表达式为

$$y=\begin{cases}0 & |x|\leqslant a\\ M & x>a\\ -M & x<-a\end{cases}$$

兼有死区和回环继电器特性的数学表达式为

$$y=\begin{cases}\left.\begin{array}{ll}-M & x\leqslant -a_1\\ 0 & -a_1<x\leqslant a_2\\ M & x>a_2\end{array}\right\}\dot{x}>0\\ \left.\begin{array}{ll}-M & x<-a_2\\ 0 & -a_2<x\leqslant a_1\\ M & x\geqslant a_1\end{array}\right\}\dot{x}<0\end{cases}$$

继电器特性使系统在输入超过某一值时，输出发生跃变。另外，继电器特性的存在会使系统发生自持振荡，增大系统的稳态误差。

7.1.3　非线性系统的分析方法

由于非线性系统的复杂性和特殊性，使得非线性问题的求解非常困难。有关线性系统中的分析方法（如叠加原理、时域分析法、复域分析法、频域分析法、代数稳定判据等），在非线性系统中都不能应用。到目前为止，对于非线性系统的研究还没有形成一个通用的方法。虽然有一些针对特定非线性问题的系统分析方法，如相平面分析法和描述函数分析法，但它们的适用范围都有限。用计算机直接求解非线性微分方程，以数值解形式进行仿真研究，是分析和设计复杂非线性系统的有效方法。当前，随着计算机技术的发展，计算机仿真已成为研究非线性系统的重要手段。本章将着重介绍相平面分析法和描述函数分析法。

7.2　相平面分析法

相平面分析法（简称相平面法）是庞加莱（Poincare.H）于 1885 年首先提出来的，它是一种用于求解二阶线性或非线性系统的图解方法。相平面分析法的主要工作是画相平面上的相轨迹图，有了相轨迹图，就可以在相平面上分析系统的稳定性、时间响应特性、稳态精度以及初始条件和参数对系统性能的影响等。

7.2.1　相平面概述

1．基本概念

设一个二阶系统可以用下列微分方程描述：

$$\ddot{x}+f(x,\dot{x})=0$$

式中，$f(x,\dot{x})$ 是 x 和 $\dot{x}$ 的线性函数或非线性函数。描述该系统特性必须有两个变量 x 和 $\dot{x}$，即系统在某一初始状态 $[x(0),\dot{x}(0)]$ 下的解可由 $x(t)$、$\dot{x}(t)$ 两张曲线图来表示，如图 7-9（b）和（c）所示；也可以将时间 t 作为参变量，用 $x(t)$ 和 $\dot{x}(t)$ 的关系曲线来表示，如图 7-9（a）所示。

（1）相平面、相点和相轨迹

将 $x(t)$ 和 $\dot{x}(t)$ 为状态构成的坐标平面称为相平面，如图 7-9（a）所示。相平面上的点称为相点，如 $A(x,\dot{x})$。当 t 变化时，由某一初始状态出发在相平面上描绘出的曲线称为相平面轨迹，简称相轨迹。

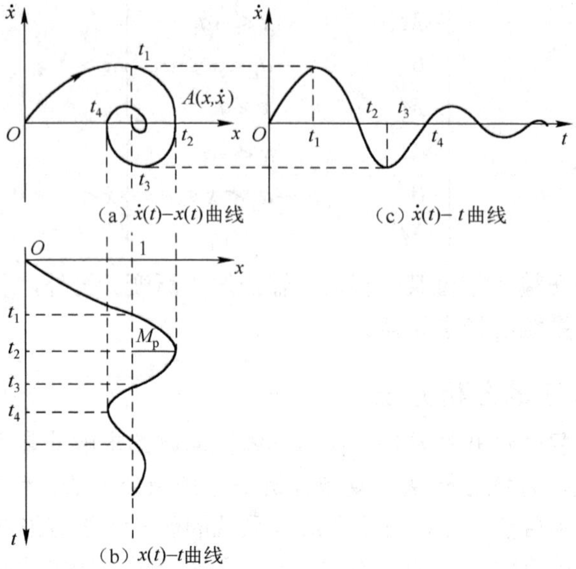

图 7-9　$\dot{x}(t)-x(t)$曲线、$x(t)-t$ 曲线及 $\dot{x}(t)-t$ 曲线

（2）相图、相平面分析法

不同初始状态下构成的相轨迹，称为相轨迹簇。由相轨迹簇构成的图称为相平面图，简称相图。由相平面图分析系统的方法，称为相平面分析法（又称相轨迹分析法）。

相平面图能给出二阶系统相轨迹的清晰图像，但要作出三阶或三阶以上系统的相轨迹比较困难，甚至是不可能的。但是从分析非线性因素对二阶系统响应的影响中得到的结果，对于分析具有同样非线性因素的高阶系统的动态过程是很有用的。

（3）相轨迹方程

对于一个二阶系统，其微分方程为

$$\ddot{x}+f(x,\dot{x})=0 \tag{7-2}$$

式中，$f(x,\dot{x})$ 是 x 和 $\dot{x}$ 的线性或非线性函数。

根据相平面的定义，令

$$\begin{cases} x_1 = x \\ x_2 = \dot{x} \end{cases} \tag{7-3}$$

则由式（7-2）和式（7-3），系统在新变量下可变成两个一阶微分方程，即

$$\begin{cases} \dot{x}_1 = x_2 \\ \dot{x}_2 = -f(x_1,x_2) \end{cases} \tag{7-4}$$

式（7-4）的一般形式为

$$\begin{cases} \dot{x}_1 = f_1(x_1,x_2) \\ \dot{x}_2 = f_2(x_1,x_2) \end{cases} \tag{7-5}$$

从方程中消去时间变量 t，可得到

$$\frac{\mathrm{d}x_2}{\mathrm{d}x_1}=\frac{f_2(x_1,x_2)}{f_1(x_1,x_2)} \tag{7-6}$$

式（7-6）是关于 x_1 和 x_2 的一阶微分方程，该方程给出了相轨迹上通过点 (x_1,x_2) 的切线的斜率。一般情况下，相轨迹不相交。对任一相点 (x_1,x_2)，通过该点相轨迹的斜率由上式唯一确定，所以不同初始状态下的相轨迹是不会相交的。

求解方程式（7-5）或式（7-6），就可得相轨迹方程，即

$$x_2=g(x_1)$$

它表示了相平面上的一条曲线，并且反映了点沿曲线的运动情况，该曲线就为相轨迹。

（4）相轨迹的性质

在相平面的上半平面中，$\dot{x}>0$，相轨迹点沿相轨迹向 x 轴正方向移动，所以上半部分相轨迹箭头向右；同理，下半相平面 $\dot{x}<0$，相轨迹箭头向左。总之，当相轨迹围绕原点旋转时，相轨迹点在相轨迹上总是按顺时针方向运动。当相轨迹穿越 x 轴时，与 x 轴交点处有 $\dot{x}=0$，因此，相轨迹总是以 $\pm 90^{\circ}$ 方向通过 x 轴的。

（5）平衡点或奇点

由式（7-3）知，若 x 为位移，则 $\dot{x}_1=f_1(x_1,x_2)$ 为速度，$\dot{x}_2=f_2(x_1,x_2)$ 为加速度。对所有 $t>t_0$ 时刻都满足

$$\begin{cases}f_1(x_{10},x_{20})=0\\ f_2(x_{10},x_{20})=0\end{cases} \tag{7-7}$$

的状态点（相点）(x_{10},x_{20})，称为 t_0 时刻的一个平衡点，即速度和加速度均为零的点。

在相轨迹上满足条件

$$\frac{\mathrm{d}x_2}{\mathrm{d}x_1}=\frac{0}{0}$$

的不定值的相点称为奇点。

由式（7-7）可知奇点就是平衡点，是系统平衡状态相平面上的点。此时系统的速度和加速度均为零。与普通点不同，奇点可能有无数条相轨迹趋近或离开，或者连一条也没有。解的唯一性不适合于奇点。

2. 线性二阶系统的相轨迹图

对于线性二阶系统，其齐次微分方程为

$$\ddot{x}+2\zeta\omega_{\mathrm{n}}\dot{x}+\omega_{\mathrm{n}}{}^2x=0 \tag{7-8}$$

令 $\begin{cases}x_1=x\\ x_2=\dot{x}\end{cases}$，则由式（7-8）可得

$$\begin{cases}\dot{x}_1=x_2\\ \dot{x}_2=-\omega_n{}^2x_1-2\zeta\omega_n x_2\end{cases} \tag{7-9}$$

或

$$\begin{bmatrix}\dot{x}_1\\ \dot{x}_2\end{bmatrix}=\begin{bmatrix}0 & 1\\ -\omega_n{}^2 & -2\zeta\omega_n\end{bmatrix}\cdot\begin{bmatrix}x_1\\ x_2\end{bmatrix}$$

经线性变换 $x=Py$ 后，在 y_1-y_2 坐标系中具有下列规范方程：

$$\begin{bmatrix}\dot{y}_1\\ \dot{y}_2\end{bmatrix}=\begin{bmatrix}\lambda_1 & 0\\ 0 & \lambda_2\end{bmatrix}\cdot\begin{bmatrix}y_1\\ y_2\end{bmatrix}$$

得相轨迹方程

$$\begin{cases}\dot{y}_1=\lambda_1 y_1\\ \dot{y}_2=\lambda_2 y_2\end{cases}$$

和相轨迹的斜率

$$\frac{\mathrm{d}y_2}{\mathrm{d}y_1}=\frac{\lambda_2 y_2}{\lambda_1 y_1} \tag{7-10}$$

系统在 y_1-y_2 坐标系中的平衡点（奇点）为(0，0)。

下面分 6 种情况来进行讨论：

（1）特征根为一对纯虚根：$\lambda_{1,2}=\pm \mathrm{j}\omega$，即 $\zeta=0$。

由式（7-9）得

$$\frac{\mathrm{d}x_2}{\mathrm{d}x_1}=\frac{-\omega_n{}^2 x_1}{x_2} \quad 或 \quad \omega_n^2 x_1\,\mathrm{d}x_1+x_2\,\mathrm{d}x_2=0$$

对上式积分整理得相轨迹方程：

$$\omega_n^2 x_1{}^2+x_2{}^2=C$$

式中，C 为由初始条件决定的常数值。

此时系统处于等幅振荡，系统处于无阻尼运动状态。在 x_1-x_2 坐标系中，相轨迹为一簇围绕奇点的椭圆曲线，这种奇点称为中心点，如图 7-10 所示。

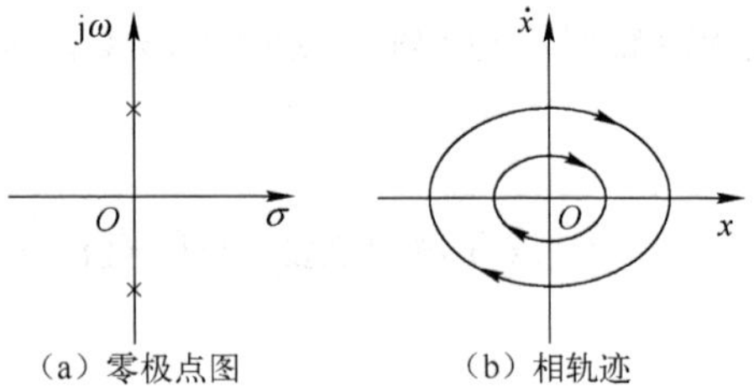

图 7-10　中心点相图

（2）特征根为一对符号相反的实根：$\lambda_1<0<\lambda_2$。

由式（7-10）得

$$\frac{\mathrm{d}y_2}{y_2}=\frac{\lambda_2}{\lambda_1}\frac{\mathrm{d}y_1}{y_1}$$

积分得

$$\ln y_2=\frac{\lambda_2}{\lambda_1}\ln y_1+C',$$

从而得相轨迹方程

$$y_2 y_1^{\left|\frac{\lambda_2}{\lambda_1}\right|}=C——双曲线$$

由此可见，在 $y_1—y_2$ 坐标系中，系统在不同初始条件下的相轨迹是双曲线。由于相轨迹呈鞍形，中心是奇点，这种奇点称为鞍点，系统是不稳定的。变换到 $x_1—x_2$ 坐标系中的相轨迹是扭曲的双曲线，如图 7-11 所示。

相轨迹存在的两条特殊的相轨迹，其斜率分别为 $k_1=\lambda_1$ 和 $k_2=\lambda_2$，同时它们又是其他相轨迹的渐近线。此外作为相平面的分割线，还将相平面划分为四个具有不同运动状态的区域。

当初始值位于斜率为 k_2 的直线上时，系统的运动将趋于原点，但只要受到极其微小的扰动，系统的运动将偏离该相轨迹，并最终沿着斜率为 k_1 的相轨迹的方向发散至无穷。所以此二阶系统的运动是不稳定的。

（3）特征根为两互异负实根：$\lambda_2<\lambda_1<0$，即 $\zeta>1$。

由式（7-10）得相轨迹方程：

$$y_2=Cy_1^{\frac{\lambda_2}{\lambda_1}}——抛物线$$

此时的相轨迹在 $y_1—y_2$ 坐标系中是一簇通过原点的抛物线。系统处于过阻尼运动状态，暂态响应随时间非周期性地衰减。由于相平面内的轨迹簇无振荡地收敛于奇点，这种奇点称为稳定节点，对应相轨迹为收敛的抛物线。变换到 x_1—x_2 坐标系中的相轨迹是扭曲的抛物线，如图7-12 所示。

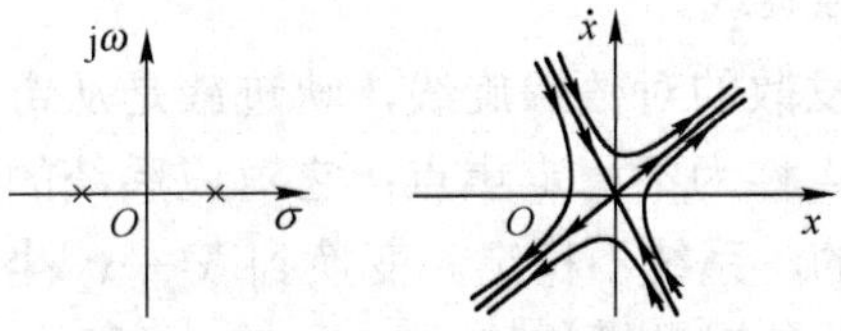

（a）零极点图　（b）相轨迹

图 7-11　鞍点相图

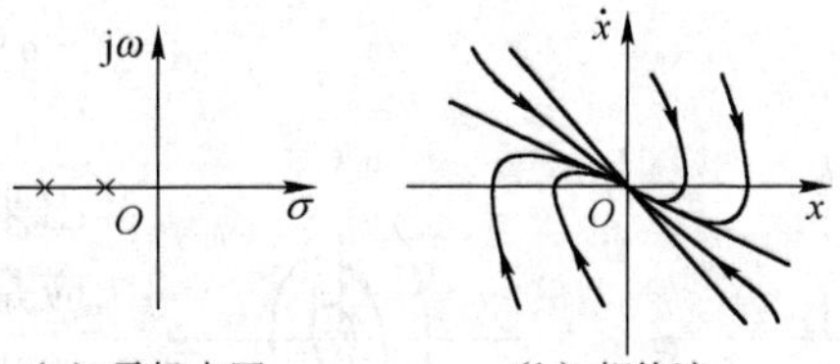

（a）零极点图　（b）相轨迹

图 7-12　稳定节点相图

（4）特征根为两正实根：$0<\lambda_2<\lambda_1$。

由式（7-10）得相轨迹方程：

$$y_1 = C y_2^{\frac{\lambda_1}{\lambda_2}} \text{——抛物线}$$

此时的相轨迹在 y_1—y_2 坐标系中也是一簇通过原点的抛物线。当特征根为两个正实根时，对应系统暂态响应是非周期发散的。相轨迹为发散型抛物线，相轨迹族直接从奇点发散出来，这种奇点称为不稳定节点。变换到 x_1—x_2 坐标系中的相轨迹是扭曲的抛物线，如图 7-13 所示。

（5）特征根为一对实部为负的共扼复根：$\lambda_{1,2}=-\sigma\pm \mathrm{j}\omega$。

由式（7-10）得

$$\begin{bmatrix}\dot{y}_1\\ \dot{y}_2\end{bmatrix}=\begin{bmatrix}-\sigma+\mathrm{j}\omega & 0\\ 0 & -\sigma-\mathrm{j}\omega\end{bmatrix}\begin{bmatrix}y_1\\ y_2\end{bmatrix}$$

令

$$\begin{bmatrix}\dot{z}_1\\ \dot{z}_2\end{bmatrix}=\begin{bmatrix}\frac{1}{2} & -\mathrm{j}\frac{1}{2}\\ \frac{1}{2} & \mathrm{j}\frac{1}{2}\end{bmatrix}\begin{bmatrix}y_1\\ y_2\end{bmatrix}$$

则

$$\begin{bmatrix}\dot{z}_1\\ \dot{z}_2\end{bmatrix}=\begin{bmatrix}-\sigma & \omega\\ -\omega & -\sigma\end{bmatrix}\begin{bmatrix}y_1\\ y_2\end{bmatrix}$$

得相轨迹方程

$$r = r_0 \mathrm{e}^{\frac{\sigma}{\omega}\theta} \text{——螺旋线}$$

式中，$r=\sqrt{{z_1}^2+{z_2}^2}, \theta=\arctan\dfrac{z_2}{z_1}$。

其相轨迹为对数螺旋线，轨迹簇收敛于奇点，这种奇点称稳定焦点。系统稳定，其响应为衰减振荡。变换到 x_1—x_2 坐标系中的相轨迹是扭曲的对数螺旋线，如图 7-14 所示。

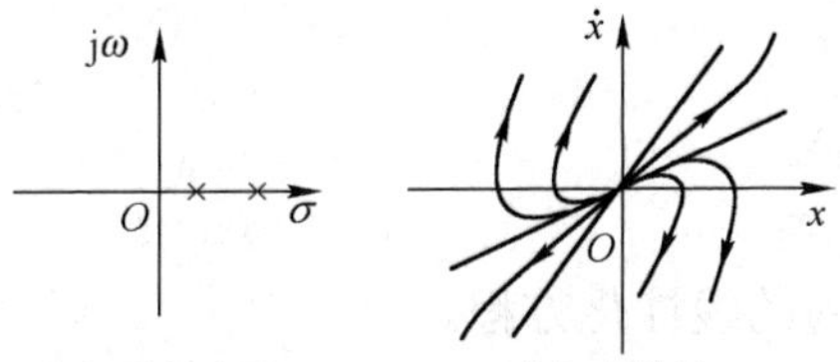

（a）零极点图　（b）相轨迹

图 7-13　不稳定节点相图

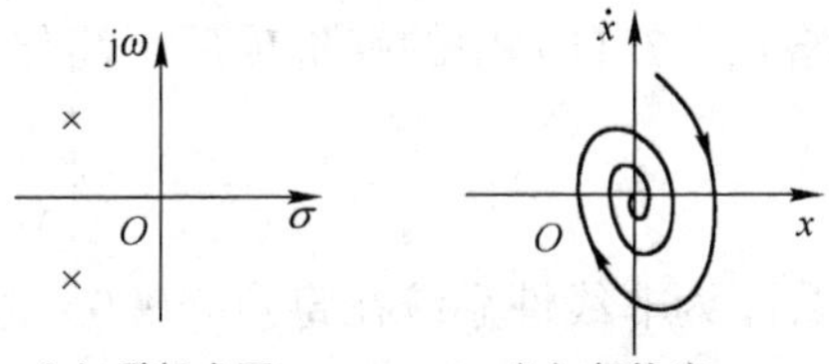

（a）零极点图　（b）相轨迹

图 7-14　稳定焦点相图

（6）特征根为一对实部为正的共扼复根：$\lambda_{1,2}=\sigma\pm \mathrm{j}\omega$。

由式（7-10）得相轨迹方程

$$r=r_0\,\mathrm{e}^{-\left(\frac{\sigma}{\omega}\right)\theta}\text{——螺旋线}$$

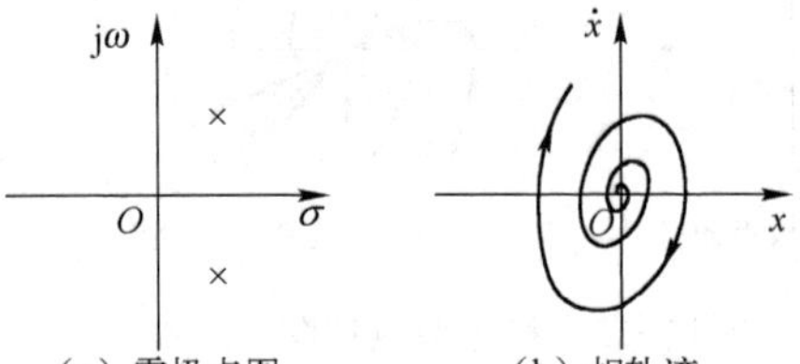

图 7-15　不稳定焦点相图

相轨迹为发散的对数螺旋线，轨迹簇是从奇点发散出来的，该奇点称为不稳定焦点；它对应系统的暂态响应是发散振荡的，系统不稳定。变换到 x_1—x_2 坐标系中的相轨迹是扭曲的对数螺旋线，如图 7-15 所示。

线性二阶系统的相轨迹图和奇点的性质由系统本身的结构和参数决定，而与初始状态无关。不同的初始状态在相平面上形成一组几何形状相似的相轨迹，而不改变相轨迹的性质。不同初始状态决定的相轨迹不会相交，可能有部分重合。只有在奇点处，才能有无数条相轨迹逼近或离开它。不会形成在全部时间内有定义的孤立封闭曲线形状的相轨迹。

3．非线性系统的相轨迹图

对于非线性系统，描述二阶非线性系统的微分方程为

$$\begin{cases}\dot{x}_1=f_1(x_1,x_2)\\ \dot{x}_2=f_2(x_1,x_2)\end{cases}$$

式中，$f_1(x_1,x_2)$ 和 $f_2(x_1,x_2)$ 是 x_1,x_2 的非线性函数。而

$$\begin{cases}f_1(x_1,x_2)=0\\ f_2(x_1,x_2)=0\end{cases}$$

表示的两曲线的交点就是非线性系统的平衡点（奇点），非线性系统的奇点往往不止一个。对于非线性系统，奇点类型与相轨迹的类型仅适用于奇点附近的区域。整个系统的相平面图就可能由几个不同类型的相轨迹组成，各类相轨迹并不是彼此弧立地存在于区域内的，而是既相对独立又有着联系，成为一完整的曲线。

对非线性系统奇点性质的分析，是采用小范围线性化方法求出奇点附近的线性化方程，进而分析系统奇点性质和相轨迹。

假设奇点在坐标原点，将 $f_1(x_1,x_2)$ 和 $f_2(x_1,x_2)$ 在奇点附近展开成泰勒级数，得

$$\begin{cases}\dot{x}_1=f_1(x_1,x_2)=\left.\dfrac{\partial f_1}{\partial x_1}\right|_{\substack{x_1=0\\x_2=0}}x_1+\left.\dfrac{\partial f_1}{\partial x_2}\right|_{\substack{x_1=0\\x_2=0}}x_2+\cdots\\ \dot{x}_2=f_2(x_1,x_2)=\left.\dfrac{\partial f_2}{\partial x_1}\right|_{\substack{x_1=0\\x_2=0}}x_1+\left.\dfrac{\partial f_2}{\partial x_2}\right|_{\substack{x_1=0\\x_2=0}}x_2+\cdots\end{cases}\tag{7-11}$$

忽略式（7-11）中的高阶项后可简化写成

$$\begin{cases}\dot{x}_1=a_{11}x_1+a_{12}x_2\\ \dot{x}_2=a_{21}x_1+a_{22}x_2\end{cases}$$

上式即为非线性系统在奇点（0, 0）附近小范围内的线性化方程。

在一般情况下，这种线性化方程在平衡点附近的相轨迹与非线性系统在平衡点附近的相轨迹具有同样的形状特征。但要注意，若由线性化方程求解时至少有一个根为零，则根据李雅普

诺夫小偏差理论，不能根据线性化方程确定非线性平衡点附近的稳定性。在这种情况下，平衡点的相轨迹特性要取决于式（7-11）中系统的高阶项。

利用相平面分析法研究二阶非线性系统的基本思想是：对于二阶非线性系统，先用图解方法作出其相轨迹曲线，然后通过相轨迹来研究系统的运动。

对于非线性系统，还有一种与线性系统不同的运动状态——自持振荡，它在相平面图上表现为一条弧立曲线，称之为极限环。对于给定的系统，可以有一个以上的极限环，极限环附近的相轨迹都将卷向极限环，或从极限环卷出。因此，极限环将相平面分成内部平面和外部平面，极限环内部（或外部）的相轨迹，不能穿越极限环而进入它的外部（或内部）。需要指出，不是相平面图中的所有封闭曲线都是极限环。

从分析极限环邻近相轨迹的运动特点，将极限环分为稳定极限环、不稳定极限环和半稳定极限环。

（1）稳定极限环。在极限环附近，起始于极限环内部和外部的相轨迹均收敛于该极限环，该极限环称为稳定极限环。稳定极限环对应于稳定的自持振荡，如图 7-16（a）所示。

从时域响应分析，稳定极限环内部相轨迹在任何小扰动作用下都会使得相轨迹离开平衡点发散到极限环，所以，稳定极限环内部是不稳定区域，而极限环外部的相轨迹都收敛于极限环，从这种意义上讲，极限环外部是稳定区域。

（2）不稳定极限环。如果极限环附近的相轨迹都是从极限环发散出去的，该极限环称为不稳定极限环，它对应于不稳定自持振荡，如图 7-16（b）所示。若不稳定极限环内部的相轨迹收敛于极限环内的平衡点，则它是稳定区域；但是，若相轨迹起始于不稳定极限环外部，则随着时间的推移，相轨迹将发散至无穷远，所以其外部是不稳定区域。

（3）半稳定极限环。如图 7-16（c）、7-16（d）所示，极限环内部和外部两侧的相轨迹有一侧收敛于极限环，而另一侧的相轨迹从极限环发散出去，这种极限环称为半稳定极限环。极限环分割的内外两个区域或者都是稳定区域，或者都是不稳定区域。

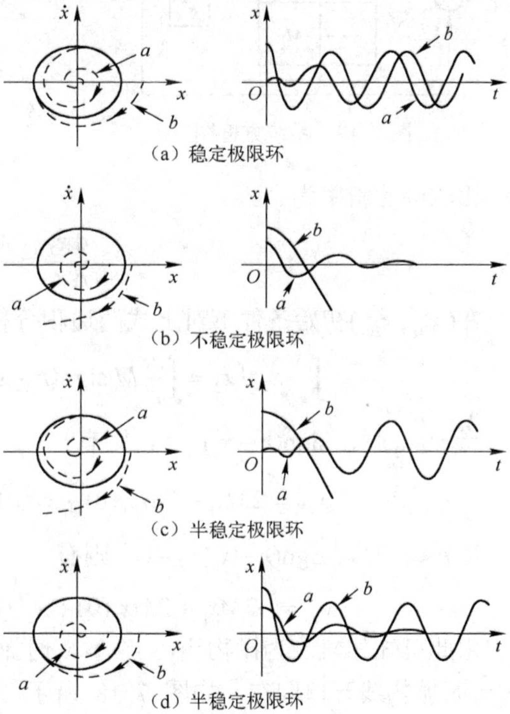

（a）稳定极限环
（b）不稳定极限环
（c）半稳定极限环
（d）半稳定极限环

图 7-16　极限环和时间响应

稳定的极限环可通过实验观察到，而不稳定极限环和半稳定极限环无抗噪声能力，所以通过实验观察不到。另外还需指出，一般用解析法在相平面上确定极限环的精确位置是很难的，甚至是不可能的；极限环只能由图解法、实验法或计算的方法来确定。

7.2.2　相轨迹图的绘制

研究二阶系统的相轨迹图既可通过解析法来绘制，也可通过图解法或实验的方法作出。常用的两种图解法是等倾线法和δ法。所有的图解法，几乎都是一种逐步作图法。作相轨迹图的准确度取决于作图的方法、作图时采用的增量大小。增量应当具有适当的大小，增量取得太大，准确度要下降；如果增量选得太小，则计算起来将很费时间，且积累误差也会造成后面部分的不准确。

1．相轨迹图的解析法

解析法的基本思路是先求出相轨迹的解，再画出相轨迹。其适用场合是比较简单或可以分段线性化的运动方程。用解析法求系统的相轨迹方程，一种是对系统的斜率方程式（7-6）两边积分，得相轨迹方程

$$x_2 = g(x_1)$$

另一种方法是求出 x_1 和 x_2 与 t 的函数关系，然后从两个方程中消去 t，得到相轨迹状态。

例 7-1 试绘制如图 7-17 所示的非线性系统的相轨迹图。假设输入信号 r 为阶跃信号。

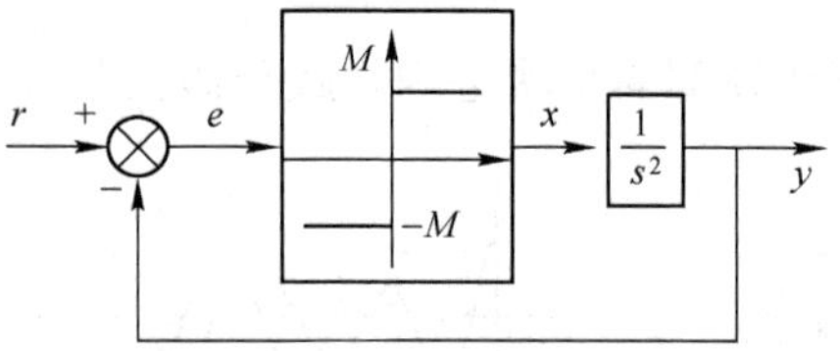

图 7-17 系统方框图

解 系统线性部分

$$\frac{\mathrm{d}y^2}{\mathrm{d}t^2} = x$$

非线性部分 $x = M\,\mathrm{sign}\,e = M\,\mathrm{sign}(r-y)$

令 $\begin{cases} x_1 = y \\ x_2 = \dot{y} \end{cases}$，得 $\begin{cases} \dot{x}_1 = x_2 \\ \dot{x}_2 = \ddot{y} = x = M\,\mathrm{sign}(r-x_1) \end{cases}$

相轨迹的斜率为

$$\frac{\mathrm{d}x_2}{\mathrm{d}x_1} = \frac{M\,\mathrm{sign}(r-x_1)}{x_2}$$

在(x_{10}, x_{20})初始条件下对上式两边积分得

$$\int_{x_{20}}^{x_2} x_2\,\mathrm{d}x_2 = \int_{x_{10}}^{x_1} M\,\mathrm{sign}(r-x_1)\,\mathrm{d}x_1$$

当 $r > x_1$ 时，$\mathrm{sign}(r-x_1) = 1$，则有

$$x_2{}^2 = 2Mx_1 - 2Mx_1(0) + x_2{}^2(0)$$

当 $r < x_1$ 时，$\mathrm{sign}(r-x_1) = -1$，则有

$$x_2{}^2 = -2Mx_1 + 2Mx_1(0) + x_2{}^2(0)$$

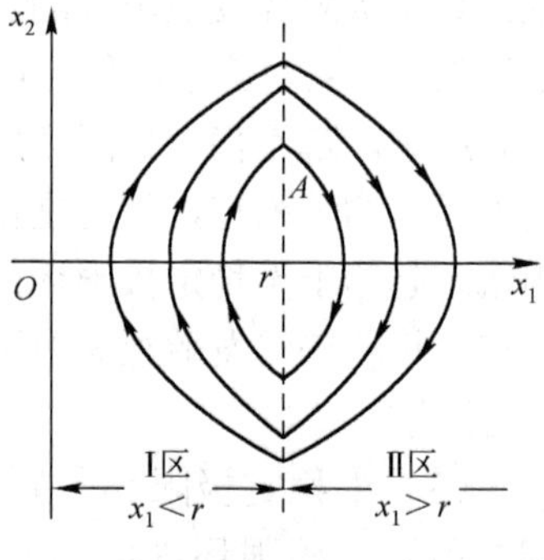

图 7-18 相图

由此可知相轨迹为抛物线，当 $r > x_1$ 时抛物线开口向右，当 $r < x_1$ 时抛物线开口向左，如图 7-18 所示。从相轨迹图上看到 $r > x_1$ 和 $r < x_1$ 两个区域的抛物线连在一起构成一簇封闭曲线，系统的动态响应为周期运动，并且在 $x_1 = r$ 处为切换线，奇点称为中心点。

2．相轨迹图的图解法

（1）等倾线法

等倾线法的基本思路是首先确定相轨迹的等倾线，进而绘制出相轨迹的切线方向场，然后从初始条件出发，沿方向场逐步绘制相轨迹。其特点是不需要求解微分方程，这对于求解困难的非线性微分方程显得尤为实用。

对于二阶非线性系统

$$\begin{cases}\dot{x}_1 = f_1(x_1, x_2)\\ \dot{x}_2 = f_2(x_1, x_2)\end{cases}$$

其相轨迹的斜率为

$$\frac{\mathrm{d}x_2}{\mathrm{d}x_1} = \frac{f_2(x_1, x_2)}{f_1(x_1, x_2)}$$

若取斜率为常数q，则得等倾线方程为

$$\frac{\mathrm{d}x_2}{\mathrm{d}x_1} = \frac{f_2(x_1, x_2)}{f_1(x_1, x_2)} = q$$

给定不同的q值，就可在相平面上画出许多等倾线。

等倾线法就是在不同的q值下，画出表示相轨迹切线（斜率）的方向场的线段，再由初始点沿切线场方向画出相轨迹的方法。

例 7-2　设线性二阶系统的齐次微分方程为

$$\ddot{x} + 2\zeta\omega_n\dot{x} + \omega_n^{\ 2}x = 0$$

解　令 $\begin{cases}x_1 = x\\ x_2 = \dot{x}\end{cases}$，则得 $\begin{cases}\dot{x}_1 = x_2\\ \dot{x}_2 = -\omega_n^{\ 2}x_1 - 2\zeta\omega_n x_2\end{cases}$。由

$$\frac{\mathrm{d}x_2}{\mathrm{d}x_1} = \frac{f_2(x_1, x_2)}{f_1(x_1, x_2)} = \frac{-\omega_n^{\ 2}x_1 - 2\zeta\omega_n x_2}{x_2} = q$$

得等倾线方程

$$x_2 = \frac{-\omega_n^{\ 2}}{2\zeta\omega_n + q}x_1$$

它表示在相平面上为一条通过原点的直线。

当$\zeta = 0.5, \omega_n = 1$时，等倾线方程为

$$x_2 = -\frac{1}{1+q}x_1$$

对于不同的q值，可得不同斜率的等倾线方程，如表 7-1 所示。

表 7-1　不同斜率的等倾线方程

q 值	−1	−1.2	−1.4	−1.6	−2	−3	∞	2	0.5	0	−0.5
等倾线方程	$x_1=0$	$x_2=5x_1$	$x_2=2.5x_1$	$x_2=1.7x_1$	$x_2=x_1$	$x_2=0.5x_1$	$x_2=0$	$x_2=-1/3x_1$	$x_2=-2/3x_1$	$x_2=-x_1$	$x_2=-2x_1$
其斜率	∞	5	2.5	1.7	1	0.5	0	−1/3	−2/3	−1	−2

在不同的q值下，根据等倾线的斜率画出等倾线方程，并标注相应的q值。为了保证绘制相轨迹的准确性，一般使各等倾线间有 5°～10° 的间隔。

对于给定初始条件$[x_1(0), x_2(0)]$，假设起始于A点，则从A点出发，沿切线场方向，用一条直线段代替，其斜率取$q=-1$和$q=-1.2$的平均值−1.1，交于$q=-1.2$的等倾线于B点，AB线段即为近似相轨迹的一部分；再从B点开始，以$q=-1.2$和$q=-1.4$的平均值−1.3 为斜率的线段到C点，BC线段又为近似相轨迹的一部分…如此下去，可得$ABCD$…的近似相轨迹，如图 7-19 所示。

对于非线性系统，可将其划分为几个相应的线性区，每个线性区可按以上方法作图，最后将每个线性区的相轨迹平滑连接即可。

使用等倾线法绘制相轨迹应注意的问题：

① 坐标轴x和$\dot{x}$应选用相同的比例尺，否则等倾线斜率不准确。

② 在相平面的上半平面，$\dot{x}>0$，则 x 随 t 增大而增大，相轨迹的走向应是由左向右；相反，在下半平面 $\dot{x}<0$，则 x 随 t 增大而减小，相轨迹的走向应是由右向左。

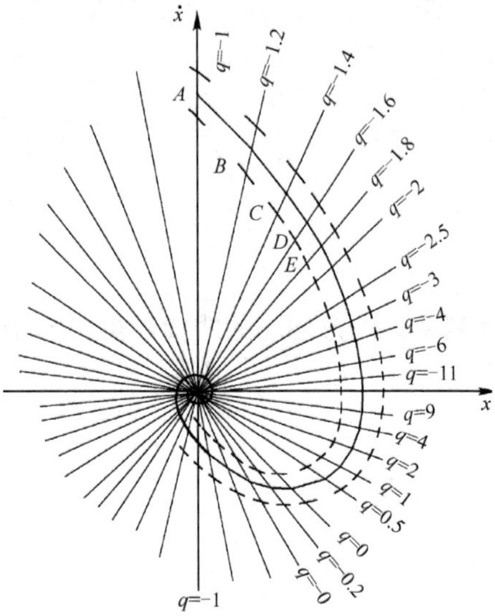

图 7-19 等倾线和相轨迹

③ 除平衡点外，相轨迹与 x 轴的相交处的切线斜率 $q=\dfrac{f(x,\dot{x})}{\dot{x}}$ 应为+∞或-∞，即相轨迹与 x 轴垂直相交。

④ 一般来说，等倾线分布越密，绘制的相轨迹越准确；但同时工作量也增大，而且还会使作图产生的积累偏差增大。因此，可采用平均斜率法——取相邻两条等倾线所对应的斜率的平均值为两条等倾线间直线的斜率。

（2）δ法

设 $f(\dot{x},x)$ 是单值连续函数（线性、非线性甚至时变），将 $\ddot{x}=f(\dot{x},x)$ 改写为

$$\frac{\ddot{x}}{\omega^2}+x=\frac{f(\dot{x},x)}{\omega^2}+x \tag{7-12}$$

式中，ω 为一常数。适当选择 ω 值，以使下面定义的 δ 函数值在所讨论的 x，$\dot{x}$ 取值范围内，既不太大也不太小，令

$$\delta(\dot{x},x)=\frac{f(\dot{x},x)}{\omega^2}+x \tag{7-13}$$

则在相平面上某一点 $(x_1,\dot{x}_1)$ 处有

$$\delta(\dot{x}_1,x_1)=\frac{f(\dot{x}_1,x_1)}{\omega^2}+x_1=\delta_1$$

在 $(x_1,\dot{x}_1)$ 附近 x 变化很小时，δ_1 可以看作常数。这样，式（7-12）变为

$$\frac{\ddot{x}}{\omega^2}+(x-\delta_1)=0 \tag{7-14}$$

由式（7-14）可得 $\dfrac{\mathrm{d}\dot{x}}{\mathrm{d}x}=\dfrac{-\omega^2(x-\delta_1)}{\dot{x}}$，即

$$\dot{x}\,\mathrm{d}\dot{x}=-\omega^2(x-\delta_1)\,\mathrm{d}x \tag{7-15}$$

对式（7-15）两边积分得

$$\frac{1}{2}(\dot{x}^2-\dot{x}_1^2)=-\frac{1}{2}\left[\omega^2(x-\delta_1)^2-\omega^2(x_1-\delta_1)^2\right]$$

$$\left(\frac{\dot{x}}{\omega}\right)^2+(x-\delta_1)^2=\left[\sqrt{\left(\frac{\dot{x}_1}{\omega}\right)^2+(x_1-\delta_1)^2}\right]^2$$

$$(x-\delta_1)^2+\left(\frac{\dot{x}}{\omega}\right)^2=A^2 \tag{7-16}$$

式中，$A^2=(x_1-\delta_1)^2+\left(\dfrac{\dot{x}_1}{\omega}\right)^2$。式（7-16）表示 $x-\dfrac{\dot{x}}{\omega}$ 平面上，以 $(\delta_1,0)$ 为圆心，以 $(\delta_1,0)$ 至 $\left(x_1,\dfrac{\dot{x}_1}{\omega}\right)$ 长度为半径的一段圆弧。$\left(x_1,\dfrac{\dot{x}_1}{\omega}\right)$ 附近的相轨迹可以用这段圆弧来代替。ω 的选取应该使该圆弧不致太长或太短。太长，用圆弧近似代替相轨迹会带来较大误差；太短，会增加积累误差，

并使作图次数增多。

用 δ 法作相轨迹的步骤可以概括为：在 $x-\dfrac{\dot{x}}{\omega}$ 平面上，根据初始状态的坐标 $\left(x_0,\dfrac{\dot{x}_0}{\omega}\right)$ 按式（7-13）计算出 δ_0。以 $(\delta_0,0)$ 为圆心，过初始状态作一小段圆弧，使系统的初始状态从 $\left(x_0,\dfrac{\dot{x}_0}{\omega}\right)$ 转移到 $\left(x_1,\dfrac{\dot{x}_1}{\omega}\right)$。根据 x_1 和 $\dfrac{\dot{x}_1}{\omega}$ 求出 δ_1 后，以 $(\delta_1,0)$ 为圆心，作过 $\left(x_1,\dfrac{\dot{x}_1}{\omega}\right)$ 的一小段圆弧，系统的状态又从 $\left(x_1,\dfrac{\dot{x}_1}{\omega}\right)$ 转移到 $\left(x_2,\dfrac{\dot{x}_2}{\omega}\right)$。重复这样的步骤可以画出整个相轨迹。为了获得比较精确的 δ 值，可以采用逐次逼近的办法。

例 7-3　设非线性系统方程为 $\ddot{x}+4x+2x^2+\dot{x}=0$，试用 δ 法绘出初始状态 $A(x_0,\dot{x}_0)$ 出发的相轨迹（$x_0=0,\dot{x}_0=2$）。

解　由非线性系统方程原式可知，$f(\dot{x},x)=-(4x+2x^2+\dot{x})$，选 $\omega=2$，则相平面横坐标为 x，纵坐标为 $\dot{x}/2$。把原方程变为式（7-13）的形式，得

$$\frac{\ddot{x}}{2^2}+x=\frac{-(4x+2x^2+\dot{x})}{2^2}+x$$

令

$$\delta(\dot{x},x)=\frac{-(4x+2x^2+\dot{x})}{2^2}+x=-\frac{x^2+0.5\dot{x}}{2}$$

从 A 点开始绘图，首先计算出过 A 点弧线的圆心 $(\delta_0,0)$，其中

$$\delta_0=-\frac{{x_0}^2+0.5\dot{x}_0}{2}=-\frac{0+0.5\times 2}{2}=-0.5$$

在 $x-\dfrac{\dot{x}}{2}$ 平面上，以 $(\delta_0=-0.5,0)$ 点为圆心，过 A 点作一小段圆弧到点 $B(0.1,0.94)$，称此点为“预测点”。计算过 B 点弧线的圆心 $(\delta_1,0)$，其中

$$\delta_1=-\frac{{x_1}^2+0.5\dot{x}_1}{2}=-\frac{0.1^2+0.5\times 0.94}{2}=-0.24$$

为提高精度，以 $(\delta_0,0)$ 和 $(\delta_1,0)$ 的平均值为弧 AB 的圆心

$$\frac{\delta_0+\delta_1}{2}=\frac{-0.5-0.24}{2}=-0.3.7$$

在 $x-\dfrac{\dot{x}}{\omega}$ 平面上，以 $(-0.37,0)$ 点为圆心，过 A 点作一圆弧，此圆弧过 $B(0.1,0.94)$。B 点便是第一段小圆弧终点。按此步骤分别做出圆弧 BC，CD，DE，EF，FG，GH，…，最终绘出该非线性系统从 A 点出发的相轨迹，如图 7-20 所示。

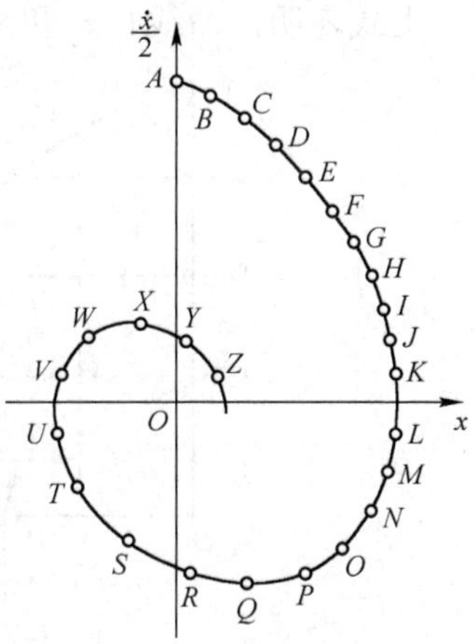

图 7-20　δ 法绘出的相轨迹

7.2.3　由相轨迹图求系统的暂态响应

相轨迹是在 x_1-x_2 平面上系统在各个初始状态下的运动轨迹线，它虽然能反映系统时间响应的主要特征，但在这种图中，时间信息没有清楚地显示出来。如需要求出系统的时域响应，可用下述的方法确定相轨迹上各点对应的时间。这些方法的求解过程，基本上是一种逐步求解、近似求解过程。

1．根据相轨迹上斜率求时间信息

设系统的相轨迹如图 7-21（a）所示，对于小增量Δx_1和时间 Δt，其速度为 $x_{2v}=\Delta x_1/\Delta t$，则时间增量$\Delta t=\Delta x_1/x_{2v}$。

（1）从$t=0$的初始值开始，在相轨迹上依次取点 A，B，C，…，并求出相应的位置变化小区间Δx_{1AB}，Δx_{1BC}，Δx_{1CD}，…

（2）求取以上两点间的平均速度值，即

$$\dot{x}_{AB}=x_{2AB}=\frac{x_{2A}+x_{2B}}{2}，\quad \dot{x}_{BC}=x_{2BC}=\frac{x_{2B}+x_{2C}}{2}，\quad \dot{x}_{CD}=x_{2CD}=\frac{x_{2C}+x_{2D}}{2}$$

（3）求取以上两点间的时间间隔，并标注在$x-t$平面上，

$$\Delta t_{AB}=\frac{\Delta x_{1AB}}{x_{2AB}}，\quad \Delta t_{BC}=\frac{\Delta x_{1BC}}{x_{2BC}}，\quad \Delta t_{CD}=\frac{\Delta x_{1CD}}{x_{2CD}}，\quad \cdots$$

如图 7-21（b）所示。为了保证具有足够的精确度，位移增量Δx_1必须选择的足够小。另外，Δx_1的值可根据相轨迹各部分的不同形状而改变，从而可在保证精度的前题下，减小计算的工作量。

2．根据面积求时间信息

设系统的相轨迹方程为$x_2=f(x_1)$。

根据相变量$\dot{x}_1=x_2$，得$\mathrm{d}t=\dfrac{\mathrm{d}x_1}{x_2}$，

积分后得

$$t_2-t_1=\int_{x_1(0)}^{x_2(0)}\frac{1}{x_2}\mathrm{d}x_1$$

上式表明，曲线$1/x_2$和x_1轴之间所包围的面积，就是相应的时间间隔。

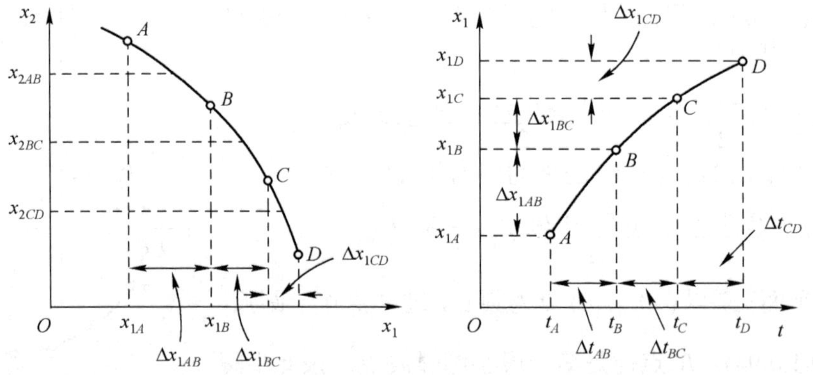

（a）相轨迹　　（b）时域响应

图 7-21　相轨迹求时间解

7.2.4　控制系统的相平面分析

相平面法在分析非线性二阶系统时，是很有用的。由于很多非线性元件可用分段（或分区）线性来表示，因此可以用分段线性来表示非线性系统。在非线性系统相平面分析之前，先讨论二阶线性系统的相平面分析。

1. 线性二阶系统的相平面分析

线性二阶系统如图 7-22 所示。现以系统误差信号 e 作相轨迹。

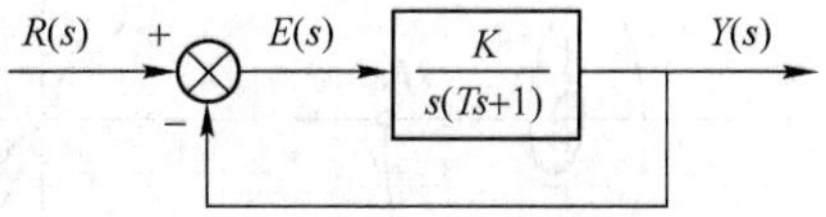

图 7-22　线性二阶系统

由图 7-22 可得

$$\frac{E(s)}{R(s)}=\frac{Ts^2+s}{Ts^2+s+K}$$

系统的微分方程为

$$T\ddot{e}+\dot{e}+Ke=T\ddot{r}+\dot{r} \tag{7-17}$$

（1）阶跃信号 $r(t)=R$

当 $t>0$时，$\ddot{r}=\dot{r}=0$，方程式（7-17）可写成

$$T\ddot{e}+\dot{e}+Ke=0\ (t>0)$$

令 $\begin{cases}e_1=e\\e_2=\dot{e}\end{cases}$，则 $$\begin{cases}\dot{e}_1=e_2\\\dot{e}_2=-\dfrac{K}{T}e_1-\dfrac{1}{T}e_2\end{cases}, \tag{7-18}$$

奇点为（0, 0）。

假设系统开始处于静止状态，即误差信号的初始条件是 $e_1(0)=R$，$e_2(0)=0$。e_1-e_2 平面上相轨迹起始于$(R, 0)$点，而收敛于原点（系统的奇点）。当系统的特征根为负实部的共轭复根时（欠阻尼状态），系统相轨迹如图 7-23（a）所示；当特征根为两负实根（过阻尼状态），其相轨迹如图 7-23（b）所示。在这两种情况下，系统的稳态误差为零；系统响应的其他性质，如振荡性、衰减性、超调量等从相平面上可清楚地反映出来。

（2）斜坡信号 $r(t)=R_2t$ 或斜坡加阶跃信号 $r(t)=R_1+R_2t$ 输入

当 $t>0$时，$\dot{r}=R_2,\ddot{r}=0$，方程式（7-17）可写成

$$T\ddot{e}+\dot{e}+Ke=R_2 \tag{7-19}$$

令　$x=e-\dfrac{R_2}{K}$，则式（7-19）可表示为 $T\ddot{x}+\dot{x}+Kx=0$

再令 $\begin{cases}x_1=x\\x_2=\dot{x}\end{cases}$，则 $$\begin{cases}\dot{x}_1=x_2\\\dot{x}_2=-\dfrac{K}{T}x_1-\dfrac{1}{T}x_2\end{cases} \tag{7-20}$$

在 x_1-x_2 平面上，由方程式（7-20）给出的相轨迹与在 e_1-e_2 平面上，与方程式（7-18）给出的相轨迹是相同的。而 x_1-x_2 平面与 e_1-e_2 平面仅 x 与 e 相差 R_2/K。式（7-20）表示的奇点不在 e_1-e_2 平面的坐标原点上而在 $(R_2/K,0)$。

斜坡信号作用下的初始状态为 $e_1(0)=r(0)=0$，$e_2(0)=\dot{r}(0)=R_2$。

斜坡加阶跃信号作用下的初始状态为

$$e_1(0)=r(0)=R_1,\quad e_2(0)=\dot{r}(0)=R_2。$$

式中，R_1 可以为零。图 7-24（a）和（b）表示了 e_1-e_2 平面上的相轨迹。对于斜坡信号作用下，其相轨迹起始于 A 点：对于斜坡加阶跃信号作用下，其相轨迹起始于 B 点。相轨迹均收敛于奇点 $(R_2/K,0)$。系统的稳定误差均为 R_2/K。

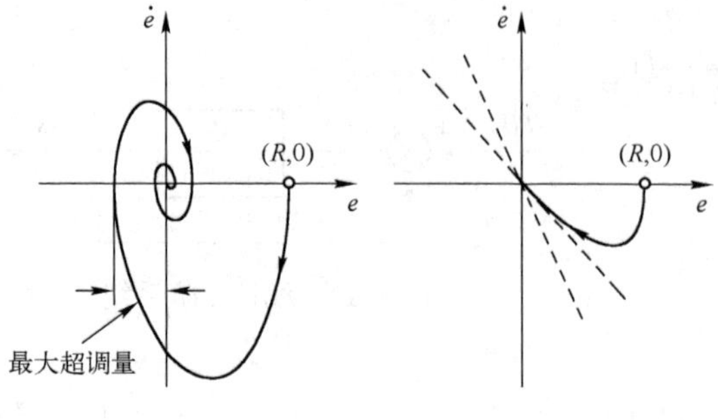

（a）欠阻尼情况　（b）过阻尼情况

图 7-23　系统阶跃响应的相轨迹

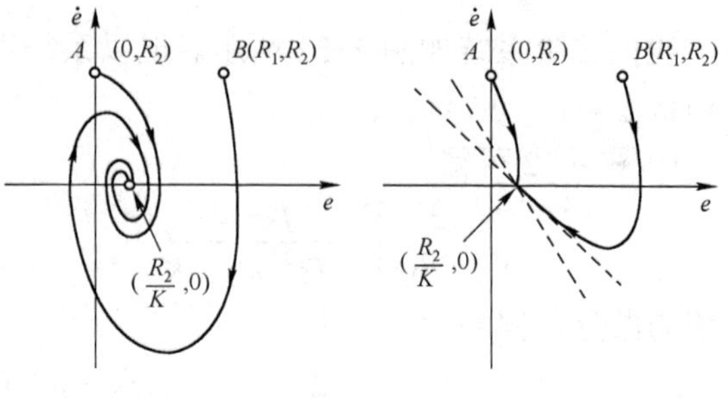

（a）欠阻尼情况　（b）过阻尼情况

图 7-24　系统斜坡响应的相轨迹

（3）脉冲信号 $r(t)=\delta(t)$

单位脉冲信号作用下，因为当 $t>0$ 时，$r(t)=0$，$e(t)=r(t)-y(t)=-y(t)$，所以系统的输出方程为

$$T\ddot{y}+\dot{y}+Ky=0 \qquad (t>0)$$

初始条件为 $y(0^-)=\dot{y}(0^-)=0$

由初值定理

$$y(0^+)=\lim_{s\to\infty}sY(s)=\lim_{s\to\infty}s\frac{K}{Ts^2+s+K}R(s)=\lim_{s\to\infty}\frac{sK}{Ts^2+s+K}=0$$

$$\dot{y}(0^+)=\lim_{s\to\infty}s^2Y(s)=\lim_{s\to\infty}s^2\frac{K}{Ts^2+s+K}R(s)=\lim_{s\to\infty}\frac{s^2K}{Ts^2+s+K}=\frac{K}{T}$$

令 $\begin{cases}y_1=y\\y_2=\dot{y}\end{cases}$，则 $\begin{cases}\dot{y}_1=y_2\\\dot{y}_2=-\dfrac{K}{T}y_1-\dfrac{1}{T}y_2\end{cases}$

在 y_1-y_2 平面上，相轨迹的起始点为 $(0,K/T)$。若以误差信号为输出，则有

$$T\ddot{e}+\dot{e}+Ke=0 \qquad (t>0)$$

其初始条件 $e(0^+)=-y(0^+)=0$，$\dot{e}(0^+)=-\dot{y}(0^+)=-\dfrac{K}{T}$

在 e_1-e_2 平面上，相轨迹的起始点为 $(0,-K/T)$。当 $t>0$ 时，单位脉冲响应的相轨迹如图 7-25 和 7-26 所示。

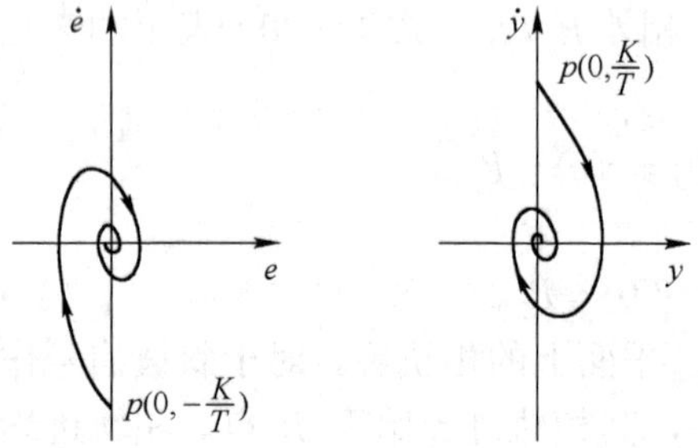

（a）$\dot{e}$–e平面　（b）$\dot{y}$–y平面

图 7-25　欠阻尼下单位脉冲响应的相轨迹

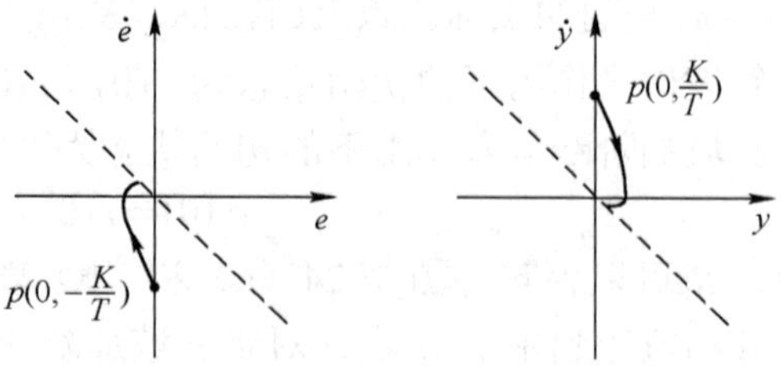

（a）$\dot{e}$–e平面　（b）$\dot{y}$–y平面

图 7-26　过阻尼下单位脉冲响应的相轨迹

2．非线性系统的相平面分析

非线性系统的一般结构图如图 7-27 所示，由线性和非线性两部分组成。对于具有非线性元件的二阶系统，可以用几个分段的相轨迹来近似。因此，可把整个相平面划分为几个区域，每个区域相应于一个单独的线性工作状态，它们合成了非线性系统的动态特性。

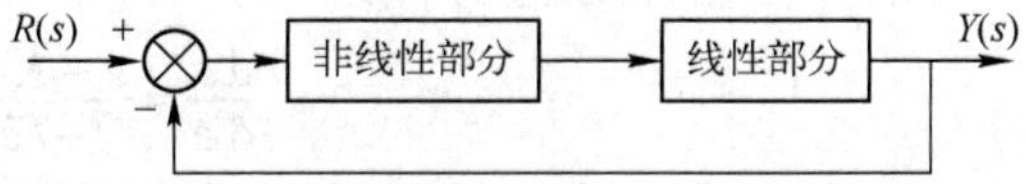

图 7-27　非线性系统的一般结构图

（1）具有饱和非线性特性的控制系统

具有饱和非线性的控制系统的结构图如图 7-28（a）所示，图 7-28（b）是饱和非线性的静特性。

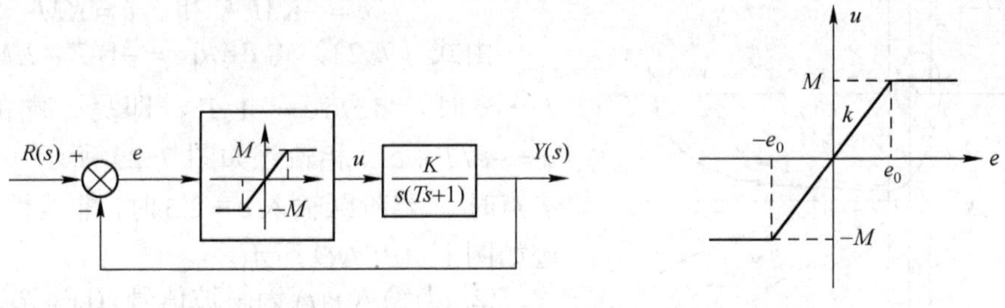

（a）结构图　　（b）非线性的静特性

图 7-28　具有饱和非线性的控制系统

根据饱和非线性的特点，非线性元件可用分段线性化表示为：

$$u=\begin{cases}-M & e<-e_0\\ ke & |e|\leqslant e_0\\ M & e>e_0\end{cases}$$

系统线性部分的传递函数为

$$\frac{Y(s)}{U(s)}=\frac{K}{Ts^2+s}$$

得系统方程

$$T\ddot{y}+\dot{y}=Ku$$

将 $e=r-y$，代入上式可得：

$$T\ddot{e}+\dot{e}+Ku=T\ddot{r}+\dot{r} \qquad (7\text{-}21)$$

① 当 $r(t)$ 为阶跃信号 $r(t)=R$ 时

当 $t>0$ 时，$\ddot{r}=\dot{r}=0$，方程式（7-21）可写成

$$T\ddot{e}+\dot{e}+Ku=0 \qquad (7\text{-}22)$$

在 $|e|\leqslant e_0$ 区域内，式（7-22）可写：

$$T\ddot{e}+\dot{e}+Kke=0$$

显然是线性方程，相轨迹的斜率方程为

$$\frac{\mathrm{d}\dot{e}}{\mathrm{d}e}=\frac{-(\dot{e}+Kke)}{T\dot{e}}$$

当 $e=0$，$\dot{e}=0$ 时，其奇点在坐标原点 $(0,0)$。根据参数 T、K 和 k 的不同取值，奇点可以是稳定焦点或是稳定节点。相轨迹是收敛的对数螺旋线或收敛的抛物线。

在$|e|>e_0$区域内（即饱和域内），式（7-22）为

$$T\ddot{e}+\dot{e}+KM=0\ (e>e_0) \quad 和 \quad T\ddot{e}+\dot{e}-KM=0\ (e<-e_0)$$

以上两式的相轨迹方程为

$$\frac{d\dot{e}}{de}=\frac{\dot{e}+KM}{-T\dot{e}} \quad 和 \quad \frac{d\dot{e}}{de}=\frac{\dot{e}-KM}{-T\dot{e}} \tag{7-23}$$

由以上两式可看出在饱和区域内不存在奇点。对式（7-23）两边积分可得饱和区的相轨迹

$$e=-T(\dot{e}+KM)+TKM\ln(\dot{e}+KM)+c_1 \quad (e>e_0)$$

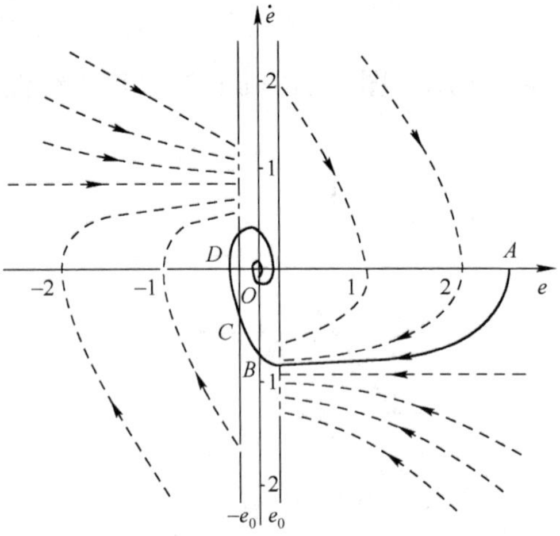

图 7-29　阶跃输入时，饱和非线性的相轨迹

和 $e=-T(\dot{e}-KM)-TKM\ln(\dot{e}-KM)+c_2 \quad (e<-e_0)$

式中，c_1,c_2为积分常数，由初始条件确定。

由式（7-23）知，当$\dot{e}=-KM,\dot{e}=KM$时相轨迹的斜率为0，即相轨迹相应水平方向渐近线为

$$\dot{e}=-KM \quad 和 \quad \dot{e}=KM$$

由式（7-23）得$d\dot{e}/de=-1/T+KM/(T\dot{e})$，当$\dot{e}\to\infty$时，$d\dot{e}/de=-1/T$，即另一端的渐近线为$\dot{e}=-e/T+c$。相轨迹如图 7-29 所示（奇点为稳定焦点时）。当阶跃输入$e=2.5$时，非线性系统的相轨迹如图上$ABCDO$所示。

② 当输入$r(t)$为斜坡信号$r(t)=Rt$时

当$t>0$时，$\dot{r}=R,\ddot{r}=0$，方程式（7-21）为

$$T\ddot{e}+\dot{e}+Ku=R$$

对于不同区域分别有

$$\begin{cases} T\ddot{e}+\dot{e}+Kke=R, |e|<e_0 \\ T\ddot{e}+\dot{e}+KM=R, e>e_0 \\ T\ddot{e}+\dot{e}-KM=R, e<-e_0 \end{cases}$$

相轨迹方程为

$$\begin{cases} \dfrac{d\dot{e}}{de}=\dfrac{1}{T}\dfrac{R-Kke-\dot{e}}{\dot{e}}, |e|<e_0 \\ \dfrac{d\dot{e}}{de}=\dfrac{1}{T}\dfrac{R-KM-\dot{e}}{\dot{e}}, e>e_0 \\ \dfrac{d\dot{e}}{de}=\dfrac{1}{T}\dfrac{R+KM-\dot{e}}{\dot{e}}, e<-e_0 \end{cases} \tag{7-24}$$

由式（7-24）可知，在$|e|<e_0$区域内奇点是$(R/(Kk),0)$，根据R,k,K参数不同，奇点为稳定焦点或稳定节点。由于奇点与R,k,K及e_0有关，所以奇点可落在本区域内，也可落在本区域之外。对于位于本区域内的奇点称为实奇点。对于位于本区域以外的奇点，因该区域的相轨迹永远不能够到达该点，则称为虚奇点。

饱和区域内不存在奇点时，区域内的渐近线方程为

$$\begin{cases} \dot{e}=R-KM, e>e_0 \\ \dot{e}=R+KM, e<-e_0 \end{cases}$$

且在饱和区域内，渐近线方程存在$\dot{e}>0$，$\dot{e}=0$和 $\dot{e}<0$三种情况。为方便起见，设非线性特性参数$k=1$。

（a）当$R>KM$时，$\dot{e}>0\,(e>e_0$或$e<-e_0)$，故在$e>e_0$和$e<-e_0$区域内渐近线均位于$\dot{e}$轴的上方，相轨迹图如图7-30（a）所示，此时奇点$(R/K,0)$位于饱和区域，称为虚奇点。起始于初始点A的相轨迹沿$ABCD$运动，在$e>e_0$区域内趋近水平渐近线$\dot{e}=R-KM$，系统稳态误差为无穷大。

（b）当$R<KM$时，$\dot{e}<0(e>e_0)$，$\dot{e}>0(e<-e_0)$，故在$e>e_0$区域内的渐近线位于$\dot{e}$轴的下方，在$e<-e_0$区域内渐近线位于$\dot{e}$轴的上方，相轨迹如图7-30（b）所示，此时奇点$(R/K,0)$位于$|e|<e_0$区域内是一实奇点。相轨迹均收敛于奇点，稳态误差为$e=R/K$。

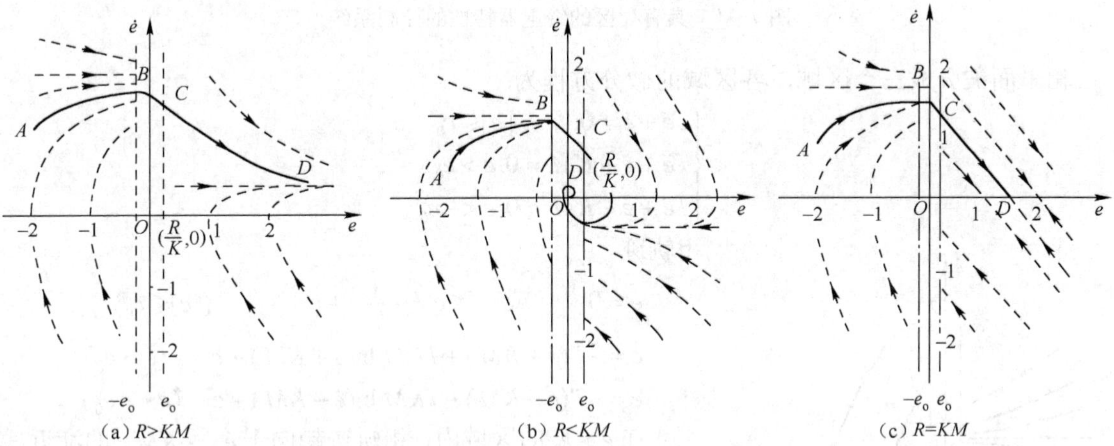

图7-30　斜坡信号下，饱和非线性的相轨迹图

（c）当$R=KM$，$e>e_0$时，$\dot{e}=0$，渐近线与e轴重合，此时由式（7-24）得

$$\frac{\mathrm{d}\dot{e}}{\mathrm{d}e}=\frac{-\dot{e}}{T\ddot{e}}=-\frac{1}{T}$$

即
$$\dot{e}=-\frac{1}{T}e+c \qquad (e>e_0) \tag{7-25}$$

式（7-25）表明，当$R=KM$时，在$e>e_0$区域内相轨迹由一簇斜率为$-1/T$的直线和$\dot{e}=0$的直线构成，如图7-30（c）所示，奇点恰好在$(e_0,0)$。起始于A点的相轨迹$ABCD$收敛于横轴上的D点。系统的稳态误差为OD距离。

以上分析表明，具有饱和非线性特性的二阶非线性系统的相图与输入信号的形式及大小有关。阶跃信号输入时，相轨迹收敛于稳定奇点，系统稳态误差为零。而输入信号为斜坡函数时，随输入信号R的大小不同，奇点位置随之变化，系统的暂态响应也有比较大的差别，稳态误差也各不相同。若R不变，为减小系统误差可通过提高KM的值。

（2）具有死区继电器特性的控制系统

控制系统如图7-31（a）所示，非线性元件特性如图7-31（b）所示。

线性部分的微分方程（假设输入为阶跃信号）

$$T\ddot{e}+\dot{e}+Ku=0$$

非线性元件的特性方程为
$$u=\begin{cases}0 & |e|\leqslant e_0\\ M & e>e_0\\ -M & e<-e_0\end{cases}$$

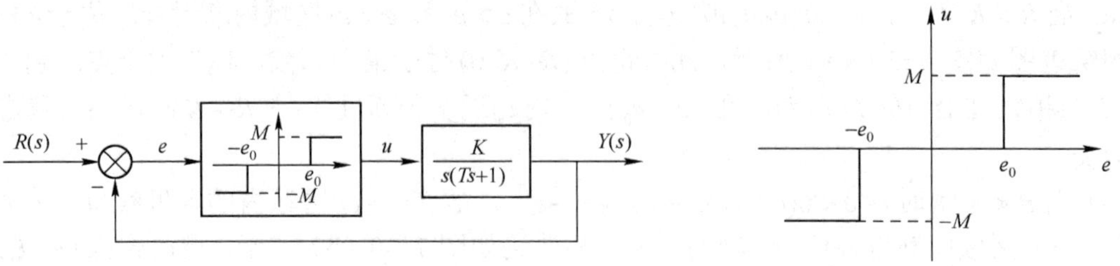

（a）控制系统　　（b）非线性元件特性

图 7-31　具有死区的继电器特性的控制系统

相平面被分成三个区域，各区域的微分方程为

$$\begin{cases} T\ddot{e}+\dot{e}=0, & |e|\leqslant e_0 \\ T\ddot{e}+\dot{e}+KM=0, e>e_0 \\ T\ddot{e}+\dot{e}-KM=0, e<-e_0 \end{cases}$$

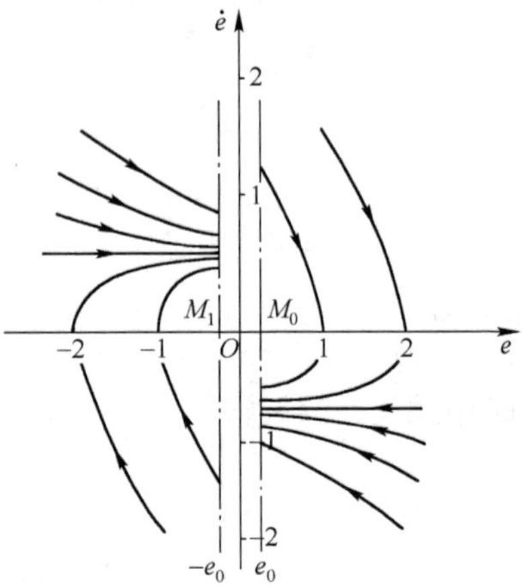

图 7-32　阶跃信号下具有死区继电器特性系统的相轨迹图

相轨迹

$$\dot{e}=0 \quad 或 \quad \dot{e}=-\frac{1}{T}e+c \qquad (|e|\leqslant e_0)$$

$$e=-T(\dot{e}+KM)+TKM\ln(\dot{e}+KM)+c_1 \quad (e>e_0)$$

$$e=-T(\dot{e}-KM)-TKM\ln(\dot{e}-KM)+c_2 \quad (e<-e_0)$$

在 $e>e_0$ 的区域内，相轨迹趋向于 $\dot{e}=-KM$ 的渐近线；而在 $e<-e_0$ 的区域内，相轨迹趋向于 $\dot{e}=KM$ 的渐近线；在 $|e|\leqslant e_0$ 的区域内，相轨迹是一簇斜率为 $-1/T$ 的直线或 $\dot{e}=0$ 的直线，奇点在原点(0, 0)。系统的相轨迹图如图 7-32 所示。

从相图 7-32 可知，由于非线性中的死区，在相图上也出现死区段 M_0M_1。一旦相轨迹到达死区，系统就处于平衡工作状态，因 M_0M_1 段内 $\dot{e}=0, \ddot{e}=0$。线段 M_0M_1 称作奇线。系统的平衡工作点由初始条件确定，且平衡工作点的横坐标表示稳态误差大小。相图上还表明，不论初始条件如何，系统的暂态过程最终都收敛于平衡工作点，系统是稳定的。但系统参数对动态过程的影响却十分显著。例如，减小时间常数 T，$|e|<e_0$ 区域内相轨迹的斜率增大，在相同初始条件下相轨迹经过很少几次切换就能到达平衡工作点，系统的平稳性提高。反之，若增大 T，相轨迹的斜率降低，系统要经过多次切换才能到达稳态，因而加剧了过程的振荡。

7.3　描述函数分析法

描述函数分析法（简称描述函数法）是达尼尔（P.J.Daniel）于 1940 年提出的，它是频域分析法在非线性系统中的推广。描述函数分析法利用谐波函数线性化方法近似分析非线性系统，又称谐波分析法，它是等效线性化方法的一种，它的物理概念、基本思路和方法与线性系统中的频域分析法是相同的。描述函数分析法主要用来研究在没有输入信号作用时，一类非线性系统的稳定性和自持振荡的存在条件，以及如何消除系统不希望的自持振荡。这种方法不受系统阶次的限制，但有一定的近似性。另外，描述函数分析法只能用于分析系统的频域响应特性，不能给出时间响应的确切信息。

7.3.1　描述函数概述

非线性系统结构如图 7-33 所示。对于线性部分，当输入为正弦信号时，输出为同频率的正弦信号，仅仅是幅值和相位不同。而对于非线性部分，当输入为正弦信号时，输出量通常是非正弦的周期信号。所以，线性系统中的频域法不能直接用于分析非线性系统的动态特性。

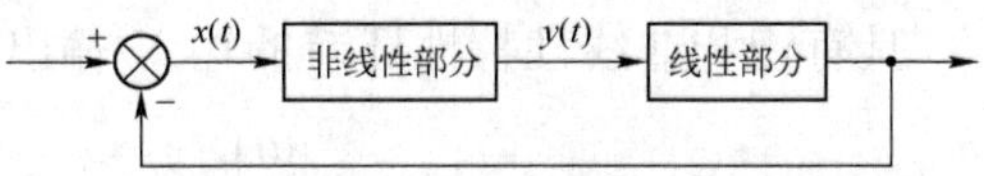

图 7-33　非线性系统结构图

如果线性部分具有较好的低通滤波性能，当非线性部分输入正弦信号时，输出中的高次谐波分量将被大大削弱，因此闭环通道内近似只有基波信号流通，这样可把非线性部分输出的非正弦周期信号做近似处理，即将非正弦周期信号展开成傅里叶级数，只取基波分量来近似非正弦周期信号，那么非线性部分输出与输入之间也为同频率的正弦信号，这样线性系统的频域法就可用来分析非线性系统。

描述函数分析法中，将非线性部分输出的非正弦周期信号用其基波分量来代替，而忽略掉信号中的高次谐波。由于高次谐波的振幅比基波分量小得多，而且控制系统中的线性部分大多具有低通滤波特性，所以略去高次谐波是允许的。

对于任意一个非线性部分或环节，如图 7-33 所示，设输入为正弦信号 $x(t)=X\sin\omega t$，其输出为 $y(t)$，则可将 $y(t)$ 展开成傅里叶级数

$$y(t)=A_0+\sum_{n=1}^{\infty}(A_n\cos n\omega t+B_n\sin n\omega t)=A_0+\sum_{n=1}^{\infty}Y_n\sin(n\omega t+\varphi_n)$$

式中，$A_0=\dfrac{1}{\pi}\int_0^{2\pi}y(t)\,\mathrm{d}(\omega t)$ 为直流分量；$Y_n\sin(n\omega t+\varphi_n)$ 为第 n 次谐波分量。

其幅值 $Y_n=\sqrt{{A_n}^2+{B_n}^2}$；$A_n=\dfrac{1}{\pi}\int_0^{2\pi}y(t)\cos n\omega t\,\mathrm{d}(\omega t)$；$B_n=\dfrac{1}{\pi}\int_0^{2\pi}y(t)\sin n\omega t\,\mathrm{d}(\omega t)$；

相角 $\varphi_n=\arctan\dfrac{A_n}{B_n}$

如果非线性特性（或输出 $y(t)$）对称于原点或时间轴 t，则直流分量 $A_0=0$。

描述函数分析法的处理方法是：以输出 $y(t)$ 的基波分量近似地代替非正弦输出，即忽略掉高次谐波，输出表示为

$$y(t)=A_1\cos\omega t+B_1\sin\omega=Y_1\sin(\omega t+\varphi_1)$$

式中，$A_1=\dfrac{1}{\pi}\int_0^{2\pi}y(t)\cos\omega t\,\mathrm{d}(\omega t)$；$B_1=\dfrac{1}{\pi}\int_0^{2\pi}y(t)\sin\omega t\,\mathrm{d}(\omega t)$；

$Y_1=\sqrt{{A_1}^2+{B_1}^2}$；$\varphi_1=\arctan\dfrac{A_1}{B_1}$

描述函数 $N(X)$ 的定义为：系统输出的一次谐波分量与正弦输入信号的复数之比。即

$$N(X)=\frac{Y_1}{X}\angle\varphi_1=\frac{\sqrt{{A_1}^2+{B_1}^2}}{X}\angle\arctan\frac{A_1}{B_1}$$

式中，$N(X)$ 称为非线性部分的描述函数，通常 N 仅是输入幅值 X 的函数，记为 $N(X)$。如果 N 既与幅值 X 有关也与频率 ω 有关，则它是一个二元函数，记为 $N(X,\omega)$。

值得注意的是，线性系统的频率特性是输入正弦信号频率 ω 的函数，与正弦信号的幅值无关，而描述函数表示的非线性部分的近似频率特性则是输入信号幅值 X 的函数，这正是非线性系统的近似频率特性与线性系统频率特性的本质区别。

7.3.2　典型非线性环节的描述函数

1. 饱和非线性特性

具有饱和非线性特性环节的输入/输出波形如图 7-34 所示。

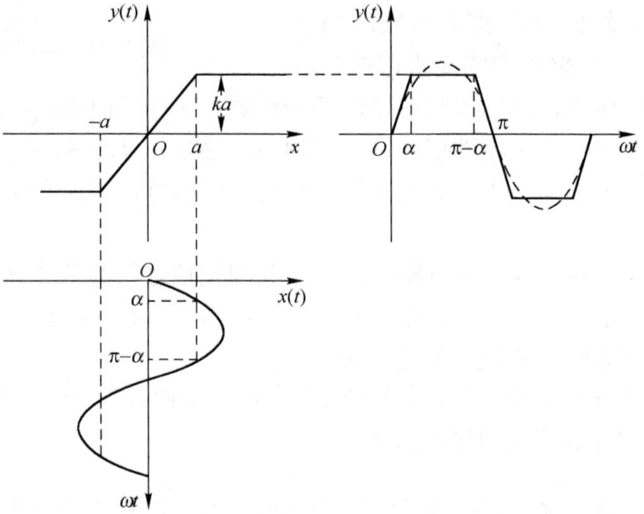

图 7-34　饱和特性输入/输出波形图

正弦输入信号：$x(t)=X\sin\omega t$

输出信号 $y(t)$ 的数学表达式为

$$y(t)=\begin{cases} kX\sin\omega t & 0\leqslant\omega t\leqslant\alpha \\ ka & \alpha<\omega t<\dfrac{\pi}{2} \end{cases}$$

式中，$\alpha=\arcsin\dfrac{a}{X}$（由于 $a=X\sin\alpha$）

输出 $y(t)$ 是对称于原点的奇函数，故 $A_0=A_1=0$。而

$$\begin{aligned} B_1&=\frac{1}{\pi}\int_0^{2\pi}y(t)\sin\omega t\,\mathrm{d}(\omega t)=\frac{4}{\pi}\int_0^{\frac{\pi}{2}}y(t)\sin\omega t\,\mathrm{d}(\omega t) \\ &=\frac{4}{\pi}\left[\int_0^{\alpha}kX\sin^2\omega t\,\mathrm{d}(\omega t)+\int_{\alpha}^{\frac{\pi}{2}}ka\sin\omega t\,\mathrm{d}(\omega t)\right] \\ &=\frac{2kX}{\pi}\left[\arcsin\frac{a}{X}+\frac{a}{X}\sqrt{1-\left(\frac{a}{X}\right)^2}\right],X\geqslant a \end{aligned}$$

故饱和非线性环节的描述函数为

$$N(X)=\frac{B_1}{X}=\frac{2k}{\pi}\left[\arcsin\frac{a}{X}+\frac{a}{X}\sqrt{1-\left(\frac{a}{X}\right)^2}\right],X\geqslant a$$

若 $|X| < a$，系统工作在线性区段，则描述函数为：$N(X) = k$，成为一个比例环节。

2．继电器非线性特性

具有死区继电器特性环节的输入/输出波形如图 7-35 所示。

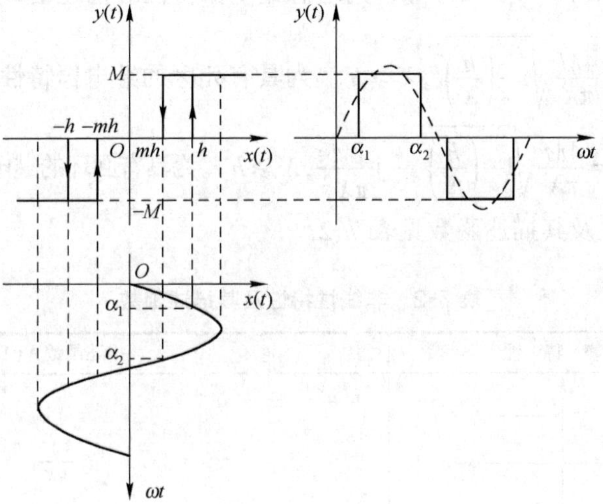

图 7-35 具有死区继电器特性环节的输入/输出波形

输入信号 $x(t) = X\sin\omega t$

输出信号 $y(t)$ 的表达式为

$$y(t)=\begin{cases}0 & 0<\omega t<\alpha_1\\ M & \alpha_1\leqslant\omega t\leqslant\alpha_2\\ 0 & \alpha_2<\omega t<\pi\end{cases}$$

式中，

$$\alpha_1=\arcsin\frac{h}{X},\alpha_2=\pi-\arcsin\frac{mh}{X}\quad（由于 h=X\sin\alpha_1，mh=X\sin\alpha_2）$$

输出 $y(t)$ 是奇次谐波函数，故 $A_0 = 0$。而

$$A_1=\frac{1}{\pi}\int_0^{2\pi}y(t)\cos\omega t\,\mathrm{d}(\omega t)=\frac{2}{\pi}\int_0^{\pi}y(t)\cos\omega t\,\mathrm{d}(\omega t)$$

$$=\frac{2}{\pi}\left[\int_0^{\alpha_1}0\cos\omega t\,\mathrm{d}(\omega t)+\int_{\alpha_1}^{\alpha_2}M\cos\omega t\,\mathrm{d}(\omega t)+\int_{\alpha_2}^{\pi}0\cos\omega t\,\mathrm{d}(\omega t)\right]$$

$$=\frac{2Mh}{\pi X}(m-1),X\geqslant h$$

$$B_1=\frac{1}{\pi}\int_0^{2\pi}y(t)\sin\omega t\,\mathrm{d}(\omega t)=\frac{2}{\pi}\int_0^{\pi}y(t)\sin\omega t\,\mathrm{d}(\omega t)$$

$$=\frac{2}{\pi}\left[\int_0^{\alpha_1}0\sin\omega t\,\mathrm{d}(\omega t)+\int_{\alpha_1}^{\alpha_2}M\sin\omega t\,\mathrm{d}(\omega t)+\int_{\alpha_2}^{\pi}0\sin\omega t\,\mathrm{d}(\omega t)\right]$$

$$=\frac{2M}{\pi}\left[\sqrt{1-\left(\frac{mh}{X}\right)^2}+\sqrt{1-\left(\frac{h}{X}\right)^2}\right],X\geqslant h$$

故继电器非线性环节的描述函数为

$$N(X)=\frac{Y_1}{X}\angle\varphi_1=\frac{B_1}{X}+\mathrm{j}\frac{A_1}{X}=\frac{2M}{\pi X}\left[\sqrt{1-\left(\frac{mh}{X}\right)^2}+\sqrt{1-\left(\frac{h}{X}\right)^2}\right]+\mathrm{j}\frac{2Mh}{\pi X^2}(m-1),X\geqslant h$$

当　$h=0$ 时，$N(X)=\dfrac{4M}{\pi X},X\geqslant h$，为理想继电器特性的描述函数。

$m=1$ 时，$N(X)=\dfrac{4M}{\pi X}\sqrt{1-\left(\dfrac{h}{X}\right)^2},X\geqslant h$，为具有死区的继电器特性的描述函数。

$m=-1$ 时，$N(X)=\dfrac{4M}{\pi X}\sqrt{1-\left(\dfrac{h}{X}\right)^2}-\mathrm{j}\dfrac{4Mh}{\pi X^2},X\geqslant h$，为具有回环的继电器特性的描述函数。

常见的非线性特性及其描述函数见表 7-2。

表 7-2　非线性特性及其描述函数

非线性类型	静　特　性	描述函数 $N(X)$
理想继电器特性	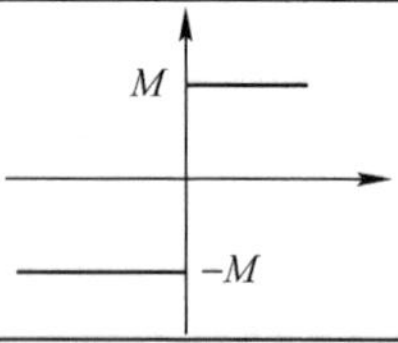	$\dfrac{4M}{\pi X}$
饱和特性	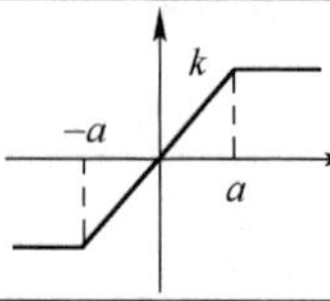	$\dfrac{2k}{\pi}\left[\arcsin\dfrac{a}{X}+\dfrac{a}{X}\sqrt{1-\left(\dfrac{a}{X}\right)^2}\right],X\geqslant a$
死区特性	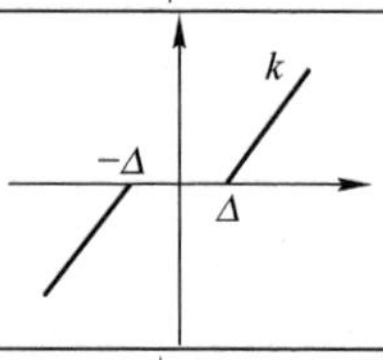	$\dfrac{2k}{\pi}\left[\dfrac{\pi}{2}-\arcsin\dfrac{\Delta}{X}-\dfrac{\Delta}{X}\sqrt{1-\left(\dfrac{\Delta}{X}\right)^2}\right],X\geqslant \Delta$
有死区的饱和特性	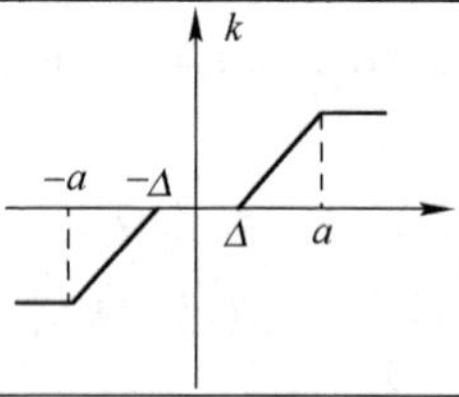	$\dfrac{2k}{\pi}\left[\arcsin\dfrac{a}{X}-\arcsin\dfrac{\Delta}{X}+\dfrac{a}{X}\sqrt{1-\left(\dfrac{a}{X}\right)^2}-\dfrac{\Delta}{X}\sqrt{1-\left(\dfrac{\Delta}{X}\right)^2}\right],X\geqslant a$
有死区的继电器特性	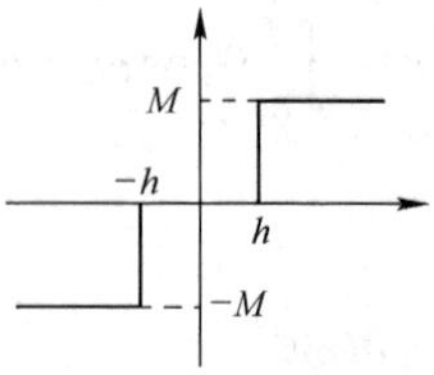	$\dfrac{4M}{\pi X}\sqrt{1-\left(\dfrac{h}{X}\right)^2},X\geqslant h$
有回环的继电器特性	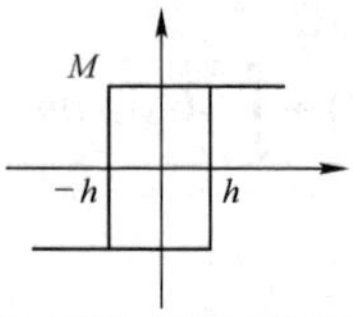	$\dfrac{4M}{\pi X}\sqrt{1-\left(\dfrac{h}{X}\right)^2}-\mathrm{j}\dfrac{4Mh}{\pi X^2},X\geqslant h$

续表

非线性类型	静特性	描述函数 $N(X)$
有死区与回环的继电器特性	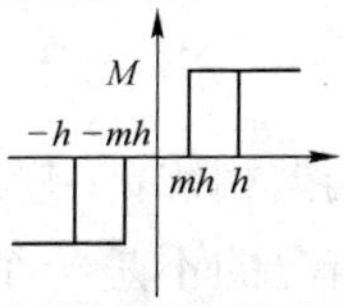	$\frac{2M}{\pi X}\left[\sqrt{1-\left(\frac{mh}{X}\right)^2}+\sqrt{1-\left(\frac{X}{h}\right)^2}\right]+\mathrm{j}\frac{2Mh}{\pi X^2}(m-1), X\geqslant h$
间歇特性	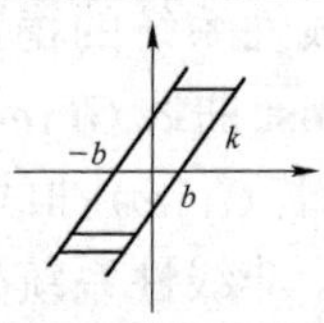	$\frac{k}{\pi}\left[\frac{\pi}{2}+\arcsin\left(1-\frac{2b}{X}\right)+2\left(1-\frac{2b}{X}\right)\sqrt{\frac{b}{X}\left(1-\frac{b}{X}\right)}\right]$ $+\mathrm{j}\frac{4kb}{\pi X}\left(\frac{b}{X}-1\right), X\geqslant b$
变增益特性	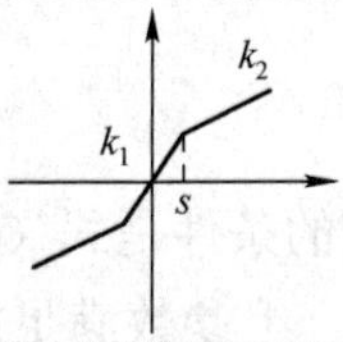	$k_2+\frac{2(k_1-k_2)}{1}\left[\arcsin\frac{s}{X}+\frac{s}{X}\sqrt{1-\left(\frac{s}{X}\right)^2}\right], X\geqslant s$
有死区的线性特性	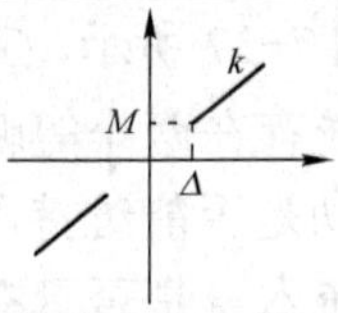	$k-\frac{2k}{\pi}\arcsin\frac{\Delta}{X}+\frac{4M-2k\Delta}{\pi X}\sqrt{1-\left(\frac{\Delta}{X}\right)^2}, X\geqslant\Delta$
库仑摩擦加黏性摩擦特性	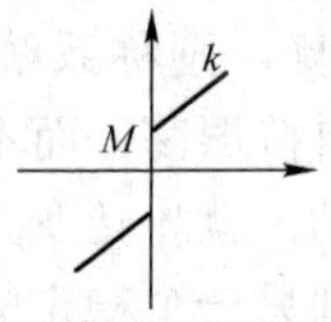	$k+\frac{4M}{\pi X}$

7.3.3　非线性系统的描述函数法分析

非线性系统的结构图可以简化成只有一个非线性部分和一个线性部分相串联的典型形式，如图 7-36 所示。其中，非线性部分的特性用描述函数 $N(X)$ 表示，线性部分的特性用频率特性 $G(\mathrm{j}\omega)$ 表示。对于非线性系统的分析，主要是稳定性、自持振荡产生的条件，自持振荡幅值和频率的确定以及如何抑制自持振荡。

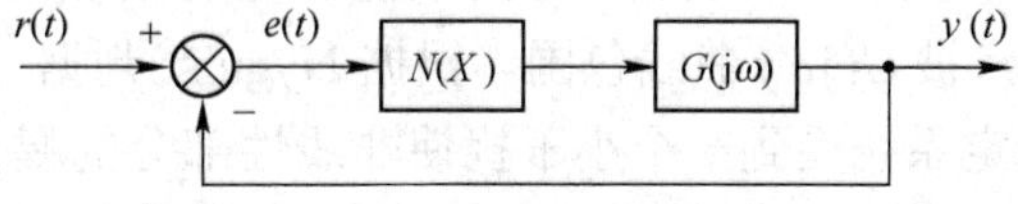

图 7-36　非线性系统典型结构图

1. 稳定性分析

非线性系统的自持振荡是指在没有外界输入信号作用下，系统本身产生的具有固定频率和振幅的稳定等幅运动。

若图 7-36 中非线性部分输入端为正弦信号

$$e(t)=X\sin\omega t$$

则该非线性系统的闭环频率特性可表示为

$$G_{\mathrm{B}}(\mathrm{j}\omega)=\frac{Y(\mathrm{j}\omega)}{R(\mathrm{j}\omega)}=\frac{N(X)G(\mathrm{j}\omega)}{1+N(X)G(\mathrm{j}\omega)}$$

闭环特征方程为

$$1+N(X)G(\mathrm{j}\omega)=0$$

即

$$G(\mathrm{j}\omega)=-\frac{1}{N(X)} \tag{7-26}$$

式中，$-1/N(X)$ 称为负倒描述函数。与线性系统的 Nyquist 判据相比，$-1/N(X)$ 相当于线性系统中临界稳定点(-1，j0)。只是在非线性系统中，表示临界情况的不是一个点，而是一条曲线 $-1/N(X)$。这样可根据线性系统中的 Nyquist 判据来判别非线性系统的稳定性。

当 $G(s)$ 为最小相位传递函数时，若系统线性部分的 Nyquist 曲线 $G(\mathrm{j}\omega)$ 包围非线性部分的负倒描述函数曲线 $-1/N(X)$，则非线性系统不稳定。同理，若 $G(\mathrm{j}\omega)$ 曲线不包围 $-1/N(X)$，则非线性系统稳定。而当 $G(\mathrm{j}\omega)$ 曲线与 $-1/N(X)$ 曲线相交时，非线性系统处于临界状态，产生等幅振荡，振荡频率和振幅由交点处的 (ω,X) 来确定。

2. 自持振荡

当 $G(\mathrm{j}\omega)$ 曲线与 $-1/N(X)$ 曲线相交，满足产生自持振荡的条件是式（7-26），系统处于等幅振荡状态。如果不止一组参数满足式（7-26），则系统存在几个等幅运动。如图 7-37 所示，$G(\mathrm{j}\omega)$ 与 $-1/N(X)$ 有两个交点 P 和 Q，则系统存在两个等幅运动状态。但 P 和 Q 两点所对应的等幅运动是否能维持不变，即当系统的运动状态稍有变化后，系统本身是否具有恢复到原来状态的能力？如果系统能够恢复，则称系统的等幅运动是稳定的，该等幅运动才称为自持振荡。而不稳定的等幅运动不能长时间存在，稍有扰动，就将转变为其他运动状态，或收敛，或发散，或转移到另一个稳定的等幅运动，则称系统的等幅运动具有不稳定性。

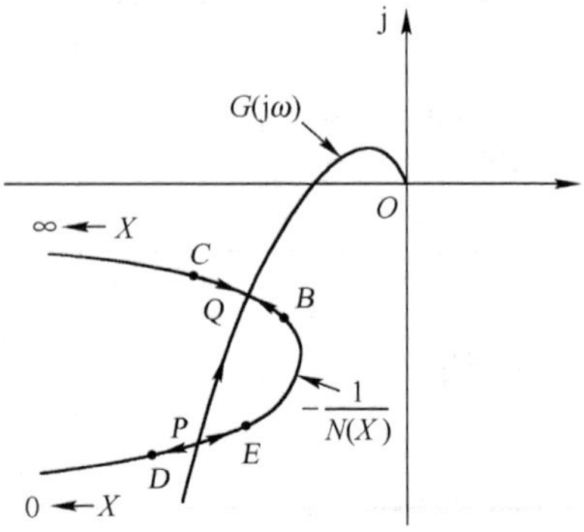

图 7-37　确定自持振荡原理图

对图 7-37 所示的系统，假定原系统工作在 P 点，其振荡频率为 ω_{P}，振幅为 X_{P}，它们分别由 $G(\mathrm{j}\omega)$ 曲线和 $-1/N(X)$ 曲线确定。如果系统受到一个小干扰，使非线性部分的幅值 X 略有增加，则工作点将沿 $-1/N(X)$ 曲线从 P 点移到 E 点，且 E 点被 $G(\mathrm{j}\omega)$ 曲线包围。根据 Nyguist 判据，系统不稳定，振幅将继续增大，朝 Q 点移动。或假定系统受到一个小干扰使非线性部分的幅值 X 减小，则工作点将沿 $-1/N(X)$ 曲线由 P 点移到 D 点，则从图中可知，$G(\mathrm{j}\omega)$ 不包围 D 点，系统是稳定的，振幅将继续减小，工作点从 D 向左继续移动而收敛。因此，P 点具有不稳定性，即相当于一个不稳定的极限环。

而对工作点 Q，假设 Q 点在小扰动下工作点沿 $-1/N(X)$ 曲线转移到 B 点，此时由于 $G(\mathrm{j}\omega)$ 曲线包围点 B，振荡幅值将增大，工作点将朝 Q 点方向移动。若干扰引起系统从 Q 点转移到 C 点，此时 $G(\mathrm{j}\omega)$ 曲线不包围点 C，于是非线性元件的输入幅值减小，工作点则朝返回 Q 点的方向移动。由此可知，Q 点具有稳定性，对应的等幅运动是稳定的，即自持振荡，其通过实验能观察到，而相应于 P 点的不稳定极限环则观察不到。

自持振荡的振幅和频率可利用 $G(\mathrm{j}\omega)$ 曲线和 $-1/N(X)$ 曲线的交点，采用解析法或图解法获得。如果 $G(\mathrm{j}\omega)$ 曲线和 $-1/N(X)$ 曲线是垂直地相交，那么采用描述函数法分析非线性系统的准确度就比较高。此外，线性部分 $G(\mathrm{j}\omega)$ 高次谐波的衰减程度也影响分析的准确度。如果 $G(\mathrm{j}\omega)$

曲线与 $-1/N(X)$ 曲线近似相切，则采用描述函数分析法分析得到的信息的准确度将取决于 $G(\mathrm{j}\omega)$ 对高次谐波的衰减程度，此时系统处于出现或不出现极限环的边缘上。

3. 典型非线性特性对控制系统稳定性的影响

（1）饱和非线性特性对系统稳定性的影响

饱和非线性特性的描述函数为

$$N(X)=\frac{B_1}{X}=\frac{2k}{\pi}\left[\arcsin\frac{a}{X}+\frac{a}{X}\sqrt{1-\left(\frac{a}{X}\right)^2}\right],X\geqslant a$$

负倒描述函数曲线为

$$-\frac{1}{N(X)}=-\frac{\pi}{2k\left[\arcsin\frac{a}{X}+\frac{a}{X}\sqrt{1-\left(\frac{a}{X}\right)^2}\right]},X\geqslant a$$

当 $X=a$ 时，$-1/N(X)=-1/k$；$X\to+\infty$ 时，$-1/N(X)\to-\infty$，故负倒描述函数曲线是一条沿负实轴并在 $-1/k$ 至 $-\infty$ 范围内变化的曲线，如图 7-38 所示。箭头方向表示输入幅值增大时 $-1/N(X)$ 的变化方向。

若系统的线性部分分别为

$$G_1(s)=\frac{K}{(T_1s+1)(T_2s+1)},G_2(s)=\frac{K}{(T_1s+1)(T_2s+1)(T_3s+1)}$$

$$G_3(s)=\frac{K}{s(T_1s+1)},G_4(s)=\frac{K}{s(T_1s+1)(T_2s+1)}$$

则其极坐标曲线分别如图 7-38 所示。

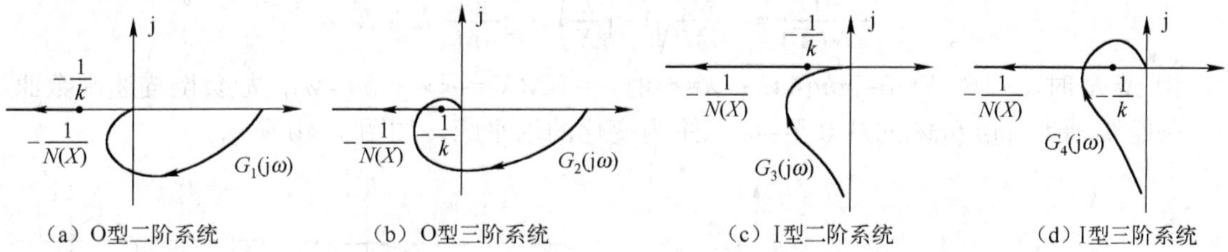

图 7-38　线性部分极坐标图和饱和特性的 $-1/N(x)$ 曲线

为分析具有饱和特性非线性系统的稳定性，将 $-1/N(X)$ 曲线和 $G(\mathrm{j}\omega)$ 曲线画在同一坐标系中，如图 7-38 所示。由图可知对于具有 O 型或 I 型的二阶系统，$G_1(\mathrm{j}\omega)$ 或 $G_3(\mathrm{j}\omega)$ 曲线不可能包围饱和特性的 $-1/N(X)$ 曲线或与之相交，因而非线性系统的稳定性不受非线性元件的影响。而对于 O 型或 I 型的三阶系统，$G_2(\mathrm{j}\omega)$ 或 $G_4(\mathrm{j}\omega)$ 曲线可能与饱和特性的 $-1/N(X)$ 曲线相交，则系统可能产生自持振荡。

（2）继电器特性对稳定性的影响

理想继电器特性的描述函数为

$$N(X)=\frac{4M}{\pi X}$$

负倒描述函数曲线为

$$-\frac{1}{N(X)}=-\frac{\pi X}{4M}$$

当 $X=0$ 时，$-1/N(X)=0$；$X\to\infty$时，$-1/N(X)\to-\infty$，故负倒描述函数曲线是一条沿负实轴并在 0 至$-\infty$范围内变化的曲线。

对于具有 O 型或 I 型的二阶系统，如对于图 7-39 中的$G_1(\mathrm{j}\omega)$或$G_3(\mathrm{j}\omega)$曲线与理想继电特性的$-1/N(X)$曲线相交于原点，因而非线性系统在原点存在$\omega\to\infty,X\to0$的自持振荡，也就是收敛于原点。而对于 O 型或 I 型的三阶系统，如对于图 7-39 中的$G_2(\mathrm{j}\omega)$或$G_4(\mathrm{j}\omega)$曲线与理想继电特性的$-1/N(X)$曲线相交，系统必然产生自持振荡。

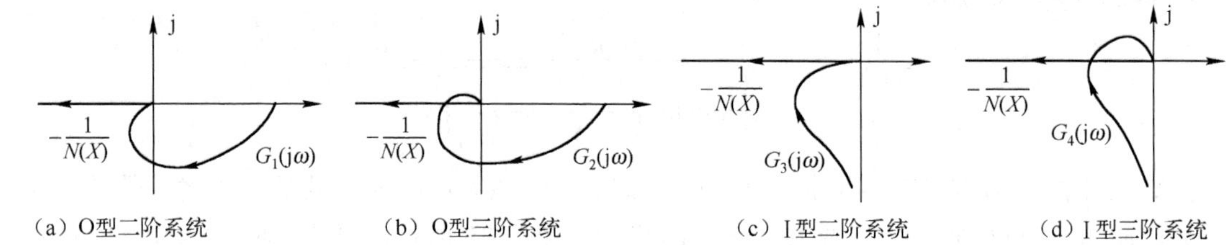

图 7-39　线性部分极坐标图和理想继电器特性 $-1/N(x)$ 曲线

（3）回环继电器特性对系统稳定性影响

回环继电器特性的描述函数为

$$N(X)=\frac{4M}{\pi X}\sqrt{1-\left(\frac{h}{X}\right)^2}-\mathrm{j}\frac{4Mh}{\pi X^2},X\geqslant h$$

负倒描述函数曲线为

$$-\frac{1}{N(X)}=-\frac{\pi X}{4M}\sqrt{1-\left(\frac{h}{X}\right)^2}-\mathrm{j}\frac{\pi h}{4M},X\geqslant h$$

当 $X=h$ 时，$-1/N(X)=0-\mathrm{j}\pi h/(4M)$；$X=\infty$时，$-1/N(X)=-\infty-\mathrm{j}\pi h/(4M)$，故负倒描述函数曲线是一条距实轴为$-\mathrm{j}\pi h/(4M)$的从 0 至$-\infty$范围内变化的水平线，如图 7-40 所示。

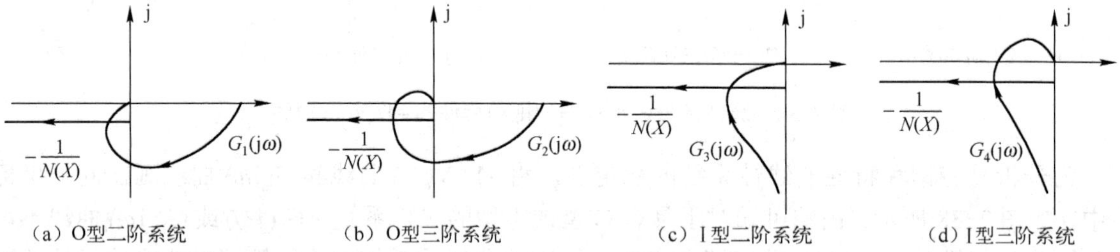

图 7-40　线性部分极坐标图和回环继电器特性的 $-1/N(x)$ 曲线

从图 7-40 可以看出，回环继电器与所有系统串联都可能产生自持振荡。

由上可知，对 O 型系统适当地选择非线性部分和线性部分的参数，或是对系统线性部分进行校正，有可能避免产生自持振荡。但对 I 型系统，无论如何，必定产生自持振荡。

例 7-4　非线性系统如图 7-41 所示（M=1），若希望输出 $y(t)$ 为频率 $\omega=2$，幅值 $X=4$ 的周期信号，试确定系统参数 k 与 a 的值。

解　由图 7-41 可知理想继电器特性的描述函数为

$$N(X)=\frac{4M}{\pi X}$$

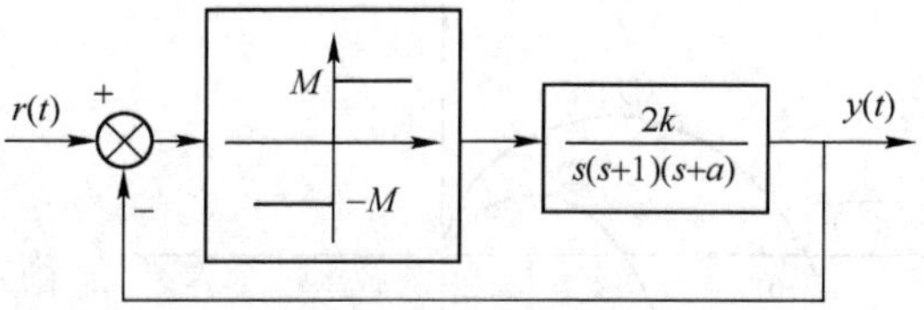

图 7-41　控制系统图

其负倒描述函数曲线为　$-\dfrac{1}{N(X)}=-\dfrac{\pi X}{4M}$

当 $X\to 0$ 时，$-\dfrac{1}{N(X)}\to 0$；当 $X\to+\infty$ 时，

$-\dfrac{1}{N(X)}\to-\infty$

在负实轴上随 X 从 0 到 $+\infty$，负倒描述函数是从 0 到 $-\infty$ 的单值函数。

线性部分传递函数为

$$G(s)=\frac{2k}{s(s+1)(s+a)}$$

其频率特性

$$G(\mathrm{j}\omega)=\frac{2k}{-(1+a)\omega^2+\mathrm{j}\omega(a-\omega^2)}$$

根据题意自持振荡频率为

$$\omega=2$$

则

$$G(\mathrm{j}\omega)=\frac{2k}{-4(1+a)+\mathrm{j}2(a-4)}$$

自持振荡幅值 $X=4$；$-\dfrac{1}{N(4)}=-\pi$

$-\dfrac{1}{N(X)}$ 与 $G(\mathrm{j}\omega)$ 在负实轴上相交 $G(\mathrm{j}\omega)=-\dfrac{1}{N(X)}$

即

$$\frac{2k}{-4(1+a)+\mathrm{j}2(a-4)}=-\pi$$

实部：$2k=4\pi(a+1)$；虚部：$-2\pi(a-4)=0$

得 $a=4$；$k=10\pi$

例 7-5　饱和非线性特性的控制系统如图 7-42 所示，试分析

（1）K=15 时非线性系统的运动；

（2）系统处于稳定边界状态时 K 的值。

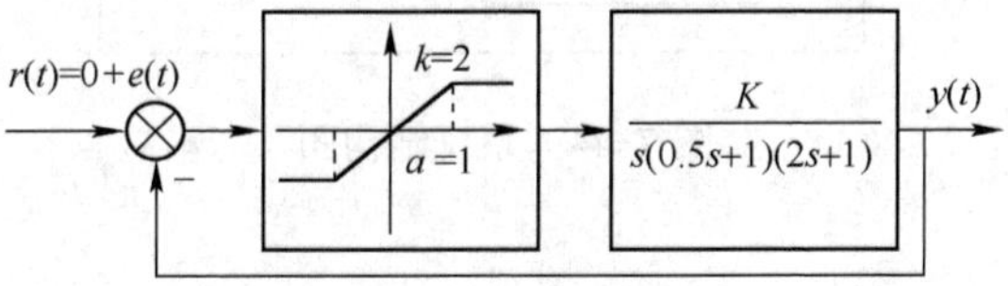

图 7-42　控制系统图

解（1）饱和非线性环节的描述函数为

$$N(X)=\frac{2k}{\pi}\left[\arcsin\frac{a}{X}+\frac{a}{X}\sqrt{1-\left(\frac{a}{X}\right)^2}\right],\quad X\geqslant a$$

因 $N(X)$ 随 X 的增大而减小，且为实数。

故 $-\dfrac{1}{N(X)}$ 曲线与负实轴上$(-\infty，-1/k)$区段重合。将给定参数 a=1，k=2 代入饱和非线性环节的 $N(X)$，计算得 $-\dfrac{1}{N(a)}=-0.5$，$-\dfrac{1}{N(\infty)}=-\infty$，作 $-\dfrac{1}{N(X)}$ 曲线如图 7-43 所示。

线性部分 $G(s)$ 在 $K=15$ 时的幅相曲线如图 7-43 所示中曲线①所示。

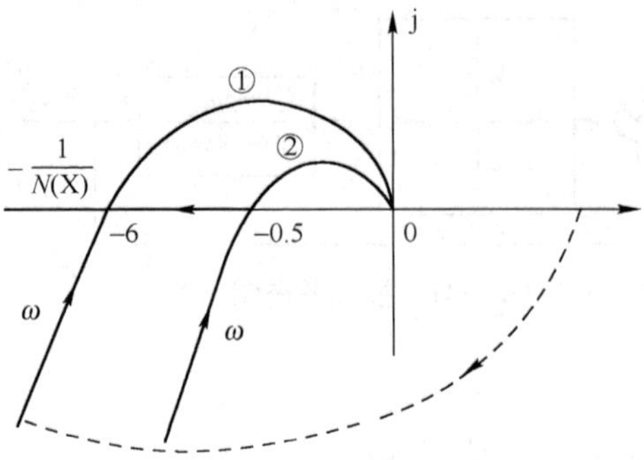

图 7-43　系统的 $G(\mathrm{j}\omega)$ 曲线和 $-\frac{1}{N(X)}$ 曲线

由图 7-43 可知，$G(\mathrm{j}\omega)$ 曲线和 $-\frac{1}{N(X)}$ 曲线存在交点，且 $-\frac{1}{N(X)}$ 沿 X 增大方向，由不稳定区域进入稳定区域，根据周期运动稳定性判据，系统存在稳定的周期运动。交点处的参数可由方程 $G(\mathrm{j}\omega)=-\frac{1}{N(X)}$ 得出。利用线性部分频率特性

$$G(\mathrm{j}\omega)=\frac{K}{\mathrm{j}\omega(0.5\mathrm{j}\omega+1)(2\mathrm{j}\omega+1)}=\frac{K}{-2.5\omega^2+\mathrm{j}\omega(1-\omega^2)}$$

$$=\frac{-2.5K}{\omega^4+0.5\omega^2+1}-\mathrm{j}\frac{K(1-\omega^2)}{\omega(\omega^4+0.5\omega^2+1)}$$

的虚部　　$\mathrm{Im}\left[G(\mathrm{j}\omega)\right]=0$

得交点处的频率 $\omega=\omega_c=1$，而由实部

$$\mathrm{Re}\left[\mathrm{G}(\mathrm{j}\omega)\right]=-1/N(X)$$

可求得交点处的振幅 $X=15.27$ 。因而非线性系统处于自振荡情况下的非线性环节的输入信号为

$$e(t)=X\sin\omega t=15.27\sin t$$

（2）为使该系统不出现自振荡应调整 K 使 $G(\mathrm{j}\omega)$ 曲线移动，并与 $-\frac{1}{N(X)}$ 曲线无交点，即应有

$$\mathrm{Re}\left[\mathrm{G}(\mathrm{j}\omega_c)\right]<-1/N(a)$$

得　　$K<0.5$

而 K 的临界值应使上述不等式变为等式，即 $K=0.5$ 时的 $G(\mathrm{j}\omega)$ 曲线如图 7-43 所示中曲线②所示。

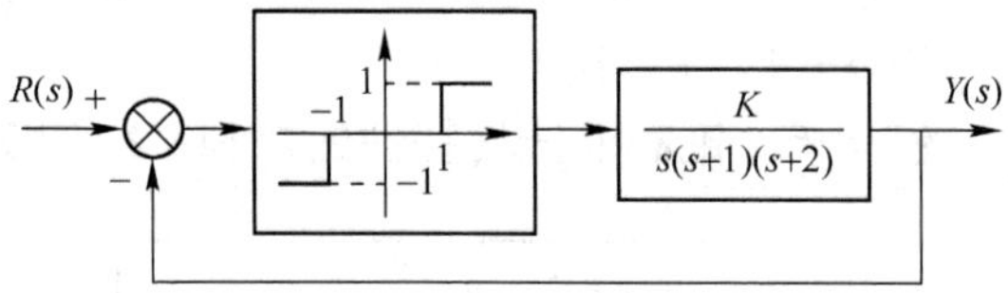

图 7-44　系统结构图

例 7-6　系统结构如图 7-44，利用描述函数分析法分析下述系统的稳定性。

（1）当线性部分 $K=10$ 时，判断系统稳定性，若产生自持振荡求出自持振荡频率和幅值。

（2）欲使系统稳定，可采取什么措施。

解（1）非线性元件的描述函数为

$$N(X)=\frac{4M}{\pi X}\sqrt{1-\left(\frac{a}{X}\right)^2},X\geqslant a$$

负倒描述函数曲线为

$$-\frac{1}{N(X)}=-\frac{\pi X}{4M}\frac{1}{\sqrt{1-\left(\frac{a}{X}\right)^2}},X\geqslant a$$

当 $X=a$ 时，$-1/N(X)=-\infty$，$X=+\infty$时，$-1/N(X)=-\infty$，且 $-1/N(X)$ 在 $X=\sqrt{2}a$ 时，

取最大值 $-\pi a/(2M)$，如图 7-45 所示。曲线在负实轴上完全重合，只是重合点对应的振幅不同。

线性部分的频率特性为

$$G(\mathrm{j}\omega)=\frac{K}{\mathrm{j}\omega(\mathrm{j}\omega+1)(\mathrm{j}\omega+2)}$$

利用 $\mathrm{Im}[G(\mathrm{j}\omega)]=0$ 求得 $G(\mathrm{j}\omega)$ 曲线与实轴交点处的频率为 $\omega=\sqrt{2}$

当 $K=10$，$a=1$，$M=1$ 时，由图 7-45 可见 $G(\mathrm{j}\omega)$ 与 $-1/N(X)$ 曲线有两个交点 B 点和 C 点。B 和 C 交点处的频率均为 $\omega=\sqrt{2}$，幅值由 $\mathrm{Re}[G(\mathrm{j}\omega)]\big|_{\omega=\sqrt{2}}=-\dfrac{1}{N(X)}$ 得 $X_B=1.2$，$X_C=1.73$。

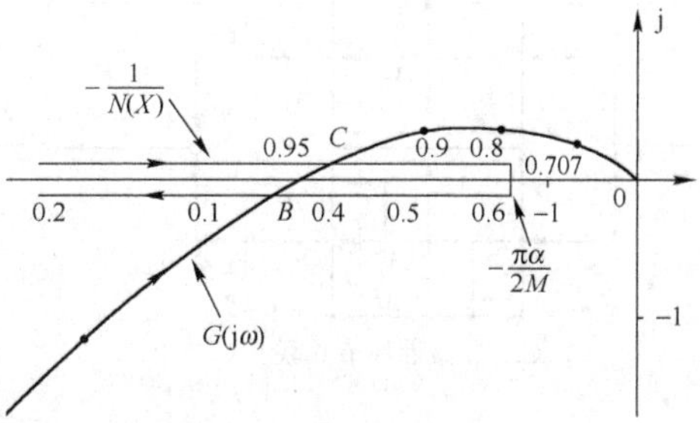

图 7-45　$-1/N(X)$ 曲线和 $C(\mathrm{j}\omega)$ 曲线

这说明系统存在两个振幅不同，而振荡频率相同的周期运动，通过对周期运动的稳定性判别可得振幅为 1.2 的周期运动是不稳定的。振幅为 1.73 的周期运动是稳定的，振荡频率为 $\omega=\sqrt{2}$，幅值为 $X_C=1.73$。

（2）从图 7-45 可见，若改变系统线性部分的系数 K，使 $G(\mathrm{j}\omega)$ 曲线在实轴上交点的距离小于 $-1/N(X)$ 曲线的最大值，$G(\mathrm{j}\omega)$ 曲线不包围 $-1/N(X)$，非线性系统稳定。线性部分 $G(\mathrm{j}\omega)$ 曲线通过 $-1/N(X)$ 曲线最大点时，系统处于临界状态，临界放大系数

$$K_{临}=3\pi a/M$$

从图 7-45 可以看出，调整非线性元件的参数 a 或 M 也可达到消除自持振荡目的。另外也可通过对线性部分特性进行校正，改变线性部分特性曲线的形状来消除自持振荡。

7.3.4 非线性系统的简化

非线性系统的描述函数分析法是建立在图 7-36 所示的系统，当系统有多个非线性环节和多个线性环节组合而成时，必须通过等效变换化为此典型结构。

等效变换原则为：在 $r(t)=0$ 的条件下，根据非线性环节的串，并联简化非线环节为一个等效非线性环节；再保持等效非线性环节的输入输出关系不变，简化线性部分为一个等效线性环节。

1. 非线性环节并联

若两个非线性环节并联，可将两个非线性环节的特性归化成一个特性，设这两个两个非线性环节的描述函数分别为 $N_1(X)$，$N_2(X)$，并联后的等效非线性环节的描述函数为：$N(X)=N_1(X)\pm N_2(X)$。例如，图 7-46（a）中，当 $\varDelta_1\geqslant\varDelta_2$ 时等效为图 7-46（b）；当 $\varDelta_1<\varDelta_2$ 时等效为图 7-46（c）。

2. 非线性环节串联

若两个非线性环节串联，归化方法是将前一个环节的输入作为结构归化后的非线性环节的输入，后一个环节的输出作为结构归化后的非线性环节的输出，从而得到等效非线性特性。非线性环节的前后顺序一般不允许交换，多个非线性环节串联时，按信号的方向从前向逐步后归化，如图 7-47。

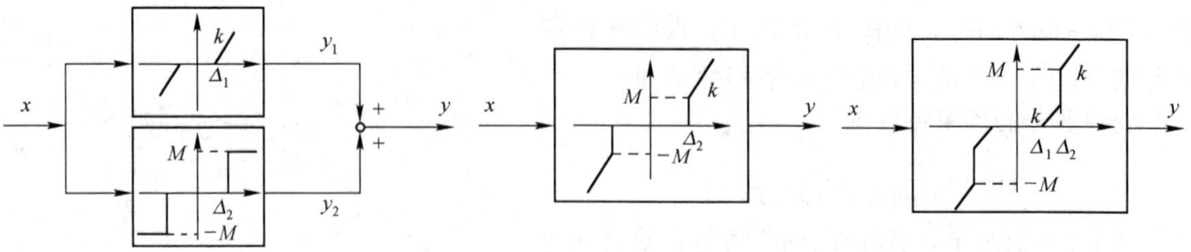

（a）非线性环节并联　　（b）$\Delta_1 \geqslant \Delta_2$　　（c）$\Delta_1 < \Delta_2$

图 7-46　并联等效变换

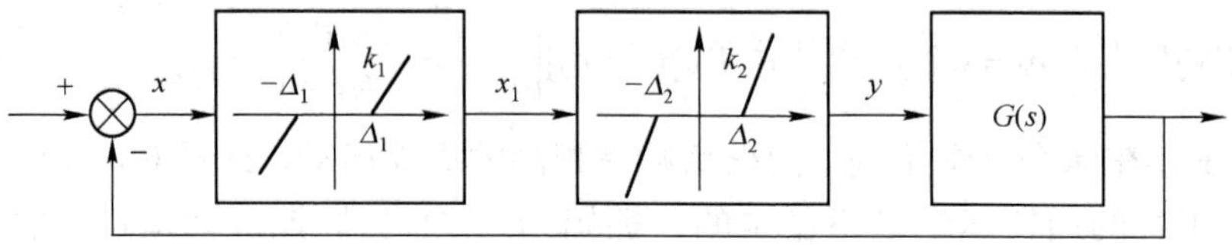

图 7-47　两个死区非线性环节串联

两个死区非线性特性为

$$x_1 = \begin{cases} k_1(x - \Delta) & |x| > \Delta_1 \\ 0 & |x| < \Delta_1 \end{cases} \tag{7-27}$$

$$y_1 = \begin{cases} k_2(x_1 - \Delta_2) & |x_1| > \Delta_2 \\ 0 & |x_1| \leqslant \Delta_2 \end{cases} \tag{7-28}$$

将式（7-27）代入式（7-28）得

$$y_1 = \begin{cases} k_2 k_1[x - (\Delta_1 + \Delta_2 / k_1)] & |x| > \Delta_2 / k_1 + \Delta_1 \\ 0 & |x| \leqslant \Delta_2 / k_1 + \Delta_1 \end{cases}$$

令 $\Delta = \Delta_2 / k_1 + \Delta_1$，$k = k_1 k_2$ 化简的结果如图 7-48 所示。

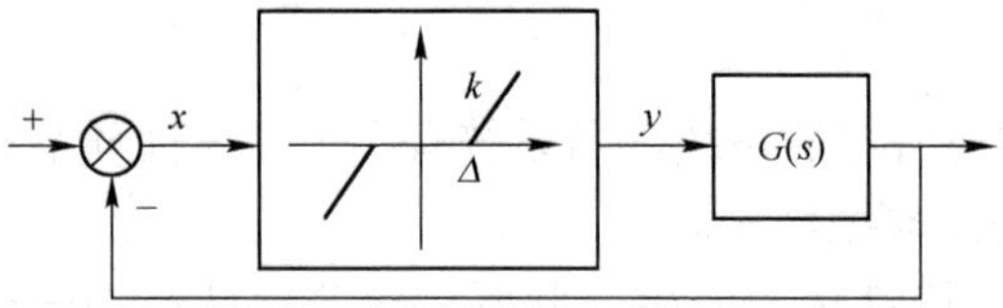

图 7-48　两个死区非线性环节串联的化简结果

7.4　基于 MATLAB 的非线性系统分析

在一般非线性系统分析中，常需要在平衡点处求系统的线性化模型，进而对系统进行分析。同样利用 MATLAB/Simulink 提供的函数，不仅可对非线性系统进行线性化处理，而且也可直接对非线性系统进行分析。

7.4.1　利用 MATLAB 求解非线性系统的线性化模型

1．平衡点的确定

利用函数 trim( )可根据系统的 Simulink 模型文件来求出系统的平衡点，但在绘制 Simulink 模型时注意首先应该将系统的输入和输出用输入/输出接口模块（In1/Out1）来表示。该函数的调用格式如下

[x,u,y,dx]=trim('model',x0,u0,y0) 或 [x,u,y,dx]=trim('model')

式中，model 是系统的 Simulink 模型文件名；x0,u0,y0 分别为系统的状态向量、输入向量和输出向量的初始值；输出参数 x,u,y,dx 分别为系统在平衡点处的状态向量、输入向量、输出向量和状态向量的变化率。

由于该函数是通过极小化的算法来求出系统的平衡点，所以有时不能保证状态向量的变化率等于零。也即除非问题本身的最小值唯一，否则不能保证所求的平衡点是最佳的，因此，若想寻找全局最佳平衡点，必须多试几组初始值。

2．连续系统的线性化模型

利用 MATLAB 提供的函数 linmod( )和 linmed2( )可以根据模型文件（系统的输入和输出必须由 Connections 库中的 In1 和 Out1 模块来定义）得到线性化模型的状态参数 A,B,C 和 D，它们的调用格式相同，其中函数 linmod( )的调用格式为

[A,B,C,D]=linmod('model',x,u) 或 [A,B,C,D]=linmod('model')

式中，model 为待线性化的系统的 Simulink 模型文件名；x 和 u 分别为平衡点处的状态向量和输入向量，默认为 0；A,B,C,D 为线性化的系统的状态方程模型的各矩阵值。

例 7-7　利用 MATLAB 求图 7-49 所示非线性系统的平衡工作点，及在平衡工作点附近的线性模型。

解　① 在 Simulink 中建立如图 7-49 所示的模型并保存为 ex7_7 文件，其中饱和非线性模块（Saturation）输出的上下限幅大小，通过修改参数对话框中输出下限（Lower limit）和输出上限（Upper limit）两个编辑框中的内容即可，此例采用默认设置±0.5。

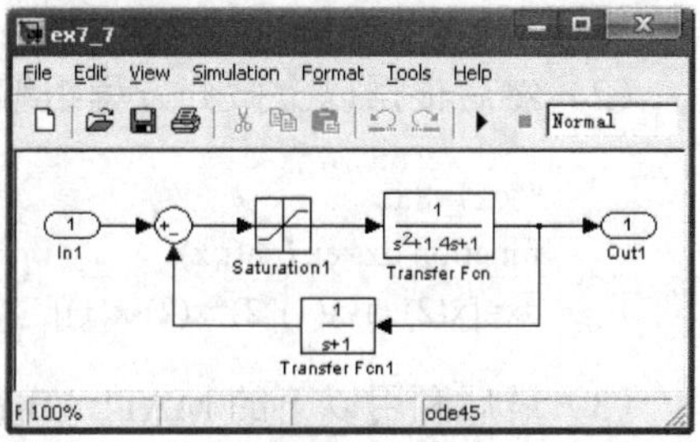

图 7-49　单输入单输出非线性系统

② 在 MATLAB 命令窗口中，运行以下命令可求出平衡点。

```
>>x0=[0;0;0];u0=1;y0=0;[x,u,y,dx]=trim('ex7_7',x0,u0,y0);x
```

结果显示：

```
x =
    0.0000
    0.5000
    0.5000
```

③ 在 MATLAB 命令窗口中，运行以下命令可得到系统在平衡工作点附近的线性模型

```
>>[A,B,C,D]=linmod('ex7_7');[num,den]=ss2tf(A,B,C,D);printsys(num,den)
```

结果显示：

```
num/den =
            -8.8818e-016 s^2 + 1 s + 1
            --------------------------------
            s^3 + 2.4 s^2 + 2.4 s + 2
```

7.4.2 基于 MATLAB 的相平面法分析非线性系统

1．利用 MATLAB 绘制系统的相轨迹图

1）利用 MATLAB 绘制非线性系统的相轨迹图

在 MATLAB 中提供了求解非线性系统常微分方程的函数 ode45( )，其调用格式为

x=ode45(fun,[t0,tf],x0)

其中，fun 为一个自定义的 M 文件函数名；[t0,tf]为求解时间区间；x0 为微分方程的初值；x 为返回的解。

例 7-8 已知非线性系统的微分方程为

$$\ddot{x}-(1-x^2)\dot{x}+x=0$$

试利用 MATLAB 求解系统在初始条件：$x(0)=1$；$\dot{x}(0)=0$ 下的相轨迹图和解曲线。

解 （1）首先将以上微分方程写成一阶微分方程组

令 $x_1=x,x_2=\dot{x}$，则可得

$$\begin{cases}\dot{x}_1=x_2\\ \dot{x}_2=(1-x_1^2)x_2-x_1\end{cases}\quad\begin{cases}x_1(0)=1\\ x_2(0)=0\end{cases}$$

（2）然后根据以上微分方程组编写一个函数 ex7_8.m。

```
%ex7_8.m
function dx=ex7_8(t,x)
dx=[x(2);(1-x(1)^2)*x(2)-x(1)];
```

（3）最后利用以下的 MATLAB 命令，即可求出微分方程在 $x-\dot{x}$ 平面上的相轨迹和在 t–x 平面上的解曲线，如图 7-50 所示。

```
>>[t,x]=ode45('ex7_8',[0,50],[1;0]);
>>subplot(1,2,1);plot(x(:,1),x(:,2));xlabel('x');ylabel('dx/dt');
>>subplot(1,2,2);plot(t,x(:,1),t,x(:,2));xlabel('t');ylabel('x1,x2');
```

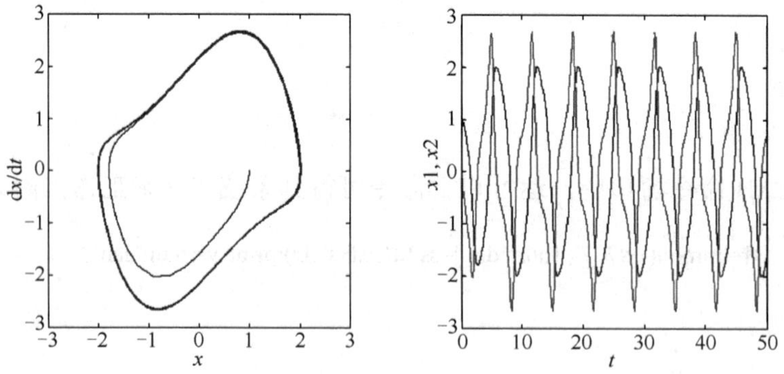

（a）相轨迹　　（b）解曲线

图 7-50　例 7-8 系统图

2）利用 MATLAB 绘制线性系统的相轨迹图

在 MATLAB 中，利用单位阶跃响应函数 step( )可以求出由状态方程所描述的线性系统状态向量的值，函数 step( )的调用格式为

$$[y,x,t]=step(A,B,C,D)$$

式中，A,B,C,D 为线性系统状态方程中的各参数矩阵；y 为系统在各个仿真时刻的输出所组成的矩阵；而 x 为自动选择的状态向量的时间响应数据；t 为时间向量。其中，状态向量 x 的第 1 列 x(:,1)表示位置变量，第 2 列 x(:,2)表示其速度变量。

例 7-9　已知二阶线性系统的传递函数为

$$G(s)=\frac{\omega_n^2}{s^2+2\zeta\omega_n s+\omega_n^2}$$

当系统的无阻尼自然振荡频率 $\omega_n=2$，阻尼比 ζ 分别为 0.5,−0.5,1.25,0 时，试利用 MATLAB 绘制出系统在零初始状态下的相轨迹，并对其进行分析。

解　MATLAB 程序如下

```
%ex7_9.m
wn=2;zeta=[0.5,-0.5,1.25,0];figure（1）;hold on
for i=1:4
  num=wn^2;den=[1,2*zeta(i)*wn,wn^2]; [A,b,c,d]=tf2ss(num,den);[y,x,t]=step(A,b,c,d);
  subplot(4,2,2*i-1);plot(t,y);              %绘制阶跃响应曲线
  subplot(4,2,2*i); plot(x(:,1),x(:,2));     %绘制相轨迹
end
hold off
```

执行程序 ex7_9.m 可得如图 7-51 所示的阶跃响应曲线和相轨迹。

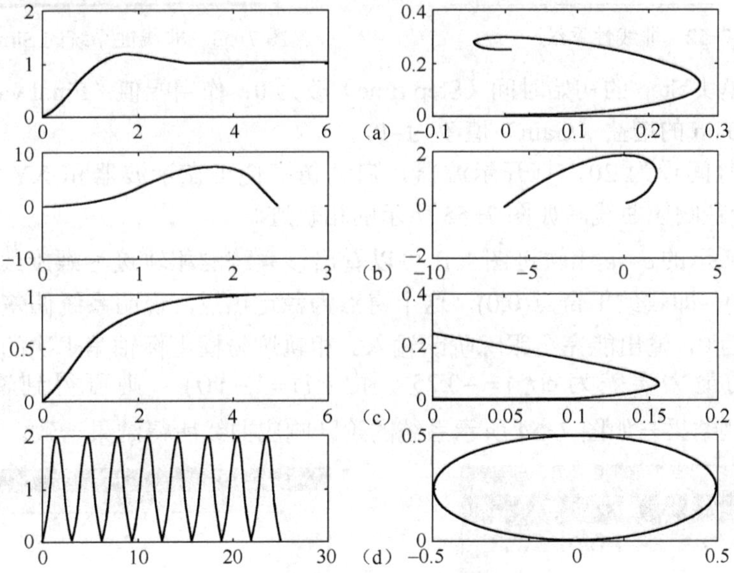

图 7-51　系统的阶跃响应曲线和相轨迹

当 $\omega_n=2$，$\zeta=0.5$ 时，系统有两个实部为负的共轭复数极点$-1\pm j1.73$，此时系统单位阶跃响应为衰减振荡，系统稳定。相轨迹为螺旋线，并收敛于奇点(0,0)，这个奇点为稳定焦点，如图 7-51（a）表示。

当 $\omega_n=2$，$\zeta=-0.5$ 时，系统有两个实部为正的共轭复数极点 $1\pm j1.73$，此时系统单位阶跃响应为发散振荡，系统不稳定。相轨迹为由原点(0,0)出发的螺旋线，这个奇点(0,0)为不稳定焦点，

如图 7-51（b）表示。

当 ω_n=2，ζ=1.25 时，系统有两个负数极点−1 和−4，此时系统单位阶跃响应为单调上升，系统稳定。相轨迹为抛物线，并收敛于奇点(0,0)，这个奇点为稳定节点，如图 7-51（c）表示。

当 ω_n=2，ζ=0 时，系统有一对共轭纯复数极点±j2，此时系统单位阶跃响应为等幅振荡曲线，系统属于临界稳定。相轨迹为包围奇点(0,0)的椭圆封闭曲线，这个奇点为中心点，如图 7-51（d）表示。

2. 利用 Simulink 绘制系统的相轨迹图

利用 Simulink 模块库中的标准模块，可以方便地构成各种各样的非线性系统，从而方便地在 Simulink 环境下对非线性进行分析。

例 7-10　已知非线性系统如图 7-52 所示。试利用 Simulink 绘制系统的相轨迹。

解　（1）在 Simulink 中建立如图 7-53 所示的模型并保存为 ex7_10 文件。由于 XY Graph 模块的两输入端口的输入数据分别为 $e(t)=r(t)-y(t)$ 和 $\dot{e}(t)=-\dot{y}(t)$，故 XY Graph 将显示出 $e-\dot{e}$ 相轨迹曲线。

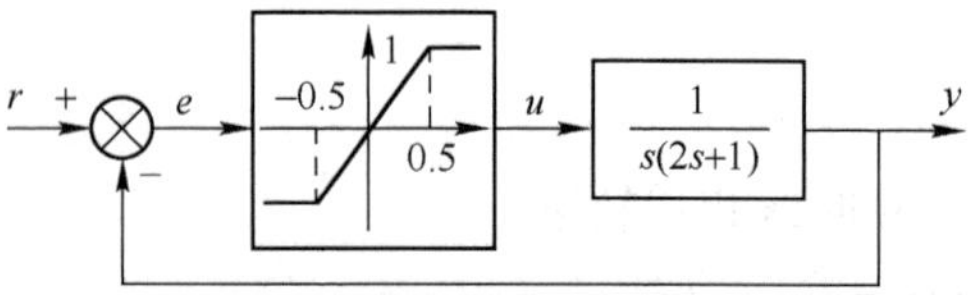

图 7-52　非线性系统

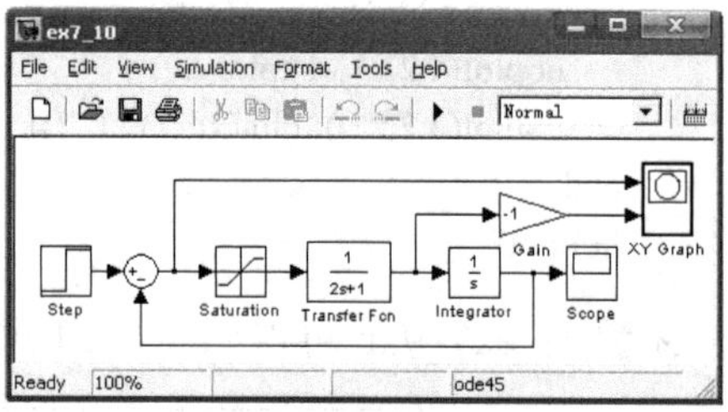

图 7-53　非线性系统的 Simulink 仿真框图

（2）将输入模块 Step 的初始时间（Step time）改为 0；作用幅值（Final value）的采用默认值 1。增益模块 Gain 的增益（Gain）值改为−1。

（3）将仿真时间设为 20，打开示波器，启动仿真便可在示波器和 XY Graph 中得到如图 7-54 所示的阶跃响应曲线和如图 7-55 所示的相轨迹。

从图 7-55 所示的 $e-\dot{e}$ 相轨迹图上，可以看出该系统的相轨迹为螺旋线，曲线的起点为(1,0)，终点为(0,0)，即收敛于奇点(0,0)，这个奇点为稳定焦点。说明系统偏差开始时为最大 1，稳定后稳态误差为 0，输出能完全跟踪阶跃输入。相轨迹与横坐标轴第 1 次的交点为(−0.25,0)，说明系统响应的最大误差为 $e(t_p)=-0.25$。由 $e(t)=1-y(t)$，则可得到输出最大响应值 $y(t_p)=1.25$。这些结果与如图 7-54 所示系统的阶跃响应曲线所得结果一致。

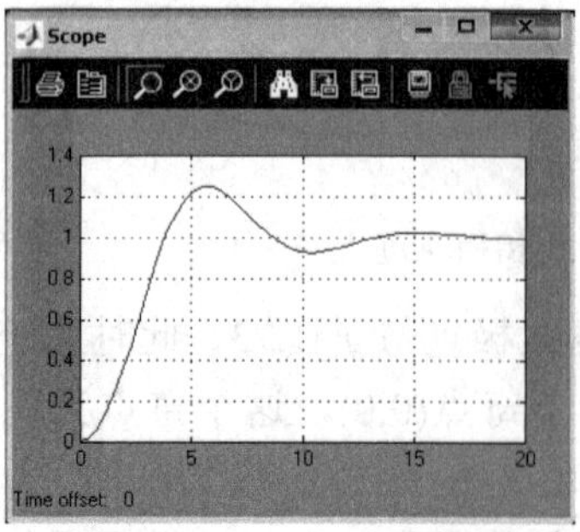

图 7-54　系统的阶跃响应曲线

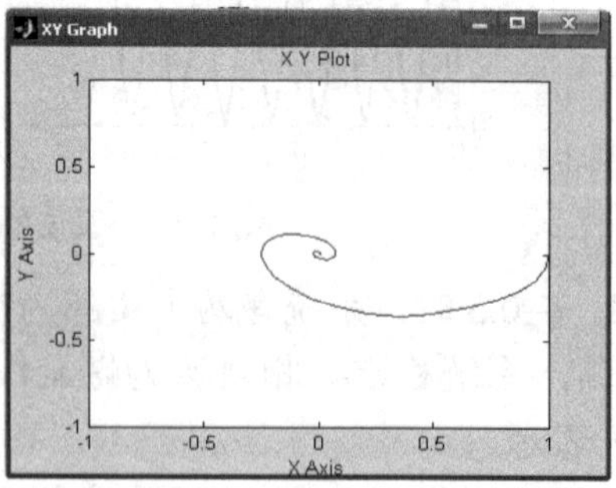

图 7-55　系统的相轨迹

7.4.3　基于 MATLAB 的描述函数法分析非线性系统

由于利用 MATLAB 可以在复数平面中绘制出非线性系统的线性部分 $G(\mathrm{j}\omega)$，当 ω 从 $-\infty\to 0\to +\infty$ 变化时的 Nyquist 曲线和非线性部分负倒描述函数 $-1/N(X)$ 当 X 从小到无穷大变化时的曲线，所以可以方便地利用 MATLAB 采用描述函数分析法分析非线性系统。

例 7-11　已知非线性系统如图 7-56 所示。试利用 MATLAB 采用描述函数法分析非线性系统在 K=1 和 2 时的稳定性。其中 k=1，h=1。

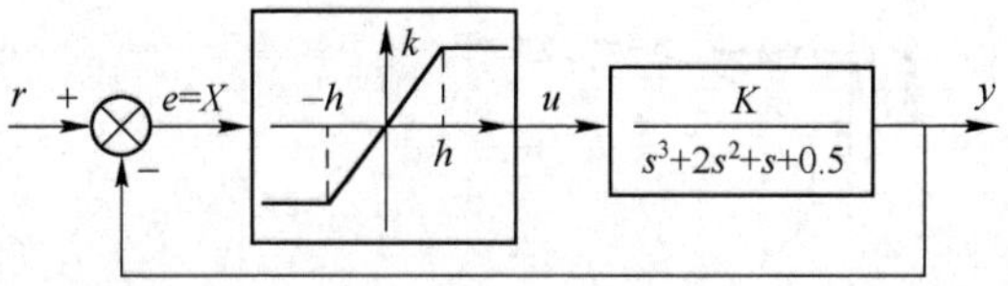

图 7-56　非线性系统

解　（1）系统线性部分的频率特性为

$$G(\mathrm{j}\omega)=\frac{K}{(\mathrm{j}\omega)^3+2(\mathrm{j}\omega)^2+\mathrm{j}\omega+0.5}$$

系统非线性部分饱和特性的描述函数为

$$N(X)=\frac{2k}{\pi}\left[\arcsin\left(\frac{h}{X}\right)+\frac{h}{X}\sqrt{1-\left(\frac{h}{X}\right)^2}\right],\qquad X\geqslant h$$

其负倒描述函数为

$$-\frac{1}{N(X)}=-\frac{\pi}{2k}\frac{1}{\left[\arcsin\left(\frac{h}{X}\right)+\frac{h}{X}\sqrt{1-\left(\frac{h}{X}\right)^2}\right]}=\mathrm{Re}+\mathrm{j\,Im},\qquad X\geqslant h$$

（2）根据以上线性部分和非线性部的表达式，可编写如下绘制线性部分分别在 K=1 和 2 时的 Nyquist 曲线和非线性部分的负倒描述函数曲线的 MATLAB 程序。

```
%ex7_11_1.m
for K=[1,2]
  figure;num=K;den=[1,2,1,0.5];nyquist(num,den); %绘制线性部分的 Nyquist 曲线
  hold on;h=1;k=1;
  for X=h:0.1:100
    Re=-(pi/(2*k))/(asin(h/X)+(h/X)*sqrt(1-(h/X)^2));Im=zeros(size(Re));
    plot(Re,Im,'*');                        %绘制非线性部分的负倒描述函数曲线
  end
  hold off
end
```

执行以上程序 ex7_11_1.m 可得如图 7-57 所示的曲线。

由图 7-57 可见，当 K=1 时，$G(\mathrm{j}\omega)$ 曲线没有包围 $-1/N(X)$ 轨迹，则此时该非线性系统稳定。当 K=2 时，$-1/N(X)$ 轨迹与 $G(\mathrm{j}\omega)$ 曲线有交点，此时该非线性系统出现自持振荡，其振荡频率和振幅由交点处的（ω，X）来确定。

（3）确定系统产生自持振荡时的振荡频率和幅值。

在图 7-57 中，移动鼠标到的 Nyquist 曲线上的任一点，并按下其左键，便可出现一个信息窗口，同时鼠标箭头也变成了手形，此时按住鼠标左键沿 Nyquist 曲线拖动其手形到与 $-1/N(X)$ 轨迹的交点处，此时该信息窗口将给出该交点的频率、实部和虚部的值分别为，1.01、−1.32 和 0，如图 7-57 所示。此点的频率值 1 即为系统产生自持振荡时的振荡频率 ω。而系统产生自

持振荡时的振幅 X，可根据此点的实部值–1.32 利用下式求出，即

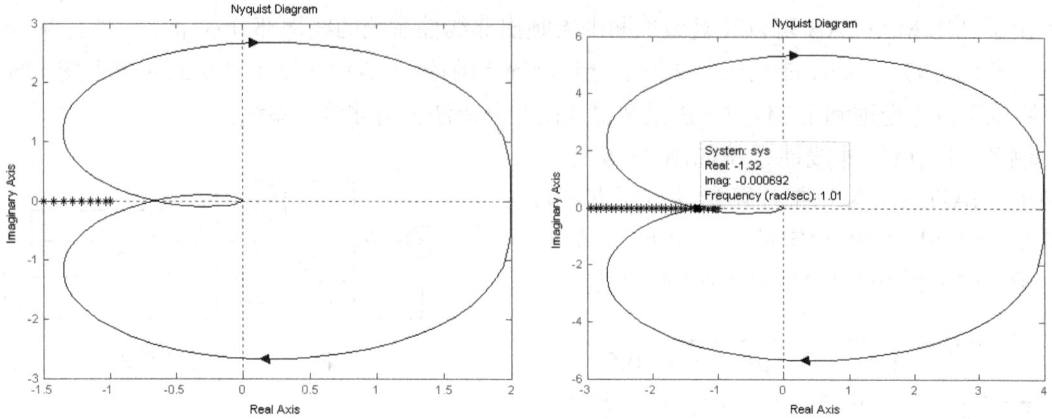

（a）K=1 时的曲线　　　　（b）K=2 时的曲线

图 7-57　非线性系统的负倒描述函数轨迹与线性部分的 Nyquist 曲线

$$-\frac{1}{N(X)}=-\left(\frac{\pi}{2k}\right)\Bigg/\left[\arcsin\left(\frac{h}{X}\right)+\frac{h}{X}\sqrt{1-\left(\frac{h}{X}\right)^2}\,\right]=-1.32 \qquad (k=1,h=1,X\geqslant h)$$

根据上式，可编写如下利用 MATLAB 求解上式解 X 的程序。

```
%ex7_11_2.m
h=1;k=1;
for X=h:0.001:100;
   Re=-(pi/(2*k))/(asin(h/X)+(h/X)*sqrt(1-(h/X)^2));
   if Re<=-1.32 break;end;
end;X
```

执行以上程序 ex7_11_2.m 可得如下结果。

```
X =
    1.5570
```

由此可知，系统产生自持振荡时的振荡频率 ω 和幅值 X 分别为：1.01 和 1.557。

小　　结

非线性系统瞬态响应曲线的形状与输入信号大小、初始条件有密切的关系。非线性系统的稳定性，除了和系统结构、参数有关外，还与初始状态及输入信号大小有密切关系。在非线性系统中，除了稳定和不稳定运动形式外，还有一个重要特征就是系统有可能发生自持振荡。因此，非线性系统的性能在整个过程中是时变的，这使得在研究上与线性系统有着本质差别。本章主要介绍了非线性系统的特点和分析方法，要着重掌握以下内容。

1．非线性系统的稳定性与系统输入信号及初始状态有关。因此，对非线性系统不能笼统地说稳定与不稳定，而必须指明稳定的范围。

2．相平面分析法是一种图解方法，仅适用于二阶或一阶系统。相平面分析法研究非线性系统的基本思想是：对于二阶非线性系统，先用图解方法作出其相轨迹曲线，然后通过相轨迹来研究系统的运动。如分析极限环邻近相轨迹的运动特点，将极限环分为稳定、不稳定、半稳定极限环。

3．描述函数分析法是等效线性化方法的一种，它是频域法在非线性系统上的延伸。描述函数分析法只能研究系统的稳定性和是否存在极限环，使用时不受系统阶次的限制。

4．描述函数分析法只能近似分析非线性系统，对分析系统稳定性和自持振荡是很有用的。应用此方法必须注意两个条件：一是非线性特性输出中的高次谐波分量较小；二是线性部分具有低通滤波特性。

5．对于非线性系统的分析，主要是稳定性、自持振荡产生的条件，自持振荡幅值和频率的确定以及如何抑制自持振荡。

6．利用非线性特性改善系统的动态性能，往往可以取得较线性系统更为理想的效果。

7．利用 MATLAB 可方便地对非线性系统进行分析。

习　　题

7-1　什么是非线性系统？非线性系统有哪些特点？

7-2　绘出并研究下列方程的相平面图。

（1）$\ddot{x}+\dot{x}+|x|=0$

（2）$\begin{cases}\dot{x}_1=x_1+x_2\\ \dot{x}_2=2x_1+x_2\end{cases}$

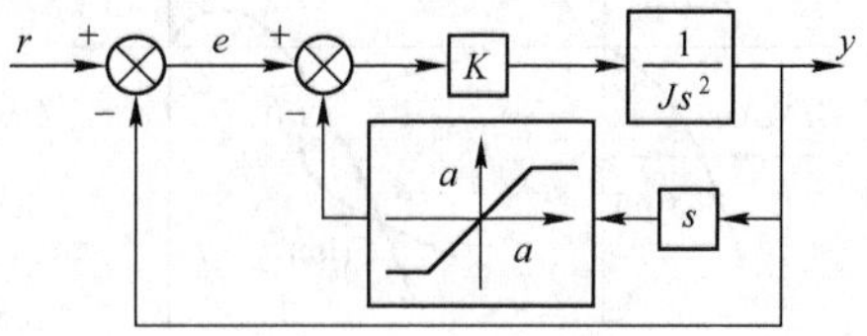

题 7-4 图

7-3　已知非线性系统的微分方程式为 $\ddot{x}+0.5\dot{x}+2x+x^2=0$，试求奇点，并绘制出相平面图。

7-4　如题 7-4 图所示得具有非线性反馈增益的二阶系统，在输出微分反馈回路中，非线性元件具有饱和特性。试在 $e-\dot{e}$ 平面上画出具有代表性的相轨迹，以表示对各种条件的影响，假设 K=5, J=1,a=1。

7-5　系统如题 7-5 图所示，假设系统仅受到初始条件作用，试画出 $e-\dot{e}$ 平面上的相轨迹。

7-6　试用相平面法分析如题 7-6 图所示系统。讨论在 β=0,β<0 及 β>0 三种情况下相轨迹的特点。

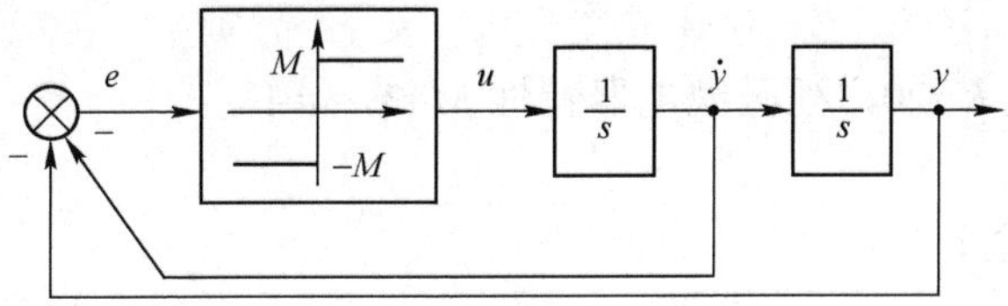

题 7-5 图

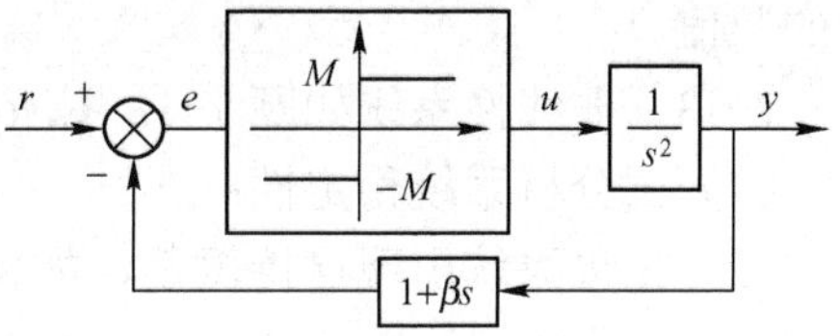

题 7-6 图

7-7　描述函数分析法的实质是什么？试述描述函数的概念及其求取方法。

7-8　某一非线性环节，其输入输出关系为：$y=x\dfrac{\mathrm{d}x}{\mathrm{d}t}+4x$，试求出该环节的描述函数 $N(X)$。

7-9　某非线性环节特性如题 7-9 图所示。试画出该环节在正弦输入下的输出波形，并求出其描述函数 $N(X)$。

7-10　试求如题 7-10 图所示非线性元件的描述函数。

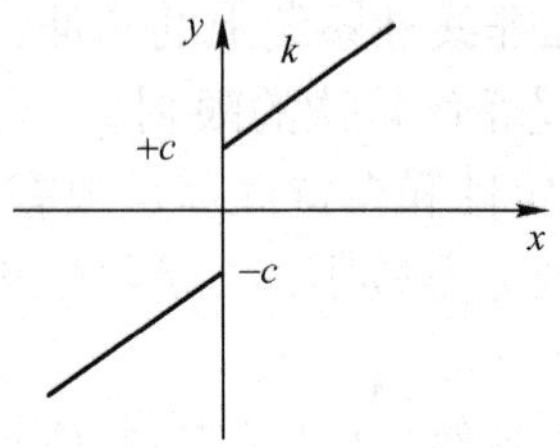

题 7-9 图

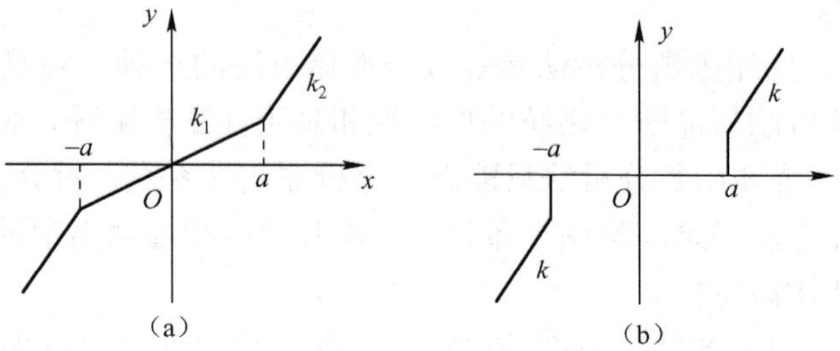

题 7-10 图

7-11　判断如题 7-11 图中各系统是否稳定。

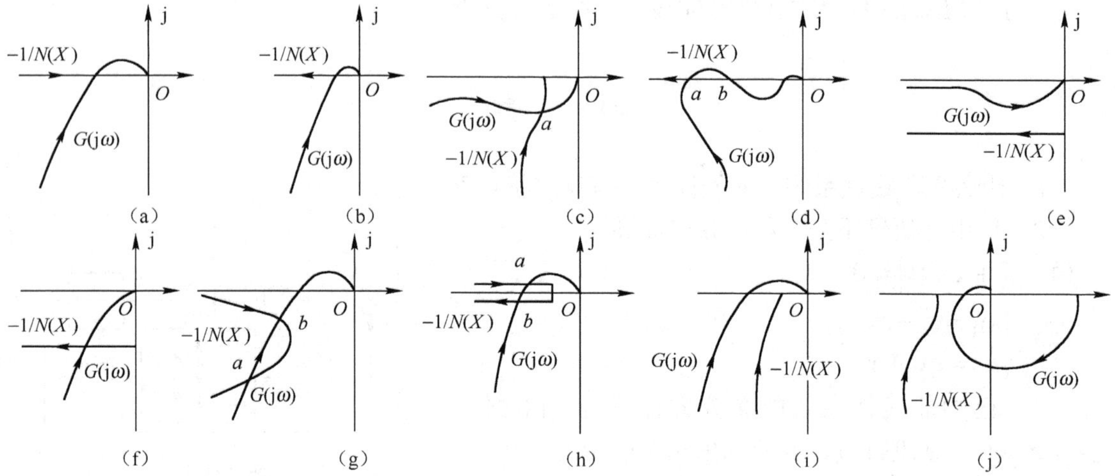

题 7-11 图

7-12　某非线性系统方块图如题 7-12 图所示。其中继电特性的描述函数为：$\dfrac{4}{\pi X}$，线性部分传递函数为：$G(s)=\dfrac{K}{s(5s+1)(10s+1)}$。

试确定该系统的稳定性，并求出当极限环振荡的幅值 $X=1/\pi$ 时的放大系数 k 与振荡频率 ω 的数值。

7-13　非线性系统如题 7-13 图所示。设 K=20，死区继电器特性 M=3，a=1。

（1）试分析系统稳定性；

（2）如果系统出现自持振荡，如何消除之？

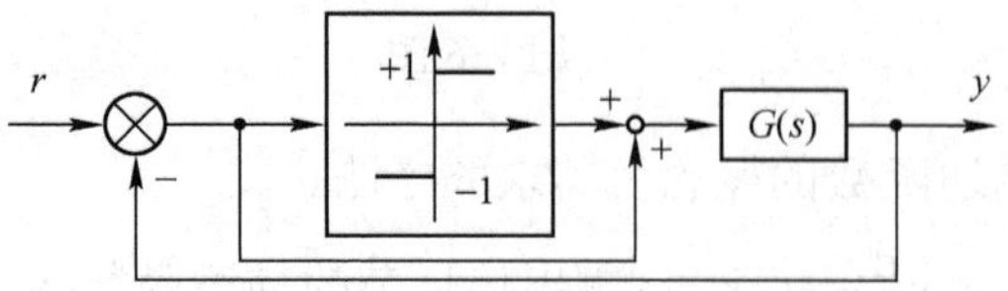

题 7-12 图

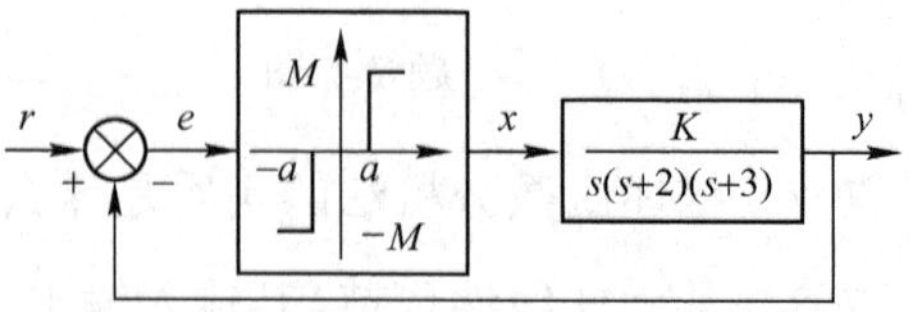

题 7-13 图

7-14　系统结构如题 7-14 图所示，试用描述函数法讨论系统产生自持振荡时，参数 K_1,K_2,M,T_1,T_2 应满足的条件。

7-15　系统结构如题 7-15 图所示，试求系统自持振荡参数。

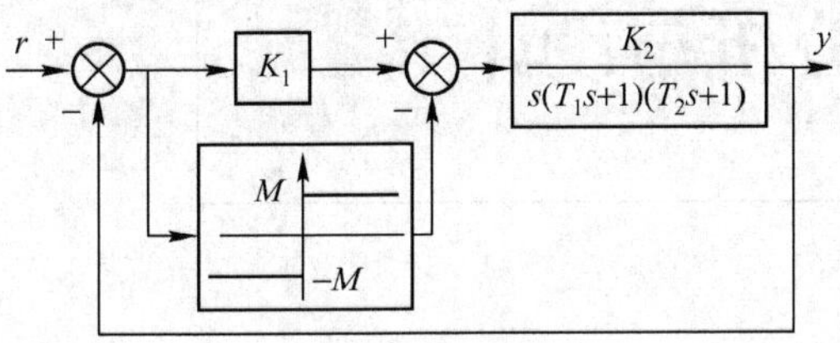

题 7-14 图

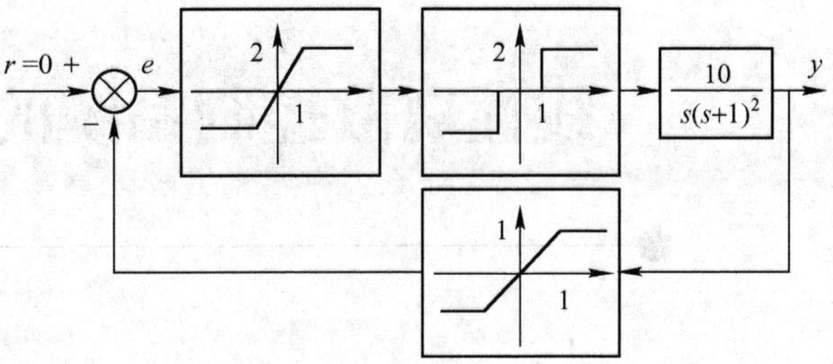

题 7-15 图

第 8 章

线性离散控制系统的分析与设计

近年来，随着脉冲技术、数字计算机和微处理器的迅速发展和广泛应用，数字控制器在许多场合已经逐步取代了模拟控制器。由于数字控制器接收、处理和传送的是数字脉冲信号，因此称采用数字控制器的系统为离散控制系统或采样控制系统。离散控制系统与连续控制系统相比，尽管在信号传递方式上有所不同，但在分析方法方面有很多相似之处。虽然不能将有关连续系统的理论直接用来分析离散系统，但通过 z 变换法，可以把连续系统中的许多概念和方法，推广应用到离散控制系统的分析和设计中。

本章主要介绍离散信号的采样过程、采样定理、采样信号的复现、z 变换、离散控制系统的数学模型、离散系统的稳定性、稳态误差和瞬态响应等离散控制系统分析和设计的基础内容。

8.1　线性离散控制系统的基础知识

在连续系统中，系统各处的信号都是时间的连续函数，这种在时间上连续，在幅值上也连续的信号称为连续信号或模拟信号。近年来，随着脉冲技术和数字计算机的蓬勃发展，离散控制系统的应用越来越广泛。与连续系统显著不同的特点是离散系统中至少有一处或几处信号在时间上为离散的脉冲或数字信号。实际中，当连续系统中的信号以间断方式获得时，该连续系统就变成离散系统。

对于图 8-1 所示的计算机控制系统，由于数字计算机只能处理二进制的断续信号，所以计算机接收和输出的信号均为离散信号。模数转换器 A/D 的作用是定时地将连续的偏差信号 $e(t)$ 转换成计算机能接收的离散的数字偏差信号 $e^*(t)$。离散的偏差信号 $e^*(t)$ 以二进制脉冲数码送入计算机，计算机按一定要求进行运算后输出离散控制信号 $u^*(t)$。由于被控对象的执行装置通常按连续信号进行控制，所以由计算机输出的离散控制信号 $u^*(t)$，应先转换成连续信号 $u(t)$，这种转换是由数模转换器 D/A 来实现的。由于 A/D 转换器精度足够高，所形成的量化误差可以不计，因而输入通道一般把 A/D 转换器用周期为 T 的采样开关来代替。而 D/A 转换器相当于一个保持器。这样，由计算机作为控制器的采样控制系统可以等效为一个典型的离散控制系统，如图 8-2 所示。采样控制系统和数字控制系统均称为离散控制系统。

由于离散信号仅是连续信号在离散采样点上的值，所以离散信号与连续信号的关系是局部与整体的关系。下面将讨论连续信号的离散，以及在怎样的条件下，离散信号可以按一定的方式恢复出原来的连续信号。

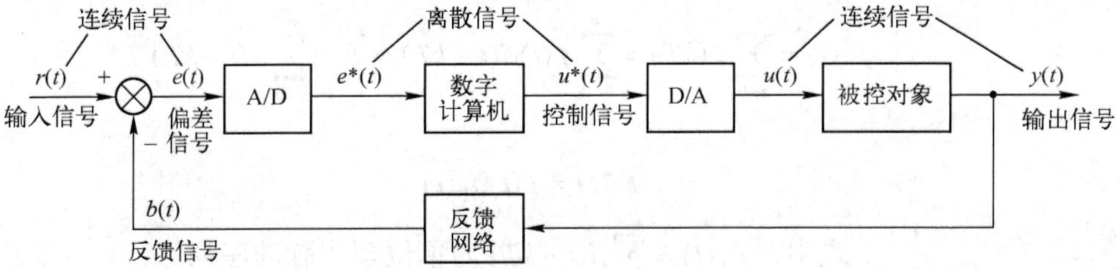

图 8-1　计算机控制系统框图

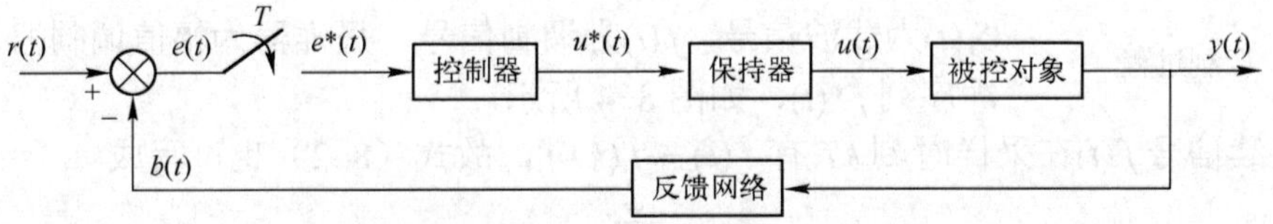

图 8-2　等效离散控制系统

8.1.1　信号的采样

离散控制系统的特点是系统中有一处或数处的信号是脉冲序列或数字序列。在离散控制系统中，一方面，为了数字控制器，需要使用采样器把连续信号变换为脉冲信号；另一方面，为了控制连续式元部件，又需要使用保持器将脉冲信号变换为连续信号。因此，为了定量研究离散系统，必须对信号的采样过程和保持过程用数学的方法加以描述。

1. 采样过程

在离散控制系统中总存在一个把连续信号 $f(t)$转换成离散信号（采样信号）$f^*(t)$的过程，这样的过程称为采样过程。实现这个采样过程的装置称为采样开关或采样器。

（1）采样信号的描述

将连续信号$f(t)$加到采样开关输入端，如果采样开关每隔时间 T 闭合一次，闭合持续时间为τ，那么采样开关输出端就能得到宽度为τ的脉冲序列$f^*(t)$。通常闭合时间τ比采样周期 T 及系统各元件的时间常数要小得多，即$\tau<<T$，这样连续信号 $f(t)$经过采样后变成一串脉冲序列$f^*(t)$，如图 8-3 所示。

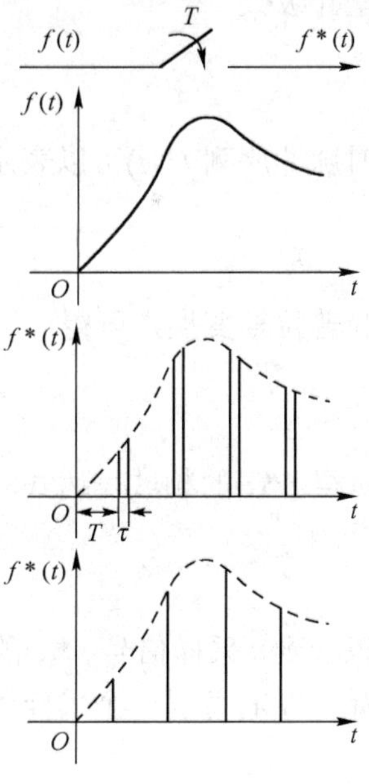

图 8-3　采样过程

这种理想的采样过程，可以借助于数学上的脉冲信号来描述。连续信号 $f(t)$经采样后的脉冲序列$f^*(t)$在 kT 时刻的脉冲信号$f(kT)$可表示为

$$f(kT)=f(t)\delta(t-kT) \tag{8-1}$$

式中，$\delta(t-kT)$为 $t=kT$ 时刻的单位脉冲信号。

连续信号 $f(t)$经采样开关得到的脉冲序列$f^*(t)$可表示为

$$f^*(t)=\sum_{k=0}^{\infty}f(kT)=\sum_{k=0}^{\infty}f(t)\delta(t-kT)=f(t)\sum_{k=0}^{\infty}\delta(t-kT) \tag{8-2}$$

或写成

$$f^*(t)=f(t)\delta_{\mathrm{T}}(t) \tag{8-3}$$

式中，$\delta_{\mathrm{T}}(t)=\sum_{k=0}^{\infty}\delta(t-kT)$为单位理想脉冲序列。

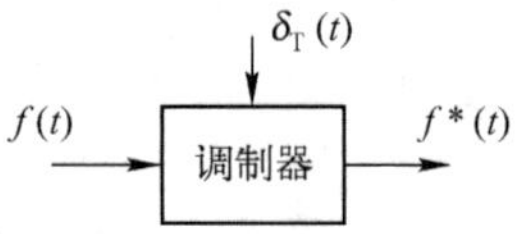

图 8-4　调制过程

采样过程的物理意义可由式（8-3）看出，采样过程可以看作是单位理想脉冲序列$\delta_{\mathrm{T}}(t)$对输入信号 $f(t)$进行幅值调制的过程，其中$\delta_{\mathrm{T}}(t)$为载波信号，$f(t)$为调制信号，采样器为幅值调制器，输出为脉冲序列$f^*(t)$，如图 8-4 所示。

由于连续信号$f(t)$在采样时刻kT有$f(t)=f(kT)$，故式（8-2）也可写成

$$f^*(t)=\sum_{k=0}^{\infty}f(kT)\delta(t-kT) \tag{8-4}$$

（2）采样信号的频谱

由于采样信号的信息并不等于连续信号的全部信息，所以采样信号的频谱与连续信号的频谱相比，要发生变化。研究采样信号的频谱，目的是找出采样信号的频谱与连续信号的频谱之间的相互联系。

因为单位脉冲序列$\delta_{\mathrm{T}}(t)$是周期为T的周期函数，其采样频率$\omega_{\mathrm{s}}=2\pi/T(\mathrm{rad/s})$。$\delta_{\mathrm{T}}(t)$可以展开成傅里叶级数

$$\delta_{\mathrm{T}}(t)=\frac{1}{T}\sum_{k=-\infty}^{\infty}\mathrm{e}^{-\mathrm{j}\omega_{\mathrm{s}}kt} \tag{8-5}$$

此时脉冲序列$f^*(t)$可以表示为

$$f^*(t)=f(t)\delta_{\mathrm{T}}(t)=\frac{1}{T}\sum_{k=-\infty}^{\infty}f(t)\mathrm{e}^{-\mathrm{j}\omega_{\mathrm{s}}kt} \tag{8-6}$$

取拉普拉斯变换，可得

$$F^*(s)=\frac{1}{T}\sum_{k=-\infty}^{\infty}F(s-\mathrm{j}k\omega_{\mathrm{s}}) \tag{8-7}$$

令$s=\mathrm{j}\omega$得$f^*(t)$的频域表达式

$$F^*(\mathrm{j}\omega)=\frac{1}{T}\sum_{k=-\infty}^{\infty}F(\mathrm{j}\omega-\mathrm{j}k\omega_{\mathrm{s}}) \tag{8-8}$$

可以看到，采样信号$f^*(t)$的频谱$F^*(\mathrm{j}\omega)$是频率ω_{s}的周期函数，它的频谱将沿着频率轴，从$\omega=0$开始，左右每隔一个采样周期ω_{s}重复依次采样前连续信号$f(t)$的频谱，但幅值减小为原来的$1/T$。

2．采样定理

对一个连续信号$f(t)$经过采样后，只能得到采样信号$f^*(t)$在采样点上的数值$f(0)$，$f(T)$，$f(2T)$，…，因此，从时域上来看，采样过程将损失$f(t)$所含的信息。怎样才能使采样信号$f^*(t)$基本上反映连续信号$f(t)$的变化呢？下面先从采样过程及信号频谱的变化，给出采样定理。

连续信号$f(t)$经采样后的采样信号$f^*(t)$可由式（8-8）频域表达式给出。连续信号$f(t)$的频

谱函数 $F(\mathrm{j}\omega)$，通常为一孤立的连续频谱，频带宽度是有限的 $\pm\omega_{\max}$，如图 8-5（a）所示。而采样信号 $f^*(t)$ 的频谱 $F^*(\mathrm{j}\omega)$ 则具有以采样频率 ω_s 为周期的无穷多个频谱之和，如式（8-8）所示。

式（8-8）中，当 $k=0$ 时，$F^*(\mathrm{j}\omega)=\dfrac{1}{T}F(\mathrm{j}\omega)$ 称为采样信号的主频谱，其余 $k\neq 0$ 时的频谱分量，称为高次频谱分量或附加频谱分量。也就是说，连续信号经采样后的频谱中，除包含有主频谱之外，还有很多高次频谱分量，可以分两种情况作出采样频谱特性，如图 8-5（b）和 8-5（c）。

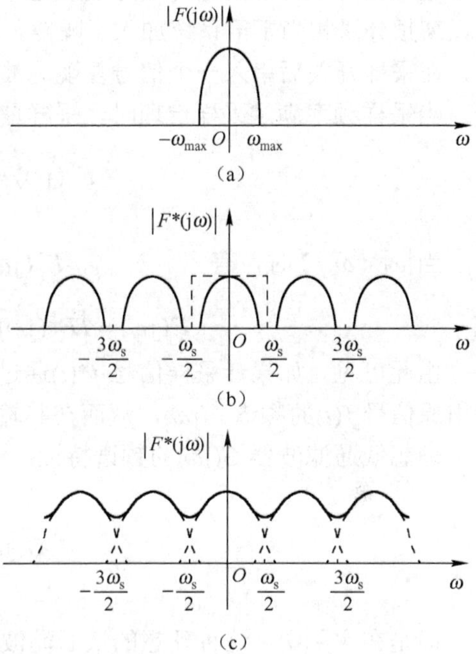

图 8-5　连续信号及采样信号频谱

图 8-5（b）为满足 $\omega_s > 2\omega_{\max}$ 时的采样信号频谱，$F^*(\mathrm{j}\omega)$ 的各频谱分量彼此不发生重叠，则有可能通过一个理想的低通滤波器，将 $|\omega| > \omega_{\max}$ 的高频分量全部滤掉，而 $F^*(\mathrm{j}\omega)$ 中仅留下主频谱部分。这样连续信号经采样后再通过一个理想低通滤波器就可复现原连续信号。

而对于图 8-5（c），$\omega_s < 2\omega_{\max}$ 时采样信号频谱分量彼此相互重叠，不可能实现既滤掉所有高次频谱分量，而又不损失主频谱，因此不能复现原来的连续信号。

通过以上分析，可得采样定理（Shinnon 定理）：如果对一个具有有限频谱 $(-\omega_{\max} < \omega < \omega_{\max})$ 的连续信号采样，当采样频率 $\omega_s \geqslant 2\omega_{\max}$，那么采样后的信号可以无失真地复现原连续信号。

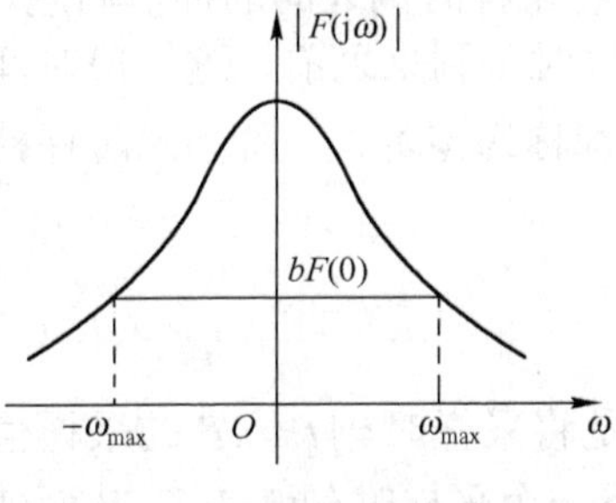

图 8-6　非周期函数的处理

实际中应注意以下两点：

（1）如果是一非周期连续函数的信号，这时频谱中的最高频率是无限的，如图 8-6 所示，这时，无论采样频率多高，采样后的频谱波形总是互相重叠的，但通常频率相当高时，幅值不大，因此可做近似处理，将连续信号频谱在 $|F(\mathrm{j}\omega)| = bF(0)$ 时截断，此时频率作为最高角频率 $\omega_{\max}$，b 为给定的信号损失允许值。

（2）采样定理给出了采样频率的最低限度，$\omega_s \geqslant 2\omega_{\max}$，$\omega_s$ 不能太低，否则信息损失太大，原信号不能准确恢复。而 ω_s 也不能过大，实现起来有困难，同时干扰信号的影响也增大。

离散控制系统设计的一个主要问题是采样周期 T 的选取。采样定理给出了采样周期的最大值。显然，采样周期 T 选得越小，也就是采样角频率 ω_s 选得越高，对系统控制过程的信息了解就越多，控制效果就会更好。但是，采样周期 T 选得过短，将增加不必要的计算负担；采样周期 T 选得过长，又会给控制过程带来较大的误差，降低系统的动态性能，甚至有可能导致整个控制系统失去稳定性。因此，采样周期 T 的选择要根据实际情况综合考虑，合理选择。在一般工业过程控制中，微型计算机所能提供的运算速度，对于采样周期 T 的选择来说，有很大的回旋余地。应当指出，采样信号 $f^*(t)$ 完全复现原连续信号 $f(t)$ 的前提是选择恰当的采样周期。

8.1.2 信号的保持

1. 信号恢复

连续信号采样后的脉冲信号的频谱中除含主频谱之外，还包含了无穷多高频频谱分量。显然，高频分量相当于给系统加入了噪声，严重时会使系统部件受损。当采样频率满足采样定理时，在采样开关后串入一个信号复现滤波器，通过它使离散信号复原成原连续信号。

当采样频率满足采样定理时，采样信号频谱 $F^*(\mathrm{j}\omega)$的各频谱分量彼此不发生重叠，即

$$F^*(\mathrm{j}\omega)=\frac{1}{T}\sum_{k=-\infty}^{\infty}F(\mathrm{j}\omega-\mathrm{j}k\omega_s)$$

当$|\omega|<\omega_s/2$时，有 $$F^*(\mathrm{j}\omega)=\frac{1}{T}F(\mathrm{j}\omega)$$

或 $$F(\mathrm{j}\omega)=TF^*(\mathrm{j}\omega)=G(\mathrm{j}\omega)F^*(\mathrm{j}\omega) \qquad (|\omega|<\omega_s/2)$$

由此可见，如果让采样信号 $f^*(t)$通过一个仅让主频谱通过的理想低通滤波器 $G(\mathrm{j}\omega)$，则可滤出原信号 $f(t)$的频谱 $F(\mathrm{j}\omega)$，从而在其输出端就可得到恢复的原连续信号 $f(t)$。

理想低通滤波器 $G(\mathrm{j}\omega)$的频谱特性：

$$G(\mathrm{j}\omega)=\begin{cases}T,|\omega|<\dfrac{\omega_s}{2}\\0,|\omega|\geqslant\dfrac{\omega_s}{2}\end{cases}$$

但是在实际中，这种理想的低通滤波器是不存在的。工程上，通常只能采用接近理想滤波器性能的保持器来代替。

保持器是将采样信号转换成连续信号的元件，其任务是解决各采样时刻之间的插值问题，即按现时刻 $t=kT$ 或过去时刻 $t=(k-1)T$ 的采样值，推算下一采样时刻到来之前，这一段时间的函数值。通常把具有恒值、线性和抛物线外推规律的保持器分别称为零阶、一阶和二阶保持器。其中最简单、应用最广的是零阶保持器。

2. 零阶保持器

零阶保持器的作用是将采样时刻 $t=kT$ 的采样值 $f(kT)$恒定不变地保持到下一个采样时刻$(k+1)T$，从而使采样信号 $f^*(t)$变成阶梯信号 $f_h(t)$，如图 8-7 所示。由于是常值外推，在每个采样区间内的值为常数，其导数为零，故称零阶保持器。

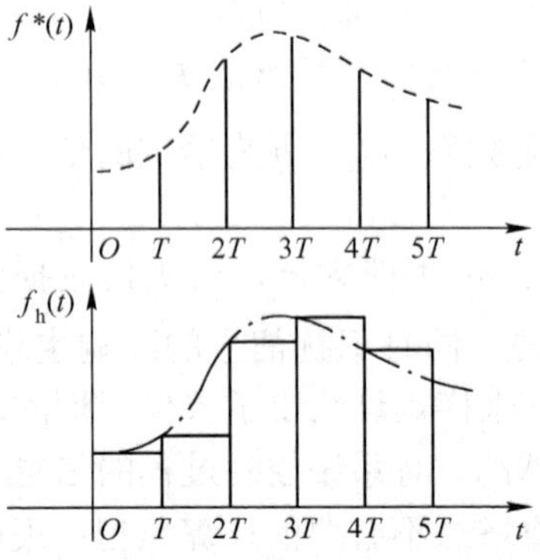

图 8-7 零阶保持器的输入-输出特性

从图 8-7 可以看出，零阶保持器输入为单位脉冲时，其输出为一高度为 1，宽度为 T 的矩形波，如图 8-8（a）所示的 $g_h(t)$，其可分解为如图 8-8（b）所示的两个阶跃函数之和。

$$g_h(t)=1(t)-1(t-T) \tag{8-9}$$

两边取拉普拉斯变换，可得零阶保持器的传递函数

$$G_h(s)=L[g_h(t)]=\frac{1-e^{-Ts}}{s} \tag{8-10}$$

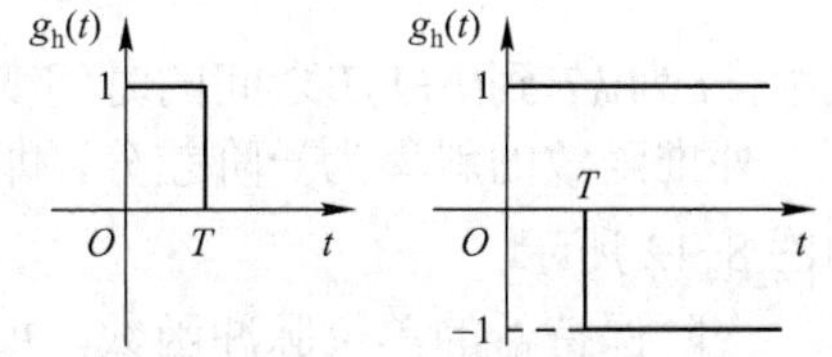

（a）单位脉冲响应　（b）单位脉冲响应的分解

图 8-8　零阶保持器的单位脉冲响应

以 $s=j\omega$ 代入，可得零阶保持器的频率特性

$$G_h(j\omega)=\frac{1-e^{-j\omega T}}{j\omega}=T\frac{\sin\frac{\omega T}{2}}{\frac{\omega T}{2}}e^{-j\frac{\omega T}{2}} \tag{8-11}$$

幅频特性：
$$|G_h(j\omega)|=T\frac{\sin\frac{\omega T}{2}}{\frac{\omega T}{2}} \tag{8-12}$$

相频特性：
$$\angle G_h(j\omega)=-\frac{\omega T}{2} \tag{8-13}$$

零阶保持器的幅频和相频特性曲线如图 8-9 所示。由图可见，其幅值随频率增加而衰减，是一低通滤波器，但不是一个理想的低通滤波器。它除了允许采样信号的主频谱分量通过以外，尚允许部分高频分量通过。因此，由零阶保持器恢复的连续信号与原来的连续信号相比是有差异的。且从相频特性看，零阶保持器是一个相位滞后元件，滞后相位随 ω 增加而增加。如果将零阶保持器阶梯形输出信号的每个区间的中点连接起来，如图 8-10 所示，则可得到一条与原信号形状一致而在时间上滞后 $T/2$ 的时间响应，它反映了零阶保持器的相位滞后特性。在闭环系统中，保持器的引入，将降低系统的相对稳定性。

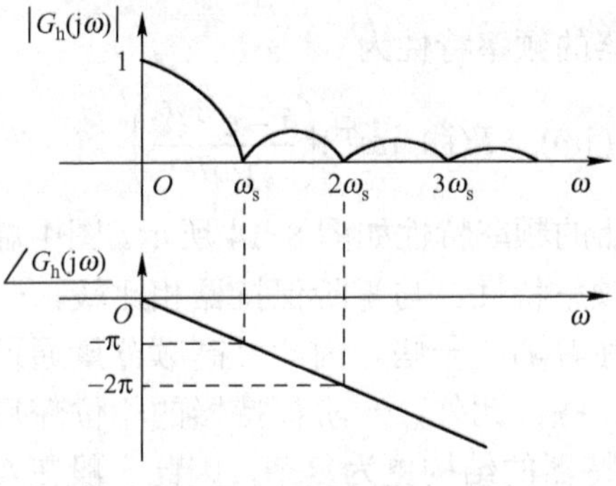

图 8-9　零阶保持器的频率特性

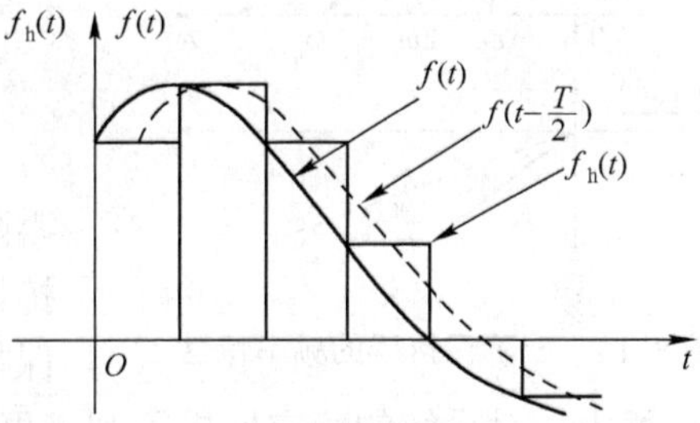

图 8-10　零阶保持器的相位滞后特性

零阶保持器可采用无源网络来近似实现。若将零阶保持器传递函数中 e^{Ts} 展开成级数形式，则 $G_h(s)$ 有

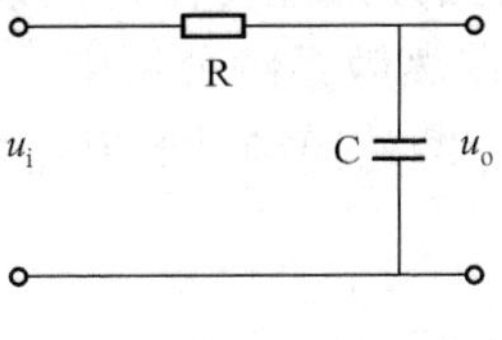

图 8-11　近似零阶保持器的 RC 网络

$$G_h(s)=\frac{1}{s}\left(1-\frac{1}{e^{Ts}}\right)=\frac{1}{s}\left(1-\frac{1}{1+Ts+\frac{1}{2}T^2s^2+\cdots}\right)$$
$$\approx\frac{1}{s}\left(1-\frac{1}{1+Ts}\right)=\frac{T}{1+Ts} \tag{8-14}$$

式（8-14）可用图 8-11 所示的 RC 网络来实现。

3．一阶保持器

一阶保持器以两个采样值为基础实行外推，其外推关系可表示为

$$f_{\mathrm{h}}(t)=f(kT)+\frac{f(kT)-f[(k-1)T]}{T}(t-kT) \tag{8-15}$$

式中，t 为 kT 到 $(k+1)T$ 之间的时间变量。

外推函数的斜率为一阶差分，即 $\{f(kT)-f[(k-1)T]\}/T$，经一阶保持器后采样信号的输出如图 8-12 所示。

一阶保持器的单位脉冲函数，如图 8-13（a）所示，也可以分解成一系列阶跃函数和斜坡函数之和，如图 8-13（b）所示。

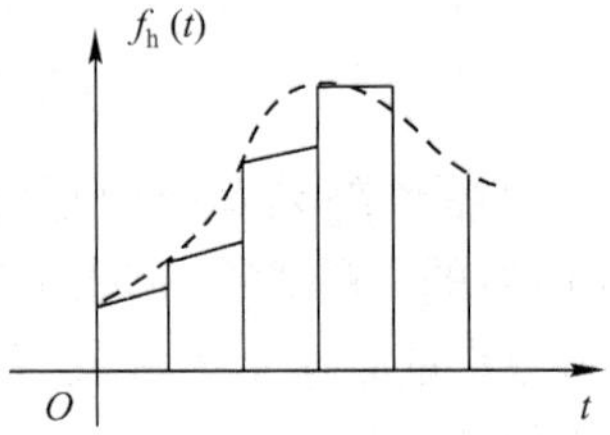

图 8-12　一阶保持器输出信号

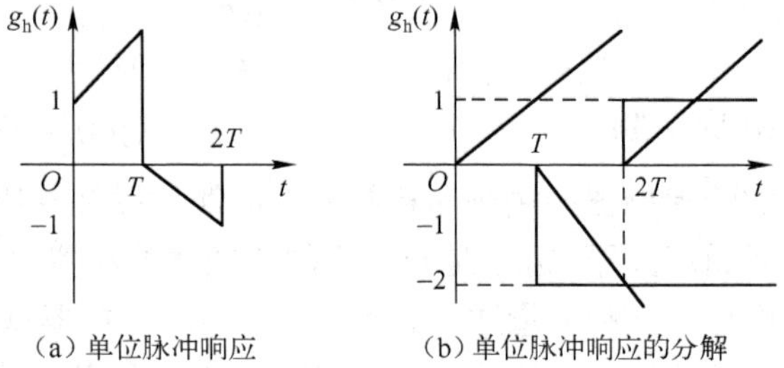

图 8-13　一阶保持器的单位脉冲响应

根据一阶保持器脉冲响应函数的分解，可得一阶保持器的传递函数为

$$G_{\mathrm{h}}(s)=T(1+Ts)\left(\frac{1-\mathrm{e}^{-Ts}}{Ts}\right)^2 \tag{8-16}$$

一阶保持器的频率特性为

$$G_{\mathrm{h}}(\mathrm{j}\omega)=T(1+\mathrm{j}\omega T)\left(\frac{1-\mathrm{e}^{-\mathrm{j}\omega T}}{\mathrm{j}\omega T}\right)^2$$

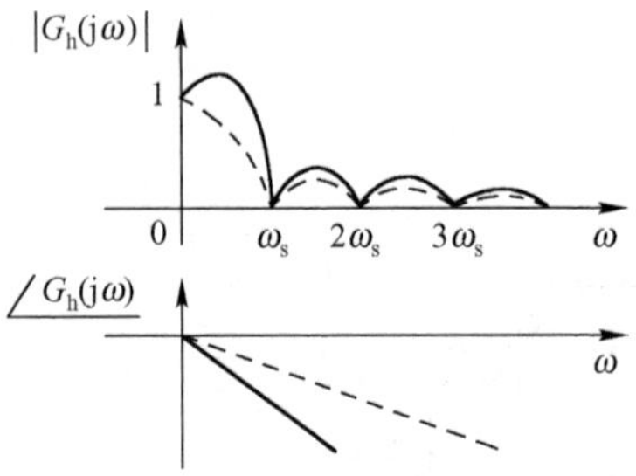

图 8-14　一阶保持器的频率特性

一阶保持器的频率特性如图 8-14 所示。图中虚线为零阶保持器的频率特性。与零阶保持器相比较，一阶保持器的幅频特性普遍高一些。因此，高频分量通过一阶保持器也容易一些。此外，一阶保持器的相位滞后比零阶保持器大，对系统的稳定性更不利，再加上一阶保持器的结构更为复杂，因此一般在实际中很少采用一阶保持器，也不用高阶保持器，而广泛采用零阶保持器。

8.2　z 变换及其反变换

在连续系统分析中，应用拉普拉斯变换作为数学工具，将系统的微分方程转化为代数方程，建立了以传递函数为基础的复域分析法，使得问题得以大大简化。在离散系统分析中，采用 z 变换作为数学工具，将系统的差分方程转化为代数方程，建立了以脉冲传递函数为基础的复频分析法。

8.2.1　z 变换定义

对式（8-4）两边取拉普拉斯变换就可得脉冲序列的拉普拉斯表达式

$$F^*(s)=L[f^*(t)]=L[\sum_{k=0}^{\infty}f(kT)\delta(t-kT)]=\int_0^{\infty}\sum_{k=0}^{\infty}f(kT)\delta(t-kT)\mathrm{e}^{-st}\mathrm{d}t$$

$$=\sum_{k=0}^{\infty}f(kT)\int_{0}^{\infty}\delta(t-kT)\mathrm{e}^{-st}\mathrm{d}t=\sum_{k=0}^{\infty}f(kT)\mathrm{e}^{-kTs} \tag{8-17}$$

由于上式是一个关于超越函数 e^{-kTs} 的无穷级数，不便于分析系统，故令 $z=\mathrm{e}^{Ts}$ 代入式（8-17），并将 $F^*(s)$表示成 $F(z)$，则由上式可得

$$F(z)=F^*(s)|_{s=\frac{1}{T}\ln z}=F^*\left(\frac{1}{T}\ln z\right)=\sum_{k=0}^{\infty}f(kT)z^{-k}$$

即一个离散函数 $f^*(t)$的 z 变换定义为

$$F(z)=Z[f^*(t)]=\sum_{k=0}^{\infty}f(kT)z^{-k} \tag{8-18}$$

因为 z 变换只对采样点上的信号起作用，因此也可写成

$$F(z)=Z[f(t)]=Z[f^*(t)]=\sum_{k=0}^{\infty}f(kT)z^{-k} \tag{8-19}$$

在 z 变换中，由于只考虑采样时刻的采样值，因而不能反映在采样点之间的特性。因此，通常所说的连续函数 $f(t)$的 z 变换，实质上是指经过采样后离散函数 $f^*(t)$的 z 变换。离散函数 $f^*(t)$对应的 z 变换是唯一的。但是，离散函数 $f^*(t)$对应的连续函数却不是唯一的，可以有无穷多个。

8.2.2　z 变换方法

1．级数求和法

直接根据 z 变换的定义式（8-19）来求取。

$$F(z)=Z[f^*(t)]=\sum_{k=0}^{\infty}f(kT)z^{-k}=f(0)+f(T)z^{-1}+f(2T)z^{-2}+\cdots$$

上式级数展开式是开放形式的，有无穷多项，但对一些常用的 z 变换的级数展开式可以用闭合型函数表示。

例 8-1　求单位阶跃函数 $f(t)=1(t)$ 和指数函数 $f(t)=\mathrm{e}^{-at}$ 的 z 变换。

解　① 对于单位阶跃函数，其 $f(kT)=1,k=1,2,\cdots$

$$F(z)=\sum_{k=0}^{\infty}f(kT)z^{-k}=1+z^{-1}+z^{-2}+\cdots$$

这是一个公比为 z^{-1} 的等比级数，若 $|z^{-1}|<1$，即 $|z|>1$ 时，级数收敛，则上式可写成闭合型

$$F(z)=Z[1(t)]=\frac{1}{1-z^{-1}}=\frac{z}{z-1}$$

② 对于指数函数同理可得

$$F(z)=Z[\mathrm{e}^{-at}]=\sum_{k=0}^{\infty}f(kT)z^{-k}=\sum_{k=0}^{\infty}\mathrm{e}^{-akT}z^{-k}=1+\mathrm{e}^{-aT}z^{-1}+\mathrm{e}^{-2aT}z^{-2}+\cdots=\frac{1}{1-\mathrm{e}^{-aT}z^{-1}}=\frac{z}{z-\mathrm{e}^{-aT}}$$

2．部分分式法

设连续函数 $f(t)$的拉普拉斯式 $F(s)$为有理分式函数，如果可以将 $F(s)$按它的极点展开成部分分式和的形式，即

$$F(s)=\sum_{i=1}^{n}\frac{A_i}{s-p_i} \tag{8-20}$$

式中，p_i 为 $F(s)$ 的极点；A_i 为系数。

则可以根据 $L^{-1}\left[\frac{1}{s-p_i}\right]=\mathrm{e}^{p_i t}$ 和 $Z[\mathrm{e}^{p_i t}]=\frac{z}{z-\mathrm{e}^{p_i T}}$ 便可求得连续函数 $f(t)$ 的 z 变换。

$$F(z)=Z[f(t)]=\sum_{i=1}^{n}A_i\frac{z}{z-\mathrm{e}^{p_i T}} \tag{8-21}$$

由于连续函数 $f(t)$ 的拉普拉斯变换是唯一的，它的 z 变换也是唯一的，所以有

$$F(z)=Z[f(t)]=Z[f^*(t)]=Z[F(s)]$$

例 8-2 求 $F(s)=\frac{a}{s(s+a)}$ 的 z 变换。

解 由于

$$F(s)=\frac{a}{s(s+a)}=\frac{1}{s}-\frac{1}{s+a}$$

故

$$F(z)=\frac{z}{z-1}-\frac{z}{z-\mathrm{e}^{-aT}}=\frac{z(1-\mathrm{e}^{-aT})}{(z-1)(z-\mathrm{e}^{-aT})}$$

3. 留数法

若 $F(s)=L[f(t)]$，根据留数，连续函数 $f(t)$ 的 z 变换为

$$F(z)=\sum_{i=1}^{n}\mathrm{Res}\left[F(s)\frac{z}{z-\mathrm{e}^{sT}}\right]_{s=p_i}=\sum_{i=1}^{n}R_i \tag{8-22}$$

式中，$p_i(i=1,2,3,\cdots)$ 为 $F(s)$ 的全部极点；R_i 为留数，其中

（1）对于 $F(s)$ 的单极点 p_i 的留数为

$$R_i=\lim_{s\to p_i}\left[(s-p_i)F(s)\frac{z}{z-\mathrm{e}^{sT}}\right] \tag{8-23}$$

（2）对于 $F(s)$ 的具有 q 阶重极点 p_i 的留数为

$$R_i=\lim_{s\to p_i}\frac{1}{(q-1)!}\frac{\mathrm{d}^{q-1}}{\mathrm{d}s^{q-1}}\left[(s-p_i)^q F(s)\frac{z}{z-\mathrm{e}^{sT}}\right] \tag{8-24}$$

例 8-3 求 $F(s)=\frac{1}{(s+1)^2}$ 的 z 变换。

解 因为 $F(s)=\frac{1}{(s+1)^2}$ 在 $s=-1$ 处有二重极点，其留数为

$$R_{-1}=\lim_{s\to -1}\frac{1}{(2-1)!}\frac{\mathrm{d}}{\mathrm{d}s}\left[(s+1)^2F(s)\frac{z}{z-\mathrm{e}^{sT}}\right]=\lim_{s\to -1}\frac{\mathrm{d}}{\mathrm{d}s}\frac{z}{z-\mathrm{e}^{sT}}=\frac{Tz\mathrm{e}^{-T}}{(z-\mathrm{e}^{-T})^2}$$

故

$$F(z)=R_{-1}=\frac{Tz\mathrm{e}^{-T}}{(z-\mathrm{e}^{-T})^2}$$

附录表 A-1 给出了一些常见函数及其相应的拉普拉斯变换和 z 变换。利用此表可以根据已知函数或其拉普拉斯变换式直接查出其对应的 z 变换，这也是实际中广泛使用的方法。

8.2.3 *z* 变换的基本定理

与拉普拉斯变换类似，在 z 变换中有一些基本定理，可以使 z 变换运算变得简单和方便。

1．线性定理

若 $Z[f_1(t)]=F_1(z)$ 和 $Z[f_2(t)]=F_2(z)$，且 a，b 为常数，则有

$$Z[af_1(t)+bf_2(t)]=aF_1(z)+bF_2(z) \tag{8-25}$$

推广到一般情况

$$Z[\sum_{i=1}^{n}a_if_i(t)]=\sum_{i=1}^{n}a_iF_i(z) \tag{8-26}$$

2．滞后定理（负偏移定理）

设连续函数 $f(t)$，若 $Z[f(t)]=F(z)$，则有

$$Z[f(t-nT)]=z^{-n}F(z)+z^{-n}\sum_{k=-n}^{-1}f(kT)z^{-k} \tag{8-27}$$

证明　$Z[f(t-nT)]=\sum_{k=0}^{\infty}f(kT-nT)z^{-k}$

$=f(-nT)+f[(1-n)T]z^{-1}+\cdots+f(0)z^{-n}+f(T)z^{-(n+1)}+f(2T)z^{-(n+2)}+\cdots$

$=z^{-n}[\sum_{k=-n}^{-1}f(kT)z^{-k}+F(z)]=z^{-n}F(z)+z^{-n}\sum_{k=-n}^{-1}f(kT)z^{-k}$

特别地，当 $t<0$ 时，$f(t)=0$，上式为

$$Z[f(t-nT)]=z^{-n}F(z) \tag{8-28}$$

滞后定理表明：原函数在时域中延迟 n 个采样周期，相当于其 z 变换乘以 z^{-n}。

3．超前定理（正偏移定理）

设 $Z[f(t)]=F(z)$，则

$$Z[f(t+nT)]=z^{n}F(z)-z^{n}\sum_{k=0}^{n-1}f(kT)z^{-k} \tag{8-29}$$

证明　$Z[f(t+nT)]=\sum_{k=0}^{\infty}f(kT+nT)z^{-k}$

$=f(nT)+f[(n+1)T]z^{-1}+f[(n+2)T]z^{-2}+\cdots$

$=z^{n}\{f(nT)z^{-n}+f[(n+1)T]z^{-(n+1)}+f[(n+2)T]z^{-(n+2)}+\cdots\}$

$=z^{n}\{-[f(0)+f(T)z^{-1}+f(2T)z^{-2}+\cdots+f[(n-1)T]z^{-(n-1)}]+F(z)\}$

$=z^{n}[-\sum_{k=0}^{n-1}f(kT)z^{-k}+F(z)]=z^{n}F(z)-z^{n}\sum_{k=0}^{n-1}f(kT)z^{-k}$

若满足　$f(0)=f(T)=\cdots=f[(n-1)T]=0$

则　$Z[f(t+nT)]=z^{n}F(z)$

4．初值定理

设 $Z[f(t)]=F(z)$，且 $\lim\limits_{z\to\infty}F(z)$ 存在，

则
$$f(0)=\lim_{t\to 0}f(t)=\lim_{z\to\infty}F(z) \tag{8-30}$$

证明　$F(z)=\sum_{k=0}^{\infty}f(kT)z^{-k}=f(0)+f(T)z^{-1}+f(2T)z^{-2}+\cdots$

两边取 $z\to\infty$ 的极限，则

$$F(z)\Big|_{z\to\infty}=\sum_{k=0}^{\infty}f(kT)z^{-k}\Big|_{z\to\infty}=f(0)$$

5．终值定理

设 $f(t)$ 的 z 变换为 $F(z)$，且 $(z-1)F(z)$ 在 z 平面上以原点为圆心的单位圆上以及圆外没有极点，则

$$f(\infty)=\lim_{t\to\infty}f(t)=\lim_{z\to 1}(z-1)F(z) \tag{8-31}$$

证明　因为 $Z[f(t)]=F(z)=\sum_{k=0}^{\infty}f(kT)z^{-k}$

$$Z[f(t+T)]=zF(z)-zf(0)=\sum_{k=0}^{\infty}[f(k+1)T]z^{-k}$$

所以

$$\begin{aligned}Z[f(t+T)]-Z[f(t)]&=zF(z)-zf(0)-F(z)=(z-1)F(z)-zf(0)\\&=\sum_{k=0}^{\infty}[f(k+1)T]z^{-k}-\sum_{k=0}^{\infty}f(kT)z^{-k}=\sum_{k=0}^{\infty}[f(k+1)T-f(kT)]z^{-k}\end{aligned}$$

即

$$(z-1)F(z)-zf(0)=\sum_{k=0}^{\infty}[f(k+1)T-f(kT)]z^{-k}$$

两边取 $z\to 1$ 的极限，则有

$$\lim_{z\to 1}[(z-1)F(z)-zf(0)]=\lim_{z\to 1}\sum_{k=0}^{\infty}[f(k+1)T-f(kT)]z^{-k}=f(\infty)-f(0)$$

所以

$$\lim_{z\to 1}[(z-1)F(z)]=f(\infty)$$

z 变换的终值定理形式亦可表示为

$$f(\infty)=\lim_{t\to\infty}f(t)=\lim_{z\to 1}(1-z^{-1})F(z)$$

在离散系统分析中，常采用终值定理求取系统的稳态误差，它和利用拉普拉斯变换的终值定理求取连续系统稳态误差时的情况极为类似。

6．复偏移定理

设 $Z[f(t)]=F(z)$，则

$$Z[f(t)\mathrm{e}^{\mp at}]=F(z\mathrm{e}^{\pm aT}) \tag{8-32}$$

证明　$Z[f(t)\mathrm{e}^{\mp at}]=\sum_{k=0}^{\infty}f(kT)\mathrm{e}^{\mp akT}z^{-k}=\sum_{k=0}^{\infty}f(kT)(\mathrm{e}^{\pm aT}z)^{-k}$

令 $z_1=\mathrm{e}^{\pm aT}z$，则

$$Z[f(t)\mathrm{e}^{\mp at}]=\sum_{k=0}^{\infty}f(kT)z_1^{-k}=F(z_1)=F(\mathrm{e}^{\pm aT}z)$$

7．卷积和定理

设 $y(t),g(t),r(t)$ 的 z 变换分别为 $Y(z),G(z),R(z)$，且 $t<0$ 时，$y(t)=g(t)=r(t)=0$

若 $y(kT)=\sum_{k=0}^{n} g[(n-k)T]r(kT)$，则卷积和定理可表示为

$$Y(z)=G(z)R(z) \tag{8-33}$$

证明　略

8.2.4　z 反变换

和拉普拉斯反变换类似，z 反变换就是根据 $F(z)$求出原连续函数 $f(t)$的离散序列 $f^*(t)$，反变换可表示为

$$f^*(t)=Z^{-1}[F(z)] \tag{8-34}$$

1．长除法

长除法是将 $F(z)$的分母除分子，可以求出按 z^{-k} 降幂排列的级数展开式，然后用 z 反变换式求出相应的采样函数的脉冲序列。这是一种常用而简便的 z 反变换法，但该方法不易得到闭合形式。

$F(z)$的一般表达式为

$$F(z)=\frac{b_0 z^m+b_1 z^{m-1}+\cdots+b_m}{a_0 z^n+a_1 z^{n-1}+\cdots+a_n} \qquad (m \leqslant n) \tag{8-35}$$

首先将上式 $F(z)$按 z 降幂排列，然后根据多项式除法将其表示成 z^{-k} 降幂级数的形式

$$F(z)=C_0+C_1 z^{-1}+C_2 z^{-2}+\cdots$$

则 $F(z)$的 z 反变换为

$$f^*(t)=C_0\delta(t)+C_1\delta(t-T)+C_2\delta(t-2T)+\cdots \tag{8-36}$$

例 8-4　已知 $F(z)=\dfrac{z}{(z-1)(z-2)}$，试求其 z 反变换。

解　首先将 $F(z)$表示成如下按 z 降幂排列的形式

$$F(z)=\frac{z}{(z-1)(z-2)}=\frac{z}{z^2-3z+2}$$

然后利用如图 8-15 所示的综合除法，将 $F(z)$表示成

$$F(z)=z^{-1}+3z^{-2}+7z^{-3}+\cdots$$

所以 $F(z)$的 z 反变换为

$$f^*(t)=0\delta(t)+1\delta(t-T)+3\delta(t-2T)+7\delta(t-3T)+\cdots$$

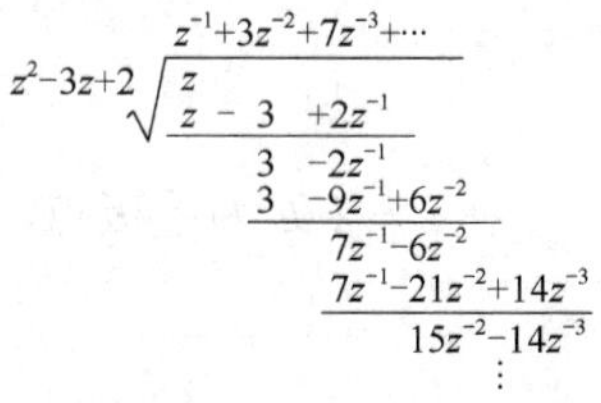

图 8-15　综合除法

2．部分分式法

部分分式法是将 $F(z)$展开成若干个分式和的形式，每一个分式可通过查附录表 A-1，求出对应的离散信号 $f(kT)$，并将其转换为采样信号 $f^*(t)$。由于在 z 变换表中，所有的分子中都有 z 因子，进行部分分式展开时，需先把 $F(z)/z$ 展开成部分分式，然后将所得结果的每一项都乘以 z，即得 $F(z)$的展开式。

例 8-5　已知 $F(z)=\dfrac{z}{(z-1)(z-2)}$，试求 z 反变换。

解　首先将 $F(z)/z$ 展开成部分分式

$$\frac{F(z)}{z}=\frac{1}{(z-1)(z-2)}=\frac{-1}{z-1}+\frac{1}{z-2}$$

所以

$$F(z)=\frac{-z}{z-1}+\frac{z}{z-2}$$

查附录表 A-1 得

$$f(kT)=-1+2^k \qquad (k=0,1,2,3,\cdots)$$

或

$$f^*(t)=\sum_{k=0}^{\infty}f(kT)\delta(t-kT)=\sum_{k=0}^{\infty}(-1+2^k)\delta(t-kT)$$

3．留数法

若 $F(z)=Z[f(kT)]$，根据留数，则 $F(s)$的 z 反变换为

$$f(kT)=\sum_{i=1}^{n}\mathrm{Res}[F(z)z^{k-1}]\big|_{z=p_i}=\sum_{i=1}^{n}R_i \tag{8-37}$$

式中，$p_i(i=1,2,3,\cdots)$为 $F(z)$的全部极点；R_i为留数，其中

（1）对于 $F(z)$的单极点 p_i 的留数为

$$R_i=\lim_{z\to p_i}[(z-p_i)F(z)z^{k-1}] \tag{8-38}$$

（2）对于 $F(z)$的具有 q 阶重极点 p_i 的留数为

$$R_i=\lim_{z\to p_i}\frac{1}{(q-1)!}\frac{\mathrm{d}^{q-1}}{\mathrm{d}z^{q-1}}[(z-p_i)^q F(z)z^{k-1}] \tag{8-39}$$

例 8-6 用留数法求 $F(z)=\dfrac{z}{(z-1)^2(z-2)}$ 的 z 反变换。

解 在 $z=1$ 处为二重极点，其留数为

$$R_1=\lim_{z\to 1}\frac{1}{(2-1)!}\frac{\mathrm{d}}{\mathrm{d}z}[(z-1)^2F(z)z^{k-1}]=-(k+1)$$

在 $z=2$ 处为单极点，其留数为

$$R_2=\lim_{z\to 2}[(z-2)F(z)z^{k-1}]=2^k$$

所以

$$f(kT)=-(k+1)+2^k$$

或

$$f^*(t)=\sum_{k=0}^{\infty}f(kT)\delta(t-kT)=\sum_{k=0}^{\infty}(-k-1+2^k)\delta(t-kT)$$

强调指出，z 反变换只能给出离散信号 $f^*(t)$，而不能提供连续信号 $f(t)$。

8.3 离散系统的数学模型

8.3.1 差分方程

对连续系统的动态过程，通常采用微分方程来描述，而对于离散系统，则采用差分方程来描述其动态过程。如同用拉普拉斯变换法求解微分方程一样，在离散系统中用 z 变换解差分方程也很方便。

1．差分的定义

连续函数 $f(t)$，采样后的离散信号 $f(kT)$，通常为方便起见，当 T 为常数时，书写中略去 T，即 $f(kT)$ 简写为 $f(k)$。

一阶前向差分的定义为 $$\Delta f(k)=f(k+1)-f(k)$$

二阶前向差分定义为

$$\begin{aligned}\Delta^2 f(k)&=\Delta[\Delta f(k)]=\Delta f(k+1)-\Delta f(k)=f(k+2)-f(k+1)-f(k+1)+f(k)\\&=f(k+2)-2f(k+1)+f(k)\end{aligned}$$

n 阶前向差分定义为 $$\Delta^n f(k)=\Delta[\Delta^{n-1}f(k)] \tag{8-40}$$

同理，一阶后向差分定义为 $$\nabla f(k)=f(k)-f(k-1)$$

二阶后向差分定义为

$$\begin{aligned}\nabla^2 f(k)&=\nabla[\nabla f(k)]=\nabla f(k)-\nabla f(k-1)=f(k)-f(k-1)-f(k-1)+f(k-2)\\&=f(k)-2f(k-1)+f(k-2)\end{aligned}$$

n 阶后向差分定义为 $$\nabla^n f(k)=\nabla[\nabla^{n-1}f(k)] \tag{8-41}$$

2．差分方程

如果一个方程中除含有函数本身外，还有函数的差分，则称此方程为差分方程，即

$$\varphi[k,x(k),\Delta x(k),\Delta^2 x(k),\cdots,\Delta^n x(k)]=0 \tag{8-42}$$

对于输入、输出均为离散信号的线性定常离散系统，描述其动态过程的线性定常差分方程为

$$\begin{aligned}&y(k+n)+a_1y(k+n-1)+a_2y(k+n-2)+\cdots+a_{n-1}y(k+1)+a_ny(k)\\&=b_0r(k+m)+b_1r(k+m-1)+\cdots+b_{m-1}r(k+1)+b_mr(k)\end{aligned}$$

上式也可写为

$$y(k+n)=-\sum_{i=1}^{n}a_iy(k+n-i)+\sum_{j=0}^{m}b_jr(k+m-j) \tag{8-43}$$

式中，$r(k)$为输入信号；$y(k)$为输出信号；$a_1,a_2,\cdots,a_n$，$b_0,b_1,\cdots,b_m$ 为常数。

差分方程的阶次应是最高差分与最低差分之差。式（8-43）中，方程阶次为 $k+n-k=n$ 次。

n 阶差分方程也可写成

$$\begin{aligned}&y(k)+a_1y(k-1)+a_2y(k-2)+\cdots+a_{n-1}y(k-n+1)+a_ny(k-n)\\&=b_0r(k)+b_1r(k-1)+\cdots+b_{m-1}r(k-m+1)+b_mr(k-m)\end{aligned} \tag{8-44}$$

3．差分方程的求解

1）迭代法

根据式（8-44）可得

$$\begin{aligned}&y(k)=-a_1y(k-1)-a_2y(k-2)-\cdots-a_{n-1}y(k-n+1)-a_ny(k-n)\\&+b_0r(k)+b_1r(k-1)+\cdots+b_{m-1}r(k-m+1)+b_mr(k-m)\end{aligned} \tag{8-45}$$

若已知 k 时刻的输入和 k 时刻以前的输入、输出值，可求出 k 时刻的输出。

例 8-7　已知系统差分方程为

$$y(k+2)-3y(k+1)+2y(k)=r(k)$$

输入序列 $r(k)=1$，初始条件为 $y(0)=1, y(1)=1$，试用迭代法求系统的输出序列 $y(k)$。

解 根据初始条件及差分方程得

$$y(k+2)=3y(k+1)-2y(k)+r(k)$$

$$y(0)=1; y(1)=1;$$

$$y(2)=3y(1)-2y(0)+r(0)=2;$$

$$y(3)=3y(2)-2y(1)+r(1)=5;$$

$$y(4)=3y(3)-2y(2)+r(2)=12;\cdots$$

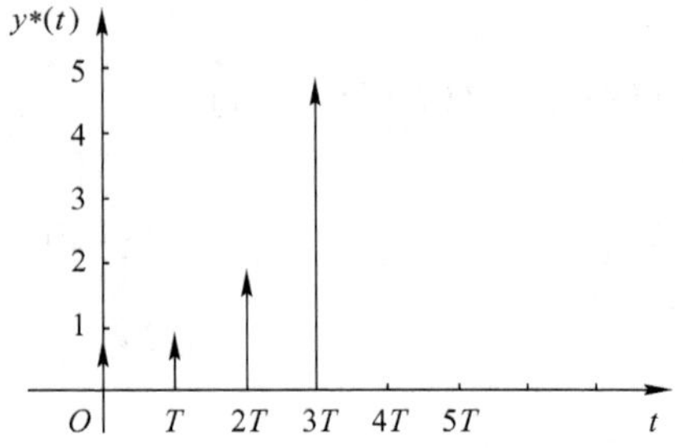

图 8-16 例 8-7 输出波形

系统在阶跃信号作用下的输出如图 8-16 所示。

2）z 变换法

用 z 变换法解差分方程，与用拉普拉斯变换求解微分方程一样，z 变换能够将差分方程变换为以 z 为变量的代数方程。然后，通过 z 反变换，就可求出差分方程的解。

例 8-8 用 z 变换法解二阶离散系统差分方程

$$y(k+2)+3y(k+1)+2y(k)=0$$

初始条件 $y(0)=0, y(1)=1$。

解 对方程式两边取 z 变换

$$z^2Y(z)-z^2y(0)-zy(1)+3zY(z)-3zy(0)+2Y(z)=0$$

整理

$$(z^2+3z+2)Y(z)=y(0)z^2+[y(1)+3y(0)]z$$

代入初始条件得

$$Y(z)=\frac{z}{z^2+3z+2}=\frac{z}{z+1}-\frac{z}{z+2}$$

z 反变换得

$$y(k)=(-1)^k-(-2)^k$$

可以看出，同采用拉普拉斯变换解微分方程一样，z 变换解差分方程时初始条件已自动地包含在代数表达式中。另外，此方程的输入信号 $r(t)=0$，系统响应是由初始条件激励的。

8.3.2 脉冲传递函数

与连续系统中的传递函数概念相对应，脉冲传递函数是描述离散系统的数学模型。它反映了离散系统输入/输出序列之间的转换关系。根据脉冲传递函数，可以获得离散系统与系统性能指标之间的关系等信息，它是离散系统分析与设计的基础。

1. 脉冲传递函数的定义

如果离散系统的初始条件为零，输入信号 $r(t)$经采样后为离散信号 $r^*(t)$，其 z 变换为 $R(z)$，连续部分输出为 $y(t)$，采样后 $y^*(t)$的 z 变换为 $Y(z)$，如图 8-17 所示，则脉冲传递函数定义为

$$G(z)=\frac{Y(z)}{R(z)} \tag{8-46}$$

即零初始条件下，系统输出的 z 变换与输入 z 变换之比。

离散系统的脉冲传递函数 $G(z)$ 与输入信号 $R(z)$ 和输出信号 $Y(z)$ 的关系，如图 8-18 所示。

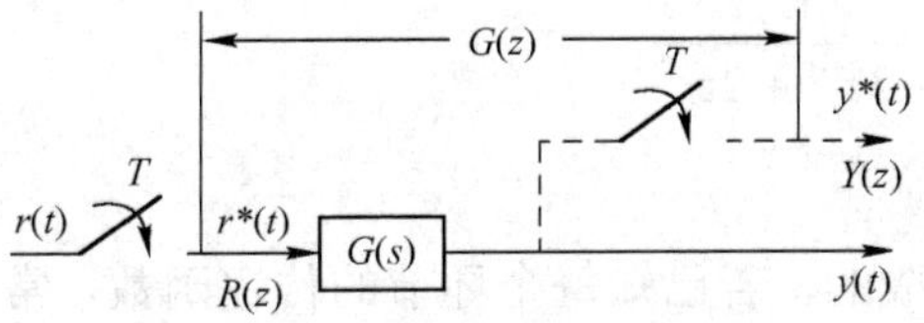

图 8-17　系统脉冲传递函数

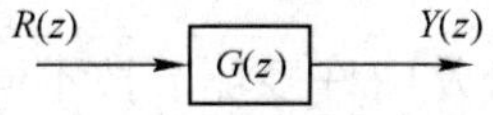

图 8-18　脉冲传递函数与输入/输出关系

如果已知系统的脉冲传递函数 $G(z)$ 及输入信号的 z 变换 $R(z)$，那么系统输出的 z 变换为

$$Y(z) = G(z)R(z) \tag{8-47}$$

对离散系统，输入信号 $r(t)$ 经采样后为 $r^*(t)$，其 z 变换为 $R(z)$，但是对于大多数实际系统，其输出为连续信号 $y(t)$ 而不是离散信号 $y^*(t)$。在这种情况下，可以在连续信号的输出端虚设一个采样开关，它与输入端采样开关同步工作，如图 8-17 中虚线所示。这样 $y(t)$ 经采样开关后，变为采样信号 $y^*(t)$，它的 z 变换为 $Y(z)$，就可以利用脉冲传递函数的概念。

在连续系统中，传递函数是系统单位脉冲响应的拉普拉斯变换。同样对离散系统，脉冲传递函数是系统单位脉冲响应的 z 变换。实际上，若离散系统输入为单位脉冲函数 $\delta(t)$，其 z 变换为 $R(z) = \mathrm{Z}[\delta(t)] = 1$，系统的输出为脉冲响应 $g(t)$，由式（8-47），得

$$Y(z) = G(z)R(z) = G(z) \tag{8-48}$$

2．脉冲传递函数的求取

（1）若已知系统传递函数 $G(s)$ 或单位脉冲响应函数 $g(t)$，则脉冲传递函数 $G(z)$ 为

$$G(z) = Z[G(s)] = Z[g(t)] \tag{8-49}$$

（2）若已知系统的差分方程，在零初始条件下，输出的 z 变换和输入的 z 变换之比即为脉冲传递函数，即

$$G(z) = \frac{Y(z)}{R(z)} \tag{8-50}$$

例 8-9　系统结构如图 8-17 所示，其中连续部分的传递函数

$$G(s) = \frac{10}{s(s+10)}$$

试求系统脉冲传递函数 $G(z)$。

解　将 $G(s)$ 展开成部分分式

$$G(s) = \frac{10}{s(s+10)} = \frac{1}{s} - \frac{1}{s+10}$$

直接由 z 变换公式得

$$G(z) = \frac{z}{z-1} - \frac{z}{z-\mathrm{e}^{-10T}}$$

例 8-10　已知系统差分方程

$$y(k) - 3y(k-1) + 2y(k-2) = r(k)$$

试求系统脉冲传递函数 $G(z)$。

解　在零初始条件下，对差分方程两边求 z 变换，得

$$Y(z) - 3z^{-1}Y(z) + 2z^{-2}Y(z) = R(z)$$

根据脉冲传递函数定义，则

$$G(z)=\frac{Y(z)}{R(z)}=\frac{1}{1-3z^{-1}+2z^{-2}}$$

3．开环脉冲传递函数

控制系统是由许多环节按不同的连接方式组成的，若已知每个环节的传递函数，常可以利用结构图等效变换方法，求得整个系统的传递函数。但与连续系统不同，在离散系统中，既有连续信号又有离散信号，且采样开关位置也有所不同。因此，不能简单照搬连续系统结构图变换方法来处理。

1）串联环节之间无采样开关

对于如图8-19所示，系统串联的两个环节 $G_1(s)$和 $G_2(s)$之间无采样开关时，系统输出为

$$Y(s)=G_2(s)X(s)=G_1(s)G_2(s)R^*(s)$$

信号采样后 $$Y^*(s)=[G_1(s)G_2(s)R^*(s)]^*=[G_1(s)G_2(s)]^*R^*(s)$$

z 变换为 $$Y(z)=Z[G_1(s)G_2(s)]R(z)=G_1G_2(z)R(z)$$

系统的开环脉冲传递函数为

$$G(z)=\frac{Y(z)}{R(z)}=Z[G_1(s)G_2(s)]=G_1G_2(z) \tag{8-51}$$

即当串联环节之间无采样开关时，等效开环脉冲传递函数等于各环节传递函数之积的 z 变换。显然这个结论同样可以推广到 n 个环节串联而各相邻环节之间都没有采样开关分隔的情况。

$$G(z)=Z[G_1(s)G_2(s)\cdots G_n(s)]=G_1G_2\cdots G_n(z) \tag{8-52}$$

2）串联环节之间有采样开关

系统串联的两个环节之间有采样开关，如图8-20所示。对每一环节输入输出均有采样开关，每一环节输入输出均为采样信号，则有

$$Y(s)=G_2(s)X^*(s)\quad 和\quad X(s)=G_1(s)R^*(s)$$

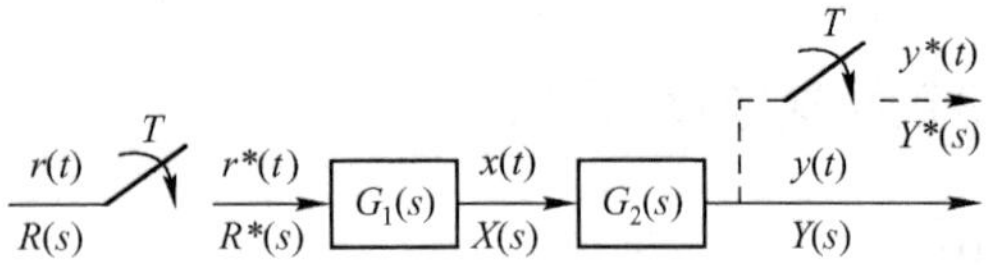

图8-19　串联环节之间无采样开关

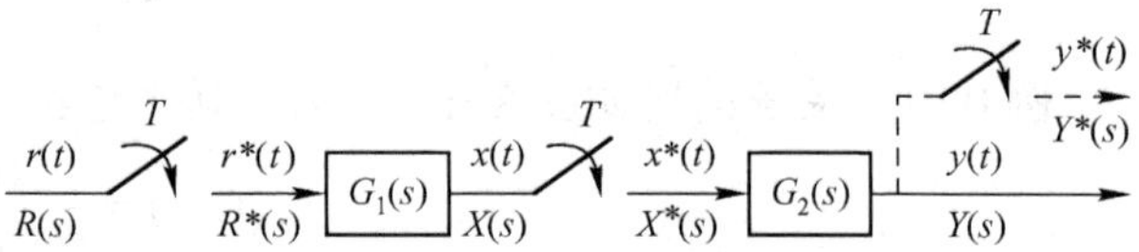

图8-20　串联环节之间有采样开关

信号采样后 $$Y^*(s)=G_2^*(s)X^*(s)\quad 和\quad X^*(s)=G_1^*(s)R^*(s)$$

z 变换后 $$Y(z)=G_2(z)X(z)\quad 和\quad X(z)=G_1(z)R(z)$$

所以 $$Y(z)=G_2(z)\cdot X(z)=G_1(z)\cdot G_2(z)\cdot R(z)$$

系统的开环脉冲传递函数为

$$G(z)=\frac{Y(z)}{R(z)}=G_1(z)\cdot G_2(z) \tag{8-53}$$

即当环节串联且环节之间有采样开关时，等效开环脉冲传递函数为各环节脉冲传递函数之积。这个结论同样可以推广到 n 个环节串联而各相邻环节之间都有采样开关分隔的情况。

$$G(z)=G_1(z)G_2(z)\cdots G_n(z) \tag{8-54}$$

注意：$G_1G_2(z)\neq G_1(z)G_2(z)$。前者表示两个串联环节的传递函数相乘后再取 z 变换，后者

表示先各自取 z 变换后再相乘。

3）有零阶保持器的开环脉冲传递函数

具有零阶保持器的开环脉冲传递函数如图 8-21（a）所示。零阶保持器的传递函数为 $G_h(s)=\dfrac{1-e^{-Ts}}{s}$，$G_p(s)$为连续部分的传递函数。

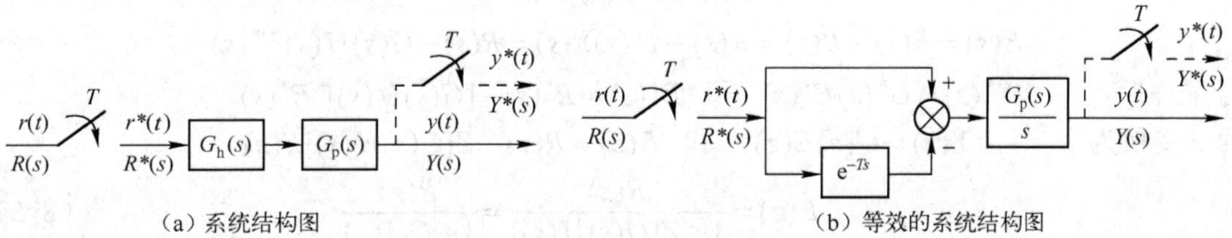

图 8-21　有零阶保持器的开环系统

系统的输出　　$Y(s)=G_h(s)G_p(s)R^*(s)$

信号采样后　　$Y^*(s)=[G_h(s)G_p(s)]^*R^*(s)$

z 变换后　　$Y(z)=Z[G_h(s)G_p(s)]R(z)$

开环系统的脉冲传递函数为

$$G(z)=\frac{Y(z)}{R(z)}=Z[G_h(s)G_p(s)]=Z\left[\frac{1-e^{-Ts}}{s}G_p(s)\right]=(1-z^{-1})Z\left[\frac{1}{s}G_p(s)\right] \tag{8-55}$$

4）输入端无采样开关时

离散系统结构图如图 8-22 所示，输入信号未经采样开关直接进入 $G_1(s)$，连续环节 $G_1(s)$ 的输入为连续信号 $r(t)$，其输出也是连续信号 $x(t)$，所以有

$$Y(s)=G_2(s)X^*(s) \quad 和 \quad X(s)=G_1(s)R(s)$$

信号采样后　　$Y^*(s)=G_2^*(s)X^*(s)$　和　$X^*(s)=[G_1(s)R(s)]^*$

z 变换后　　$Y(z)=G_2(z)X(z)$　和　$X(z)=Z[G_1(s)R(s)]=G_1R(z)$

所以　　$Y(z)=G_2(z)X(z)=G_2(z)Z[G_1(s)R(s)]=G_2(z)G_1R(z)$

故有　　$$Y(z)=G_2(z)G_1R(z) \tag{8-56}$$

由上式看出当连续信号直接进入连续环节时，求不出 $Y(z)/R(z)$ 的形式，即只能求得输出的变换表达式 $Y(z)$，而求不到脉冲传递函数 $G(z)$。

4. 闭环脉冲传递函数

由于采样开关位置的不同，离散系统可以有多种结构形式。图 8-23 是一种比较常见的闭环离散系统结构图。

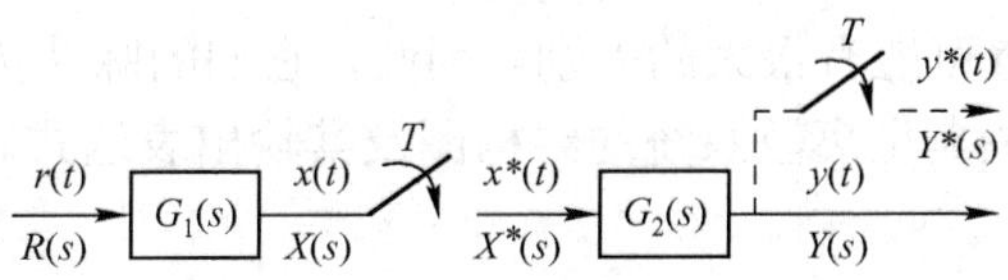

图 8-22　开环离散系统

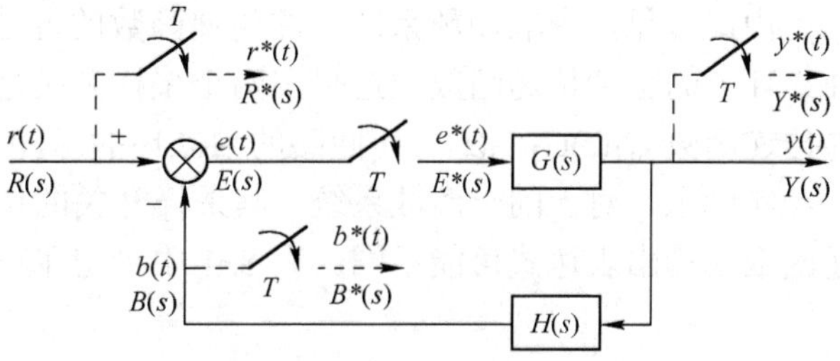

图 8-23　闭环离散系统结构图

图中虚线所示的采样开关是为了分析方便而虚设的，且它们均以周期 T 同步工作。

从图中可得反馈信号

$$B(s)=H(s)Y(s)$$

输出信号和偏差信号为

$$Y(s)=G(s)E^*(s)$$

$$E(s)=R(s)-B(s)=R(s)-H(s)Y(s)=R(s)-G(s)H(s)E^*(s)$$

信号采样后 $Y^*(s)=G^*(s)E^*(s)$ 和 $E^*(s)=R^*(s)-[G(s)H(s)]^*E^*(s)$

信号 z 变换为 $Y(z)=G(z)E(z)$ 和 $E(z)=R(z)-Z[G(s)H(s)]E(z)$

即

$$E(z)=\frac{R(z)}{1+Z[G(s)H(s)]}=\frac{R(z)}{1+GH(z)} \tag{8-57}$$

所以闭环脉冲传递函数为

$$G_{\mathrm{B}}(z)=\frac{Y(z)}{R(z)}=\frac{G(z)}{1+GH(z)} \tag{8-58}$$

例 8-11 求图 8-24 所示系统的闭环传递函数。

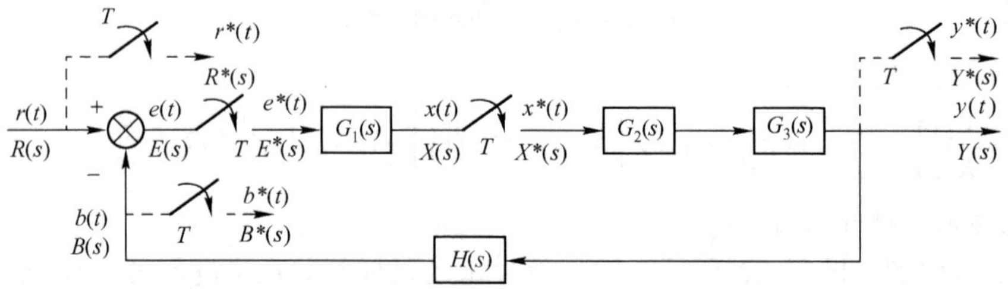

图 8-24 闭环离散系统

解 由图可得

$$Y(s)=G_2(s)G_3(s)X^*(s)；\quad X(s)=G_1(s)E^*(s)$$

$$E(s)=R(s)-B(s)=R(s)-H(s)Y(s)=R(s)-G_2(s)G_3(s)H(s)X^*(s)$$

采样后

$$Y^*(s)=\left[G_2(s)G_3(s)\right]^*X^*(s)；\quad X^*(s)=G_1^*(s)E^*(s)$$

$$E^*(s)=R^*(s)-[G_2(s)G_3(s)H(s)]^*G_1^*(s)E^*(s)$$

z 变换后

$$Y(z)=G_2G_3(z)X(z)；\quad X(z)=G_1(z)E(z)$$

$$E(z)=R(z)-G_1(z)G_2G_3H(z)E(z)$$

即

$$G_{\mathrm{B}}(z)=\frac{Y(z)}{R(z)}=\frac{G_1(z)G_2G_3(z)}{1+G_1(z)G_2G_3H(z)}$$

由此可见，求取闭环系统脉冲传递函数的方法与连续系统完全类似，唯一需要注意的是，独立环节的脉冲传递函数一定是在两个采样开关之间才能求得。如图 8-24 所示，前向通道脉冲传递函数 $G_1(z)G_2G_3(z)$，而回路的独立环的脉冲传递函数为 $G_1(z)G_2G_3H(z)$。

实际上，对于同一离散系统，其采样开关的位置可能有很大的差别。因此，它们的脉冲传递函数或输出表达式可能不同。表 8-1 中列出了一些典型离散系统的结构图及其输出表达式。

表 8-1　典型离散系统结构图及输出表达式

	系统结构图	输出 $Y(z)$
1	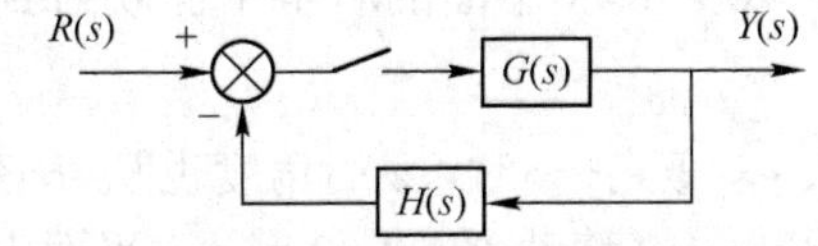	$Y(z)=\dfrac{G(z)R(z)}{1+GH(z)}$
2	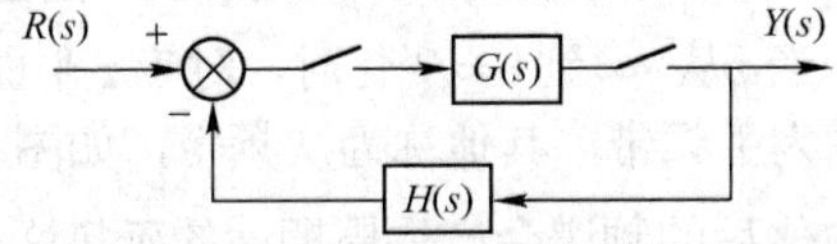	$Y(z)=\dfrac{G(z)R(z)}{1+G(z)H(z)}$
3	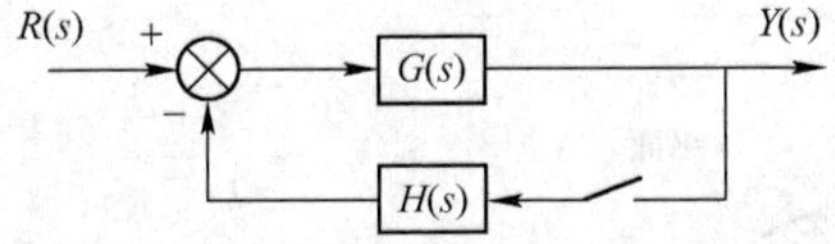	$Y(z)=\dfrac{RG(z)}{1+GH(z)}$
4	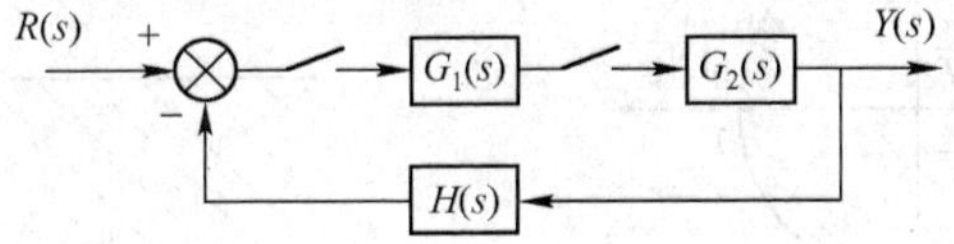	$Y(z)=\dfrac{G_1(z)G_2(z)R(z)}{1+G_1(z)G_2H(z)}$
5	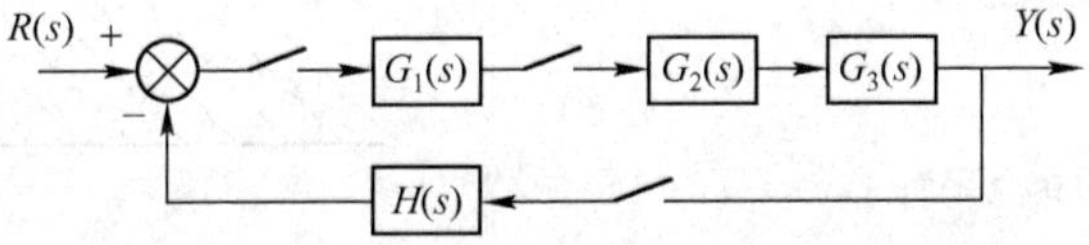	$Y(z)=\dfrac{G_1(z)G_2G_3(z)R(z)}{1+G_1(z)G_2G_3(z)H(z)}$
6	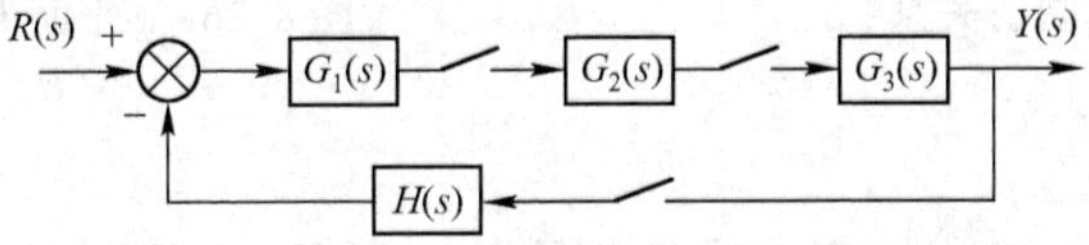	$Y(z)=\dfrac{G_2(z)G_3(z)G_1R(z)}{1+G_2(z)G_3(z)G_1H(z)}$

8.4　离散控制系统的稳定性分析

8.4.1　离散控制系统稳定的条件

我们知道，连续系统稳定的充分必要条件是系统的闭环特征根均在 s 平面的左半平面。在 z 平面上来研究离散系统的稳定性，首先要弄清 s 平面与 z 平面的映射关系。

1. s 平面到 z 平面的映射

根据 z 变换的定义，复变量 z 和 s 的关系为

$$z=\mathrm{e}^{sT} \tag{8-59}$$

式（8-59）就是 s 平面与 z 平面之间的映射关系。

将 s 平面上任意一点 $s=\delta+\mathrm{j}\omega$ 代入式（8-59）中得

$$z=\mathrm{e}^{(\delta+\mathrm{j}\omega)T}=\mathrm{e}^{\delta T}\mathrm{e}^{\mathrm{j}\omega T}=|z|\mathrm{e}^{\mathrm{j}\theta} \tag{8-60}$$

式中，$|z|=\mathrm{e}^{\delta T},\theta=\omega T$ 。

（1）s 平面上的虚轴，即 $\delta=0,s=\mathrm{j}\omega$，那么在 z 平面上为 ：$|z|=1,\theta=\omega T$ 。即 s 平面上的虚轴，映射到 z 平面上是以原点为圆心的单位圆，如图 8-25 所示。

（2）s 平面上左半平面，$|z| = e^{\delta T} < 1, \delta < 0$。即 s 平面的左半平面映射到 z 平面是以原点为圆心的单位圆内部，如图 8-25 所示。

（3）s 平面上右半平面，$|z| = e^{\delta T} > 1, \delta > 0$。即 s 平面的右半平面映射到 z 平面是以原点为圆心的单位圆外部，如图 8-25 所示。

在此应注意，$\angle z = \theta = \omega T$，所以当$\omega$从$-\infty$变到$+\infty$时，$z$ 的角度也从$-\infty$变到$+\infty$，现在任取 s 平面内 $\mathrm{j}\omega$轴上一点，当这个点在 $\mathrm{j}\omega$轴上从 $-\omega_s/2$ 移动到 $+\omega_s/2$ 时，z 平面上的相应点沿单位圆从$-\pi$ 刚好逆时针变化到 π，正好转了一圈。当ω从$-\infty$到$+\infty$变化时，对应 z 平面上便重复地画了无穷多个圆，把ω从 $-\omega_s/2$ 到 $+\omega_s/2$ 的频带称为主频带，其他称为次频带，如图 8-26 所示。离散函数 z 变换的这种周期性，也说明了函数离散化后的频谱会产生周期性的延拓。

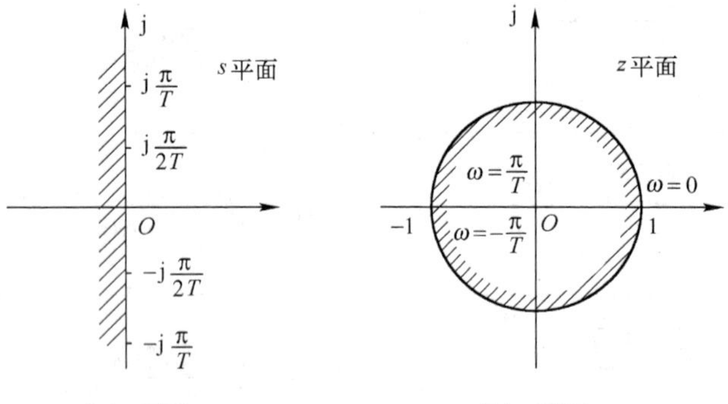

（a）s 平面　　（b）z 平面

图 8-25　s 平面和 z 平面的映射关系

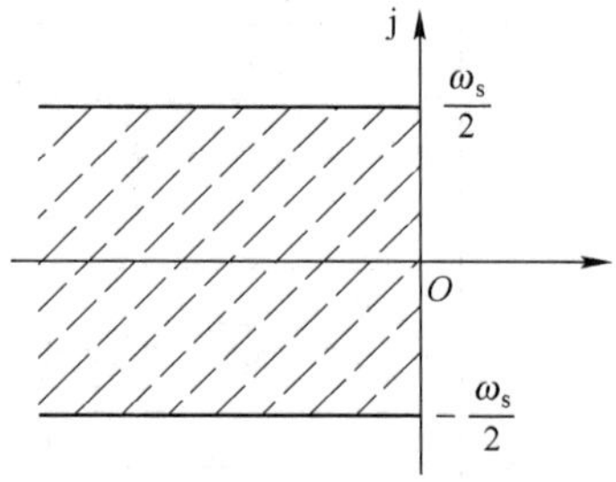

图 8-26　s 平面内频带区域

2．离散系统稳定条件

根据 s 平面与 z 平面的映射关系，对线性离散系统如图 8-22 所示，闭环脉冲传递函数为

$$G_B(z) = \frac{Y(z)}{R(z)} = \frac{G(z)}{1 + GH(z)}$$

特征方程式为

$$D(z) = 1 + GH(z) = 0 \tag{8-61}$$

系统特征根 $p_1, p_2, \cdots, p_n$ 即闭环脉冲传递函数的极点。

闭环线性离散系统稳定的充分必要条件是：离散系统特征方程的所有根（即闭环脉冲传递函数的极点）均位于 z 平面上以原点为圆心的单位圆之内，也就是特征根的模均小于 1。

用上述方法研究线性离散系统的稳定性，对于一阶、二阶系统还可以采用，对于高阶系统来说，求解是件非常麻烦的工作。特别是要研究当系统结构和参数变化对稳定性的影响时，更不方便。像线性连续系统一样，线性离散系统也可采用代数稳定判据判别系统的稳定性。

8.4.2　代数稳定判据

对于线性离散系统，系统稳定的充分必要条件是闭环系统的特征根均在 z 平面上单位圆内部，而劳斯判据只能判断系统特征根是否在复平面虚轴的左半部。因此，需将 z 平面上的单位圆变换为另一复变量 w 平面的虚轴，并使 z 平面的单位圆内部变换为 w 平面的左半平面，这样线性连续系统的各种代数稳定判据，就可以推广到判别线性离散系统的稳定性。

这种坐标变换经过 s 到 z，z 到 w 两次线性变换，称为双线性变换或称 w 变换。图 8-27 表示双线性变换过程。

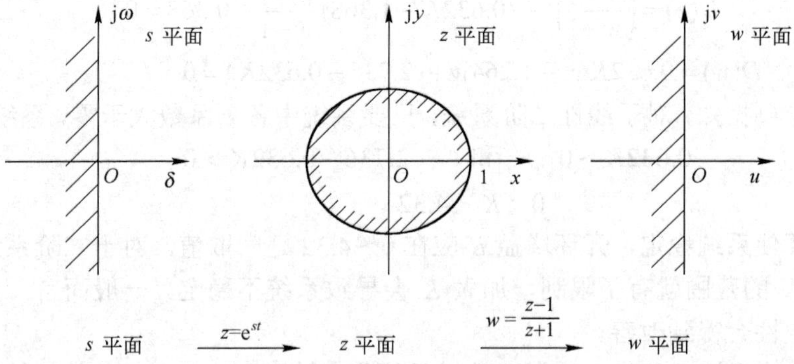

图 8-27　双线性变换

双线性变换有以下两种定义

$$w = \frac{z+1}{z-1}，则 z = \frac{w+1}{w-1} \tag{8-62}$$

或

$$w = \frac{z-1}{z+1}，则 z = \frac{1+w}{1-w}$$

式中，z 和 w 均为复变量，可写为

$$z = x + \mathrm{j}y \text{ 和 } w = u + \mathrm{j}v$$

根据式（8-62）有

$$|z| = \left|\frac{w+1}{w-1}\right| = \left|\frac{u+1+\mathrm{j}v}{u-1+\mathrm{j}v}\right| = \frac{\sqrt{(u+1)^2+v^2}}{\sqrt{(u-1)^2+v^2}} \tag{8-63}$$

当　$u>0$ 时，即在右半 w 平面上任取一点时，$|z|>1$，对应于 z 平面的单位圆外；

　　$u<0$ 时，即在左半 w 平面上任取一点时，$|z|<1$，对应于 z 平面的单位圆内；

　　$u=0$ 时，即在 w 平面虚轴上任取一点时，$|z|=1$，对应于 z 平面的单位圆上。

所以，对离散系统的闭环特征方程，令 $z=\frac{w+1}{w-1}$ 或 $z=\frac{1+w}{1-w}$ 进行 w 变换后，可直接应用劳斯判据判定系统的稳定性。

例 8-12　已知系统结构图如图 8-28 所示，采样周期 $T=0.1\text{s}$。试确定系统稳定时 K 的取值范围。

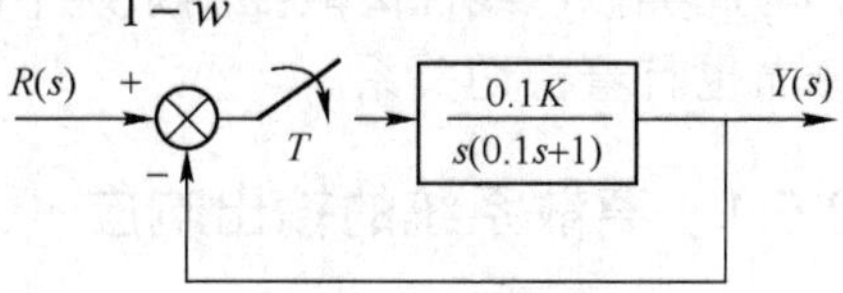

图 8-28　闭环系统结构图

解　系统的开环脉冲传递函数为

$$G(z) = Z\left[\frac{0.1K}{s(0.1s+1)}\right] = K \cdot Z\left[\frac{1}{s} - \frac{1}{s+10}\right] = \frac{0.632zK}{z^2 - 1.368z + 0.368}$$

系统的闭环脉冲传递函数为

$$G_{\mathrm{B}}(z) = \frac{Y(z)}{R(z)} = \frac{G(z)}{1+G(z)} = \frac{0.632zK}{z^2 - (1.368 - 0.632K)z + 0.368}$$

特征方程为

$$D(z) = z^2 + (0.632K - 1.368)z + 0.368 = 0$$

将 $z=\frac{w+1}{w-1}$ 代入以上特征方程式得

$$D(z)=\left(\frac{w+1}{w-1}\right)^2+(0.632K-1.368)\frac{w+1}{w-1}+0.368=0$$

即
$$D(w)=0.632Kw^2+1.264w+(2.736-0.632K)=0$$

根据代数稳定判据知，对于线性二阶系统，只要系统中各项系数大于零，系统总是稳定的。

由 $$0.632K>0 \quad \text{和} \quad 2.736-0.632K>0$$

得 $$0<K<4.32$$

由此可见，要使系统稳定，开环增益 K 应在 0～4.32 之间取值。对于二阶系统加采样开关后，系统稳定时 K 的范围就有了限制，加大 K 会导致系统不稳定。一般而言，当采样频率增高时，系统的稳定性会得到改善。

应该指出，在许多情况下加入采样开关对系统稳定性不利。但对一些特殊情况，例如系统有大滞后环节时，加入采样开关往往还能改善系统的稳定性。

上面我们直接应用了线性连续系统的代数稳定判据来判别线性离散系统稳定性。实际上，采用双线性变换获得 w 平面的特征多项式 $D(w)$后，凡是适合线性连续系统分析稳定性的方法，均可用来分析线性离散系统的稳定性。如在 w 平面绘制离散系统的极坐标图、对数坐标图及求解离散系统的稳定裕量等。

但对于绘制线性离散系统的根轨迹，既可直接在 z 平面进行，此时根轨迹与单位圆的交点，即为线性离散系统的稳定边界。也可在 w 平面进行，此时根轨迹的分析与连续系统类同。

8.5 离散控制系统的动态性能

在线性连续系统中，若已知系统的传递函数和输入信号，由拉普拉斯反变换便可求出该信号作用下的输出响应。即

$$y(t)=L^{-1}[G_B(s)R(s)] \tag{8-64}$$

式（8-64）中，$R(s)$为输入信号的拉普拉斯变换；$G_B(s)$为系统闭环传递函数。

根据线性连续控制系统闭环极点和零点在 s 复平面的分布，可估算出它对应的瞬态响应形状。与此类似，线性离散控制系统中的瞬态响应与闭环脉冲传递函数极点、零点在 z 平面上的分布也有着密切关系。

8.5.1 离散系统的输出响应

若已知离散系统闭环脉冲传递函数 $G_B(z)=\frac{Y(z)}{R(z)}$，则在给定信号 $r(t)$下的响应 $y^*(t)$为

$$y^*(t)=Z^{-1}[G_B(z)R(z)] \tag{8-65}$$

例 8-13 已知单位反馈离散系统的开环脉冲传递函数为

$$G(z)=\frac{0.368z+0.264}{z^2-1.368z+0.368}$$

试求 $r(t)=1(t)$ 时的系统输出响应。

解 离散系统闭环脉冲传递函数为

$$G_B(z)=\frac{G(z)}{1+G(z)}=\frac{0.368z+0.264}{z^2-z+0.632}$$

输出的 z 变换为

$$Y(z)=G_B(z)R(z)=\frac{0.368z+0.264}{z^2-z+0.632}\frac{z}{z-1}=\frac{0.368z^2+0.264z}{z^3-2z^2+1.632z-0.632}$$

利用长除法可得　$Y(z)=0.368z^{-1}+z^{-2}+1.4z^{-3}+1.4z^{-4}+1.14z^{-5}+0.89z^{-6}+\cdots$

z 反变换得

$$\begin{aligned}y^*(t)&=0.368\delta(t-T)+\delta(t-2T)+1.4\delta(t-3T)\\&\quad+1.4\delta(t-4T)+1.14\delta(t-5T)+0.89\delta(t-6T)\\&\quad+\cdots\end{aligned}$$

离散系统输出响应曲线如图 8-29 所示。由图可见，系统的阶跃响应为衰减振荡，最大超调量约 40%，上升时间 t_p 约 $2T$，峰值时间 t_r 约 $3.5T$。

在此注意，输出响应仅能得到采样点上的值，即输出为脉冲序列。当采样周期 T 很小时，可用虚线来近似连续输出，如图 8-29 所示。

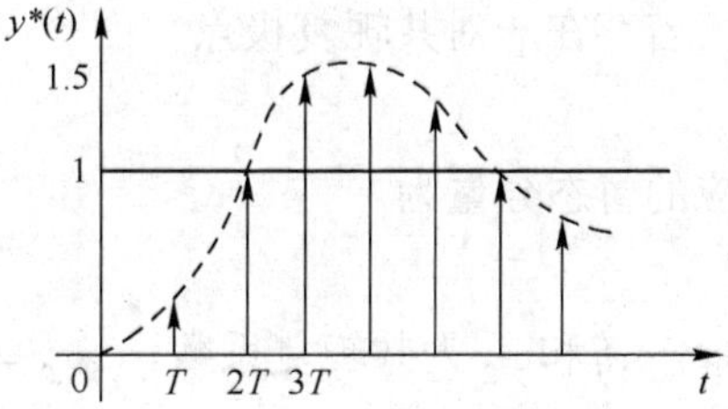

图 8-29　离散系统的阶跃响应

8.5.2　闭环零点、极点分布对瞬态响应的影响

设系统闭环脉冲传递函数为

$$G_B(z)=\frac{M(z)}{D(z)}=\frac{b_0z^m+b_1z^{m-1}+\cdots+b_m}{a_0z^n+a_1z^{n-1}+\cdots+a_n}=\frac{b_0}{a_0}\frac{\prod_{j=1}^{m}(z-z_j)}{\prod_{i=1}^{n}(z-p_i)} \tag{8-66}$$

式中，$z_j(j=1,2,\cdots,m)$为 $G_B(z)$的零点；$p_i\ (i=1,2,\cdots,n)$为 $G_B(z)$的极点，且 $n>m$。

当输入信号为阶跃信号即 $r(t)=1(t)$，且假设闭环极点 p_i 无重极点时，有

$$Y(z)=G_B(z)R(z)=\frac{M(z)}{D(z)}\frac{z}{z-1}$$

按极点展开成部分分式

$$Y(z)=\frac{A_0z}{z-1}+\sum_{i=1}^{n}\frac{A_iz}{z-p_i}$$

进行 z 反变换，得

$$y(kT)=A_01(kT)+\sum_{i=1}^{n}A_ip_i^{\,k}\ (k=0,1,2,\cdots) \tag{8-67}$$

式中，第一项为稳态分量，第二项为瞬态分量，瞬态分量是收敛、发散还是振荡完全取决于极点 p_i 在 z 平面上的分布。下面分几种情况讨论。

1. 闭环极点为实根

（1）若 $p_i>1$，极点在单位圆外的正实轴上，$p_i^{\,k}$ 随 k 增大而增大，即时间响应是单调发散；

（2）若 $p_i=1$，极点在正实轴的单位圆上，$p_i^{\,k}=1$ 为常值，即时间响应为等幅振荡；

（3）若 $0 < p_i < 1$，极点在单位圆内的正实轴上，p_i^k 总为正，且随 k 增大而单调减小，故时间响应单调衰减。p_i 越靠近原点，衰减越快；

（4）若 $-1 < p_i < 0$，极点在单位圆内的负实轴上，p_i^k 随 k 变换出现正负交替衰减，即时间响应是正负交替的衰减振荡，振荡频率为 π/T；

（5）若 $p_i = -1$，极点在负实轴的单位圆上，其时间响应是正负交替的等幅振荡，振荡频率为 π/T；

（6）若 $p_i < -1$，极点在单位圆外的负实轴上，时间响应为正负交替的发散振荡过程。

2．闭环极点为复根

若存在一对共轭复极点

$$p_{1,2} = \alpha \pm \mathrm{j}\beta = |p|\mathrm{e}^{\pm\mathrm{j}\theta}$$

对应的暂态分量为

$$A_1 p_1^{\,k} + A_2 p_2^{\,k} \tag{8-68}$$

式中，A_1 和 A_2 为共轭复系数，$A_{1,2} = |A|\mathrm{e}^{\pm\mathrm{j}\varphi}$。

则式（8-68）变为

$$A_1 p_1^{\,k} + A_2 p_2^{\,k} = |A||p|^k\,\mathrm{e}^{\mathrm{j}(\varphi+k\theta)} + |A||p|^k\,\mathrm{e}^{-\mathrm{j}(\varphi+k\theta)} = 2|A||p|^k\cos(k\theta+\varphi)$$

所以，共轭复极点对应的暂态响应是以余弦规律振荡的，振荡频率为 θ/T，即它与共轭复极点的幅角 θ 有关，幅角越大，振荡频率越大，当 $\theta = \pi$ 时，一对共轭复极点成为负实轴上一对极点，此时振荡频率最大，等于 π/T，暂态分量的模值与 $|p|^k$ 成正比。

（1）若 $|p| < 1$，极点在单位圆内，时间响应是衰减振荡的，复极点离原点越近，衰减越快。

（2）若 $|p| = 1$，极点在单位圆上，时间响应是等幅振荡的。

（3）若 $|p| > 1$，极点在单位圆外，时间响应是振荡发散的，$|p|$ 越大，发散越快。

由此可见，闭环极点在 z 平面上位置不同，对应的暂态分量也不同，如图 8-30 所示。当闭环极点位于单位圆内时，其对应的暂态分量是衰减的。极点距 z 平面坐标原点越近，则衰减速度越快。若极点位于单位圆内的正实轴上，则对应的暂态分量单调衰减。若极点是位于单位圆内的共轭复极点，其对应的暂态分量为衰减振荡的，极点的幅角越大，振荡频率越高。若闭环极点位于单位圆外，则对应的暂态分量是发散的。这意味着闭环离散系统是不稳定的。为了使离散系统具有比较满意的暂态响应性能，闭环脉冲传递函数的极点位于单位圆内的右半部，并尽量靠近 z 平面的坐标原点。

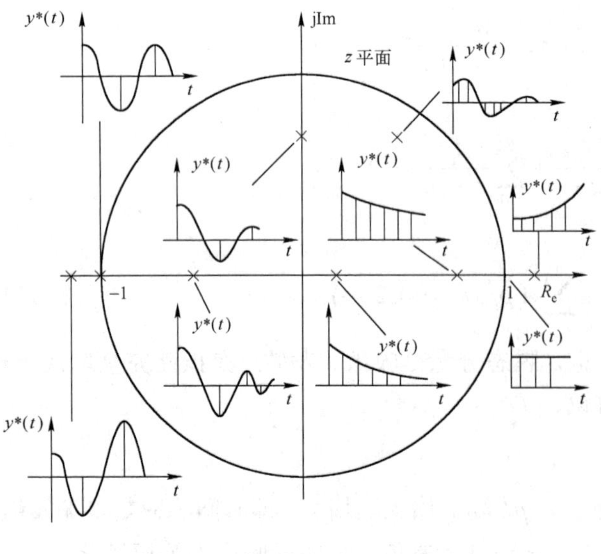

图 8-30　极点分布与暂态响应

而闭环零点影响暂态分量的系数 A_i 即影响响应的快慢。

3．主导极点

仿照线性连续系统中主导极点的概念，对离散系统中主导极点的定义为：若离散系统的一对单位圆内的极点靠近单位圆，而其他零、极点均在原点附近，离这对极点相当远，那么系统瞬态响应主要由这一对极点来决定，称为主导极点。

设系统的一对主导极点为

$$p_{1,2}=\alpha\pm \mathrm{j}\beta=|p|\mathrm{e}^{\pm\mathrm{j}\theta}\quad（|p|<1）$$

而其余闭环极点均在单位圆内，并且相对地远离单位圆，则系统暂态响应的峰值时间 t_{p} 和最大超调量可近似计算为

$$t_{\mathrm{p}}=\frac{\pi T}{\theta},M_{\mathrm{p}}=|p|^{t_{\mathrm{p}}/T} \tag{8-69}$$

式（8-69）表明，主导极点距 z 平面的原点越近，系统的超调量越小。主导极点的相角 θ 越大，系统的峰值时间越小。

另外，由于 $|p|<1, t_{\mathrm{p}}$ 越大，则超调量 M_{p} 越小，所以 M_{p} 和 t_{p} 这两者是相互矛盾的。因此，在确定闭环主导极点时，应在指标 M_{p} 和 t_{p} 间选取一个折中方案。

如果除了一对主导极点外、系统还有一些距原点较近的零、极点，它们也会对系统暂态响应带来一些影响。

例 8-14　若系统的闭环脉冲传递函数为

$$G_{\mathrm{B}}(z)=\frac{0.3805z^2+0.4990z+0.0198}{z^3-0.7728z^2+0.6048z+0.0173}$$

试求其单位阶跃响应的离散值，并分析系统的动态性能。采样周期 T=0.2s。

解　系统的闭环脉冲传递函数为

$$G_{\mathrm{B}}(z)=\frac{0.3805z^2+0.4990z+0.0198}{z^3-0.7728z^2+0.6048z+0.0173}$$

当输入量 $r(t)=1(t)$ 时，输出量的 z 变换为

$$Y(z)=G_{\mathrm{B}}(z)R(z)=\frac{0.3805z^2+0.4990z+0.0198}{z^3-0.7728z^2+0.6408z+0.0173}\cdot\frac{z}{z-1}$$

$$=\frac{0.3805z^3+0.4490z^2+0.0198z}{z^4-1.7728z^3+1.3776z^2-0.5875z-0.0173}$$

$$\begin{aligned}Y(z)=&0.381z^{-1}+1.124z^{-2}+1.488z^{-3}+1.313z^{-4}+0.945z^{-5}\\&+0.760z^{-6}+0.842z^{-7}+1.025z^{-8}+1.118z^{-9}+1.079z^{-10}\\&+0.989z^{-11}+0.942z^{-12}+0.960z^{-13}+1.005z^{-14}+\cdots\end{aligned}$$

基于 z 变换定义，由上式求得系统在单位阶跃外作用下的输出离散值 $y(kT)$ 为

$$\begin{array}{lll}y(0)=0; & y(5T)=0.945; & y(10T)=1.079;\\ y(T)=0.381; & y(6T)=0.760; & y(11T)=0.989;\\ y(2T)=1.124; & y(7T)=0.842; & y(12T)=0.942;\\ y(3T)=1.488; & y(8T)=1.025; & y(13T)=0.960;\\ y(4T)=1.313; & y(9T)=1.118; & y(14T)=1.005\end{array}$$

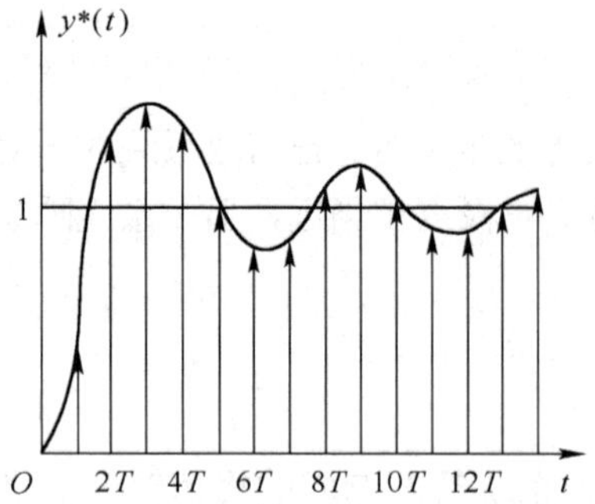

图 8-31　单位阶跃响应曲线

根据上面各离散点数据绘出系统单位阶跃响应曲线（如图 8-31 所示），由图求得给定离散系统的近似性能指标为：上升时间 $t_r = 0.3\text{s}$，峰值时间 $t_p = 0.6\text{s}$，超调量 $M_p = 48\%$。

8.5.3　离散系统的根轨迹分析

上面讨论了线性离散系统的瞬态响应与闭环脉冲传递函数零、极点分布的关系。在开环脉冲传递函数零、极点已知的条件下，也可利用根轨迹法分析离散系统。

设离散系统结构图如图 8-32 所示。

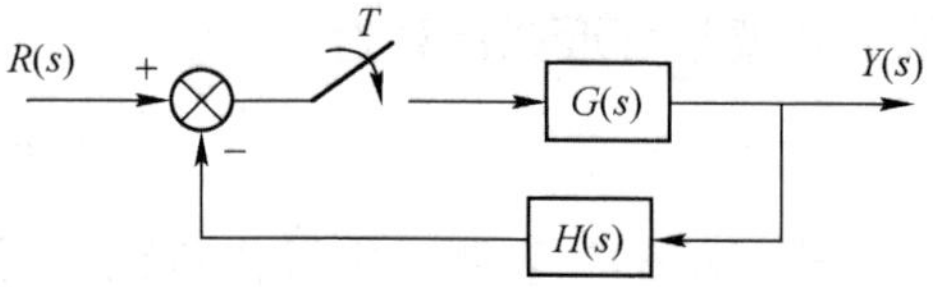

图 8-32　离散控制系统

系统的开环脉冲传递函数

$$GH(z) = \frac{k\prod_{j=1}^{m}(z - z_j)}{\prod_{i=1}^{n}(z - p_i)} \tag{8-70}$$

式中，$z_j (j=1,2,\cdots,m)$为系统开环零点；$p_i (i=1,2,\cdots,n)$为系统开环极点。

系统的特征方程为

$$D(z) = 1 + GH(z) = 0 \tag{8-71}$$

或

$$GH(z) = -1$$

可见，它的形式与连续系统绘制根轨迹的形式完全一样，所以，连续系统绘制根轨迹的一切规则和步骤均可用于离散系统根轨迹的绘制。

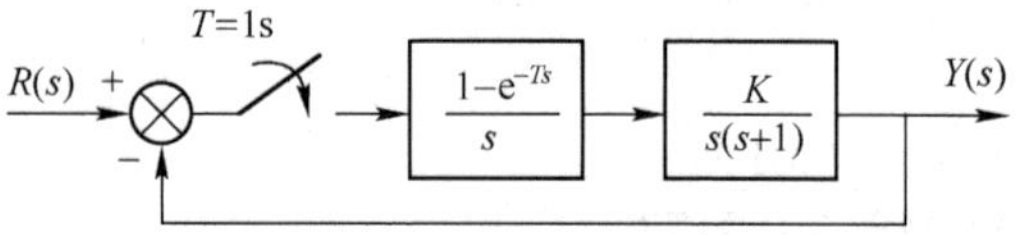

图 8-33　单位反馈离散系统结构图

例 8-15　设单位反馈离散系统的结构图如图 8-33 所示，试用根轨迹法分析系统。

解　系统开环脉冲传递函数

$$G(z) = (1 - z^{-1})Z\left[\frac{K}{s^2(s+1)}\right] = \frac{0.368K(z+0.722)}{(z-1)(z-0.368)}$$

根据绘制根轨迹的规则，可得到

（1）根轨迹共有两条，分别起始于两个开环极点 $p_1 = 1$ 和 $p_2 = 0.368$，其中一条根轨迹终止于–0.722，另一条根轨迹终止无穷远处；

（2）实轴上的[0.368,1]线段和[–∞,–0.722]线段为根轨迹；

（3）根轨迹的分离点由

$$\frac{1}{z-1} + \frac{1}{z-0.368} = \frac{1}{z+0.722}$$

求得：$z_1 = 0.648(K = 0.195)$；$z_2 = -2.09(K = 15)$。

利用相角条件可以证明根轨迹为一圆，圆心为（−0.72，0），半径为 1.37，根轨迹如图 8-34 所示。

根轨迹与单位圆的交点为临界状态，它的求取不能直接采用连续系统中临界状态的方法。常采用根与系数的关系或双线性变换后，再用连续系统临界状态的求取方法。

本例根轨迹与单位圆交点处为一对共轭复极点，设为 $p_{1,2}=\mathrm{e}^{\pm \mathrm{j}\theta}$。闭环离散系统的特征方程为

$$z^2+(0.368K-1.368)z+0.368+0.264K=0$$

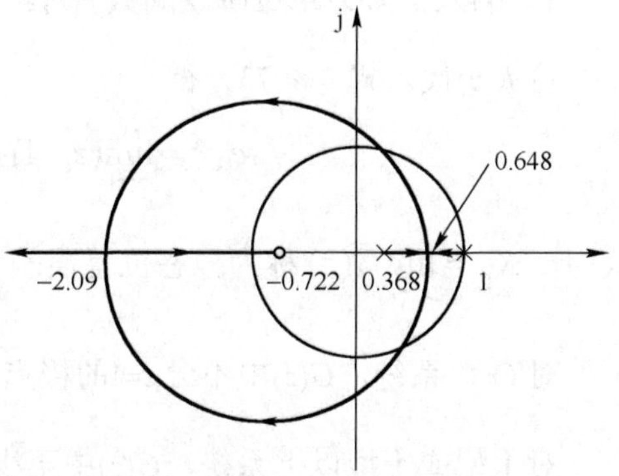

图 8-34　例 8-15 系统根轨迹图

根据根与系数关系有

$$p_1+p_2=-(0.368K-1.368)$$
$$p_1p_2=0.368+0.264K$$

同时
$$p_1p_2=1=\mathrm{e}^{\mathrm{j}\theta}\cdot\mathrm{e}^{-\mathrm{j}\theta}=\mathrm{e}^0=1$$

求得
$$K_{临}=2.39,\ p_{1,2}=0.247\pm \mathrm{j}0.97$$

对于连续二阶系统只要 $K>0$ 系统就稳定，而系统离散后稳定性变差，稳定范围 K 的取值为 $0<K<2.39$。

8.6　离散控制系统的稳态误差

稳态误差是系统稳态性能的一个重要指标。连续系统中，系统稳态误差的大小与系统自身的结构、参数及输入信号有关，并且稳态误差可以利用拉普拉斯变换中的终值定理求取。对于离散系统，误差和稳态误差的定义与连续系统类似，因此同样可以采用类似于连续系统的分析计算方法来求采样系统的稳态误差。

8.6.1　典型输入信号下的稳态误差

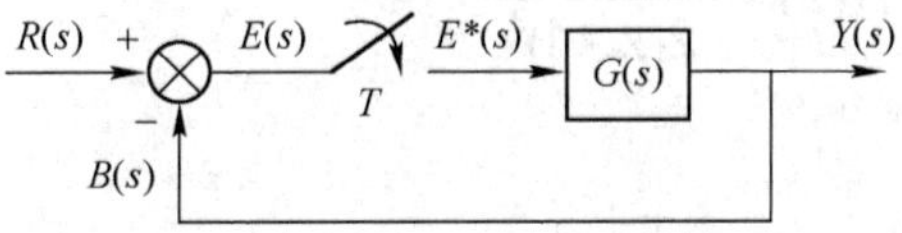

图 8-35　单位反馈离散系统

设图 8-35 所示的单位反馈离散系统的开环脉冲传递函数为 $G(z)$。由图可求得给定信号 $r(t)$ 作用下误差的 z 域表达式

$$E(z)=\frac{1}{1+G(z)}R(z) \tag{8-72}$$

设闭环系统稳定，根据 z 变换的终值定理，离散系统采样时刻的稳态误差为

$$e_{ss}^*=\lim_{t\to\infty}e^*(t)=\lim_{z\to 1}(z-1)E(z)=\lim_{z\to 1}(z-1)\frac{1}{1+G(z)}R(z) \tag{8-73}$$

离散系统的稳态误差与输入信号的形式及系统结构、参数有关。下面讨论系统在三种典型输入信号下的稳态误差。

由于 s 平面的 $s=0$ 对应于 z 平面的 $z=1$ 点，所以仿照连续系统中系统类型的划分，对离散系统按开环脉冲传递函数 $G(z)$ 中含有 $z=1$ 的极点个数分为 O 型、Ⅰ型和Ⅱ型等系统。

1．输入信号为单位阶跃函数 $r(t)=1(t)$，则有 $R(z)=\dfrac{z}{z-1}$

将 $R(z)$ 代入式（8-73）得

$$e_{ss}^{*}=\lim_{z\to 1}(z-1)\frac{1}{1+G(z)}\frac{z}{z-1}=\frac{1}{1+K_{p}} \tag{8-74}$$

式中，$K_{p}=\lim\limits_{z\to 1}G(z)$ 称为静态位置误差系数。

对O型系统，$G(z)$ 中不含 $z=1$ 的极点，此时 K_p 为一有限值，$e_{ss}^{*}=\dfrac{1}{1+K_{p}}$；

对Ⅰ型或Ⅰ型以上系统，$G(z)$ 中至少含一个 $z=1$ 的极点，此时 $K_{p}=\infty, e_{ss}^{*}=0$。

所以单位反馈离散系统在阶跃信号作用下稳态采样瞬时无差的条件是 $G(z)$ 中至少含有一个 $z=1$ 的极点。

2．输入信号为单位斜坡函数 $r(t)=t$，则有 $R(z)=\dfrac{Tz}{(z-1)^{2}}$

将 $R(z)$ 代入式（8-73）得

$$e_{ss}^{*}=\lim_{z\to 1}(z-1)\frac{1}{1+G(z)}\frac{Tz}{(z-1)^{2}}=\frac{T}{\lim\limits_{z\to 1}(z-1)G(z)}=\frac{T}{K_{v}} \tag{8-75}$$

式中，$K_{v}=\lim\limits_{z\to 1}(z-1)G(z)$ 称为静态速度误差系数。

对O型系统，$G(z)$ 中不含 $z=1$ 的极点，此时 $K_{v}=0, e_{ss}^{*}=\infty$；

对Ⅰ型系统，$G(z)$ 中含一个 $z=1$ 的极点，此时 K_v=有限值，$e_{ss}^{*}=\dfrac{T}{K_{v}}$；

对Ⅱ型或Ⅱ型以上系统，$G(z)$ 中至少含2个 $z=1$ 的极点，$K_{v}=\infty, e_{ss}^{*}=0$。

所以单位反馈离散系统在斜坡信号作用下稳态采样瞬时无差的条件是 $G(z)$ 中至少含有两个 $z=1$ 的极点。

3．输入信号为单位加速度函数 $r(t)=\dfrac{1}{2}t^{2}$，则有 $R(z)=\dfrac{T^{2}z(z+1)}{2(z-1)^{3}}$

将 $R(z)$ 代入式（8-73）得

$$e_{ss}^{*}=\lim_{z\to 1}(z-1)\frac{1}{1+G(z)}\frac{T^{2}z(z+1)}{2(z-1)^{3}}=\frac{T^{2}}{\lim\limits_{z\to 1}(z-1)^{2}G(z)}=\frac{T^{2}}{K_{a}} \tag{8-76}$$

式中，$K_{a}=\lim\limits_{z\to 1}(z-1)^{2}G(z)$ 称为静态加速度误差系数。

对于0型或Ⅰ型系统：　　$K_{a}=0, e_{ss}^{*}=\infty$；

对于Ⅱ型系统：　　K_a=有限值，$e_{ss}^{*}=\dfrac{T^{2}}{K_{a}}$；

对于Ⅲ型或Ⅲ型以上系统：　　$K_{a}=\infty, e_{ss}^{*}=0$。

所以，单位反馈离散系统在加速度信号输入下稳态采样瞬时无差的条件是 $G(z)$ 中至少有三

个 z=1的极点。

综上所述，在三种典型输入信号作用下，静态误差系数的定义如表 8-2 所示。从表中可见，连续系统与离散系统的静态误差系数的计算非常相似，但离散系统的稳态误差还与采样周期 T 有关。在三种典型输入信号作用下系统的稳态误差如表 8-3 所示。

表 8-2　连续与离散系统稳态误差的定义

	连 续 系 统		离 散 系 统	
误 差 系 数	静态误差系数	稳 态 误 差	静态误差系数	稳 态 误 差
K_P	$K_P=\lim\limits_{s\to 0}G(s)$	$e_{ss}=\dfrac{1}{1+K_P}$	$K_P=\lim\limits_{z\to 1}G(z)$	$e_{ss}^*=\dfrac{1}{1+K_p}$
K_v	$K_v=\lim\limits_{s\to 0}sG(s)$	$e_{ss}=\dfrac{1}{K_v}$	$K_v=\lim\limits_{z\to 1}(z-1)G(z)$	$e_{ss}^*=\dfrac{T}{K_v}$
K_a	$K_a=\lim\limits_{s\to 0}s^2G(s)$	$e_{ss}=\dfrac{1}{K_a}$	$K_a=\lim\limits_{z\to 1}(z-1)^2G(z)$	$e_{ss}^*=\dfrac{T^2}{K_a}$

表 8-3　典型输入信号的稳态误差

输入信号 / 稳态误差 / 类型	$r(t)=1(t)$	$r(t)=t$	$r(t)=\frac{1}{2}t^2$
O 型系统	$1/(1+K_p)$	∞	∞
Ⅰ型系统	0	T/K_v	∞
Ⅱ型系统	0	0	T^2/K_a

8.6.2　扰动信号作用下的稳态误差

图 8-36 所示离散系统，在扰动信号 $n(t)$单独作用下系统的输出为

$$Y(z)=\frac{G_2(z)}{1+G_1G_2(z)}N(z) \qquad (8-77)$$

故扰动单独作用下系统误差为

$$E_n(z)=-\frac{G_2(z)}{1+G_1G_2(z)}N(z) \qquad (8-78)$$

其稳态误差为

$$e_{ssn}{}^*=\lim_{z\to 1}(z-1)\frac{-G_2(z)}{1+G_1G_2(z)}N(z) \qquad (8-79)$$

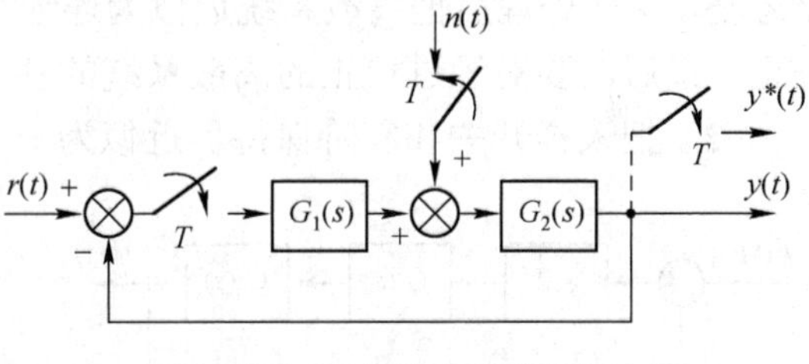

图 8-36　离散系统结构图

和连续系统类似，为了消除干扰所产生的稳态误差，要求离散系统在干扰作用点之前应具有一定数量的积分环节。

根据线性系统叠加原理，线性离散系统总误差由给定信号 $r(t)$和扰动信号 $n(t)$共同作用产生。

8.7　离散控制系统的校正

在设计离散控制系统时，为了满足对系统性能指标所提出的要求，常常需要对系统进行校正。与线性连续系统类似，离散系统的校正也需考虑校正装置的特性和校正方式。校正装置可以串联在系统的前向通道中或出现在系统的局部反馈通道中。按串联校正装置的作用仍分为超前校正、

滞后校正和滞后-超前校正。就校正装置的信号而言分为连续校正和断续校正（或数字校正）。

校正步骤与线性连续系统相似，根据对系统提出的性能指标及某些约束条件，先确定校正装置的脉冲传递函数，然后实现校正装置。

8.7.1 采用 Bode 图的方法

对连续系统中的各种校正方法，经过一些变换后，都可以推广到离散系统中来。

1．近似方法确定串联校正装置

设采用模拟控制器的离散系统如图 8-37 所示。图中 $G_h(s)$为零阶保持器；$G_c(s)$为串联校正装置的传递函数；$G_0(s)$为被控对象的传递函数。

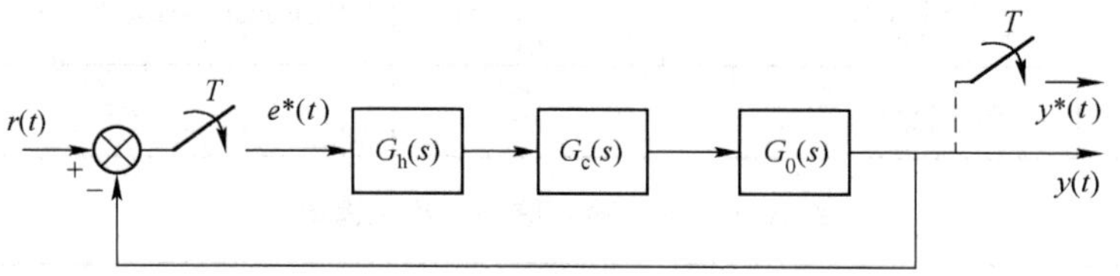

图 8-37　采用模拟控制器的离散系统图

由图 8-37 可得系统的开环脉冲传递函数为

$$G(z)=Z[G_h(s)G_c(s)G_0(s)]=G_hG_cG_0(z) \tag{8-80}$$

从具体式可见，校正装置的脉冲传递函数 $G_c(z)$很难从 $G_hG_cG_0(z)$中分解出来，也就是说只能试探地选择 $G_c(z)$，求出 $G_hG_cG_0(z)$的特性，并校验是否能满足要求的性能指标。若不能满足，应重新选择 $G_c(z)$，经过多次试探，才能得到较为满意的结果。

实际设计中，常采用一些近似方法来简化设计过程。

（1）若采样频率比较高，并大于闭环系统和保持器的带宽时，可以把采样开关和零阶保持器忽略，这样处理后把离散系统近似为连续系统，可利用连续系统的校正方法对离散系统进行校正。最后，要对经过校正的离散系统的各项性能指标进行校验。

（2）把采样开关和零阶保持器近似为一个滞后元件，滞后时间为 $T/2$，等效后系统结构图如图 8-38 所示，系统的开环传递函数为

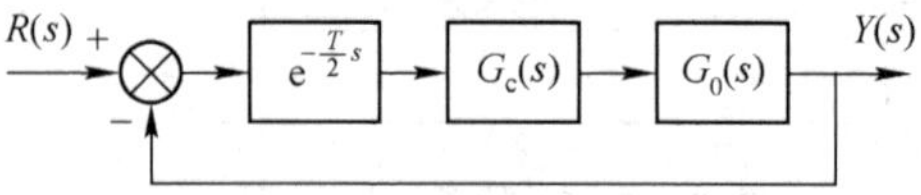

图 8-38　等效后的系统结构图

$$G(s)=e^{-\frac{T}{2}s}G_c(s)G_0(s) \tag{8-81}$$

此时，可按连续系统校正方法求校正装置 $G_c(s)$，这种近似较第一种方法精度要高。

2．在 w 域进行 Bode 图校正

串联校正装置采用数字控制器，如图 8-39 所示，图中 $D(z)$为数字控制器的传递函数。系统的开环脉冲传递函数为

$$G(z)=D(z)G_hG_0(z)$$

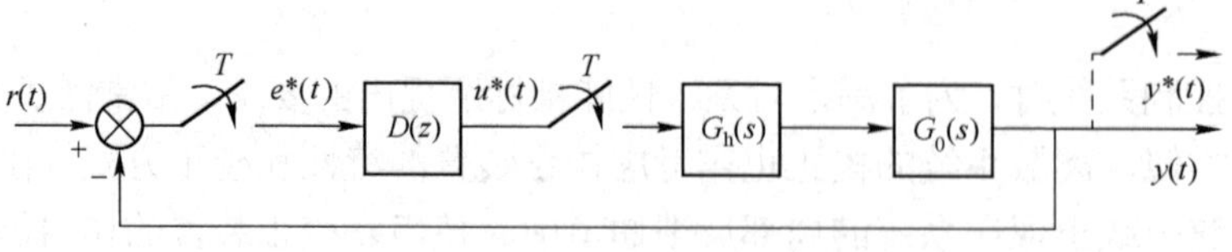

图 8-39　带数字控制器的离散系统

为了采用 Bode 图进行校正设计，可对系统进行双线性变换，其基本步骤为：

（1）求出校正前系统的开环脉冲传递 $G_h G_0(z)$；

（2）进行 z–w 的线性变换，将 $G_h G_0(z)$ 变换为 $G_h G_0(w)$；

（3）令 $w = \mathrm{j}\omega_w$，代入 $G_h G_0(w)$，绘制 $G_h G_0(\mathrm{j}\omega_w)$ 的 Bode 图；

（4）根据 w 域的 Bode 图，用和连续系统同样的方法确定 w 域校正装置的传递函数 $D(w)$；

（5）校正后系统的开环传递函数为

$$G(w) = D(w) G_h G_0(w) \tag{8-82}$$

校验校正后系统的性能指标。

（6）若满足性能指标，则进行下一步。否则返回步骤（4），重新设计 $D(w)$；

（7）进行 w–z 的线性变换，将 $D(w)$变换为 $D(z)$。

8.7.2　最少拍控制系统的校正

连续系统中，暂态过程在理论上只有当时间 $t \to \infty$ 时才能结束。但是，在离散系统中，暂态过程却可在有限时间内结束。我们将在典型输入信号作用下，经过最少采样周期（通常一个采样周期也称为一拍），使系统输出的采样误差为零，达到完全跟踪系统，称之为最少拍控制系统或最快响应系统。下面讨论最少拍控制系统的设计。

在图 8-40 所示单位反馈线性离散控制系统中，系统的闭环脉冲传递函数为

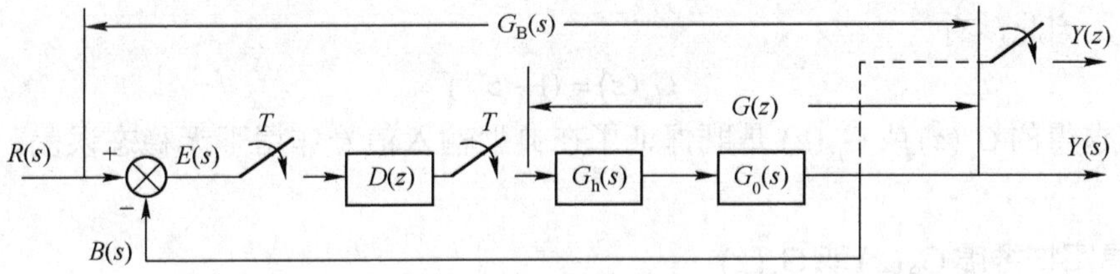

图 8-40　离散控制系统

$$G_B(z) = \frac{Y(z)}{R(z)} = \frac{D(z)G(z)}{1 + D(z)G(z)} \tag{8-83}$$

$$G_e(z) = \frac{E(z)}{R(z)} = \frac{1}{1 + D(z)G(z)} \tag{8-84}$$

式中，$G(z) = G_h G_0(z)$。

则
$$D(z) = \frac{G_B(z)}{G(z)[1 - G_B(z)]} = \frac{1 - G_e(z)}{G(z)G_e(z)} \tag{8-85}$$

根据对控制系统性能指标的要求及典型输入信号和其他约束条件，确定希望的闭环脉冲传递函数 $G_B(z)$，再由式（8-85）去确定控制器 $D(z)$。

1. 从准确性考虑 $G_B(z)$ 或 $G_e(z)$

对图 8-39 所示系统，误差函数为

$$E(z) = \frac{1}{1 + D(z)G(z)} R(z) = [1 - G_B(z)]R(z) = G_e(z)R(z)$$

式中，$G_e(z) = 1 - G_B(z)$。

采样瞬时稳态误差为

$$e_{ss}^* = \lim_{z\to 1}(1-z^{-1})E(z) = \lim_{z\to 1}(1-z^{-1})G_e(z)R(z) \tag{8-86}$$

而当典型输入信号 $r(t)$为阶跃信号、斜坡信号和加速度信号时的 z 变换，可用以下一般形式表示，即

$$R(z) = \frac{A(z)}{(1-z^{-1})^r} \tag{8-87}$$

式中，$A(z)$ 为不包含 $(1-z^{-1})$ 的 z^{-1} 的多项式；$r(t)$由典型输入信号来确定。

将式（8-87）代入式（8-86）得

$$e_{ss}^* = \lim_{z\to 1}(1-z^{-1})G_e(z)\frac{A(z)}{(1-z^{-1})^r} \tag{8-88}$$

要实现系统在采样时刻无稳态误差，则 $G_e(z)$ 应具有如下形式

$$G_e(z) = (1-z^{-1})^r F(z) \tag{8-89}$$

式中，$F(z)$ 是不含有 $(1-z^{-1})$ 的 z^{-1} 的多项式。

2．从快速性考虑 $G_B(z)$ 或 $G_e(z)$

为了使离散控制系统在最少采样周期内结束过渡过程，需使系统的闭环脉冲传递函数 $G_B(z)$ 或 $G_e(z)$ 中所含 z^{-1} 项最少。为此，最好选取 $F(z)=1$，此时系统的暂态响应过程可在最少拍内完成，因此，有

$$G_e(z) = (1-z^{-1})^r$$

由上式求得的 $G_e(z)$ 或 $G_B(z)$ 是既保证了在典型输入信号作用下无稳态误差，又同时使过渡过程最快。

3．从稳定性考虑 $G_B(z)$ 或 $G_e(z)$

为保证闭环系统稳定，闭环脉冲传递函数 $G_B(z)$ 和 $G_e(z)$ 的极点均在单位圆内。

由式（8-85）来看，若开环脉冲传递函数 $G(z)$ 中包含有 z 平面上单位圆外或圆上的零点和极点时，为保证闭环系统稳定及 $D(z)$ 可实现，对闭环脉冲传递函数 $G_B(z)$ 和 $G_e(z)$ 提出附加要求。

（1）$G_e(z)$ 的零点应能补偿 $G(z)$ 中所含单位圆外或圆上的极点；

（2）$G_B(z)$ 的零点去抵消 $G(z)$ 中所含单位圆外或圆上的零点；

（3）为保证 $D(z)$ 的分母阶次大于或等于分子阶次，由于 $G(z)$ 中常含有 z^{-1} 因子，故要求 $G_B(z)$ 也应包含有 z^{-1} 因子。又考虑到 $G_e(z)=1-G_B(z)$，所以，式（8-89）中 $F(z)$应是常数项为 1 的 z^{-1} 的多项式。

例 8-16 已知图 8-40 所示系统的开环脉冲传递函数为

$$G(z) = \frac{0.76z^{-1}(1-0.05z^{-1})(1+1.065z^{-1})}{(1-z^{-1})(1-0.135z^{-1})(1-0.0185z^{-1})}$$

试求在单位阶跃信号作用下最少拍系统的数字控制器 $D(z)$。

解 单位阶跃信号为 $$R(z) = \frac{1}{(1-z^{-1})}$$

$G(z)$ 中含有 z^{-1} 因子及单位圆上极点和单位圆外的零点。为此，从稳定性、准确性、最少

拍及 $D(z)$ 可实现等方面考虑 $G_B(z)$ 和 $G_e(z)$，设

$$G_e(z)=(1-z^{-1})(1+bz^{-1})$$

$$G_B(z)=1-G_e(z)=az^{-1}(1+1.065z^{-1})$$

解得

$$a=0.484, b=0.516$$

所以

$$G_e(z)=(1-z^{-1})(1+1.065z^{-1})$$

$$G_B(z)=0.484z^{-1}(1+1.065z^{-1})$$

由式（8-90）得

$$D(z)=\frac{1}{G(z)}\frac{G_B(z)}{1-G_B(z)}=\frac{0.636(1-0.135z^{-1})(1-0.0185z^{-1})}{(1-0.05z^{-1})(1+0.516z^{-1})}$$

系统的单位阶跃响应为

$$Y(z)=G_B(z)R(z)=0.484z^{-1}(1+1.065z^{-1})\frac{1}{(1-z^{-1})}=0.484z^{-1}+z^{-2}+z^{-3}+\cdots$$

系统的暂态响应过程经两个采样周期内结束，如图 8-41 所示。它比当 $G(z)$ 稳定时的单位阶跃响应的暂态过程多了一拍，这是由于 $G(z)$ 中含有一个单位圆外的零点所造成的。

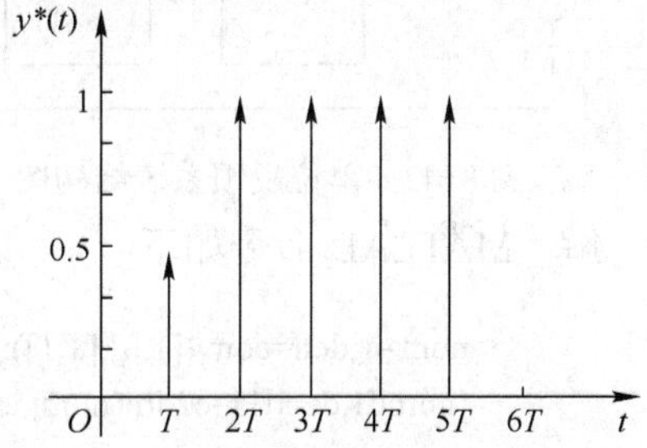

图 8-41　单位阶跃响应

最少拍系统设计只能保证在采样点上稳态误差为零，而在采样点之间系统的输出可能会出现波动，因而这种系统称为有纹波系统。纹波的存在不仅影响响应精度，而且会增加系统的机械磨损和功耗。为改进其动态特性，可以延长暂态响应时间，达到消除系统的稳态误差且在输入/输出相等后，无纹波存在。这就是最少拍的无纹波系统，读者若有兴趣可参阅有关文献。

8.8　基于 MATLAB 的离散控制系统的分析与设计

MATLAB 提供了多种求取离散控制系统的函数，使用它们可以很方便地对离散控制系统进行分析和设计。

8.8.1　利用 MATLAB 实现 z 变换

MATLAB 的符号工具箱中，给出了求解 z 变换及其反变换的函数 ztrans( )和 iztrans( )，其调用格式分别为：

F=ztrans(f,n,z)　和　f=iztrans(F,z,n)

其中，f 表示时域序列 $f(n)$或时间函数 $f(t)$；n 表示时间序列；F 表示 Z 域函数 $F(z)$；z 表示 Z 域变量。

例 8-17　求函数 $f(t)=kt$ 的 z 变换和函数 $F(z)=\dfrac{kz}{z-1}$ 的 z 反变换。

解　MATLAB 命令如下

```
>>syms k t z;f=k*t^1;F1=ztrans(f),F=k*z/(z-1)^2;f1=iztrans(F)
```

结果显示：

```
F1 =
      k*z/(z-1)^2
f 1=
      k*n
```

8.8.2 利用 MATLAB 实现连续系统的离散化

利用 MATLAB 控制系统工具箱中提供的函数 c2dm( )可将连续系统的模型离散化，其作用相当于在连续环节输入端加一个采样开关和零阶保持器，调用格式为

[numd,dend]=c2dm(num,den,T)

式中，num,den 为连续系统传递函数的分子、分母多项式的系数；numd,dend 为离散化后脉冲传递函数的分子、分母多项式的系数；T 为采样周期。

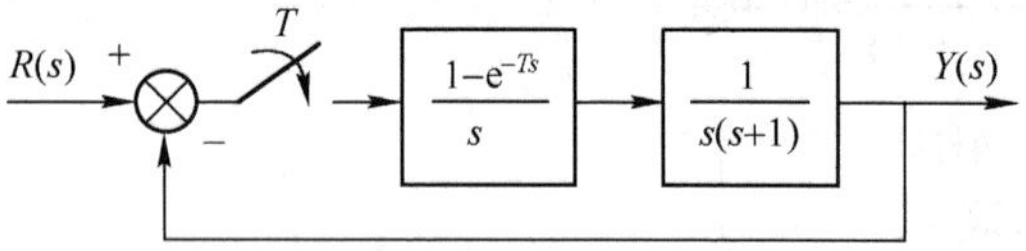

图 8-42 单位反馈系统结构图

例 8-18 已知系统如图 8-42 所示。利用 MATLAB 求系统在 T=1s 时的开环脉冲传递函数 $G(z)$。

解 MATLAB 命令如下

```
>>num=1;den=conv([1,0],[1,1]);T=1;
>>[numd1,dend1]=c2dm(num,den,T);printsys(numd1,dend1,'z')
```

结果显示：

```
num/den =
            0.36788 z + 0.26424
            ------------------------------
            z^2 - 1.3679 z + 0.36788
```

8.8.3 利用 MATLAB 分析离散控制系统的稳定性

在分析离散控制系统时，首先遇到的问题就是系统的稳定性。判断线性系统稳定性的一种最有效的方法是直接求出系统所有的极点，然后根据极点的分布情况来确定系统的稳定性。对线性离散系统来说，如果一个系统的所有极点都位于 z 平面的单位圆内，则该系统是稳定的。

MATLAB 中根据特征多项式求特征根的函数为 roots( )，其调用格式为

r=roots(P)

其中，P 为特征多项式的系数向量；r 为特征多项式的根。

利用 MATLAB 中的函数 abs(r)可以求出特征根 r 的模值。

另外，MATLAB 中的函数 pzmap( )可绘制离散系统带单位图的零极点图，其调用格式为

z=pzmap(dnum,dden)

其中，dnum 和 dden 分别为离散系统脉冲传递函数的分子和分母多项式的系数按降幂排列构成的系数行向量；图中的极点用“×”表示，零点用“○”表示。

例 8-19 判断例 8-18 所示系统在 T=1 时的稳定性，并画出系统的零极点图。

解 MATLAB 命令如下

```
>>num=1;den=conv([1,0],[1,1]);T=1;[numd1,dend1]=c2dm(num,den,T);
>>[numd,dend]=cloop(numd1,dend1);abs(roots(dend)'),zpzmap(numd,dend)
```

可得以下闭环极点的模值和如图 8-43 所示带单位圆的零极点图。

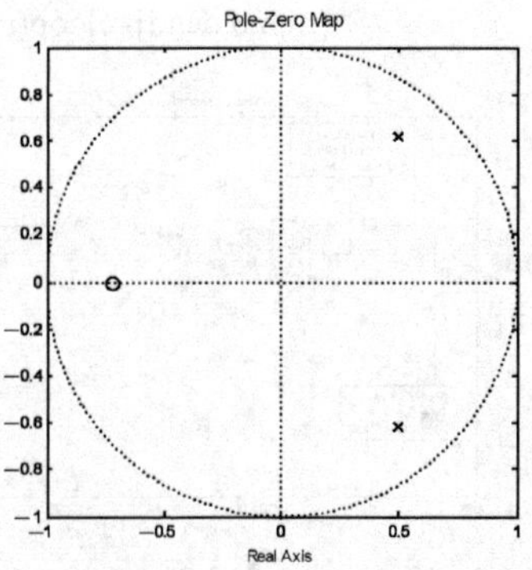

图 8-43　零极点图

```
ans = 0.7951        0.7951
```

由以上结果可知，离散系统两个特征根的幅值都小于 1，即离散系统的特征根均位于 z 平面的单位圆内，故离散系统稳定。

8.8.4　利用 MATLAB 计算离散系统的稳态误差

设单位反馈离散系统，其开环脉冲传递函数为 $G(z)$，若闭环系统稳定，则在给定信号作用下的稳态误差为

$$e_{ss}^* = \lim_{t\to\infty} e^*(t) = \lim_{z\to1}(z-1)E(z) = \lim_{z\to1}(z-1)\frac{1}{1+G(z)}R(z)$$

在 MATLAB 中，利用函数 limit( )可求取符号表达式的极限值，其调用格式为

y=limit(f,x,a)

其中，f 为符号表达式；x 为变量；y 为 x 趋于 a 时的极限值。

例 8-20　利用 MATLAB 求例 8-18 所示系统在输入信号 $r(t)=t$ 作用下的稳态误差。

解　（1）根据例 8-18 所求系统的开环脉冲传递函数 $G(z)$，有

$$E(z) = \frac{1}{1+G(z)}R(z) = \frac{z^2-1.3679z+0.3679}{z^2-z+0.6321}\cdot\frac{Tz}{(z-1)^2}$$

（2）根据以上 $E(z)$ 关系式，利用以下 MATLAB 命令，便可求出系统的稳态误差。

```
>>syms z T;              %定义 z,T 为符号变量
>>E=((z^2-1.3679*z+0.3679)/(z^2-z+0.6321))*(T*z/(z-1)^2);ess=limit((z-1)*E,z,1)
```

结果显示：

```
ess = T
```

由此可见，系统在单位斜坡信号作用下的稳态误差为 T。

8.8.5　利用 MATLAB 分析离散系统的动态特性

对离散控制系统动态特性的分析也可以调用相应的 MATLAB 控制系统工具箱函数来完成，这些函数是在连续系统的函数名前加一字母 d 来命名的，例如利用函数 dstep( )、dimpulse( )和 dlsim( )可分别求出离散系统的单位阶跃响应、脉冲响应和任意输入响应，它们的调用格式与连续系统类似，例如 dstep( )的调用格式为

[y,x]=dstep(dnum,dden,n)

或　　dstep(dnum,dden,n)

式中，y 为系统在各个仿真时刻的输出所组成的矩阵；而 x 为自动选择的状态变量的时间响应数据；dnum 和 dden 分别为离散系统脉冲传递函数的分子和分母多项式的系数按降幂排列构成的系数行向量。n 为选定的取样点个数，当 n 省略时，取样点数由函数自动选取。

例 8-21　利用 MATLAB 求例 8-18 所示系统在 T=1s 时的单位阶跃响应。

解 MATLAB 命令如下

```
>>num=1;den=[1,1,0];T=1;[numd1,dend1]=c2dm(num,den,T);
>>[numd,dend]=cloop(numd1,dend1);dstep(numd,dend);
```

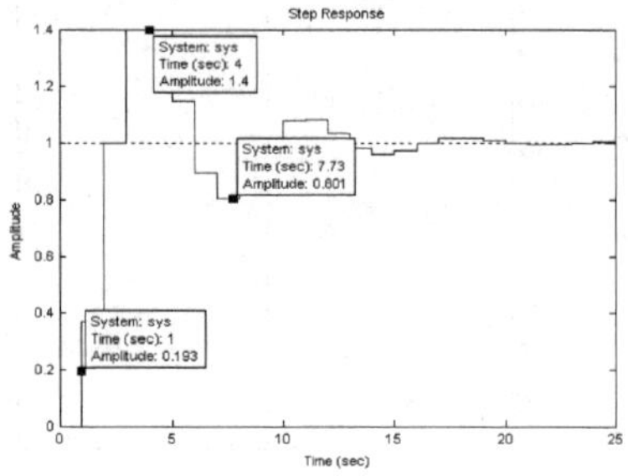

图 8-44 单位阶跃响应曲线

执行后得出如图 8-44 所示的单位阶跃响应曲线。

另外，Simulink 也具有仿真离散（采样数据）系统的能力。模型可以是多采样速率的，也就是说，它们可以包含有以不同的速率采样的模块。模型还可以是既包含有连续模块，又包含有离散模块的混合模型。在离散模块中均包含一个采样时间(Sample time)参数设定栏。由于 Simulink 的每个离散模块都有一个内置的输入采样器和输出零阶保持器，故连续模块和离散模块混用时，它们之间可直接连接。在仿真时，离散模块的输入/输出每个采样周期更新一次，即在采样间隔内它的输入输出保持不变；而连续模块的输入/输出每个计算步长更新一次。仿真算法应该使用变步长连续求解器的任何一种。

例 8-22 利用 Simulink 求例 8-18 所示系统当 $r(t)=1(t)$，T=1s 和 0.1s 时，系统的输出响应。

解 ① 根据例 8-18 所示系统，建立如图 8-45 所示系统仿真模型 ex8_22；

② 将输入模块 Step 的起始作用时间（Step time）的值改为 0；并分别将零阶保持器模块 Zero-Order Hold 和 Zero-Order Hold1 的采样时间（Sample time）的值设为 1 和 0.1；

③ 将仿真时间设为 25，打开示波器，启动仿真便可得到如图 8-46 所示的单位阶跃响应曲线。

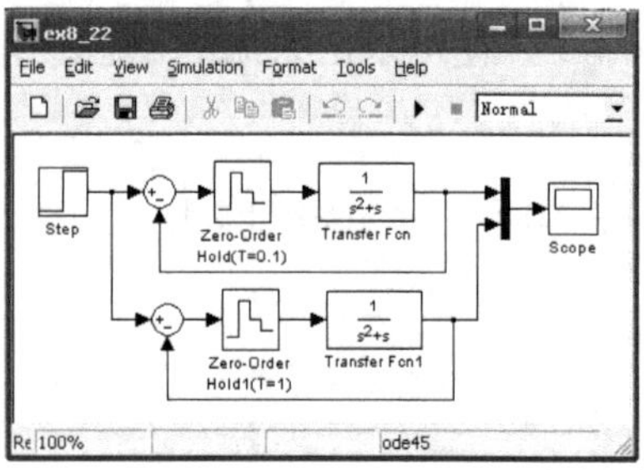

图 8-45 系统仿真模型

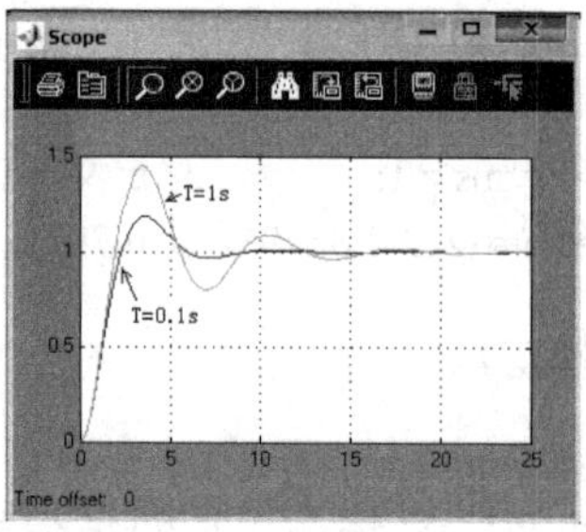

图 8-46 单位阶跃响应曲线

由仿真结果可知，采样时间越小，系统的相对稳定性越好。

对于离散系统的根轨迹，根据系统的开环脉冲传递函数 $G_k(z)$，可直接在 z 平面上利用函数 rlocus( )进行绘制，其调用格式与连续系统相同。而对于离散系统的 Bode 图、Nyquist 图和 Nichols 图等，可利用函数 dbode( )、dnyquist( )和 dnichols( )进行绘制，它们的调用格式类同，如函数 dbode( )的调用格式为

[mag,phase,w]=dbode(numd,dend,Ts)

或

dbode(numd,dend,Ts)

式中，numd 和 dend 分别为系统开环脉冲传递函数的分子和分母多项式的系数按降幂排列构成的系数行向量；w 为频率点构成的向量；Ts 为采样周期；mag 为系统的幅值；phase 为系统的相位。

小　　结

随着计算机技术的迅速发展，数字控制系统的应用日益广泛。本章介绍了离散控制系统的分析和设计方法。由于离散系统和连续系统在数学分析工具、稳定性、稳态误差、动态响应和校正等方面具有一定的区别和联系，许多结论都有类似的形式。因此，在学习时要注意比较，并且要着重掌握以下内容：

1．离散系统中既包含有连续信号，又包含有离散信号，是一个混合信号系统。为了将离散信号转换为连续信号，需要在连续对象前面加入保持器，常用的是零阶保持器。

2．处理离散系统的基本数学工具是 z 变换，z 变换是对采样信号的变换，它只反映采样点上的信息，不能反映采样点之间的状态。离散系统的脉冲传递函数与连续系统的传递函数一样重要，是分析和设计离散系统的基础。需要注意的是：只有在两个采样开关之间才能求得独立的脉冲传递函数表达式。

3．离散系统稳定性可由 z 平面和 s 平面的映射关系推导出，为了应用代数稳定判据，必须经过双线性变换。在离散系统的分析中，无论是稳定性，稳态误差和动态响应，它们除与系统固有结构和参数有关外，还与系统的采样周期有密切关系，因此，在选择系统采样周期时，除必须满足采样定理，还必须综合考虑系统的稳定性、稳态误差和动态响应等。

4．离散系统的校正方法有多种，校正装置也可用模拟电路来实现。目前离散系统多采用计算机的硬件和软件实现。

5．利用 MATLAB 可方便地对离散系统进行分析和设计。

习　　题

8-1　试求下列拉普拉斯变换式的 z 变换（T 为采样周期）。

（1）$F(s)=\dfrac{1}{(s+a)(s+b)}$　　（2）$F(s)=\dfrac{1-e^{-Ts}}{s^2(s+1)}$

（3）$F(s)=\dfrac{s+3}{(s+1)(s+2)}$　　（4）$F(s)=\dfrac{s(2s+3)}{(s+1)^2(s+2)}$

8-2　试求下列函数的 z 变换

（1）$f(t)=1-e^{-at}$　　（2）$f(t)=t\,e^{-at}$

（3）$f(t)=e^{-at}\cos\omega t$　　（4）$f(t)=t^3$

8-3　试求下列函数的 z 反变换

（1）$F(z)=\dfrac{1}{1-0.5z^{-1}}$　　（2）$F(z)=\dfrac{z^2}{(z-1)(z-0.5)}$

（3）$F(z)=\dfrac{10z}{(z-1)(z-2)}$　　（4）$F(z)=\dfrac{z}{(z-1)^2(z-2)}$

8-4　求解下列差分方程

（1）$y(k+2)+3y(k+1)+2y(k)=r(k)$

已知 $r(t)=1(t), y(0)=0, y(1)=1$

（2）$y(k)-6y(k-1)+8y(k-2)=r(k)$

已知 $r(t)=1(t), y(0)=0, y(-1)=0$

8-5　设 z 变换函数为 $F(z)=\dfrac{z}{(z-a)}, |z|>a$，试求 $f(0), f(\infty)$。

8-6　离散控制系统的闭环传递函数为 $G_B(z)=\dfrac{2z-1}{z^2}$，试求系统在单位阶跃输入和单位斜坡输入下的输出响应。

8-7　试求题 8-7 图示系统的输出信号 z 变换表达式。

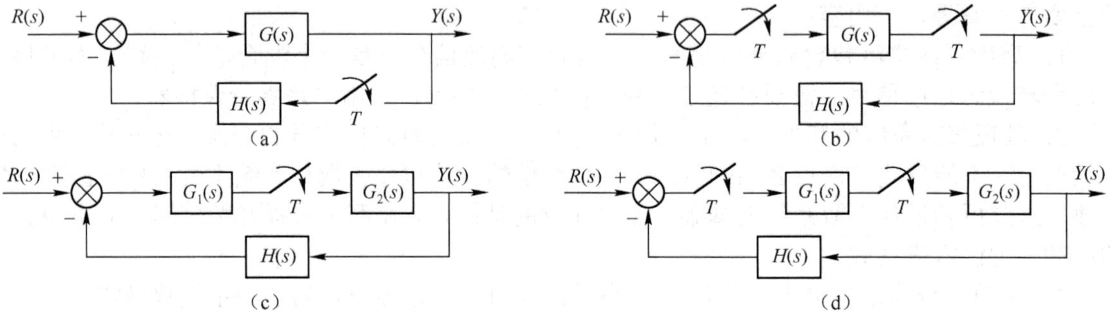

题 8-7 图

8-8　求题 8-8 图示系统的开环脉冲传递函数和闭环脉冲传递函数。其中 T=1s。

8-9　绘制题 8-9 图示系统的根轨迹，并判断系统的稳定性。

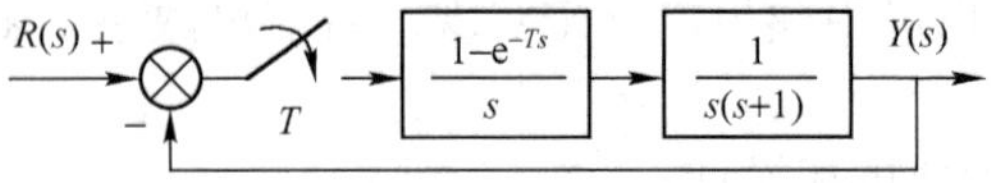

题 8-8 图

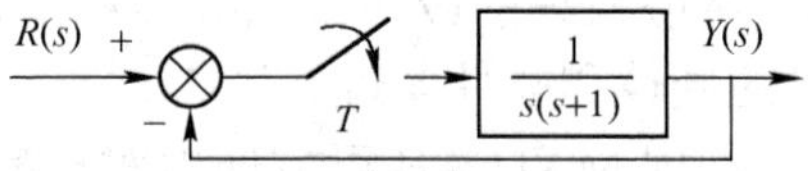

题 8-9 图

8-10　对习题 8-9，应用 Routh 判据分析系统的稳定性。

8-11　已知单位反馈系统的开环脉冲传递函数为

$$G(z)=\frac{0.368z+0.264}{z^2-1.368z+0.368}$$

试判断闭环系统稳定性。

8-12　已知系统结构图如题 8-12 图所示，试求 T=1s 和 T=0.5s 时，系统临界稳定时的 K 值，并讨论采样周期 T 对稳定性的影响。

8-13　已知单位负反馈系统的开环脉冲传递函数为 $G(z)=\dfrac{e^{-T}z+(1-2e^{-T})}{(z-1)(z-e^{-T})}$

采样周期 $T=1s$，闭环系统的输入信号为 $r(t)=\dfrac{1}{2}t^2$，试求系统的稳态误差。

8-14　已知系统的开环脉冲传递函数为

$$G(z)=\frac{2.528z}{(z-1)(z-0.368)}$$

试用 Bode 图分析闭环系统的稳定性。

8-15　已知系统结构图如题 8-15 图所示，$G_h(s)=\dfrac{1-e^{-Ts}}{s}$，$G_0(s)=\dfrac{10}{s(0.1s+1)(0.05s+1)}$，$T$=0.2s，试求数字控制器的脉冲传递函数 $D(z)$，使系统对单位阶跃响应为最少拍响应系统。

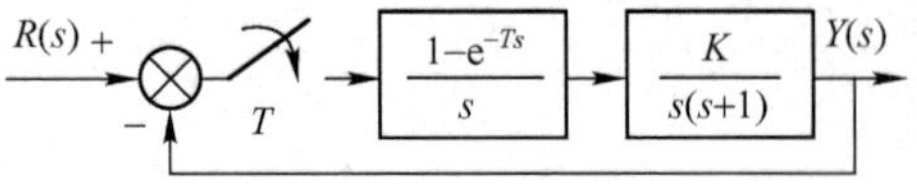

题 8-12 图

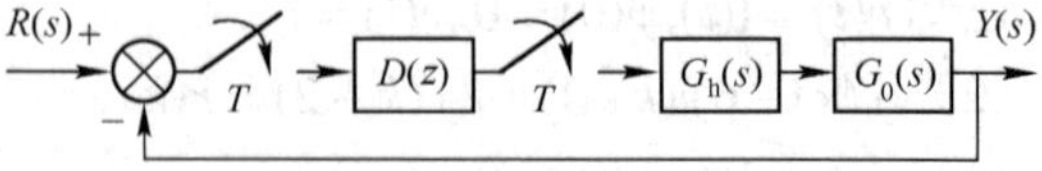

题 8-15 图

附录A

拉普拉斯变换

在连续控制系统的分析和设计中主要数学基础是拉普拉斯变换，拉普拉斯变换简称拉普拉斯变换，它是一种解线性微分方程的简便运算方法。

1．拉普拉斯变换

1）拉普拉斯变换的定义

设函数$f(t)$，当$t>0$时有定义，而且积分

$$\int_0^\infty f(t)\mathrm{e}^{-st}\mathrm{d}t$$

在s的某一域内收敛，则由此积分所确定的函数称为函数$f(t)$的拉普拉斯变换式，记为

$$F(s)=L[f(t)]=\int_0^\infty f(t)\mathrm{e}^{-st}\mathrm{d}t \qquad (A\text{-}1)$$

式中，$F(s)$称为$f(t)$的拉普拉斯变换（或称为象函数）。

例，单位阶跃函数$f(t)=1(t)$的拉普拉斯变换为

$$F(s)=L[1(t)]=\int_0^\infty 1(t)\mathrm{e}^{-st}\mathrm{d}t=-\frac{1}{s}\mathrm{e}^{-st}\Big|_0^\infty=\frac{1}{s}$$

利用式（A-1）可以求出任何函数$f(t)$的拉普拉斯变换，但为了便于使用，表A-1中列出了一些常用函数的拉普拉斯变换。另外为了比较，表A-1中同时也给出了常用函数对应的z变换。

表A-1　常用函数的拉普拉斯变换与z变换对照表

	连续函数$f(t)$	拉普拉斯变换$F(s)$	离散信号$f(kT)$	z变换$F(z)$
1	$\delta(t)$	1	$\delta(kT)$	1
2	$\delta(t-nT)$	e^{-nTs}	$\delta(kT-nT)$	z^{-n}
3	$1(t)$	$\frac{1}{s}$	$1(kT)$	$\frac{z}{z-1}$
4	t	$\frac{1}{s^2}$	kT	$\frac{Tz}{(z-1)^2}$
5	$\frac{1}{2}t^2$	$\frac{1}{s^3}$	$\frac{1}{2}(kT)^2$	$\frac{T^2z(z+1)}{2(z-1)^3}$
6	$\frac{1}{n!}t^n$	$\frac{1}{s^{n+1}}$	$\frac{1}{n!}(kT)^n$	$\frac{T^nzR_n(z)}{n!(z-1)^{n+1}}$
7	$\mathrm{e}^{\mp at}$	$\frac{1}{s\pm a}$	$\mathrm{e}^{\mp akT}$	$\frac{z}{z-\mathrm{e}^{\mp aT}}$

续表

	连续函数 $f(t)$	拉普拉斯变换 $F(s)$	离散信号 $f(kT)$	z 变换 $F(z)$
8	$te^{\mp at}$	$\dfrac{1}{(s\pm a)^2}$	$kTe^{\mp akT}$	$\dfrac{Tze^{\mp aT}}{(z-e^{\mp aT})^2}$
9	$a^{t/T}$	$\dfrac{1}{s-\dfrac{\ln a}{T}}$	a^k	$\dfrac{z}{z-a}$
10	$\sin\omega t$	$\dfrac{\omega}{s^2+\omega^2}$	$\sin\omega kT$	$\dfrac{z\sin\omega T}{z^2-2z\cos\omega T+1}$
11	$\cos\omega t$	$\dfrac{s}{s^2+\omega^2}$	$\cos\omega kT$	$\dfrac{z(z-\cos\omega T)}{z^2-2z\cos\omega T+1}$

若 $F(s)$是 $f(t)$的拉普拉斯变换，则称 $f(t)$为 $F(s)$的拉普拉斯反变换（或称为原函数），记为

$$f(t)=L^{-1}[F(s)]$$

式中，s 是一复变量 $s=\delta+j\omega$。

2）拉普拉斯变换的存在定理

一个函数当满足什么条件时，它的拉普拉斯变换一定存在呢？下面拉普拉斯变换的存在定理将解决这个问题。

定理 若函数 $f(t)$同时满足下列条件

（1）在 $t>0$ 的任一有限区间上分段连续；

（2）在 t 充分大后满足不等式$|f(t)|\leqslant Me^{ct}$，其中 M，C 都是实常数。

则 $f(t)$的拉普拉斯变换

$$F(s)=\int_0^{\infty}f(t)e^{-st}dt$$

在半平面 $Re(s)>C$ 上一定存在，此时右端的积分绝对收敛，而且一致收敛，在这半平面内，$F(s)$为解析函数。

2. 拉普拉斯变换定理

拉普拉斯变换定理在实际应用中是很重要的，为了叙述方便起见，假定在这些定理中，凡是要求拉普拉斯变换的函数都满足拉普拉斯变换存在定理中的条件。

1）线性定理

若α、β是常数，且 $L[f_1(t)]=F_1(s),L[f_2(t)]=F_2(s)$

则有

$$L[\alpha f_1(t)+\beta f_2(t)]=\alpha F_1(s)+\beta F_2(s) \tag{A-2}$$

2）微分定理

若 $L[f(t)]=F(s)$，则有

$$L\left[\frac{df(t)}{dt}\right]=sF(s)-f(0) \tag{A-3}$$

式中，$f(0)$是函数 $f(t)$在 $t=0$ 处的初始值。

推论：若 $L[f(t)]=F(s)$，则有

$$L\left[\frac{d^n f(t)}{dt^n}\right]=s^nF(s)-s^{n-1}f(0)-s^{n-2}f'(0)-\cdots-sf^{(n-2)}(0)-f^{(n-1)}(0) \tag{A-4}$$

特别，当初值 $f(0)=f'(0)=\cdots=f^{(n-1)}(0)=0$ 时，有

$$L\left[\frac{\mathrm{d}^n f(t)}{\mathrm{d}t^n}\right]=s^n F(s) \tag{A-5}$$

3）积分定理

若 $L[f(t)]=F(s)$，则有

$$L[\int_0^t f(t)\mathrm{d}t]=\frac{F(s)}{s} \tag{A-6}$$

4）位移定理

若 $L[f(t)]=F(s)$，则有

$$L[e^{at}f(t)]=F(s-a) \tag{A-7}$$

5）延迟定理

若 $L[f(t)]=F(s)$，则有

$$L[f(t-\tau)]=\mathrm{e}^{-\tau s}F(s) \tag{A-8}$$

6）初值定理

若 $L[f(t)]=F(s)$，且 $\lim\limits_{s\to\infty}sF(s)$ 存在，则

$$f(0)=\lim_{t\to 0}f(t)=\lim_{s\to\infty}sF(s) \tag{A-9}$$

7）终值定理

若 $L[f(t)]=F(s)$，且 $\lim\limits_{t\to\infty}f(t)$ 存在，则

$$f(\infty)=\lim_{t\to\infty}f(t)=\lim_{s\to 0}sF(s) \tag{A-10}$$

8）卷积定理

若 $L[f_1(t)]=F_1(s),L[f_2(t)]=F_2(s)$，则有

$$L[f_1(t)\cdot f_2(t)]=F_1(s)F_2(s) \tag{A-11}$$

式中，$f_1(t)*f_2(t)=\int_0^t f_1(\tau)f_2(t-\tau)\mathrm{d}\tau$ 为函数 $f_1(t)$ 和 $f_2(t)$ 的卷积。

3. 拉普拉斯反变换

前面讨论了由已知函数 $f(t)$求它的象函数 $F(s)$，但在实际中常会碰到与此相反的问题，即已知象函数 $F(s)$，要求它的原函数 $f(t)$。定义

$$f(t)=L^{-1}[F(s)]=\frac{1}{2\pi \mathrm{j}}\int_{c-\mathrm{j}\infty}^{c+\mathrm{j}\infty}F(s)\mathrm{e}^{st}\mathrm{d}s \quad (t>0) \tag{A-12}$$

称 $f(t)$为 $F(s)$的原函数。式（A-12）右端的积分为拉普拉斯反演积分。

式（A-12）的积分是复杂的，直接运算积分比较困难。下面介绍一种简便方法来求拉普拉斯反变换。

在自动控制理论中，$F(s)$常常是如下形式

$$F(s)=\frac{B(s)}{A(s)}=\frac{b_0 s^m+b_1 s^{m-1}+\cdots+b_m}{s^n+a_1 s^{n-1}+\cdots+a_n} \quad (n\geqslant m) \tag{A-13}$$

式中，$A(s)$和 $B(s)$是 s 的多项式，且 A(s)的阶数大于或等于 B(s)的阶数；b_j (j=0,1,2,⋯, m) 和 a_i(i=1,2,⋯, n)分别为分子和分母多项式的系数。

若已知分母多项式 $A(s)$的根，即多项式 A(s)可分解因式，则式（A-13）可表示为

$$F(s)=\frac{B(s)}{(s-p_1)(s-p_2)\cdots(s-p_n)} \tag{A-14}$$

式中，$p_1,p_2,\cdots,p_n$ 是 $A(s)=0$ 的根，或为实数或为共轭复数。

1）若 $p_1,p_2,\cdots,p_n$ 均为单根

式（A-14）可分解成以下部分分式之和

$$F(s)=\frac{c_1}{s-p_1}+\frac{c_2}{s-p_2}+\cdots+\frac{c_n}{s-p_n} \tag{A-15}$$

式中，$c_i\ (i=1,2,\cdots,n)$是常数，可利用留数求得

$$c_i=\lim_{s\to p_i}(s-p_i)F(s) \tag{A-16}$$

则式（A-15）对应的时间函数为

$$f(t)=c_1\,\mathrm{e}^{p_1t}+c_2\,\mathrm{e}^{p_2t}+\cdots+c_n\,\mathrm{e}^{p_nt}$$

2）若 $p_1,\cdots,p_n$ 中的 p_1 为 r 阶重根，其余为单根

式（A-14）可分解成以下部分分式之和

$$F(s)=\frac{c_1}{s-p_1}+\frac{c_2}{(s-p_1)^2}+\cdots+\frac{c_r}{(s-p_1)^r}+\frac{c_{r+1}}{s-p_{r+1}}+\cdots+\frac{c_n}{s-p_n} \tag{A-17}$$

式中，$$c_i=\frac{1}{(r-i)!}\lim_{s\to p_i}\frac{\mathrm{d}^{r-i}}{\mathrm{d}t^{r-i}}[(s-p_i)^rF(s)] \qquad (i=1,2,\cdots,r) \tag{A-18}$$

$$c_j=\lim_{s\to p_j}(s-p_j)F(s) \qquad (j=r+1,r+2,\cdots,n) \tag{A-19}$$

则式（A-17）的时间函数为

$$f(t)=(c_1+c_2t+\cdots+c_rt^{r-1})\,\mathrm{e}^{p_1t}+c_{r+1}\,\mathrm{e}^{p_{r+1}t}+\cdots+c_n\,\mathrm{e}^{p_nt}$$

4．利用 MATLAB 求解拉普拉斯变换及其反变换

（1）在 MATLAB 的符号工具箱中，给出了求解拉普拉斯变换及其反变换的函数 laplace( ) 和 ilaplace( )，其调用格式分别为：

F=laplace(f,t,s)

f=ilaplace(F,s,t)

其中，f 表示时域函数 f(t)；t 表示时间变量；F 表示频域函数 F(s)；s 表示频域变量。

例，求解时域函数 $f(t)=k$ 和 $f(t)=ke^{-\frac{t}{T}}$ 拉普拉斯变换的 MATLAB 命令如下。

```
>>syms k T t s;f1=k*t^0;F1=laplace(f1,t,s),f2=k*exp(-t/T);F2=laplace(f2,t,s)
```

结果显示：

```
F1 =
     k/s
F2 =
     k/(s+1/T)
```

例，求解频域函数 $F(s)=k/s$ 和 $F(s)=\dfrac{k}{s+1/T}$ 拉普拉斯反变换的 MATLAB 命令如下。

```
>>syms k T t s;F1= k/s;f1=ilaplace(F1), F2=k/(s+1/T);f2=ilaplace(F2)
```

结果显示：

```
f1 =
    k
f2 =
    k*exp(-t/T)
```

（2）在 MATLAB 的中，利用以下命令也可以求出式（A-18）和式（A-19）的值。

```
>>ci=limit(diff((z-pi)*F^r,z,r-i)/prod(1:r-i),z,pi)        %r 阶重根
>>cj=limit((z-pj)*F,z,pj)                                  %单根
```

附录B

习题参考答案

第2章

2-1 $m_2\frac{\mathrm{d}^4 y}{\mathrm{d}t^4}+\frac{(m_1+m_2)k_1+m_1k_2}{m_1}\frac{\mathrm{d}^2 y}{\mathrm{d}t^2}+\frac{k_1k_2}{m_1}y=\frac{k_1}{m_1}F$

2-2 $m\frac{\mathrm{d}^2 z}{\mathrm{d}t^2}+f\frac{\mathrm{d}z}{\mathrm{d}t}+kz=-m\frac{\mathrm{d}^2 x}{\mathrm{d}t^2}$

2-3 （a）$C\frac{\mathrm{d}u_\mathrm{o}}{\mathrm{d}t}+\frac{R_1+R_2}{R_1R_2}u_\mathrm{o}=C\frac{\mathrm{d}u_\mathrm{i}}{\mathrm{d}t}+\frac{1}{R_1}u_\mathrm{i}$

（b）$C\frac{\mathrm{d}u_\mathrm{o}}{\mathrm{d}t}+\frac{R_1+R_2}{R_1R_2}u_\mathrm{o}=C\frac{\mathrm{d}u_\mathrm{i}}{\mathrm{d}t}+\frac{1}{R_1}u_\mathrm{i}$

（c）
$$R_2C_1\frac{\mathrm{d}^2 u_\mathrm{o}}{\mathrm{d}t^2}+\frac{R_1C_1+R_2C_2+R_1C_2}{R_1C_2}\frac{\mathrm{d}u_\mathrm{o}}{\mathrm{d}t}+\frac{1}{R_1C_2}u_\mathrm{o}=R_2C_1\frac{\mathrm{d}^2 u_\mathrm{i}}{\mathrm{d}t^2}+\frac{R_1C_1+R_2C_2}{R_1C_2}\frac{\mathrm{d}u_\mathrm{i}}{\mathrm{d}t}+\frac{1}{R_1C_2}u_\mathrm{i}$$

2-4 （a）$\frac{\mathrm{d}u_\mathrm{o}}{\mathrm{d}t}=-R_2C_1\frac{\mathrm{d}^2 u_\mathrm{i}}{\mathrm{d}t^2}-\frac{R_1C+R_2C_{21}}{R_1C_2}\frac{\mathrm{d}u_\mathrm{i}}{\mathrm{d}t}-\frac{1}{R_1C_2}u_\mathrm{i}$

（b）$T\frac{\mathrm{d}u_\mathrm{o}}{\mathrm{d}t}+u_\mathrm{o}=-\frac{R_2}{R_1}u_\mathrm{i}$

2-5 $G_{2-3(\mathrm{a})}(s)=\frac{U_\mathrm{o}(s)}{U_\mathrm{i}(s)}=\frac{\frac{R_2}{(R_1+R_2)}(R_1Cs+1)}{\frac{R_1R_2}{(R_1+R_2)}Cs+1}$

$G_{2-3(\mathrm{b})}(s)=\frac{U_\mathrm{o}(s)}{U_\mathrm{i}(s)}=\frac{R_2Cs+1}{(R_1+R_2)Cs+1}$

$G_{2-3(\mathrm{c})}(s)=\frac{U_\mathrm{o}(s)}{U_\mathrm{i}(s)}=\frac{(R_1C_1s+1)(R_2C_2s+1)}{R_1C_1R_2C_2s^2+(R_1C_1+R_2C_2+R_1C_2)s+1}$

$G_{2-4(\mathrm{a})}(s)=\frac{U_\mathrm{o}(s)}{U_\mathrm{i}(s)}=-\frac{(R_1C_1s+1)(R_2C_2s+1)}{R_1C_2s}$

$G_{2-4(\mathrm{b})}(s)=\frac{U_\mathrm{o}(s)}{U_\mathrm{i}(s)}=-\frac{R_2}{R_1}\cdot\frac{1}{R_2Cs+1}$

2-6　$G(s)=\dfrac{3s+2}{s(s+2)(s+1)}$

2-7　$\dfrac{U(s)}{\Omega(s)}=\dfrac{R_3C_e}{R_3+R_a}$

2-8　$\dfrac{Y(s)}{R(s)}=\dfrac{(1+G_1(s))G_2(s)}{1+G_2H_1(s)-G_2H_2(s)}$

2-9　$\dfrac{Y(s)}{R(s)}=\dfrac{G_1(1+G_2G_3)}{1+H_2+G_2G_3H_2+G_1+G_1G_2G_3+G_1G_2H_1}$

2-10　$Y(s)=G_R(s)R(s)+G_N(s)N(s)$，其中

$$G_R(s)=\frac{Y(s)}{R(s)}=\frac{G_1G_3+G_1G_2+G_1G_2G_3H}{1+G_2H+G_1G_3+G_2G_3H+G_1G_2+G_1G_2G_3H}$$

$$G_N(s)=\frac{Y(s)}{N(s)}=\frac{G_1G_3G_4+G_1G_2G_4+G_1G_2G_3G_4H-G_2H-1}{1+G_2H+G_1G_3+G_2G_3H+G_1G_2+G_1G_2G_3H}$$

2-11　$\dfrac{X_2(s)}{X_1(s)}=\dfrac{1}{\Delta}P_1\Delta_1=\dfrac{2a(1-df-deg)}{1-ab-df-deg+abdf+abdeg}$；

$$\frac{X_3(s)}{X_1(s)}=\frac{(P_1\Delta_1+P_2\Delta_2)}{\Delta}=\frac{3(1-ab)+2ac}{1-ab-df-deg+abdf+abdeg}$$

2-12　$\dfrac{Y(s)}{R(s)}=\dfrac{G_1(1+G_2G_3)}{1+H_2+G_2G_3H_2+G_1+G_1G_2G_3+G_1G_2H_1}$

第 3 章

3-1　（1）$0<K<6$；（2）$0<K<\dfrac{10}{3}$

3-2　系统在 s 平面右半部的特征根数为 2，全部特征根为：

$$s_{1,2}=\pm\mathrm{j}\sqrt{2},\ s_{3,4}=\pm1,\ s_5=1,\ s_6=-5\text{。}$$

3-3　（1）$0<K<15$；（2）$0.72<K<6.24$。

3-4　$G(s)=\dfrac{K}{Ts^2}(1-\mathrm{e}^{-Ts})-\dfrac{K}{s}\mathrm{e}^{-Ts}$

3-5　$G(s)=\dfrac{1135.69}{s^2+24.26s}$

3-6　$G(s)=\dfrac{90}{(s+10)(s+1)}$

3-7　$\dfrac{Y(s)}{R(s)}=\dfrac{2}{(s+1)(s+2)}$

3-8　$t_r=\dfrac{2\sqrt{3}}{9}\pi$；$t_p=\dfrac{\sqrt{3}}{3}\pi$；$M_p=16.3\%$；$t_s^{5\%}=\dfrac{3}{\zeta\omega_n}=3s, t_s^{2\%}=\dfrac{4}{\zeta\omega_n}=4s$

3-9　$\tau=0.24$

3-10　$h(t)=L^{-1}[Y(s)]=1(t)+\mathrm{e}^{-2t}-2\mathrm{e}^{-t}\,(t\geqslant0)$。

3-11　$M_p=4.3\%$，$t_s=3\sim4\mathrm{s}$。

3-12　（1）系统的主导极点：$s_{1,2}=-0.37\pm\mathrm{j}1.27$

（2）$\omega_n=1.32\mathrm{rad/s}$；$\zeta=0.28$；$t_p=2.48\mathrm{s}$；$M_p=40\%$；$t_s^{2\%}=10.82\mathrm{s}$

（3）$h(t)=1-0.06\mathrm{e}^{-5.76t}+1.07\mathrm{e}^{-0.37t}\cos(1.27t+150.5^\circ)$

3-13　系统临界增益 K=3；响应的振荡频率 $\omega_{\mathrm{n}}=2.24\mathrm{rad/s}$

3-14　（1）$K<\dfrac{1}{T}+\dfrac{1}{2}$；（2）$K=5/2, T=1/2$

3-15　（1）$a_n=b_m\neq 0$；（2）$b_m=a_n$　　$a_{n-1}=b_{m-1}$　　$a_{n-2}=b_{m-2}$

3-16　（1）$K_{\mathrm{p}}=50$；$K_{\mathrm{v}}=0$；$K_{\mathrm{a}}=0$；（2）$K_{\mathrm{p}}=\infty$；$K_{\mathrm{v}}=\dfrac{k}{200}$；$K_{\mathrm{a}}=0$

3-17　（1）$e_{\mathrm{ss}}=\dfrac{2\xi}{\omega_{\mathrm{n}}}$；（2）$a=\dfrac{2\xi}{\omega_{\mathrm{n}}}$

3-18　$G(s)H(s)=\dfrac{50}{s(s^2+12s+25)}$

3-19　$\omega_n=2, \xi=1.2$；$e_{\mathrm{ss}}=\lim\limits_{t\to\infty}e(t)=0$

3-20　（1）$e_{\mathrm{ss}}=0.25$；（2）$e_{\mathrm{ss}}=0.49$；（3）$a=0.75, K=4$

3-21　不能。当 $e_{\mathrm{ssn}}=-0.099$ 时，K_1=10；而系统稳定时$-0.1<K_1<1.26$

3-22　$e_{\mathrm{ss}}(t)=0.1a_1+0.18a_2+0.2a_2t$

3-23　$e_{\mathrm{ss}}(t)=1.378\sin(5t+122.05^\circ)$

3-24　$G_{\mathrm{r}}(s)=\dfrac{1+G_3(s)H(s)}{G_2(s)G_3(s)}, G_n(s)=-\dfrac{1}{G_3(s)}$

第4章

4-1～4-6　略

4-7　（1）无论 k 取何值，系统均不稳定，此系统为结构不稳定系统。

（2）若增加一零点 $z=-a$，则系统的开环传递函数为 $G(s)H(s)=\dfrac{K(s+a)}{s^2(s+1)}$

4-8　略

4-9　$0<K<0.686$　或　$23.314<K<+\infty$

4-10　（1）不稳定；（2）当 $0<k<1.76$ 时，系统稳定；当 $k>1.76$ 时，系统不稳定。

4-11　略

4-12　$0.675<k<3$。

4-13　略

4-14　（1）略；（2）k=2.4634

4-15　（1）略；（2）不能；（3）不能；（4）不能；（5）能。

4-16　（1）略；（2）超调量：$M_{\mathrm{p}}=18.7\%$；调整时间：$t_{\mathrm{s}}=5\sim 6.67$。

4-17　最小阻尼比ζ= 0.707

4-18　阻尼比ζ= 0.48，超调量 $M_{\mathrm{p}}=17.9\%$；调整时间 $t_{\mathrm{s}}=9.1\sim 12.1$。

4-19　（1）略；（2）$b\geqslant 12.94$。

4-20　$0<a<1$。

4-21　（1）略；（2）T>0.25。

4-22 略

第 5 章

5-1 略

5-2 （1）$y(t)= 4.5\sin(t+30^\circ-26.6^\circ)=4.5\sin(t+3.4^\circ)$

（2）$y(t)= 4.5\sin(t-26.6^\circ)-7\cos(2t-90^\circ)$

5-3 $\gamma=47.4^\circ$；$K_g=21\text{dB}$

5-4 $G(s)=\dfrac{1}{0.01s^2+0.1s+1}$

5-5 （1）$G(s)=\dfrac{10(0.0033s+1)}{(0.2s+1)(0.1s+1)}$； $\gamma=45^\circ$

（2）$G(s)=\dfrac{0.1s}{0.02s+1}$； $\gamma=-101.3^\circ$

（3）$G(s)=\dfrac{32}{s(0.5s+1)}$； $\gamma=14^\circ$

5-6 （1）$K=1.4213$；（2）$K=28.5$

5-7 上面的 5 个闭环系统均稳定，下面的 5 个闭环系统均不稳定。

5-8 $K<10$ 或 $25<K<10^4$

5-9 $\omega_g=\tan(90^\circ-57.3\tau\omega_g{}^\circ)$ 和 $\omega_g\sqrt{1+\omega_g{}^2}=K$ 的解

5-10 （1）$\gamma=39.3^\circ$； $K_g=21\text{dB}$；（2）$k=21$；（3）$k=11.3$

5-11 （1）$\gamma=25.4^\circ$； $20\lg K_g=9.54\text{dB}$；（2）$k_{临界}=29.83s^{-1}$

5-12 $K=14.1$

5-13 $k=0.316$

5-14 （1）$K=6.03$；（2）闭环系统稳定；（3）$M_p=32\%$； $t_s=0.52s$

5-15 $G(j\omega)=\dfrac{36\times(36-\omega^2)}{(36-\omega^2)^2+(13\omega)^2}-j\dfrac{36\times13\omega}{(36-\omega^2)+(13\omega)^2}$

5-16 （1）当 $T_1<T_2$ 时，系统稳定；当 $T_1=T_2$ 时，系统临界稳定；当 $T_1>T_2$ 时，系统不稳定。（2）$K=\dfrac{T_1T_2\sqrt{1+T_1^3T_2}}{\sqrt{1+T_2^3T_1}}$

5-17 $1000<K<1584.8$ 或 $K<10$

5-18 （1）$G(s)=\dfrac{25}{s\left(\dfrac{1}{40}s+1\right)\left(\dfrac{1}{20}s+1\right)}$。

（2）$\omega_c=22.36$；（3）不能调整开环增益来做到。

5-19 $\tau>0.1$

5-20 （1）$G(s)=\dfrac{3\times10^4}{s^2+\sqrt{2}\times100s+10^4}$

（2）$M_p=4.32\%$；$t_s=0.042\sim0.056\text{s}$

5-21 （1）$K=0.45$；（2）$K=1.13$；（3）$K=0.58$。

第6章

6-1 略

6-2 略

6-3 $G_c(s)=\dfrac{Ts+1}{\alpha Ts+1}=\dfrac{0.03215s+1}{0.0077s+1}$

6-4 $G_c(s)=\dfrac{Ts+1}{\beta Ts+1}=\dfrac{7.8125s+1}{39s+1}$

6-5 $G_c(s)=\dfrac{Ts+1}{\beta Ts+1}=\dfrac{2.5s+1}{5.75s+1}$

6-6 $G_c(s)=\dfrac{s+1.6}{s+5.6}$

6-7 $G_c(s)=\dfrac{s+2.5}{s+6.5}$

6-8 $G_c(s)=\dfrac{s+0.25}{s+0.04}$

6-9 $G_c(s)=\dfrac{Ts+1}{\alpha Ts+1}=\dfrac{0.342s+1}{0.013s+1}$

6-10 $G_c(s)=\dfrac{K_1(\tau s+1)}{s}$。

6-11 $K_t=0.097$

6-12 $G_c(s)=\dfrac{s}{10K}$； $K=1.2$

6-13 $G_{1c}(s)=0.46s$， $G_{2c}(s)=-s^2-1.36s$。

6-14 （1）串联校正：$G_c(s)=\dfrac{K_1(\tau s+1)}{s}$；（2）复合校正：$G_c(s)=\dfrac{s}{K}$

第7章

7-1～7-7 略

7-8 $N(X)=4+\mathrm{j}\dfrac{4}{3}\cdot\dfrac{X\omega}{\pi}$

7-9 $N(X)=\dfrac{B_1}{X}=K+\dfrac{4C}{\pi X}$

7-10 （a）$N(X)=k_2+\dfrac{2}{\pi}(k_1-k_2)\left(\dfrac{a}{X}\sqrt{1-\left(\dfrac{a}{X}\right)^2}+\arcsin\dfrac{a}{X}\right)\quad (X\geqslant a)$；

（b）$N(X)=\dfrac{4M}{\pi X}+k-\dfrac{2k}{\pi}\left(\dfrac{a}{X}\sqrt{1-\left(\dfrac{a}{X}\right)^2}+\arcsin\dfrac{a}{X}\right)\quad (X\geqslant a)$

7-11 图（a）系统产生不稳定的自持振荡；图（b）、图（c）和图（f）系统产生稳定的自持振荡；图（d）和图（g）系统在 a 点处产生稳定的自持振荡，在 b 点处产生不稳定的自持振荡；图（e）和图（i）系统不稳定；图（j）系统稳定；图（h）系统在 a 点处产生不稳定的自持振荡，在 b 点处产生稳定的自持振荡。

7-12 图（a）系统不稳定；图（b）系统产生稳定的自持振荡，且 K=0.06，ω=0.14。

7-13 （1）系统有两个交点：振荡频率 $\omega=\sqrt{6}$；其中不稳定自振交点幅值 $X_a=1.11$；稳定自振交点幅值 $X_b=2.3$。（2）调整 K，a 或 M。

7-14 $X=\dfrac{4K_2MT_1T_2}{(K_1K_2T_1T_2-T_1-T_2)\pi}$

7-15 频率 $\omega=1$，幅值 $X=12.72$

第8章

8-1 （1）$F(z)=\dfrac{1}{b-a}\left[\dfrac{z}{z-e^{-aT}}-\dfrac{z}{z-e^{-bT}}\right]$；

（2）$F(z)=\dfrac{1-(T+1)e^{-T}+(t-1+e^{-T})z}{z^2-(1+e^{-T})z+e^{-T}}$；

（3）$F(z)=\dfrac{2z}{z-e^{-T}}-\dfrac{z}{z-e^{-2T}}$；（4）$F(z)=\dfrac{-Tze^{-T}}{(z-e^{-T})^2}+\dfrac{2z}{z-e^{-2T}}$

8-2 （1） $F(z)=\dfrac{z(1-e^{-aT})}{(z-1)(z-e^{-aT})}$；（2）$F(z)=\dfrac{Tze^{-aT}}{(z-e^{-aT})^2}$

（3）$F(z)=\dfrac{z^2-ze^{-aT}\cos\omega T}{z^2-2ze^{-aT}\cos\omega T+e^{-2aT}}$；（4）$F(z)=\dfrac{T^3z(z^2+4z+1)}{(z-1)^4}$

8-3 （1）$f^*(t)=1\delta(t)+0.5\delta(t-T)+0.25\delta(t-2T)+0.125\delta(t-3T)+\cdots$

（2）$f^*(t)=\sum_{k=0}^{\infty}(2-0.5^k)\delta(t-kT)$

（3）$f^*(t)=10\sum_{k=0}^{\infty}(-1+2^k)\delta(t-kT)$

（4）$f^*(t)=\sum_{k=0}^{\infty}f(kT)\delta(t-kT)=\sum_{k=0}^{\infty}(-k-1^k+2^k)\delta(t-kT)$

8-4 （1）$y^*(t)=\sum_{k=0}^{\infty}y(kT)\delta(t-kT)=\sum_{k=0}^{\infty}\left[\dfrac{1}{6}+\dfrac{1}{2}(-1)^k-\dfrac{2}{3}(-2)^k\right]\delta(t-kT)$

（2）$y^*(t)=\sum_{k=0}^{\infty}y(kT)\delta(t-kT)=\sum_{k=0}^{\infty}\left(\dfrac{1}{3}1^k-2\cdot2^k+\dfrac{8}{3}4^k\right)\delta(t-kT)$

8-5 $f(0)=1$；$f(\infty)=\lim\limits_{z\to1}\dfrac{z-1}{(z-a)}$；当 $a\neq1, f(\infty)=0$；$a=1, f(\infty)=1$

8-6 （1）$Y(z)=2z^{-1}+z^{-2}+z^{-3}+z^{-4}+\cdots$；（2）$Y(z)=2Tz^{-2}+3Tz^{-3}+4Tz^{-4}+\cdots$

8-7 （a）$Y(z)=\dfrac{GR(z)}{1+GH(z)}$；（b）$Y(z)=\dfrac{G(z)}{1+G(z)H(z)}R(z)$

（c）$Y(z)=\dfrac{G_1R(z)G_2(z)}{1+G_1G_2H(z)}$；（d）$Y(z)=\dfrac{G_1(z)G_2(z)}{1+G_1(z)G_2H(z)}R(z)$

8-8　（1）$G(z)=\dfrac{0.368z+0.264}{z^2-1.368z+0.368}$；（2）$G_B(z)=\dfrac{G(z)}{1+G(z)}=\dfrac{0.368z+0.264}{z^2-z+0.632}$

8-9　$0<K<4.3281$

8-10　$0<K<4.3281$

8-11　系统稳定。

8-12　当 T=1s 时，0<K<2.38；当 T=0.5s 时，0<K<4.37。T 越大，系统稳定性越差。

8-13　$e(\infty)=\dfrac{1}{K_a}=\infty$

8-14　系统稳定。

8-15　$D(z)=\dfrac{0.636(1-0.0185z^{-1})(1-0.135z^{-1})}{(1+0.05z^{-1})(1+0.516z^{-1})}$

参 考 文 献

[1] [美]Benjamin C. Kuo．自动控制系统（第 8 版，英文版）．北京：高等教育出版社，2003.

[2] [美]Gene F.Franklin．自动控制原理与设计（第六版）．北京：人民邮电出版社，2014.

[3] [美]Katsuhiko Ogata．现代控制工程（第 3 版）．北京：电子工业出版社，2000.

[4] [日]绪方胜彦．现代控制工程（第 4 版，英文版）．北京：清华大学出版社，2006.

[5] 胡寿松．自动控制原理（第 6 版）．北京：科学出版社，2013.

[6] 李国勇．过程控制系统（第 2 版）．北京：电子工业出版社，2012.

[7] 孙志毅，等，编著．控制工程基础．北京：机械工业出版社，2004.

[8] 李国勇．计算机仿真技术与 CAD——基于 MATLAB 的控制系统（第 3 版）．北京：电子工业出版社，2012.

[9] 夏德钤．自动控制理论．北京：机械工业出版社，1990.

[10] 谢克明，李国勇．现代控制理论．北京：清华大学出版社，2006.

[11] 李友善．自动控制原理（第 3 版）．北京：国防工业出版社，2008.

[12] 谢克明，李国勇，等．现代控制理论基础．北京：北京工业大学出版社，2001.

[13] 王建辉，顾树生．自动控制原理．北京：清华大学出版社，2007.

[14] 谢克明．自动控制原理（第 2 版）．北京：电子工业出版社，2009.

[15] 李国勇．神经模糊控制理论及应用．北京：电子工业出版社，2009.

[16] 吴麒．自动控制原理（上、下）．北京：清华大学出版社，1990.

[17] 李国勇．最优控制理论与应用．北京：国防工业出版社，2008.

[18] 谢麟阁．自动控制原理（第 2 版）．北京：水利电力出版社，1991.

[19] 李国勇．智能控制与 MATLAB 在电控发动机中的应用．北京：电子工业出版社，2007.

[20] 戴忠达，等．自动控制理论基础．北京：清华大学出版社，1991.

[21] 李国勇．神经模糊预测控制及其 MATLAB 实现（第 3 版）．北京：电子工业出版社，2013.

[22] 田玉平．自动控制原理．北京：电子工业出版社，2002.

[23] 程鹏．自动控制原理．北京：高等教育出版社，2003.

[24] 苏鹏声，焦连伟．自动控制原理．北京：电子工业出版社，2003.

[25] 吴仲阳．自动控制原理．北京：高等教育出版社，2005.

[26] 周其节．自动控制原理．广州：华南理工大学出版社，1989.

[27] 郑秀玲，等．自动控制原理．北京：清华大学出版社，2007.

[28] 张爱民．自动控制原理．北京：清华大学出版社，2006.

[29] 李国勇．过程控制实验教程．北京：清华大学出版社，2011.

[30] 李国勇．现代控制理论习题集．北京：清华大学出版社，2011.

[31] 李国勇．自动控制原理习题解答及仿真实验．北京：电子工业出版社，2012.

[32] 李国勇．自动控制原理（第 2 版）．北京：电子工业出版社，2014.

[33] 胥布工．自动控制原理（第 2 版）．北京：电子工业出版社，2016.

[34] 卢京潮．自动控制原理．北京：清华大学出版社，2013.

[35] 邹伯敏．自动控制理论（第 3 版）．北京：机械工业出版社，2012.

[36] 陈复扬．自动控制原理（中文版）．北京：国防工业出版社，2010.

[37] 王划一，杨西侠．自动控制原理（第 2 版）．北京：国防工业出版社，2010.